Öffnung von Märkten
durch kartellrechtlichen Kontrahierungszwang

EUROPÄISCHE INTEGRATION UND INTERNATIONALE WIRTSCHAFTSBEZIEHUNGEN

Rechtswissenschaftliche Studien

Herausgegeben von Peter Behrens

Band 13

PETER LANG
Frankfurt am Main · Berlin · Bern · Bruxelles · New York · Oxford · Wien

Kerstin Dittmann

Öffnung von Märkten durch kartellrechtlichen Kontrahierungszwang

Eine Analyse von § 20 Abs. 1 GWB und Art. 82 EG unter Berücksichtigung der *essential facilities-doctrine*

PETER LANG
Europäischer Verlag der Wissenschaften

Bibliografische Information Der Deutschen Bibliothek
Die Deutsche Bibliothek verzeichnet diese Publikation in der Deutschen Nationalbibliografie; detaillierte bibliografische Daten sind im Internet über <http://dnb.ddb.de> abrufbar.

Zugl.: Hamburg, Univ., Diss., 2003

D 18
ISSN 0948-8774
ISBN 3-631-51830-7

www.peterlang.de

Danksagung

Mein herzlicher Dank gilt allen, die mit mir nicht den Mut und nicht die Geduld mit mir verloren haben!

Dies betrifft natürlich vor allem Herrn Prof. Dr. Peter Behrens und Frau Ute Schröder vom Fachbereich Rechtswissenschaft der Universität Hamburg. Außerdem möchte ich aus dem Kreis derer, die zum Gelingen der vorliegenden Arbeit beigetragen haben, besonders Johannes und Andreas hervorheben.

Kerstin Dittmann
Bonn, im Dezember 2003

Inhaltsübersicht

Inhaltsverzeichnis

„Die Missbrauchsaufsicht ist das Regulativ beim Fehlen wirksamen Wettbewerbs“[1].

„Ein Kontrahierungszwang stellt in einer Marktwirtschaft im Prinzip einen Fremdkörper dar“[2].

Einleitung

A. Anlass der Untersuchung

Die folgende Analyse beschäftigt sich mit der Frage, ob mit den Instrumenten des deutschen und gemeinschaftlichen Kartellrechts Wettbewerb auf solchen Märkten hergestellt werden kann, die bisher monopolistisch strukturiert waren. Im Wege der Missbrauchsaufsicht soll ein Monopolunternehmen gezwungen werden, einen Konkurrenten bei dessen Markteintritt durch die Überlassung bestimmter Güter zu unterstützen (***konkurrentennützigerKontrahierungszwang***).

Das Ziel der Untersuchung besteht darin, aus der (insbesondere teleologischen) Auslegung der Vorschriften des allgemeinen Kartellrechts generelle Kriterien für konkurrentennützige Verhaltenspflichten eines marktbeherrschenden Unternehmens zu entwickeln.

I. Tatsächlicher Hintergrund

Die o.g. Rechtsfrage hat sich in den vergangenen Jahren bei der Öffnung einzelner Märkte für den Wettbewerb im Rahmen der Errichtung des Gemeinsamen Marktes iSd Art. 2 EG gestellt. In einigen Branchen hatten zahlreiche Mitgliedstaaten der EU zur Wahrung allgemeiner Interessen einzelnen

[1] So die Bundesregierung in ihrer Stellungnahme zum Tätigkeitsbericht des BKartA 1973, BT-Drs. 7/2250, S. I, II; vgl. auch RegBegr. zum Entwurf eines GWB, BT-Drs. II/1158, S. 21; RegBegr. zum Entwurf der 4. GWB-Novelle, BT-Drs. 8/2136, S. 12, 33; Bericht des Bundestagsausschusses für Wirtschaft in seiner Stellungnahme zum Entwurf der 4. GWB-Novelle, BT-Drs. 8/3690, S. 24; BGH, 15.11.1994, KVR 29/93, BGHZ 128, 17, 27f (Gasdurchleitung); BGH, 6.5.1997, KVR 9/96, NJW 1997, 3173f (Gaspreis) m.w.N.- Vgl. auch *Möschel* in I/M zu § 20 GWB, Rz. 19 m.z.N.

[2] RegBegr. zum Entwurf der 5. GWB-Novelle, BT-Drs. 11/4610, S. 10, 21. Vgl. auch die Stellungnahme der Bundesregierung zum Tätigkeitsbericht des BKartA 1979/1980, BT-Drs. 9/565, S. I, IV; *Kilian* ZHR 142 (1978) 453, 457; *Mailänder* in: FS Schmidt, S. 271; *Prosi* WuW 1996, 973, 974.

Anbietern ausschließliche Rechte eingeräumt[3]. So wurden die jeweiligen Märkte etwa aus Gründen der (Energie-) „Versorgungssicherheit“[4] oder der „Grundversorgung“[5] im Rundfunk- oder Telekommunikationsbereich[6] einem einzelnen Anbieter vorbehalten, also monopolistisch strukturiert[7]. Auf diesen Märkten können andere Unternehmen derselben Branche ihre im EG-Vertrag

---

[3] XXIV. Bericht der Europäischen Kommission über die Wettbewerbspolitik 1994, S. 22; Europäische Kommission hinsichtlich der Errichtung des Binnenmarktes für Gas und Elektrizität, KOM (93) 643 endg., S. 4; Bekanntmachung der Kommission über die Anwendung der Wettbewerbsregeln auf den Postsektor und über die Beurteilung bestimmter staatlicher Maßnahmen betreffend Postdienste, ABl. EG 1998 Nr. C 39, S. 2, 3, 11; Bericht der Deregulierungskommission, S. 1ff. *Basedow* EuZW 1990, 73; *Everling* EuR 1994, 386, 392f.

[4] Zum Begriff der „Versorgungssicherheit“ vgl. auch BVerfG, 16.3.1971, 1 BvR 52, 665, 667, 754/66, BVerfGE 30, 292, 311f, 323f; BVerfG, 20.3.1984, 1 BvL 28/82, BVerfGE 66, 248, 258 jeweils m.w.N. sowie zur Gewährleistung der „möglichst sicheren, preisgünstigen und umweltverträglichen Energieversorgung“ nur § 1 Gesetz über die Elektrizitäts- und Gasversorgung (Energiewirtschaftsgesetz - EnWG); Bericht der Deregulierungskommission, S. 68ff.- S. zu der vergleichbaren Rechtslage in den einzelnen Mitgliedstaaten nur das Grünbuch der Kommission „Für eine Energiepolitik der Europäischen Union“, KOM (94) 659 endg., S. 22ff, 36ff, sowie die Entschließung des Rates vom 23.11.1995 zu diesem Grünbuch, ABl. EG 1995 Nr. C 327, S. 3.

[5] Den Begriff der „Grundversorgung“ entwickelte das Bundesverfassungsgericht in seinem „Vierten Rundfunkurteil“ über das sog. „duale Rundfunksystem“ von öffentlich-rechtlichen und privaten Rundfunkanstalten. In diesem System komme den öffentlich-rechtlichen, weitgehend durch Gebühren finanzierten Anstalten die Aufgabe zu, die „unerlässliche Grundversorgung“ der Bevölkerung durch ein umfassendes und ausgewogenes Programmangebot sicherzustellen (BVerfG, 4.11.1986, 1 BvF 1/84, BVerfGE 73, 118, 157f (Viertes Rundfunkurteil); vgl. dazu nur MD-*Herzog* zu Art. 5 Abs. 1, 2 GG, Rz. 237d ff m.w.N.).

[6] Vgl. zum Verfassungsauftrag der „angemessenen und flächendeckenden Versorgung“ im Bereich der Telekommunikation Art. 87f Abs. 1 GG (vgl. auch das 24. SonderGA der Monopolkommission „Telekommunikation“, Tz. 10, 12, 20ff; *Schütz* DVBl. 1997, 1146, 1146ff; *Stern* DVBl. 1997, 309, 311ff m.w.N.).- S. zu der ähnlichen Rechtslage in den einzelnen Mitgliedstaaten im Bereich der Telekommunikation bzw. Post die Entschließung des Rates vom 7.2.1994 über die Grundsätze für den Universaldienst im Bereich der Telekommunikation, ABl. EG 1994 Nr. C 48, S. 1f; das Grünbuch der Kommission über die Liberalisierung der Telekommunikationsinfrastruktur und der Kabelfernsehnetze KOM (94) 440 endg., S. 18ff, bzw. das Grünbuch über die Entwicklung des Binnenmarktes für Postdienste, KOM (91) 476 endg., S. 205ff, 265ff, Anhang 4, S. 311ff.

[7] Vgl. nur die RegBegr. zum Entwurf eines GWB, BT-Drs. II/1158, S. 57; den Bericht der Bundesregierung vom 4.2.1975 über die Ausnahmebereiche des Gesetzes gegen Wettbewerbsbeschränkungen (GWB), BT-Drs. 7/3206, S. 30f, 39ff m.z.N.; Arbeitsunterlage des BKartA zu der Sitzung des Arbeitskreises Kartellrecht im Oktober 1997, S. 6.- Vgl. zu der Berücksichtigung derartiger sog. „öffentlicher Dienstleistungen“ bzw. „Universaldienste“ im Gemeinschaftsrecht Art. 86 Abs. 2 S. 1, letzter HS EG bzw. seit In-Kraft-Treten des Vertrages von Amsterdam ausdrücklich Art. 16 EG. Vgl. aus der gemeinschaftsrechtlichen Praxis: Mitteilung der Kommission „Leistungen der **Daseinsvorsorge** in Europa“, ABl. EG 1996 Nr. C 281, S. 3ff bzw. ABl. EG 2001 Nr. C 17, S. 4ff; Grünbuch der Kommission „Zu Dienstleistungen von Allgemeinem Interesse“, KOM (2003) 270 endg., S. 3f, 7f, 18f, 41ff.

garantierte Freizügigkeit (insbesondere iSd Art. 43, 49 EG) nicht wahrnehmen, der freie gemeinschaftsweite Wettbewerb der Marktteilnehmer wird behindert.

In zahlreichen Bereichen sind derartige hoheitliche Marktregulierungen sowohl nach gemeinschaftlicher als auch nach deutscher wettbewerbspolitischer Auffassung (zumindest zum Teil) nicht mehr angezeigt. Vielmehr sollen sich die jeweiligen Märkte nun durch den freien Wettbewerb der Marktteilnehmer untereinander im Wesentlichen selbst regulieren, um einen Gemeinsamen Markt zu errichten. Die entsprechenden Ausschließlichkeitsrechte eines Anbieters sollen aufgehoben („***Deregulierung***“) bzw. die sonstigen marktstrukturierenden Vorschriften so geändert werden, dass Wettbewerb entsteht („***Liberalisierung***“)[8]. Aktuelle Beispiele hierfür sind die seit dem 1.1.1998 liberalisierten Bereiche der Telekommunikation und der Post[9], außerdem die Versorgung mit Elektrizität und Erdgas[10].

---

[8] Vgl. die Schlussfolgerungen des Europäischen Rates vom 9./10.12.1994, Bull. EU 12-1994, S. 11; XXXI. Bericht der Europäischen Kommission über die Wettbewerbspolitik 2001, S. 43ff; XXXII. Bericht der Europäischen Kommission über die Wettbewerbspolitik 2002, S. 135ff; Bericht über die Deregulierungsmaßnahmen der Bundesregierung vom 29.4.1994, BT-Drs. 12/7468, S. 3f mit zahlreichen Beispielen aus sämtlichen Politikbereichen; Bericht der Deregulierungskommission, S. Vf, 6ff, 69ff, 77ff, 84; 11. HauptGA der Monopolkommission 1994/1995, BT-Drs. 13/5309, Tz. 48ff, 556ff; 12. HauptGA der Monopolkommission 1996/97, BT-Drs. 13/11291, Tz. 2ff, 34ff, 723; BKartA in seinem Arbeitspapier zu der Tagung des Arbeitskreises Kartellrecht im Oktober 1995, S. 3, 13ff. *Basedow* EuZW 1990, 73; *Donges* „EU-Regierungskonferenz“, S. 47, 48ff m.w.N.; *Kruse* „Deregulierung“, S. 9ff, 28f; *Mestmäcker* in: FS Steindorff, S. 1045ff; *van Miert* „EU-Regierungskonferenz“, S. 17, 20; *Prosi* WuW 1996, 973, 980; *Slot/Skudder* CMLR 2001, 87ff; *Vollmer* in: FS Schmidt, S. 289, 294 m.w.N.; *vWeizsäcker* WuW 1997, 572, 574ff mit weiteren Beispielen.

[9] Grundlegend zum **Telekommunikationssektor**: Grünbuch der EG „Über die Entwicklungen des Gemeinsamen Markts für Telekommunikations-Dienstleistungen und Telekommunikationsgeräte“, KOM (87) 290 endg.; Begründung zum Entwurf eines Telekommunikationsgesetzes, BT-Drs. 13/3609, S. 33; 24. SonderGA der Monopolkommission „Telekommunikation“, Tz. 3ff; Richtlinienpaket des neuen gemeinsamen Rechtsrahmens für elektronische Kommunikationsnetze und -dienste, ABl. EG 2002 Nr. L 108, S. 7ff; Tätigkeitsbericht 1998/1999 der Regulierungsbehörde für Telekommunikation und Post, BT-Drs. 14/2321, S. 13ff; vgl. auch Art. 87f Abs. 2 S. 1 GG, nach dem die ehemals hoheitlichen Aufgaben der Post und Telekommunikation durch private Anbieter im Wettbewerb erbracht werden sollen (neu eingefügt durch das Gesetz zur Änderung des Grundgesetzes vom 30.8.1994). Vgl. auch *Büchner* CR 1996, 581, 585ff; *Gramlich* VerwArch 1997, 598, 605ff m.z.N.; *Klotz* MMR 2003, 495ff; *Mestmäcker* in: FS Steindorff, S. 1045, 1050ff; *Rittaler* WuW 1996, 699f m.w.N.; *Schwintowski* CR 1997, 630ff m.z.N.

Zur Liberalisierung der **Postdienste**: Grünbuch über die Entwicklung des Binnenmarktes für Postdienste, KOM (91) 476 endg., S. 195ff; Bekanntmachung der Kommission über die Anwendung der Wettbewerbsregeln auf den Postsektor und über die Beurteilung bestimmter staatlicher Maßnahmen betreffend Postdienste, ABl. EG 1998 Nr. C 39, S. 2ff; RegBegr. zum Entwurf eines Postgesetzes, BT-Drs. 13/7774, S. 1, 17ff; Tätigkeitsbericht 1998/1999 der Regulierungsbehörde für Telekommunikation und Post, BT-Drs. 14/2321, S. 13, 17ff; vgl. auch Art. 87f Abs. 2 S. 1,

Diesbezüglich hat sich nicht nur die Auffassung geändert, dass Wettbewerb unter den Marktteilnehmern grundsätzlich nicht geeignet ist, volkswirtschaftliche Belange wie die sichere und preiswerte Grundversorgung der Bevölkerung zu erfüllen („*Marktversagen*“[11])[12]. Vielmehr werden ebenfalls sog. **„natürliche Monopole“** anders behandelt, zu denen bisher u.a. die leitungsgebundene Energieversorgung sowie die Telekommunikation gezählt wurden. „Natürliche Monopole“ bestehen auf solchen Märkten, in denen die betrieblichen Kosten eines Anbieters (beispielsweise für Errichtung und Betrieb eines Gütertransportnetzes) so außerordentlich hoch sind, dass auf Dauer ein einziges Unternehmen die relevante Nachfrage kostengünstiger befriedigen kann als jede größere Anzahl von Anbietern; Wettbewerb unter mehreren Anbietern wäre volkswirtschaftlich ineffizient und würde (lang-

---

Art. 143b GG. Vgl. hierzu *Büchner* CR 1996, 581, 582ff; *Gramlich* NJW 1998, 866, 868f; *Gröner/Knorr* EWS 1996, 225ff.

[10] Zum **Energiebinnenmarkt**: Schlussfolgerungen des Rates am 29.11.1994, Bull. EU 11-1994, S. 37f und am 1.6.1995, Bull. EU 6-1995, S. 73f sowie das Weißbuch der Europäischen Kommission „Eine Energiepolitik für die Europäische Union“, KOM (95) 682 endg., S. 5ff, 19ff; Richtlinie des Europäischen Parlaments und des Rates 96/92/EG vom 19.12.1996 betreffend gemeinsame Vorschriften für den Elektrizitätsbinnenmarkt, ABl. EG 1997 Nr. L 27, S. 20ff; bzw. ab 1.7.2004: Richtlinie 2003/54/EG des Europäischen Parlaments und des Rates vom 26.6.2003 über gemeinsame Vorschriften für den Elektrizitätsbinnenmarkt und zur Aufhebung der Richtlinie 96/92/EG, ABl. EG 2003 Nr. L 176, S. 37ff; Richtlinie 98/30/EG des Europäischen Parlaments und des Rates vom 22.6.1998 betreffend gemeinsame Vorschriften für den Erdgasbinnenmarkt, ABl. EG 1998 Nr. L 204, S. 1ff; bzw. ab 1.7.2004: Richtlinie 2003/55/EG des Europäischen Parlaments und des Rates vom 26.6.2003 über gemeinsame Vorschriften für den Erdgasbinnenmarkt und zur Aufhebung der Richtlinie 98/30/EG, ABl. EG 2003 Nr. L 176, S. 57ff; Art. 2 Gesetz zur Neuregelung des Energiewirtschaftsrechts vom 24.4.1998, mit dem die Sonderregelung der §§ 103, 103a GWB a.F. für die Versorgung mit Elektrizität und Gas aufgehoben wurde (vgl. auch die RegBegr. zum Gesetzentwurf des Energiewirtschaftsrechtsgesetzes, BT-Drs. 13/7274, S. 9ff, 23f) - die bisherigen Ausnahmeregelungen gelten nur noch für die Versorgung mit **Wasser** fort; vgl. § 131 Abs. 8 GWB, sowie die RegBegr. zum Entwurf der 6. GWB-Novelle, BT-Drs. 13/9720, S. 38, 70. XXX. Bericht der Europäischen Kommission über die Wettbewerbspolitik 2000, S. 51ff; *Böge* in: FS Baur, S. 399ff; *ders./Lange* WuW 2003, 870ff; *Emmerich* in: FS v.Gamm, S. 581ff; *Hüffer/Ipsen/Tettinger*, S. 35ff m.z.N.; *Lindemann/Köster* DVBl. 1997, 527ff m.z.N.; *Theobald* AöR 122 (1997) 372, 391ff, 396ff m.w.N.

[11] Vgl. nur *Kruse* „Deregulierung“, S. 9, 12; *Vollmer* in: FS Schmidt, S. 289, 292f; Bericht der Deregulierungskommission, S. 2.

[12] Vgl. für die generelle Wettbewerbspolitik der **EG** nur: Mitteilung der Kommission „Leistungen der Daseinsvorsorge in Europa“, ABl. EG 1996 Nr. C 281, Ziff. 15, 58, S. 3, 5, 10 bzw. ABl. EG 2001 Nr. C 17, S. 4, 14ff mit zahlreichen Beispielen; Grünbuch der Kommission „Zu Dienstleistungen von Allgemeinem Interesse“, KOM (2003) 270 endg., S. 3f, 9. *Glasl* ECLR 1994, 306, 313; *van Miert* WuW 1995, 553, 554; *ders.* „EU-Regierungskonferenz“, S. 17, 20.

Vgl. zur **deutschen Wettbewerbspolitik** nur: Arbeitspapier des BKartA zu der Tagung des Arbeitskreises Kartellrecht im Oktober 1995, S. 2, 6f m.w.N.; 8. HauptGA der Monopolkommission 1988/89, BT-Drs. 11/7582, Tz. 1159.

fristig) nicht entstehen[13]. Die aktuelle Deregulierungspolitik geht nunmehr davon aus, dass diese Voraussetzungen zumindest nicht mehr in *sämtlichen* Tätigkeitsbereichen von Energie- oder Telekommunikationsunternehmen erfüllt sind, der Markt „versage" insoweit nicht mehr dergestalt, dass alle Güteranbieter bis auf einen verdrängt werden[14]. Beispielsweise können seit der Neuregelung des Energiewirtschaftsrechts zumindest im Bereich der Stromversorgung von Endkunden mehrere Anbieter miteinander in Wettbewerb treten, ohne selbst flächendeckende Versorgungsnetze zu betreiben, da sie die Netze anderer Betreiber nutzen dürfen[15].

Bei der Öffnung monopolistisch strukturierter Märkte für den Wettbewerb hat sich in der Vergangenheit jedoch mehrfach gezeigt, dass der bisherige Monopolist aufgrund seiner langjährigen unangefochtenen Marktmacht über einen wesentlichen Wettbewerbsvorsprung verfügt, mit dem er den Markt-

---

[13] BKartA in seinem Arbeitspapier zu der Tagung des Arbeitskreises Kartellrecht im Oktober 1995, S. 2 m.w.N., sowie in seiner Arbeitsunterlage zu der Sitzung des Arbeitskreises Kartellrecht im Oktober 1997, S. 5, 7f; Bericht der Deregulierungskommission, S. 4; *Bartling* WuW 1993, 16, 21 m.w.N.; *Kruse* „Deregulierung", S. 9, 13; *Schmidt* „Wettbewerbspolitik", S. 36f jeweils m.w.N.

[14] Vgl. nur das Arbeitspapier des BKartA zu der Tagung des Arbeitskreises Kartellrecht im Oktober 1995, S. 2f, 16; Arbeitsunterlage des BKartA zu der Sitzung des Arbeitskreises Kartellrecht im Oktober 1997, S. 1, 4ff; Bericht der Deregulierungskommission, S. 4 sowie S. 44 speziell zur Eisenbahn bzw. S. 69ff zur Stromwirtschaft; *Donges* „EU-Regierungskonferenz", S. 47, 49ff m.w.N.; *Klimisch/Lange* WuW 1998, 15, 17; *van Miert* „EU-Regierungskonferenz", S. 17, 20; *Müller* EuZW 1998, 232, 234; *Slot/Skudder* CMLR 2001, 87, 122ff m.w.N.; *Theobald* AöR 122 (1997) 372, 387 m.w.N.; *vWeizsäcker* WuW 1997, 572, 574ff mit weiteren Beispielen.

[15] § 6 EnWG. In Anlehnung an den Wortlaut des § 6 EnWG wird im Folgenden insoweit der – physikalisch nicht korrekte – Begriff „Durchleitung" verwendet.

Weitere Beispiele aus den Bereichen Telekommunikation, Post und Energieversorgung, Verkehr oben in Fn. 9, 10 sowie BKartA in seinem Arbeitspapier zu der Tagung des Arbeitskreises Kartellrecht im Oktober 1995, S. 15 (Eisenbahn) bzw. S. 20 (Post); Bericht der Deregulierungskommission, S. 84f (Elektrizitätsversorgung); Art. 6f der Richtlinie 96/67/EG des Rates vom 15.10.1996 über den Zugang zum Markt der Bodenabfertigungsdienste auf den Flughäfen der Gemeinschaft, ABl. EG 1996 Nr. L 272, S. 36, 39f; Gemeinsamer Standpunkt (EG) Nr. 61/2002 vom Rat festgelegt am 5.11.2002 im Hinblick auf den Erlass der Richtlinie 2002/.../EG des Europäischen Parlaments und des Rates vom ... über den Marktzugang für Hafendienste, ABl. EG 2002 Nr. C 299 E, S. 1ff; *Bartling* WuW 1993, 16, 21f; *Berschin* DVBl 2002, 1079ff; *Fehling* AöR 121 (1996) 59, 69ff; *ders.* DÖV 2002, 793, 794ff jeweils m.w.N.; *Maier/Dopheide* EuZW 2003, 456ff; *Müller* EuZW 1998, 232, 234 m.w.N.; *Paulweber/Weinand* EuZW 2001, 232ff; *Schlecht* WuW 1997, 565, 569. In der „Verbändevereinbarung **Erdgas II**" vom 3.5.2002 wurde festgestellt, dass der freie Bau von Gasleitungen auf der Stufe der überregionalen und regionalen Ferngasversorgung bereits „in Teilbereichen" zu Wettbewerb geführt hat (Ziff. 6.1.4 der Verbändevereinbarung des Bundesverbands der deutschen Industrie (BDI), des Verbands der industriellen Energie- und Kraftwirtschaft (VIK), des Bundesverbands der deutschen Gas- und Wasserwirtschaft (BGW) und des Verbands kommunaler Unternehmen (VKU) zum Netzzugang bei Erdgas, abrufbar unter www.bgw.de).

eintritt eines Konkurrenten (***Newcomer*, *Newcomer-Konkurrent***) verhindern oder wesentlich erschweren kann[16]: In einigen Branchen benötigen Newcomer für die Herstellung oder Nutzung ihres Gutes zunächst bestimmte Vorprodukte (bzw. Rohstoffe) oder Infrastruktureinrichtungen (z.B. Leitungsnetze im Energieversorgungs- oder Telekommunikationsbereich), über die lediglich der Monopolist verfügt. In zahlreichen Fällen wurden dem Monopolisten darüber hinaus gesetzliche Alleinverfügungsrechte über diese Rohstoffe oder Einrichtungen eingeräumt[17]. Der Monopolist ist also *vertikal integriert*, da er sowohl ein bestimmtes Vorprodukt (Rohstoff) als auch auf einem nachgelagerten oder sonst benachbarten Markt ein hieraus hergestelltes oder unter dessen sonstiger Nutzung entstandenes Produkt anbietet. Wenn ein vertikal integriertes Monopolunternehmen die Überlassung der benötigten Vorprodukte oder Einrichtungen verweigert, kann es die Tätigkeit von Konkurrenzunternehmen auf dem benachbarten Markt verhindern und seine Monopolstellung erfolgreich verteidigen[18].

---

[16] So generell für zu deregulierende Märkte: XXIII. Bericht der Europäischen Kommission über die Wettbewerbspolitik 1993, S. 36f, 51; XXV. Bericht der Europäischen Kommission über die Wettbewerbspolitik 1995, S. 17; Stellungnahme des Bundesrates zum Vorschlag der Bundesregierung einer 6. GWB-Novelle, BT-Drs. 13/9720, S. 71, 73; Forschrittsbericht zum Bericht der Bundesregierung zur Zukunftssicherung des Standortes Deutschland vom 23.6.1994, BT-Drs. 12/8090, S. 18; Jahreswirtschaftsbericht 1997 der Bundesregierung, BT-Drs. 13/6800, S. 48; BKartA in seinem Arbeitspapier zu der Tagung des Arbeitskreises Kartellrecht im Oktober 1995, S. 3, 26f, 35ff; *Emmerich* § 18.14, S. 200ff; *Glasl* ECLR 1994, 306, 311; *Kruse* „Deregulierung", S. 9, 30; *Mestmäcker* in: FS Steindorff, S. 1045, 1049; *Nolte* BB 1996, 2629; *Temple Lang* Fordham International Law Journal 18 (1994) 437, 476ff.

[17] Ähnliche Erwägungen veranlassten die Europäische Kommission im Rahmen der vollständigen Liberalisierung der Telekommunikation zum 1.1.1998 die freie Nutzung von Telekommunikationsinfrastrukturen durch Dritte in einer Richtlinie zu regeln, vgl. den 6. und 7. Erwägungsgrund der Richtlinie 96/19/EG zur Änderung der Richtlinie 90/388/EWG, ABl. EG 1996 Nr. L 74, S. 13, 14f (vgl. bereits die grundlegende Richtlinie zur Open Network Provision (ONP) 90/388/EWG vom 28.6.1990 über den Wettbewerb auf dem Markt für Telekommunikationsdienste, Erwägungsgründe 14ff, ABl. EG 1990 Nr. L 192, S. 10, 12); vgl. auch die Mitteilung der Kommission über die Anwendung der Wettbewerbsregeln auf Zugangsvereinbarungen im Telekommunikationsbereich, ABl. EG 1998 Nr. C 265, S. 2, 9ff, 15 (Tz. 49, 52, 63, 65, 89).

[18] Vgl. zu dieser Problematik auch das Grünbuch der Kommission „Zu Dienstleistungen von Allgemeinem Interesse", KOM (2003) 270 endg., S. 25; RegBegr. zum Entwurf der 6. GWB-Novelle, BT-Drs. 13/9720, S. 36; Stellungnahme der Bundesregierung zum Tätigkeitsbericht des BKartA 1993/94, BT-Drs. 13/1660, S. I, II; 14. HauptGA der Monopolkommission 2000/2001, Tz. 115ff; BKartA in seinem Arbeitspapier zu der Tagung des Arbeitskreises Kartellrecht im Oktober 1995, S. 3, 26f, 35f, 37f; BKartA in seiner Arbeitsunterlage zu der Sitzung des Arbeitskreises Kartellrecht im Oktober 1997, S. 6f (hier differenzierend zwischen „angreifbaren" und „nicht angreifbaren" Monopolen); *Klimisch/Lange* WuW 1998, 15, 20. S. zur **Telekommunikation**: die Europäische Kommission im 14. - 16. Erwägungsgrund der Richtlinie 90/388/EWG vom 28.6.1990, ABl. EG 1990 Nr. L 192, S. 10, 12 sowie in ihrer Mitteilung über die Anwendung der Wettbewerbsregeln auf Zugangsvereinbarungen im Telekommunikationsbereich, ABl. EG 1998

II. Rechtlicher Hintergrund

Solche Sachverhalte waren in den letzten Jahren Gegenstand einiger Verfahren nach dem allgemeinen gemeinschaftlichen und deutschen Kartellrecht. Sowohl der EuGH und das EuG als auch der BGH haben den Anspruch eines Newcomer-Konkurrenten auf Überlassung derjenigen Güter, die er für seine Marktteilnahme benötigt, auf das Verbot des Missbrauchs einer marktbeherrschenden Stellung (**Art. 82 EG** (Art. 86 EG-Vertrag) bzw. **§ 20 Abs. 1 GWB** (§ 26 Abs. 2 S. 1 GWB a.F.[19])) gestützt. Wenn ein Machtmissbrauch festgestellt wurde, wurde der Marktbeherrscher (als ***Verbotsadressat***) zur Kontrahierung über das begehrte Gut mit dem Newcomer-Nachfrager verpflichtet. Die Gerichte haben diese Rechtsansicht mit ihrer früheren ständigen Rechtsprechung über Kontrahierungspflichten marktbeherrschender Unternehmen begründet[20].

Hierüber hinaus wurden für einige Branchen sektorspezifische Regelungen vorgeschlagen oder bereits erlassen, die den Zugang von Newcomer-Nachfragern zu Gütern oder Einrichtungen, die sie für ihre Tätigkeit benötigen, regeln (z.B. der „offene", d.h. ungehinderte, Zugang sämtlicher Nutzer zu einem Telekommunikationsnetz, sog. *„Open Network Provision"*, *ONP*[21],

---

Nr. C 265, S. 2, 9ff, 15 (Tz. 49, 52, 63, 65, 89); 11. HauptGA der Monopolkommission 1994/1995, BT-Drs. 13/5309, Tz. 57ff; 24. SonderGA der Monopolkommission „Telekommunikation", Tz. 8, 13, 17f, 37f; Begründung zum Entwurf eines Telekommunikationsgesetzes, BT-Drs. 13/3609, S. 1f, 33f; *Gramlich* CR 1997, 65, 71 m.w.N.; *Mestmäcker* in: FS Steindorff, S. 1045, 1051; *Nolte* BB 1996, 2629; *Rittaler* WuW 1996, 699f, 705 m.w.N.; *Schwintowski* CR 1997, 630, 634 m.w.N. S. zur **Post**: RegBegr. zum Entwurf eines Postgesetzes, BT-Drs. 13/7774, S. 1, 17. S. zur **Energiewirtschaft**: 11. HauptGA der Monopolkommission 1994/1995, BT-Drs. 13/5309, Tz. 70ff. Einen Überblick über die hiermit verbundenen tatsächlichen Probleme und deren rechtliche Bewältigung in den Bereichen **Bahn, Energieversorgung und Telekommunikation** gibt *Fehling* AöR 121 (1996) 59ff sowie *ders.* DÖV 2002, 793, 797f.

19 BGBl. 1990 I 235, 247ff.

20 S. zur Entscheidungspraxis z.B. EuG, 10.7.1991, Rs. T-70/89, Slg. 1991 II 535ff (BBC/Kommission); EuG, 10.7.1991, Rs. T-76/89, Slg. 1991 II 575ff (ITP/Kommission); EuGH, 6.4.1995, verb. Rs. C-241 und C-242/91 P, Slg. 1995, 743, 824, (Magill II); BGH, 15.11.1994, KVR 29/93, BGHZ 128, 17, 37f (Gasdurchleitung); die Entscheidung der Kommission 89/205/EWG vom 21.12.1988, ABl. EG 1989 Nr. L 78, S. 43 (Magill TV Guide/ITP, BBC und RTE); EuG, 10.7.1991, Rs. T-69/89, Slg. 1991 II 485ff (RTE/Kommission).

21 Grundlegend im **gemeinschaftlichen Recht**: Rahmenrichtlinie des Rates 90/387/EWG vom 28.6.1990 zur Verwirklichung des Binnenmarktes für Telekommunikationsdienste durch Einführung eines offenen Netzzugangs (Open Network Provision - ONP), ABl. EG 1990 Nr. L 192, S. 1ff, die auf den entsprechenden Entschließungen im Grünbuch über die Entwicklung des Gemeinsamen Marktes für Telekommunikationsdienstleistungen und Telekommunikationsgeräte, KOM (87) 290, basiert. Vgl. im Übrigen insbesondere die Richtlinie 97/33/EG des Europäischen Parlaments und des Rates vom 30.6.1997 über die Zusammenschaltung in der Telekommunikation im Hinblick auf die Sicherstellung eines Universaldienstes und der Interoperabilität durch An-

oder der Zugang zu Strom- oder Erdgasleitungsnetzen, sog. „*Third Party Access*“, *TPA*[22])[23]. Des Weiteren wurde das deutsche Kartellrecht in der sechsten GWB-Novelle um einen entsprechenden Spezialtatbestand ergänzt. So handelt ein marktbeherrschendes Unternehmen gemäß § 19 Abs. 4 Nr. 4 GWB missbräuchlich, wenn es einem anderen Unternehmen den Zugang zu eigenen Einrichtungen nicht gewährt, ohne die der Nachfrager nicht als Wettbewerber tätig werden kann.

---

wendung der Grundsätze für einen offenen Netzzugang (ONP), ABl. EG 1997 Nr. L 199, S. 32ff; bzw. seit 25.7.2003: Art. 4ff der Richtlinie 2002/19/EG des Europäischen Parlaments und des Rates vom 7.3.2002 über den Zugang zu elektronischen Kommunikationsnetzen und zugehörigen Einrichtungen sowie deren Zusammenschaltung (Zugangsrichtlinie), ABl. EG 2002 Nr. L 108, S. 7, 12ff.

S. zum **deutschen Recht** §§ 33 - 35 Telekommunikationsgesetz (TKG) (dazu nur *Bunte* WuW 1997, 302, 307; *Gramlich* CR 1997, 65, 72f; *Schwintowski* CR 1997, 630, 634ff m.w.N.); s. zur Neufassung des deutschen Telekommunikationsrechts zur Umsetzung des o.g. neuen Rechtsrahmens §§ 16ff des Kabinettsentwurfs eines Telekommunikationsgesetzes vom 15.10.2003, abrufbar unter www.bmwi.de/Navigation/Service/Gesetze/rechtsgrundlagen-telekommunikationspolitik,did =26500.html (hierzu *Klotz* MMR 2003, 495, 498f; *Möschel/Haug* MMR 2003, 505, 506f).

22 Grundlegend zum **gemeinschaftlichen Recht**: Art. 17, 18 der Richtlinie 96/92/EG des Europäischen Parlaments und des Rates vom 19.12.1996 betreffend gemeinsame Vorschriften für den Elektrizitätsbinnenmarkt, ABl. EG 1997 Nr. L 27, S. 20, 26f (vgl. hierzu nur *Britz* RdE 1997, 85, 89f; *Lindemann/Köster* DVBl. 1997, 527, 533; *Stewing* EWS 1997, 83ff jeweils m.w.N.) bzw. ab 1.7.2004: Art. 20 der Richtlinie 2003/54/EG des Europäischen Parlaments und des Rates vom 26.6.2003 über gemeinsame Vorschriften für den Elektrizitätsbinnenmarkt und zur Aufhebung der Richtlinie 96/92/EG, ABl. EG 2003 Nr. L 176, S. 37, 48. S. Art. 15, 16, 23 der Richtlinie 98/30/EG des Europäischen Parlaments und des Rates vom 22.6.1998 betreffend gemeinsame Vorschriften für den Erdgasbinnenmarkt, ABl. EG 1998 Nr. L 204, S. 1, 7, 9f; bzw. ab 1.7.2004: Richtlinie 2003/55/EG des Europäischen Parlaments und des Rates vom 26.6.2003 über gemeinsame Vorschriften für den Erdgasbinnenmarkt und zur Aufhebung der Richtlinie 98/30/EG, ABl. EG 2003 Nr. L 176, S. 57, 67. S. zur Entwicklung des gemeinschaftsrechtlichen *TPA* nur den Rat „Energie“ in seinen Schlussfolgerungen zum Elektrizitätsbinnenmarkt am 29.11.1994, Bull. EU 11-1994, S. 37, 38, und am 1.6.1995, Bull. EU 6-1995, S. 73, 74. Einen Überblick über die bisherigen Vorschläge und Politiken der Kommission vermitteln das Grünbuch der Kommission „Für eine Energiepolitik der Europäischen Union“, KOM (94) 659 endg., S. 44ff; *Eckert* RdE 1992, 56ff; *Ehlermann* EuZW 1992, 689ff; *Stewing* EuR 1993, 41ff; *Theobald* AöR 122 (1997) 372, 391ff m.w.N.

S. zum 1998 geänderten **deutschen Recht** §§ 5, 6 EnWG sowie die Beschlussempfehlung und den Bericht des Ausschusses für Wirtschaft, auf dessen Vorschlag die genanten Vorschriften beruhen, BT-Drs. 13/9211, S. 24f. Gesetzentwurf der Bundesregierung zur Neuregelung des Energiewirtschaftsrechtsgesetzes, BT-Drs. 13/7274 (hierzu *Lindemann/Köster* DVBl. 1997, 527, 528ff; *Stewing* EWS 1997, 83, 84ff jeweils m.w.N.).

23 Ein weiteres Beispiel für einen bereits geschaffenen Zugangsanspruch ist **§ 14 AEG** (Allgemeines Eisenbahngesetz), wonach Eisenbahnverkehrsunternehmen das Recht auf diskriminierungsfreie Benutzung der Eisenbahninfrastruktur eines anderen Unternehmens haben, wenn diese Netze dem öffentlichen Verkehr dienen (vgl. hierzu nur *Bunte* WuW 1997, 302, 307; *Eiermann* NJW 1998, 1846f; sowie die Arbeitsunterlage des BKartA zu der Sitzung des Arbeitskreises Kartellrecht im Oktober 1997, S. 17f).

Die Rechtsfrage, ob eine solche „***wettbewerbsverhindernde Kontrahierungsverweigerung***“ missbräuchlich ist, stellt sich jedoch nicht nur in diesen spezifischen Sektoren, insbesondere Telekommunikation oder Energie. Vielmehr entsteht sie stets dann, wenn ein Markt von einem Monopolisten beherrscht wird und diesem durch einen kartellaufsichtlichen Kontrahierungszwang erstmals ein Konkurrent gegenübergestellt wird, nachdem er „seinen“ Markt nicht freiwillig für andere Anbieter geöffnet und deren Markteintritt verhindert hat[24].

B. Zielsetzung und Gang der Untersuchung

I. Untersuchungsansatz

Weder die Gemeinschaftsgerichte noch der BGH können in ihren Einzelfallentscheidungen zu Art. 82 EG bzw. § 20 Abs. 1 GWB allgemeine Grundsätze für die Voraussetzungen und den Umfang der Kontrahierungspflichten eines marktbeherrschenden Unternehmens entwickeln. Hierfür können auch nicht die sektorspezifischen Regelungen konkurrentennütziger Verhaltenspflichten eines Marktbeherrschers herangezogen werden.

Die maßgebliche Rechtsfrage betrifft insoweit nicht die Statthaftigkeit eines Kontrahierungszwangs[25]. Vielmehr unterscheiden sich diese von den übrigen Fällen einer missbräuchlichen Kontrahierungsverweigerung darin, dass der Verbotsadressat verpflichtet werden soll, einen zukünftigen Konkurrenten bei dessen Markteintritt zu unterstützen, da sonst kein Wettbewerb entstehen kann. Wenn der Monopolist das nachgefragte Gut bisher ausschließlich selbst genutzt hat, wird er hierüber hinaus gezwungen, dieses Gut gegen seinen Willen erstmals in den Handel mit Nachfragern zu bringen.

---

[24] So auch die Einschätzung von *Temple Lang* Fordham International Law Journal 18 (1994) 437, 439f.

[25] Die Statthaftigkeit dieser Rechtsfolge wird - bei der Erfüllung bestimmter Voraussetzungen - in std. Rspr. bejaht, BGH, 26.10.1961, KZR 1/61, BGHZ 36, 91, 100 (Gummistrümpfe); BGH, 9.11.1967, KZR 7/66, BGHZ 49, 90, 98 (Jägermeister); BGH, 19.9.1974, KZR 14/73, WuW/E BGH 1325 (Schreibvollautomat); BGH, 8.5.1979, KZR 13/78, WuW/E BGH 1587 (Modellbauartikel); BGH, 13.11.1990, KZR 25/89, WuW/E BGH 2683, 2687 (Zuckerrübenanlieferungsrecht); BGH, 21.2.1995, KZR 33/93, WuW/E BGH 2983, 2989 (Kfz-Vertragshändler) jeweils m.z.N. Vgl. hierzu nur *Markert* in I/M zu § 20 GWB, Rz. 228 m.z.N. Bei einem Verstoß gegen Art. 82 EG ergibt sich die gleiche Rechtsfolge iVm §§ 823 Abs. 2, 249 S. 1 BGB, vgl. nur Langen/Bunte-*Dirksen* zu Art. 82 EG, Rz. 209 m.w.N.

Wegen dieser sachverhaltstypischen Besonderheiten ist möglicherweise eine besondere Auslegung der Missbrauchsvorschriften angezeigt[26]. Das deutsche und gemeinschaftliche Kartellrecht soll daher im Folgenden daraufhin untersucht werden, ob und unter welchen Voraussetzungen ein Kontrahierungszwang „*kartellrechtmäßig*"[27] wäre, um Wettbewerb auf Märkten herzustellen, die bisher monopolistisch strukturiert waren („***wettbewerbsherstellender Kontrahierungszwang***"). Als Rechtsgrundlage wird von dem Verbot des Missbrauchs einer marktbeherrschenden Stellung iSd § 20 Abs. 1 GWB bzw. Art. 82 EG ausgegangen. Die einzelnen Tatbestandsvoraussetzungen werden daraufhin untersucht, ob sie im Interesse der Herstellung von Wettbewerb einen konkurrentennützigen Kontrahierungszwang gestatten bzw. sogar erfordern. Ausgangspunkt ist der Wortlaut, der anschließend mit Hilfe der weiteren juristischen Auslegungsmethoden (insbesondere im Wege der teleologischen Auslegung) untersucht wird. Hierbei werden diejenigen Einwendungen berücksichtigt, die ein Marktbeherrscher einem konkurrentennützigen Kontrahierungszwang typischerweise entgegenhalten würde.

Der Tatbestand des allgemeinen Missbrauchsverbots dient insoweit als „Auffangnorm" bzw. als „Mindestvoraussetzung"[28] für die Pflichten eines marktbeherrschenden Unternehmens. Soweit hierbei aus allgemeinen Rechtsgrundsätzen absolute Grenzen für konkurrentennützige Verhaltenspflichten eines Verbotsadressaten entwickelt werden können (z.B. aus dem

---

[26] Vgl. auch das BKartA in seinem Arbeitspapier zu der Tagung des Arbeitskreises Kartellrecht im Oktober 1995, S. 37, das derartige Fallgestaltungen als den „künftigen Schwerpunkt der Missbrauchsaufsicht" erachtete. Vgl. auch *Klimisch/Lange* WuW 1998, 15, 25f.

[27] Um Missverständnisse zu vermeiden, wird in dieser Untersuchung das Begriffspaar „**kartellrechtswidrig**" / "**kartellrechtmäßig**" verwendet und nicht „wettbewerbswidrig" / "wettbewerbsgemäß". Als „wettbewerbswidrig" werden nämlich üblicherweise solche Verhaltensweisen bezeichnet, die gegen das UWG (insbesondere § 1 UWG) verstoßen (vgl. nur *Markert* „Wettbewerberbehinderung", S. 24). Unbestritten ist jedoch der Anwendungsbereich des (§ 20 Abs. 1) GWB - trotz Überschneidungsmöglichkeiten - von dem des UWG zu trennen (vgl. nur RegBegr. zum Entwurf der 2. GWB-Novelle, BT-Drs. VI/2520, S. 34; BGH, 3.3.1969, KVR 6/68, BGHZ 52, 65, 73 (Sportartikelmesse); BGH, 4.4.1995, KZR 34/93, WuW/E BGH 2977, 2980f (Hitlisten-Platten); *vGamm* NJW 1980, 2489ff, 2491f m.w.N.; *Markert* aaO., S. 17ff m.z.N.; einen Überblick über den Meinungsstand vermittelt *Scherer* WRP 1996, 174ff). Auch die Begriffe „leistungsfremd"/"leistungsbezogen" oder „leistungswidrig"/"leistungsgerecht", die im Wesentlichen auf *Ulmer* zurückzuführen sind (vgl. nur *Ulmer* GRUR 1977, 565, 573ff), haben sich nicht durchsetzen können (vgl. statt vieler *vGamm* NJW 1980, 2489, 2492f m.w.N.; *Lukes* BB 1986, 2074, 2075f, 2080f; *Markert* aaO. m.w.N.; *Möschel* in I/M zu § 20 GWB, Rz. 102ff), da sie der umfassenden einzelfallbezogenen Missbrauchsbeurteilung nicht gerecht werden.

[28] Auch das Bundeskartellamt hat in einer Entscheidung zum speziellen Missbrauchsverbot des § 19 Abs. 4 Nr. 4 GWB „hilfsweise" zusätzlich die Voraussetzungen des § 20 Abs. 1 GWB geprüft (BKartA, 21.12.1999, B9-63220-T-199/97 und T-16/98, WuW/E DE-V 253, 256f (Puttgarden)).

Verfassungsrecht), können Rückschlüsse auf die generellen Voraussetzungen eines solchen Tatbestands gezogen werden. Diese sind auch bei der Auslegung der bereits geschaffenen bzw. noch geplanten sektorspezifischen konkurrentennützigen Verhaltenspflichten zu beachten.

Darüber hinaus wird das Missbrauchsverbot des allgemeinen Kartellrechts durch die erlassenen bzw. geplanten sektorspezifischen Regelungen nicht obsolet. Die allgemeinen Vorschriften bleiben in denjenigen Fällen anwendbar, in denen es (noch) keine Spezialregelung gibt[29] bzw. deren Aufhebung vorgesehen ist (wie bei § 131 Abs. 8 iVm § 103 GWB a.F. für die Wasserversorgung[30]) oder in denjenigen Fällen, in denen die allgemeinen Vorschriften zumindest subsidiär anwendbar bleiben[31]. Dies gilt insbesondere auch

[29] So auch die Bundesregierung in ihrer Stellungnahme zum Tätigkeitsbericht des BKartA 1993/94, BT-Drs. 13/1660, S. I, II.

[30] Vgl. zu den wettbewerbspolitischen Zielen, die dieser Vorschrift zugrunde liegen, sowie zu der zukünftigen Politik in der **Wasserversorgung** nur die RegBegr. zum Gesetzentwurf des Energiewirtschaftsrechtsgesetzes, BT-Drs. 13/7274, S. 9ff, 23f. Nach der RegBegr. zum Entwurf eines Sechsten Gesetzes zur Änderung des GWB vom 29.1.1998 sollte das allgemeine Missbrauchsverbot nach § 19 Abs. 1, 4 GWB insbesondere dann als „Auffangtatbestand" zur Verfügung stehen, wenn die sektorspezifische Regulierung im Bereich der **Telekommunikation** wieder aufgehoben werden wird, BT-Drs. 13/9720, S. 37, vgl. zu Wortlaut und gesetzgeberischen Zielen des § 19 Abs. 4 Nr. 4 GWB sogleich. Des Weiteren sieht auch das Richtlinienpaket des neuen gemeinsamen Rechtsrahmens für elektronische Kommunikationsnetze und -dienste (ABl. EG 2002 Nr. L 108, S. 7ff) „flexible Mechanismen" vor, um die sektorspezifische Regulierung bei zunehmendem Wettbewerb zu reduzieren und diesen Sektor schrittweise dem allgemeinen Wettbewerbsrecht zu unterstellen (Mitteilung der Kommission „Entwicklung neuer Rahmenbedingungen für elektronische Kommunikationsinfrastrukturen und zugehörige Dienste", sog. „Kommunikationsbericht 1999", KOM (1999) 539, S. VIII, Vf, 3f, 14, 21; 27. Erwägungsgrund der Richtlinie 2002/21/EG des Europäischen Parlaments und des Rates vom 7.3.2002 über einen gemeinsamen Rechtsrahmen für elektronische Kommunikationsnetze und -dienste (Rahmenrichtlinie), ABl. EG 2002 Nr. L 108, S. 33, 36).

[31] S. z.B. für das Verhältnis zwischen Telekommunikations- bzw. Energiebereich und Art. 82 EG: Mitteilung der Europäischen Kommission über die Anwendung der Wettbewerbsregeln auf Zugangsvereinbarungen im Telekommunikationsbereich, ABl. EG 1998 Nr. C 265, S. 2, 10 (Tz. 57f) m.w.N., Tz. 14, 31 der Leitlinien der Kommission zur Marktanalyse und Ermittlung beträchtlicher Marktmacht nach dem gemeinsamen Rechtsrahmen für elektronische Kommunikationsnetze und -dienste, ABl. EG 2002 Nr. C 165, S. 6, 7, 9; 3. Erwägungsgrund der Richtlinie 96/92/EG des Europäischen Parlaments und des Rates vom 19.12.1996 betreffend gemeinsame Vorschriften für den Elektrizitätsbinnenmarkt, ABl. EG 1997 Nr. L 27, S. 20. Vgl. für den grundsätzlich im Allgemeinen Eisenbahngesetz geregelten schienengebunden Personen- und Güterverkehr § 14 Abs. 4, 5 AEG, sowie das BKartA in seinem Arbeitspapier zu der Tagung des Arbeitskreises Kartellrecht im Oktober 1995, S. 16, 38. Gleiches gilt nach § 6 Abs. 1 S. 6 EnWG für die Elektrizitätswirtschaft (vgl. auch § 131 Abs. 8 GWB), gemäß § 2 Abs. 3 PostG (Postgesetz) für die Briefpost sowie für den Anwendungsbereich des TKG gemäß § 2 Abs. 3 TKG (bzw. für das künftige Telekommunikationsrecht § 2 Abs. 3 des Kabinettsentwurfs eines Telekommunikationsgesetzes vom 15.10.2003, abrufbar unter www.bmwi.de/Navigation/Service/Gesetze/rechtsgrundlagen-telekommunikationspolitik,did=26500.html). Die Bundesregierung ging in ihrer Begrün-

noch nach In-Kraft-Treten der Sechsten Novelle des GWB am 1.1.1999, mit der in § 19 Abs. 4 Nr. 4 GWB ein spezieller konkurrentennützer Tatbestand für den Zugang zu Infrastruktureinrichtungen geschaffen wurde - daneben ist weiterhin das allgemeine Missbrauchsverbot des § 20 Abs. 1 GWB (§ 26 Abs. 2 GWB a.F.) anwendbar[32]. Trotz der sektorspezifischen Regelungen sind daher in Zukunft weitere Fälle von wettbewerbsverhindernden Kontrahierungsverweigerungen zu erwarten, die nach allgemeinem Kartellrecht zu beurteilen sind[33].

II. Gang der Untersuchung

1. Zur Beurteilung der Rechtmäßigkeit eines konkurrentennützigen Kontrahierungszwangs soll zunächst der **wettbewerbspolitische Hintergrund** der hier untersuchten Problematik dargestellt werden (**Erster Abschnitt**). Auf dieser Analyse beruht insbesondere die teleologische Auslegung der im Anschluss zu untersuchenden Tatbestandsvoraussetzungen von § 20 Abs. 1 GWB bzw. Art. 82 EG.

Ein wettbewerbsherstellender Kontrahierungszwang berührt nämlich zwei sich möglicherweise widersprechende Grundsätze hoheitlicher Wettbewerbspolitik[34], die bereits aus den eingangs genannten Zitaten deutlich wer-

---

dung zum Entwurf der 6. GWB-Novelle davon aus, dass spezialgesetzliche Vorschriften vor dem allgemeinen Missbrauchsverbot des GWB vorrangig seien, BT-Drs. 13/9720, S. 37. Vgl. zum Konkurrenzverhältnis zwischen GWB und den geplanten bzw. neuen Vorschriften in den hier genannten Bereichen auch das 14. HauptGA der Monopolkommission 2000/2001, Tz. 139; *Bunte* WuW 1997, 302, 306f; *Möschel* WuW 1999, 5ff m.w.N.

[32] OLG Düsseldorf, 5.12.2001, U (Kart) 34/01, GRUR-RR 2002, 176, 179. *Markert* in I/M zu § 20 GWB, Rz. 163 m.w.N. A.A. GK-*Leo* zu § 19 GWB, Rz. 2332.

[33] Die gleiche Prognose trifft auch die Europäische Kommission in ihrem XXV. Bericht über die Wettbewerbspolitik 1995, S. 27; sowie in ihrem XXVI. Bericht über die Wettbewerbspolitik 1996, S. 36f, 40 m.w.N., sowie BKartA in seinem Arbeitspapier zu der Tagung des Arbeitskreises Kartellrecht im Oktober 1995, S. 2f, 37 und in seiner Arbeitsunterlage zu der Sitzung des Arbeitskreises Kartellrecht im Oktober 1997, S. 1ff (mit weiteren Beispielen auf S. 8, 25f); vgl. auch die Stellungnahme der Bundesregierung zum Tätigkeitsbericht des BKartA 1993/94, BT-Drs. 13/1660, S. I, II; Stellungnahme des Bundesrates zum Vorschlag der Bundesregierung einer 6. GWB-Novelle, BT-Drs. 13/9720, S. 71, 73; 14. HauptGA der Monopolkommission 2000/2001, Tz. 114; 11. HauptGA der Monopolkommission 1994/1995, BT-Drs. 13/5309, Tz. 57f, 71f; 556; *Glasl* ECLR 1994, 306, 310; *Klimisch/Lange* WuW 1998, 15, 21f; *Mestmäcker* in: FS Steindorff, S. 1045, 1049.

[34] Vgl. auch die Stellungnahme der Bundesregierung zum Tätigkeitsbericht des BKartA 1979/1980, BT-Drs. 9/565, S. I, IV; Bericht der Bundesregierung zur Zukunftssicherung des Standortes Deutschland vom 3.9.1993, BT-Drs. 12/5620, S. 11f, 41; RegBegr. zum Entwurf eines Postgesetzes, BT-Drs. 13/7774, S. 1, 28; Arbeitspapier des BKartA zu der Tagung des Arbeitskreises Kartellrecht im Oktober 1995, S. 12; Bericht der Deregulierungskommission, S. 11, 84; GK-*Benisch* zu § 35 GWB, Rz. 3; *Deselaers* EuZW 1995, 563, 564; *Kilian* ZHR 142 (1978) 453,

den[35]: Einerseits soll stärker den Selbstregulierungskräften des Marktes vertraut und deshalb ein monopolistisch strukturierter Markt für den Wettbewerb geöffnet werden - andererseits muss die Kartellaufsicht zumindest für eine Übergangszeit lenkend in den Markt eingreifen und einem Newcomer-Konkurrenten den Markteintritt ermöglichen, wenn der bisherige Monopolist durch seine Weigerung, nachgefragte Güter zu überlassen, das Entstehen von Wettbewerb erfolgreich verhindern kann. Im Ergebnis zwingt die hoheitliche Kartellaufsicht den Monopolisten dazu, einen Konkurrenten aktiv zu unterstützen, indem er zu dessen Gunsten nicht nur - wie in jedem Wettbewerbsverhältnis - die Beeinträchtigung seiner Marktposition aufgrund des entstehenden Konkurrenzdrucks in Kauf nimmt, sondern darüber hinaus den (sonst erfolglosen) Markteintritt des Newcomer-Konkurrenten durch die erzwungene vertragliche Überlassung eigener Ressourcen ermöglicht. Um beurteilen zu können, ob derartige wettbewerbsherstellende Maßnahmen der Kartellaufsicht nicht quasi über ihr Ziel „hinausschießen" und einen Zustand herstellen, der „dem" Wettbewerb nicht entspricht, soll daher ebenfalls näher untersucht werden, welcher Schutzzweck insoweit dem GWB bzw. dem EG-Vertrag zugrunde liegt („was ist Wettbewerb?").

In diesem Zusammenhang stellt sich auch die Frage, ob das Missbrauchsverbot, das an ein (missbräuchliches) Verhalten des Verbotsadressaten anknüpft, überhaupt dazu angewendet werden kann, Marktstrukturen zu verändern, indem ein Markt „entmonopolisiert" wird. Sowohl Art. 82 EG als auch § 20 Abs. 1 GWB dienen grundsätzlich lediglich der Verhaltens-, nicht jedoch der Kontrolle der Strukturen eines Marktes[36].

2. Die wettbewerbspolitische Analyse gibt die erforderlichen Auslegungshinweise für die weiteren Abschnitte dieser Untersuchung, die sich mit dem deutschen (**Zweiter Abschnitt**) bzw. gemeinschaftlichen Kartellrecht befassen (**Dritter Abschnitt**). Beide Kapitel orientieren sich an den Tatbestandsvoraussetzungen des **deutschen bzw. gemeinschaftlichen Machtmissbrauchsverbots** (§ 20 Abs. 1 GWB bzw. Art. 82 EG) und untersuchen, ob

---

457; *Klaue* BB 1992, 1937, 1938; *ders.* RdE 1994, 51, 54; *Klimisch/Lange* WuW 1998, 15, 25f; *Mestmäcker* in: FS Steindorff, S. 1045, 1049f; *Schlecht* Ordo 43 (1992) 319, 327; *Temple Lang* Fordham International Law Journal 18 (1994) 437, 439, 479.

[35] Vgl. die einleitenden Zitate oben S. 1.

[36] RegBegr. zum Entwurf eines GWB, BT-Drs. II/1158, S. 27, 39, 43; Bericht der Bundesregierung über Änderungen des Gesetzes gegen Wettbewerbsbeschränkungen vom 22.8.1962, BT-Drs. IV/617, S. 59f, 67; Bericht des Ausschusses für Wirtschaft zum Entwurf der 4. GWB-Novelle, BT-Drs. 8/3690, S. 28. Vgl. auch BGH, 7.11.1960, KZR 1/60, BGHZ 33, 259, 263 (Molkereigenossenschaft); BGH, 9.11.1967, KZR 7/66, BGHZ 49, 90, 96 (Jägermeister). *Markert* in I/M zu § 20 GWB, Rz. 189 m.z.N.

und inwieweit hiernach ein wettbewerbsherstellender Kontrahierungszwang rechtmäßig bzw. sogar geboten wäre[37].

Zu berücksichtigen sind hierbei insbesondere auch die Einwände des Monopolunternehmens, die dieses typischerweise gegen die Kontrahierungspflicht gegenüber einem Newcomer-Konkurrenten geltend machen könnte. Diesbezüglich stehen sich das Interesse des Monopolisten, seine unternehmerische Tätigkeit frei zu gestalten, und das Markteintrittsinteresse des Nachfragers gegenüber, der mit dem monopolistischen Güteranbieter auf einem nachgelagerten Markt konkurrieren möchte. Der Adressat eines Kontrahierungszwangs könnte daher beispielsweise einwenden, er wolle seine Vertragspartner selbst auswählen, etwa weil das jeweilige Gut eine besondere Qualifikation der Abnehmer erfordere. Außerdem haben sowohl die Europäische Kommission als auch der BGH bereits mehrfach ausdrücklich betont, dass (auch) ein marktbeherrschendes Unternehmen nicht dazu verpflichtet werden könne, gegen ihn gerichteten Wettbewerb zu „subventionieren", also konkurrentennützig zu handeln[38]. Der Verbotsadressat könnte daher ebenfalls einwenden, eine selbstschädigende Verhaltenspflicht verletze in verfassungswidriger Weise u.a. seine grundrechtlich geschützte Vertragsfreiheit[39].

Besonderheiten einzelner Branchen bleiben bei dieser Untersuchung des allgemeinen Kartellrechts grundsätzlich außer Betracht. Dies gilt auch für diejenigen Allgemeinwohlbelange, die sich z.B. aus der im Energiebereich zu gewährleistenden Versorgungssicherheit oder aus den Belangen der an-

---

[37] **Bejahend:** das (erste) Programm des Rates für die mittelfristige Wirtschaftspolitik (1966 - 1970), ABl. EG 1967, S. 1513, 1521, 1543; *Markert* AG 1991, 288, 291f (zur deutschen Rechtslage); *ders.* WuW 1995, 560, 570f (zur gemeinschaftlichen und deutschen Rechtslage); *Mestmäcker* in: FS Steindorff, S. 1045f (zur deutschen Rechtslage); *Vollmer* in: FS Schmidt, S. 289, 295ff, 300f (zur gemeinschaftlichen Rechtslage) m.z.N. **Verneinend:** *Klaue* BB 1992, 1937, 1938ff; *ders.* BB 1993, 740, 742f (jeweils zur gemeinschaftlichen und deutschen Rechtslage); *Langer* et 1994, 158, 162 (zur deutschen Rechtslage); *Schnelle* EuZW 1994, 556, 557f, 562 (zur gemeinschaftlichen Rechtslage) m.w.N.; *Stewing*, S. 88ff, 93 (zur gemeinschaftlichen Rechtslage); vgl. auch *Scholz/Langer*, S. 33ff, 168ff, 170. **Zweifelnd**, ob die Vorschriften des GWB für die Liberalisierung des Telekommunikations- bzw. Postsektors ausreichen: die Begründung zum Entwurf eines Telekommunikationsgesetzes, BT-Drs. 13/3609, S. 33, 34, bzw. die RegBegr. zum Entwurf eines Postgesetzes, BT-Drs. 13/7774, S. 1, 17; *Stewing* BB 1995, 1968, 1971 m.w.N.

[38] So die Kommission in der Entscheidung 87/500/EWG vom 29.7.1987, ABl. EG 1987 Nr. L 286, S. 36, 41 (BBI/Boosey & Hawkes). Vgl. auch BGH, 12.11.1991, KZR 2/90, WuW/E BGH 2755, 2759 (Aktionsbeträge); BGH, 15.11.1994, KVR 29/93, BGHZ 128, 17, 37f (Gasdurchleitung) jeweils m.w.N. Als „ordnungspolitisch bedenklich" bezeichnete auch der Arbeitskreis Kartellrecht eine derartige Kontrahierungspflicht, Tagung im Oktober 1995, WuW 1996, 20, 22.

[39] So *Klaue* BB 1993, 740f; *Langer* et 1994, 158, 162; *ders.* et 1995, 395, 399; *Lukes*, S. 65, 87. A.A.: *Baur* in: FS Lukes, S. 253, 266f; *Bunte* WuW 1997, 302, 312, 317; *Ebel* WuW 1994, 731, 737; *Fehling* VerwArch 1995, 600, 606; *Gramlich* CR 1997, 65, 71; *Lindemann/Köster* DVBl. 1997, 527, 530; *Markert* WuW 1995, 560, 566; *Papier* BB 1997, 1213, 1214ff, 1218f; *Schmidt-Preuß* AG 1996, 1, 5ff; *ders.* RdE 1996, 1ff; *vWeizsäcker* WuW 1997, 572, 577f.

gemessenen und flächendeckenden Versorgung der Bevölkerung im Telekommunikations- oder Postbereich ergeben und deretwegen diese Tätigkeiten früher ausschließlich einem einzelnen Anbieter vorbehalten waren[40]. Auch in diesen Bereichen besteht die aktuelle gemeinschaftliche Rechtsetzungspraxis grundsätzlich nicht darin, neue ausschließliche Rechte zu schaffen. Vielmehr werden Maßnahmen zur Gewährleistung der sicheren und gleichmäßigen Versorgung der Bevölkerung in den geplanten oder bereits erlassenen Spezialvorschriften zur wettbewerblichen Liberalisierung dieser Sektoren in entsprechenden (ggf. befristeten[41]) Sonderregelungen berücksichtigt[42]. Das Gleiche gilt für die aktuelle Gesetzgebungspraxis in Deutsch-

---

[40] Vgl. zum tatsächlichen Hintergrund dieser Untersuchung oben A.I.1.

[41] Vgl. den XXVI. Bericht der Europäischen Kommission über die Wettbewerbspolitik 1996, S. 22. Siehe z.B.: Art. 7 Abs. 2, 3 iVm dem 16. - 19. Erwägungsgrund der Richtlinie des Europäischen Parlaments und des Rates 97/67/EG vom 15.12.1997 über gemeinsame Vorschriften für die Entwicklung des Binnenmarktes der Postdienste der Gemeinschaft und die Verbesserung der Dienstequalität, nach der ausschließliche Rechte („reservierte Bereiche") nur für die Erbringung bestimmter Dienste aufrecht erhalten werden sollen, wobei auf Vorschlag der Kommission über die weitere schrittweise Liberalisierung der Postdienste bis zum 1.1.2003 zu entscheiden war, ABl. EG 1997 Nr. L 15, S. 14, 15, 20. In der entsprechenden Änderungsrichtlinie vom 10.6.2002 wurden die „reservierten Bereiche" - insbesondere hinsichtlich des zulässigen Höchstgewichts der Sendung - weiter eingeschränkt; außerdem soll die Kommission dem Europäischen Parlament und dem Rat bis zum 31.12.2006 über die weiteren Schritte bis zur vollständigen Liberalisierung bis voraussichtlich 2009 berichten, s. Art. 7 Abs. 1, 3 der Richtlinie 2002/39/EG des Europäischen Parlaments und des Rates zur Änderung der Richtlinie 97/67/EG im Hinblick auf die weitere Liberalisierung des Marktes für Postdienste in der Gemeinschaft, ABl. EG 2002 Nr. L 176, S. 21, 23f. In Deutschland wird der Anwendungsbereich des § 51 PostG, in dem der Deutschen Post AG befristet die „gesetzliche Exklusivlizenz" für die Beförderung bestimmter Standardpostsendungen zuerkannt worden ist, schrittweise zum 31.12.2005 bzw. 31.12.2007 entsprechend verringert (Art. 1, 2 des Dritten Gesetzes zur Änderung des Postgesetzes, BGBl. 2002 I 3218).

[42] Vgl. für die Wettbewerbspolitik der EG nur die Mitteilung der Kommission „Leistungen der Daseinsvorsorge in Europa", ABl. EG 1996 Nr. C 281, S. 3, 5, 10, Ziff. 15, 58 bzw. ABl. EG 2001 Nr. C 17, S. 4, 14ff mit zahlreichen Beispielen; Grünbuch der Kommission „Zu Dienstleistungen von Allgemeinem Interesse", KOM (2003) 270 endg., S. 27f; XXXII. Bericht der Europäischen Kommission über die Wettbewerbspolitik 2002, S. 135ff; *Schwarze* EuZW 2001, 334, 336f, 339; *Slot/Skudder* CMLR 2001, 87, 120ff. Vgl. hinsichtlich spezieller Branchen: Art. 3 Abs. 1 gegenüber den Ausnahmemöglichkeiten nach Art. 3 Abs. 2, 3 der Richtlinie 96/92/EG des Europäischen Parlaments und des Rates vom 19.12.1996 betreffend gemeinsame Vorschriften für den **Elektrizitätsbinnenmarkt**, ABl. EG 1997 Nr. L 27, S. 20, 23 (bzw. ab 1.7.2004: Art. 3 Abs. 2, 8 der Richtlinie 2003/54/EG des Europäischen Parlaments und des Rates vom 26.6.2003 über gemeinsame Vorschriften für den Elektrizitätsbinnenmarkt und zur Aufhebung der Richtlinie 96/92/EG, ABl. EG 2003 Nr. L 176, S. 37, 42); vgl. auch den 7. Erwägungsgrund sowie Art. 5 der Richtlinie 97/33/EG des Europäischen Parlaments und des Rates vom 30.6.1997 über die Zusammenschaltung in der **Telekommunikation** im Hinblick auf die Sicherstellung eines Universaldienstes und der Interoperabilität durch Anwendung der Grundsätze für einen offenen Netzzugang (ONP), ABl. EG 1997 Nr. L 199, S. 32, 33, 37, bzw. seit 25.7.2003: Richtlinie 2002/22/EG des Europäischen Parlaments und des Rates vom 7.3.2002 über den Universaldienst und Nutzerrechte bei elektroni-

land[43]. Branchenspezifische Erwägungen führen daher nicht zu einer anderen Beurteilung der zunächst zu klärenden Rechtsfrage, ob ein Anspruch eines Newcomer-Konkurrenten gegenüber einem monopolistischen Güteranbieter besteht, dessen Einrichtungen vertraglich (mit-) zu benutzen. Hiervon zu trennen ist die sich anschließende - und grundsätzlich in erster Linie aus sektorspezifischen Gründen zu entscheidende - Frage, ob ausnahmsweise zur sicheren und gleichmäßigen Versorgung der Bevölkerung mit bestimmten Gütern eine andere Rechtsfolge angezeigt ist.

3. Im **Vierten Abschnitt** werden die für das allgemeine Kartellrecht gefundenen Ergebnisse einigen geltenden **Spezialregelungen** gegenübergestellt. Hierdurch soll erstens die praktische Relevanz der hier gefundenen Ergebnisse festgestellt werden, zweitens können auf diese Weise die Vor- bzw. Nachteile des allgemeinen Kartellrechts gegenüber den spezifischen Regelungen beurteilt werden.

Aufgrund ihrer praktischen Bedeutung wurden die Bereiche Energie und Telekommunikation ausgewählt. Des Weiteren wird eine Entscheidungspraxis der Europäischen Kommission berücksichtigt, die diese in den letzten Jahren für die Feststellung konkurrentennütziger Verhaltenspflichten marktbeherrschender Unternehmen entwickelt hat (sog. „***essential facilities-doctrine***"). Außerdem wird der im Rahmen der Sechsten GWB-Novelle in Kraft getretene Spezialtatbestand für die konkurrentennützige Überlassung von Netzen oder anderen Infrastruktureinrichtungen (§ 19 Abs. 4 Nr. 4 GWB) in den Vergleich mit einbezogen.

---

schen Kommunikationsnetzen und -diensten (Universaldienstrichtlinie), ABl. EG 2002 Nr. L 108, S. 51ff.

[43] Vgl. das Arbeitspapier des BKartA zu der Tagung des Arbeitskreises Kartellrecht im Oktober 1995, S. 2, 6f m.w.N. für vorgeschlagene Modelle, sog. Universaldienstverpflichtungen zu erfüllen. Vgl. zu den bereits verwirklichten Regelungen in den Bereichen **Telekommunikation** und **Post**: die Ausnahmeregelungen bei Erbringen von Universaldienstleistungen gemäß § 2 Abs. 2 Nr. 3, §§ 18 - 20 TKG iVm der Telekommunikations-Universaldienstleistungsverordnung (TUDLV) (s. zu diesen Regelungen nur *Gramlich* VerwArch 1997, 598, 633f m.w.N.; *Schütz* DVBl. 1997, 1146, 1147ff; *Schwintowski* CR 1997, 630, 631ff) (s. zum künftigen Telekommunikationsrecht: §§ 76ff des Kabinettsentwurfs eines Telekommunikationsgesetzes vom 15.10.2003, abrufbar unter www.bmwi.de/Navigation/Service/Gesetze/rechtsgrundlagen-telekommunikations-politik, did= 26500.html), bzw. gemäß §§ 2 Abs. 2 Nr. 3, 13, 15 PostG iVm der Post-Universaldienstleistungsverordnung (PUDLV) (s. hierzu nur *Gramlich* NJW 1998, 866, 871 m.w.N.). Sowohl das TKG als auch das PostG dienen der Erfüllung des verfassungsrechtlichen Infrastrukturgewährleistungsauftrags des Bundes gemäß Art. 87f Abs. 1 GG, vgl. *Grzeszick* DVBl. 1997, 878, 879; *Schütz* DVBl. 1997, 1146, 1146ff; *Stern* DVBl. 1997, 309, 311ff jeweils m.w.N.- Vgl. zum weiteren Deregulierungsbedarf auch bei Unternehmen, die u.a. gemeinwirtschaftliche Aufgaben erfüllen, *Kruse* „Deregulierung", S. 9, 30.

4. Der **Fünfte Abschnitt** fasst die gefundenen Ergebnisse zusammen und enthält **abschließende Schlussfolgerungen** zu der deutschen und der gemeinschaftlichen Kartellrechtslage. Hierbei werden allgemeine Vorgaben für konkurrentennützige Verhaltenspflichten marktbeherrschender Unternehmen entwickelt, die nicht nur für das allgemeine Missbrauchsverbot, sondern auch für vergleichbare sektorspezifische Vorschriften als Auslegungshilfe dienen können. Des Weiteren können aus den hier gefundenen Ergebnissen die Tatbestandsvoraussetzungen für den Kontrahierungsanspruch eines Newcomer-Konkurrenten entnommen werden - also diejenigen Voraussetzungen, die eine Vorschrift grundsätzlich enthalten muss, wenn mit Hilfe eines Kontrahierungszwangs Wettbewerb auf einem bisher monopolistisch strukturierten Markt hergestellt werden soll.

Hierüber hinaus soll im Rahmen dieser Schlussfolgerungen festgestellt werden, ob und inwieweit überhaupt spezialgesetzliche Regelungen erforderlich sind. Es ist zu fragen, ob das *allgemeine* Kartellrecht nicht für die Beurteilung wettbewerbsverhindernder Kontrahierungsverweigerungen (möglicherweise sogar besser) geeignet ist[44]. Hiervon unberührt bleibt allerdings die (vom Gesetzgeber bereits durch die Schaffung spezialgesetzlicher Vorschriften entschiedene) Frage, ob allein die Instrumente des allgemeinen Kartellrechts monopolistisch strukturierte Märkte (ggf. unter Berücksichtigung sektorspezifischer Belange) „entmonopolisieren“ und für den Wettbewerb öffnen können. Die hier gefundenen Ergebnisse dienen lediglich der

---

[44] **So** die Auffassung in dem (ersten) Programm des Rates für die mittelfristige Wirtschaftspolitik (1966 - 1970), ABl. EG 1967, S. 1513, 1521, 1543; *Bunte* WuW 1997, 302, 304ff, 315f, 318; *Markert* AG 1991, 288, 291f (zur deutschen Rechtslage); *ders.* WuW 1995, 560, 570f (zur gemeinschaftlichen und deutschen Rechtslage); *Mestmäcker* in: FS Steindorff, S. 1045f (zur deutschen Rechtslage); *Vollmer* in: FS Schmidt, S. 289, 295ff, 300f (zur gemeinschaftlichen Rechtslage) m.z.N.

Zweifelnd jedoch an einer entsprechend zu erwartenden std. Rspr. des BGH und deshalb zur Klarstellung eine Sonderregelung befürwortend BKartA in seiner Arbeitsunterlage zu der Sitzung des Arbeitskreises Kartellrecht im Oktober 1997, S. 22ff; *Markert* BB 1997, 1421, 1424f m.w.N.; *Papier* „Durchleitungsrechte“, S. 46ff; *ders.* BB 1997, 1213, 1220; vgl. auch das 11. HauptGA der Monopolkommission 1994/1995, BT-Drs. 13/5309, Tz. 72, 588; *Klimisch/Lange* WuW 1998, 15, 20ff; *Lindemann/Köster* DVBl. 1997, 527, 530; *Stewing* BB 1995, 1968, 1971 m.w.N.; vgl. auch das Arbeitspapier des BKartA zu der Tagung des Arbeitskreises Kartellrecht im Oktober 1995, S. 9f, 12f, 33ff m.w.N., mit dem Vorschlag, dass sich (vorübergehende!) Spezialvorschriften am GWB orientieren sollten.

Demgegenüber befürworten die Einführung von **Spezialregelungen** ohne weiteres: 14. HauptGA der Monopolkommission 2000/2001, Tz. 125ff, 140ff; *Dreher* WuW 1995, 881, 903; *Klaue* BB 1992, 1937, 1938ff; *ders.* BB 1993, 740, 742f (jeweils zur gemeinschaftlichen und deutschen Rechtslage); *Langer* et 1994, 158, 162 (zur deutschen Rechtslage); *Müller* EuZW 1998, 232, 237 m.w.N.; *Schlecht* WuW 1997, 565, 571; *Schnelle* EuZW 1994, 556, 557f, 562 (zur gemeinschaftlichen Rechtslage) m.w.N.; *Stewing*, S. 88ff, 93 (zur gemeinschaftlichen Rechtslage); *Theobald* AöR 122 (1997) 372, 399f m.w.N.; vgl. auch *Scholz/Langer*, S. 33ff, 168ff, 170.

rechtlichen Beurteilung eines Teilaspekts dieser gesetzlichen Liberalisierungsmaßnahmen und führen nicht dazu, dass ein ggf. sektorspezifisch geregelter Kontrahierungsanspruch eines Newcomer-Konkurrenten aufgehoben, sondern ggf. entsprechend (z.B. im Wege der verfassungskonformen Auslegung) angepasst werden muss.

Erster Abschnitt: Ordnungspolitische Funktion der Missbrauchsaufsicht im deutschen und gemeinschaftlichen Kartellrecht

Ein konkurrentennütztiger Kontrahierungszwang zu Lasten eines marktbeherrschenden Unternehmens ist insbesondere nur dann rechtmäßig, wenn und soweit eine solche kartellaufsichtliche Maßnahme dem Sinn und Zweck der einschlägigen Vorschriften entspricht.

Bevor daher in den nächsten beiden Kapiteln die Tatbestandsvoraussetzungen des Missbrauchsverbots nach § 20 Abs. 1 GWB und Art. 82 EG im Einzelnen untersucht werden, sollen zunächst der Zweck dieser Regelungen, Unternehmen „im Wettbewerb" zu schützen, sowie die im Rahmen der Kartellaufsicht zu verfolgende Wettbewerbspolitik analysiert werden. Den hier untersuchten Pflichten eines Monopolunternehmens, seinen ersten Konkurrenten beim Markteintritt durch die Überlassung bestimmter Güter zu unterstützen, liegt nämlich eine neue wettbewerbspolitische und demzufolge aus teleologischen Gründen auch rechtliche Beurteilung von Kontrahierungszwängen zugrunde[1]:

Der Kontrahierungszwang dient in diesen Fällen der Herstellung von Wettbewerb auf bisher monopolistisch strukturierten Märkten. Im Ergebnis verändert also der kartellaufsichtliche Kontrahierungszwang die bestehende Marktstruktur von einem monopolistisch in einen wettbewerblich strukturierten Markt.

Bei der Beurteilung der Rechtmäßigkeit dieser kartellaufsichtlichen Maßnahme ist daher zu untersuchen, ob nicht zwei sich widersprechende Wettbewerbsleitbilder verfolgt werden, wenn einerseits auf die Selbstregulierungskräfte des Marktes vertraut und deshalb von einem Monopolisten beherrschte und verteidigte Märkte geöffnet („liberalisiert" bzw. „dereguliert") werden sollen, andererseits jedoch in diesen Markt eingegriffen wird, indem der Monopolist im Wege der Kartellaufsicht gezwungen wird, bestimmte Güter neuen Marktteilnehmern zu überlassen. Da sich sowohl der Nachfrager-Konkurrent als auch der monopolistische Anbieter auf ihre dem Wettbewerb immanente Freiheit berufen, in einen selbst ausgewählten Markt eintreten bzw. die unternehmerische Tätigkeit frei gestalten zu dürfen, soll hierbei besonderes Gewicht auf die Bedeutung „des" Wettbewerbs gelegt werden. Wenn ein wettbewerbsherstellender Kontrahierungszwang mit den wettbewerbspolitischen Motiven seiner Rechtsgrundlage nicht vereinbar ist, wäre eine solche Auslegung rechtswidrig.

---

[1] Vgl. hierzu bereits oben in der Einleitung unter A.I.1, B.II.1.

Weder das dem deutschen oder dem gemeinschaftlichen Kartellrecht zugrunde liegende Wettbewerbsleitbild noch die zu dessen Verwirklichung im Rahmen der Kartellaufsicht zu verfolgende Politik sind im GWB oder EG-Vertrag ausdrücklich näher definiert. Die Bundesregierung setzte in ihrem Entwurf des GWB den Begriff des Wettbewerbs ausdrücklich „voraus“[2]. Der für die Beratung dieses Gesetzentwurfs federführende Ausschuss für Wirtschaftspolitik hielt eine Legaldefinition sogar für „nicht möglich“[3]. Im Gemeinschaftsrecht umschreibt Art. 3 Abs. 1g) EG lediglich die Tätigkeit der EG, den Wettbewerb „vor Verfälschungen“ zu schützen, ohne jedoch das Ideal des „unverfälschten Wettbewerbs“ näher zu konkretisieren. Auch der „Grundsatz einer offenen Marktwirtschaft mit freiem Wettbewerb“ iSd Art. 4 Abs. 1 EG wird nicht legal definiert. Unterschiedliche Ansichten und Zielsetzungen über „den“ Wettbewerb sind daher rechtlich vertretbar.

Bereits vor In-Kraft-Treten beider Regelungen (GWB und E(W)G-Vertrag) bis heute wurden insoweit unterschiedliche Meinungen vertreten[4]. Auch wenn im Folgenden die Kernthesen der wesentlichen in der Kartellrechtswissenschaft vertretenen Theorien kurz dargestellt werden, geht die hier vorgenommene Auslegung nicht von diesen wissenschaftlichen Auffassungen aus. Vielmehr werden der Wettbewerbsbegriff und die dem GWB und EG-Vertrag zugrunde liegende Wettbewerbspolitik aus den jeweiligen Regelungen selbst, insbesondere den Vorschriften gegen Machtmissbrauch, entwickelt. Soweit nämlich hier eine bestimmte Begriffsbestimmung niedergelegt („normiert“) ist, wäre diese - im Gegensatz zu den kartellrechtswissenschaftlichen Theorien - für die Auslegung der entsprechenden Normen bis zu einer Rechtsänderung bindend[5].

Orientierungsmaßstab soll die historische Entwicklung des Wettbewerbsleitbildes und der im Rahmen der Kartellaufsicht insoweit verfolgten Wettbewerbspolitik sein, die sich aus den einzelnen Novellen des GWB bzw. den Änderungen des E(W)G-Vertrages ablesen lässt. Gefestigte Rückschlüsse insbesondere darüber, wie weit der Gesetzgeber marktbeherrschende Unternehmen staatlicher Aufsicht unterstellt hat, können nämlich nur dann gezo-

---

[2] RegBegr. zum Entwurf eines GWB, BT-Drs. II/1158, S. 21, 31.

[3] Schriftlicher Bericht des Ausschusses für Wirtschaftspolitik über den Entwurf eines Gesetzes gegen Wettbewerbsbeschränkungen, BT-Drs. II/3644, S. 1, 13.

[4] Vgl. hierzu nur *Cox/Hübener* in: Cox/Jens/Markert, S. 1, 4f; *Emmerich* § 1.2, S. 3ff; *Schmidt* „Wettbewerbspolitik“, S. 1ff, 164f jeweils m.w.N.

[5] Hierauf verweisen auch *Basedow* „Wirtschaftsverfassung“, S. 10ff; *Fikentscher* WuW 1961, 788, 790; *vGamm* NJW 1980, 2489, 2490; *Kreutz*, S. 39, 79 m.w.N.; *Scherer* „Wirtschaftsverfassung“, S. 35f. Vgl. auch BVerfG, 16.2.1983, 2 BvE 1, 2, 3, 4/83, BVerfGE 62, 1, 45 m.w.N. (std. Rspr.); BGH, 21.2.1995, KVR 4/94, WuW/E BGH 2967, 2974 (Strompreis Schwäbisch-Hall); BGH, 6.5.1997, KVR 9/96, NJW 1997, 3173, 3174 (Gaspreis) jeweils m.w.N.

gen werden, wenn die bisherige Regelungstendenz einbezogen wird. Soweit möglich soll hierbei gleichermaßen untersucht werden, welches Verhalten eines marktbeherrschenden Unternehmens noch als Ausübung der ihm zustehenden Wettbewerbsfreiheit anzusehen ist. Auf diese Weise kann nämlich beurteilt werden, ob das der aktuellen Deregulierungspolitik entsprechende rechtliche Instrumentarium, ein Monopolunternehmen zu konkurrentennützigem Verhalten zu verpflichten und ihm somit möglicherweise den Anreiz zu (eigennützigem) unternehmerischen Verhalten zu nehmen, dem Leitbild „des" Wettbewerbs (in rechtmäßiger Weise) Rechnung trägt oder ihn nicht eher konterkariert. Nur soweit rechtliche Vorgaben feststellbar sind, was „Wettbewerb" und wie dieser kartellrechtlich zu schützen ist, können daher Aussagen darüber getroffen werden, ob die im Wege des kartellaufsichtlichen Kontrahierungszwangs verfolgte aktuelle Wettbewerbspolitik - unabhängig davon, ob deren Ziele sonst gebilligt werden - in rechtlicher Hinsicht vertretbar ist.

Der Schwerpunkt der folgenden Analyse liegt daher auf der in den jeweiligen Novellen zum Ausdruck kommenden Beurteilung wirtschaftlicher Macht. Insbesondere wird die Frage untersucht, welche Verhaltensweisen eines marktbeherrschenden Unternehmens noch als Ausübung wettbewerbskonformer (und deshalb rechtmäßiger) Tätigkeit anerkannt werden. Von Bedeutung ist hier vor allem die Errichtung von Marktzutrittsschranken zu Lasten konkurrierender Unternehmen durch die Verweigerung einer Kontrahierung. Daneben soll die Rolle der staatlichen Kartellaufsicht für den Wettbewerbsprozess der Marktteilnehmer herausgearbeitet werden, aus der die jeweils zugrunde gelegte Wettbewerbspolitik deutlich wird. In diesem Zusammenhang ist insbesondere zu untersuchen, ob und inwieweit kartellaufsichtliche Maßnahmen gegen marktbeherrschende Unternehmen zur Veränderung der Marktstrukturen und Herstellung von Wettbewerb eingesetzt werden dürfen (Marktstrukturkontrolle).

Die hier gefundenen wettbewerbspolitischen Wertentscheidungen müssen bei der Auslegung des § 20 Abs. 1 GWB bzw. Art. 82 EG im Wege der teleologischen Auslegung berücksichtigt werden. Gerade das GWB dient nämlich (als „Grundgesetz der Wirtschaft"[6]) der rechtlichen Umsetzung der wirtschafts- und wettbewerbspolitischen Wertentscheidungen des Gesetzgebers[7], bzw. Art. 81ff EG bilden das rechtliche Instrumentarium für die Ver-

---

[6] 12. HauptGA der Monopolkommission 1996/97, BT-Drs. 13/11291, Tz. 105; *Bunte* WuW 1994, 5, 8; *Kartte* „Neues Leitbild", S. 37; *Lehmann* JZ 1990, 61, 62 m.w.N.; *Schlecht* WuW 1997, 565 m.w.N.

[7] Vgl. nur die Begründung zum Entwurf eines Gesetzes gegen Wettbewerbsbeschränkungen, BT-Drs. II/1158, S. 21f; Bundeswirtschaftsminister L. Erhard, Stenographische Berichte des 1. Deutschen Bundestages, 220. Sitzung vom 26.6.1952, S. 9749f, 9750 D.; *vGamm* NJW 1980,

wirklichung der Aufgabe der EG, ein System „unverfälschten Wettbewerbs" iSd Art. 3 Abs. 1g) EG zu gewährleisten[8]. Hierüber hinaus sind etwaige Vorgaben aus dem gemeinschaftsrechtlichen Wettbewerbsbegriff auch bei der Auslegung des deutschen Kartellrechts zu berücksichtigen (Art. 4 Abs. 1, Art. 99 Abs. 1 iVm Art. 98 EG iVm Art. 59 Abs. 2 S. 1, Art. 23 Abs. 1 S. 1 GG).

A. Wettbewerbskonzeption des GWB

Begriff und Inhalt „des" Wettbewerbs iSd ursprünglichen GWB sowie deren mögliche Veränderungen lassen sich der Begründung zum „Entwurf eines Gesetzes gegen Wettbewerbsbeschränkungen" bzw. den Begründungen zu den späteren Novellen entnehmen.

Der Sechsten GWB-Novelle, die am 1.1.1999 in Kraft getreten ist, wird insoweit eine Sonderstellung eingeräumt. Durch die Einfügung des § 19 Abs. 1, 4 Nr. 4 GWB wurde erstmals ausdrücklich ein konkurrentennütziger Kontrahierungszwang normiert. Wenn allein die hierin zum Ausdruck kommende gesetzgeberische Wertentscheidung für die Auslegung des Missbrauchsverbots als richtig unterstellt werden würde, wären die Schlussfolgerungen zu Lasten des zur Kontrahierung verpflichteten marktbeherrschenden Verbotsadressaten bereits „vorgezeichnet". Die rechtliche Beurteilung einer wettbewerbsverhindernden Kontrahierungsverweigerung (insbesondere der Rechtsfolge „Kontrahierungszwang") ist daher nur möglich, wenn die gesamte bisherige Entwicklung der deutschen Wettbewerbspolitik sowie des zugrunde liegenden Wettbewerbsbegriffs gewürdigt wird. Die in § 19 Abs. 1, 4 Nr. 4 GWB enthaltene wettbewerbspolitische Wertentscheidung wird auf

---

2489, 2490 m.w.N.; *Günther* WuW 1957, 677ff, 694. Der BGH berücksichtigt diese Ziele, indem er die „Unbilligkeit" bzw. „sachliche Rechtfertigung" einer Verhaltensweise iSd § 26 Abs. 2 S. 1 GWB a.F. (heute: § 20 Abs. 1 GWB) nach std. Rspr. aufgrund einer Abwägung der Interessen der Beteiligten unter Berücksichtigung der auf die Freiheit des Wettbewerbs gerichteten Zielsetzung des GWB feststellt, vgl. nur BGH, 27.9.1962, KZR 6/61, BGHZ 38, 90, 102 (Grote Revers); BGH, 3.3.1969, KVR 6/68, BGHZ 52, 65, 71 (Sportartikelmesse); BGH, 30.1.1970, KZR 3/69, WuW/E BGH 1069, 1072 (Tonbandgeräte); BGH, 12.5.1976, KZR 14/75, WuW/E BGH 1423, 1424 (Sehhilfen); BGH, 22.9.1981, KVR 8/80, WuW/E BGH 1829, 1834 (Original-VW-Ersatzteile II); BGH, 21.2.1995, KVR 10/94, WuW/E BGH 2990, 2995 (Importarzneimittel) jeweils m.z.N.

[8] Vgl. nur EuGH, 21.2.1973, Rs. 6/72, Slg. 1973, 215, 245 (Continental Can); EuGH, 6.3.1974, Rs. 6 u. 7/73, Slg. 1974, 223, 254 (Commercial Solvents); EuGH, 13.2.1979, Rs. 85/76, Slg. 1979, 461, 520, 552f (Vitamine); EuGH, 18.6.1991, Rs. C-260/89, Slg. 1991, 2925, 2961 (ERT). Ipsen, Rz. 28/21f, S. 557ff; Dauses-*Müller-Graff* A.I, Rz. 129; Dauses-*Emmerich* H.I § 1, Rz. 4ff; GTE-*Schröter* Vorbemerkung zu Art. 85 - 94 EGV, Rz. 9; GTE-*Zuleeg* zu Art. 3 EGV, Rz. 2 jeweils m.z.N.

diese Weise selbst vor dem Hintergrund der bisherigen Entwicklung hinterfragt.

Der folgende Abschnitt beschränkt sich ausschließlich auf das deutsche Kartellrecht. Zwar sind bestimmte Rechtsauffassungen und politische Ideen auch anderen Quellen oder einem Vergleich mit anderen Rechtskreisen (wie insbesondere dem US-amerikanischen Antitrustrecht) zu entnehmen, das häufig als „Vorbild" des GWB herangezogen wird[9]. Zum Ersten jedoch dient diese Untersuchung lediglich der Charakterisierung der aktuellen deutschen Politik gegenüber marktbeherrschenden Unternehmen, zum Zweiten haben andere politische und rechtliche Beurteilungen die Konzeption des GWB und seiner Novellen bereits mitbeeinflusst[10]. Die tatsächlich erlassenen Regelungen u.a. zur Missbrauchskontrolle spiegeln somit bereits die wettbewerbspolitische Auseinandersetzung mit diesen Auffassungen wider und beinhalten die Entscheidung des Gesetzgebers über deren Übertragbarkeit auf die deutsche Kartellrechtslage.

I. Gesetz gegen Wettbewerbsbeschränkungen (GWB-1958[11])[12]

Das Wettbewerbsleitbild und die hierauf basierende Wettbewerbspolitik des 1955 von der Bundesregierung vorgelegten Entwurfs eines GWB wird bereits aus den einleitenden Begründungserwägungen deutlich: Dieses Gesetz sollte „die Freiheit des Wettbewerbs sicherstellen und wirtschaftliche Macht da beseitigen, wo sie die Wirksamkeit des Wettbewerbs und die ihm innewohnenden Tendenzen zur Leistungssteigerung beeinträchtigt und die bestmögliche Versorgung der Verbraucher in Frage stellt"[13]. Hierbei wurde von

---

[9] Schriftlicher Bericht des Ausschusses für Wirtschaftspolitik über den Entwurf eines Gesetzes gegen Wettbewerbsbeschränkungen, BT-Drs. II/3644, S. 1, 3, 8, 10f; *Fikentscher* WuW 1955, 205, 207ff m.w.N.; *Hansen* WuW 1989, 376, 378; *Kartte* „Neues Leitbild", S. 20; *Möschel* „Wettbewerbsbeschränkungen", Rz. 31; *Tolksdorf* WuW 1980, 785, 794, 796 m.w.N.

[10] Vgl. zur „Entstehungsgeschichte" des GWB und seinen (auch internationalen) „Vorläufern" nur den schriftlichen Bericht des Ausschusses für Wirtschaftspolitik über den Entwurf eines Gesetzes gegen Wettbewerbsbeschränkungen, BT-Drs. II/3644, S. 1, 2ff; *Günther* WuW 1951, 17, 23ff m.w.N.; *Kartte* „Neues Leitbild", S. 15ff; *Kartte/Holtschneider* in: Cox/Jens/Markert, S. 193, 199ff m.w.N.; *Lehmann* JZ 1990, 61f; *Möschel* „Wettbewerbsbeschränkungen", Rz. 10ff, 30ff jeweils m.z.N.

[11] Zur besseren Kennzeichnung der durch die einzelnen Novellen des GWB geänderten oder neu eingefügten Vorschriften in ihrer jeweils gültigen Fassung werden diese im Folgenden mit dem Jahr ihres In-Kraft-Tretens zitiert, z.B. „GWB-1958". Dies gilt nicht für die aktuelle Fassung des GWB nach der Sechsten Novelle, die seit dem 1.1.1999 in Kraft ist. Ebenso wird bei den jeweils zitierten Fassungen des EG-Vertrages (EG) verfahren.

[12] BGBl. 1957 I 1081ff.

[13] BT-Drs. II/1158, S. 21; vgl. auch ebenda, S. 22.

der wirtschaftswissenschaftlich „erhärteten wirtschaftspolitischen Erfahrung“ ausgegangen, „dass die Wettbewerbswirtschaft die ökonomischste und zugleich demokratischste Form der Wirtschaftsordnung ist und dass der Staat nur insoweit in den Marktablauf lenkend eingreifen soll, wie dies zur Aufrechterhaltung des Marktmechanismus oder zur Überwachung derjenigen Märkte erforderlich ist, auf denen die Marktform des vollständigen Wettbewerbs nicht erreichbar ist“[14].

1. Wettbewerbsleitbild

Der Entwurf des GWB-1958, das am 1.1.1958 in Kraft getreten ist, basierte ausdrücklich auf der sog. ordoliberalen Wettbewerbstheorie, in der damals „Wettbewerb“ mit „vollständigem Wettbewerb“ oder auch „vollkommener Konkurrenz“[15] gleichgesetzt wurde[16]. Wettbewerb besteht hiernach bei einem (zumindest tendenziellen) Gleichgewicht unter einer großen Anzahl „selbständiger Unternehmensexistenzen“ mit freiem Zugang neuer Unternehmen zum Markt[17]. Das im GWB-1958 vertretene Wettbewerbsleitbild betonte zwei Funktionen des Wettbewerbs: zum Ersten die Verwirklichung der individuellen Freiheit der Unternehmen und zum Zweiten die hieraus resultierende volkswirtschaftlich positive „Tendenz zur Leistungssteigerung“ und optimalen Versorgung der Bevölkerung[18]. **Wirtschaftliche Macht** war hiernach dann negativ zu beurteilen, wenn sie die Verwirklichung dieser beiden

---

[14] Vgl. auch die Begründung zum Entwurf eines Gesetzes gegen Wettbewerbsbeschränkungen aaO. (vorige Fn.).

[15] *Bartling* „Wettbewerbspolitik“, S. 12ff m.w.N.; *Emmerich* § 1.2a), S. 5f; *vGamm* „Wettbewerbsrecht“, Rz. 9; *Hansen* WuW 1989, 376, 378f m.w.N.; *Kartte/Holtschneider* in: Cox/Jens/Markert, S. 193, 197ff m.z.N.; *Kreutz*, S. 40f m.w.N.; *Rittner* in: FS Hartmann, S. 251, 255ff m.z.N.; *Schmidt* „Wettbewerbspolitik“, S. 5ff m.w.N.

[16] Vgl. auch den Bericht der Bundesregierung über Änderungen des Gesetzes gegen Wettbewerbsbeschränkungen vom 22.8.1962, BT-Drs. IV/617, S. 59 m.w.N.; Bundeswirtschaftsminister L. Erhard, Stenographische Berichte des 1. Deutschen Bundestages, 220. Sitzung vom 26.6.1952, S. 9749 B, C. *Hansen* WuW 1989, 376, 377ff; *Kartte* „Neues Leitbild“, S. 39; *Kartte/Holtschneider* in: Cox/Jens/Markert, S. 193, 207; *Tolksdorf* WuW 1980, 785, 793f m.w.N.

[17] Vgl. auch die Begründung zum Entwurf eines Gesetzes gegen Wettbewerbsbeschränkungen, BT-Drs. II/1158, S. 21f, 31; Bundeswirtschaftsminister L. Erhard, Stenographische Berichte des 1. Deutschen Bundestages, 220. Sitzung vom 26.6.1952, S. 9749f B, C. *Böhm* WuW 1956, 173, 178f; *Günther* WuW 1958, 379, 380f; *Kartte* „Neues Leitbild“, S. 38; *Knöpfle* WuW 1962, 159, 171. Vgl. auch *Eucken* ORDO 2 (1949) 1, 17, 20f.

[18] Vgl. auch die Begründung zum Entwurf eines Gesetzes gegen Wettbewerbsbeschränkungen, BT-Drs. II/1158, S. 21f; Bundeswirtschaftsminister L. Erhard, Stenographische Berichte des 1. Deutschen Bundestages, 220. Sitzung vom 26.6.1952, S. 9749f. Vgl. auch *Hansen* WuW 1989, 376, 380.

Wettbewerbsfunktionen „in Frage stellt"[19]. Dies galt in erster Linie für Monopolstellungen, die die „Gefahr der Übervorteilung der Konsumenten und der Hemmung oder gar Erstarrung des wirtschaftlichen Fortschritts" in sich bergen[20].

Welche Verhaltensweisen gegenüber anderen Marktteilnehmern noch diesem Verständnis vom „offenen Wettbewerb unter zahlreichen Unternehmen" entsprachen, wird aus den Begründungserwägungen zu den Verboten von Kartellabsprachen deutlich, die mit dem einseitigen Verhalten von Monopolunternehmen gleichgesetzt wurden: Die unternehmerische (Vertrags-)Freiheit eines Vertragspartners sei „im Interesse der Wettbewerbsfreiheit ... zum Schutz des wirtschaftlich Schwachen" einzuschränken, wenn dieser ein „Monopol" oder „jedenfalls ein entscheidendes wirtschaftliches Übergewicht" habe[21]. Im Gegenschluss ist also die Einschränkung der Freiheit anderer Unternehmen nicht mehr von der Wettbewerbsfreiheit eines Monopolisten gedeckt[22]. Die gleiche Beurteilung, dass Monopolunternehmen grundsätzlich wettbewerbsschädlich sind, findet sich auch in der Gesetzesbegründung zum Machtmissbrauchsverbot wieder: „Der Feind des freien Wettbewerbs ist das Monopol"[23].

Das Gleiche wird aus der Legaldefinition der „marktbeherrschenden Stellung" deutlich, an die auch das Missbrauchsverbot anknüpft. Gemäß § 22 Abs. 1 GWB-1958 bestand eine marktbeherrschende Stellung dann, wenn ein Unternehmen „ohne Wettbewerber" oder „keinem wesentlichen Wettbewerb ausgesetzt" ist. In dieser Legaldefinition wurde „kein" bzw. „kein wesentlicher" Wettbewerb mit einer besonders hervorgehobenen, da „beherrschenden" Stellung eines Unternehmens in Beziehung gesetzt. Der beherrschende Einfluss eines Unternehmens ist hiernach also von den Wettbe-

---

[19] Begründung zum Entwurf eines Gesetzes gegen Wettbewerbsbeschränkungen aaO. (vorige Fn.), S. 21.

[20] Begründung zum Entwurf eines Gesetzes gegen Wettbewerbsbeschränkungen aaO. (vorletzte Fn.), S. 21f.

[21] Begründung zum Entwurf eines Gesetzes gegen Wettbewerbsbeschränkungen, BT-Drs. II/1158, S. 26.

[22] Vgl. auch *Böhm* WuW 1956, 173, 176f, 180; *Brugger* WuW 1959, 467, 471ff, 480; *Fikentscher* WuW 1961, 788ff, 795f, 799; *Günther* WuW 1951, 17, 33; *Jens* „Wettbewerbspolitik", S. 49; *Knöpfle* WuW 1962, 159, 170ff m.w.N.; *Schlecht* WuW 1997, 565 m.w.N. Vgl. auch den schriftlichen Bericht des Ausschusses für Wirtschaftspolitik über den Entwurf eines Gesetzes gegen Wettbewerbsbeschränkungen, BT-Drs. II/3644, S. 1, 7; das 1. SonderGA der Monopolkommission „Missbrauchsaufsicht", Tz. 19; Bundeswirtschaftsminister L. Erhard, Stenographische Berichte des 1. Deutschen Bundestages, 220. Sitzung vom 26.6.1952, S. 9750 A; *Nipperdey* WuW 1954, 211, 223f.

[23] Begründung zum Entwurf eines Gesetzes gegen Wettbewerbsbeschränkungen aaO. (vorletzte Fn.).

werbsverhältnissen auf dem relevanten Markt abhängig[24]. „Wettbewerb" kann mithin den wechselseitigen Einfluss der Unternehmen aufeinander bestimmen: Sofern (zumindest „wesentlicher") Wettbewerb besteht, ist kein Unternehmen gegenüber den anderen marktbeherrschend und kann seinerseits nicht das Verhalten der übrigen Marktteilnehmer determinieren[25]. Der Wettbewerb nimmt somit die Funktion wahr, den Verhaltensspielraum der Marktteilnehmer, der sich in deren Macht über andere Unternehmen ausdrückt, zu kontrollieren und ggf. zu beschränken (Steuerungs- und ggf. Entmachtungsfunktion[26]).

2. Wettbewerbspolitik

Die dem Entwurf des GWB-1958 zugrunde liegende wettbewerbspolitische Auffassung knüpfte an die o.g. Beurteilung wirtschaftlicher Macht an. Die zu ergreifenden hoheitlichen Maßnahmen beruhten auf der Annahme, dass ein Kausalzusammenhang zwischen dem Vorhandensein wirtschaftlicher Macht und unerwünschten Wettbewerbsbeeinträchtigungen besteht: Monopolisten oder wirtschaftlich überragende Unternehmen gefährden den Wettbewerb. Gleichermaßen wurden derartige „Marktunvollkommenheiten"[27] als durch den Staat beeinflussbar anerkannt und eine hoheitliche Einflussnahme im Sinne der ordoliberalen Wettbewerbstheorie[28] bzw. der Theorie des wirksamen, funktionsfähigen Wettbewerbs[29] („*workable competition*"[30]) für erforderlich erachtet[31].

---

[24] 1. SonderGA der Monopolkommission „Missbrauchsaufsicht", Tz. 19f, 22f; *Meyer-Cording* WuW 1962, 461, 473f.

[25] 1. SonderGA der Monopolkommission „Missbrauchsaufsicht", Tz. 19, 22f, 29; *Meyer-Cording* aaO. (vorige Fn.). Vgl. auch *Günther* WuW 1957, 677, 683f; *Knöpfle* DB 1991, 1433, 1434f.

[26] *Emmerich* § 1.1a), S. 2; *Kantzenbach*, S. 17f; *Knöpfle* DB 1991, 1433, 1435; *Kreutz*, S. 94f; *Meyer-Cording* WuW 1962, 461, 462; *Schlecht* WuW 1997, 565 jeweils m.w.N.

[27] So die Ergebnisse der Arbeitsgruppe Wettbewerbspolitik vom 29.1.1968, abgedruckt in *Kartte* „Neues Leitbild", S. 93.

[28] *Eucken* ORDO 1 (1948) 56, 61ff, 77f; *ders.* ORDO 2 (1949) 1, 4ff, 22f. Vgl. auch die Begründung zum Entwurf eines Gesetzes gegen Wettbewerbsbeschränkungen, BT-Drs. II/1158, S. 21ff; Bundeswirtschaftsminister L. Erhard, Stenographische Berichte des 1. Deutschen Bundestages, 220. Sitzung vom 26.6.1952, S. 9749 B.

[29] *Bain* in: Herdzina, S. 179, 184ff; *Bartling* „Wettbewerbspolitik", S. 20ff, 30ff; *Clark* AER 30 (1940) 241, 243ff; *Edwards* in: Herdzina, S. 215ff, 221ff m.w.N.; *Hoppmann* Jb.N.St. 179 (1966) 286, 298f m.w.N.; *ders.* in: Festgabe Wessels, S. 145, 146f, 149f m.w.N.; *Kantzenbach*, S. 129ff, 142, 160f; *Kantzenbach/Kallfass* in: Cox/Jens/Markert, S. 103, 110ff m.w.N.; *Kartte* „Neues Leitbild", S. 11f, 45f m.w.N.; *Kreutz*, S. 44 m.w.N. *Mason* in: Herdzina, S. 172, 173f, 177; Ergebnisse der Arbeitsgruppe Wettbewerbspolitik vom 29.1.1968, abgedruckt in *Kartte* „Neues Leitbild", S. 93, 96ff. *Herdzina* „Wettbewerbspolitik", S. 24f, 28f (hier als „wohlfahrtsökonomischer An-

Aus der Begründung des Entwurfs des GWB-1958 lassen sich keine Anhaltspunkte dafür entnehmen, dass sich die staatliche Kontrolle allein auf die *negativen* Auswirkungen unternehmerischer Marktmacht beschränken und diese im Übrigen grundsätzlich unangetastet lassen sollte. Im Gegenteil wurde die abstrakte Gefährlichkeit von Monopolstellungen für die „Wettbewerbsordnung" bejaht, welcher der Staat „seine besondere Aufmerksamkeit zuwenden" müsse[32]. Darüber hinaus ist auch das Verhältnis der o.g. beiden Funktionen des Wettbewerbs zueinander aufschlussreich für die Rolle der Kartellaufsicht. Der Gesetzesbegründung nach war eher das volkswirtschaftliche Interesse an einer optimalen Versorgung der Bevölkerung vorrangig vor der Befriedigung der unternehmerischen Eigeninteressen der einzelnen Marktteilnehmer: Wettbewerb sei „nicht Selbstzweck, sondern Mittel zur Leistungssteigerung und Fortschrittsförderung"[33]. Sofern die Monopolaufsicht nicht durch den Zwang zur Verhaltensänderung wieder wettbewerbsähnliche Verhältnisse herstellen konnte, wurde sogar „die Beseitigung des Monopols", also dessen Auflösung, erwogen[34].

In den Kompetenzen, die der staatlichen Aufsicht über marktbeherrschende Unternehmen eingeräumt wurden (§§ 22ff GWB-1958), kommt diese streng monopolfeindliche Sichtweise jedoch nicht zum Ausdruck[35]: Marktbeherrschende Einzelunternehmen wurden lediglich einer Verhaltenskontrolle unterworfen. Es wurde also nicht bereits das *Bestehen* einer marktbeherrschenden Stellung sanktioniert, sondern nur das *Verhalten* eines

satz" bezeichnet). Vgl. auch die RegBegr. zum Entwurf der 2. GWB-Novelle, BT-Drs. VI/2520, S. 14ff, insbesondere S. 16ff.

[30] *Clark* AER 30 (1940) 241ff.

[31] S. zur Rolle des Staates, die „Wettbewerbsordnung" zu erhalten und die „Marktaufsicht bei unvollständigem Wettbewerb" auszuüben, insbesondere die Begründung zum Entwurf eines Gesetzes gegen Wettbewerbsbeschränkungen, BT-Drs. II/1158, S. 22 sowie den schriftlichen Bericht des Ausschusses für Wirtschaftspolitik über den Entwurf eines Gesetzes gegen Wettbewerbsbeschränkungen, BT-Drs. II/3644, S. 1, 7ff; 1. SonderGA der Monopolkommission „Missbrauchsaufsicht", Tz. 19, 23; Bundeswirtschaftsminister L. Erhard, Stenographische Berichte des 1. Deutschen Bundestages, 220. Sitzung vom 26.6.1952, S. 9749 B, C. *Fikentscher* WuW 1955, 205, 207; *Günther* WuW 1951, 17, 22; *ders.* WuW 1957, 677, 678f, 680; *Hansen* WuW 1989, 376, 377f; *Herdzina* „Wettbewerbspolitik", S. 38; *Knöpfle* WuW 1962, 159, 167; *Meyer-Cording* WuW 1962, 461, 469ff.

[32] S. insbesondere die Begründung zum Entwurf eines Gesetzes gegen Wettbewerbsbeschränkungen aaO. (vorige Fn.).

[33] So die Begründung zum Entwurf eines Gesetzes gegen Wettbewerbsbeschränkungen aaO. (vorletzte Fn.).

[34] So die Begründung zum Entwurf eines Gesetzes gegen Wettbewerbsbeschränkungen, BT-Drs. II/1158, S. 22.

[35] Vgl. auch die Kritik von *Hansen* WuW 1989, 376, 379; *Tolksdorf* WuW 1980, 785, 794.

Marktbeherrschers[36]. Darüber hinaus unterlagen auch marktbeherrschende Unternehmen nicht in ihrem gesamten Verhalten der hoheitlichen Aufsicht, sondern nur hinsichtlich bestimmter Verhaltensweisen[37]. Grundsätzlich wurde also auch marktbeherrschenden Unternehmen ein unternehmerischer Handlungsspielraum zuerkannt[38]. Schließlich sollten marktbeherrschende Unternehmen nach dem ursprünglichen Regierungsentwurf eines GWB keiner dauernden (insbesondere durch ein Verbotsgesetz gekennzeichneten) kartellaufsichtlichen Kontrolle unterliegen. Missbräuchliche Verhaltensweisen sollten lediglich „verbietbar" sein (§§ 17, 25, 26 des GWB-Entwurfes-1955)[39]. Das am 1.1.1958 in Kraft getretene GWB war insoweit jedoch strenger und normierte in § 26 Abs. 2 GWB-1958 die Machtmissbrauchsaufsicht in Form eines Verbotsgesetzes[40].

II. Erste GWB-Novelle (GWB-1966)[41]

In der Ersten GWB-Novelle, die am 1.1.1966 in Kraft trat, wurden die Vorschriften über die Missbrauchsaufsicht nicht geändert. Lediglich die Befugnisse der Kartellbehörden, die in § 22 GWB-1958 auf die Beurteilung bestimmter Verhaltensweisen beschränkt gewesen waren, wurden durch eine

---

[36] Bericht der Bundesregierung über Änderungen des Gesetzes gegen Wettbewerbsbeschränkungen vom 22.8.1962, BT-Drs. IV/617, S. 59f, 67. *Günther* WuW 1957, 677, 684f; *Meyer-Cording* WuW 1962, 461, 470.

[37] § 22 Abs. 3 GWB-1958: „Die Kartellbehörde hat gegenüber marktbeherrschenden Unternehmen die in Absatz 4 genannten Befugnisse, soweit diese Unternehmen 1. bei Abschluss von Verträgen über diese Waren oder gewerblichen Leistungen ihre Marktstellung beim Fordern oder Anbieten von Preisen oder bei der Gestaltung von Geschäftsbedingungen missbräuchlich ausnutzen oder
2. durch missbräuchliche Ausnutzung ihrer Marktstellung den Abschluss von Verträgen über diese Waren oder gewerblichen Leistungen davon abhängig machen, dass der Vertragsgegner sachlich oder handelsüblich nicht zugehörige Waren oder Leistungen abnimmt."

[38] Vgl. auch die Begründung zum Entwurf eines Gesetzes gegen Wettbewerbsbeschränkungen, BT-Drs. II/1158, S. 27, 39, 43.

[39] BT-Drs. II/1158, 1, 8ff. Vgl. hierzu die Begründung zum Entwurf eines Gesetzes gegen Wettbewerbsbeschränkungen aaO. (vorige Fn.).

[40] § 26 Abs. 2 GWB-1958:" Marktbeherrschende Unternehmen ... dürfen ein anderes Unternehmen in einem Geschäftsverkehr, der gleichartigen Unternehmen üblicherweise zugänglich ist, weder unmittelbar noch mittelbar unbillig behindern oder gegenüber gleichartigen Unternehmen ohne sachlich gerechtfertigten Grund unmittelbar oder mittelbar unterschiedlich behandeln." (vgl. heute § 20 Abs. 1 GWB).

[41] Bekanntmachung der Neufassung des GWB, BGBl. 1966 I 37ff.

Generalklausel auf sämtliche missbräuchliche Verhaltensweisen erweitert[42]. Die Sanktionsmöglichkeiten der Kartellbehörden gegenüber missbräuchlich handelnden marktbeherrschenden Unternehmen gemäß §§ 22, 38 Abs. 1 Nr. 2, Abs. 3 Nr. 1 GWB-1958[43] einerseits und § 26 Abs. 2, § 35 Abs. 1 GWB-1958[44] andererseits wurden auf diese Weise aneinander angenähert[45].

III. Zweite GWB-Novelle (GWB-1973)[46]

1. Wettbewerbsleitbild

Die am 5.8.1973 in Kraft getretene Zweite GWB-Novelle spiegelte einen wettbewerbspolitischen Wandel wider, der durch die damaligen Diskussionen in der Wettbewerbswissenschaft beeinflusst worden war[47]. Nachdem das ursprüngliche GWB-1958 von den damals vertretenen Thesen des Ordoliberalismus geprägt war, führte die Bundesregierung bereits 1967 aus, dass das Leitbild der vollständigen („atomistischen") Konkurrenz „nicht den Idealfall

---

[42] Vgl. den Entwurf der Ersten GWB-Novelle, BT-Drs. IV/2564, S. 1, 3f. Vgl. hierzu die Reg-Begr. zum Entwurf der 1. GWB-Novelle, BT-Drs. IV/2564, S. 10; Bericht der Bundesregierung über Änderungen des Gesetzes gegen Wettbewerbsbeschränkungen vom 22.8.1962, BT-Drs. IV/617, S. 70.

§ 22 Abs. 3, 4 GWB-1966: „(3) Die Kartellbehörde hat gegenüber marktbeherrschenden Unternehmen die in Absatz 4 genannten Befugnisse, soweit diese Unternehmen ihre marktbeherrschende Stellung auf dem Markt für diese oder andere Waren oder gewerbliche Leistungen missbräuchlich ausnutzen.

(4) Die Kartellbehörde kann unter den Voraussetzungen des Absatzes 3 marktbeherrschenden Unternehmen ein missbräuchliches Verhalten untersagen und Verträge für unwirksam erklären ..."

[43] § 38 Abs. 1 Nr. 2 GWB-1958: „(1) Eine Ordnungswidrigkeit begeht, wer ... 2. sich vorsätzlich oder fahrlässig über die Unwirksamkeit eines Vertrages oder Beschlusses hinwegsetzt, den die Kartellbehörde nach ... § 22 Abs. 4 ... durch unanfechtbar gewordene Verfügung für unwirksam erklärt hat."

[44] § 35 Abs. 1 GWB-1958: „Wer vorsätzlich oder fahrlässig gegen eine Vorschrift dieses Gesetzes oder gegen eine auf Grund dieses Gesetzes von der Kartellbehörde oder dem Beschwerdegericht erlassene Verfügung verstößt, ist, sofern die Vorschrift oder die Verfügung den Schutz eines anderen bezweckt, diesem zum Ersatz des aus dem Verstoß entstandenen Schadens verpflichtet ..."

[45] Bericht der Bundesregierung über Änderungen des Gesetzes gegen Wettbewerbsbeschränkungen vom 22.8.1962, BT-Drs. IV/617, S. 70.

[46] Bekanntmachung der Neufassung des GWB, BGBl. 1974 I 869ff.

[47] Vgl. auch *Hansen* WuW 1989, 376, 379f m.w.N.; *Kartte* „Neues Leitbild", S. 9, 34f, 42ff m.w.N.; *Kartte/Holtschneider* in: Cox/Jens/Markert, S. 193, 210ff m.w.N.; *Lehmann* JZ 1990, 62f m.w.N.; *Schmidt* „Wettbewerbspolitik", S. 165f; *Tolksdorf* WuW 1980, 785, 794, 796.

des Unternehmerwettbewerbs“ darstelle[48]. In ihrer Begründung zum Entwurf der Zweiten GWB-Novelle bezog sich die Bundesregierung insoweit ausdrücklich auf die Vorarbeiten und Entwürfe der 1967 eingesetzten „Arbeitsgruppe Wettbewerbspolitik“ des Bundesministeriums für Wirtschaft, an denen u.a. wichtige Vertreter der in der Wettbewerbswissenschaft vertretenen Theorie des „funktionsfähigen Wettbewerbs“[49] beteiligt waren[50]. Der Zweck des neuen GWB bestand nach dieser Auffassung darin, „die Voraussetzungen für einen funktionsfähigen Wettbewerb weiter zu verbessern“; diesbezüglich sei u.a. „für eine bessere Kontrolle wirtschaftlicher Macht zu sorgen“[51]. Das bisherige Instrumentarium des GWB werde der „veränderten wirtschaftlichen Wirklichkeit“ „nicht mehr gerecht“, deren „Problem Nummer eins“ nicht mehr die Kartellierung, sondern die Unternehmenskonzentration sei[52].

Außerdem sind in diesen Gesetzentwurf erstmals die wettbewerbswissenschaftlichen Erkenntnisse von der „**Dynamik des Wettbewerbs**“[53] eingeflossen[54]. Nach dieser Auffassung ist Wettbewerb ein dynamischer Prozess, der durch den Vorstoß („*move*“[55]) einzelner Unternehmen und dem Nachfolgen („*response*“[56], „*Imitation*“[57]) von „*Nachahmern*“[58] entsteht[59]. Der

---

[48] Stellungnahme der Bundesregierung vom 12.7.1967 zum Tätigkeitsbericht des BKartA für 1966, BT-Drs. V/1950, S. 2.

[49] *Bartling* „Wettbewerbspolitik“, S. 20ff, 30ff; *Cox/Hübener* in: Cox/Jens/Markert, S. 1, 14f; *Emmerich* § 1.2b), S. 6ff; *Hansen* WuW 1989, 376, 380; *Herdzina* „Wettbewerbspolitik“, S. 24f, 28f (hier als „wohlfahrtsökonomischer Ansatz“ bezeichnet); *ders.* in: FS Benisch, S. 3, 4ff; *Kantzenbach/Kallfass* in: Cox/Jens/Markert, S. 103ff; *Kartte/Holtschneider* in: Cox/Jens/Markert, S. 193, 210ff; *Möschel* „Wettbewerbsbeschränkungen“, Rz. 66; *Schmidt* „Wettbewerbspolitik“, S. 11ff jeweils m.w.N.

[50] Vgl. auch *Hansen* WuW 1989, 376, 380; *Kartte* „Neues Leitbild“, S. 9, 34f, 42ff, 47f m.w.N.; *Kartte/Holtschneider* in: Cox/Jens/Markert, S. 193, 210ff m.w.N.; *Tolksdorf* WuW 1980, 785, 794, 796. Die Ergebnisse der Sitzungen dieser Arbeitsgruppe vom 29.1.1968 sind abgedruckt in *Kartte* „Neues Leitbild“, S. 93ff.

[51] RegBegr. zum Entwurf der 2. GWB-Novelle, BT-Drs. VI/2520, S. 14, 16, 34. Vgl. auch BKartA, TB 1973, BT-Drs. 7/2250, S. 5.

[52] RegBegr. zum Entwurf der 2. GWB-Novelle aaO. (vorige Fn.), S. 14, 16f. Vgl. auch die Stellungnahme der Bundesregierung zum Tätigkeitsbericht des BKartA 1967, BT-Drs. V/2841, S. 2.

[53] Vgl. zu diesem Begriff die Untersuchung von *Clark*: „Competition as a Dynamic Process“, Washington D.C., 1961 (vgl. hierzu nur *Kantzenbach/Kallfass* in: Cox/Jens/Markert, S. 103, 107f; *Schmidt* „Wettbewerbspolitik“, S. 10f jeweils m.w.N.).

[54] *Hansen* WuW 1989, 376, 379f; *Schlecht* WuW 1997, 565, 566.

[55] *Clark* zitiert nach *Tolksdorff* WuW 1980, 785, 792, und *Schmidt* „Wettbewerbspolitik“, S. 10.

[56] *Clark* aaO. (vorige Fn.); *Schmidt* aaO. (vorige Fn.).

[57] *Berg* in: FS Benisch, S. 27 m.w.N.; *Helmstädter* in: FS Benisch, S. 17, 21 m.w.N.

Vorsprung der „*Pionierunternehmen*“[60] oder „*Bahnbrecher*“[61] beschert diesen Wettbewerbsvorteile und deshalb eine relativ starke Marktposition. Diese Marktstärke besteht jedoch nur vorübergehend, bis der marktmächtig gewordene Pionier von seinen Nachahmern eingeholt worden ist[62]. Der Anreiz für den Pionier vorzustoßen, besteht in den Vorteilen, die er durch seine (im Verhältnis zu den anderen Marktteilnehmern) bessere Leistung erhält, und der Erwartung, diesen Vorteil bis zum Nachfolgen der konkurrierenden Imitatoren nutzen zu dürfen. Die Tolerierung (vorübergehender) wirtschaftlicher Macht ist somit Wesensmerkmal und Entstehungsgrund der Auffassung von der Dynamik des Wettbewerbs[63]. Dementsprechend stellen die Verhaltensweisen eines Pionierunternehmens, mit denen es verhindert, dass andere seinen Leistungsvorsprung einholen und seine Marktmacht im dynamischen Wettbewerbsprozess nivellieren, keinen „Wettbewerb“ in diesem Sinne mehr dar[64]. Der volkswirtschaftliche Nutzen des Wettbewerbs besteht darin, dass sich durch den Anreiz zu innovativen Leistungen und deren Imitieren durch die nachfolgenden Konkurrenzunternehmen die angebotenen Güter ständig verbessern[65]. In Anlehnung an diese Thesen wurde die Zweite Novelle des GWB damit begründet, dass Wettbewerb sich in „Vorstoß und

---

[58] *Arndt* in: Herdzina, S. 246, 247; *Emmerich* § 1.2a), S. 5f.

[59] *Arndt* in: Herdzina, S. 246, 247ff; *ders.* in: Cox/Jens/Markert, S. 49, 72; *Berg* in: FS Benisch, S. 27 m.w.N.; *Clark* in: Herdzina, S. 269, 271f; *Cox/Hübener* in: Cox/Jens/Markert, S. 1, 5 m.w.N.; *Emmerich* § 1.2a), S. 5f; *Helmstädter* in: FS Benisch, S. 17, 20f m.w.N.; *Hoppmann* Jb.N.St. 179 (1966) 286, 289; *Kantzenbach*, S. 32ff, 137 m.w.N.; *Kartte* „Neues Leitbild“, S. 42; *Kreutz*, S. 93ff m.w.N.; *Schmidt* „Wettbewerbspolitik“, S. 10f m.w.N.; *Tolksdorf* WuW 1980, 785, 791 m.w.N. Vgl. auch die RegBegr. zum Entwurf der 2. GWB-Novelle, BT-Drs. VI/2520, S. 14, 22; RegBegr. zum Entwurf der 4. GWB-Novelle, BT-Drs. 8/2136, S. 12, 33.

[60] *Berg* in: FS Benisch, S. 27 m.w.N.; *Emmerich* § 1.2a), S. 5f; *Schumpeter* bei Cox/Hübener in: Cox/Jens/Markert, S. 1, 6.

[61] *Arndt* in: Herdzina, S. 246, 247; *Cox/Hübener* in: Cox/Jens/Markert, S. 1, 6 m.w.N.

[62] *Arndt* in: Herdzina, S. 246, 249f; *ders.* in: Cox/Jens/Markert, S. 49, 51, 53f; *Bartling* „Wettbewerbspolitik“, S. 20; *Berg* in: FS Benisch, S. 27f m.w.N.; *Clark* in: Herdzina, S. 269, 271f; *Hoppmann* Jb.N.St. 179 (1966) 286, 289.

[63] *Arndt* in: Herdzina, S. 246, 249; *ders.* in: Cox/Jens/Markert, S. 49, 51, 72; *Berg* in: FS Benisch, S. 27 m.w.N.; *Clark* in: Herdzina, S. 269, 272f; *Cox/Hübener* in: Cox/Jens/Markert, S. 1, 7 m.w.N.; *Emmerich* § 1.2a), S. 6; *Kartte* „Neues Leitbild“, S. 41 m.w.N.; *Kreutz*, S. 94f m.w.N.; *Schmidt* „Wettbewerbspolitik“, S. 10f; *Tolksdorf* WuW 1980, 785, 791 m.w.N. Vgl. auch die RegBegr. zum Entwurf der 2. GWB-Novelle, BT-Drs. VI/2520, S. 14, 22.

[64] *Arndt* in: Herdzina, S. 246, 249f, 261f; *ders.* in: Cox/Jens/Markert, S. 49, 51, 54f, 72; *Hoppmann* Jb.N.St. 179 (1966) 286, 289. Vgl. auch *Berg* in: FS Benisch, S. 27, 40ff m.w.N.

[65] *Arndt* in: Herdzina, S. 246, 249, 256, 258f; *ders.* in: Cox/Jens/Markert, S. 49, 53f, 74 m.w.N.; *Berg* in: FS Benisch, S. 27f, 28ff, 47 m.w.N.; *Kantzenbach*, S. 132f; *Kartte* „Neues Leitbild“, S. 42.

Verfolgung“ äußere. Kein Unternehmen könne sich darauf verlassen, „eine einmal erworbene Machtstellung zu behalten,“ auch andere Unternehmen hätten die Möglichkeit, „durch nachstoßenden Wettbewerb ihren Verhaltensspielraum auszudehnen“[66]. Im Gegensatz zur Theorie der vollständigen Konkurrenz des GWB-1958 wurde somit in der Zweiten GWB-Novelle die besondere Marktstärke von Unternehmen nicht *per se* als wettbewerbsschädlich beurteilt, da eine herausragende Stellung nicht auf Dauer besteht, sondern einem dynamischen Wandel unterliegt[67].

Der wesentliche Unterschied gegenüber der bisherigen Beurteilung unternehmerischer **Macht** bestand nach der Zweiten GWB-Novelle somit darin, dass eine solche Marktstärke nicht mehr pauschal als abstrakt gefährlich beurteilt wurde. Unter bestimmten Voraussetzungen sei zu berücksichtigen, dass „größere potente Unternehmenseinheiten“ den Wettbewerb auch „intensivieren“ könnten. Zur Erleichterung der Kooperation kleiner und mittlerer Unternehmen wurde daher das geltende Kartellverbot gelockert[68].

Die angestrebte Erleichterung von Unternehmenskooperationen betraf jedoch nicht „*übermäßige* Ballungen wirtschaftlicher Macht“[69]. Das Verständnis, das nunmehr unternehmerischer Marktstärke entgegengebracht wurde, und gleichermaßen Aufschluss über den Umfang der Wettbewerbsfreiheit der Marktteilnehmer vermittelt, wird in dieser Novelle aus der Erweiterung der hoheitlichen Befugnisse zur vorbeugenden Fusionskontrolle deutlich: Der „Vorrang der unternehmerischen Dispositionsfreiheit“ gelte nur so lange, „als der Gebrauch dieser Freiheit nicht zur Vermachtung der Märkte und damit zur Beseitigung des Wettbewerbs und der Freiheit anderer“

---

[66] RegBegr. zum Entwurf der 2. GWB-Novelle, BT-Drs. VI/2520, S. 14, 21f; ebenso die Ergebnisse der Arbeitsgruppe Wettbewerbspolitik vom 29.1.1968, abgedruckt in *Kartte* „Neues Leitbild“, S. 93, 94. Vgl. auch die Stellungnahme der Bundesregierung zum Tätigkeitsbericht des BKartA 1967, BT-Drs. V/2841, S. 2.

[67] Wie vorige Fn. sowie insbesondere die Ergebnisse der Arbeitsgruppe Wettbewerbspolitik vom 29.1.1968, abgedruckt in *Kartte* „Neues Leitbild“, S. 93, 94f; *Bartling* „Wettbewerbspolitik“, S. 20; *Kantzenbach*, S. 48f; *Kantzenbach/Kallfass* in: Cox/Jens/Markert, S. 103, 108; *Tolksdorf* WuW 1980, 785, 791 m.w.N. Vgl. auch die RegBegr. zum Entwurf der 2. GWB-Novelle, BT-Drs. VI/2520, S. 14, 22.

[68] Stellungnahme der Bundesregierung vom 12.7.1967 zum Tätigkeitsbericht des BKartA 1966, BT-Drs. V/1950, S. 2. Vgl. auch die RegBegr. zum Entwurf der 2. GWB-Novelle, BT-Drs. VI/2520, S. 14, 16, 19; die Stellungnahme der Bundesregierung zum Tätigkeitsbericht des BKartA 1967, BT-Drs. V/2841, S. 2 sowie die Ergebnisse der Arbeitsgruppe Wettbewerbspolitik vom 29.1.1968, abgedruckt in *Kartte* „Neues Leitbild“, S. 93, 94f, 96f; *Hansen* WuW 1989, 376, 380; *Tolksdorf* WuW 1980, 785, 796f.

[69] RegBegr. zum Entwurf der 2. GWB-Novelle aaO. (vorige Fn.), S. 14, 16 (Hervorhebung von der Verfasserin).

führe[70]. Wie bereits bei der Einführung des Kartellverbots 1958 fand daher die Wettbewerbsfreiheit marktbeherrschender Unternehmen ihre Grenze in den Rechten anderer Unternehmen. Die Verletzung dieser Grenze beseitigte den Wettbewerb, stellte also selbst kein wettbewerbskonformes Verhalten mehr dar.

Des Weiteren wird das Wettbewerbsleitbild dieser Novelle aus der oben zitierten Bezugnahme auf die wettbewerbliche Dynamik deutlich: Für einen dynamischen Wettbewerb sei es „essentiell“, dass ein Unternehmen nicht dauerhaft seine erworbene Marktstellung behalte, sondern durch den nachstoßenden Wettbewerb anderer Unternehmen verdrängt werde[71]. „Wettbewerb“ in diesem Sinne lag also dann nicht mehr vor, wenn ein monopolistisches Unternehmen durch sein Verhalten den Markteintritt von Konkurrenten verhindern konnte und auf diese Weise seine marktbeherrschende Stellung „verewigte“.

Die doppelte Funktion des Wettbewerbs zugunsten sowohl individueller Unternehmensinteressen als auch gesamtwirtschaftlicher Allgemeininteressen wurde nunmehr als eine Ordnung verstanden, die „allen Bürgern ein Höchstmaß an wirtschaftlicher Bewegungsfreiheit“ verschaffte und gleichzeitig „ein möglichst gutes ökonomisches Ergebnis und eine preisgünstige Versorgung der Verbraucher“ versprach[72]. In der Gewichtung beider Wettbewerbsfunktionen zueinander wurde die Befriedigung des volkswirtschaftlichen Versorgungsinteresses weiterhin als vorrangig beurteilt: „Schutzobjekt“ des GWB sei „ein funktionsfähiger, wirksamer Wettbewerb, d.h. ein Wettbewerb, der seine volkswirtschaftliche Aufgabe möglichst gut“ erfüllt[73].

2. Wettbewerbspolitik

Zwar wurde in der Zweiten Novelle des GWB die „wichtige Kontrollfunktion“ des Wettbewerbs im Rahmen der o.g. Funktionen betont, was auf eine insgesamt liberale Einstellung zu der Selbstregulierungsfähigkeit der Märkte

---

[70] RegBegr. zum Entwurf der 2. GWB-Novelle aaO. (vorletzte Fn.). Vgl. auch *Kartte* „Neues Leitbild“, S. 76f sowie die Ergebnisse der Arbeitsgruppe Wettbewerbspolitik vom 29.1.1968, abgedruckt ebenda, S. 93, 95, 98f.

[71] RegBegr. zum Entwurf der 2. GWB-Novelle, BT-Drs. VI/2520, S. 14, 22; vgl. auch RegBegr. ebenda, S. 34.

[72] RegBegr. zum Entwurf der 2. GWB-Novelle aaO. (vorige Fn.), S. 14, 15; ebenso die Ergebnisse der Arbeitsgruppe Wettbewerbspolitik vom 29.1.1968, abgedruckt in *Kartte* „Neues Leitbild“, S. 93. Vgl. auch die Stellungnahme der Bundesregierung zum Tätigkeitsbericht des BKartA 1967, BT-Drs. V/2841, S. 2.

[73] RegBegr. zum Entwurf der 2. GWB-Novelle aaO. (vorletzte Fn.), S. 34. Vgl. auch die Stellungnahme der Bundesregierung zum Tätigkeitsbericht des BKartA 1967, BT-Drs. V/2841, S. 2.

hindeutet. Jedoch wurde der staatlichen Wettbewerbspolitik weiterhin eine wesentliche Rolle „für die Erhaltung und Weiterentwicklung einer freiheitlichen und sozialen Wirtschafts- und Gesellschaftsordnung" zuerkannt[74]. Diese Auffassung wird auch in dem Gesetz zur Förderung der Stabilität und des Wachstums der Wirtschaft vom 8.6.1967 (Stabilitätsgesetz, StWG) deutlich, das die staatlichen Einflussmöglichkeiten durch Instrumente zur „globalen Steuerung ... des gesamtwirtschaftlichen Kreislaufs"[75] ergänzte[76] (§ 1 S. 2 StWG).

Bei der Missbrauchsaufsicht über marktbeherrschende Einzelunternehmen nach dem GWB führte die o.g. der damaligen wettbewerbswissenschaftlichen Diskussion angepasste Veränderung der wettbewerbspolitischen Grundsätze nicht zu einer Änderung der Gesamtkonzeption, sondern lediglich zu verfahrensrechtlichen Erleichterungen im Rahmen des § 22 GWB-1973. So wurden insbesondere eine weitere Legaldefinition („überragende Marktstellung", § 22 Abs. 1 Nr. 2 GWB-1973[77]) sowie Vermutungsregelungen eingeführt, um die Feststellung einer marktbeherrschenden Stellung zu erleichtern (§ 22 Abs. 3 GWB-1973[78])[79]. Die „erhöhte Aufmerksamkeit", die „übermäßigen Ballungen wirtschaftlicher Macht" geschenkt werden sollte[80], erschöpfte sich im Wesentlichen in der Einführung der vorbeugenden Fusionskontrolle gemäß §§ 23ff GWB-1973[81]. Auf diese Weise wurde ein we-

---

[74] RegBegr. zum Entwurf der 2. GWB-Novelle, BT-Drs. VI/2520, S. 14, 15, 18, 22; Ergebnisse der Arbeitsgruppe Wettbewerbspolitik vom 29.1.1968, abgedruckt in *Kartte* „Neues Leitbild", S. 93f, 96ff. Vgl. auch *Kartte* „Neues Leitbild", S. 12.

[75] Ausschuss für Wirtschafts- und Mittelstandsfragen, BT-Drs. V/1678, S. 3.

[76] Vgl. dazu nur *Kartte* „Neues Leitbild", S. 36ff m.w.N.

[77] § 22 Abs. 1 Nr. 2 GWB-1973:„[Ein Unternehmen ist marktbeherrschend im Sinne dieses Gesetzes, soweit es als Anbieter oder Nachfrager einer bestimmten Art von Waren oder gewerblichen Leistungen]... 2. eine im Verhältnis zu seinen Wettbewerbern überragende Marktstellung hat; ..."

[78] S. nur § 22 Abs. 3 Nr. 1 GWB-1973: "Es wird vermutet, dass 1. ein Unternehmen marktbeherrschend im Sinne des Absatzes 1 ist, wenn es für eine bestimmte Art von Waren oder gewerblichen Leistungen einen Marktanteil von mindestens einem Drittel hat; die Vermutung gilt nicht, wenn das Unternehmen im letzten abgeschlossenen Geschäftsjahr Umsatzerlöse von weniger als 250 Millionen Deutscher Mark hatte; ...". § 22 Abs. 3 Nr. 2 GWB-1973 enthält Vermutungsregelungen für das Bestehen einer marktbeherrschenden Stellung von zwei oder mehr Unternehmen iSd § 22 Abs. 2 GWB-1973.

[79] RegBegr. zum Entwurf der 2. GWB-Novelle, BT-Drs. VI/2520, S. 14, 19, 21f. Vgl. auch BKartA, TB 1973, BT-Drs. 7/2250, S. 5f; 1. SonderGA der Monopolkommission „Missbrauchsaufsicht", Tz. 25.

[80] RegBegr. zum Entwurf der 2. GWB-Novelle, BT-Drs. VI/2520, S. 14, 16.

[81] RegBegr. zum Entwurf der 2. GWB-Novelle aaO. (vorige Fn.).

sentliches Instrument zur **Kontrolle der Marktstrukturen** eingeführt, deren „Verkrustung“ durch die Stärke der Marktteilnehmer verhindert werden sollte[82].

Ähnliche marktstrukturorientierte Erwägungen sind auch in den Änderungen des § 26 Abs. 2 GWB-1973 erkennbar[83]. Der Kreis der Verbotsadressaten wurde hierin auf solche Unternehmen erweitert, von denen Anbieter oder Nachfrager mangels ausreichender Ausweichmöglichkeiten abhängig waren (§ 26 Abs. 2 S. 2 GWB-1973[84])[85]. Mit dieser Vorschrift wurde anerkannt, dass nicht nur das Verhalten absolut marktbeherrschender Unternehmen die Wettbewerbsverhältnisse auf dem relevanten Markt beeinträchtigen kann, sondern auch Verhaltensweisen solcher Unternehmen, die nur im Verhältnis zu einigen Marktteilnehmern eine (relativ) große Marktmacht besitzen. Zwar lagen ähnliche Erwägungen bereits der bisherigen Rechtslage zugrunde, nach der das Missbrauchsverbot nicht allein auf marktbeherrschende Unternehmen beschränkt war, sondern u.a. auch für Preisbinder galt[86]. Soweit es sich jedoch um sonstige Unternehmen handelte, die sich lediglich aufgrund ihrer größeren Einflussmöglichkeiten (also Marktmacht) gegenüber anderen Marktteilnehmern hervorhoben, konnten durch die Erweiterung des Adressatenkreises auf relativ marktstarke Unternehmen eher als bisher die Besonderheiten der konkreten von dem Verhalten der Marktteilnehmer beeinflussten Verhältnisse berücksichtigt werden[87]. Insbesondere konnte die Missbrauchsaufsicht nunmehr bereits zu einem früheren Zeitpunkt kontrollierend eingreifen, bevor der relevante Markt absolut (also gegenüber sämtlichen anderen) Marktteilnehmern „vermachtet“ war. Derartige, auf die Bewahrung einer bestimmten erwünschten Marktstruktur ausgerichtete Vorschriften spiegeln den in der wettbewerbswissenschaftlichen Theorie des funktionsfähigen Wettbewerbs anerkannten Kausalzusammenhang zwischen konkreten

---

[82] RegBegr. zum Entwurf der 2. GWB-Novelle aaO. (vorletzte Fn.). Vgl. auch BKartA, TB 1973, BT-Drs. 7/2250, S. 5; *Hansen* WuW 1989, 376, 379, 381; *Harms* „Schwerpunkte“, S. 95, 97.

[83] So auch *Hansen* WuW 1989, 376, 382; *Harms* „Schwerpunkte“, S. 95, 97.

[84] § 26 Abs. 2 S. 2 GWB-1973: "Satz 1 gilt auch für Unternehmen und Vereinigungen von Unternehmen, soweit von ihnen Anbieter oder Nachfrager einer bestimmten Art von Waren oder gewerblichen Leistungen in der Weise abhängig sind, dass ausreichende und zumutbare Möglichkeiten, auf andere Unternehmen auszuweichen, nicht bestehen.“

[85] Vgl. BT-Drs. VI/2520, S. 8.

[86] Vgl. nur BGH, 9.11.1967, KZR 7/66, BGHZ 49, 90, 96 (Jägermeister); BGH, 20.11.1975, KZR 1/75, WuW/E BGH 1391, 1392 (Rossignol); BGH, 24.9.1979, KZR 20/78, WuW/E BGH 1629, 1630 (Modellbauartikel II).

[87] Vgl. auch die Stellungnahme der Bundesregierung zum Tätigkeitsbericht des BKartA 1967, BT-Drs. V/2841, S. 3 sowie die Einschätzung des BKartA, TB 1973, BT-Drs. 7/2250, S. 6f.

Verhaltensweisen eines Marktteilnehmers und „unerwünschten" Marktergebnissen wider.

Die Grundzüge des kartellaufsichtlichen Instrumentariums gegenüber einseitigen Verhaltensweisen marktmächtiger Unternehmen (wie beispielsweise Kontrahierungsverweigerungen) wurden demgegenüber nicht verändert: Anknüpfungspunkt der §§ 22, 26 GWB-1973 blieb ein konkretes missbräuchliches Verhalten im Einzelfall, nicht jedoch eine allein aufgrund des Bestehens relativer Marktmacht (wettbewerbsnachteilig) veränderte Marktstruktur. Das Gleiche gilt für die Fusionskontrolle, die nicht der generellen Entflechtung marktbeherrschender Unternehmen diente, sondern nur das Entstehen solcher marktbeherrschenden Stellungen verhindern sollte, die aufgrund eines Zusammenschlusses entstanden waren. Das kartellrechtlich sanktionierte Verhalten der betreffenden Unternehmen bestand insoweit in dem Abschluss eines (Fusions-) Vertrages.

IV. Dritte GWB-Novelle (GWB-1976)[88]

Das Dritte Gesetz zur Änderung des GWB, das am 28.1.1976 in Kraft trat, änderte die Vorschriften über die Missbrauchsaufsicht nicht. Aus dieser Novelle ergeben sich daher keine Anhaltspunkte für die dem GWB zugrunde liegende Auffassung von „Wettbewerb" und zu verfolgender Wettbewerbspolitik.

V. Vierte GWB-Novelle (GWB-1980)[89]

Das mit der vierten, am 1.5.1980 in Kraft getretenen GWB-Novelle wettbewerbspolitisch zu bewältigende Hauptproblem lag nach Auffassung der Bundesregierung in der Änderung der „gesamtwirtschaftlichen Voraussetzungen" aufgrund der in den letzten Jahren deutlicher hervorgetretenen „machtbedingten Wettbewerbsverzerrungen"[90]. Die wesentlichen Gefahren drohten „der Funktionsfähigkeit des Wettbewerbs aus leistungswidrigen und sonstigen unlauteren Formen des Wettbewerbs", die nicht nur mit den Vorschriften des Kartellgesetzes, sondern auch des UWG zu bekämpfen seien[91].

---

[88] BGBl. 1976 I 1697ff.

[89] Bekanntmachung der Neufassung des GWB, BGBl. 1980 I 1761ff.

[90] RegBegr. zum Entwurf der 4. GWB-Novelle, BT-Drs. 8/2136, S. 12, 15f; Begründungserwägungen des Ausschusses für Wirtschaft zur 4. GWB-Novelle, BT-Drs. 8/3690, S. 23, 28. Vgl. auch BKartA, TB 1979/80, BT-Drs. 9/565, S. 35 sowie die Stellungnahme der Bundesregierung zu diesem Bericht, BT-Drs. 9/565, S. I, IIf.

[91] RegBegr. zum Entwurf der 4. GWB-Novelle aaO. (vorige Fn.); Begründungserwägungen des Ausschusses für Wirtschaft zur 4. GWB-Novelle, BT-Drs. 8/3690, S. 28f.

Das Missbrauchsverbot des § 26 GWB a.F. wurde durch Regelungen ergänzt, die seine Anwendung auf marktbeherrschende Nachfrager erleichtern sollte (§ 26 Abs. 2 S. 3 GWB-1980[92])[93].

Das diesem Entwurf zugrunde liegende Wettbewerbsleitbild sowie die zu verfolgende Wettbewerbspolitik wird aus den Änderungen des § 103 GWB a.F. erkennbar: Bereits gemäß § 103 GWB-1958 wurden (u.a.) Energieversorgungsunternehmen von dem Kartellverbot sowie dem Verbot sonstiger kartellierender Absprachen gemäß §§ 1, 15 und 18 GWB a.F. freigestellt[94]. In der Vierten GWB-Novelle wollte die Bundesregierung die durch die Freistellung erlangte marktbeherrschende Stellung der Energieversorger der Missbrauchsaufsicht unterwerfen und schlug Regelbeispiele für missbräuchliche Verhaltensweisen vor (§ 103 Abs. 5 S. 2 GWB-Entwurf-1978)[95]. Diese Vorschläge beruhten „auf demselben Grundgedanken, der auch für die übrigen Missbrauchsvorschriften des Gesetzes, insbesondere des § 22, maßgeblich" sei, „wonach die kartellbehördliche Missbrauchsaufsicht das notwendige Korrektiv für eine durch Wettbewerb nicht wirksam kontrollierte Marktstellung" darstelle[96]. Ein Missbrauch läge daher nicht vor, wenn das Marktverhalten des Energieversorgungsunternehmens „dennoch durch wirksamen Wettbewerb ... bestimmt" werde[97]. Die neu vorgeschlagenen Regelungen gingen davon aus, dass „auch in monopolistisch strukturierten Bereichen ... Wettbewerbsgesichtspunkte nach Möglichkeit zum Tragen kommen"

---

[92] § 26 Abs. 2 S. 3 GWB-1980: „Für das Untersagungsverfahren nach § 37a Abs. 2 wird vermutet, dass ein Anbieter einer bestimmten Art von Waren oder gewerblichen Leistungen von einem Nachfrager abhängig im Sinne des Satzes 2 ist, wenn dieser Nachfrager bei ihm zusätzlich zu den verkehrsüblichen Preisnachlässen oder sonstigen Leistungsentgelten regelmäßig besondere Vergünstigungen erlangt, die gleichartigen Nachfragern nicht gewährt werden."

[93] S. hierzu den Entwurf der Bundesregierung der 4. GWB-Novelle, BT-Drs. 8/2136, S. 1, 6 sowie die RegBegr. zu diesem Entwurf ebenda, S. 12, 16, 24f. Vgl. auch BKartA, TB 1979/80, BT-Drs. 9/565, S. 35ff.

[94] § 103 GWB-1958: „Die §§ 1, 15 und 18 finden keine Anwendung auf ... Verträge von Unternehmen der öffentlichen Versorgung mit Elektrizität, Gas oder Wasser ...", s. BGBl. 1957 I 1081, 1100f. Vgl. hierzu die RegBegr. zum Entwurf eines GWB, BT-Drs. II/1158, S. 21, 57; Bericht der Bundesregierung vom 4.2.1975 über die Ausnahmebereiche des Gesetzes gegen Wettbewerbsbeschränkungen (GWB), BT-Drs. 7/3206, S. 1, 30ff m.w.N.; *Emmerich* § 32.2, S. 348ff.

[95] S. den Entwurf der Bundesregierung der 4. GWB-Novelle, BT-Drs. 8/2136, S. 1, 10 sowie die RegBegr. zu diesem Entwurf ebenda, S. 12, 17, 33.

[96] Vgl. auch die Begründungserwägungen des Ausschusses für Wirtschaft zur 4. GWB-Novelle, BT-Drs. 8/3690, S. 24, sowie den Bericht der Bundesregierung vom 4.2.1975 über die Ausnahmebereiche des Gesetzes gegen Wettbewerbsbeschränkungen (GWB), BT-Drs. 7/3206, S. 1, 40; BGH, 6.5.1997, KVR 9/96, NJW 1997, 3173f (Gaspreis) m.w.N.

[97] RegBegr. zum Entwurf der 4. GWB-Novelle, BT-Drs. 8/2136, S. 33.

sollten[98]. Der Gesetzgeber betonte hier also die Fähigkeit des Wettbewerbs zur Selbststeuerung im Gesamtsystem der kartellrechtlichen Missbrauchsaufsicht[99], die u.a. auch kartellrechtswidrige, aber vom Kartellverbot freigestellte Verhaltensweisen[100] ausgleichen könne. Der hoheitlichen Missbrauchsaufsicht sollte auch gegenüber Monopolunternehmen lediglich eine subsidiäre Rolle zukommen.

Damit näherte sich die hier vertretene Wettbewerbspolitik, auch wenn sie von der Wortwahl her weiterhin auf die Theorie des wirksamen, funktionsfähigen Wettbewerbs Bezug nahm, den modernen wettbewerbswissenschaftlichen Theorien an, die in erster Linie auf die Selbstregulierungskräfte eines Marktes vertrauen und die wettbewerbskontrollierende Rolle des Staates hinter der individuellen Wettbewerbsfreiheit der Marktteilnehmer zurücktreten lassen[101]. Im Wesentlichen entsprachen die zur Ergänzung des § 103 GWB a.F. vorgeschlagenen Vorschriften den o.g. Grundsätzen des „dynamischen Wettbewerbs“[102]. Diese Regelungen (z.B. das Regelbeispiel für das missbräuchliche Verhalten eines Marktbeherrschers im Horizontalverhältnis

---

[98] RegBegr. zum Entwurf der 4. GWB-Novelle aaO. (vorige Fn.).

[99] Ebenso der Ausschuss für Wirtschaft hinsichtlich der Missbrauchsaufsicht gemäß § 22 Abs. 4 GWB-1980 in seinen Begründungserwägungen zur 4. GWB-Novelle, BT-Drs. 8/3690, S. 24.

[100] Vgl. dazu, dass die in § 131 Abs. 8 GWB iVm § 103 Abs. 1 GWB-1990 genannten Verträge ohne Freistellung gegen § 1 GWB verstoßen würden, nur BGH, 7.7.1992, KZR 2/91, WuW/E BGH 2777, 2779ff (Freistellungsende bei Wegenutzungsrecht); BGH, 22.3.1994, KZR 22/92, WuW/E BGH 2914, 2916ff m.w.N. (Nachvertragliche Konzessionsabgabe); RegBegr. zum Entwurf eines Gesetzes zur Neuregelung des Energiewirtschaftsrechtsgesetzes, BT-Drs. 13/7274, S. 10, 24; *Baur* RdE 1997, 41, 42ff; *Klaue* in I/M, 2. Aufl., zu § 103 GWB, Rz. 3; *Markert* EuZW 2000, 427, 430f. Zweifelnd demgegenüber: *Bechtold* BB 1997, 1853, 1858.

[101] *Bartling* „Wettbewerbspolitik“, S. 41ff; *Clapham* in: Cox/Jens/Markert, S. 129f; *Cox/ Hübener* in: Cox/Jens/Markert, S. 1, 16f, 28ff; *Emmerich* § 1.2d), S. 9f; *Gotthold* ZHR 145 (1981) 286, 299ff; *Herdzina* „Wettbewerbspolitik“, S. 25ff, 28, 45ff; *ders.* in: FS Benisch, S. 3, 7ff; *Möschel* „Wettbewerbsbeschränkungen“, Rz. 67f; *Tolksdorf* WuW 1980, 785, 796ff jeweils m.w.N. *Hoppmann* bezeichnet diesen Ansatz als „systemtheoretisch“, zitiert nach *Schmidt* „Wettbewerbspolitik“, S. 14f. Vgl. zu der These von der individuellen Freiheit der Wettbewerbsteilnehmer, wonach „Wettbewerb“ dann besteht, wenn jedem Unternehmen auf Dauer die Freiheit zum Wettbewerb zusteht: *Arndt* in: Herdzina, S. 246, 250; *ders.* in: Cox/Jens/Markert, S. 49, 54; *Bartling* „Wettbewerbspolitik“, S. 42; *Clapham* in: Cox/Jens/Markert, S. 129, 132f m.w.N.; *Clark* in: Herdzina, S. 269, 272f; *vHayek* in: Freiburger Studien, S. 249, 260f; *Helmstädter* in: FS Benisch, S. 17, 25; *Herdzina* in: FS Benisch, S. 3, 7; *Hoppmann* Jb.N.St. 179 (1966) 286, 290, 303; *ders.* in: Festgabe Wessels, S. 145, 149, 166f; *ders.* ORDO 18 (1967) 77, 79f; *Schmidtchen* ORDO 39 (1988) 111, 115 m.w.N.; *Tolksdorf* WuW 1980, 785, 797 m.w.N.; *Woll* ORDO 40 (1989) 87, 90 m.w.N.

[102] Vgl. auch *Harms* „Schwerpunkte“, S. 95, 98.

gegenüber seinen Konkurrenten, § 103 Abs. 5 S. 2 Nr. 3 GWB-1980[103]) sollten nämlich verhindern, dass der Marktmacht verschaffende Vorstoß von Pionierunternehmen den Erfolg nachrückender Unternehmen der gleichen Wirtschaftsstufe gefährdet[104]. Die Beeinträchtigung der wettbewerbseigenen Dynamik durch das marktstarke Unternehmen wäre dementsprechend kein wettbewerbliches Verhalten mehr.

Dem gleichen Ziel diente auch das neue Regelbeispiel des § 22 Abs. 4 S. 2 Nr. 1 GWB-1980 sowie der neu eingefügte § 37a Abs. 3 GWB-1980. Beide Regelungen schützten ebenfalls Konkurrenten im Horizontalverhältnis vor Beeinträchtigungen durch relativ mächtige Unternehmen[105]. Hiernach waren nämlich solche Verhaltensweisen gegenüber Unternehmen der Marktgegenseite verboten, die diese im Wettbewerb behinderten, insbesondere aus dem Markt verdrängten[106].

Bei der Novellierung der Missbrauchskontrolle von Energieversorgungsunternehmen gemäß § 103 Abs. 5 GWB-1980 wurde das dynamische Wettbewerbsprinzip jedoch zum Teil durchbrochen: Nach der vom federführenden Ausschuss für Wirtschaft vorgeschlagenen Ergänzung der Regelbeispiele missbräuchlichen Verhaltens durfte sich ein Energieversorger gemäß § 103 Abs. 5 S. 2 Nr. 4 GWB-1980 gegenüber einem Abnehmer oder Bezie-

---

[103] § 103 Abs. 5 S. 2 Nr. 3 GWB-1980:"[Ein Missbrauch im Sinne des Satzes 1 Nr. 1 liegt insbesondere vor, wenn ...] 3. ein Versorgungsunternehmen ein anderes Versorgungsunternehmen oder ein sonstiges Unternehmen in der Verwertung von in eigenen Anlagen erzeugter Energie unbillig behindert ..."

[104] Vgl. zum Leitbild der wettbewerblichen Dynamik oben 1. Abschnitt A.III.1 bzw. zu der Theorie der Wettbewerbsfreiheit *Arndt* in: Cox/Jens/Markert, S. 49, 53ff; *Cox/Hübener* in: Cox/Jens/Markert, S. 1, 5f jeweils m.z.N.; *vHayek* ORDO 6 (1954) 3, 11; *ders.* in: Freiburger Studien, S. 249, 256; *Hoppmann* Jb.N.St. 179 (1966) 286, 305ff; *ders.* in: Festgabe Wessels, S. 145, 163ff. Vgl. auch *Clapham* in: Cox/Jens/Markert, S. 129, 133 m.w.N.; *Hoppmann* ORDO 18 (1967) 77, 89f; *Schmidt* „Wettbewerbspolitik", S. 14f; *Schmidtchen* ORDO 39 (1988) 111, 115 m.w.N.

[105] Diese Vorschriften gehen auf Vorschläge des Bundestagsausschusses für Wirtschaft zurück, vgl. dessen Begründungserwägungen zu § 22 Abs. 4 S. 2 Nr. 1 GWB-1980 bzw. zu § 37a Abs. 3 GWB-1980, BT-Drs. 8/3690, S. 25 bzw. S. 29. *Hansen* WuW 1989, 376, 381.

§ 22 Abs. 4 S. 2 Nr. 1 GWB-1980: „[Ein Missbrauch im Sinne das Satzes 1 liegt insbesondere vor, wenn ein marktbeherrschendes Unternehmen als Anbieter oder Nachfrager einer bestimmten Art von Waren oder gewerblichen Leistungen] 1. die Wettbewerbsmöglichkeiten anderer Unternehmen in einer für den Wettbewerb auf dem Markt erheblichen Weise ohne sachlich gerechtfertigten Grund beeinträchtigt."

§ 37a Abs. 3 GWB-1980: „Die Kartellbehörde kann auch einem Unternehmen, das aufgrund seiner gegenüber kleinen und mittleren Wettbewerbern überlegenen Marktmacht in der Lage ist, die Marktverhältnisse wesentlich zu beeinflussen, ein Verhalten untersagen, das diese Wettbewerber unmittelbar oder mittelbar unbillig behindert und geeignet ist, den Wettbewerb nachhaltig zu beeinträchtigen."

[106] Vgl. die Begründungserwägungen des Ausschusses für Wirtschaft, BT-Drs. 8/3690, S. 28.

her von Energie nicht weigern, Verträge über die Durchleitung von Energie durch sein Versorgungsnetz abzuschließen; eine derartige Kontrahierungsverweigerung war jedoch „in der Regel“ nicht missbräuchlich, wenn die Durchleitung einem im Versorgungsgebiet des Leitungsinhabers ansässigen Verbraucher diente[107]. Die Weigerung eines Energieversorgungsunternehmens, einen *Konkurrenten* auf der Versorgungsstufe durch die Gewährung einer Energiedurchleitung zu unterstützen, war somit „in der Regel“ noch von dessen Wettbewerbsfreiheit umfasst, also kartellrechtmäßig. Ein solcher Energieversorger, der wegen der Freistellung vom Kartellverbot gemäß § 103 GWB in der Regel Monopolist war, durfte also grundsätzlich das dynamische Nachfolgen konkurrierender Energieversorgungsunternehmen verhindern. Vergleichbare Regelungen wurden jedoch für das allgemeine Missbrauchsverbot i.S.d. §§ 22, 26 Abs. 2 GWB-1980 nicht vorgeschlagen. Es ist daher davon auszugehen, dass die gesetzlich geregelte vorrangige Behandlung der Individualinteressen eines Monopolunternehmens zu Lasten nachfolgender Konkurrenten auf spezielle Belange des Ausnahmebereichs der Energieversorgung zurückzuführen ist[108].

Hinsichtlich der in dieser Novelle vertretenen Wettbewerbspolitik sind die obigen Ausführungen um einen weiteren Aspekt zu ergänzen: Auf einen weiteren Vorschlag des Ausschusses für Wirtschaft ging die bereits erwähnte neue Vorschrift des § 37a Abs. 3 GWB-1980 zurück, die kleine und mittlere Unternehmen im Horizontalverhältnis vor Behinderungen marktstärkerer Konkurrenten schützte[109]. Der in der Zweiten Novelle mit der Einfügung des § 26 Abs. 2 S. 2 GWB a.F. verfolgte Ansatz von der „relativen Marktmacht“ wurde hier konsequent zugunsten des Horizontalverhältnisses zwischen Konkurrenten weitergeführt, indem bereits die Marktmacht relativ marktstarker Unternehmen kontrolliert und die jeweiligen Marktstrukturen vor einer (weitergehenden) Vermachtung geschützt wurden[110]. Die weiterhin ver-

---

[107] BT-Drs. 8/3690, S. 19 sowie die Begründungserwägungen des Ausschusses für Wirtschaft ebenda, S. 33f.

[108] Vgl. zu der Sonderstellung des § 103 Abs. 5 GWB-1980 im Rahmen des GWB auch die Begründungserwägungen des Ausschusses für Wirtschaft, BT-Drs. 8/3690, S. 33f.

[109] S. hierzu BT-Drs. 8/3690, S. 9f, sowie die Begründungserwägungen des Ausschusses für Wirtschaft ebenda, S. 29f.

§ 37a Abs. 3 GWB-1980: „Die Kartellbehörde kann auch einem Unternehmen, das aufgrund seiner gegenüber kleinen und mittleren Wettbewerbern überlegenen Marktmacht in der Lage ist, die Marktverhältnisse wesentlich zu beeinflussen, ein Verhalten untersagen, das diese Wettbewerber unmittelbar oder mittelbar unbillig behindert und geeignet ist, den Wettbewerb nachhaltig zu beeinträchtigen.“

[110] Vgl. die Begründungserwägungen des Ausschusses für Wirtschaft, BT-Drs. 8/3690, S. 29f, sowie die RegBegr. zum Entwurf der 5. GWB-Novelle, BT-Drs. 11/4610, S. 10, 22f. S. zu der

haltensorientierte Missbrauchsaufsicht wurde also wiederum aus **marktstrukturorientierten Erwägungen** ergänzt[111]. Die Rechtsschutzmöglichkeiten eines Wettbewerbers nach § 37a Abs. 3 GWB-1980 waren im Vergleich zu § 26 Abs. 2 GWB-1980 jedoch dadurch eingeschränkt, dass § 37a Abs. 3 GWB-1980 kein Verbotsgesetz war, sondern ein Untersagungsverfahren der zuständigen Kartellbehörde voraussetzte.

Ein ähnlicher marktstrukturorientierter Ansatz, mit den Mitteln der Verhaltenskontrolle der Verschlechterung der Marktstrukturen möglichst frühzeitig durch kartellaufsichtliche Maßnahmen entgegenzuwirken, lag der neu eingefügten Vorschrift des § 22 Abs. 4 S. 2 Nr. 1 GWB-1980 zugrunde[112]. Hiernach war bereits die Beeinträchtigung der „Wettbewerbs*möglichkeiten*“[113] der Konkurrenten im Horizontalverhältnis durch ein marktbeherrschendes Unternehmen missbräuchlich.

VI. Fünfte GWB-Novelle (GWB-1990)[114]

1. Wettbewerbsleitbild

Die Fünfte Novelle des GWB, die am 1.1.1990 in Kraft trat, diente u.a. der „Beseitigung zu weit gehender Sondervorschriften in den Ausnahmebereichen“; durch Deregulierung sollte „mehr Wettbewerb ermöglicht werden“[115].

---

marktstrukturorientierten Ergänzung des § 26 Abs. 2 GWB a.F. durch die Zweite GWB-Novelle oben 1. Abschnitt A.III.2. Vgl. auch *vGamm* NJW 1980, 2489, 2493.

[111] Bundesregierung in ihrer Stellungnahme zum Tätigkeitsbericht des BKartA 1979/1980, BT-Drs. 9/565, S. I, IV; BKartA, TB 1979/80, BT-Drs. 9/565, S. 28; *Hansen* WuW 1989, 376, 381; *Harms* „Schwerpunkte“, S. 95, 98; *Schlecht* ORDO 43 (1992) 319, 325. Vgl. auch die Begründungserwägungen des Ausschusses für Wirtschaft zur 4. GWB-Novelle, BT-Drs. 8/3690, S. 23.

[112] S. hierzu die Begründungserwägungen des Ausschusses für Wirtschaft zur 4. GWB-Novelle, BT-Drs. 8/3690, S. 25. Vgl. auch die Stellungnahme der Bundesregierung zum Tätigkeitsbericht des BKartA 1979/1980, BT-Drs. 9/565, S. I, IV; BKartA, TB 1979/80, BT-Drs. 9/565, S. 28; *vGamm* NJW 1980, 2489, 2494; *Harms* „Schwerpunkte“, S. 95, 98.

§ 22 Abs. 4 S. 2 Nr. 1 GWB-1980: „[Ein Missbrauch im Sinne das Satzes 1 liegt insbesondere vor, wenn ein marktbeherrschendes Unternehmen als Anbieter oder Nachfrager einer bestimmten Art von Waren oder gewerblichen Leistungen] 1. die Wettbewerbsmöglichkeiten anderer Unternehmen in einer für den Wettbewerb auf dem Markt erheblichen Weise ohne sachlich gerechtfertigten Grund beeinträchtigt.“

[113] Hervorhebung von der Verfasserin.

[114] Bekanntmachung der Neufassung des GWB, BGBl. 1990 I 235ff.

[115] RegBegr. zum Entwurf der 5. GWB-Novelle, BT-Drs. 11/4610, S. 10, 12f; Bericht des Bundestagsausschusses für Wirtschaft zum Entwurf der 5. GWB-Novelle, BT-Drs. 11/5949, S. 18f. Vgl. auch den Bericht der Bundesregierung zur Zukunftssicherung des Standortes Deutschland vom 3.9.1993, BT-Drs. 12/5620, S. 12f, 42f; die Stellungnahme der Bundesregierung zum Tätigkeitsbericht des BKartA 1993/94, BT-Drs. 13/1660, S. I, IIf; sowie den Bericht über die Deregu-

Bereits im März 1988 war auf Beschluss der Bundesregierung eine „Unabhängige Expertenkommission zum Abbau marktwidriger Regulierungen" (sog. „Deregulierungskommission") zusammengetreten, um Kosten und Nutzen des Abbaus staatlicher Eingriffe in das Marktgeschehen zu untersuchen[116].

Die Deregulierungspläne der Bundesregierung kommen beispielsweise in der Änderung des durch die Vierte GWB-Novelle neu eingefügten § 103 Abs. 5 S. 2 Nr. 4 GWB-1980 zum Ausdruck. Der letzte Satz dieser Vorschrift wurde gestrichen, nach dem sich ein marktbeherrschendes Energieversorgungsunternehmen dann nicht missbräuchlich verhalten hatte, wenn es sich gegenüber einem *Konkurrenz*unternehmen auf der Versorgungsstufe weigerte, Energie durchzuleiten[117]. Auf diese Weise wurde das bereits in der Vierten Novelle verwirklichte Prinzip des dynamischen Wettbewerbs auch auf energieversorgende „Pionierunternehmen" ausgeweitet, die durch die Behinderung von Konkurrenzunternehmen die wettbewerbliche Dynamik beeinträchtigten und somit nicht wettbewerbskonform handelten[118]. Nunmehr traten also auch in diesem Bereich die branchenspezifischen Belange an Sonderregeln hinter den wettbewerbsorientierten Interessen zurück.

Darüber hinaus wurde mit der Fünften GWB-Novelle der an einer Veränderung der Marktstrukturen orientierte Rechtsschutz von Unternehmen, die im Horizontalverhältnis von relativ marktmächtigen Unternehmen behindert wurden, dadurch verbessert, dass solche Behinderungen nicht mehr von einem Untersagungsverfahren der Kartellbehörde abhängig, sondern *per se* verboten waren. § 26 Abs. 4 GWB-1990 änderte insoweit den bisherigen § 37a Abs. 3 GWB-1980[119]. Hierdurch wurden zugleich die Selbstregulierungsmechanismen des Wettbewerbs stärker betont, weil behinderte Konkurrenten nicht mehr auf die staatlichen (Kartell-) Behörden angewiesen waren

---

lierungsmaßnahmen der Bundesregierung vom 29.4.1994, BT-Drs. 12/7468, S. 3f mit zahlreichen Beispielen bereits vorgenommener Deregulierungsmaßnahmen aus sämtlichen Politikbereichen. *Jens* „Wettbewerbspolitik", S. 49, 56f.

[116] Bericht der Deregulierungskommission, „Marktöffnung und Wettbewerb", S. V.

[117] Vgl. zur Fassung und Auslegung dieser Vorschrift in der Vierten GWB-Novelle oben 1. Abschnitt A.V. Vgl. auch die RegBegr. zum Entwurf der 5. GWB-Novelle, BT-Drs. 11/4610, S. 30.

[118] Vgl. zur Realisierung der Grundsätze des dynamischen Wettbewerbs u.a. durch die Einfügung des § 103 Abs. 5 GWB-1980 mit der Vierten GWB-Novelle oben 1. Abschnitt A.V.

[119] § 26 Abs. 4 GWB-1990: "Unternehmen mit gegenüber kleinen und mittleren Wettbewerbern überlegener Marktmacht dürfen ihre Marktmacht nicht dazu ausnutzen, solche Wettbewerber unmittelbar oder mittelbar unbillig zu behindern." Vgl. hierzu die RegBegr. zum Entwurf der 5. GWB-Novelle, BT-Drs. 11/4610, S. 11, 22f.

und „die Privatinitiative der Betroffenen für den Wettbewerbsschutz mobilisiert“ wurde[120].

Demselben Zweck diente die Verbesserung der Beweissituation missbräuchlich behandelter Unternehmen durch die Änderung der Vermutungsregeln für das Vorliegen einer marktbeherrschenden Stellung iSd § 26 Abs. 2 S. 3 GWB-1990. Diese Regelungen galten nun nicht mehr nur für das kartellbehördliche Untersagungsverfahren, sondern für sämtliche zivilrechtliche Verfahren gemäß § 26 Abs. 2 GWB-1990[121].

Jedoch wurde die Selbstregulierungsfähigkeit der Märkte gegenüber **marktbeherrschenden Unternehmen** weiterhin vergleichsweise skeptisch beurteilt. Da sich der Markt zugunsten größerer Unternehmen selbst regeln könne, wurde zwar § 26 Abs. 2 S. 2 GWB-1980 durch die Fünfte GWB-Novelle so geändert, dass diese Regelung nur noch Verhaltensweisen solcher Unternehmen erfasste, die gegenüber kleinen und mittleren Anbietern oder Nachfragern *relativ marktstark* waren[122]. Demgegenüber bestand ein vergleichbares Vertrauen gegenüber *marktbeherrschenden* Unternehmen nicht - das „umfassende“ Missbrauchsverbot des § 26 Abs. 2 S. 1 GWB-1990 sei wegen des „höheren Gefährdungspotentials“ marktbeherrschender Unternehmen für den Wettbewerb „nach wie vor berechtigt“[123].

2. Wettbewerbspolitik

Wie die obigen Ausführungen zeigen, lag eine Politik der Deregulierung, die auch den Gegenstand der hier untersuchten Problematik bildet, Wettbewerb auf monopolisierten Märkten herzustellen, bereits der Fünften GWB-Novelle zugrunde[124]. Der Zweck der Liberalisierung der (bisherigen) Ausnahmebereiche bestand u.a. in der Anpassung der deutschen Vorschriften an den

---

120 Vgl. RegBegr. zum Entwurf der 5. GWB-Novelle aaO. (vorige Fn.), S. 11, 23. *Hansen* WuW 1989, 376, 382.

121 Vgl. RegBegr. zum Entwurf der 5. GWB-Novelle aaO. (vorletzte Fn.), S. 11, 22.

122 § 26 Abs. 2 S. 2 GWB-1990: „Satz 1 gilt auch für solche Unternehmen ..., soweit von ihnen kleine oder mittlere Unternehmen als Anbieter oder Nachfrager einer bestimmten Art von Waren oder gewerblichen Leistungen in der Weise abhängig sind, dass ausreichende und zumutbare Möglichkeiten, auf andere Unternehmen auszuweichen, nicht bestehen.“ (Hervorhebung der Änderungen gegenüber der a.F. von der Verfasserin). Vgl. hierzu den Entwurf der 5. GWB-Novelle, BT-Drs. 11/4610, S. 1, 5 sowie die RegBegr. zu diesem Entwurf ebenda, S. 21f.

123 RegBegr. zum Entwurf der 5. GWB-Novelle aaO. (vorige Fn.).

124 Vgl. zum tatsächlichen Hintergrund dieser Untersuchung oben in der Einleitung unter A.I.1. Vgl. auch RegBegr. zum Entwurf der 5. GWB-Novelle, BT-Drs. 11/4610, S. 10, 12f; Bericht des Bundestagsausschusses für Wirtschaft zum Entwurf der 5. GWB-Novelle, BT-Drs. 11/5949, S. 18f.

E(W)G-Vertrag, der keine solchen Ausnahmen von der Anwendung des Kartellrechts vorsah[125].

Im Übrigen verwirklichte die dieser Novelle zugrunde liegende Wettbewerbspolitik das oben skizzierte Wettbewerbsleitbild des dynamischen und sich selbst regelnden Wettbewerbs dadurch, dass Verfahren zugunsten missbräuchlich behandelter Unternehmen beispielsweise durch Beweiserleichterungen und erweiterte Vermutungsregelungen vereinfacht wurden, so dass diese nunmehr selbst effektiv gegen Kartellrechtsverstöße vorgehen konnten[126]. Gleichzeitig wurden die Eingriffsbefugnisse der hoheitlichen Kartellaufsicht in den Markt dadurch verringert, dass der Anwendungsbereich des § 26 Abs. 2 S. 2 GWB-1990 auf missbräuchliche Verhaltensweisen gegenüber kleinen und mittleren Unternehmen eingeschränkt wurde - eine entsprechende Verhaltenskontrolle zugunsten größerer Unternehmen war aus damaliger Sicht im Vergleich zu den Marktverhältnissen vor der Zweiten GWB-Novelle, mit der § 26 Abs. 2 S. 2 GWB a.F. eingefügt worden war[127], nicht mehr erforderlich[128].

Diese Änderungen verdeutlichen, dass sich die jüngere Wettbewerbspolitik auf das zur Wettbewerbsaufsicht „zwingend“[129] Erforderliche beschränken will und grundsätzlich auf die Selbstregulierungsmechanismen des Wettbewerbs vertraut[130].

VII. Sechste GWB-Novelle

Die Sechste Novelle des GWB, die am 1.1.1999 in Kraft getreten ist, verfolgte im Wesentlichen folgende drei Ziele: Das Wettbewerbsprinzip soll im Hinblick „auf neue Anforderungen“ gestärkt, das deutsche Recht mit dem

---

[125] RegBegr. zum Entwurf der 5. GWB-Novelle aaO. (vorige Fn.). Vgl. auch den Bericht der Bundesregierung zur Zukunftssicherung des Standortes Deutschland vom 3.9.1993, BT-Drs. 12/5620, S. 13, 42f. *Schlecht* ORDO 43 (1992) 319, 327.

[126] Vgl. zu den Änderungen des § 26 Abs. 4 und § 26 Abs. 2 S. 3 GWB a.F. durch die Fünfte GWB-Novelle bereits soeben 1. Abschnitt A.VI.1.

[127] Vgl. zur Änderung des § 26 Abs. 2 GWB a.F. und dessen Begründung durch die Zweite GWB-Novelle oben 1. Abschnitt A.III.2.

[128] Vgl. den Entwurf der 5. GWB-Novelle, BT-Drs. 11/4610, S. 1, 5 sowie die RegBegr. zu diesem Entwurf ebenda, S. 21.

[129] So die RegBegr. zum Entwurf der 5. GWB-Novelle aaO. (vorige Fn.).

[130] Vgl. auch die RegBegr. zur Änderung des § 26 Abs. 2 S. 2 GWB a.F. durch ihren Entwurf der 5. GWB-Novelle aaO. (vorletzte Fn.), S. 11f, 21, sowie den Bericht der Bundesregierung zur Zukunftssicherung des Standortes Deutschland vom 3.9.1993, BT-Drs. 12/5620, S. 11ff, 41f. Bericht der Deregulierungskommission, S. V.

europäischen harmonisiert und schließlich das Gesetz neu geordnet und gestrafft werden[131].

1. Wettbewerbsleitbild

Hinsichtlich des aus dieser Novelle ersichtlichen Wettbewerbsleitbildes sind insbesondere folgende Aspekte hervorzuheben:

Die bereits mit der Fünften GWB-Novelle verfolgte Deregulierungspolitik wird durch die Aufhebung weiterer gesetzlicher Ausnahmebereiche fortgesetzt, die nunmehr den Selbstregulierungskräften des Wettbewerbs unterstehen sollen[132]. Seit der Neuregelung des Energiewirtschaftsrechts vom 24.4.1998[133] gilt z.B. die bisherige Ausnahmeregelung für die Energiewirtschaft, die Versorgungsunternehmen eine Monopolstellung einräumte, nur noch für den Bereich der Wasserversorgung (§ 131 Abs. 8 GWB iVm § 103 Abs. 1 GWB a.F. sowie Art. 2 des Gesetzes zur Neuregelung des Energiewirtschaftsrechts[134]). Durch diese Gesetzesänderungen werden weitere Märkte der **wettbewerblichen Dynamik** unterworfen, indem konkurrierende Unternehmen das Recht erhalten, den bisher ausschließlich zur Versorgung berechtigten Unternehmen im Wettbewerb nachzufolgen.

Das dynamische Wettbewerbsprinzip kommt insbesondere auch in dem neu geschaffenen Tatbestand für missbräuchliches Verhalten zum Ausdruck. Gemäß § 19 Abs. 1, 4 Nr. 4 GWB liegt ein verbotener Missbrauch vor, wenn sich ein marktbeherrschendes Unternehmen „weigert, einem anderen Unternehmen gegen angemessenes Entgelt Zugang zu den eigenen Netzen oder anderen Infrastruktureinrichtungen zu gewähren, wenn es dem anderen Unternehmen aus rechtlichen oder tatsächlichen Gründen ohne die Mitbenutzung nicht möglich ist, auf dem vor- oder nachgelagerten Markt als Wettbewerber des marktbeherrschenden Unternehmens tätig zu werden". In der Regierungsbegründung zum Entwurf der Sechsten GWB-Novelle wird hierzu ausgeführt, dass z.B. in der Telekommunikation und im Bahnverkehr physische Netze Ressourcen darstellten, „die anderen Marktteilnehmern diskriminierungsfrei zur Nutzung offenstehen müssen, wenn Wettbewerb entstehen

---

[131] RegBegr. zum Entwurf der 6. GWB-Novelle, BT-Drs. 13/9720, S. 30.

[132] RegBegr. zum Entwurf der 6. GWB-Novelle, BT-Drs. 13/9720, S. 30, 38. Vgl. hierzu auch die RegBegr. zum Gesetzentwurf eines Energiewirtschaftsrechtsgesetzes, BT-Drs. 13/7274, S. 9ff, 23f; 12. HauptGA der Monopolkommission 1996/97, BT-Drs. 13/11291, Tz. 1ff; *Bechtold* BB 1997, 1853, 1855; *Bunte* WuW 1994, 5, 10f.

[133] Gesetz zur Neuregelung des Energiewirtschaftsrechts, BGBl. 1998 I 730.

[134] Art. 2 des Gesetzes zur Neuregelung des Energiewirtschaftsrechts.

soll“[135]. Im Einklang mit dem dynamischen Wettbewerbsprinzip ermöglicht es dieser Zugangsanspruch einem konkurrierenden Unternehmen, dem marktbeherrschenden Netzbetreiber auf der nachgelagerten Marktstufe für die Versorgung mit netzgebundenen Leistungen nachzufolgen[136]. Eine Zugangsverweigerung erfolgt grundsätzlich nicht mehr „im Wettbewerb“ und ist daher missbräuchlich und verboten.

2. Wettbewerbspolitik

Die in den Gesetzesänderungen der Sechsten GWB-Novelle zum Ausdruck kommende Wettbewerbspolitik setzt im Wesentlichen ebenfalls die bisherigen Entwicklungen fort. Die Selbstregulierungsfähigkeit des Wettbewerbs wird durch die Aufhebung bisheriger Ausnahmebereiche gestärkt. Zwar wird durch die Ergänzung des Missbrauchsverbots durch die Tatbestände des § 19 Abs. 4 (insbesondere Nr. 4) GWB deutlich, dass hoheitliche Eingriffe zu Lasten marktbeherrschender Unternehmen weiterhin zur Gewährleistung des Wettbewerbs für erforderlich gehalten werden[137]. Im Gegensatz zum bisherigen Grundtatbestand missbräuchlichen Verhaltens (§ 22 Abs. 4, 5 GWB-1990[138]) sind diese Regelungen jedoch nunmehr als Verbotsgesetze ausgestaltet und setzen keine Untersagungsverfügung der Kartellbehörde mehr voraus (§ 19 Abs. 1 GWB). Missbräuchlich behandelte Unternehmen können daher ihre Ansprüche jetzt selbst durchsetzen und sind nicht mehr auf ein Eingreifen der hoheitlichen Kartellaufsicht angewiesen[139].

Die bisherige Deregulierungspolitik wird jedoch in der Sechsten Novelle des GWB nicht uneingeschränkt weiterverfolgt. Auch wenn insbesondere das Energiewirtschaftsrecht weitgehend dereguliert ist (§ 131 Abs. 8 GWB), sind im GWB immer noch „Sonderregeln für bestimmte Wirtschaftsberei-

---

[135] RegBegr. zum Entwurf der 6. GWB-Novelle, BT-Drs. 13/9720, S. 36.

[136] Der Bundesrat vertrat in seiner Stellungnahme zum Vorschlag der Bundesregierung zur Sechsten Novelle des GWB ausdrücklich die These von der Dynamik des Wettbewerbs. Wettbewerb zeichnet sich hiernach insbesondere dadurch aus, dass Konkurrenten einem marktbeherrschenden Unternehmen nachfolgen können. Es sei gerade das „Ziel“ des § 19 Abs. 4 Nr. 4 GWB, „die notwendigen Voraussetzungen für nachstoßenden Wettbewerb überhaupt erst zu schaffen“ (BT-Drs. 13/9720, S. 71, 74).

[137] Vgl. die RegBegr. zum Entwurf der 6. GWB-Novelle, BT-Drs. 13/9720, S. 35f sowie die Stellungnahme des Bundesrates zum Regierungsentwurf, BT-Drs. 13/9720, S. 71, 74.

[138] § 22 Abs. 4, 5 GWB-1990: „(4) Die Kartellbehörde hat gegenüber marktbeherrschenden Unternehmen die in Absatz 5 genannten Befugnisse, soweit ...“,
(5) „Die Kartellbehörde kann unter den Voraussetzungen des Absatzes 4 marktbeherrschenden Unternehmen ein missbräuchliches Verhalten untersagen und Verträge für unwirksam erklären...“

[139] Vgl. die RegBegr. zum Entwurf der 6. GWB-Novelle, BT-Drs. 13/9720, S. 35f.

che“ vorgesehen (§§ 28ff GWB). Derartige Spezialregelungen seien wegen der „Besonderheiten“ der betreffenden Branchen (Landwirtschaft, Kredit- und Versicherungswirtschaft, Urheberrechtsverwertungsgesellschaften und Sport) in „eng begrenztem“ Umfang „- noch - notwendig“[140]. Grundsätzlich erfordern also nach Auffassung der aktuellen deutschen Wettbewerbspolitik einige Wirtschaftsbereiche weiterhin staatliche Lenkungseingriffe. Wie oben aufgezeigt, setzt jedoch auch die Sechste GWB-Novelle den mit der Fünften Novelle begonnenen „Rückzug“ des Staates aus bisher hoheitlich regulierten Märkten fort, wobei eine weitere Verringerung der staatlichen Regulierung ausdrücklich angekündigt wird.

Schließlich werden den Kartellbehörden mit der Sechsten GWB-Novelle weitere **marktstrukturkontrollierende** Befugnisse gegen das Entstehen marktbeherrschender Stellungen durch den Zusammenschluss größerer Unternehmen eingeräumt: Die Fusionskontrolle findet nunmehr ausschließlich präventiv statt, indem gemäß § 39 GWB sämtliche Unternehmenszusammenschlüsse vor ihrem Vollzug beim Bundeskartellamt anzumelden sind. Im Gegensatz zum bisherigen Fusionskontrollrecht gemäß §§ 23ff GWB a.F.[141] ist der Geltungsbereich der hoheitlichen Zusammenschlusskontrolle allerdings in § 35 GWB auf Unternehmen mit einem bestimmten Mindestumsatz beschränkt[142]. In diesen Bereichen, in denen aufgrund der (am erzielten Mindestumsatz orientierten) Größe der beteiligten Unternehmen die Gefahr der Vermachtung der Märkte besonders groß ist, wird somit der staatliche Einfluss auf die Marktstrukturen erhöht, indem die zuständige Kartellbehörde möglichst frühzeitig eine weitergehende Vermachtung erkennen und dieser (im Wege des Untersagungsverfahrens gemäß § 36 GWB) entgegenwirken kann.

Aus den Änderungen des GWB durch die Sechste Novelle wird somit deutlich, dass in der aktuellen deutschen Wettbewerbspolitik einerseits hoheitliche Lenkungseingriffe in den Markt, die ggf. auch die Marktstrukturen kontrollieren, für erforderlich gehalten werden, andererseits jedoch der hoheitliche Einfluss insgesamt verringert und die Selbstregulierungsmechanismen des Marktes gestärkt werden. Den Marktteilnehmern werden weitere Möglichkeiten eingeräumt, ihre Tätigkeit frei auszuüben und ihre Ansprüche gegen kartellrechtswidriges Verhalten selbst durchzusetzen. Besondere Befugnisse gegenüber marktbeherrschenden Unternehmen, die nachfolgenden

---

[140] Vgl. die RegBegr. zum Entwurf der 6. GWB-Novelle aaO. (vorige Fn.), S. 38. S. zu den Ausnahmebereichen nach der Sechsten GWB-Novelle nur *Emmerich* §§ 29 - 32, S. 326ff sowie *Winkler, Möschel, Mestmäcker* in I/M, zu §§ 28ff GWB.

[141] Vgl. zum Wortlaut dieser Vorschriften im Einzelnen die Bekanntmachung der Neufassung des GWB, BGBl. 1990 I 235, 241ff.

[142] Vgl. auch die RegBegr. zum Entwurf der 6. GWB-Novelle, BT-Drs. 13/9720, S. 30, 42ff.

dynamischen Wettbewerb verhindern, werden jedoch weiterhin für erforderlich erachtet.

VIII. Ergebnis

1. Wettbewerbsleitbild

Aus der „Novellierungsgeschichte" des GWB lassen sich folgende Entwicklungstendenzen ablesen:

Zunächst bestand iSd der wettbewerbswissenschaftlichen Theorie der vollständigen Konkurrenz „Wettbewerb" dann, wenn möglichst viele Unternehmen mit vergleichbar großer Marktmacht am relevanten Markt teilgenommen haben oder zumindest teilnehmen konnten, weil die Marktzugänge offen waren (GWB-1958 sowie Erste GWB-Novelle 1966). Seit der Zweiten GWB-Novelle wurde die **Dynamik des Wettbewerbsprozesses** betont, dem die vorübergehende Entstehung marktbeherrschender Stellungen bei „vorstoßenden Pionierunternehmen" wesenseigen ist; die mit diesem Vorstoß verbundene Ausübung der individuellen Wettbewerbsfreiheit der Pioniere wurde dementsprechend rechtlich toleriert[143]. „Wettbewerb" in diesem Sinne besteht erst dann nicht mehr, wenn ein marktbeherrschendes Unternehmen gegenüber den anderen Marktteilnehmern seine Marktmacht auf Dauer behaupten kann. Die Rechte und Chancen anderer Marktteilnehmer, dem Pionier nachzufolgen, stellen also die Grenze der Wettbewerbsfreiheit des einzelnen Unternehmens dar[144].

In der Beurteilung einseitiger Verhaltensweisen marktbeherrschender Unternehmen (wie beispielsweise Kontrahierungsverweigerungen) hat sich allerdings seit dem GWB-1958 materiell keine Änderung ergeben: In dem damals eingefügten und seitdem inhaltlich nicht geänderten Verbotsgesetz für missbräuchliche Verhaltensweisen in § 26 Abs. 2 S. 1 GWB a.F. (heute: § 20 Abs. 1 GWB) wird grundsätzlich das Bestehen einer marktbeherrschenden Stellung anerkannt. Marktbeherrscher werden lediglich einer Verhaltenskontrolle im Einzelfall unterworfen. Außerdem wird (auch) einem marktbeherrschenden Unternehmen ein individueller unternehmerischer Handlungsspielraum zugebilligt, indem nur *missbräuchliche* Verhaltensweisen verboten sind. Auch Verhaltensweisen, die sich nachteilig auf andere Marktteilnehmer auswirken, sind also nicht *per se* verboten, sondern nur dann, wenn sie hierüber hinaus im konkreten Einzelfall missbräuchlich sind.

---

[143] Vgl. auch die Einschätzung der Entwicklung des deutschen Wettbewerbsrechts von *Schlecht* ORDO 43 (1992) 319, 321f.

[144] Vgl. auch das BKartA in seinem Arbeitspapier zu der Tagung des Arbeitskreises Kartellrecht im Oktober 1994, S. 2; Bericht der Deregulierungskommission, S. 1, 3, 5.

Auch derartiges Geschäftsgebaren entspricht also grundsätzlich noch dem vom GWB geschützten Wettbewerb und wird dementsprechend rechtlich gebilligt[145].

Darüber hinaus wurde bereits seit dem GWB-1958 die doppelte Funktion des Wettbewerbs betont, der einerseits die individuellen Interessen der marktteilnehmenden Unternehmen befriedigt sowie andererseits gleichermaßen die optimale Versorgung der Bevölkerung gewährleistet[146]. Während jedoch bis zur Vierten GWB-Novelle eher das volkswirtschaftliche Versorgungsinteresse im Vordergrund stand, wurde seitdem die individuelle unternehmerische Freiheit der Marktteilnehmer ohne staatliche Aufsicht (mindestens) als gleichrangig behandelt, soweit diese den Selbstregulierungsmechanismen des Marktes unterliegt[147]. Dieses Verhältnis beider Wettbewerbsfunktionen zueinander lässt sich ebenfalls mit Hilfe des **dynamischen Wettbewerbsleitbildes** bestimmen[148]: Die Ausübung seiner individuellen Wettbewerbsfreiheit darf nicht dazu führen, dass ein Marktbeherrscher seine Stellung „verewigt", da er die machtmindernde Konkurrenz nachfolgender Unternehmen verhindern kann. In diesen Fällen ist gleichermaßen die Befriedigung des volkswirtschaftlichen Interesses an bestmöglicher Versorgung gefährdet, da für ein marktbeherrschendes Unternehmen kein Anreiz mehr besteht, seine Leistung zu verbessern und Innovationen zu fördern.

---

[145] Vgl. auch BGH, 4.4.1995, KZR 34/93, WuW/E BGH 2977, 2981 (Hitlisten-Platten); BGH, 19.3.1996, KZR 1/95, WuW/E BGH 3058, 3064 (Pay-TV-Durchleitung). Ebenso *Kilian* ZHR 142 (1978) 453, 477f; *Markert* „Wettbewerberbehinderung", S. 23ff m.w.N.; *Lukes* BB 1986, 2074, 2075ff.

[146] Vgl. zur (inhaltlich übereinstimmenden) Rechtsansicht der Bundesregierung nur ihren Bericht zur Zukunftssicherung des Standortes Deutschland vom 3.9.1993, BT-Drs. 12/5620, S. 11ff, 40, 42; ebenso in der Begründung des Gesetzentwurfes eines Postgesetzes, BT-Drs. 13/7774, S. 17; Bericht der Deregulierungskommission, S. V, 2f, sowie BKartA in seinem Arbeitspapier zu der Tagung des Arbeitskreises Kartellrecht im Oktober 1994, S. 2.

[147] Vgl. zur (inhaltlich übereinstimmenden) Rechtsansicht der Bundesregierung nur ihren Bericht zur Zukunftssicherung des Standortes Deutschland vom 3.9.1993, BT-Drs. 12/5620, S. 41; ihre Stellungnahme zum Tätigkeitsbericht des BKartA 1993/94, BT-Drs. 13/1660, S. I; Fortschrittsbericht zum Bericht der Bundesregierung zur Zukunftssicherung des Standortes Deutschland vom 23.6.1994, BT-Drs. 12/8090, S. 1, 9ff; Jahreswirtschaftsbericht 1996, BT-Drs. 13/3601, S. 42f; Jahreswirtschaftsbericht 1997, BT-Drs. 13/6800, S. 47; Jahreswirtschaftsbericht 1998, BT-Drs. 13/10107, S. 40f; Stellungnahme der Bundesregierung zum Tätigkeitsbericht des BKartA 1995/96, BT-Drs. 13/7900, S. II; BKartA in seinem Arbeitspapier zu der Tagung des Arbeitskreises Kartellrecht im Oktober 1994, S. 2. Vgl. auch die Begründungen zum Entwurf eines Telekommunikationsgesetzes, BT-Drs. 13/3609, S. 1, 33, sowie zum Entwurf eines Postgesetzes, BT-Drs. 13/7774, S. 1, 17.

[148] Vgl. zur (übereinstimmenden) Rechtsansicht der Bundesregierung den Fortschrittsbericht zum Bericht der Bundesregierung zur Zukunftssicherung des Standortes Deutschland vom 23.6.1994, BT-Drs. 12/8090, S. 10.

„Wettbewerb" iSd GWB besteht auf einem Markt daher dann, wenn für die Marktteilnehmer sowohl **Anreiz** als auch **Druck** bestehen[149]: Durch die grundsätzliche Anerkennung der Wettbewerbsvorteile, die einem Pionier der Vorsprung vor anderen Marktteilnehmern vermittelt und ihm möglicherweise auch eine beherrschende Stellung verschafft, besteht für jeden Marktteilnehmer der **Anreiz**, seine Konkurrenten durch (in Qualität und Preis) besonders „gute" Leistungen zu übertreffen. Seine unternehmerische Handlungsfreiheit findet jedoch ihre Grenze in dem **Druck**, den nachrückende Marktteilnehmer derselben Wirtschaftsstufe auf ihn ausüben, die ebenfalls Wettbewerbsvorteile erhalten wollen und deshalb versuchen, eine relativ „bessere" Leistung anzubieten. Dieser Druck zwingt auch ein marktbeherrschendes Unternehmen dazu, seine Leistungen ständig weiter zu verbessern und sich nicht (zum Nachteil der Verbraucher) auf seinen „Monopolrenten auszuruhen"[150]. Negativ formuliert besteht also kein Wettbewerb mehr, wenn durch das Verhalten eines Unternehmens die wettbewerbliche Dynamik außer Kraft gesetzt wird, sodass der Markt für konkurrierende Teilnehmer nicht mehr offen ist und ein Marktteilnehmer nicht mehr unter dem Druck chancengleich nachfolgender Konkurrenten steht[151].

Der in der Sechsten Novelle des GWB geschaffene Spezialtatbestand für konkurrentennützige Verhaltenspflichten eines marktbeherrschenden Unternehmens (§ 19 Abs. 4 Nr. 4 GWB) bringt insoweit keine Änderungen und führt die oben aufgezeigten Entwicklungen konsequent fort. Die Miss-

[149] Bericht der Deregulierungskommission, S. V, 6; *Bartling* WuW 1993, 16, 17; *Basedow* EuZW 1990, 73; *Behrens* Jura 1989, 561, 572; *Cox/Hübener* in: Cox/Jens/Markert, S. 1, 4 m.w.N.; *Günther* WuW 1957, 677, 678; *Jens* „Wettbewerbspolitik", S. 49f; *Knöpfle* WuW 1962, 159, 171ff; *ders.* DB 1991, 1433, 1435, 1438f m.w.N.; *Kreutz*, S. 93ff m.w.N.; *Meyer-Cording* WuW 1962, 461, 462; *Prosi* WuW 1996, 973, 973; *Schlecht* WuW 1997, 565. Vgl. auch die RegBegr. zum Spezialtatbestand des § 19 Abs. 4 Nr. 4 GWB im Entwurf der 6. GWB-Novelle, BT-Drs. 13/9720, S. 37 sowie die Stellungnahme des Bundesrates zu diesem Entwurf, BT-Drs. 13/9720, S. 71, 73f; Bundeswirtschaftsminister L. Erhard, Stenographische Berichte des 1. Deutschen Bundestages, 220. Sitzung vom 26.6.1952, S. 9750 B.

[150] Vgl. zur aktuellen Rechtsansicht der Bundesregierung nur ihren Bericht zur Zukunftssicherung des Standortes Deutschland vom 3.9.1993, BT-Drs. 12/5620, S. 11f, 40, 42; Jahreswirtschaftsbericht 1996, BT-Drs. 13/3601, S. 42; Jahreswirtschaftsbericht 1998, BT-Drs. 13/10107, S. 43f; RegBegr. zu § 19 Abs. 4 Nr. 4 GWB im Entwurf der 6. GWB-Novelle, BT-Drs. 13/9720, S. 37; sowie die Begründung zum Gesetzentwurf eines Postgesetzes, BT-Drs. 13/7774, S. 17. Bericht der Deregulierungskommission, S. 4; Stellungnahme des Bundesrates zum Entwurf der Bundesregierung der 6. GWB-Novelle, BT-Drs. 13/9720, S. 71, 73f.

[151] Vgl. auch das BKartA in seinem Arbeitspapier zu der Tagung des Arbeitskreises Kartellrecht im Oktober 1994, S. 2; Bericht der Deregulierungskommission, S. 1, 3, 5.

brauchsaufsicht soll auch durch die Siebte GWB-Novelle nicht geändert werden[152].

2. Wettbewerbspolitik

Eine ähnliche, jedoch differenziertere Entwicklung zeigt sich in den mit den Novellen zum GWB verfolgten Wettbewerbspolitik:

Zwar lag bereits dem GWB-1958 die Erkenntnis zugrunde, dass marktlenkende hoheitliche Eingriffe auf das Notwendige zu beschränken seien. Der Umfang der insoweit erforderlichen Wettbewerbskontrolle wurde jedoch in den späteren Gesetzesnovellen unterschiedlich beurteilt. So durfte die Kartellaufsicht bis zur Vierten GWB-Novelle noch relativ aktiv marktgestalterisch tätig werden. In der Wettbewerbswissenschaft entspricht dies der damaligen These des Ordoliberalismus, Wettbewerb sei eine „staatliche Veranstaltung"[153], bzw. der aktiven Rolle der hoheitlichen Kartellaufsicht nach der Theorie des funktionsfähigen Wettbewerbs[154]. Nachdem jedoch insbesondere durch die in der Zweiten GWB-Novelle eingeführte vorbeugende Fusionskontrolle eine erhebliche Vermachtung der Märkte verhindert werden konnte, wurden die Selbstregulierungsmechanismen des Marktes (vor allem durch Verfahrens- und Beweiserleichterungen) gestärkt, so dass auch missbräuchlich behandelte Unternehmen selbst ihre Rechte (mit Hilfe der Kartellgerichte) wahrnehmen können[155]. Dies gilt seit der Fünften GWB-Novelle

---

[152] S. den Entwurf des Bundesministeriums für Wirtschaft und Arbeit von Eckwerten einer 7. GWB-Novelle, abrufbar unter http://www.bmwi.de/Navigation/Wirtschaftspolitik/Wettbewerbspolitik.html, S. 4.

[153] So das Zitat von *Miksch* bei *Rittner* in: FS Hartmann, S. 251, 256 m.w.N. sowie bei *Hansen* WuW 1989, 376, 378. *Eucken* ORDO 1 (1948) 56, 61ff, 65f, 77ff; *ders.* ORDO 2 (1949) 1, 7, 18, 22, 32f; *Günther* WuW 1951, 17, 23f; vgl. auch *Böhm* WuW 1956, 173, 178f; *Eucken* ORDO 1 (1948) 56, 61ff, 77f; *ders.* ORDO 2 (1949) 1, 4ff, 22f, 32, 38f; *Fikentscher* WuW 1955, 205, 207 m.w.N.; *Kartte* „Neues Leitbild", S. 39 m.w.N.; *Kriele* ZRP 1974, 105 m.w.N.

[154] Vgl. zur hoheitlichen Wettbewerbspolitik nach dem Konzept des wirksamen, funktionsfähigen Wettbewerbs nur *Bain* in: Herdzina, S. 179, 184ff; *Edwards* in: Herdzina, S. 215ff, 221ff m.w.N.; *Hoppmann* Jb.N.St. 179 (1966) 286, 298f m.w.N.; *ders.* in: Festgabe Wessels, S. 145, 146f, 149f m.w.N.; *Kantzenbach*, S. 129ff, 142, 160f; *Kantzenbach/Kallfass* in: Cox/Jens/Markert, S. 103, 110ff m.w.N.; *Kartte* „Neues Leitbild", S. 45f m.w.N.; *Mason* in: Herdzina, S. 172, 173f, 177.

[155] Vgl. auch die Einschätzung der Bundesregierung in ihrem Bericht zur Zukunftssicherung des Standortes Deutschland vom 3.9.1993, BT-Drs. 12/5620, S. 12, 41, sowie die Einschätzung des BKartA in seinem TB 1989/90, BT-Drs. 12/847, S. 1, 24, nach der die „Tendenz einer sinkenden Bedeutung der Missbrauchsaufsicht" festgestellt werden könne, seitdem die „präventiven Instrumente des GWB, Fusionskontrolle und Kartellverbot" gelten, sodass nur in „Ausnahmefällen" einzelne Unternehmen die Möglichkeit hätten, ihre Macht auszunutzen. Vgl. auch das 1. SonderGA der Monopolkommission „Missbrauchsaufsicht", Tz. 18: „Je wirksamer die vorbeugende

auch für die bisherigen Ausnahmebereiche des GWB, aus denen sich die staatliche Kartellaufsicht zunehmend zurückzieht (Deregulierung). Diese Bereiche sollen sich nunmehr grundsätzlich selbst regulieren[156]. Jedoch spiegelt die Beibehaltung bzw. Neuschaffung von bestimmten wettbewerblichen Ausnahmebereichen die Erkenntnis wider, dass bestimmte Märkte unvollkommen und für eine „staatsfreie", ausschließlich wettbewerbliche Steuerung nicht geeignet sind[157].

Auch gegenüber **marktbeherrschenden Unternehmen** werden die Selbstregulierungskräfte des Marktes weiterhin skeptisch beurteilt[158]. Aus den Regelungen, die marktbeherrschende Unternehmen einer speziellen Verhaltensaufsicht unterwerfen, wird die Auffassung deutlich, dass von diesen Unternehmen besondere Gefahren für „den" Wettbewerb ausgehen[159]. Hiernach besteht ein kausaler Zusammenhang zwischen der Stellung eines Un-

---

Fusionskontrolle ist, umso nachhaltiger entlastet sie die Missbrauchsaufsicht." Vgl. auch *Herdzina* in: FS Benisch, S. 10ff; *Schlecht* ORDO 43 (1992) 319, 322, sowie das BKartA in seinem Arbeitspapier zu der Tagung des Arbeitskreises Kartellrecht im Oktober 1994 zur Wettbewerbskonzeption im GWB, S. 2.

[156] Vgl. zur (inhaltsgleichen) Politik der Bundesregierung ihre Stellungnahme zum Tätigkeitsbericht des BKartA 1993/94, BT-Drs. 13/1660, S. I, IIf; ihren Bericht zur Zukunftssicherung des Standortes Deutschland vom 3.9.1993, BT-Drs. 12/5620, S. 12, 41f; den Fortschrittsbericht zum Bericht zur Zukunftssicherung des Standortes Deutschland vom 23.6.1994, BT-Drs. 12/8090, S. 2, 9ff; den Jahreswirtschaftsbericht 1996, BT-Drs. 13/3601, S. 31f, 42f; den Jahreswirtschaftsbericht 1997, BT-Drs. 13/6800, S. 33, 48; Jahreswirtschaftsbericht 1998, BT-Drs. 13/10107, S. 41ff; sowie in der Stellungnahme zum Tätigkeitsbericht des BKartA 1995/96, BT-Drs. 13/7900, S. IIIf; Bericht der Deregulierungskommission, S. V, 6ff. Vgl. zu den bereits erlassenen Vorschriften in den Bereichen Telekommunikation und Post, mit denen gemäß Art. 87f Abs. 2 S. 1, Art. 143b GG der bisherige Monopolbereich des Bundessondervermögens Deutsche Bundespost liberalisiert wird, das Telekommunikationsgesetz (TKG) sowie die Begründung des Gesetzentwurfes eines TKG, BT-Drs. 13/3609, S. 33, und das Postgesetz (PostG) sowie die Begründung des Gesetzentwurfes eines PostG, BT-Drs. 13/7774, S. 17.

[157] So auch die RegBegr. zum Entwurf eines GWB, BT-Drs. II/1158, S. 21, 22f, 57 sowie der Bericht der Bundesregierung vom 4.2.1975 über die Ausnahmebereiche des Gesetzes gegen Wettbewerbsbeschränkungen (GWB), BT-Drs. 7/3206, S. 1, 30ff, 39ff m.w.N. *Bartling* WuW 1993, 16, 18ff; *Cox/Hübener* in: Cox/Jens/Markert, S. 1, 36ff m.w.N.; *Günther* WuW 1957, 677, 682; *Huber* DÖV 1956, 200, 206.- Das Gleiche gilt für die Bereichsausnahmen der §§ 2 - 8 GWB, vgl. nur die RegBegr. zum Entwurf eines GWB, BT-Drs. II/1158, S. 21, 25; vgl. auch *Säcker* BB 1967, 681, 684f.

[158] Vgl. auch das BKartA in seinem Arbeitspapier zu der Tagung des Arbeitskreises Kartellrecht im Oktober 1994, S. 2; Bericht der Deregulierungskommission, S. 3ff.

[159] *Günther* WuW 1957, 677, 683; *Kartte* „Neues Leitbild", S. 11f; *Mestmäcker* „Europäisches Wettbewerbsrecht", S. 349; *Scherer* WRP 1996, 174, 180. Vgl. auch Bericht der Deregulierungskommission, S. 3; Bundeswirtschaftsminister L. Erhard, Stenographische Berichte des 1. Deutschen Bundestages, 220. Sitzung vom 26.6.1952, S. 9749 B, C; 1. SonderGA der Monopolkommission „Missbrauchsaufsicht", Tz. 19, 22.

ternehmens auf dem Markt und einem unerwünschten Marktergebnis, das hoheitlich zu kontrollieren ist[160].

Bereits in der Zweiten GWB-Novelle wurden die Möglichkeiten der hoheitlichen Kontrolle der **Marktstrukturen** verbessert. So wurde vor allem die vorbeugende Fusionskontrolle eingeführt, die eine Vermachtung der Märkte verhindern sollte. Außerdem wurde das Missbrauchsverbot seit der Zweiten GWB-Novelle insbesondere im Hinblick auf das Horizontalverhältnis relativ marktstarker Unternehmen gegenüber ihren Konkurrenten verändert (vgl. § 37a Abs. 3 GWB-1980, § 26 Abs. 4 GWB-1990). Auch im Vertikalverhältnis gegenüber Unternehmen der Marktgegenseite ermöglichte die Ergänzung des § 26 Abs. 2 S. 2 GWB-1973 durch die Zweite GWB-Novelle eine möglichst frühzeitige Kontrolle der Marktstrukturen, wenn ein missbräuchlich handelndes Unternehmen (erst) über eine relativ starke Stellung verfügte. Die Beurteilung von Verhaltensweisen marktbeherrschender und insbesondere monopolistischer Unternehmen gemäß § 26 Abs. 2 S. 1 GWB a.F. (heute: § 20 Abs. 1 GWB) ist seit In-Kraft-Treten des GWB gleich geblieben, diese Regelung blieb in sämtlichen Novellen des GWB materiell unverändert.

Auch bzgl. der Möglichkeit zur Marktstrukturkontrolle ist daher der in der Sechsten Novelle des GWB geschaffene Spezialtatbestand für konkurrentennützige Verhaltenspflichten eines marktbeherrschenden Unternehmens (§ 19 Abs. 4 Nr. 4 GWB) nicht neu[161]. Wie die historische Analyse der Aufsichtsvorschriften über marktbeherrschende Unternehmen gezeigt hat, war das Hauptaugenmerk bisher auf das Verbot solcher Verhaltensweisen gerichtet, die Wettbewerber *mittelbar* benachteiligen, insbesondere Verdrängungspraktiken (§ 26 Abs. 4 GWB a.F.). Nunmehr knüpft der seit 1.1.1999 geltende kartellaufsichtliche Zwang bzw. eine entsprechende Auslegung des § 20 Abs. 1 GWB, Wettbewerbern für deren Markteintritt benötigte Güter zu überlassen, an ein Verhalten an, das *unmittelbar* gegenüber dem betreffenden Konkurrenten auf einem vorgelagerten Markt ausgeübt wird. Insoweit reagiert das hier verwirklichte Wettbewerbsleitbild auf die aktuellen Änderungen der Marktverhältnisse. Nach der Aufhebung der Ausschließlichkeitsrechte der vertikal integrierten Unternehmen hat sich in der Praxis gezeigt,

---

[160] 1. SonderGA der Monopolkommission „Missbrauchsaufsicht", Tz. 23; *Becker-Çelik* EWS 1997, 334, 335; *Fikentscher* WuW 1955, 205, 207; *Herdzina* „Wettbewerbspolitik", S. 38; *Kreutz*, S. 45; *Meyer-Cording* WuW 1962, 461, 473f; *Schmidt* „Wettbewerbspolitik", S. 277.

[161] Dies übersehen *Klaue* BB 1992, 1937, 1938; *ders.* RdE 1996, 51, 57 sowie *Eckert* RdE 1992, 56, 62f. Wie hier *Markert* AG 1991, 288, 291f. Vgl. auch die Einschätzung der Monopolkommission in ihrem 1. SonderGA „Missbrauchsaufsicht" 1975, Tz. 4: „Die Wettbewerbspolitik sollte in erster Linie darauf gerichtet sein, durch Beeinflussung der Marktstrukturen einen möglichst umfassenden Wettbewerb zu sichern." (Hervorhebung von der Verfasserin).

dass in erster Linie die von dem ehemaligen Monopolisten errichteten Marktzutrittsschranken der vollständigen Liberalisierung der Märkte und dem dynamischen Wettbewerbsprozess entgegenstehen[162]. Die neu geschaffene gesetzliche Kontrahierungspflicht eines marktbeherrschenden Unternehmens über Netze und andere Infrastruktureinrichtungen gemäß § 19 Abs. 4 Nr. 4 iVm Abs. 1 GWB setzt diese Schwerpunktverlagerung konsequent in eine ausdrückliche Regelung um, indem auch solche Verhaltensweisen als missbräuchlich beurteilt werden, die bereits die Entstehung von Wettbewerb verhindern.

Insgesamt ist daher festzustellen, dass dem im GWB zum Ausdruck kommenden **dynamischen Wettbewerbsleitbild** die Auffassung zugrunde liegt, dass die unternehmerische Handlungsfreiheit zur Erlangung von Marktmacht nur so lange besteht wie der Markt nicht auf Dauer vermachtet und somit die Freiheit der anderen Marktteilnehmer, ebenfalls erfolgreich tätig zu sein, nicht beeinträchtigt wird. „Wettbewerb" iSd GWB wird daher wesentlich von der Offenheit der Märkte geprägt, auf denen die Unternehmen chancengleich sowohl die Möglichkeit haben, als „Pioniere" vorzustoßen als auch vorgestoßenen Pionieren nachzufolgen. Die jüngere **Wettbewerbspolitik** zieht sich, nachdem sie insbesondere mit der vorbeugenden Fusionskontrolle ein Instrument eingeführt hat, frühzeitig der Vermachtung der Märkte entgegenzuwirken, zunehmend aus der aktiven Marktgestaltung zurück. Grundsätzlich vertraut sie auch in bisher streng geregelten wettbewerblichen Ausnahmebereichen zunehmend auf die Selbstregulierungskräfte des Marktes. Die Eingriffsbefugnisse gegenüber marktbeherrschenden Unternehmen gemäß § 26 Abs. 2 S. 1 GWB a.F. (heute: § 20 Abs. 1 GWB) wurden jedoch materiell nicht geändert.

Nachdem die jeweils vertretene wettbewerbspolitische Auffassung ihren Niederschlag in den Änderungen des GWB gefunden hat, sind die hier skizzierten Grundsätze für die Auslegung des GWB und die rechtliche Beurteilung der verfolgten Wettbewerbspolitik bindend, solange dieses Gesetz in-

---

[162] Vgl. zum tatsächlichen Hintergrund dieser Untersuchung oben in der Einleitung unter A.I.1. Die a.A. über die Missbrauchsaufsicht berücksichtigt weder die hier aufgezeigte historische Entwicklung des GWB noch die hieraus und aus seiner Gesamtkonzeption zu entnehmenden rechtlich bindenden Vorgaben für das geltende Wettbewerbsleitbild (vgl. *Eckert* RdE 1992, 56, 62f; *Klaue* BB 1992, 1937, 1938; *ders.* BB 1993, 740ff; *Langer* et 1994, 158, 162; zweifelnd auch *Stewing* BB 1995, 1968, 1971 m.w.N.). Wie hier: *Bartling* WuW 1993, 16, 23ff; *ders.* in: FS *Schmidt*, S. 17, 19, 21ff, 24f; *Markert* AG 1991, 288, 291f; *Mestmäcker* in: FS Steindorff, S. 1045f; vgl. auch *Mailänder* in: FS Schmidt, S. 271.

soweit nicht geändert wird. Eine solche Änderung ist auch in der Siebten GWB-Novelle nicht vorgesehen[163].

B. Wettbewerbskonzeption des EG-Vertrages

Im Gegensatz zum GWB enthält der EG-Vertrag in Art. 2, 3 Abs. 1g), 4 Abs. 1 EG einige Anhaltspunkte für das gemeinschaftsrechtliche Verständnis von „Wettbewerb" und der zu verfolgenden Wettbewerbspolitik der EG (s. auch Art. 2, 1. Spiegelstrich EU). Diese Vorschriften normieren in rechtlich verbindlicher Weise[164] die Ziele der EG sowie die Instrumente, die zu deren Verwirklichung angewendet werden dürfen. Das wettbewerbliche Gesamtkonzept des EG-Vertrages lässt sich daher bereits aus diesen Vorschriften (unter Heranziehung der übrigen Normen dieses Vertrages) herleiten. Der Entwicklungsprozess, der dem EG-Vertrag insoweit zugrunde liegt und Rückschlüsse auf Inhalt und Grenzen des gemeinschaftsrechtlichen Wettbewerbsbegriffs und die zu verfolgende Politik geben kann, soll im Folgenden anhand der für die Missbrauchsaufsicht relevanten Vertragsänderungen aufgezeigt werden.

Der EuGH hat diesbezüglich in mehreren Entscheidungen das in der Wettbewerbswissenschaft vertretene Konzept des „wirksamen Wettbewerbs" erwähnt[165]. So setze der in den Art. 3 Abs. 1g), 81ff EG geforderte „unverfälschte Wettbewerb" „das Vorhandensein eines wirksamen Wettbewerbs (*workable competition*) auf dem Markt voraus", es müsse „also so viel Wettbewerb vorhanden sein, dass die grundlegenden Forderungen des Vertrages erfüllt und seine Ziele, insbesondere die Bildung eines einzigen Marktes mit

---

[163] S. den Entwurf des Bundesministeriums für Wirtschaft und Arbeit von Eckwerten einer 7. GWB-Novelle, abrufbar unter http://www.bmwi.de/Navigation/Wirtschaftspolitik/Wettbewerbspolitik.html, S. 4.

[164] Vgl. zum zwingenden Charakter dieser Normen Grabitz/Hilf-*v.Bogdandy* zu Art. 3 EGV, Rz. 2 m.z.N.; Grabitz/Hilf-*Bandilla* zu Art. 4 EGV, Rz. 3 m.w.N.; *Ipsen*, Rz. 28/21f, S. 557ff m.w.N.; Dauses-*Müller-Graff* A.I, Rz. 124; *Streinz*, Rz. 800. Vgl. auch EuGH, 13.5.1971, verb. Rs. 41 - 44/70, Slg. 1971, 411, 427 (International Fruit Company); EuGH, 21.2.1973, Rs. 6/72, Slg. 1973, 215, 246 (Continental Can).

[165] Vgl. aus der Rspr. der Gemeinschaftsgerichte nur EuGH, 6.3.1974, Rs. 6 u. 7/73, Slg. 1974, 223, 254 (Commercial Solvents); EuGH, 16.12.1975, verb. Rs. 40 - 48/73, 50, 54 - 56, 111, 113 und 114/73, Slg. 1975, 1663, 1940 (Suiker Unie); EuGH, 25.10.1977, Rs. 26/76, Slg. 1977, 1875, 1905 (Metro/Kommission); EuGH, 22.10.1986, Rs. 75/84, Slg. 1986, 3021, 3085 (Metro-SABA); EuG, 10.7.1990, Rs. T-51/89, Slg. 1990 II 309, 357 (Tetra Pak I) m.w.N.; EuGH, 3.7.1991, Rs. C-62/86, Slg. 1991, 3359, 3454 (AKZO); EuG, 6.10.1994, Rs. T-83/91, Slg. 1994 II 755, 813 (Tetra Pak II) m.w.N.; EuGH, 15.12.1994, Rs. C-250/92, Slg. 1994, 5641, 5687 (DLG). *Väth*, S. 72ff, 228ff m.w.N. aus der Rspr. des EuGH.

binnenmarktähnlichen Verhältnissen, erreicht" werden[166]. Bei einer Heranziehung der gesamten Rechtsprechung des EuGH wird jedoch nicht erkennbar, dass sich dieser an einer bestimmten wettbewerbswissenschaftlichen Theorie orientiert hat. In letzter Zeit folgte der EuGH insbesondere den modernen liberalen Wettbewerbskonzeptionen[167], die die individuelle Freiheit der Wettbewerber im „freien Spiel der Kräfte" betonen[168]. Da die Gemeinschaftsgerichte jedoch nicht dafür zuständig sind, über die von den Exekutivorganen der EG verfolgte (Wettbewerbs-) Politik verbindlich zu entscheiden[169], müssen die rechtlichen Vorgaben für den gemeinschaftlichen Begriff „des" Wettbewerbs sowie der zu verfolgenden Wettbewerbspolitik unmittelbar dem E(W)G-Vertrag und den hierauf beruhenden Vorschriften (z.B. der Fusionskontrollverordnung) entnommen werden.

I. Römische Verträge (EWGV-1958)[170]

Die wesentlichen Grundzüge der Wirtschaftsordnung der Europäischen Wirtschaftsgemeinschaft (EWG) und der gemeinschaftsrechtlichen Rolle des Wettbewerbs werden bereits aus den Vertragszielen des EWG-Vertrages deutlich:

Die seit 1958 bestehende EWG schuf (neben der Europäischen Gemeinschaft für Kohle und Stahl, EGKS, und der Europäischen Atomgemeinschaft, EAG) für die damals sechs Gründungsstaaten den rechtlichen Rahmen für „einen immer engeren Zusammenschluss der europäischen Völker", die durch „gemeinsames Handeln den wirtschaftlichen und sozialen Fortschritt

---

[166] EuGH in „Metro/Kommission" aaO. (vorige Fn.); vgl. auch EuGH in „DLG" aaO. (vorige Fn.).

[167] Dauses-*Emmerich* H.I § 1, Rz. 94ff m.w.N.; *Everling* „Wettbewerbspolitik", S. 103, 115f m.w.N.; *ders.* WuW 1990, 995, 1008. Zu dem gleichen Ergebnis gelangt *Väth*, S. 55ff, 69ff, 228ff, 247ff, 264ff m.z.N., der in seiner Untersuchung die Entwicklung der Rechtsprechungspraxis des EuGH nachzeichnet.

[168] *Gotthold* ZHR 145 (1981) 286, 310 m.w.N.; *vHayek* ORDO 6 (1954) 3, 12; *Hoppmann* in: Festgabe Wessels, S. 145, 165; *Schmidt* „Wettbewerbspolitik", S. 14ff; *Schmidtchen* ORDO 39 (1988) 111, 124f, 128 m.w.N. Vgl. zum Konzept der Wettbewerbsfreiheit nur: *Bartling* „Wettbewerbspolitik", S. 41ff; *Clapham* in: Cox/Jens/Markert, S. 129f; *Cox/Hübener* in: Cox/Jens/Markert, S. 1, 16f, 28ff; *Emmerich* § 1.2d), S. 9f; *Gotthold* aaO., S. 299ff; *Herdzina* „Wettbewerbspolitik", S. 25ff, 28, 45ff; *ders.* in: FS Benisch, S. 3, 7ff; *Möschel* „Wettbewerbsbeschränkungen", Rz. 67f; *Tolksdorf* WuW 1980, 785, 796ff jeweils m.w.N. *Hoppmann* bezeichnet diesen Ansatz als „systemtheoretisch", zitiert nach *Schmidt* „Wettbewerbspolitik", S. 14.

[169] Hierauf weist insbesondere *Everling* „Wettbewerbspolitik", S. 103, 121 sowie *ders.* WuW 1990, 995, 1007 hin.

[170] BGBl. 1957 II 766ff.

ihrer Länder ... sichern" wollten[171]. Die konkreten Ziele und Tätigkeitsbereiche der EWG bestanden in wirtschaftspolitischer Hinsicht darin, „durch die Errichtung eines Gemeinsamen Marktes und die schrittweise Annäherung der Wirtschaftspolitik der Mitgliedstaaten" u.a. die „harmonische Entwicklung des Wirtschaftslebens", „eine beständige und ausgewogene Wirtschaftsausweitung, eine größere Stabilität" sowie „eine beschleunigte Hebung der Lebenshaltung" in der EWG „zu fördern" (Art. 2 EWGV-1958)[172]. Zur Verwirklichung der in Art. 2 EWGV-1958 genannten Vertragsziele umfassten die „Tätigkeiten" der EWG gemäß Art. 3a) und c) EWGV-1958 u.a. die Beseitigung der Hindernisse für die Ausübung der Grundfreiheiten aus Art. 30ff (Warenverkehrsfreiheit), Art. 48ff (Freizügigkeit der Arbeitnehmer), Art. 52ff (Dienstleistungsfreiheit) und Art. 59ff EWGV-1958 (Niederlassungsfreiheit). Hierüber hinaus sah Art. 3f) EWGV-1958 die „Errichtung" eines Systems vor, „das den Wettbewerb innerhalb des Gemeinsamen Marktes vor Verfälschungen schützt"[173] (heute: Art. 3 Abs. 1g EG).

Der „unverfälschte Wettbewerb" iSd Art. 3f) EWGV-1958 bzw. Art. 3 Abs. 1g) EG ist daher seit In-Kraft-Treten des EWGV-1958 bis heute ausdrücklich ein (wesentliches) Mittel zur Verwirklichung der in Art. 2 E(W)GV aufgezählten volkswirtschaftlichen Ziele[174]. Im Gegensatz zu den modernen Wettbewerbstheorien über das „freie Spiel der Kräfte" im Wettbewerb basierte somit der EWGV-1958 (wie auch der inhaltlich insoweit unveränderte EG-Vertrag) auf dem Grundsatz, dass bestimmte volkswirtschaft-

---

[171] 1. und 2. Erwägungsgrund der Präambel des EWGV-1958. Vgl. auch den 3., 4. und 5. Erwägungsgrund der Präambel des EGKSV sowie den 1., 2. und 3. Erwägungsgrund der Präambel des EAGV.

[172] S. auch den 4. Erwägungsgrund der Präambel des EWGV-1958: „In der Erkenntnis, dass zur Beseitigung der bestehenden Hindernisse ein einverständliches Vorgehen erforderlich ist, um eine beständige Wirtschaftsausweitung, einen ausgewogenen Handelsverkehr und einen redlichen Wettbewerb zu gewährleisten ...".

[173] Vgl. auch den 4. Erwägungsgrund der Präambel des EWGV-1958 (vorige Fn.): Gewährleistung eines „redlichen" Wettbewerbs.

[174] (Erstes) Programm des Rates für die mittelfristige Wirtschaftspolitik (1966 - 1970), ABl. EG 1967, S. 1513, 1515, 1521; Weißbuch der Kommission über die Modernisierung der Vorschriften zur Anwendung der Artikel 85 und 86 EG-Vertrag, ABl. EG 2000 Nr. C 291, S. 1, 8, 32; 11. HauptGA der Monopolkommission 1994/1995, BT-Drs. 13/5309, Tz. 907f; BKartA in seinem Arbeitspapier zu der Tagung des Arbeitskreises Kartellrecht im Oktober 1994, S. 3, 30 m.w.N.; *Ehlermann* WuW 1992, 5, 7ff; *von der Groeben* WuW 1964, 1001, 1003f; *Ipsen*, Rz. 31/4, S. 608; *Koenigs* „Schwerpunkte 1986/87", S. 69, 70; *Kreutz*, S. 31; *Markert* EuR 1970, 349, 350; *Mestmäcker* „Europäisches Wettbewerbsrecht", S. 13; *van Miert* WuW 1995, 553f; *ders.* „EU-Regierungskonferenz", S. 17, 21, 23; *Scherer* „Wirtschaftsverfassung", S. 138; GTE-*Schröter* Vorbemerkung zu Art. 85 - 94 EGV, Rz. 9f m.w.N.

lich erwünschte Marktergebnisse iSd Art. 2 EWGV-1958 durch hoheitliche „Tätigkeiten“ iSd Art. 3 EWGV-1958 beeinflussbar sind[175].

Für die Beurteilung der Wettbewerbspolitik ist darüber hinaus ein weiteres Vertragsziel des EWG-Vertrages von grundlegender Bedeutung. Die EWG ist nicht als eine statische Gemeinschaft, sondern auf deren dynamische Entwicklung hin angelegt[176]. So sprach bereits die Präambel des EWGV-1958 von dem „festen Willen“ der sechs Gründungsmitglieder, einen „immer engeren Zusammenschluss der europäischen Völker zu schaffen“[177]; Art. 2 EWGV-1958 legte als Aufgabe der EWG u.a. fest, „durch die Errichtung eines Gemeinsamen Marktes“ und die „schrittweise Annäherung der Wirtschaftspolitik der Mitgliedstaaten“ eine „harmonische Entwicklung des Wirtschaftslebens“ in der EWG zu fördern. Des Weiteren stand die EWG dem Beitritt weiterer europäischer Mitgliedstaaten und damit einer Erweiterung ihres Einflussbereiches offen (Art. 237 EWGV-1958[178]) und wurde für unbegrenzte Zeit gegründet (Art. 240 EWGV-1958[179]). Der Zusammenschluss der Gründungsstaaten in der EWG war daher von vornherein auf eine zunehmende Integration europäischer Staaten in die Europäische (Wirtschafts-) Gemeinschaft ausgerichtet, die dadurch erfolgt, dass die Mitgliedstaaten (u.a.) ihre nationalen Märkte und Wirtschaftspolitiken in einem *Gemeinsamen* Markt koordinieren[180].

Bei der gegenseitigen Verpflichtung zur fortschreitenden Integration waren sich die Mitgliedstaaten bereits bei der Gründung der EWG darüber einig, die für die Errichtung eines Gemeinsamen Marktes erforderlichen strukturellen Änderungen ihrer nationalen Wirtschaft vorzunehmen und ihre Märkte für die freie grenzüberschreitende Tätigkeit der EWG-Unternehmer und -Unternehmen zu öffnen. Das erste in die Praxis umgesetzte Beispiel

---

[175] *Becker-Çelik* EWS 1997, 334, 335, 339f; *Mestmäcker* „Europäisches Wirtschaftsrecht“; S. 169; *ders.* in: FS von der Groeben, S. 9, 13f; *van Miert* WuW 1995, 553; *ders.* „EU-Regierungskonferenz“, S. 17, 23; *Schröter* „Schwerpunkte“, S. 69f; *Sutherland* WuW 1985, 669f; *Ver-Loren van Themaat* in: FS von der Groeben, S. 425, 431, 435ff, 439ff m.w.N.; *Willimsky* ECLR 1997, 54, 55 m.w.N.; vgl. auch *Immenga* EuZW 1994, 14, 16f; *Möschel* in: FS Nirk, S. 707, 711; *Vollmer* DB 1993, 25, 27ff m.w.N.

[176] Vgl. hierzu nur Dauses-*Müller-Graff* A.I, Rz. 126ff; GTE-*Schröter* Vorbemerkung zu Art. 85 - 94 EGV, Rz. 10ff jeweils m.w.N.

[177] 1. Erwägungsgrund der Präambel des EWGV-1958.

[178] Art. 237 EWGV-1958: „Jeder europäische Staat kann beantragen, Mitglied der Gemeinschaft zu werden ...“

[179] Art. 240 EWGV-1958: „Dieser Vertrag gilt auf unbegrenzte Zeit.“

[180] Vgl. insoweit das (erste) Programm des Rates für die mittelfristige Wirtschaftspolitik (1966 - 1970), ABl. EG 1967, S. 1513ff, 1522f.

hierfür war die Errichtung der Zollunion gemäß Art. 9ff EWGV-1958[181]. Als weiteres Beispiel ist die Gewährleistung der Grundfreiheiten zu nennen, die unmittelbar anwendbar sind und somit durch mitgliedstaatliche Vorschriften entstandene Marktstrukturen z.B. im Dienstleistungs- und Niederlassungsrecht (in der Anwendung) verdrängen, die die grenzüberschreitende Tätigkeit der Unternehmer und Unternehmen behindern[182]. Vor diesem Hintergrund diente jede Politik, die die EWG-Organe bzw. die Mitgliedstaaten im Rahmen der EWG verfolgten, gemäß Art. 2, 3 EWGV-1958 der Schaffung der für die Errichtung des Gemeinsamen Marktes erforderlichen Grundlagen bzw. der Beseitigung der einem Gemeinsamen Markt entgegenstehenden Hindernisse in den mitgliedstaatlichen Rechtsordnungen. Die gemeinschaftsrechtskonforme Politik der Mitgliedstaaten sollte die bisher im Wesentlichen auf den jeweils nationalen Bereich ausgerichteten Marktstrukturen so verändern, dass die nationalen Märkte für EWG-ausländische Unternehmen geöffnet wurden.

Vor diesem Hintergrund kam der freien grenzüberschreitenden Tätigkeit der Unternehmen eine hervorgehobene Rolle für die Verwirklichung der Vertragsziele zu[183]. Ein Gemeinsamer Markt, der sich über sämtliche Mitgliedstaaten erstreckt, wäre nämlich ohne eine unbeschränkte grenzüberschreitende unternehmerische Tätigkeit überhaupt nicht denkbar[184]. Jede Po-

---

[181] Heute: Art. 23ff EG.

[182] Anwendungsvorrang des unmittelbar anwendbaren primären Gemeinschaftsrechts. S. hierzu nur Langen/Bunte-*Bunte* Einführung zum EG-Kartellrecht, Rz. 14; *Kreutz*, S. 1 m.w.N.; *Schlieder/Schröter* in: Cox/Jens/Markert, S. 485, 488f; *Streinz*, Rz. 349ff jeweils m.w.N.; vgl. auch Grabitz/Hilf-*Jung* zu Art. 82 EGV, Rz. 12. Vgl. auch Art. 1 Abs. 1 der Verordnung Nr. 17 des Rates vom 6.2.1962 (Kartellverordnung). Std. Rspr. des EuGH, vgl. nur: EuGH, 6.4.1962, Rs. 13/61 Slg. 1966, 97, 112 (de Geus/Bosch u.a.); EuG, 10.7.1990, Rs. T-51/89, Slg. 1990 II 309, 364 (Tetra Pak I) m.z.N.; EuG, 18.9.1992, Rs. T-24/90, Slg. 1992 II 2223, 2279 (Automec II) m.z.N.; EuG, 24.1.1995, Rs. T-5/93, Slg. 1995 II 185, 208 (Tremblay u.a./Kommission) jeweils m.z.N.

[183] Vgl. auch die Einschätzung des Rates in seinem (ersten) Programm für die mittelfristige Wirtschaftspolitik (1966 - 1970), ABl. EG 1967, S. 1513, 1521, 1543; 8. HauptGA der Monopolkommission 1988/89, BT-Drs. 11/7582, Tz. 1105, 1156, 1169f m.w.N.; Langen/Bunte-*Bunte* Einführung zum EG-Kartellrecht, Rz. 34, 37 m.w.N.; *Ehlermann* „Wettbewerbspolitik", S. 2ff, 50; *von der Groeben* WuW 1961, 373, 374f; *ders.* WuW 1964, 1001, 1003f; *Günther* WuW 1963, 191, 192ff; Grabitz/Hilf-*v.Bogdandy* zu Art. 3 EGV, Rz. 18 m.w.N.; *Kreutz*, S. 31, 33 m.w.N.; *Markert* EuR 1970, 349; *van Miert* „EU-Regierungskonferenz", S. 17, 21, 23; *Mestmäcker* „Europäisches Wettbewerbsrecht", S. 48f; Dauses-*Müller-Graff* A.I, Rz. 123ff m.w.N.; *Oppermann* in: Müller-Graff/Zuleeg, S. 53, 57f; *ders.*, Rz. 930, 1026f m.w.N.; GTE-*Schröter* Vorbemerkung zu Art. 85 - 94 EGV, Rz. 13 m.w.N.; *Sutherland* WuW 1985, 669f.

[184] 8. HauptGA der Monopolkommission 1988/89, BT-Drs. 11/7582, Tz. 1169f m.w.N.; *Behrens* Jura 1989, 561, 562; Langen/Bunte-*Bunte* Einführung zum EG-Kartellrecht, Rz. 34ff m.w.N.; *Ehlermann* „Wettbewerbspolitik", S. 2ff, 50; *von der Groeben* WuW 1964, 1001, 1003f; Grabitz/Hilf-*v.Bogdandy* zu Art. 3 EGV, Rz. 18 m.w.N.; *Markert* EuR 1970, 349, 351f, 353 m.w.N.;

litik der EWG war daher **marktstrukturverändernd** orientiert, um die nationalen Märkte der Mitgliedstaaten in einen gemeinsamen grenzüberschreitenden Markt umzugestalten[185].

Hierbei richtete sich die Tätigkeit der EWG nicht nur gegen mitgliedstaatliche Marktschranken (insbesondere Rechtsvorschriften), die die grenzüberschreitende Ausübung der unternehmerischen Grundfreiheiten behinderten. Da nämlich auch die kartellaufsichtlichen Kompetenzen der EWG gegenüber Unternehmen gemäß Art. 85ff EWGV-1958[186] im Lichte der Art. 2, 3 EWGV-1958 auszulegen sind[187], sind marktstrukturorientierte Erwägungen, die nationalen Märkte zu „vergemeinschaften", auch gegenüber unternehmerischen, privaten Marktzutrittsschranken zu berücksichtigen. Beispielsweise war daher also auch die Missbrauchskontrolle über marktbeherrschende Unternehmen gemäß Art. 86 EWGV-1958[188] (u.a.) marktstrukturverändernd orientiert[189].

---

van Miert „EU-Regierungskonferenz", S. 17, 21, 23; Dauses-*Müller-Graff* A.I, Rz. 123ff m.w.N.; *Oppermann* in: Müller-Graff/Zuleeg, S. 53, 57f; *Scholz/Langer*, S. 28f; GTE-*Schröter* Vorbemerkung zu Art. 85 - 94 EGV, Rz. 13 m.w.N.; *Sutherland* WuW 1985, 669f. Vgl. auch *Mestmäcker* „Europäisches Wettbewerbsrecht", S. 48.

185 *Koenigs* „Schwerpunkte 1986/87", S. 69, 70; *Mestmäcker* „Wirtschaftsverfassung", S. 9, 19ff; *van Miert* WuW 1995, 553, 554; GTE-*Schröter* Vorbemerkung zu Art. 85 - 94 EGV, Rz. 19, 32. Vgl. auch *Everling* WuW 1990, 995, 1000, 1003 m.z.N. aus der Rspr. des EuGH. Vgl. aus der Praxis der EG auch das (erste) Programm des Rates für die mittelfristige Wirtschaftspolitik (1966 - 1970), ABl. EG 1967, S. 1513, 1521, 1543; XV. Bericht der Kommission der Europäischen Gemeinschaften über die Wettbewerbspolitik 1985, S. 15; XXII. Bericht der Kommission der Europäischen Gemeinschaften über die Wettbewerbspolitik 1992, S. 13f; XXIV. Bericht der Europäischen Kommission über die Wettbewerbspolitik 1994, S. 19; XXV. Bericht der Europäischen Kommission über die Wettbewerbspolitik 1995, S. 15; XXVI. Bericht der Europäischen Kommission über die Wettbewerbspolitik 1996, S. 15; XXVII. Bericht der Europäischen Kommission über die Wettbewerbspolitik 1997, S. 35, 37; XXVIII. Bericht der Europäischen Kommission über die Wettbewerbspolitik 1998, S. 13, 28; XXIX. Bericht der Europäischen Kommission über die Wettbewerbspolitik 1999, S. 20ff.

186 Heute: Art. 81ff EG.

187 Hierzu bereits oben 1. Abschnitt, vor A. Vgl. nur EuGH, 21.2.1973, Rs. 6/72, Slg. 1973, 215, 245 (Continental Can); EuGH, 6.3.1974, Rs. 6 u. 7/73, Slg. 1974, 223, 254 (Commercial Solvents); EuGH, 13.2.1979, Rs. 85/76, Slg. 1979, 461, 520, 552f (Vitamine); EuGH, 18.6.1991, Rs. C-260/89, Slg. 1991, 2925, 2961 (ERT). *Ipsen*, Rz. 28/21f, S. 557ff; Dauses-*Müller-Graff* A.I, Rz. 129; Dauses-*Emmerich* H.I § 1, Rz. 4ff; GTE-*Schröter* Vorbemerkung zu Art. 85 - 94 EGV, Rz. 9; GTE-*Zuleeg* zu Art. 3 EGV, Rz. 2 jeweils m.z.N.; vgl. auch Grabitz/Hilf-*Jung* zu Art. 82 EGV, Rz. 6 m.w.N.

188 Heute: Art. 82 EG.

189 Vgl. auch EuGH, 13.7.1966, verb. Rs. 56 u. 58/64, Slg. 1966, 321, 388 (Consten und Grundig); EuGH, 21.2.1973, Rs. 6/72, Slg. 1973, 215, 244ff (Continental Can); EuG, 17.7.1998, Rs. T-111/96, Slg. 1998 II 2937, 2987 (ITT Promedia NV/Kommission); EuGH, 16.3.2000, verb. Rs. C-395/96 P und C-396/96 P, Slg. 2000, 1365, 1475f (Compagnie maritime belge transports SA u.a.);

1. Wettbewerbsleitbild

Der Inhalt des Wettbewerbsbegriffs iSd EWGV-1958 wird aus dem Zusammenspiel der Art. 2, 3 EWGV-1958 mit den Kompetenzen deutlich, die der EWG zur Umsetzung dieser Vertragsziele eingeräumt wurden:

Art. 85ff EWGV-1958[190] stellten für die Unternehmen sowie für die Mitgliedstaaten „Wettbewerbsregeln“ auf, nach denen andere Unternehmen nicht in der Ausübung ihrer wirtschaftlichen Tätigkeit behindert werden dürfen. Beispielhaft waren in Art. 85 Abs. 1 bzw. Art. 86 Abs. 2 EWGV-1958 bestimmte verbotene Kartellabsprachen sowie bestimmte verbotene missbräuchliche Verhaltensweisen marktbeherrschender Unternehmen aufgezählt. Ergänzend hierzu nannten Art. 90, 92 EWGV-1958[191] Beispiele für gemeinschaftsrechtswidrige mitgliedstaatliche Verhaltensweisen, die (durch die Einräumung ausschließlicher Rechte oder Beihilfen) einzelne Unternehmen gegenüber anderen begünstigten. Zur Abschaffung wettbewerbsverzerrender mitgliedstaatlicher Vorschriften wurde in Art. 101, 102 EWGV-1958[192] ein spezielles „Harmonisierungsverfahren“ eingeführt.

„Unverfälschter Wettbewerb“, der gemäß Art. 3f) EWGV-1958 durch die o.g. Regelungen geschützt werden sollte, zeichnet sich dementsprechend durch die Abwesenheit solcher gemeinschaftsrechtswidrigen Verhaltensweisen aus. Er entsteht durch die Tätigkeit der Unternehmen, die weder durch bestimmte verbotene Handlungsweisen anderer Unternehmen iSd Art. 85, 86 EWGV-1958 noch durch verbotene Maßnahmen der Mitgliedstaaten im Sinne insbesondere der Art. 90, 92ff EWGV-1958 beeinflusst wird[193]. Die unternehmerische Betätigungsfreiheit im Wettbewerb wurde durch die Konstituierung der Grundfreiheiten ergänzt, die den Unternehmern und Unternehmen die grenzüberschreitende Wahrnehmung ihrer geschäftlichen Tätigkeit gewährleisteten (Verkehr mit Waren oder Dienstleistungen (Art. 30ff, 59ff EWGV-1958[194]), Aufnahme und Ausübung selbständiger Erwerbstätig-

---

(erstes) Programm des Rates für die mittelfristige Wirtschaftspolitik (1966 - 1970), ABl. EG 1967, S. 1513, 1521, 1543. *Bleckmann* DVBl. 1992, 335, 340f; *von der Groeben* WuW 1961, 373, 378; *Ipsen*, Rz. 31/1, 2, 4, S. 606ff; *Mestmäcker* „Europäisches Wettbewerbsrecht“, S. 49, 362, 414f m.w.N.; *Schlieder/Schröter* in: Cox/Jens/Markert, S. 485, 489 m.w.N.; *Schröter* „Schwerpunkte“, S. 69, 70.

190 Heute: Art. 81ff EG.

191 Heute: Art. 86f EG.

192 Vgl. heute: Art. 96f EG.

193 *Mestmäcker* „Europäisches Wettbewerbsrecht“, S. 65; *Scherer* „Wirtschaftsverfassung“, S. 136f m.w.N.; GTE-*Schröter* Vorbemerkung zu Art. 85 - 94 EGV, Rz. 8, 13 m.w.N.; *Sutherland* WuW 1985, 669. Vgl. auch *Kreutz*, S. 86, 88ff.

194 Heute: Art. 28ff, 49ff EG.

keiten (Art. 52 Abs. 2, Art. 52ff EWGV-1958[195])). Diese Vorschriften sind unmittelbar anwendbar; mitgliedstaatliche Vorschriften oder hierauf gestützte Verhaltensweisen von Unternehmen, die die freie grenzüberschreitende Ausübung der unternehmerischen Grundfreiheiten im Wettbewerb behindern, sind daher gemeinschaftsrechtswidrig[196]. Die Rechte der Marktteilnehmer, unbeeinflusst tätig zu sein und ihre Grundfreiheiten auszuüben, bildeten somit die Grenze sowohl für unternehmerische als auch für mitgliedstaatliche Verhaltensweisen[197]. Demzufolge stellt beispielsweise das missbräuchliche Verhalten eines marktbeherrschenden Unternehmens iSd Art. 86 EWGV-1958 keinen (unverfälschten) „Wettbewerb" iSd EWG mehr dar[198].

Der EWGV-1958 enthielt keine Wertungen darüber, ob gerade die Vielzahl mehrerer gleich einflussloser bzw. -reicher Unternehmen auf dem Markt positiv zu bewerten ist, die sich gegenseitig kontrollieren (iSd wettbewerbswissenschaftlichen Theorie der vollkommenen Konkurrenz[199]) oder ob das „weite Oligopol" zur Erreichung der in Art. 2 EWGV-1958 genannten Marktergebnisse optimal wäre, in dem das Güterangebot auf eine überschaubare Anzahl von potenten Anbietern verteilt ist, die sich untereinander nur in geringem Maße nachteilig beeinflussen können (so die Theorie des wirksamen, funktionsfähigen Wettbewerbs, *workable competition*[200]). Art. 85

[195] Heute: Art. 43ff EG.

[196] Anwendungsvorrang des unmittelbar anwendbaren primären Gemeinschaftsrechts. S. hierzu nur Langen/Bunte-*Bunte* Einführung zum EG-Kartellrecht, Rz. 14; Grabitz/Hilf-*Jung* zu Art. 82 EGV, Rz. 11f; *Kreutz*, S. 1 m.w.N.; *Schlieder/Schröter* in: Cox/Jens/Markert, S. 485, 488f; *Streinz*, Rz. 349ff jeweils m.w.N. Vgl. auch Art. 1 Abs. 1 der Verordnung Nr. 17 des Rates vom 6.2.1962 (Kartellverordnung). Std. Rspr. des EuGH, vgl. nur: EuGH, 6.4.1962, Rs. 13/61 Slg. 1966, 97, 112 (de Geus/Bosch u.a.); EuG, 10.7.1990, Rs. T-51/89, Slg. 1990 II 309, 364 (Tetra Pak I) m.z.N.; EuG, 18.9.1992, Rs. T-24/90, Slg. 1992 II 2223, 2279 (Automec II) m.z.N.; EuG, 24.1.1995, Rs. T-5/93, Slg. 1995 II 185, 208 (Tremblay u.a./Kommission) jeweils m.z.N.

[197] So auch Langen/Bunte-*Bunte* Einführung zum EG-Kartellrecht, Rz. 33 m.w.N.; Dauses-*Emmerich* H.I § 1, Rz. 93, 101; *von der Groeben* WuW 1961, 373, 391; *ders.* WuW 1964, 1001, 1007f; *Ipsen*, Rz. 28/30, S. 566f; *Kreutz*, S. 84f, 99f m.w.N.; *Markert* EuR 1970, 349, 353 m.w.N.; *Streinz*, Rz. 802. Vgl. zur Auslegung des Wettbewerbsprinzips durch den EuGH *Everling* „Wettbewerbspolitik", S. 103, 120f sowie *ders.* WuW 1990, 995, 1009.

[198] Vgl. *Ehlermann* WuW 1992, 5, 7f; Grabitz/Hilf-*Jung* zu Art. 82 EGV, Rz. 6; *Kreutz*, S. 101ff.

[199] *Böhm* WuW 1956, 173, 178; *Günther* WuW 1958, 379, 380f; *Kartte* „Neues Leitbild", S. 38; *Knöpfle* WuW 1962, 159, 171. Vgl. auch *Eucken* ORDO 2 (1949) 1, 17, 20f.

[200] *Kantzenbach*, S. 29ff, 40f, 44ff, 49, 137 m.w.N. Vgl. auch *Bartling* „Wettbewerbspolitik", S. 31ff; *Cox/Hübener* in: Cox/Jens/Markert, S. 1, 27f m.w.N.; *Edwards* in: Herdzina, S. 215, 222; *Hansen* WuW 1989, 376, 380; *Hoppmann* Jb.N.St. 179 (1966) 286, 294ff m.w.N.; *Kartte* „Neues Leitbild", S. 44f; *Schmidt* „Wettbewerbspolitik", S. 11f m.w.N.; *Tolksdorf* WuW 1980, 785, 795; Ergebnisse der Arbeitsgruppe Wettbewerbspolitik vom 29.1.1968, abgedruckt in *Kartte* „Neues Leitbild", S. 93, 97. Vgl. auch die Stellungnahme der Bundesregierung vom 12.7.1967 zum Tätig-

Abs. 3 EWGV-1958[201], nach dem bestimmte Kartellabsprachen von Unternehmensgruppen vom Kartellverbot freigestellt werden konnten, deutet eher darauf hin, dass im EWGV-1958 die Erkenntnisse der letztgenannten Ansicht übernommen worden sind. Nach der Auffassung der *„workable competition"* sind Unternehmenskooperationen nämlich nicht *per se* unerwünscht, sondern können auch positive und deshalb erlaubte Auswirkungen haben[202].

Marktbeherrschende Unternehmen wurden demgegenüber gemäß Art. 86 EWGV-1958[203] ohne Freistellungsklausel einer besonderen Verhaltenskontrolle unterworfen. Es wurde also nicht bezweifelt, dass deren Handlungen „wettbewerbsverfälschend" iSd Art 3f) EWGV-1958 sein konnten[204]. Das *per se*-Verbot des Art. 86 Abs. 1 EWGV-1958 knüpfte allerdings ausschließlich an das *Verhalten* eines Marktbeherrschers an. Hieraus sowie aus dem Fehlen spezieller fusionskontrollrechtlicher Vorschriften im EWGV-1958[205] wird deutlich, dass das Bestehen marktbeherrschender Stellungen grundsätzlich toleriert wurde[206]. Nach der Auffassung von der voll-

---

keitsbericht des BKartA für 1966, BT-Drs. V/1950, S. 2. So auch *Bain* in: Herdzina, S. 179, 190f (bei hohen Marktzutrittsschranken).

201 Heute: Art. 81 Abs. 3 EG.

202 Vgl. EuGH, 25.10.1977, Rs. 26/76, Slg. 1977, 1875, 1905 (Metro/Kommission). *Becker-Çelik* EWS 1997, 334, 335; *Koenigs* „Schwerpunkte 1986/87", S. 69, 75; *Kreutz*, S. 42 m.w.N.; *Markert* EuR 1970, 349, 356 m.w.N.; *Mestmäcker* „Europäisches Wirtschaftsrecht"; S. 175f; *Scherer* „Wirtschaftsverfassung", S. 137 m.z.N. Vgl. auch das (erste) Programm des Rates für die mittelfristige Wirtschaftspolitik (1966 - 1970), ABl. EG 1967, S. 1513, 1521, 1543; *Markert* EuR 1970, 349, 352 m.w.N.; *Sutherland* WuW 1985, 669, 670.

203 Heute: Art. 82 EG.

204 Vgl. auch *Mestmäcker* „Europäisches Wettbewerbsrecht", S. 349; Weißbuch der Kommission über die Modernisierung der Vorschriften zur Anwendung der Artikel 85 und 86 EG-Vertrag, ABl. EG 2000 Nr. C 291, S. 1, 8.

205 Vgl. demgegenüber das deutsche Kartellrecht, in dem die Fusionskontrolle zumindest in Form einer Anzeigepflicht bereits in § 23 GWB-1958 ausdrücklich geregelt, BGBl. 1957 I 1081, 1086, bzw. die vorbeugende Fusionskontrolle bereits 1973 in §§ 23ff GWB-1973 eingeführt wurde, BGBl. 1971 I 869, 875ff.

206 Vgl. hierzu aus der Rspr. nur EuGH, 29.2.1968, Rs. 24/67, Slg. 1968, 85, 112 (Parke, Davis); EuGH, 9.11.1983, Rs. 322/81, Slg. 1983, 3461, 3511 (Michelin); EuGH, 18.6.1991, Rs. C-260/89, Slg. 1991, 2925, 2962 (ERT); EuG, 10.3.1992, verb. Rs. T-68/89, T-77/89 u. T-78/89, Slg. 1992 II 1403, 1548 (Società Italiana Vetro SpA u.a./Kommission); EuGH, 15.12.1994, Rs. C-250/92, Slg. 1994, 5641, 5691 (DLG); EuG, 8.10.1996, verb. Rs. T-24/93, T-25/93, T-26/93 und T-28/93, Slg. 1996 II 1201, 1230 (Compagnie maritime belge transports SA u.a./Kommission); EuGH, 11.12.1997, Rs. C-55/96, Slg. 1997, 7119, 7149 (Job Centre coop arl.) m.z.N.; EuGH, 12.2.1998, Rs. C-163/96, Slg. 1998, 533, 579 (Silvano Raso u.a.); EuGH, 18.6.1998, Rs. C-266/96, Slg. 1998, 3949, 3995 (Corsica Ferries France SA); EuG, 7.10.1999, Rs. T-228/97, Slg. 1999 II 2969, 3021 (Irish Sugar plc/Kommission); EuGH, 23.5.2000, Rs. C-209/98, Slg. 2000, 3743, 3797 (Entreprenørforeningens Affalds/Miljøsektion (FFAD)/Københavns Kommune); EuGH, 12.9.2000,

kommenen Konkurrenz wäre allein hierdurch das Gleichgewicht einer Vielzahl relativ gleich starker Unternehmen beeinträchtigt. Im Gegensatz zu den Erkenntnissen dieser wettbewerbswissenschaftlichen Theorie erkannte der EWGV-1958 daher auch marktbeherrschenden Unternehmen einen gewissen Handlungsspielraum zu[207].

Die gleiche Schlussfolgerung ergibt sich aus Art. 90 Abs. 1 EWGV-1958[208]. Hiernach wurden auch solche Unternehmen, die kraft spezieller mitgliedstaatlicher Vorschriften ausschließliche Rechte, also eine Monopolstellung, erhalten hatten, keiner generellen Aufsicht unterworfen, sondern nur, wenn diese ihrerseits gegen (u.a.) Art. 85, 86 EWGV-1958 verstoßen hatten[209]. Etwas anderes galt lediglich zu Lasten solcher Unternehmen, die ausschließlich für die Einfuhr, Ausfuhr und Vermarktung ausländischer Erzeugnisse zuständig waren: Derartige Monopolstellungen mussten die Mitgliedstaaten gemäß Art. 37 EWGV-1958[210] bis zum Ablauf der Übergangszeit am 31.12.1969 abschaffen (vgl. Art. 8 Abs. 1, 7 EWGV-1958[211])[212].

2. Wettbewerbspolitik

Die den Regelungen des EWGV-1958 zu entnehmende Wettbewerbspolitik wurde oben bereits angedeutet:

---

verb. Rs. C-180/98 bis C-184/98, Slg. 2000, 6451, 6533 (Pavel Pavlov/Stichting Pensioenfonds Medische Specialisten). Vgl. auch Generalanwalt Roemer in seinen Schlussanträgen zu der Rs. 24/67, Slg. 1968, S. 115, 121 (Parke, Davis); ders. in seinen Schlussanträgen zu der Rs. 6/72, Slg. 1973, S. 252, 257 (Continental Can); Richter des EuG Kirschner in seinen Schlussanträgen zu der Rs. T-51/89, Slg. 1990 II, S. 312, 323 (Tetra Pak I). *Von der Groeben* WuW 1961, 373, 388; *Koenig/Loetz* EWS 2000, 377, 381 m.w.N.; *Mestmäcker* „Europäisches Wettbewerbsrecht", S. 348f, 351; *Scherer* „Wirtschaftsverfassung", S. 140f m.w.N.

[207] *Kreutz*, S. 41.

[208] Heute: Art. 86 Abs. 1 EG.

[209] Vgl. nur *von der Groeben* WuW 1964, 1001, 1009; Grabitz/Hilf-*Pernice/Wernicke* zu Art. 86 EGV, Rz. 4ff m.z.N.; *Scherer* „Wirtschaftsverfassung", S. 143ff m.w.N.; GTE-*Schröter* Vorbemerkung zu Art. 85 - 94 EGV, Rz. 5.

[210] Heute: Art. 31 EG.

[211] Art. 8 Abs. 1, 7 EWGV-1958: „(1) Der Gemeinsame Markt wird während einer Übergangszeit von zwölf Jahren schrittweise verwirklicht. ...

(7) Vorbehaltlich der in diesem Vertrag vorgesehenen Ausnahmen oder Abweichungen ist das Ende der Übergangszeit gleichzeitig der Endtermin für das In-Kraft-Treten aller vorgesehenen Vorschriften sowie für die Durchführung aller Maßnahmen, die zur Errichtung des Gemeinsamen Marktes gehören."

[212] EuGH, 3.2.1976, Rs. 59/75, Slg. 1976, 91, 100f (Manghera). 8. HauptGA der Monopolkommission 1988/89, BT-Drs. 11/7582, Tz. 1157; *Behrens* Jura 1989, 561, 566f; *Mestmäcker* in: FS von der Groeben, S. 9, 46f m.w.N.; *Schlieder/Schröter* in: Cox/Jens/Markert, S. 485, 510f m.w.N.; GTE-*Schröter* Vorbemerkung zu Art. 85 - 94 EGV, Rz. 6 m.w.N.

Zwar wurde der freie Wettbewerb der Unternehmen untereinander als ein grundlegender Bestandteil der Wirtschaftsordnung der EWG erwähnt (Art. 3f EWGV-1958) und war für die Verwirklichung des Vertragsziels der Errichtung eines Gemeinsamen Marktes unabdingbar. Die unternehmerische Betätigungsfreiheit galt jedoch nicht uneingeschränkt. Vielmehr wurden den Organen der EWG Einflussmöglichkeiten und Eingriffsbefugnisse auf das Verhalten der Unternehmen untereinander zuerkannt, um die „Unverfälschtheit" des Wettbewerbs zu erhalten[213]. Art. 3f) EWGV-1958 selbst, der der EWG bestimmte „Tätigkeiten" zur Erreichung bestimmter volkswirtschaftlicher Ziele iSd Art. 2 EWGV-1958 auferlegte, ist zwar keine Kompetenznorm[214]. Jedoch sind Sinn und Zweck des Art. 3f) EWGV-1958 (bzw. Art. 3 Abs. 1g EG) bei der Ausübung der Befugnisse der EWG zu beachten, beispielsweise also wenn die zuständigen Organe der EWG gemäß Art. 86 EWGV-1958 gegen missbräuchlich handelnde marktbeherrschende Unter-

---

[213] Vgl. auch den XV. Bericht der Kommission der Europäischen Gemeinschaften über die Wettbewerbspolitik 1985, S. 11.

In der Literatur wird überwiegend betont, dass sich die Wettbewerbsordnung der EG seit In-Kraft-Treten des EU-Vertrages grundsätzlich an der Selbstregulierungsfähigkeit des Wettbewerbs ausrichtet; die hier genannten Besonderheiten hinsichtlich marktbeherrschender Unternehmen bzw. die „wettbewerbliche Letztverantwortung" der EG und der Mitgliedstaaten werden insoweit nicht berücksichtigt: *Basedow* „Wirtschaftsverfassung", S. 27f; Langen/Bunte-*Bunte* Einführung zum EG-Kartellrecht, Rz. 39; *Ehlermann* „Wettbewerbspolitik", S. 2ff, 50; GTE-*vEstorff/Molitor* zu Art. 3a EGV, Rz. 19 jeweils m.w.N.; Dauses-*Müller-Graff* A.I, Rz. 124; *Schmidt* WuW 1999, 133, 135ff; *Scholz/Langer*, S. 30ff; GTE-*Schröter* Vorbemerkung zu Art. 85 - 94 EGV, Rz. 13 jeweils m.w.N.

Differenzierend demgegenüber das (erste) Programm des Rates für die mittelfristige Wirtschaftspolitik (1966 - 1970), ABl. EG 1967, S. 1513, 1521, 1543; Empfehlung 2003/555/EG vom 26.6.2003, ABl. EG 2003 Nr. L 195, S. 1, 3ff; 8. HauptGA der Monopolkommission 1988/89, BT-Drs. 11/7582, Tz. 1171, 1175 m.w.N.; BKartA in seinem Arbeitspapier zu der Tagung des Arbeitskreises Kartellrecht im Oktober 1994, S. 3f; *Badura* EuR 2000, Beiheft 1, 45, 51ff; *Becker-Çelik* EWS 1997, 334, 339f; *Behrens* Jura 1989, 561, 562, 571f; *von der Groeben* WuW 1961, 373, 375ff, 380f m.w.N.; *ders.* WuW 1964, 1001, 1004f, 1017f; *Günther* WuW 1963, 191, 194; *Ipsen*, Rz. 28/30f, S. 566f, sowie Rz. 31/2, 4, S. 607ff jeweils m.w.N.; *Kreutz*, S. 31ff, 100 m.w.N.; *Markert* EuR 1970, 349, 354, 362; *Mestmäcker* in: FS von der Groeben, S. 9, 13f; *van Miert* WuW 1995, 553; *ders.* „EU-Regierungskonferenz", S. 17, 23; *Müller-Graff* EuR 1997, 433, 441f, 444, 457 m.w.N.; *Oppermann* in: Müller-Graff/Zuleeg, S. 53, 56, 61f, 69f m.w.N. („gemischte Wirtschaftsverfassung"); *ders.*, Rz. 929, 931f m.w.N., 1030; *Roth* EuR-Beiheft 1-1994, 45, 49; *Scherer* „Wirtschaftsverfassung", S. 154f, 184ff, 193, 199ff m.z.N.; *Schlieder/Schröter* in: Cox/Jens/Markert, S. 485, 487; *Schröter* „Schwerpunkte", S. 69f; *Sutherland* WuW 1985, 669f; *VerLoren van Themaat* in: FS von der Groeben, S. 425, 431, 435ff, 439ff m.w.N.; *Vollmer* DB 1993, 25, 27ff m.w.N.; *ders.* in: FS Schmidt, S. 289, 294f; *Willimsky* ECLR 1997, 54, 55 m.w.N.; vgl. insbesondere im Hinblick auf Art. 3l) EG-Vertrag (jetzt Art. 3 Abs. 1m EG) auch *Becker-Çelik* EWS 1997, 334, 339f; *Immenga* EuZW 1994, 14, 16f; *Möschel* in: FS Nirk, S. 707, 711.

[214] Vgl. nur *Ipsen*, Rz. 28/22, S. 559f m.w.N.

nehmen vorgehen und in deren Verhalten eingreifen[215]. Darüber hinaus enthielt Art. 87 EWGV-1958[216] eine „Option" für weitere Konkretisierungen der in Art. 3f), 85, 86 EWGV-1958 genannten Aufgaben. So beruht auf dieser Vorschrift insbesondere die EWG-Kartellverordnung[217] (im folgenden: KartellVO), mit der der Kommission 1962 u.a. Untersuchungs- und Sanktionsbefugnisse zur Kontrolle der Gemeinschaftsrechtmäßigkeit unternehmerischer Verhaltensweisen eingeräumt wurden (s. nur Art. 3, 11ff, 15f KartellVO). Die gleiche Auffassung, dass die Marktverhältnisse hoheitlich beeinflussbar sind, wird aus Art. 90 Abs. 1, 92ff EWGV-1958[218] deutlich, nach denen den Mitgliedstaaten bestimmte Eingriffe in den unverfälschten Wettbewerb verboten sind[219].

Dem EWGV-1958 lag jedoch nicht die strenge Auffassung zugrunde, dass „Wettbewerb" eine „staatliche" (bzw. hoheitliche) „Veranstaltung" sei, die iSd wettbewerbswissenschaftlichen Theorien des vollkommenen bzw. des wirksamen Wettbewerbs im Wesentlichen den Gemeinschaftsorganen obliegt[220]. Zwar wies Art. 3f) EWGV-1958 iVm den o.g. Befugnisnormen der

---

[215] Vgl. zur Pflicht, die Vertragsziele und -tätigkeiten gemäß Art. 2, 3 EWGV-1958 (bzw. EG) bei der Auslegung der Kompetenznormen des EWG- bzw. EG-Vertrages zu berücksichtigen, bereits oben 1. Abschnitt, vor A. Vgl. nur EuGH, 21.2.1973, Rs. 6/72, Slg. 1973, 215, 245 (Continental Can); EuGH, 6.3.1974, Rs. 6 u. 7/73, Slg. 1974, 223, 254 (Commercial Solvents); EuGH, 13.2.1979, Rs. 85/76, Slg. 1979, 461, 520, 552f (Vitamine); EuGH, 18.6.1991, Rs. C-260/89, Slg. 1991, 2925, 2961 (ERT). *Ipsen*, Rz. 28/21f, S. 557ff; Dauses-*Müller-Graff* A.I, Rz. 129; Dauses-*Emmerich* H.I § 1, Rz. 4ff.

[216] Vgl. heute: Art. 83 EG.

[217] Verordnung Nr. 17 des Rates vom 6.2.1962. Ab 1.5.2004 größtenteils aufgehoben durch die Verordnung (EG) Nr. 1/2003 des Rates vom 16.12.2002 zur Durchführung der in den Artikeln 81 und 82 des Vertrages niedergelegten Wettbewerbsregeln, s. Art. 24 VO 1/2003, ABl. EG 2003 Nr. L 1, S. 1 ff, 24, s. hierzu unten unter 1. Abschnitt B VI.

[218] Heute: Art. 86 Abs. 1, 87ff EG.

[219] Vgl. GTE-*Schröter* Vorbemerkung zu Art. 85 - 94 EGV, Rz. 5, 8.

[220] Nach dem wettbewerbswissenschaftlichen Konzept der vollständigen Konkurrenz ist Wettbewerb eine „staatliche Veranstaltung", so das Zitat von *Miksch* bei *Rittner* in: FS Hartmann, S. 251, 256 m.w.N. sowie bei *Hansen* WuW 1989, 376, 378. *Eucken* ORDO 1 (1948) 56, 61ff, 65f, 77ff; *ders.* ORDO 2 (1949) 1, 7, 18, 22, 32f; *Günther* WuW 1951, 17, 23f. Vgl. auch die Begründung zum Entwurf eines Gesetzes gegen Wettbewerbsbeschränkungen, BT-Drs. II/1158, S. 21; Bundeswirtschaftsminister L. Erhard, Stenographische Berichte des 1. Deutschen Bundestages, 220. Sitzung vom 26.6.1952, S. 9749 B. Vgl. zur aktiv marktgestaltenden Rolle des Staates nach der Theorie des wirksamen, funktionsfähigen Wettbewerbs (workable competition) *Bain* in: Herdzina, S. 179, 184ff; *Edwards* in: Herdzina, S. 215ff, 221ff m.w.N.; *Hoppmann* Jb.N.St. 179 (1966) 286, 298f m.w.N.; *ders.* in: Festgabe Wessels, S. 145, 146f, 149f m.w.N.; *Kantzenbach*, S. 129ff, 142, 160f; *Kantzenbach/Kallfass* in: Cox/Jens/Markert, S. 103, 110ff m.w.N.; *Kartte* „Neues Leitbild", S. 45f m.w.N.; *Mason* in: Herdzina, S. 172, 173f, 177; Ergebnisse der Arbeitsgruppe Wettbewerbspolitik vom 29.1.1968, abgedruckt in *Kartte* „Neues Leitbild", S. 93, 96ff.

EWG Tätigkeiten zur Gewährleistung des unverfälschten Wettbewerbs zu. Jedoch waren die Vorschriften gegen das „wettbewerbsverfälschende" Handeln von Unternehmen (Art. 85, 86 EWGV-1958) unmittelbar anwendbare *per se*-Verbote[221]. Kartellrechtswidrig behandelte Unternehmen konnten sich also vor mitgliedstaatlichen Gerichten und Behörden unmittelbar auf diese Regelungen berufen und die ihnen zustehenden Rechte geltend machen. Auf diese Weise wurden den Marktteilnehmern durch den EWGV-1958 die Mittel eingeräumt, selbst für die Durchsetzung ihrer Rechte im Wettbewerb zu sorgen, sodass wettbewerbsverfälschende Verhaltensweisen (auch) durch die Marktteilnehmer selbst (mit Hilfe der Kartellaufsichtsorgane) reguliert werden konnten[222].

Allerdings lässt sich dem EWGV-1958 ebenso wenig entnehmen, dass die EWG in erster Linie auf die Selbstregulierungskräfte des Marktes vertraute, so wie es den modernen, an der unternehmerischen Freiheit orientierten Wettbewerbstheorien entspricht[223]. Im Gegenteil wurden neben den o.g. „privatrechtlichen" Kontrollen wettbewerbsverfälschender Unternehmenspraktiken auch der EWG-Kartellaufsicht Eingriffskompetenzen eingeräumt, die 1962 in der auf Art. 87 EWGV-1958 beruhenden KartellVO konkretisiert worden sind. Hieraus wird deutlich, dass die EWG gegenüber den in Art. 85 Abs. 1 EWGV-1958 genannten kartellierenden Verhaltensweisen sowie dem Verhalten marktbeherrschender Unternehmen iSd Art. 86 EWGV-1958 nicht darauf vertraute, dass die Selbstregulierungskräfte des Marktes allein das System „unverfälschten Wettbewerbs" iSd Art. 3f) EWGV-1958 gewährleisten konnten. Um die in Art. 2 EWGV-1958 niedergelegten Vertragsziele zu verwirklichen, wurden der EWG vielmehr die Pflicht und gemäß Art. 85ff EWGV-1958 (iVm der KartellVO) die hierfür erforderlichen Befugnisse

---

221 Vgl. zur unmittelbaren Anwendbarkeit der Art. 85, 86 EWGV bereits oben 1. Abschnitt B.I.1. Vgl. hierzu nur Langen/Bunte-*Bunte* Einführung zum EG-Kartellrecht, Rz. 28; Grabitz/Hilf-*Jung* zu Art. 82 EGV, Rz. 11f; *Kreutz*, S. 1 m.w.N.; *Schlieder/Schröter* in: Cox/Jens/Markert, S. 485, 488f; *Streinz*, Rz. 349ff jeweils m.w.N. Vgl. auch Art. 1 Abs. 1 der Verordnung Nr. 17 des Rates vom 6.2.1962 (Kartellverordnung). Std. Rspr. des EuGH, vgl. nur: EuGH, 6.4.1962, Rs. 13/61 Slg. 1966, 97, 112 (de Geus/Bosch u.a.); EuG, 10.7.1990, Rs. T-51/89, Slg. 1990 II 309, 364 (Tetra Pak I) m.z.N.; EuG, 18.9.1992, Rs. T-24/90, Slg. 1992 II 2223, 2279 (Automec II) m.z.N.; EuG, 24.1.1995, Rs. T-5/93, Slg. 1995 II 185, 208 (Tremblay u.a./Kommission) jeweils m.z.N.

222 Die Grundausrichtung der EG an der Selbstregulierungsfähigkeit des Wettbewerbs betonen auch Langen/Bunte-Bunte Einführung zum EG-Kartellrecht, Rz. 28, 33; GTE-*vEstorff/Molitor* zu Art. 3a EGV, Rz. 19 jeweils m.w.N.; Dauses-*Müller-Graff* A.I, Rz. 124; GTE-*Schröter* Vorbemerkung zu Art. 85 - 94 EGV, Rz. 13 jeweils m.w.N.

223 Vgl. zum Konzept der Wettbewerbsfreiheit insoweit nur *Gotthold* ZHR 145 (1981) 286, 310 m.w.N.; *vHayek* ORDO 6 (1954) 3, 12; *Hoppmann* in: Festgabe Wessels, S. 145, 165; *Schmidt* „Wettbewerbspolitik", S. 14ff; *Schmidtchen* ORDO 39 (1988) 111, 124f, 128 m.w.N.

übertragen, entsprechend der wissenschaftlichen Auffassung von der Funktionsfähigkeit des Wettbewerbs lenkend in den unternehmerischen Wettbewerb einzugreifen. Das Gleiche gilt für die heutige EG aufgrund der insoweit inhaltlich unveränderten Art. 3 Abs. 1g) EG iVm Art. 81ff EG[224]. Die Zuweisungsnorm des Art. 3f) EWGV-1958 schob der EWG auf diese Weise die **Letztverantwortung** für das erstrebte Wettbewerbssystem zu, dann in den Wettbewerbsprozess korrigierend eingreifen zu müssen, wenn - wie in den in Art. 85, 86 EWGV-1958 geregelten Fällen - die Selbstregulierungskräfte des Marktes versagen. Die interventionistische Rolle der E(W)G bei der Gestaltung der Wettbewerbsverhältnisse wird auch aus dem Wortlaut des Art. 3f) EWGV-1958 deutlich, der der EWG die Aufgabe der „Errichtung" des Gemeinsamen Marktes zuwies und nicht auf die Überwachung der bestehenden Wettbewerbsverhältnisse beschränkte[225].

Wettbewerbsverfälschende Maßnahmen der *Mitgliedstaaten* wurden demgegenüber gemäß Art. 37, 90 Abs. 1, 92ff EWGV-1958 anders beurteilt. Im Gegensatz zu der EWG bzw. ihren Organen selbst durften die Mitgliedstaaten nämlich nicht in den selbstregulierenden Marktmechanismus eingreifen und die Marktverhältnisse korrigieren[226]. Den Selbstregulierungskräften des Marktes wurde also der Vorrang vor (mitglied-)staatlichen Lenkungsmaßnahmen zuerkannt[227].

II. Einheitliche Europäische Akte (EWGV-1987)[228]

Abgesehen von dem Beitritt sechs weiterer Mitgliedstaaten 1973, 1981 und 1986, durch den der Anwendungsbereich des EWG-Vertrages und somit die

---

[224] (Erstes) Programm des Rates für die mittelfristige Wirtschaftspolitik (1966 - 1970), ABl. EG 1967, S. 1513, 1521, 1543; *Becker-Çelik* EWS 1997, 334, 339f; *Markert* EuR 1970, 349, 354; *Mestmäcker* in: FS von der Groeben, S. 9, 13f; *van Miert* WuW 1995, 553; *ders.* „EU-Regierungskonferenz", S. 17, 23; *Müller-Graff* EuR 1997, 433, 441f, 444, 457 m.w.N.; *Schröter* „Schwerpunkte", S. 69f; *Sutherland* WuW 1985, 669f; *VerLoren van Themaat* in: FS von der Groeben, S. 425, 431, 435ff, 439ff m.w.N.; *Willimsky* ECLR 1997, 54, 55 m.w.N.; vgl. auch *Immenga* EuZW 1994, 14, 16f; *Möschel* in: FS Nirk, S. 707, 711; *Vollmer* DB 1993, 25, 27ff m.w.N.

[225] Vgl. auch die insoweit gleichlautende Formulierung in Art. 2 EWGV-1958 (heute: Art. 2 EG). Die hier geschilderten Zusammenhänge zwischen Art. 82 EG und den Vertragszielen der EG (die mit den hier untersuchten Vorschriften des EWGV-1958 übereinstimmen) übersehen *Schnelle* EuZW 1994, 556, 557f m.w.N. und *Stewing*, S. 88ff, 93, die behaupten, dass die Tätigkeit der EG nur die Aufsicht über den *bestehenden* Wettbewerb umfasse.

[226] EuGH, 3.2.1976, Rs. 59/75, Slg. 1976, 91, 100f (Manghera). Vgl. *Schlieder/Schröter* in: Cox/Jens/Markert, S. 485, 510ff m.w.N.; GTE-*Schröter* Vorbemerkung zu Art. 85 - 94 EGV, Rz. 5, 8.

[227] *Mestmäcker* in: FS von der Groeben, S. 9, 44f; *Scherer* „Wirtschaftsverfassung", S. 146.

[228] ABl. EG 1987 Nr. L 169, S. 1ff.

Größe des von der EWG geregelten Marktes erheblich erweitert wurde[229], wurde die erste wesentliche Änderung des EWGV-1958 durch die Einheitliche Europäische Akte (EEA) vorgenommen, die am 1.7.1987 in Kraft trat. Wie aus ihrer Präambel deutlich wird, sollte die EEA in wirtschaftlicher Hinsicht „durch die Vertiefung der gemeinsamen Politiken und die Verfolgung neuer Ziele die wirtschaftliche und soziale Lage ... verbessern“[230] (s. auch Art. 130a Abs. 1 EWGV-1987[231]). Der dynamische Entwicklungsprozess zur Verwirklichung der Vertragsziele der EWG iSd Art. 2 EWGV-1987 wurde auf diese Weise fortgesetzt und konsequent durch die Einbeziehung weiterer Politikbereiche, wie beispielsweise die in Art. 30ff EEA geregelte Europäische Zusammenarbeit in der Außenpolitik (EPZ), intensiviert.

1. Wettbewerbsleitbild

Die Beurteilung der wirtschaftlichen Macht einzelner Unternehmen änderte sich durch die EEA nicht, die entsprechenden Vorschriften des EWG-Vertrages blieben unverändert. Im Übrigen wird das damalige Wettbewerbsleitbild der EWG aus dem neu eingefügten Binnenmarktkonzept deutlich:

Die von der Kommission 1985 in einem Weißbuch vorgeschlagenen Maßnahmen zur „Vollendung des Binnenmarktes“[232] wurden zu einem weiteren Vertragsziel der EWG, bis zum 31.12.1992 den freien Verkehr von Waren, Personen, Dienstleistungen und Kapital innerhalb der EWG zu gewährleisten (Art. 8a EWGV-1987)[233]. Der Abbau der Hindernisse für die gemeinschaftsweite Ausübung der Grundfreiheiten erhielt auf diese Weise einen (zumindest zeitlichen) Vorrang vor der Verwirklichung der übrigen Vertragsziele der EWG. Durch diese Schwerpunktverlagerung auf die Verwirklichung der Grundfreiheiten wurden gleichermaßen die Voraussetzungen für das Bestehen wettbewerblicher Marktverhältnisse verbessert[234]. Wie bereits oben er-

---

229 Zwischen dem In-Kraft-Treten des EWG-Vertrages am 1.1.1958 und der EEA am 1.7.1987 sind folgende Staaten den Europäischen Gemeinschaften beigetreten: 1973 Großbritannien, Irland, Dänemark (vgl. die Beitrittsdokumente in ABl. EG 1972 Nr. L 73, S. 1ff), 1981 Griechenland (vgl. die Beitrittsdokumente in ABl. EG 1979 Nr. L 291, S. 1ff) sowie 1986 Spanien und Portugal (vgl. die Beitrittsdokumente in ABl. EG 1985 Nr. L 302, S. 1ff).

230 6. Erwägungsgrund der Präambel der EEA.

231 Heute: Art. 158 Abs. 1 EG.

232 KOM (85) 310 vom 14.6.1985.

233 In einer Erklärung zu Art. 8a EWGV-1987 nehmen die Mitgliedstaaten ausdrücklich Bezug auf dieses Weißbuch der Kommission, ABl. EG 1987 Nr. C 169, S. 1ff.

234 Weißbuch der Kommission an den Europäischen Rat zur „Vollendung des Binnenmarktes“ KOM (85) 310, S. 6f, 9; XXIII. Bericht der Europäischen Kommission über die Wettbewerbspolitik 1993, S. 16; vgl. auch die Empfehlung des Rates über die Grundzüge der Wirtschaftspolitik

läutert, entsteht gemeinschaftsweiter „Wettbewerb" iSd EWGV nämlich durch die „unverfälschte", also von den Maßnahmen anderer Unternehmen oder der Mitgliedstaaten unbeeinflusste Tätigkeit der Unternehmen untereinander, die ihre Grundfreiheiten ausüben[235].

2. Wettbewerbspolitik

Zwar wurden die Kompetenzen der EWG gegenüber marktbeherrschenden Unternehmen durch die EEA nicht verändert. Jedoch drückt die Einfügung des Binnenmarktkonzeptes in den EWGV-1987 auch eine Akzentverschiebung in der Wettbewerbspolitik aus[236]:

Die EWG durfte zwar weiterhin gegen wettbewerbsverfälschende unternehmerische Verhaltensweisen vorgehen. Der Schwerpunkt ihrer künftigen Tätigkeit sollte jedoch auf der Verwirklichung der Grundfreiheiten liegen, also auf dem Abbau *mitgliedstaatlicher* Hindernisse für die Unternehmen, grenzüberschreitend tätig zu werden und auf diese Weise in unbeeinflussten Wettbewerb miteinander zu treten. Die neuen Kompetenzen, die der EWG speziell zur Vollendung des Binnenmarktes nach einem vereinfachten Rechtsetzungsverfahren gemäß Art. 100a EWGV-1987[237] eingeräumt wurden, verdeutlichen, dass die EWG insoweit nicht wie die modernen wettbewerbswissenschaftlichen Theorien auf die Selbstregulierungskräfte des Marktes vertraute. Vielmehr erachtete die EWG weitere „Lenkungseingriffe" in Märkte, die durch mitgliedstaatliche Vorschriften reguliert wurden, für erforderlich, um ihre vertraglich festgelegten Ziele zu verwirklichen[238].

Durch den Abschluss der EEA haben die Mitgliedstaaten weitere Veränderungen ihrer nationalen wirtschaftlichen Strukturen auf dem Weg zum Gemeinsamen Markt eingeleitet. Die beschleunigte, auch von verfahrensrechtlichen Vereinfachungen wie Art. 100a EWGV-1987 begleitete Durch-

---

der Mitgliedstaaten und der Gemeinschaft 97/479/EG vom 7.7.1997, ABl. EG 1997 Nr. L 209, S. 12, 17. So auch die Einschätzung von *Ehlermann* WuW 1992, 5f; *ders.* „Wettbewerbspolitik", S. 3, 50; *Oppermann* in: Müller-Graff/Zuleeg, S. 53, 63; ders., Rz. 930.

[235] Vgl. zum Wettbewerbsleitbild des EWG-1958 oben 1. Abschnitt B.I.1.

[236] Vgl. auch die Einschätzung von *Ehlermann* WuW 1992, 5, 6; *Everling* „Wettbewerbspolitik", S. 103, 110 m.w.N.

[237] Vgl. heute Art. 95 EG.

[238] Weißbuch der Kommission an den Europäischen Rat zur „Vollendung des Binnenmarktes" KOM (85) 310, S. 4ff; XVI. Bericht der Kommission der Europäischen Gemeinschaften über die Wettbewerbspolitik 1987, S. 13f; XXII. Bericht der Kommission der Europäischen Gemeinschaften über die Wettbewerbspolitik 1992, S. 48f; XXX. Bericht der Europäischen Kommission über die Wettbewerbspolitik 2000, S. 21. Vgl. auch *Ehlermann* WuW 1992, 5, 6f, 12; Dauses-*Müller-Graff* A.I, Rz. 125, 127f m.w.N.; *Schröter* „Schwerpunkte", S. 69, 71ff mit zahlreichen Beispielen aus der Rechtsetzungspraxis der EWG zur Errichtung des Binnenmarktes.

setzung der Grundfreiheiten verschaffte den Organen der EWG weitere und effektivere Kompetenzen, bisher von den Mitgliedstaaten regulierte Wirtschaftsbereiche gemeinschaftsrechtlich zu harmonisieren[239]. Durch die neuen „Binnenmarktkompetenzen“ wurden die bisher im Wesentlichen noch von den Mitgliedstaaten regulierten Marktstrukturen zur Intensivierung der gegenseitigen Integration in die EWG konsequent weiter „vergemeinschaftet“[240]. Zusätzlich wurde die Angleichung der nationalen Wirtschaftspolitiken an die Ziele der EWG durch die Verstärkung der wirtschaftspolitischen Zusammenarbeit der Mitgliedstaaten gemäß (u.a.) Art. 102a, 130b EWGV-1987[241] vorangetrieben. Auf diese Weise stellten die Mitgliedstaaten ihre Wirtschaftspolitik in größerem Umfang „in den Dienst“ der Ziele der EWG und öffneten somit auch in denjenigen Bereichen, in denen sie bisher keine originären Regelungskompetenzen auf die EWG übertragen hatten, ihre (Markt-) Strukturen für den lenkenden Einfluss der Organe der EWG[242].

III. Fusionskontrollverordnung

1. Wettbewerbsleitbild

Eine weitere wesentliche Erweiterung der kartellaufsichtlichen Kompetenzen der EWG, aus der gleichzeitig ihr Wettbewerbsleitbild sowie die von ihr verfolgte Wettbewerbspolitik deutlich werden, wurde nicht durch eine Änderung des EWG-Vertrages, sondern durch die Verordnung (EWG) Nr. 4064/89 über die Kontrolle von Unternehmenszusammenschlüssen (im Folgenden: Fusionskontrollverordnung, FKVO) vorgenommen, die am

---

[239] Vgl. im Einzelnen das Weißbuch der Kommission an den Europäischen Rat zur „Vollendung des Binnenmarktes“ KOM (85) 310, S. 18ff.

[240] *Schröter* „Schwerpunkte“, S. 69f; *Vollmer* DB 1993, 25, 26f.

[241] Heute: Art. 98, 159 EG.

[242] Vgl. auch 4., 5., 6. Erwägungsgrund der EEA: [Die Mitgliedstaaten] „... In der Überzeugung, dass der Europagedanke, die Ereignisse in den Bereichen der wirtschaftlichen Integration und der politischen Zusammenarbeit ... dem Wunsch der demokratischen Völker Europas entsprechen, für die das in allgemeiner Wahl gewählte Europäische Parlament ein unerlässliches Ausdrucksmittel ist,

In dem Bewusstsein der Verantwortung Europas, sich darum zu bemühen, immer mehr mit einer Stimme zu sprechen und geschlossen und solidarisch zu handeln, um seine gemeinsamen Interessen und seine Unabhängigkeit wirkungsvoller zu verteidigen ...

In dem festen Willen, durch die Vertiefung der gemeinsamen Politiken und die Verfolgung neuer Ziele die wirtschaftliche und soziale Lage zu verbessern und das Funktionieren der Gemeinschaften ... zu verbessern ... haben beschlossen, diese Akte zu erstellen, ...“

Vgl. hierzu auch *Oppermann* in: Müller-Graff/Zuleeg, S. 53, 66ff.

21.9.1990 in Kraft trat[243]. Hiernach darf die Kommission Zusammenschlüsse von Unternehmen mit einem bestimmten Mindestumsatz daraufhin überprüfen, ob sie mit dem Gemeinsamen Markt vereinbar sind (Art. 1, 2 FKVO). Gemäß Art. 2 Abs. 3 FKVO sind Fusionen, die „eine beherrschende Stellung begründen oder verstärken, durch die wirksamer Wettbewerb im Gemeinsamen Markt ... erheblich behindert würde," mit dem Gemeinsamen Markt unvereinbar.

Diese Verordnung stellt die Rechtslage nach einigen umstrittenen Urteilen des EuGH klar, in denen bereits 1973 Fusionen bei Beteiligung eines marktbeherrschenden Unternehmens als Missbrauch iSd Art. 86 EWGV[244] beurteilt worden waren[245]. Die Fusionskontrollverordnung drückt (wie zuvor die entsprechenden Entscheidungen des EuGH) die Notwendigkeit aus, bereits frühzeitig gegen das Entstehen einer marktbeherrschenden Stellung kartellaufsichtlich vorzugehen, um Behinderungen des „wirksamen Wettbewerbs" vorzubeugen[246].

Anders als noch bei der Gründung der EWG 1958 verdeutlicht die Normierung spezialgesetzlicher Kontrollbefugnisse gegen das Entstehen marktbeherrschender Stellungen zum Ersten ausdrücklich die Auffassung, dass wirtschaftliche Macht für den „unverfälschten" Wettbewerb gefährlich ist; zum Zweiten wird aus diesen speziellen Regelungen deutlich, dass der Wettbewerb auch dann iSd Art. 3f) EWGV „verfälscht" wird, wenn Unternehmen ihre Selbständigkeit aufgeben und sich im Wege der Fusion unter den Einfluss eines marktbeherrschenden Unternehmens stellen[247]. Auch die Fusionskontrollverordnung bestätigt daher den bereits Art. 3f), 85ff EWGV-1958 zu entnehmenden Grundsatz, dass „Wettbewerb" iSd EWG seine Grenze in der

---

[243] Art. 25 Abs. 1 FKVO.

[244] Heute: Art. 82 EG.

[245] EuGH, 21.2.1973, Rs. 6/72, Slg. 1973, 215, 244ff (Continental Can); EuGH, 17.11.1987, verb. Rs. 142 u. 156/84, Slg. 1987, 4487, 4584 (BAT und Reynolds). Vgl. auch *Koenigs* „Schwerpunkte 1986/87", S. 69, 81; *ders.* „Schwerpunkte 1988/89", S. 137, 149ff; *Mestmäcker* „Europäisches Wettbewerbsrecht", S. 412ff m.w.N.; *ders.* in: FS von der Groeben, S. 9, 42 m.w.N.

[246] 5., 6., 15. Erwägungsgrund der Fusionskontrollverordnung. EuGH, 21.2.1973, Rs. 6/72, Slg. 1973, 215, 244f (Continental Can); *Behrens* Jura 1989, 561, 574; *Ipsen*, Rz. 31/5, S. 609f; *Koenigs* „Schwerpunkte 1986/87", S. 69, 81; *Markert* EuR 1970, 349, 358f; *Mestmäcker* „Europäisches Wettbewerbsrecht", S. 414f m.w.N.; *ders.* in: FS von der Groeben, S. 9, 42 m.w.N. Vgl. auch die Einschätzung *Ehlermanns* in „Wettbewerbspolitik", S. 29ff.

[247] Vgl. auch die Beurteilung des EuGH in seinem Urteil vom 21.2.1973, Rs. 6/72, Slg. 1973, 215, 244ff (Continental Can). Vgl. auch *Ehlermann* „Wettbewerbspolitik", S. 4, 29ff; *Mestmäcker* „Europäisches Wettbewerbsrecht", S. 414f; *van Miert* „EU-Regierungskonferenz", S. 17, 23; *Sutherland* WuW 1985, 669, 671.

Freiheit anderer Unternehmen findet, unbeeinflusst von marktbeherrschenden Unternehmen tätig zu werden.

Da in erster Linie nur in solche Zusammenschlüsse eingegriffen werden durfte, die zu einer bestimmten Marktstärke führten, beurteilt die Fusionskontrollverordnung Fusionen jedoch nicht grundsätzlich als negativ[248]. Sie entspricht daher insoweit den Erkenntnissen der Theorie des wirksamen Wettbewerbs, die die besondere Marktstärke von Unternehmen nicht *per se* als wettbewerbsschädlich beurteilt, sofern die herausragende Stellung nicht auf Dauer besteht, sondern einem dynamischen Wandel unterliegt[249].

Zwar nehmen die Erwägungsgründe der Fusionskontrollverordnung ebenfalls Bezug auf die wettbewerbseigene Dynamik[250]. Hierunter wird jedoch nicht der dynamische Prozess zwischen dem Entstehen von Wettbewerbsvorsprüngen vorstoßender Unternehmen und dem Nachfolgen von Konkurrenten iSd gleichnamigen wettbewerbswissenschaftlichen Theorie verstanden[251]. Vielmehr umschreibt dieser Begriff die bereits oben aufgezeigte dynamische Entwicklung der EWG, durch die Abschaffung der Binnengrenzen zwischen den Mitgliedstaaten und die Errichtung eines Gemeinsamen Marktes den grenzüberschreitenden Handel von Unternehmen zu erleichtern[252].

2. Wettbewerbspolitik

Auch die von der EWG mit der Fusionskontrollverordnung verfolgte Wettbewerbspolitik entspricht den wettbewerbstheoretischen Erkenntnissen über den wirksamen Wettbewerb:

---

248 Vgl. auch den 3., 4. und 5. Erwägungsgrund der Fusionskontrollverordnung.

249 Vgl. hierzu die Ergebnisse der Arbeitsgruppe Wettbewerbspolitik vom 29.1.1968, abgedruckt in *Kartte* „Neues Leitbild“, S. 93, 94f; *Arndt* in: Herdzina, S. 246, 249; *ders.* in: Cox/Jens/Markert, S. 49, 51, 72; *Bartling* „Wettbewerbspolitik“, S. 20; *Berg* in: FS Benisch, S. 27 m.w.N.; *Clark* in: Herdzina, S. 269, 272f; *Cox/Hübener* in: Cox/Jens/Markert, S. 1, 7 m.w.N.; *Emmerich* § 1.2a), S. 5f; *Kantzenbach*, S. 48f; *Kantzenbach/Kallfass* in: Cox/Jens/Markert, S. 103, 108; *Kartte* „Neues Leitbild“, S. 41 m.w.N.; *Kreutz*, S. 94f m.w.N.; *Schmidt* „Wettbewerbspolitik“, S. 10f; *Tolksdorf* WuW 1980, 785, 791 m.w.N.

250 3. und 4. Erwägungsgrund der Fusionskontrollverordnung.

251 Vgl. zur dynamischen Wettbewerbsauffassung insoweit *Arndt* in: Herdzina, S. 246, 247ff; *ders.* in: Cox/Jens/Markert, S. 49, 72; *Berg* in: FS Benisch, S. 27 m.w.N.; *Clark* in: Herdzina, S. 269, 271f; *Cox/Hübener* in: Cox/Jens/Markert, S. 1, 5 m.w.N.; *Emmerich* § 1.2a), S. 5f; *Helmstädter* in: FS Benisch, S. 17, 20f m.w.N.; *Hoppmann* Jb.N.St. 179 (1966) 286, 289; *Kantzenbach*, S. 32ff, 137 m.w.N.; *Kartte* „Neues Leitbild“, S. 42; *Kreutz*, S. 93ff m.w.N.; *Schmidt* „Wettbewerbspolitik“, S. 10f m.w.N.; *Tolksdorf* WuW 1980, 785, 791 m.w.N. Vgl. auch die RegBegr. zum Entwurf der 2. GWB-Novelle, BT-Drs. VI/2520, S. 14, 22; RegBegr. zum Entwurf der 4. GWB-Novelle, BT-Drs. 8/2136, S. 12, 33.

252 Vgl. zur dynamischen Entwicklung der EWG oben 1. Abschnitt B.I.

In ihren Begründungserwägungen ging die Fusionskontrollverordnung zwar davon aus, dass Fusionen nach der Rechtsprechung des EuGH auch gemäß Art. 85, 86 EWGV beurteilt werden können[253]. Jedoch sollte sie ein „neues Rechtsinstrument"[254] für die EWG-Organe sein, das die nicht ausreichenden[255] Regelungen des EWG-Vertrages ergänzt und eine in der Praxis „wirksame" Kontrolle ermöglicht[256]. Der Kommission wurden gemäß Art. 8 Abs. 4 FKVO ausdrücklich die Befugnisse sowie die Fähigkeit eingeräumt, ggf. geeignete „Maßnahmen" zu treffen, um „wirksamen Wettbewerb wiederherzustellen". Die Einführung einer vorbeugenden Kontrolle gegen das Entstehen wirtschaftlicher Macht bejaht somit noch stärker als der EWGV-1958 die Abhängigkeit zwischen bestimmten unternehmerischen Verhaltensweisen und bestimmten (vermachteten) Marktstrukturen bzw. entsprechenden unerwünschten und deshalb hoheitlich zu kontrollierenden Marktergebnissen. Die Fusionskontrollverordnung näherte sich also noch weiter als die Gründungsverträge der EWG der wettbewerbswissenschaftlichen Theorie des wirksamen Wettbewerbs an[257]. Diese Auffassung geht von der These aus, dass spezifische Merkmale eines Marktes (insbesondere die Marktstruktur, das Marktverhalten der beteiligten Unternehmen sowie die Marktergebnisse) miteinander in Beziehung stehen und sich gegenseitig beeinflussen[258]. In der Fusionskontrollverordnung selbst wurde auf diese wettbewerbswissenschaftliche Auffassung mehrfach ausdrücklich Bezug genommen[259].

---

[253] 6. Erwägungsgrund der Fusionskontrollverordnung. Vgl. auch *Koenigs* „Schwerpunkte 1986/87", S. 69, 81; *ders.* „Schwerpunkte 1988/89", S. 137, 149ff; *Markert* EuR 1970, 349, 358f; *Mestmäcker* „Europäisches Wettbewerbsrecht", S. 412ff; *ders.* in: FS von der Groeben, S. 9, 42. jeweils m.w.N. aus der Fusionskontrollpraxis der Kommission.

[254] 7. Erwägungsgrund der Fusionskontrollverordnung.

[255] Vgl. die Beurteilung der Effizienz der Anwendung der Art. 85, 86 EWGV in dem 6. Erwägungsgrund der Fusionskontrollverordnung; ebenso *Markert* EuR 1970, 349, 358; *van Miert* „EU-Regierungskonferenz", S. 17, 23.

[256] 7. und 17. Erwägungsgrund der Fusionskontrollverordnung.

[257] So auch *Becker-Çelik* EWS 1997, 334, 335.

[258] Vgl. zur aktiv marktgestaltenden Rolle des Staates nach der Theorie des wirksamen, funktionsfähigen Wettbewerbs nur *Bain* in: Herdzina, S. 179, 184ff; *Clark* AER 30 (1940) 241, 243ff; *Edwards* in: Herdzina, S. 215ff, 221ff m.w.N.; *Hoppmann* Jb.N.St. 179 (1966) 286, 298f m.w.N.; *ders.* in: Festgabe Wessels, S. 145, 146f, 149f m.w.N.; *Kantzenbach*, S. 129ff, 142, 160f; *Kantzenbach/Kallfass* in: Cox/Jens/Markert, S. 103, 110ff m.w.N.; *Kartte* „Neues Leitbild", S. 11f, 45f m.w.N.; *Kreutz*, S. 44 m.w.N.; *Mason* in: Herdzina, S. 172ff; Ergebnisse der Arbeitsgruppe Wettbewerbspolitik vom 29.1.1968, abgedruckt in *Kartte* „Neues Leitbild", S. 93, 96ff.

[259] Vgl. neben dem bereits o.g. Zitat aus Art. 2 Abs. 3 FKVO nur den 5., 16., 27., 30. Erwägungsgrund der Fusionskontrollverordnung sowie Art. 8 Abs. 4 FKVO.

Die zur Fusionskontrolle geschaffenen Spezialinstrumente spiegeln gleichzeitig das Misstrauen in die Selbstregulierungsfähigkeit der Märkte wider, Wettbewerb ohne Hilfe der Kartellbehörden wiederherzustellen, soweit es um die Verhaltensweisen von bereits aufgrund ihres Umsatzes relativ marktmächtigen Unternehmen geht (Art. 1 Abs. 2 FKVO), die ihre Macht durch eine Fusion weiter verstärken[260]. Aus diesem Grund führte die Fusionskontrollverordnung ein wesentliches Instrument zur **Marktstrukturkontrolle** ein, mit der eine Vermachtung der Märkte durch im Wege der Fusion marktbeherrschend werdende Unternehmen frühzeitig verhindert werden sollte (durch Anmeldung des Zusammenschlusses gemäß Art. 4 FKVO)[261]. Der EuGH hatte zuvor die Verhaltenskontrolle über ein fusionierendes marktbeherrschendes Unternehmen gemäß Art. 86 EWGV ebenfalls zur Kontrolle der Marktstrukturen angewendet, da das „ordnungsgemäße Funktionieren" des Gemeinsamen Marktes eine derartige Strukturkontrolle erfordere; das System des unverfälschten Wettbewerbs iSd Art. 3f) EWGV würde solche Maßnahmen verlangen, damit „der Wettbewerb nicht ausgeschaltet" werde[262]. Diese Auslegung des EuGH bestätigt die hier bereits zu Art. 2, 3f) iVm Art. 86 EWGV-1958 vertretene These, dass die volkswirtschaftlichen Vertragsziele die EWG bei der Ausübung ihrer Kompetenzen (auch) zu marktstrukturkontrollierenden Maßnahmen berechtigen[263]. Nachdem die EuGH-Entscheidungen zur Strukturkontrolle gemäß Art. 86 EWGV jedoch Einzelfälle geblieben waren[264], lassen sich erst seit In-Kraft-Treten der Fusionskontrollverordnung gesicherte Rückschlüsse auf die Wettbewerbspolitik der EWG ziehen[265]. Die Entscheidungen des EuGH zeigen jedoch, dass

[260] So auch *Ipsen*, Rz. 31/5, S. 609f; *Koenigs* „Schwerpunkte 1986/87", S. 69, 81; *ders.* „Schwerpunkte 1988/89", S. 137, 149ff m.w.N. aus der Fusionskontrollpraxis der Kommission; *Markert* EuR 1970, 349, 358 m.w.N.; *Mestmäcker* „Europäisches Wettbewerbsrecht", S. 414f; *ders.* in: FS von der Groeben, S. 9, 42 m.w.N.; *van Miert* „EU-Regierungskonferenz", S. 17, 23; *Sutherland* WuW 1985, 669, 671.

[261] Vgl. auch 3., 9., 23. Erwägungsgrund der Fusionskontrollverordnung. *Ipsen*, Rz. 31/5, S. 609f; *Koenigs* „Schwerpunkte 1986/87", S. 69, 81; *ders.* „Schwerpunkte 1988/89", S. 137, 149ff m.w.N.; *Markert* EuR 1970, 349, 358f; *Schröter* „Schwerpunkte", S. 69, 70.

[262] Vgl. EuGH, 21.2.1973, Rs. 6/72, Slg. 1973, 215, 244f (Continental Can); EuGH, 16.3.2000, verb. Rs. C-395/96 P und C-396/96 P Slg. 2000, 1365, 1475f (Compagnie maritime belge transports SA u.a.).

[263] Vgl. dazu bereits oben 1. Abschnitt B.I.

[264] EuGH in „Continental Can" aaO. (vorletzte Fn.); EuGH, 17.11.1987, verb. Rs. 142 u. 156/84, Slg. 1987, 4487, 4584 (BAT und Reynolds); EuGH in „Compagnie maritime belge transports SA u.a." aaO. (vorletzte Fn.).

[265] Vgl. insoweit auch die Aussagen zur Fusionskontrolle vor bzw. nach Schaffung der Fusionskontrollverordnung der für Wettbewerbsfragen zuständigen Kommissare *van Miert* „EU-Regierungskonferenz", S. 17, 23 und *Sutherland* WuW 1985, 669, 671.

Art. 86 EWGV bereits seit seinem In-Kraft-Treten 1958 zur Marktstrukturkontrolle angewendet werden konnte und deshalb bereits seit Gründung der EWG derartige marktstrukturorientierte Instrumente bestanden[266].

Schließlich verlagerte die Einführung einer Fusionskontrolle gegenüber Unternehmen mit einem bestimmten Mindestumsatz den durch die Einfügung des Binnenmarktkonzepts durch die EEA gesetzten wettbewerbspolitischen Schwerpunkt der EWG, in erster Linie gegen wettbewerbsverfälschende Maßnahmen der *Mitgliedstaaten* vorzugehen[267]. Des Weiteren wurden der EWG neue Kompetenzen gegenüber wettbewerbsverfälschenden Verhaltensweisen marktbeherrschender Unternehmen übertragen.

Die hier dargestellten Grundsätze für die wettbewerbliche Beurteilung von Unternehmenszusammenschlüssen gelten auch heute noch fort. Durch die Änderung der Fusionskontrollverordnung-1990 durch die **Verordnung (EG) Nr. 1310/97** zum 1.3.1998 wurde der Anwendungsbereich der gemeinschaftlichen Fusionskontrolle sogar noch ausgedehnt, indem insbesondere die maßgeblichen Aufgreifkriterien abgesenkt worden sind (Art. 1 Abs. 1 bis Abs. 3 sowie Art. 2 Abs. 4 FKVO idF der Verordnung (EG) Nr. 1310/97)[268].

Auch die **künftige Rechtslage** ändert das wettbewerbliche Leitbild sowie die Wettbewerbspolitik gegenüber missbräuchlichen Verhaltensweisen marktbeherrschender Unternehmen nicht (unter Zugrundelegung des Vorschlags der Europäischen Kommission für eine Verordnung des Rates über die Kontrolle von Unternehmenszusammenschlüssen[269]). „Um die Fusionskontrolle effizienter zu gestalten“[270], schlägt die Kommission in erster Linie verfahrensrechtliche Änderungen vor. Hinsichtlich der hier untersuchten Fragen ist die neu eingefügte Definition der „marktbeherrschenden Stellung“ von Interesse. Gemäß Art. 2 Abs. 2 des Verordnungsvorschlags „wird eine

---

[266] Vgl. zur Rechtsansicht der Kommission vor In-Kraft-Treten der Fusionskontrollverordnung nur *von der Groeben* WuW 1961, 373, 388; *Koenigs* „Schwerpunkte 1986/87“, S. 69, 81; *ders.* „Schwerpunkte 1988/89“, S. 137, 149ff; *Mestmäcker* „Europäisches Wettbewerbsrecht“, S. 412ff; *ders.* in: FS von der Groeben, S. 9, 42 jeweils m.w.N. aus der Fusionskontrollpraxis der Kommission.

[267] Vgl. zur Schwerpunktverlagerung der EWG-Wettbewerbspolitik durch das durch die EEA 1987 neu in den EWGV eingefügte Binnenmarktprogramm oben 1. Abschnitt B.II.2.

[268] Verordnung (EG) Nr. 1310/97 des Rates vom 30.6.1997 zur Änderung der Verordnung (EWG) Nr. 4064/89 des Rates über die Kontrolle von Unternehmenszusammenschlüssen, ABl. EG 1997 Nr. L 180, S. 1, 2f. Vgl. hierzu nur den XXVII. Bericht der Europäischen Kommission über die Wettbewerbspolitik 1997, S. 68ff sowie den XXVIII. Bericht der Europäischen Kommission über die Wettbewerbspolitik 1998, S. 55ff.

[269] KOM (2002) 711 endg.; ABl. EG 2003 Nr. C 20, S. 4 ff.

[270] Ziff. 5 der Begründung des Vorschlags der Kommission aaO. (vorige Fn.).

beherrschende Stellung eines oder mehrerer Unternehmen angenommen, wenn sie mit oder ohne Koordinierung ihres Verhaltens über die wirtschaftliche Macht verfügen, spürbar und nachhaltig Einfluss auf die Wettbewerbsparameter, insbesondere auf die Preise, auf die Art, Quantität und Qualität der Produktion, auf den Vertrieb oder die Innovation, zu nehmen oder den Wettbewerb spürbar zu beschränken" [271]. Die Kommission will mit dieser Legaldefinition „einen starken Bezug zu den wirtschaftlichen Auswirkungen von Zusammenschlüssen herstellen"[272]. Hieraus wird noch mehr als bisher deutlich, dass nach Auffassung der Europäischen Kommission die Entstehung oder Verstärkung einer marktbeherrschenden Stellung nicht *per se*, sondern nur dann gemeinschaftsrechtswidrig ist, wenn sie gleichzeitig nachhaltig und spürbar den Wettbewerb beschränkt. Diese enge Anknüpfung an die wettbewerbswissenschaftliche Theorie vom wirksamen Wettbewerb spiegelt auch der neu vorgeschlagene 24. Erwägungsgrund dieser Verordnung wider, dass „Effizienzargumenten der beteiligten Unternehmen Rechnung getragen werden" sollte. Es sei „möglich, dass die durch einen Zusammenschluss bewirkten Effizienzvorteile die Auswirkungen des Zusammenschlusses auf den Wettbewerb, insbesondere den möglichen Schaden für die Verbraucher, neutralisieren"[273]. Allerdings bleibt die zukünftige Entscheidungspraxis der Kommission abzuwarten, ob sie diese Auffassung auch auf die Auslegung des Missbrauchsverbots nach Art. 82 EG überträgt. Die in der neuen Fusionskontrollverordnung vorgeschlagene Definition der marktbeherrschenden Stellung soll nämlich gerade nicht mehr von der Rechtsprechung zu Art. 82 EG abhängen[274].

IV. Vertrag von Maastricht (EG-Vertrag, 1993)[275]

Der Vertrag über die Europäische Union vom 7.2.1992, der am 1.11.1993 in Kraft trat, sollte u.a. den „mit der Gründung der europäischen Gemeinschaften eingeleiteten Prozess der europäischen Integration auf eine neue Stufe ... heben" und „weitere Schritte" ermöglichen, „die getan werden müssen, um die europäische Integration voranzutreiben"[276]. Das wesentliche Beispiel für die intensiv fortgeführte Integration der Mitgliedstaaten ist die Gründung der

---

[271] Vorschlags der Kommission aaO. (vorletzte Fn.), S. 28.

[272] Ziff. 56, Fn. 18 der Begründung des Vorschlags der Kommission, ABl. EG 2003 Nr. C 20, S. 4, 11.

[273] Vorschlag der Kommission aaO. (vorige Fn.), S. 23.

[274] Ziff. 57 der Begründung des Vorschlags der Kommission aaO. (vorletzte Fn.).

[275] BGBl. 1992 II 1253, 1255ff.

[276] 1. und 12. Erwägungsgrund des EU-Vertrages (jetzt: 1. und 13. Erwägungsgrund EU).

Europäischen Union (EU), durch die die gemeinschaftlichen Politikbereiche und Formen der grenzüberschreitenden Zusammenarbeit erheblich erweitert wurden (Art. B EU-Vertrag[277]). Die Kooperation der Mitgliedstaaten in wirtschaftlichen Belangen in der (nunmehr:) EG diente seitdem zusätzlich der Erreichung der Ziele der EU[278], da die EG gemäß Art. A Abs. 3 S. 1 EU-Vertrag neben der EGKS und der EAG jetzt eine der „Grundlagen“ der EU darstellte[279].

1. Wettbewerbsleitbild

Hinsichtlich des in den neuen Regelungen zum Ausdruck kommenden Wettbewerbsleitbildes der EG sind insbesondere die Einfügung des Art. 3l) iVm Art. 130 EG-Vertrag sowie des Art. 3a EG-Vertrag zu erwähnen.

Die beiden erstgenannten Vorschriften erweiterten den Kreis der Tätigkeiten der EG auf die „Stärkung der Wettbewerbsfähigkeit der Industrie der Gemeinschaft“. Art. 3a EG-Vertrag[280] kodifizierte erstmals ausdrücklich eine bestimmte Wirtschaftsordnung. Hiernach waren die EG und die Mitgliedstaaten den Grundsätzen „einer offenen Marktwirtschaft mit freiem Wettbewerb verpflichtet“ (s. auch Art. 102a, 105 Abs. 1 S. 3, Art. 129b Abs. 2 S. 1, Art. 130 Abs. 1 S. 2 EG-Vertrag[281]). Im Hinblick auf das bereits aus dem EWG-Vertrag herzuleitende Wettbewerbsprinzip stellt Art. 3a Abs. 1 EG-Vertrag jedoch lediglich eine Normierung der bisherigen Praxis dar[282]. Wie oben aufgezeigt wurde, wurde unter „Wettbewerb“ nämlich bereits seit In-Kraft-Treten des EWGV-1958 die von den Verhaltensweisen anderer Unternehmen und der Mitgliedstaaten unverfälschte, also freie, Tätigkeit der Marktteilnehmer untereinander verstanden; die EWG vertraute insoweit grundsätzlich auf die Selbstregulierungsfähigkeit des Marktes, jedoch oblag ihren Organen die „Letztverantwortung“ darüber, dieses „System“[283] ggf. durch aktive Lenkungsmaßnahmen zu verwirklichen[284]. Auch das Prinzip der

---

[277] Jetzt: Art. 2 EU. Vgl. auch den 7. und 11. Erwägungsgrund des EU-Vertrages (jetzt: 8. und 12. Erwägungsgrund EU) sowie Art. A Abs. 2 EU-Vertrag (jetzt: Art. 1 Abs. 2 EU).

[278] *Bleckmann* DVBl. 1992, 335.

[279] Jetzt: Art. 1 Abs. 3 S. 1 EU.

[280] Jetzt: Art. 4 EG.

[281] Jetzt: Art. 98, 105 Abs. 1 S. 3, 154 Abs. 2 S. 1, 157 Abs. 1 S. 2 EG.

[282] Vgl. auch *Dreher* WuW 1998, 656, 657 m.w.N.; GTE-*vEstorff/Molitor* zu Art. 3a EGV, Rz. 20; Dauses-*Müller-Graff* A.I, Rz. 125; *ders.* EuR 1997, 433, 440 m.w.N.

[283] Vgl. Art. 3f) EWGV-1958, BGBl. 1957 II 766, 772.

[284] Vgl. zur gemäß EWGV-1958 verfolgten Wettbewerbspolitik der EWG oben 1. Abschnitt B.I.1, 2.

„offenen Märkte" ist nicht neu. Hierauf basierte bereits das Vertragsziel der dynamischen Entwicklung der EWG zu einem Gemeinsamen Markt, das eine Umgestaltung marktabschottender nationaler Marktstrukturen erforderte[285]. Die Besonderheit von Art. 3a Abs. 1 EG-Vertrag sowie von Art. 3l), 130 EG-Vertrag[286] bestand jedoch darin, dass diese Vorschriften ausdrücklich die individuelle Wettbewerbsfreiheit der Unternehmen betonten[287] und darüber hinaus Maßnahmen vorsahen, um den grenzüberschreitenden Wettbewerb zu intensivieren, die ihrerseits jedoch den freien Wettbewerb nicht verzerren durften (z.B. Art. 130 Abs. 3 UAbs. 2 EG-Vertrag[288])[289].

Die Verpflichtung der EG und der Mitgliedstaaten zur „offenen Marktwirtschaft" gemäß Art. 3a Abs. 1 EG-Vertrag (jetzt Art. 4 EG), die auch in mehrere spezielle Politikbereiche aufgenommen worden war (Art. 102a, Art. 105 Abs. 1 S. 3, Art. 129b Abs. 2 S. 1, Art. 130 Abs. 1 S. 2 EG-Vertrag), spiegelte die wettbewerbswissenschaftlichen Erkenntnisse von der wettbewerbseigenen Dynamik wider. Hiernach beruht „Wettbewerb" insbesondere darauf, dass Unternehmen einem Konkurrenten, der durch seinen Vorstoß einen Wettbewerbsvorsprung erworben hat, nachfolgen können und der „Pionier" den Markt nicht „verschließen" kann[290].

---

[285] Vgl. zur gemäß EWGV-1958 verfolgten Wettbewerbspolitik der EWG oben 1. Abschnitt B.I.

[286] Jetzt: Art. 3 Abs. 1m) iVm Art. 157 EG.

[287] So auch *Becker-Çelik* EWS 1997, 334, 337, 338f; Langen/Bunte-*Bunte* Einführung zum EG-Kartellrecht, Rz. 34ff; GTE-*vEstorff/Molitor* zu Art. 3a EGV, Rz. 19; *Groger/Janicki* WuW 1992, 991, 993; *Roth* EuR-Beiheft 1-1994, 45, 48f m.w.N.; GTE-*Schröter* Vorbemerkung zu Art. 85 - 94 EGV, Rz. 13 jeweils m.w.N.

[288] Jetzt: Art. 157 Abs. 3 UAbs. 2 EG.

[289] Vgl. die Einschätzung der EG-Industriepolitik der Kommission in ihrem XXIII. Bericht über die Wettbewerbspolitik 1993, S. 16, 98f sowie im XXIV. Bericht über die Wettbewerbspolitik 1994, S. 23. *Becker-Çelik* EWS 1997, 334, 338f; *Dreher* WuW 1998, 656, 657ff, 661ff m.w.N.; *Groger/Janicki* WuW 1992, 991, 993; *Ehlermann* „Wettbewerbspolitik", S. 5ff; *Müller-Graff* EuR 1997, 433, 444; *Oppermann*, Rz. 1026, 947ff; *Roth* EuR-Beiheft 1-1994, 45, 49; *Schmidt-Preuß* DVBl. 1993, 236, 245. Demgegenüber jedoch zweifelnd, dass das Wettbewerbsprinzip im Rahmen der Industriepolitik der EG vorrangig zu würdigen ist: Monopolkommission in ihrem 11. HauptGA 1994/1995, BT-Drs. 13/5309, Tz. 909; *Basedow* „Wirtschaftsverfassung", S. 30f; *Becker-Çelik* EWS 1997, 334, 339 m.w.N.; *Donges* „EU-Regierungskonferenz", S. 47, 61 m.w.N. m.w.N.; *Immenga* EuZW 1994, 14, 16f; *Markert* EuR 1970, 349, 363 m.w.N.; *Mestmäcker* in: FS von der Groeben, S. 9, 27ff m.w.N.; *ders.* „Wirtschaftsverfassung", S. 26; *Möschel* in: FS Nirk, S. 707, 712; *ders.* „Maßnahmen", S. 89, 103f; *Vollmer* DB 1993, 25, 27 m.w.N.

[290] Vgl. zur dynamischen Wettbewerbsauffassung insoweit nur *Arndt* in: Herdzina, S. 246, 247ff; *ders.* in: Cox/Jens/Markert, S. 49, 72; *Berg* in: FS Benisch, S. 27 m.w.N.; *Clark* in: Herdzina, S. 269, 271f; *Cox/Hübener* in: Cox/Jens/Markert, S. 1, 5 m.w.N.; *Emmerich* § 1.2a), S. 5f; *Helmstädter* in: FS Benisch, S. 17, 20f m.w.N.; *Hoppmann* Jb.N.St. 179 (1966) 286, 289; *Kantzenbach*, S. 32ff, 137 m.w.N.; *Kartte* „Neues Leitbild", S. 42; *Kreutz*, S. 93ff m.w.N.; *Schmidt* „Wettbewerbspolitik", S. 10f m.w.N.; *Tolksdorf* WuW 1980, 785, 791 m.w.N.

2. Wettbewerbspolitik

Die im Rahmen der EG zu verfolgende Wettbewerbspolitik vertraute nicht auf die Selbstregulierungskräfte des Wettbewerbs und verringerte den hoheitlichen Einfluss hierauf deshalb nicht. Zwar wurde durch die (zu Art. 3g EG-Vertrag zusätzliche) Verankerung des Prinzips des freien unternehmerischen Wettbewerbs in Art. 3a Abs. 1 EG-Vertrag dessen Bedeutung im Rahmen der Vertragsziele des EG-Vertrages hervorgehoben. Jedoch wurden der EG und den Mitgliedstaaten insbesondere im wirtschaftlich relevanten Industriesektor gemäß Art. 31) iVm Art. 130 EG-Vertrag weitere Kompetenzen und Einflussmöglichkeiten zuerkannt, um der Realisierung des erwünschten Wettbewerbs „nachzuhelfen"[291]. Bisher waren die industriepolitischen Kompetenzen der EWG gemäß Art. 130g EWGV-1987 auf ergänzende Maßnahmen beschränkt gewesen.

Darüber hinaus lassen sich aus dem EG-Vertrag folgende Rückschlüsse auf die Wettbewerbspolitik ziehen: Die in Art. 3 und Art. 3a EG-Vertrag genannten Tätigkeitsbereiche enthielten Auslegungsgrundsätze, die u.a. bei der Missbrauchsaufsicht gemäß Art. 86 EG-Vertrag[292] zu beachten waren, damit diese ihre „nützliche Wirkung" („*effet utile*")[293] für die Verwirklichung der Vertragsziele der EG entfalten konnte[294]. Durch Art. 3a und 3g) EG-Vertrag wurde der Aufgabenkatalog der EG dahingehend konkretisiert, dass die EG für die Verwirklichung einer „offenen Marktwirtschaft mit freiem Wettbewerb" (mit-) verantwortlich ist[295]. Jede Maßnahme für offene, grenzüber-

---

[291] So auch die Einschätzung von *Becker-Çelik* EWS 1997, 334, 339; *Immenga* EuZW 1994, 14, 16f; *Möschel* in: FS Nirk, S. 707, 711; *Vollmer* DB 1993, 25, 27 m.w.N. Vgl. auch *Schmidt* WuW 1999, 133, 134ff.

[292] Jetzt: Art. 82 EG.

[293] Dauses-*Bleckmann/Pieper* B.I, Rz. 19f, 38 m.w.N.; *Streinz*, Rz. 498, 394 jeweils m.z.N. Vgl. auch *Emmerich* § 36.2c), S. 372f m.w.N.

[294] Vgl. zu der std. Rspr. des EuGH, nach der Art. 86 E(W)GV (jetzt Art. 82 EG) das Instrument ist, mit dem die in Art. 3f) EWGV bzw. Art. 3g) EG-Vertrag (jetzt Art. 3 Abs. 1g EG) genannten Ziele zu verwirklichen sind, bereits oben 1. Abschnitt, vor A. (vgl. nur EuGH, 21.2.1973, Rs. 6/72, Slg. 1973, 215, 245 (Continental Can); EuGH, 6.3.1974, Rs. 6 u. 7/73, Slg. 1974, 223, 254 (Commercial Solvents); EuGH, 13.2.1979, Rs. 85/76, Slg. 1979, 461, 520, 552f (Vitamine); EuGH, 18.6.1991, Rs. C-260/89, Slg. 1991, 2925, 2961 (ERT). Diese Rspr. ist auch auf Art. 4 Abs. 1 EG übertragbar, der den Tätigkeitskatalog des Art. 3 Abs. 1 EG ergänzt. Vgl. auch Art. 2 EG, der nunmehr sowohl Art. 3 EG als auch Art. 4 EG als Instrumente zur Verwirklichung der volkswirtschaftlichen Vertragsziele der EG nennt (vgl. GTE-*vEstorff/Molitor* zu Art. 3a EGV, Rz. 20; Dauses-*Müller-Graff* A.I, Rz. 158).

[295] In der Literatur wird überwiegend betont, dass sich die Wettbewerbsordnung der EG seit In-Kraft-Treten des EU-Vertrages grundsätzlich an der Selbstregulierungsfähigkeit des Wettbewerbs ausrichtet; die hier genannten Besonderheiten hinsichtlich marktbeherrschender Unternehmen

schreitende Märkte, in denen die Unternehmen ungehindert im Wettbewerb tätig sein können, verändert jedoch gleichzeitig die Strukturen eines bis dahin „geschlossenen" Marktes[296]. Die Ergänzung der Vertragsziele bestätigt daher die bisherige Rechtslage und verdeutlicht, dass Art. 86 iVm Art. 3g), Art. 3a Abs. 1 EG-Vertrag[297] auch für **marktstrukturkontrollierende Maßnahmen** herangezogen werden können[298].

Abgesehen von den originären Kompetenzen der EG haben auch die Mitgliedstaaten in wesentlichen Wirtschaftsbereichen ihre Befugnisse weiter „vergemeinschaftet": Nachdem die Mitgliedstaaten bereits seit der EEA ihre wirtschaftspolitische Zusammenarbeit gemäß Art. 102a EWGV-1987 in gemeinschaftstreuer Weise koordinieren sollten, darf der Rat der Europäischen Union seit In-Kraft-Treten des EG-Vertrages diesen sogar „Grundzüge" ihrer Wirtschaftspolitik „im Einklang mit dem Grundsatz einer offenen Marktwirtschaft mit freiem Wettbewerb" empfehlen (Art. 103 Abs. 2, Abs. 1 iVm Art. 102a EG-Vertrag[299])[300].

---

bzw. die „wettbewerbliche Letztverantwortung" der EG und der Mitgliedstaaten werden insoweit nicht berücksichtigt: *Basedow* „Wirtschaftsverfassung", S. 27f; Langen/Bunte-*Bunte* Einführung zum EG-Kartellrecht, Rz. 38f; *Ehlermann* „Wettbewerbspolitik", S. 2ff, 50; GTE-*vEstorff/Molitor* zu Art. 3a EGV, Rz. 19; *Dreher* WuW 1998, 656, 658f jeweils m.w.N.; Dauses-*Müller-Graff* A.I, Rz. 124; *Schmidt* WuW 1999, 133, 135ff; *Scholz/Langer*, S. 30ff; GTE-*Schröter* Vorbemerkung zu Art. 85 - 94 EGV, Rz. 13 jeweils m.w.N.

Differenzierend demgegenüber das (erste) Programm des Rates für die mittelfristige Wirtschaftspolitik (1966 - 1970), ABl. EG 1967, S. 1513, 1521, 1543; Empfehlung 2003/555/EG vom 26.6.2003, ABl. EG 2003 Nr. L 195, S. 1, 3ff; 8. HauptGA der Monopolkommission 1988/89, BT-Drs. 11/7582, Tz. 1171, 1175 m.w.N.; BKartA in seinem Arbeitspapier zu der Tagung des Arbeitskreises Kartellrecht im Oktober 1994, S. 3f; *Badura* EuR 2000, Beiheft 1, 45, 51ff; *Becker-Çelik* EWS 1997, 334, 339f; *Behrens* Jura 1989, 561, 562, 571f; *von der Groeben* WuW 1961, 373, 375ff, 380f m.w.N.; *ders.* WuW 1964, 1001, 1004f, 1017f; *Günther* WuW 1963, 191, 194; *Ipsen*, Rz. 28/30f, S. 566f, sowie Rz. 31/2, 4, S. 607ff jeweils m.w.N.; *Kreutz*, S. 31ff, 100 m.w.N.; *Markert* EuR 1970, 349, 354, 362; *Mestmäcker* in: FS von der Groeben, S. 9, 13f; *van Miert* WuW 1995, 553; *ders.* „EU-Regierungskonferenz", S. 17, 23; *Müller-Graff* EuR 1997, 433, 441f, 444, 457 m.w.N.; *Oppermann* in: Müller-Graff/Zuleeg, S. 53, 56, 61f, 69f m.w.N. („gemischte Wirtschaftsverfassung"); *ders.*, Rz. 929, 931f, 1030; *Roth* EuR-Beiheft 1-1994, 45, 49; *Scherer* „Wirtschaftsverfassung", S. 154f, 184ff, 193, 199ff m.z.N.; *Schlieder/Schröter* in: Cox/Jens/Markert, S. 485, 487; *Schröter* „Schwerpunkte", S. 69f; *Sutherland* WuW 1985, 669f; *Ver-Loren van Themaat* in: FS von der Groeben, S. 425, 431, 435ff, 439ff m.w.N.; *Vollmer* DB 1993, 25, 27ff m.w.N.; *ders.* in: FS Schmidt, S. 289, 294f; *Willimsky* ECLR 1997, 54, 55 m.w.N.; vgl. insbesondere im Hinblick auf Art. 3l) EG-Vertrag (jetzt Art. 3 Abs. 1m EG) auch *Becker-Çelik* EWS 1997, 334, 339f; *Immenga* EuZW 1994, 14, 16f; *Möschel* in: FS Nirk, S. 707, 711.

[296] Vgl. auch *Mestmäcker* „Europäisches Wettbewerbsrecht", S. 362 m.w.N.

[297] Jetzt: Art. 82 iVm Art. 3 Abs. 1g), Art. 4 Abs. 1 EG.

[298] Vgl. auch *Vollmer* in: FS Schmidt, S. 289, 294f m.w.N. S. zur Rechtslage nach dem EWGV-1958 bereits oben 1. Abschnitt B.I.

[299] Jetzt: Art. 99 Abs. 2, 1 iVm Art. 98 EG.

In konsequenter Fortführung der dynamischen Entwicklung des mitgliedstaatlichen Zusammenschlusses in der EG zur Erreichung der in Art. 2 EG-Vertrag[301] genannten Ziele beschränkten sich jedoch die Änderungen des EG-Vertrages nicht auf die Pflicht, die nationalen Wirtschaftspolitiken zu koordinieren. Vielmehr statuierte Art. 3a Abs. 1 EG-Vertrag ausdrücklich nicht nur die Verantwortung der EG-Organe für eine „offene Marktwirtschaft mit freiem Wettbewerb", sondern erlegte die gleiche Verantwortung zusätzlich den **Mitgliedstaaten** auf (s. auch Art. 103 Abs. 1 iVm Art. 102a EG-Vertrag[302]). Abgesehen von ihrem nationalen Wettbewerbsleitbild und ihrer jeweiligen Wettbewerbspolitik galten daher für die Mitgliedstaaten die gleichen Grundsätze wie für die EG. Durch die mit dem EU-Vertrag eingegangenen völkerrechtlichen Verpflichtungen wurden somit auch die Wettbewerbsauffassung und die hierzu zu verfolgende Wettbewerbspolitik der Mitgliedstaaten rechtsverbindlich vorherbestimmt[303]. Zwar mussten die Mitgliedstaaten auch nach der bisherigen gemeinschaftlichen Rechtslage in Anerkennung des Vertragszieles des Art. 2 EWGV-1958 ihre nationalen Wirtschaftspolitiken „schrittweise" aneinander annähern. Außerdem mussten sie bereits seit der Gründung der EWG ihre Wirtschaftspolitiken gemäß Art. 6 Abs. 1 EWGV-1958[304] gemeinschaftstreu koordinieren (s. auch Art. 102a EWGV-1987) bzw. bestimmte Maßnahmen unterlassen, die den Wettbewerb iSd EWG-Vertrages verfälschten. Des Weiteren hatte der EuGH in ständiger Rechtsprechung entschieden, dass die Mitgliedstaaten gemäß Art. 5 Abs. 2, Art. 86, 90 Abs. 1 EG-Vertrag[305] zu einer gemeinschaftskonformen (Wettbewerbs-) Politik verpflichtet sind[306]. Jedoch enthielt der EG-Vertrag erstmals

---

300 Vgl. hierzu nur die jüngsten Empfehlungen des Rates zu den Grundzügen der Wirtschaftspolitik der Mitgliedstaaten und der Gemeinschaft 2000/517/EG vom 19.6.2000, ABl. EG 2000 Nr. L 210, S. 1ff; Empfehlung 2001/483/EG vom 15.6.2001, ABl. EG 2001 Nr. L 179, S. 1ff; Empfehlung 2002/549/EG vom 21.6.2002, ABl. EG 2002 Nr. L 182, S. 1ff sowie Empfehlung 2003/555/EG vom 26.6.2003, ABl. EG 2003 Nr. L 195, S. 1 ff.

301 Jetzt: Art. 2 EG.

302 Jetzt: Art. 99 Abs. 1 iVm Art. 98 EG.

303 Vgl. Grabitz/Hilf-*Bandilla* zu Art. 4 EGV, Rz. 2f; *Dreher* WuW 1998, 656, 657 m.w.N.; GTE-*vEstorff/Molitor* zu Art. 3a EGV, Rz. 11, 17f; *Möschel* „Maßnahmen", S. 89, 100; Dauses-*Müller-Graff* A.I, Rz. 124, 149, 151; *ders.* EuR 1997, 433, 439ff, 448, 456f; *Schmidt-Preuß* DVBl. 1993, 236, 243, 245.

304 Art. 6 Abs. 1 EWGV-1958: „Die Mitgliedstaaten koordinieren in enger Zusammenarbeit mit den Organen der Gemeinschaft ihre Wirtschaftspolitik, soweit dies zur Erreichung der Ziele dieses Vertrags erforderlich ist."

305 Jetzt: Art. 10 Abs. 2, Art. 82, 86 EG.

306 Vgl. nur EuGH, 29.1.1985, Rs. 231/83, Slg. 1985, 305, 319f (Cullet/Leclerc) m.w.N.; EuGH, 30.4.1986, verb. Rs. 209 - 213/84, Slg. 1986, 1425, 1471 (Ministère Public/Asjes u.a.); EuGH,

eine hierüber hinausgehende Konkretisierung der nationalen Politiken und eine generelle Mitverantwortung der Mitgliedstaaten für die gemeinschaftliche Marktordnung neben der EG selbst[307].

Zumindest also, wenn die Mitgliedstaaten gemäß Art. 86, 87 EG-Vertrag[308] iVm Art. 9 Abs. 3 KartellVO die Missbrauchsaufsicht ausüben, sind sie wie die EG an die in Art. 3g), Art. 3a Abs. 1 EG-Vertrag[309] niedergelegten Grundsätze gebunden. Auch die Mitgliedstaaten müssen daher eine **marktstrukturorientierte Verhaltenskontrolle** über beherrschende Unternehmen ausüben, die durch marktabschottende Verhaltensweisen die offene Marktwirtschaft mit freiem gemeinschaftsweiten Wettbewerb beeinträchtigt haben.

Hierüber hinaus müssen die Mitgliedstaaten aufgrund der mit dem Abschluss des EG-Vertrages übernommenen völkerrechtlichen Vertragspflichten auch ihr nationales (Kartell-) Recht gemeinschaftsrechtskonform auslegen. Da sie nämlich die Schaffung eines Gemeinsamen Marktes mit grenzüberschreitendem, auch von mitgliedstaatlichen Vorschriften ungehinderten Wettbewerb der Unternehmen durch die EG anerkannt haben, müssen sie ihre Politik gemeinschaftstreu ausüben (Art. 5 EG-Vertrag[310]) und Maßnahmen unterlassen, die der ihnen in Art. 3a Abs. 1 EG-Vertrag[311] übertragenen (Mit-) Verantwortung für das Wettbewerbssystem der EG entgegenstehen[312].

11.4.1989, Rs. 66/86, Slg. 1989, 803, 851 (Ahmed Saeed Flugreisen u.a.); EuGH, 17.6.1997, Rs. C-70/95, Slg. 1997, 3395, 3436 (Sodemare SA u.a./Regione Lombardia) m.w.N.; 8. HauptGA der Monopolkommission 1988/89, BT-Drs. 11/7582, Tz. 1103, 1106, 1112f, 1115ff m.z.N. aus der Rspr. des EuGH. *Bacon* ECLR 1997, 283ff; *Basedow* „Wirtschaftsverfassung", S. 50; *Everling* WuW 1990, 995, 1005f; *Scherer* „Wirtschaftsverfassung", S. 142ff jeweils m.w.N. Vgl. zu den Verpflichtungen der Mitgliedstaaten aus Art. 90 Abs. 1, 86 EG-Vertrag (jetzt Art. 86 Abs. 1, 82 EG) nur EuGH, 13.12.1991, Rs. C-18/88, Slg. 1991, 5941, 5980 (RTT/GB-Inno); EuGH, 5.10.1994, Rs. C-323/93, Slg. 1994, 5077, 5104 (Centre d'insémination); EuGH, 14.12.1995, Rs. C-387/93, Slg. 1995, 4663, 4690 (Banchero); EuGH, 11.12.1997, Rs. C-55/96, Slg. 1997, 7119, 7148 (Job Centre coop arl.). Vgl. zu diesem Problemkreis auch *Scherer* aaO., S. 144f m.w.N. sowie das 8. HauptGA der Monopolkommission 1988/89, BT-Drs. 11/7582, aaO. sowie Tz. 1152ff, 1172, 1176 m.w.N. aus der Rspr. des EuGH.

307 Vgl. Grabitz/Hilf-*Bandilla* zu Art. 4 EGV, Rz. 2f; GTE-*vEstorff/Molitor* zu Art. 3a EGV, Rz. 11, 18.

308 Jetzt: Art. 82, 83 EG.

309 Jetzt: Art. 3 Abs. 1g), Art. 4 Abs. 1 EG.

310 Jetzt: Art. 10 EG.

311 Jetzt: Art. 4 EG.

312 Vgl. GTE-*vEstorff/Molitor* zu Art. 3a EGV, Rz. 11, 15 m.w.N.; *Möschel* „Maßnahmen", S. 89, 100; *Müller-Graff* EuR 1997, 433, 439ff, 448, 456f; *Vollmer* in: FS Schmidt, S. 289, 294f m.w.N. So auch bereits für die Rechtslage vor In-Kraft-Treten des Art. 3a EG-Vertrag die Monopolkommission in ihrem 8. HauptGA 1988/89, BT-Drs. 11/7582, Tz. 1172ff, 1176 m.w.N.

Sämtliche deutschen Verfassungsorgane sind über die völkerrechtliche Verpflichtung zur Vertragstreue hinaus („*pacta sunt servanda*") auch verfassungsrechtlich über das Staatsziel der Integration Deutschlands in die Europäische Union gemäß Art. 23 Abs. 1 S. 1 iVm Art. 59 Abs. 2 S. 1 GG zu aktivem integrationsoffenen Verhalten verpflichtet, das die Verwirklichung der EG- und EU-Vertragsziele gewährleistet[313].

V. Vertrag von Amsterdam (1997)[314]

Der „Vertrag von Amsterdam zur Änderung des Vertrags über die Europäische Union, der Verträge zur Gründung der Europäischen Gemeinschaften sowie einiger damit zusammenhängender Rechtsakte", der am 1.1.1999 in Kraft getreten ist, stellt gemäß Art. 1 EU „eine neue Stufe bei der Verwirklichung einer immer engeren Union der Völker Europas dar, in der die Entscheidungen möglichst offen und möglichst bürgernah getroffen werden".

Wie insbesondere aus den Ergänzungen der Tätigkeiten der EG in Art. 3 Abs. 1 EG sowie der Erweiterung der Ziele der Europäischen Union in Art. 2 EU deutlich wird, dienen diese Vertragsänderungen in erster Linie sozial- und allgemeinpolitischen Zielen. Abgesehen von den Regelungen zur Textvereinfachung und Neukodifizierung (Art. 12 iVm Anhang A und B des Vertrages von Amsterdam), die zu einer Neunummerierung der Vorschriften (u.a.) des EU-Vertrages und des EG-Vertrages führten, wurde die Missbrauchsaufsicht über marktbeherrschende Unternehmen nicht geändert.

Die wichtige Funktion, die der Wettbewerb bei der Erfüllung der Vertragsziele der EG erfüllt, wird dadurch betont, dass die Versorgung der Bevölkerung mit Diensten von allgemeinem wirtschaftlichen Interesse in Art. 16 EG zu einem weiteren Vertragsziel erklärt worden ist[315] (s. nunmehr auch Art. 36 der Europäischen Grundrechtecharta[316]). Da der unternehmeri-

---

[313] Vgl. zur Staatszielbestimmung des Art. 23 GG nur den Bericht der Gemeinsamen Verfassungskommission, BT-Drs. 12/6000, S. 20, 28; MD-*Scholz* zu Art. 23 GG, Rz. 2, 4, 37ff m.w.N. Vgl. auch die Pläne der Bundesregierung zur „Anpassung des (deutschen) Kartellgesetzes an das Referenzmodell Europa" in ihrer Stellungnahme zum Tätigkeitsbericht des BKartA 1993/94, BT-Drs. 13/1660, S. If.

[314] ABl. EG 1997 Nr. C 340, S. 1, 24ff.

[315] Auch wenn diese Dienstleistungen im grenzüberschreitenden unternehmerischen Wettbewerb erbracht werden, muss die qualitativ hochwertige und preiswerte Versorgung der Bevölkerung mit Universaldiensten u.a. in den Bereichen Telekommunikation, Post und Energieversorgung gewährleistet sein, s. die Mitteilung der Kommission „Leistungen der Daseinsvorsorge in Europa", ABl. EG 1996 Nr. C 281, S. 3, 5ff bzw. ABl. EG 2001 Nr. C 17, S. 4, 11ff; Grünbuch der Kommission „Zu Dienstleistungen von Allgemeinem Interesse", KOM (2003) 270 endg., S. 9f, 18ff, 44f.

[316] ABl. EG 2000 Nr. C 364, S. 1, 17.

sche Wettbewerb jedoch bereits seit 1958 ein Mittel zur Verwirklichung der in Art. 2 EWGV (Art. 2 EG) festgelegten Vertragsziele war[317], stellt diese Vertragsergänzung keine wesentliche Neuerung dar.

Der Vertrag von Amsterdam macht somit deutlich, dass die EG die bisher verfolgte Wettbewerbspolitik sowie ihr Wettbewerbsleitbild im Wesentlichen unverändert beibehält.

VI. Verordnung (EG) Nr. 1/2003[318]

Die Verordnung (EG) Nr. 1/2003 des Rates vom 16.12.2002 „zur Durchführung der in den Artikeln 81 und 82 des Vertrages niedergelegten Wettbewerbsregeln", die ab dem 1.5.2004 gilt, ersetzt die Kartellverordnung Nr. 17/1962. Die Neuregelungen wurden von der Kommission vorgeschlagen, um die effiziente Durchsetzung und Anwendung eines gemeinsamen Wettbewerbsrechts in sämtlichen Mitgliedstaaten der EU zu gewährleisten, die bisherigen Verfahrensregeln zu vereinfachen und sich selbst von Arbeit zu entlasten. In dem diesen Änderungen zugrunde liegenden Weißbuch „zur Modernisierung der Wettbewerbsregeln"[319] hat die Kommission die Auffassung vertreten, dass die stärkere wirtschaftliche Integration der Mitgliedstaaten im Rahmen der Wirtschafts- und Währungsunion, die geplante Erweiterung der EU und die zunehmende wirtschaftliche Globalisierung eine „Verstärkung" der bisherigen Politik im Bereich der Kartelle und des Missbrauchs einer marktbeherrschenden Stellung erfordern[320].

Die wesentliche Änderung des bisherigen Kartellverfahrensrechts durch die Verordnung (EG) Nr. 1/2003 besteht darin, dass das bisherige System der präventiven Administrativerlaubnis durch ein „System der gesetzlichen Ausnahme" ersetzt wird: Wettbewerbsbeschränkende Vereinbarungen iSd Art. 81 Abs. 1 EG, die gleichzeitig die Voraussetzungen des Art. 81 Abs. 3 EG erfüllen, sind ohne vorherige Anmeldung und Behördenentscheidung wirksam (Art. 1 Abs. 2 VO Nr. 1/2003). Darüber hinaus werden die Kompetenzen zwischen der Kommission und den mitgliedstaatlichen Wettbewerbsbehörden und Gerichten neu verteilt (Art. 5, 6, 15, 16 VO Nr. 1/2003) und die Wettbewerbsbehörden werden im Rahmen eines „Europäischen Wettbe-

---

[317] S.o. 1. Abschnitt B.I.

[318] ABl. EG 2003 Nr. L 1, S. 1ff.

[319] Weißbuch der Kommission von über die Modernisierung der Vorschriften zur Anwendung der Artikel 85 und 86 EG-Vertrag (jetzt Art. 81 und 82 EG), ABl. EG 1999 Nr. C 132, S. 1ff. Im Folgenden: „Weißbuch".

[320] „Weißbuch" der Kommission aaO. (vorige Fn.), S. 6f; XXIX. Bericht der Europäischen Kommission über die Wettbewerbspolitik 1999, S. 14ff; XXX. Bericht der Europäischen Kommission über die Wettbewerbspolitik 2000, S. 27ff.

werbsnetzes“[321] unmittelbar in die Anwendung der Wettbewerbsregeln des EG-Vertrags eingebunden (Art. 11 bis 13 VO Nr. 1/2003). Schließlich wird die nachträgliche Kontrolle von horizontalen Unternehmensvereinbarungen dadurch verstärkt, dass die Untersuchungsbefugnisse der Kommission sowie die Verfahrensregeln entsprechend geändert werden (Art. 17ff VO Nr. 1/2003)[322].

Die Vorschriften über die **Missbrauchsaufsicht** über marktbeherrschende Unternehmen werden von diesen Vorschlägen in materieller Hinsicht nicht berührt[323]. Im Hinblick auf die hier untersuchte Problematik ist diesen Regelungen daher (nur) zu entnehmen, dass das oben entwickelte Wettbewerbsleitbild der EG gegenüber Verhaltensweisen marktbeherrschender Unternehmen sowie die hierzu verfolgte Wettbewerbspolitik auch angesichts der grundsätzlich für erforderlich gehaltenen „Modernisierung“ der Wettbewerbsregeln weiterhin gelten. Die in Art. 5, 6 VO Nr. 1/2003 geregelte Zuständigkeitsaufteilung setzt konsequent die in Art. 4 Abs. 1 EG normierte Mitverantwortung der Mitgliedstaaten für die wettbewerbspolitischen Ziele der EU in die Praxis um, indem sie den nationalen Behörden und Gerichten die hierfür erforderlichen Befugnisse verleiht.

VII. Vertrag von Nizza (2001)[324]

Durch den Vertrag von Nizza vom 26.2.2001, der am 1.2.2003 in Kraft trat, wurden die Vorschriften über die Missbrauchsaufsicht über marktbeherrschende Unternehmen sowie über die wirtschafts- und wettbewerbspolitischen Vertragsziele der EG nicht geändert (Art. 2 des Vertrags von Nizza). Die bisher erkennbaren Tendenzen zu Wettbewerbsleitbild und –politik werden also durch diese Novellierung nicht beeinflusst.

---

[321] XXXII. Bericht der Europäischen Kommission über die Wettbewerbspolitik 2002, S. 19f.

[322] XXXII. Bericht der Europäischen Kommission über die Wettbewerbspolitik 2002, S. 18ff; *Koenigs* DB 2003, 755ff; *Weitbrecht* EuZW 2003, 69 ff. S. zur rechtlichen Würdigung der Vorschläge der Europäischen Kommission das 28. SonderGA der Monopolkommission „Kartellpolitische Wende in der Europäischen Union“ sowie die Stellungnahme der Bundesregierung zum Weißbuch, abrufbar unter http://www.monopolkommission.de/sg_28/bureg_d.htm; *Immenga* EuZW 1999, 609; *Mestmäcker* EuZW 1999, 523ff.

[323] XXXII. Bericht der Europäischen Kommission über die Wettbewerbspolitik 2002, S. 18.

[324] ABl. EG 2001 Nr. C 80, S. 1ff.

VIII. Ergebnis

1. Wettbewerbsleitbild

Bereits seit In-Kraft-Treten des EWGV 1958 orientiert sich die E(W)G am Leitbild des **„unverfälschten Wettbewerbs“** (Art. 3 Abs. 1g EG (früher: Art. 3f EWGV). Hierunter ist die gewerbliche Tätigkeit von Unternehmen in Ausübung ihrer Grundfreiheiten zu verstehen, die weder von Verhaltensweisen anderer Marktteilnehmer noch von mitgliedstaatlichen Maßnahmen beeinflusst wird. Die Normierung des Prinzips des **„freien Wettbewerbs“** in Art. 3a Abs. 1 EG-Vertrag (jetzt Art. 4 Abs. 1 EG) durch den EU-Vertrag stellt somit lediglich eine Klarstellung dar, die die individuelle Wettbewerbsfreiheit der Unternehmen betont (s. auch Art. 3 Abs. 1m iVm Art. 157 EG). Die übrigen Vorschriften des EG-Vertrages sind im Lichte dieser Regelungen auszulegen. Sofern daher ein marktbeherrschendes Unternehmen seine Macht iSd Art. 82 EG missbraucht, „verfälscht“ es den Wettbewerb und sein Verhalten wird nicht mehr vom Wettbewerbsbegriff des EG-Vertrag erfasst.

Abgesehen von der Fusionskontrolle räumt der EG-Vertrag marktbeherrschenden Unternehmen einen unternehmerischen Handlungsspielraum ein - das Bestehen einer marktbeherrschenden Stellung wird grundsätzlich unter Zugrundelegung der wissenschaftlichen Erkenntnisse von der **wettbewerblichen Dynamik** als wettbewerbseigen anerkannt und toleriert. Dieses Leitbild, das auf der chancengleichen Möglichkeit der Marktteilnehmer beruht, den Wettbewerbsvorsprung eines Konkurrenten einzuholen, liegt darüber hinaus dem Grundsatz der „offenen Marktwirtschaft“ zugrunde (Art. 4 Abs. 1, 98, 105 Abs. 1 S. 3, 154 Abs. 2 S. 1, 157 Abs. 1 S. 2 EG).

Für den „Wettbewerb“ iSd EG-Vertrages steht jedoch nicht die individuelle freie Betätigung der Marktteilnehmer im Mittelpunkt. Vielmehr ordnete bereits Art. 2 EWGV-1958 das in Art. 3f) EWGV-1958 normierte Wettbewerbsprinzip volkswirtschaftlichen Zielen unter. Das „System“ unverfälschten Wettbewerbs ist seitdem ein (wesentliches) Mittel, um die Vertragsziele der E(W)G und (seit In-Kraft-Treten des EU-Vertrages 1993) der EU zu erreichen (Art. 1 Abs. 3 S. 1, 2 EU). Wie das deutsche Kartellrecht betont daher auch der E(W)G-Vertrag aus marktergebnisorientierten Erwägungen heraus die Fähigkeit eines dynamischen Wettbewerbsprozesses, Unternehmen einerseits einen **Anreiz** zu vermitteln, durch gute Leistungen Wettbewerbsvorsprünge und eventuell eine marktbeherrschende Stellung zu erlangen, jedoch diese andererseits gleichzeitig dem **Druck** der nachfolgenden Unternehmen auszusetzen, ständig die eigene Leistung im Interesse der bestmöglichen Versorgung der Bevölkerung zu verbessern und so den eigenen Markterfolg zu sichern[325].

2. Wettbewerbspolitik

Der freie unternehmerische Wettbewerb spielt im Rahmen der EG eine wichtige Rolle, ein Gemeinsamer Markt wäre ohne eine grenzüberschreitende wettbewerbliche Tätigkeit der Unternehmen nicht denkbar. Dies bedeutet jedoch nicht, dass „Wettbewerb" iSd EG jede hoheitliche Lenkung ausschließt. Vielmehr deutet im Gegenteil bereits die o.g. Instrumentalisierung des Wettbewerbs für die Verwirklichung der Ziele der EG in Art. 2, 3 Abs. 1g) EG darauf hin, dass die hoheitliche Beeinträchtigung der individuellen unternehmerischen Freiheiten umso weniger dem EG-Wettbewerbsprinzip widerspricht, je eher hierdurch die Vertragsziele der EG und der EU verwirklicht werden sollen[326].

Die Wettbewerbspolitik der EG unterscheidet sich von den in der modernen Wettbewerbswissenschaft vertretenen Theorien, die die individuelle Freiheit der Unternehmen betonen, bereits grundlegend in folgendem Aspekt: Sie bejaht einen Kausalzusammenhang zwischen unternehmerischen Verhaltensweisen, einer bestimmten Marktstruktur und deren hoheitlicher Beeinflussbarkeit zur Erreichung der volkswirtschaftlichen Vertragsziele der Art. 2 EG, Art. 2 EU und weist dementsprechend der EG kartellaufsichtliche Marktsteuerungskompetenzen zu[327] (Art. 3 Abs. 1g iVm Art. 81ff EG). Am ehesten deutet Art. 81 Abs. 3 EG insoweit auf die wettbewerbswissenschaftlichen Erkenntnisse des **wirksamen Wettbewerbs** und der **dynamischen Wettbewerbsauffassung** hin, nach denen Unternehmenskooperationen auch

---

325 Vgl. auch die Empfehlung 2003/555/EG vom 26.6.2003, ABl. EG 2003 Nr. L 195, S. 1, 3ff; XV. Bericht der Kommission der Europäischen Gemeinschaften über die Wettbewerbspolitik 1985, S. 11f, 15f; XXII. Bericht der Kommission der Europäischen Gemeinschaften über die Wettbewerbspolitik 1992, S. 48; XXX. Bericht der Europäischen Kommission über die Wettbewerbspolitik 2000, S. 21. *Behrens* Jura 1989, 561, 572; *van der Esch* WuW 1988, 563; *Günther* WuW 1963, 191, 194; *Kreutz*, S. 93ff m.w.N.; *Markert* EuR 1970, 349, 352f m.w.N.; *Scherer* „Wirtschaftsverfassung", S. 138f m.w.N.; GTE-*Schröter* Vorbemerkung zu Art. 85 - 94 EGV, Rz. 14 m.w.N.; *Sutherland* WuW 1985, 669.

Vgl. zum deutschen Kartellrecht oben 1. Abschnitt A.VIII.1.

326 Vgl. auch Langen/Bunte-*Bunte* Einführung zum EG-Kartellrecht, Rz. 34ff m.w.N.; *von der Groeben* WuW 1961, 373, 380f m.w.N.; *ders.* WuW 1964, 1001, 1005; *Markert* EuR 1970, 349, 352f; *Müller-Graff* EuR 1997, 433, 444.

327 XXVII. Bericht der Europäischen Kommission über die Wettbewerbspolitik 1997, S. 37; XXVIII. Bericht der Europäischen Kommission über die Wettbewerbspolitik 1998, S. 31f; XXX. Bericht der Europäischen Kommission über die Wettbewerbspolitik 2000, S. 21; XXXI. Bericht der Europäischen Kommission über die Wettbewerbspolitik 2001, S. 19ff; XXXII. Bericht der Europäischen Kommission über die Wettbewerbspolitik 2002, S. 13ff.

positive Effekte haben können und daher nicht in jedem Fall rechtswidrig sind.

Der kartellaufsichtliche Einfluss und die Pflicht der E(W)G zur Kontrolle der Verhaltensweisen **marktbeherrschender Unternehmen** wurden bereits im EWGV-1958 niedergelegt. Zwar wurden durch die Schaffung von *per se*-Verboten in Art. 85, 86 E(W)GV Instrumente geschaffen, mit denen die Marktteilnehmer ihre Rechte auch selbst (insbesondere mit Hilfe der Kartellgerichte) gegen kartellrechtswidrig handelnde Unternehmen durchsetzen konnten, sodass sich der Markt insoweit selbst regulieren konnte. Wie jedoch die Schaffung (und Beibehaltung) spezieller interventionistischer Aufsichtsbefugnisse gegenüber marktbeherrschenden Unternehmen zeigt, misstraut die EG gerade gegenüber marktbeherrschenden Unternehmen der Selbstregulierungsfähigkeit des Marktes[328]. Als Beispiele sind hier Art. 82 EG iVm der KartellVO sowie die Vorschriften der Fusionskontrollverordnung zu nennen, nach denen das Entstehen oder Verstärken einer marktbeherrschenden Stellung mit dem Gemeinsamen Markt „unvereinbar" ist. Dieses Misstrauen gilt seit der Einführung des Binnenmarktkonzeptes und der entsprechenden Befugnisse der EG durch die EEA 1987 umso mehr gegenüber Maßnahmen der Mitgliedstaaten, die durch hoheitliche Regulierung einzelner Märkte die Unternehmen an der Ausübung ihrer Grundfreiheiten hindern, sodass kein grenzüberschreitender Wettbewerb in einem Gemeinsamen Markt entstehen kann. Bereits Art. 3f) EWGV-1958 sah daher die „**Letztverantwortung**" der EG für das „System unverfälschten Wettbewerbs" vor, lenkend in einen Markt eingreifen zu müssen, wenn die Verwirklichung der Vertragsziele gefährdet ist.

Der EU-Vertrag enthielt weitere interventionistische Aufgaben und Kompetenzen, um die wettbewerbliche Tätigkeit von Unternehmen zu fördern, und stellte die Verantwortung der EG (und der Mitgliedstaaten) für eine „**offene Marktwirtschaft mit freiem Wettbewerb**" klar (Art. 3 Abs. 1m iVm Art. 157 EG bzw. Art. 4 Abs. 1 EG). Die in Art. 3 Abs. 1g), Art. 4 Abs. 1 EG enthaltene Letztverantwortung der EG (und der Mitgliedstaaten) entspricht dem o.g. EG-Wettbewerbsleitbild, dass die individuelle Unternehmensfreiheit im Wettbewerb durch das Interesse an der Verwirklichung der Vertragsziele der EG eingeschränkt wird[329].

---

[328] Vgl. den XXII. Bericht der Kommission der Europäischen Gemeinschaften über die Wettbewerbspolitik 1992, S. 19; XXIV. Bericht der Europäischen Kommission über die Wettbewerbspolitik 1994, S. 20; XXVI. Bericht der Europäischen Kommission über die Wettbewerbspolitik 1996, S. 36; XXVII. Bericht der Europäischen Kommission über die Wettbewerbspolitik 1997, S. 37; XXVIII. Bericht der Europäischen Kommission über die Wettbewerbspolitik 1998, S. 31f.

[329] In der Literatur wird überwiegend betont, dass sich die Wettbewerbsordnung der EG seit In-Kraft-Treten des EU-Vertrages grundsätzlich an der Selbstregulierungsfähigkeit des Wettbewerbs

Hinsichtlich der Wettbewerbspolitik der EG und den ihr hierzu eingeräumten Kompetenzen folgt hieraus nicht nur, dass ihre Organe zur Verwirklichung der Vertragsziele in die individuelle Freiheit eines marktbeherrschenden Unternehmens eingreifen dürfen. Vielmehr sind die EG-Organe hierüber hinaus sogar gemäß der in Art. 3 Abs. 1g), Art. 4 Abs. 1 EG niedergelegten Grundsätze *verpflichtet*, die in den EG-Vertragszielen angelegte dynamische Intensivierung des Zusammenschlusses der EG-Mitgliedstaaten zur Errichtung eines Gemeinsamen Marktes aktiv voranzutreiben[330]. Art. 81ff iVm Art. 3 Abs. 1g) EG gestatten der EG daher von vornherein auch solche interventionistischen Maßnahmen, die die mitgliedstaatlichen **Marktstrukturen** umgestalten und für den grenzüberschreitenden Wettbewerb öffnen,

---

ausrichtet; die hier genannten Besonderheiten hinsichtlich marktbeherrschender Unternehmen bzw. die „wettbewerbliche Letztverantwortung" der EG und der Mitgliedstaaten werden insoweit nicht berücksichtigt: *Basedow* „Wirtschaftsverfassung", S. 27f; Langen/Bunte-*Bunte* Einführung zum EG-Kartellrecht, Rz. 34ff, 39; *Dreher* WuW 1998, 656, 658f; *Ehlermann* „Wettbewerbspolitik", S. 2ff, 50; GTE-*vEstorff/Molitor* zu Art. 3a EGV, Rz. 19 jeweils m.w.N.; Dauses-*Müller-Graff* A.I, Rz. 124; *Schmidt* WuW 1999, 133, 135ff; *Scholz/Langer*, S. 30ff; GTE-*Schröter* Vorbemerkung zu Art. 85 - 94 EGV, Rz. 13 jeweils m.w.N.

Differenzierend zugunsten interventionistischer Lenkungseingriffe zur Erreichung der Vertragsziele der EG demgegenüber das (erste) Programm des Rates für die mittelfristige Wirtschaftspolitik (1966 - 1970), ABl. EG 1967, S. 1513, 1521, 1543; Empfehlung 2003/555/EG vom 26.6.2003, ABl. EG 2003 Nr. L 195, S. 1, 3ff; 8. HauptGA der Monopolkommission 1988/89, BT-Drs. 11/7582, Tz. 1171, 1175 m.w.N.; BKartA in seinem Arbeitspapier zu der Tagung des Arbeitskreises Kartellrecht im Oktober 1994, S. 3f; *Badura* EuR 2000, Beiheft 1, 45, 51ff; *Becker-Çelik* EWS 1997, 334, 339f; *Behrens* Jura 1989, 561, 562, 571f; *von der Groeben* WuW 1961, 373, 375ff, 380f m.w.N.; *ders.* WuW 1964, 1001, 1004f, 1017f; *Günther* WuW 1963, 191, 194; *Ipsen*, Rz. 28/30f, S. 566f, sowie Rz. 31/2, 4, S. 607ff jeweils m.w.N.; *Kreutz*, S. 31ff, 100 m.w.N.; *Markert* EuR 1970, 349, 354, 362; *Mestmäcker* in: FS von der Groeben, S. 9, 13f; *van Miert* WuW 1995, 553; *ders.* „EU-Regierungskonferenz", S. 17, 23; *Müller-Graff* EuR 1997, 433, 441f, 444, 457 m.w.N.; *Oppermann* in: Müller-Graff/Zuleeg, S. 53, 56, 61f, 69f m.w.N. („gemischte Wirtschaftsverfassung"); *ders.*, Rz. 929, 931f m.w.N., 1030; *Roth* EuR-Beiheft 1-1994, 45, 49; *Scherer* „Wirtschaftsverfassung", S. 154f, 184ff, 193, 199ff m.z.N.; *Schlieder/Schröter* in: Cox/Jens/Markert, S. 485, 487; *Schröter* „Schwerpunkte", S. 69f; *Sutherland* WuW 1985, 669f; *VerLoren van Themaat* in: FS von der Groeben, S. 425, 431, 435ff, 439ff m.w.N.; *Willimsky* ECLR 1997, 54, 55 m.w.N.; vgl. auch *Immenga* EuZW 1994, 14, 16f; *Möschel* in: FS Nirk, S. 707, 711; *Vollmer* DB 1993, 25, 27ff m.w.N.; *ders.* in: FS Schmidt, S. 289, 294f.

[330] XV. Bericht der Kommission der Europäischen Gemeinschaften über die Wettbewerbspolitik 1986, S. 11, 15; XVII. Bericht der Kommission der Europäischen Gemeinschaften über die Wettbewerbspolitik 1988, S. 13f; XXII. Bericht der Kommission der Europäischen Gemeinschaften über die Wettbewerbspolitik 1992, S. 20; XXIII. Bericht der Europäischen Kommission über die Wettbewerbspolitik 1993, S. 23ff, 27f; XXVIII. Bericht der Europäischen Kommission über die Wettbewerbspolitik 1998, S. 13, 28. Vgl. auch *Günther* WuW 1963, 191, 194; *van Miert* WuW 1995, 553, 554; *Müller-Graff* EuR 1997, 433, 444, 457 m.w.N.; *Schröter* „Schwerpunkte", S. 69, 70; *Willimsky* ECLR 1997, 54, 55 m.w.N. Vgl. auch GTE-*vEstorff/Molitor* zu Art. 3a EGV, Rz. 19; *Vollmer* DB 1993, 25, 28; *ders.* in: FS Schmidt, S. 289, 294f m.w.N. Vgl. auch die Einschätzung des durch die EEA eingefügten Binnenmarktprinzips von *Mestmäcker* „Wirtschaftsverfassung", S. 12.

indem sie mitgliedstaatliche oder unternehmensbedingte Marktschranken abbauen[331].

Diese Auslegung der Art. 3 Abs. 1g), 4 Abs. 1 EG ist u.a. bei der Missbrauchsaufsicht gemäß Art. 82 EG gegenüber marktbeherrschenden Unternehmen zu beachten, damit diese ihre „nützliche Wirkung" (*effet utile*) auf die Verwirklichung der Ziele des EG-Vertrages entfalten kann. Wenn daher ein Monopolunternehmen das Entstehen von Wettbewerb durch neue Marktteilnehmer verhindert und das Vertragsziel der offenen Marktwirtschaft gefährdet, kann die EG gemäß Art. 3 Abs. 1g) iVm Art. 82 EG auch solche Maßnahmen ergreifen, die die bisherige Marktstruktur verändern, sodass neben dem ehemaligen Monopolisten auch weitere Unternehmen auf der gleichen Marktseite (Konkurrenten) tätig werden können. Da in diesen Fällen die Selbstregulierungskräfte des Marktes versagen, nimmt die EG insoweit „lediglich" die ihr in Art. 3 Abs. 1g), Art. 4 Abs. 1 EG übertragene Letztverantwortung für das EG-Wettbewerbssystem wahr, um die EG-Vertragsziele zu verwirklichen[332].

Derartige marktstrukturkontrollierende Maßnahmen sind daher von den Kompetenzen der EG gedeckt, solange sie die Wortlautgrenze des Art. 82 EG einhalten und an ein missbräuchliches *Verhalten* eines marktbeherrschenden Unternehmens anknüpfen. Eine solche Verhaltensweise kann beispielsweise darin bestehen, dass der Marktbeherrscher durch seine Weigerung, bestimmte Güter zu überlassen, den Markteintritt von Konkurrenten verhindert und den offenzuhaltenden Markt „verschließt" bzw. abschottet. Die kartellaufsichtliche Verhaltenskontrolle darf in diesem Fall gemäß Art. 3 Abs. 1g), Art. 4 Abs. 1 EG marktstrukturorientierte Belange berücksichtigen, indem sie beispielsweise die Voraussetzungen für freien Wettbewerb mit offenen Märkten schafft und auf diese Weise die Vertragsziele der Art. 2 EG,

---

[331] Vgl. auch EuGH, 13.7.1966, verb. Rs. 56 u. 58/64, Slg. 1966, 321, 388 (Consten und Grundig); EuGH, 21.2.1973, Rs. 6/72, Slg. 1973, 215, 244ff (Continental Can). Vgl. auch *Bleckmann* DVBl. 1992, 335, 340f; *von der Groeben* WuW 1961, 373, 378; *Ipsen*, Rz. 31/1, 2, 4, S. 606ff; Grabitz/Hilf-*Jung* zu Art. 82 EGV, Rz. 8, 10; *Koenigs* „Schwerpunkte 1986/87", S. 69, 70; *Mestmäcker* „Europäisches Wettbewerbsrecht", S. 49, 362, 414f m.w.N.; *ders.* „Wirtschaftsverfassung", S. 9, 19ff; *van Miert* WuW 1995, 553, 554; *Schlieder/Schröter* in: Cox/Jens/Markert, S. 485, 489 m.w.N.; *Schröter* „Schwerpunkte", S. 69, 70. GTE-*Schröter* Vorbemerkung zu Art. 85 - 94 EGV, Rz. 19, 32. Vgl. auch *Everling* WuW 1990, 995, 1000, 1003 m.z.N. aus der Rspr. des EuGH.

[332] Vgl. zu der Pflicht der EG, die Wettbewerbsverhältnisse zu lenken, wenn die Selbstregulierungskräfte des Marktes versagen, auch das 8. HauptGA der Monopolkommission 1988/89, BT-Drs. 11/7582, Tz. 1171 m.w.N.; *Badura* EuR 2000, Beiheft 1, 45, 51; *von der Groeben* WuW 1961, 373, 380f m.w.N.; *van Miert* WuW 1995, 553f; *Müller-Graff* EuR 1997, 433, 441f, 444 m.w.N.; *Roth* EuR-Beiheft 1-1994, 45, 49; *Schröter* „Schwerpunkte", S. 69, 70f; *Sutherland* WuW 1985, 669f.

Art. 2 EU verwirklicht[333]. Der EuGH hatte (im Falle des Zusammenschlusses von Unternehmen) bereits 1973 entschieden, dass verhaltenskontrollierende Maßnahmen gegenüber marktbeherrschenden Unternehmen wegen der in Art. 3f) EWGV (jetzt: Art. 3 Abs. 1g EG) genannten Ziele auch marktstrukturorientierte Ziele verfolgen dürfen. Ein Prinzip der EG-Wettbewerbspolitik ist dies spätestens seit In-Kraft-Treten der Fusionskontrollverordnung 1990, die erstmals ausdrücklich konkrete Maßnahmen der EG-Kartellaufsicht gegen das Entstehen einer marktbeherrschenden Stellung im Wege der Fusion enthielt.

Sowohl das hier aufgezeigte Wettbewerbsleitbild der EG als auch die zu verfolgende Wettbewerbspolitik sind gleichermaßen für die **Mitgliedstaaten** verbindlich. Diese haben sich bereits bei der Gründung der EWG 1958 dazu verpflichtet, ihre Wirtschaftspolitiken „schrittweise“ aneinander anzunähern (Art. 2 EWGV-1958). Weitere gegenseitige Bindungen und wirtschaftspolitische Koordinationspflichten erfolgten durch die EEA (s. nur Art. 102a EWGV-1987). Der EG-Vertrag gestattet darüber hinaus dem Rat der Europäischen Union nicht nur, gemäß Art. 99 Abs. 2, Abs. 1 iVm Art. 98 EG Empfehlungen zu den „Grundzügen“ der mitgliedstaatlichen Wirtschaftspolitiken abzugeben. Vielmehr sind die Mitgliedstaaten gemäß Art. 4 Abs. 1, 99 Abs. 1 iVm Art. 98 EG in konsequenter Intensivierung des dynamischen gegenseitigen Integrationsprozesses in die EU ausdrücklich zu einer gemeinschaftsrechtskonformen Politik der offenen Marktwirtschaft mit freiem Wettbewerb verpflichtet. Den Mitgliedstaaten wurde auf diese Weise in dem gleichen Umfang wie der EG die Letztverantwortung für die Verwirklichung der EG-Vertragsziele übertragen. Die in Art. 5, 6 VO Nr. 1/2003 geregelte neue Aufgabenverteilung zur Anwendung des EG-Wettbewerbsrechts erweitert die insoweit erforderlichen Befugnisse der mitgliedstaatlichen Behörden und Gerichte. Auch die Mitgliedstaaten müssen daher die teleologische Auslegung des Art. 4 Abs. 1 EG beachten, nach der auch marktstrukturorientierte Verhaltenskontrollen gegenüber marktbeherrschenden Unternehmen vorzunehmen sind, die dem Grundsatz einer offenen Marktwirtschaft zuwiderhandeln. Die Bundesrepublik Deutschland ist an ihre völkerrechtlichen Pflichten aus dem EG-Vertrag verfassungsrechtlich gemäß Art. 59 Abs. 2 S. 1, Art. 23 Abs. 1 S. 1 GG gebunden und muss ihre Wettbewerbspolitik gemeinschaftsrechtskonform gestalten.

Auch durch den z.Zt. diskutierten Vertrag über eine **Verfassung für Europa** sollen die Vorschriften über die Missbrauchsaufsicht und das Vertragsziel der „offenen Marktwirtschaft mit freiem Wettbewerb“ nicht geändert

---

[333] *Bleckmann* DVBl. 1992, 335, 340f; vgl. auch XXVII. Bericht der Europäischen Kommission über die Wettbewerbspolitik 1997, S. 37f; *Vollmer* in: FS Schmidt, S. 289, 294f m.w.N.; *Willimsky* ECLR 1997, 54, 55 m.w.N.

werden[334]. Die hier gezogenen Schlussfolgerungen sind daher auch zukünftig für die Missbrauchsaufsicht über marktbeherrschende Unternehmen maßgeblich.

C. Ergebnis und erste Schlussfolgerungen

Für die Auslegung des deutschen und gemeinschaftlichen Kartellrechts ist nur das Wettbewerbsleitbild sowie die zu dessen Verwirklichung zu verfolgende Wettbewerbspolitik rechtlich bindend, die in den jeweiligen Vorschriften bzw. der Gesamtkonzeption beider Kartellrechtsordnungen zum Ausdruck kommen.

I. Wettbewerbsleitbild

GWB und EG-Vertrag lassen sich insoweit nicht eindeutig einer der in der Wissenschaft vertretenen Theorien zuordnen:

Das **GWB** folgt einem Wettbewerbsleitbild, das am ehesten den Erkenntnissen der in der Wissenschaft vertretenen **wettbewerblichen Dynamik** entspricht: „Wettbewerb" besteht aus dem Vorstoß einzelner („Pionier-") Unternehmen, deren Wettbewerbsvorsprung von nachfolgenden Konkurrenten chancengleich eingeholt werden kann - umgekehrt besteht kein Wettbewerb mehr, wenn die Pioniere ihren Vorsprung und die hierdurch entstandene Macht auf Dauer verteidigen können. Das Gleiche gilt für den im **EG-Vertrag** als „unverfälscht" (Art. 3 Abs. 1g EG) bzw. „frei" (Art. 4 Abs. 1 EG) bezeichneten Wettbewerb.

Sowohl die deutsche als auch die gemeinschaftliche Wettbewerbsordnung lassen sich daher durch den Grundsatz der **Offenheit der Märkte** charakterisieren (vgl. Art. 4 Abs. 1 EG), in denen Unternehmen nicht nur die Möglichkeit haben, erfolgreich als Pioniere vorzustoßen, sondern auch die Chance, vorgestoßenen Pionieren nachzufolgen. Dieses Leitbild umfasst daher auch die Marktzutrittsmöglichkeiten neuer Marktteilnehmer. Sofern ein Markt in diesem Sinne offen ist, reguliert sich der Wettbewerb selbst, indem vorgestoßene marktbeherrschende „Pioniere" von ihren Konkurrenten eingeholt und ggf. überholt werden können.

Die **Verbote missbräuchlicher Verhaltensweisen** marktbeherrschender Unternehmen (§ 20 Abs. 1 GWB, Art. 82 EG) spiegeln dasselbe Wettbewerbsleitbild wider: Zwar unterstehen marktbeherrschende Unternehmen

[334] Art. III-51 bzw. Art. III-69 Abs. 1 iVm Art. I-3 Abs. 3, Art. III-77 Abs. 1 des Entwurfs eines Vertrags über eine Verfassung für Europa vom 18.7.2003, ABl. EG 2003 Nr. C 169, S. 1, 9, 36, 39, 42.

anderen Verhaltensanforderungen als Unternehmen ohne Marktmacht[335]. Allein jedoch die abstrakte Gefahr für „den" Wettbewerb, die von einem marktbeherrschenden Unternehmen ausgeht[336], führt - abgesehen von der Fusionskontrolle - nicht zur Kartellrechtswidrigkeit dieses Unternehmens. Die Missbrauchsverbote betreffen nämlich nicht schon das *Bestehen* von Marktmacht, vielmehr greift die hoheitliche Aufsicht erst bei bestimmten missbräuchlichen *Verhaltensweisen* ein. Durch die Missbrauchsaufsicht wird also grundsätzlich nur eine Verhaltens-, jedoch keine Kontrolle der Marktstrukturen durchgeführt, um marktbeherrschende Stellungen zu verhindern oder zu verringern[337].

Das Entstehen einer marktbeherrschenden Stellung, die sich aufgrund des Vorstoßes einzelner Pioniere entwickeln kann, ist daher im GWB und EG-Vertrag als einem dynamischen Wettbewerbsprozess wesenseigen anerkannt. Die Marktmacht einzelner Unternehmen und die allein hieraus unmittelbar resultierenden „Nachteile" der anderen Marktteilnehmer (geringere Marktanteile, höhere Kosten mangels entsprechender Größenvorteile etc.) sind dementsprechend so lange anzuerkennen, wie sie nicht von Dauer sind, sondern von chancengleich nachfolgenden Konkurrenten „eingeholt" werden

---

[335] Vgl. auch das BKartA in seinem Arbeitspapier zu der Tagung des Arbeitskreises Kartellrecht im Oktober 1994, S. 2; EuG, 17.7.1998, Rs. T-111/96, Slg. 1998 II 2937, 2987 (ITT Promedia NV/Kommission) m.w.N.

[336] *Günther* WuW 1957, 677, 683; Grabitz/Hilf-*Jung* zu Art. 82 EGV, Rz. 6; *Kartte* „Neues Leitbild", S. 11f; *Mestmäcker* „Europäisches Wettbewerbsrecht", S. 349; *Scherer* WRP 1996, 174, 180. Vgl. auch den XXII. Bericht der Kommission der Europäischen Gemeinschaften über die Wettbewerbspolitik 1992, S. 19; XXIV. Bericht der Europäischen Kommission über die Wettbewerbspolitik 1994, S. 20; XXVI. Bericht der Europäischen Kommission über die Wettbewerbspolitik 1996, S. 36; XXVII. Bericht der Europäischen Kommission über die Wettbewerbspolitik 1997, S. 37; XXVIII. Bericht der Europäischen Kommission über die Wettbewerbspolitik 1998, S. 31f; Bericht der Deregulierungskommission, S. 3; Bundeswirtschaftsminister L. Erhard, Stenographische Berichte des 1. Deutschen Bundestages, 220. Sitzung vom 26.6.1952, S. 9749 B, C; 1. SonderGA der Monopolkommission „Missbrauchsaufsicht", Tz. 19, 22. Vgl. insbesondere zur deutschen Rechtsauffassung bei Erlass des GWB bereits oben 1. Abschnitt A.I.1 sowie zur gemeinschaftlichen Auffassung oben 1. Abschnitt B.I.1.

[337] Vgl. zu § 20 Abs. 1 GWB (bzw. § 26 Abs. 2 GWB a.F.) nur die RegBegr. zum Entwurf eines GWB, BT-Drs. II/1158, S. 27, 39, 43; RegBegr. zum Entwurf der 5. GWB-Novelle, BT-Drs. 11/4610, S. 10, 16; den Bericht der Bundesregierung über Änderungen des Gesetzes gegen Wettbewerbsbeschränkungen vom 22.8.1962, BT-Drs. IV/617, S. 59f, 67; das 1. SonderGA der Monopolkommission „Missbrauchsaufsicht", Tz. 18; *Grabitz* ZHR 149 (1985) 263, 267, 270 m.w.N.; *Günther* WuW 1957, 677, 684f; *Klaue* BB 1993, 740; *Meyer-Cording* WuW 1962, 461, 470; *Säcker* BB 1967, 681, 682 m.w.N.; *Scherer* WRP 1996, 174, 179; *Scholz* „Konzentrationskontrolle", S. 63f; *ders.* „Entflechtung", S. 103f, 111f; *ders.* „Wirtschaftsaufsicht", S. 174; *Schmidt-Preuß* RdE 1996, 1, 2f; *Stewing*, S. 85. Vgl. zu Art. 82 EG nur *von der Groeben* WuW 1961, 373, 388; *Kreutz*, S. 41, 48; *Mestmäcker* „Europäisches Wettbewerbsrecht", S. 348f, 351; *Säcker* aaO.; *Scherer* „Wirtschaftsverfassung", S. 140f m.w.N.

können. In diesen Grenzen wird daher (auch) marktbeherrschenden Unternehmen ein individueller Handlungsspielraum zuerkannt, sie unterstehen lediglich einer Verhaltenskontrolle im Einzelfall. Hieraus folgt im Gegenschluss, dass Unternehmen, die ihre Marktmacht nicht durch „eigene Leistung", also im wettbewerblichen Vorstoß im oben umschriebenen Sinne erworben haben, sondern aufgrund hoheitlicher Gewährung ausschließlicher Rechte (z.B. bis zur jeweiligen Liberalisierung dieser Bereiche in der Telekommunikation, Post oder Energieversorgung), von vornherein ein geringerer unternehmerischer Spielraum zuzuerkennen ist.

Sowohl im GWB als auch im EG-Vertrag ist der den Marktteilnehmern zuerkannte wettbewerbliche Verhaltensspielraum kein Selbstzweck, sondern erfüllt hierüber hinaus bereits seit In-Kraft-Treten beider Rechtsordnungen bestimmte volkswirtschaftliche Funktionen, in erster Linie die optimale Versorgung der Bevölkerung mit Gütern (Art. 2 EG). Diese Ziele sollen durch den **Anreiz** und den **Druck** verwirklicht werden, die im o.g. dynamischen Wettbewerbsprozess bestehen: Dadurch, dass marktbeherrschende Stellungen und die Wettbewerbsvorteile, die diese dem jeweiligen Unternehmen vermitteln, grundsätzlich anerkannt werden, besteht für die Marktteilnehmer der **Anreiz**, ihre Konkurrenten durch eine (bzgl. Qualität und Preis) möglichst „gute" Leistung zu übertreffen. Solange die Konkurrenten die Möglichkeit haben, durch eine „bessere" Leistung den Marktbeherrscher einzuholen, stehen auch marktbeherrschende Unternehmen weiterhin unter dem **Druck**, gute (oder sogar „noch bessere") Leistungen anzubieten und sich nicht auf ihren „Monopolrenten auszuruhen".

Hieraus lassen sich ebenfalls Rückschlüsse auf die kartellrechtliche Beurteilung solcher Unternehmen ziehen, deren Marktmacht durch die Gewährung ausschließlicher Rechte „abgesichert" ist. Der o.g. Druck, von nachfolgenden Konkurrenten überholt zu werden, besteht für solche Unternehmen nicht. Die Auswirkung der Verhaltensweisen dieser Unternehmen auf die Wettbewerbsverhältnisse ist von vornherein eher als wettbewerbs- und daher kartellrechtswidrig zu beurteilen, da sie den Vorsprung vor ihren Konkurrenten nicht „im Wettbewerb" erworben haben.

Die Gewährleistung der wettbewerblichen Dynamik im deutschen und gemeinschaftlichen Kartellrecht ordnet die individuelle Freiheit der Marktteilnehmer den volkswirtschaftlichen Funktionen des Wettbewerbs unter. Dieses Rangverhältnis verdeutlicht, dass Eingriffe in die unternehmerische Handlungsfreiheit einzelner Unternehmen, die der Verwirklichung der o.g. heteronomen Wettbewerbsfunktionen dienen, grundsätzlich nicht dem zugrunde liegenden Wettbewerbsleitbild widersprechen. Die grundsätzliche Anerkennung von Marktmacht einerseits sowie die hoheitliche Verhaltenskorrektur gegenüber marktbeherrschenden Unternehmen andererseits stellen also keine einander entgegengesetzten Leitbilder dar. Der Anreiz für die Marktteilnehmer, Wettbewerbsvorsprünge zu erhalten und marktmächtig zu werden, steht nämlich von vornherein unter dem Vorbehalt, dass anderen Unternehmen die gleichen Chancen zustehen und auch erhalten bleiben[338]. Anderenfalls stünden marktbeherrschende Unternehmen nämlich nicht mehr unter dem Druck ihrer Konkurrenten, weiterhin ihre Leistung zu verbessern. Demgegenüber geht trotz staatlicher Missbrauchsaufsicht über marktbeherrschende Unternehmen der Anreiz, „besser" zu sein und ggf. marktbeherrschend zu werden, nicht verloren, weil nur solche Verhaltensweisen verboten sind, die die wettbewerbliche Dynamik beeinträchtigen. Die hoheitliche Verhaltenskontrolle bleibt daher sowohl zeitlich als auch von der Eingriffstiefe her darauf beschränkt, dass (wieder) chancengleicher Wettbewerb unter den Marktteilnehmern möglich ist.

II. Wettbewerbspolitik

In wettbewerbspolitischer Hinsicht kommt sowohl im GWB als auch im EG-Vertrag das wachsende Vertrauen auf die Selbstregulierungskräfte des Marktes zum Ausdruck. So zieht sich die hoheitliche Kartellaufsicht insbesondere in den bisherigen wettbewerblichen Ausnahmebereichen grundsätzlich aus der Marktregulierung zurück und beschränkt sich auf das bei den aktuellen Marktverhältnissen erforderliche Maß, um Anreiz und Druck wettbewerblicher Prozesse im Interesse der bestmöglichen Versorgung der Bevölkerung zu gewährleisten. Die Kartellaufsicht über marktbeherrschende Unternehmen wird so weit und so lange ausgeübt, wie es einem (ehemaligen) Monopolunternehmen angesichts des Versagens der Selbstregulierungskräfte des Marktes und mangels Konkurrenzdrucks möglich ist, seine Marktmacht dauerhaft zu verteidigen und die Dynamik des Wettbewerbsprozesses zu beeinträchtigen[339]. Auch wenn also ein Unternehmen eine marktbeherrschende

---

[338] Vgl. *Böhm* WuW 1956, 173, 180; *Brugger* WuW 1959, 467, 471; Bericht der Deregulierungskommission, S. 1, 5. Vgl. auch *Klimisch/Lange* WuW 1998, 15, 18; *Schmidt* „Wettbewerbspolitik", S. 117ff.

[339] Die a.A. zum Missbrauchsverbot berücksichtigt die hier aufgezeigte historische Entwicklung des GWB sowie die hieraus und aus seiner Gesamtkonzeption zu entnehmenden rechtlich bindenden Vorgaben für die Rechtmäßigkeit hoheitlicher Missbrauchskontrollen nicht (vgl. *Eckert* RdE 1992, 56, 62f; *Klaue* BB 1992, 1937, 1938; *ders.* BB 1993, 740ff; *ders.* RdE 1996, 51, 57; *Langer* et 1994, 158, 162; zweifelnd auch *Stewing* BB 1995, 1968, 1971 m.w.N.). Wie hier: RegBegr. zum Entwurf der 6. GWB-Novelle, BT-Drs. 13/9720, S. 35f, 37, sowie die Stellungnahme des Bundesrates zu diesem Entwurf, ebenda, S. 71, 73f; Monopolkommission in ihrem 1. SonderGA „Missbrauchsaufsicht", Tz. 4, vgl. auch die konkreten Vorschläge der Monopolkommission für die Verbesserung der Missbrauchsaufsicht zur Erhöhung der „Funktionsfähigkeit der Märkte" u.a. bei Marktzutrittsschranken in Tz. 71ff; *Bartling* WuW 1993, 16, 23ff; *ders.* in: FS Schmidt, S. 17,

Stellung erwerben und grundsätzlich frei ausüben kann, wird sein Verhalten dennoch hoheitlich in einem als kartellrechtmäßig beurteilten Sinne gelenkt.

Bereits die Schaffung spezieller Vorschriften gegen Verhaltensweisen marktbeherrschender Unternehmen, die seit In-Kraft-Treten des GWB bzw. des EG-Vertrags materiell kaum verändert worden sind, verdeutlicht in diesem Zusammenhang zweierlei: Zum Ersten nehmen beide Kartellrechtsordnungen einen hoheitlich beeinflussbaren Kausalzusammenhang zwischen einem (missbräuchlichen) Marktverhalten, einer (z.B. monopolistischen) Marktstruktur und bestimmten unerwünschten Marktergebnissen an; zum Zweiten vertrauen sie gegenüber marktbeherrschenden Unternehmen nicht ausschließlich auf die Selbstregulierungskräfte des Marktes. Die kartellaufsichtliche Steuerung der Marktverhältnisse wird daher nicht nur für möglich, sondern auch für erforderlich (und demzufolge rechtmäßig) erachtet.

Aus dem EG-Vertrag lässt sich diesbezüglich eine noch strengere Auffassung ablesen: Bereits im EWGV-1958 wurde den Organen der E(W)G gemäß Art. 3f) iVm Art. 85ff EWGV-1958 die Letztverantwortung für das „System" unverfälschten Wettbewerbs übertragen. Diese Verantwortung wurde seit In-Kraft-Treten des EU-Vertrages 1993 ausdrücklich als Pflicht, eine offene Marktwirtschaft mit freiem Wettbewerb einzuführen, konkretisiert und gemäß Art. 4 Abs. 1 EG neben den Organen der EG zusätzlich den Mitgliedstaaten auferlegt. Die Einfügung des Binnenmarktkonzepts, grundsätzlich jedoch bereits die im EWGV-1958 normierten Grundfreiheiten, drücken ein noch größeres Misstrauen gegenüber der Selbstregulierungsfähigkeit der Märkte bei *mitgliedstaatlichen* Maßnahmen aus, die Unternehmen durch die hoheitliche Regulierung von Märkten an der Ausübung ihrer Grundfreiheiten im grenzüberschreitenden Wettbewerb hindern.

Vor diesem Hintergrund dienen sämtliche der im GWB bzw. EG-Vertrag vorgesehenen kartellaufsichtlichen Eingriffe gegenüber marktbeherrschenden Unternehmen der Erhaltung der **Dynamik der Wettbewerbsprozesse**, die von Marktbeherrschern beeinträchtigt wird, wenn sie (eventuell „mit Hilfe" entsprechender mitgliedstaatlicher Vorschriften, insbesondere ausschließlich gewährter Rechte) Marktzutrittsschranken errichten, mit denen sie ihre Marktmacht auf Dauer erfolgreich gegen die versagenden Selbstregulierungskräfte des Marktes verteidigen[340].

19, 21ff, 24f (bei bedeutsamen Marktzutrittsschranken insbesondere monopolistischer Märkte) m.w.N.; *Ekkenga/Hopf* BB 1991, 1134, 1138; *Günther* WuW 1957, 677, 684f, 689; *ders.* WuW 1958, 379, 387, 389f; *Hansen* WuW 1989, 376, 377ff, 383; *Huber* DÖV 1956, 200, 205ff m.w.N.; *Jens* „Wettbewerbspolitik", S. 49f; *Mestmäcker* in: FS Steindorff, S. 1045f; *Schlecht* WuW 1997, 565f, 569, 571f m.w.N.

[340] Vgl. zur Wettbewerbspolitik der EG den XXVII. Bericht der Europäischen Kommission über die Wettbewerbspolitik 1997, S. 37f; XXVIII. Bericht der Europäischen Kommission über die

Kartellaufsichtliche Maßnahmen, die in solchen Fällen den Wettbewerbsprozess zu Lasten eines marktbeherrschenden Unternehmens in eine bestimmte Richtung lenken und konkurrierenden Unternehmen die Möglichkeit verschaffen, den Marktbeherrscher in einem dynamischen Wettbewerbsprozess einzuholen, haben stets einen **marktstrukturverändernden Effekt**. Eine Veränderung der Marktstruktur tritt nämlich spätestens dann ein, wenn die Konkurrenten erfolgreich waren und die Macht des bisherigen Marktbeherrschers geschwächt oder sogar „überholt" haben. Ein insoweit vergleichsweise deutliches Beispiel stellt die Beseitigung der von einem Monopolisten errichteten Marktzutrittsschranken im Wege eines kartellaufsichtlichen Kontrahierungszwangs dar, durch den ein Markt erstmals für einen Konkurrenten geöffnet wird. Da dem Monopolisten jedes Verhalten verboten ist, mit dem er dynamischen Wettbewerb durch Newcomer-Konkurrenten verhindern und seine Monopolstellung „verewigen" kann, kommt die kartellaufsichtliche Verhaltenskontrolle in diesen Fällen im Ergebnis einer Veränderung der („verkrusteten") Marktstrukturen gleich. Weder die deutsche noch die gemeinschaftliche Kartellaufsicht überschreiten daher ihre grundsätzlich auf eine Verhaltenskontrolle beschränkten Kompetenzen, wenn ihre Missbrauchskontrolle im Falle eines solchen Marktversagens eine Umgestaltung der **Marktstrukturen** bewirkt, indem der Markt für neue (konkurrierende) Marktteilnehmer geöffnet wird[341].

Die an wettbewerblichen Marktstrukturen ausgerichtete EG-Wettbewerbspolitik, die gemäß Art. 4 Abs. 1 EG auch für die Mitgliedstaaten verbindlich ist, kommt insbesondere in den Vertragszielen der EG sowie in den Änderungen durch den EU-Vertrag 1993 zum Ausdruck: Die gemeinschaftliche Wettbewerbspolitik ist aufgrund der (auch von den Mitgliedstaaten) erstrebten dynamischen Entwicklung der EG und der wachsenden Integration der Mitgliedstaaten in einen Gemeinsamen Markt von vornherein auf eine Kor-

---

Wettbewerbspolitik 1998, S. 31f. Vgl. auch die Rechtsprechungsanalyse von Generalanwalt Jacobs in seinen Schlussanträgen zu Rs. C-7/97, Slg. 1998, 7794, 7803ff (Bronner).

[341] Hoheitliche Lenkungseingriffe im Falle des Marktversagens befürwortet auch die Monopolkommission in ihrem 8. HauptGA 1988/89, BT-Drs. 11/7582, Tz. 1171 m.w.N. (zur gemeinschaftlichen Rechtslage) sowie in ihrem 1. SonderGA „Missbrauchsaufsicht", Tz. 4; *von der Groeben* WuW 1961, 373, 380f m.w.N. (zur gemeinschaftlichen Rechtslage); *Huber* DÖV 1956, 200, 205f m.w.N.; *Mailänder* in: FS Schmidt, S. 271; *Mestmäcker* „Europäisches Wettbewerbsrecht", S. 49, 362, 414f m.w.N. (zur gemeinschaftlichen Rechtslage); *van Miert* WuW 1995, 553f (zur gemeinschaftlichen Rechtslage); *Müller-Graff* EuR 1997, 433, 441f, 444 m.w.N.; *Roth* EuR-Beiheft 1-1994, 45, 49 (zur gemeinschaftlichen Rechtslage); *Schröter* „Schwerpunkte", S. 69, 70f (zur gemeinschaftlichen Rechtslage); *Sutherland* WuW 1985, 669f (zur gemeinschaftlichen Rechtslage). Vgl. auch den XXVII. Bericht der Europäischen Kommission über die Wettbewerbspolitik 1997, S. 37f; *Bleckmann* DVBl. 1992, 335, 340f; *Herdzina* „Wettbewerbspolitik", S. 57f; *Kreutz*, S. 103ff m.w.N. (zur gemeinschaftlichen Rechtslage); *Vollmer* in: FS Schmidt, S. 289, 294f m.w.N.; *Willimsky* ECLR 1997, 54, 55 m.w.N.

rektur der Marktstrukturen angelegt, sofern diese den in Art. 2, 3 Abs. 1, Art. 4 EG genannten Zielen entgegenstehen. Da sich die EG gemäß Art. 4 Abs. 1 EG an dem Grundsatz einer „offenen Marktwirtschaft“ zu orientieren hat, darf die Missbrauchsaufsicht, die die Öffnung der Märkte in einem der dynamischen Wettbewerbsauffassung entsprechenden Sinne vornimmt, auch bisher „geschlossene“ Marktstrukturen aufbrechen. Wenn nämlich - wie im Fall einer wettbewerbsverhindernden Kontrahierungsverweigerung - die Selbstregulierungskräfte des Marktes versagen, muss die EG-Kartellaufsicht eingreifen, um der ihr gemäß Art. 3 Abs. 1g), m), Art. 4 Abs. 1 EG übertragenen Verantwortung für das dynamische EG-Wettbewerbssystem sowie für die Verwirklichung der Vertragsziele der Art. 2 EG, Art. 2 EU gerecht zu werden. Die Aufsichtskompetenzen der EG gemäß Art. 82 EG sind in diesem Fall so auszulegen, dass die o.g. Vertragsziele verwirklicht werden können („*effet utile*“). Die Mitgliedstaaten haben in Art. 4 Abs. 1 EG die gleiche Verantwortung übernommen, an die sie (auch innerstaatlich[342]) durch gemeinschaftsrechtskonforme Auslegung ihrer entsprechenden Vorschriften gebunden sind.

Die deutsche sowie die gemeinschaftliche Kartellaufsicht müssen insoweit lediglich die in den jeweiligen Eingriffsnormen des § 20 Abs. 1 GWB (bzw. § 19 Abs. 1, 4 GWB), Art. 82 EG genannten Schranken einhalten. Sie dürfen daher nicht allein aufgrund des *Bestehens* einer marktbeherrschenden Stellung einschreiten, sondern nur aufgrund eines konkreten missbräuchlichen *Verhaltens* des Marktbeherrschers, etwa wenn dieser durch eine Kontrahierungsverweigerung Marktzutrittsschranken zu Lasten eines Newcomer-Konkurrenten errichtet[343].

Unter dieser Prämisse sind die Kartellaufsicht sowohl der EG als auch der Mitgliedstaaten zu einer marktstrukturverändernden Verhaltenskontrolle gegenüber monopolistischen Unternehmen zur Errichtung eines Gemeinsamen Marktes mit ungehindertem grenzüberschreitenden Wettbewerb nicht nur berechtigt, sondern wegen Art. 4 Abs. 1 EG und dessen gemeinschaftsrechtlicher und innerstaatlicher Bindungswirkung auch verpflichtet[344]. Diese Ver-

[342] In Deutschland gemäß Art. 59 Abs. 2 S. 1, Art. 23 Abs. 1 S. 1 GG.

[343] Vgl. auch die Abgrenzung marktstrukturkontrollierender von verhaltenskontrollierenden Maßnahmen von *Cox/Hübener* in: Cox/Jens/Markert, S. 1, 35 m.w.N.; *Mailänder* in: FS Schmidt, S. 271, 272.

[344] Die hier aufgezeigten Zusammenhänge zwischen den Vertragszielen der EG und der Konzeption der deutschen Wettbewerbspolitik, die auch vom Gemeinschaftsrecht beeinflusst wird, übersehen die Autoren, die kartellaufsichtliche Maßnahmen, die die bestehenden Marktstrukturen verändern, für rechtswidrig erachten. So: *Klaue* BB 1992, 1937, 1938f; *ders.* BB 1993, 740ff (jeweils zur gemeinschaftlichen und deutschen Rechtslage); *Langer* et 1994, 158, 162 (zur deutschen Rechtslage); *Schnelle* EuZW 1994, 556, 557f, 562 m.w.N. (zur gemeinschaftlichen Rechtslage);

pflichtung besteht so lange, bis auf dem relevanten Markt chancengleicher dynamischer „Wettbewerb" iSd GWB bzw. EG-Vertrages besteht, also der (ehemalige) Monopolist nicht mehr die Marktteilnahme und die dynamische Verfolgung durch Konkurrenten erfolgreich verhindern kann und für die Marktteilnehmer wieder Anreiz und Druck zu wettbewerblichem Verhalten bestehen[345].

III. Erste Schlussfolgerungen für die Auslegung von § 20 Abs. 1 GWB und Art. 82 EG

Nach den hier gefundenen Ergebnissen zu der hoheitlich zu verfolgenden Wettbewerbspolitik und dem insoweit zu verwirklichenden Wettbewerbsleitbild hält sich die kartellaufsichtlich erzwungene Kontrahierung eines Monopolunternehmens zugunsten eines Newcomer-Konkurrenten innerhalb der rechtlichen Grenzen, die der Konzeption des GWB und des EG-Vertrages zu entnehmen sind. Entsprechende interventionistische (dirigistische)

Stewing, S. 88ff, 93 (zur gemeinschaftlichen Rechtslage). Zweifelnd auch *Stewing* BB 1995, 1968, 1971 m.w.N. (zur deutschen Rechtslage). *Scholz/Langer*, S. 33ff, 163ff (zur gemeinschaftlichen Rechtslage) lehnen Eingriffe der EG in die mitgliedstaatliche Wirtschaftslenkung aus kompetenzrechtlichen Gründen ab, nähern sich aber der hier vertretenen Auffassung insoweit an, als dass die „EG-Wettbewerbsregeln" die mitgliedstaatliche Wirtschaftspolitik zumindest „in ihrer Ausübung modifizieren" dürften (aaO., S 171).

Wie hier zur **deutschen Rechtslage**: *Günther* WuW 1957, 677, 684f, 689; *ders.* WuW 1958, 379, 387, 389f; *Hansen* WuW 1989, 376, 377ff, 383; *Markert* AG 1991, 288, 291f; *ders.* „Wettbewerberbehinderung", S. 21 m.w.N. *Mestmäcker* in: FS Steindorff, S. 1045f; *Müller-Graff* EuR 1997, 433, 439ff, 448, 456f; *Schlecht* WuW 1997, 565f, 569, 571f m.w.N.; vgl. auch *Möschel* „Maßnahmen", S. 89, 100.

Wie hier zur **gemeinschaftlichen Rechtslage** das (erste) Programm des Rates für die mittelfristige Wirtschaftspolitik (1966 - 1970), ABl. EG 1967, S. 1513, 1521, 1543; Empfehlung 2003/555/EG vom 26.6.2003, ABl. EG 2003 Nr. L 195, S. 1, 3ff; 8. HauptGA der Monopolkommission 1988/89, BT-Drs. 11/7582, Tz. 1171, 1175 m.w.N.; BKartA in seinem Arbeitspapier zu der Tagung des Arbeitskreises Kartellrecht im Oktober 1994, S. 3f; *Becker-Çelik* EWS 1997, 334, 339f; *Behrens* Jura 1989, 561, 562, 571f; *von der Groeben* WuW 1961, 373, 375ff, 380f m.w.N.; *ders.* WuW 1964, 1001, 1004f, 1017f; *Günther* WuW 1963, 191, 194; *Ipsen*, Rz. 28/30f, S. 566f, sowie Rz. 31/2, 4, S. 607ff jeweils m.w.N.; *Kreutz*, S. 31ff, 100 m.w.N.; *Markert* EuR 1970, 349, 354, 362; *Mestmäcker* in: FS von der Groeben, S. 9, 13f; *van Miert* WuW 1995, 553; *ders.* „EU-Regierungskonferenz", S. 17, 23; *Müller-Graff* EuR 1997, 433, 441f, 444, 457 m.w.N.; *Oppermann* in: Müller-Graff/Zuleeg, S. 53, 56, 61f, 69f m.w.N. („gemischte Wirtschaftsverfassung"); *ders.*, Rz. 929, 931f m.w.N., 1030; *Roth* EuR-Beiheft 1-1994, 45, 49; *Scherer* „Wirtschaftsverfassung", S. 154f, 184ff, 193, 199ff m.z.N.; *Schlieder/Schröter* in: Cox/Jens/Markert, S. 485, 487; *Schröter* „Schwerpunkte", S. 69f; *Sutherland* WuW 1985, 669f; *VerLoren van Themaat* in: FS von der Groeben, S. 425, 431, 435ff, 439ff m.w.N.; *Willimsky* ECLR 1997, 54, 55 m.w.N.; vgl. auch *Immenga* EuZW 1994, 14, 16f; *Möschel* in: FS Nirk, S. 707, 711; *Vollmer* DB 1993, 25, 27ff m.w.N.; *ders.* in: FS Schmidt, S. 289, 294f.

[345] Vgl. auch die Stellungnahme des Bundesrates zum Entwurf der Bundesregierung einer Sechsten Novelle des GWB, BT-Drs. 13/9720, S. 71, 73f.

hoheitliche Eingriffe in den Marktablauf sind also rechtmäßig und widersprechen nicht dem Wettbewerbsleitbild, das dem GWB und dem EG-Vertrag zugrunde liegt:

Zwar ist die Marktmacht eines Unternehmens, die dieses als „Pionier" aufgrund eigener Leistung und seines Vorstoßes auf dem Markt erworben hat, im Rahmen der Missbrauchsaufsicht grundsätzlich als wettbewerbseigen anzuerkennen. Ein Marktbeherrscher, der durch seine Kontrahierungsverweigerung den chancengleichen Markteintritt von Konkurrenten verhindern und seine Marktmacht auf Dauer verteidigen kann, beeinträchtigt jedoch den dynamischen Wettbewerbsprozess. Dies gilt insbesondere dann, wenn er auf diese Weise den Markteintritt seines *ersten* Konkurrenten verhindert. Derartige Verhaltensweisen entsprechen daher nicht dem Leitbild vom dynamischen, offenen Wettbewerb iSd GWB und des EG-Vertrages.

Das wettbewerbspolitische Vertrauen des GWB sowie des EG-Vertrages auf die Selbstregulierungskräfte des Marktes ist gegenüber marktbeherrschenden Unternehmen gering. So zeigt sich gerade in den dieser Untersuchung zugrunde liegenden Fällen, dass zur Gewährleistung eines dynamischen und offenen Wettbewerbsprozesses ein Eingreifen der hoheitlichen Kartellaufsicht erforderlich ist[346]. Da die Selbstregulierungskräfte des Marktes versagen und der EG die Letztverantwortung für die Verwirklichung des dynamischen EG-Wettbewerbssystems übertragen wurde (Art. 4 Abs. 1 iVm Art. 82 EG), ist die EG zum Eingreifen in das Verhalten eines missbräuchlich handelnden Monopolisten verpflichtet. Die gleiche Verantwortung ergibt sich aus Art. 4 Abs. 1 EG für die Mitgliedstaaten, die gemäß Art. 10 EG nicht nur das Kartellrecht der EG, sondern auch ihr nationales Kartellrecht gemeinschaftsrechtskonform anzuwenden haben.

Abgesehen von der Schlussfolgerung, dass bei der Missbrauchsaufsicht über marktbeherrschende Unternehmen konkurrentennützige hoheitliche Eingriffe rechtmäßig sind, lassen sich diesem Abschnitt weitere grundlegende Auslegungshinweise für die im Einzelnen noch zu analysierenden Tatbestandsvoraussetzungen des § 20 Abs. 1 GWB und Art. 82 EG, insbesondere zu den Grenzen konkurrentennütziger Kontrahierungspflichten, entnehmen:

- Da - im Gegensatz zur Fusionskontrolle - nicht bereits das Bestehen einer marktbeherrschenden Stellung an sich verboten ist, sind bei der Auslegung der entsprechenden Rechtsgrundlagen auch die berechtigten **Interessen des Marktbeherrschers** zu berücksichtigen. Da der ihm zuzugestehende Handlungsspielraum, eigene Interessen wahrzunehmen, zwangsläufig

[346] Vgl. auch die Stellungnahme des Bundesrates zum Entwurf der Bundesregierung einer Sechsten Novelle des GWB aaO. (vorige Fn.).

nachteilige Auswirkungen auf andere Marktteilnehmer hat, müssen die verfolgten Interessen des Marktbeherrschers **objektiv** anzuerkennen sein[347]. Des Weiteren ist davon auszugehen, dass die von einem Marktbeherrscher zur Interessenwahrung getroffenen Maßnahmen oder vorgenommenen Handlungen **verhältnismäßig** sein müssen.

Diese Vorgaben kommen auch in dem Wortlaut der Missbrauchsverbote selbst zum Ausdruck, da z.B. eine Diskriminierung iSd § 20 Abs. 1 GWB nur „ohne sachlich gerechtfertigten Grund" kartellrechtswidrig, bzw. die Ausnutzung einer marktbeherrschenden Stellung gemäß Art. 82 Abs. 2a) EG nur bei „unangemessenen" Geschäftsbedingungen verboten ist.

- Da kartellaufsichtliche Eingriffe zur Herstellung von Wettbewerb rechtmäßig sind, hat ein Marktbeherrscher nach dem Willen des Gesetzgebers gewisse **Nachteile**, die dem Entstehen von Wettbewerb wesenseigen sind, **hinzunehmen**. Er darf diese Nachteile daher nicht der Rechtmäßigkeit eines konkurrentennützigen Kontrahierungszwangs entgegenhalten. Dies betrifft beispielsweise seine mit der Marktteilnahme von Konkurrenten eintretenden Marktanteilsverluste sowie besondere durch den Wettbewerb mit Konkurrenten entstehende Kosten.

- Der Marktbeherrscher handelt im Falle einer wettbewerbsverhindernden Kontrahierungsverweigerung nur so lange und so weit missbräuchlich, wie er durch sein Verhalten das Entstehen chancengleichen dynamischen Wettbewerbs beeinträchtigt. Der hoheitliche Eingriff in den Markt widerspricht daher nicht dem Wettbewerbsleitbild des GWB und des EG-Vertrages, wenn der nachfragende Newcomer-Konkurrent nur so lange durch die hoheitliche Kartellaufsicht unterstützt wird, wie der Marktbeherrscher durch seine Kontrahierungsverweigerung die Marktteilnahme seines (potentiellen) Konkurrenten und dessen dynamisches Nachfolgen im Wettbewerb verhindern kann. Die konkurrentennützige Missbrauchsaufsicht

[347] Im Rahmen des § 20 Abs. 1 GWB (§ 26 Abs. 2 GWB a.F.) nimmt der BGH dementsprechend in std. Rspr. eine Abwägung der Interessen der Beteiligten unter Berücksichtigung der auf die Freiheit des Wettbewerbs gerichteten Zielsetzung des GWB vor, vgl. nur BGH, 27.9.1962, KZR 6/61, BGHZ 38, 90, 102 (Grote Revers); BGH, 3.3.1969, KVR 6/68, BGHZ 52, 65, 71 (Sportartikelmesse); BGH, 30.1.1970, KZR 3/69, WuW/E BGH 1069, 1072 (Tonbandgeräte); BGH, 12.5.1976, KZR 14/75, WuW/E BGH 1423, 1424 (Sehhilfen); BGH, 22.9.1981, KVR 8/80, WuW/E BGH 1829, 1834 (Original-VW-Ersatzteile II); BGH, 21.2.1995, KVR 10/94, WuW/E BGH 2990, 2995 (Importarzneimittel) jeweils m.z.N.

S. zur std. Rspr. der Gemeinschaftsgerichte, nach der auch der Begriff des „Missbrauchs" iSd Art. 82 EG (Art. 86 EGV) objektiv auszulegen sei, EuGH, 13.2.1979, Rs. 85/76, Slg. 1979, 461, 541 (Vitamine); EuGH, 11.12.1980, Rs. 31/80, Slg. 1980, 3775, 3794 (L'Oréal); EuG, 10.7.1990, Rs. T-51/89, Slg. 1990 II 309, 357 (Tetra Pak I); EuGH, 3.7.1991, Rs. C-62/86, Slg. 1991, 3359, 3455 (AKZO).

kann sich daher im Einzelfall möglicherweise auf den **Zeitpunkt** des erfolgreichen Markteintritts des Newcomer-Konkurrenten **beschränken** oder zumindest auf den Zeitraum bis dem Newcomer die eigene Herstellung des nachgefragten Gutes zugemutet werden kann oder alternative Bezugsquellen vorhanden sind.

Aus den gleichen Gründen muss der Newcomer-Nachfrager seine Wettbewerbsfähigkeit „im" Markt grundsätzlich allein beweisen. Er steht dann seinerseits unter dem Wettbewerbsdruck insbesondere des ehemaligen Monopolunternehmens und kann von diesem (mit kartellrechtmäßigen Mitteln) wieder aus dem Markt verdrängt werden.

- Ein wettbewerbsherstellender Kontrahierungszwang führt im konkreten Einzelfall zwar zu der Begünstigung eines bestimmten Newcomer-Nachfragers, dem zum Markteintritt verholfen wird. Die kartellaufsichtliche Maßnahme dient dessen Individualinteressen jedoch nur mittelbar, Hauptzweck ist die im Allgemeininteresse liegende Herstellung von Wettbewerb. Die individuellen Interessen eines Newcomers, an einem bestimmten Markt teilzunehmen, können daher nur insoweit berücksichtigt werden, wie sie sich mit dem **Allgemeininteresse** am Bestehen einer offenen Marktwirtschaft mit freiem dynamischen Wettbewerb iSd GWB und des EG-Vertrages decken[348].

- Die hoheitlichen Eingriffe in die Marktverhältnisse im Wege des kartellaufsichtlichen Kontrahierungszwangs beschränken sich also grundsätzlich auf einen bestimmten Zeitraum bis (wieder) chancengleicher, dynamischer Wettbewerb besteht. Im Übrigen bleiben die Selbstregulierungskräfte des

---

[348] Nach std. Rspr. des BGH rechtfertigen allein individuelle Interessen eines Marktteilnehmers ein hoheitliches Eingreifen in den Markt nicht. Vgl. BGH, 10.2.1987, KZR 31/85, NJW 1987, 2931, 2932f (Importvereinbarung); BGH, 10.2.1987, KZR 1/86, WuW/E BGH 2370, 2376 (Importierte Fertigarzneimittel); BGH, 15.11.1994, KVR 29/93, BGHZ 128, 17, 38f (Gasdurchleitung). Vgl. auch BGH, 8.6.1967, KZR 5/66, WuW/E BGH 863, 871f (Rinderbesamung II). Zu dem gleichen Ergebnis gelangen *Bechtold* zu § 20 GWB, Rz. 29 sowie *Markert* AG 1991, 288, 291 m.w.N. aus der Rspr. der Oberlandesgerichte.

Die Unterscheidung zwischen der Verfolgung von Allgemeininteressen einerseits und der Durchsetzung von sich mit diesen ggf. deckenden Individualinteressen eines vom Machtmissbrauch betroffenen Unternehmens andererseits übersieht *Klaue* RdE 1994, 88, 91. Dieser greift die Entscheidung „Gasdurchleitung" des Kammergerichtes, die insoweit dem Beschluss des BGH entsprach (vgl. KG, 9.6.1993, KG Kart. 19/92, RdE 1994, 20, 24), mit dem Argument an, die Kartellaufsicht dürfe nicht im Interesse eines einzelnen Unternehmens tätig sein. Ähnlich auch *Langer* et 1994, 158, 162, der betont, dass die Kartellaufsicht nicht „primär" und „unmittelbar" zu einer Begünstigung Privater führen dürfe.

Wie hier: Generalanwalt Jacobs in seinen Schlussanträgen zu Rs. C-7/97, Slg. 1998, 7794, 7811ff (Bronner).

Marktes in Kraft und bieten auch dem Marktbeherrscher, der die Kontrahierung über nachgefragte Güter verweigerte, weiterhin einen **Anreiz**, sich (mit kartellrechtmäßigen Mitteln) gegenüber seinen (neuen) Konkurrenten zu behaupten[349]. Die **Gefahr**, dass die hoheitliche Missbrauchsaufsicht zu stark in den Wettbewerb eingreift und „**überreguliert**“, besteht daher bei Beachtung der o.g. Grundsätze nicht.

- Eine Ausnahme besteht nur für solche Güter, über die auf Dauer nur der etablierte Marktbeherrscher verfügt, weil keine alternativen Bezugsquellen bestehen und einem Newcomer-Nachfrager auch die eigene Herstellung nicht zugemutet werden kann. In diesem Fall ist die hoheitliche Missbrauchsaufsicht auf Dauer erforderlich, um die Marktteilnahme von Konkurrenten zu gewährleisten.

  Auch hier widerspricht die hoheitliche Marktregulierung jedoch nicht dem Wettbewerbsleitbild, das GWB und EG-Vertrag zugrunde liegt. Aufgrund der besonderen Beschaffenheit des von dem Newcomer-Konkurrenten benötigten Gutes ist nämlich der Marktbeherrscher auf Dauer in der Lage, durch seine Kontrahierungsverweigerung das Nachfolgen von Konkurrenten im Wettbewerb und damit die wettbewerbseigene Dynamik zu beeinträchtigen. In einem solchen Fall sind kartellaufsichtliche Maßnahmen erforderlich, um die Entstehung von Wettbewerb (überhaupt erst) zu ermöglichen.

Diese Schlussfolgerungen sind nicht nur für die jeweilige Wettbewerbspolitik, sondern auch für das deutsche und gemeinschaftliche Kartellrecht verbindlich, weil sie auf der dem GWB und dem EG-Vertrag zu entnehmenden Wettbewerbskonzeption beruhen. Sie sind daher auch bei der Auslegung des Missbrauchsverbots iSd § 20 Abs. 1 GWB und Art. 82 EG zu berücksichtigen. Da die Vorschriften und Grundsätze, die diesen Schlussfolgerungen zugrunde liegen, demnächst nicht geändert werden sollen, gilt dies auch für die künftige Rechtslage[350].

---

[349] So auch die RegBegr. zum Spezialtatbestand des § 19 Abs. 4 Nr. 4 GWB im Entwurf der 6. GWB-Novelle, BT-Drs. 13/9720, S. 37, sowie die Stellungnahme des Bundesrates zu diesem Gesetzentwurf, ebenda, S. 71, 73f. Diese Problematik betonen auch Generalanwalt Jacobs in seinen Schlussanträgen zu Rs. C-7/97, Slg. 1998, 7794, 7811ff (Bronner) sowie *Stothers* ECLR 2001, 256, 260f.

[350] S. Art. III-51 bzw. Art. III-69 Abs. 1 iVm Art. I-3 Abs. 3, Art. III-77 Abs. 1 des Entwurfs eines Vertrags über eine Verfassung für Europa vom 18.7.2003, ABl. EG 2003 Nr. C 169, S. 1, 9, 36, 39, 42 bzw. den Entwurf des Bundesministeriums für Wirtschaft und Arbeit von Eckwerten einer 7. GWB-Novelle, abrufbar unter http://www.bmwi.de/Navigation/Wirtschaftspolitik/Wettbewerbspolitik.html, S. 4.

Die folgende Analyse der Tatbestandsvoraussetzungen dieser Vorschriften soll nunmehr zeigen, ob im Falle einer wettbewerbsverhindernden Kontrahierungsverweigerung die allgemeinen kartellaufsichtlichen Instrumente ausreichen, das hier entwickelte Wettbewerbsleitbild sowie die zugrunde liegende Wettbewerbspolitik zu verwirklichen oder ob hierfür (wie in der Sechsten Novelle des GWB in § 19 Abs. 1, 4 Nr. 4 GWB geschehen) neue Eingriffsbefugnisse erforderlich sind.

Zweiter Abschnitt: Das Missbrauchsverbot des § 20 Abs. 1 GWB

Gemäß § 20 Abs. 1 GWB ist ein Anbieter zur Kontrahierung mit einem Newcomer-Nachfrager verpflichtet, wenn

- er eine marktbeherrschende Stellung innehat (dazu unter **A.**),
- der nachgefragte Geschäftsverkehr gleichartigen Unternehmen üblicherweise zugänglich ist (dazu unter **B.**),
- der Newcomer durch die Kontrahierungsverweigerung behindert bzw. unterschiedlich behandelt wird (dazu unter **C.**),
- die Verweigerung der Kontrahierung unbillig bzw. sachlich nicht gerechtfertigt ist (dazu unter **D.**)
- und wenn die speziellen Voraussetzungen des § 33 GWB erfüllt sind (dazu unter **E.**).

Die einzelnen Tatbestandsvoraussetzungen des § 20 Abs. 1 GWB werden im Folgenden nur in dem Umfang untersucht, in dem sich eine wettbewerbsverhindernde Kontrahierungsverweigerung von den übrigen Fällen missbräuchlicher Verhaltensweisen (insbesondere Lieferverweigerungen) unterscheidet. Aus diesen Untersuchungsergebnissen lassen sich zugleich Rückschlüsse darauf ziehen, unter welchen Voraussetzungen ein konkurrentennütziger Kontrahierungszwang zulässig ist bzw. welche Einwände ein Monopolist solchen kartellaufsichtlichen Maßnahmen erfolgreich entgegenhalten kann.

Nachdem § 20 Abs. 1 GWB nicht nur wortgleich mit § 26 Abs. 2 S. 1 GWB a.F. ist, sondern auch materiell das bisherige allgemeine Missbrauchsverbot ergänzen soll[1], kann die bisherige Auslegungspraxis zu § 26 Abs. 2 S. 1 GWB a.F. für die Auslegung des § 20 Abs. 1 GWB herangezogen werden.

---

[1] Vgl. RegBegr. zum Entwurf der 6. GWB-Novelle, BT-Drs. 13/9720, S. 37f.

A. Marktbeherrschende Stellung

Die „marktbeherrschende Stellung" eines Unternehmens iSd § 20 Abs. 1 GWB ist unter Heranziehung der Legaldefinition des § 19 Abs. 2 GWB festzustellen[2].

Nach dem sog. „**Marktmachtkonzept**" ist insoweit in zwei Schritten vorzugehen. Zunächst ist der relevante Markt abzugrenzen und danach die Stellung des jeweiligen Unternehmens auf diesem Markt zu bestimmen[3].

I. Relevanter Markt

Die Auslegung der Tatbestandsvoraussetzung „Markt" lässt sich § 19 Abs. 2 GWB entnehmen. Ein „Markt" ist der Ort, an dem Anbieter und Nachfrager „einer bestimmten Art von Waren oder gewerblichen Leistungen" (im Geschäftsverkehr) aufeinandertreffen[4].

Die Begriffe „Waren" und „gewerbliche Leistungen" iSd § 19 Abs. 2 GWB werden in der Rechtsprechung des BGH in „wirtschaftlicher Betrachtungsweise" weit ausgelegt, sodass hiervon sämtliche wirtschaftlichen Güter erfasst werden, die von einer Marktseite nachgefragt und von der anderen angeboten werden können[5].

Der für die Feststellung einer beherrschenden Stellung relevante Markt ist in **sachlicher** (dazu unter **1.**), **räumlicher** (dazu unter **2.**) und **zeitlicher** Hinsicht (dazu unter **3.**) abzugrenzen[6].

---

[2] So auch BGH, 9.11.1967, KZR 7/66, BGHZ 49, 90, 95 (Jägermeister).- Die konkrete Auslegung dieses Begriffs kann jedoch - abhängig von dem Schutzzweck der jeweils angewendeten Vorschrift - unterschiedlich sein (vgl. nur *Möschel* in I/M zu § 19 GWB, Rz. 21 m.w.N.). Im Folgenden wird daher lediglich die Rspr. des BGH zu § 20 Abs. 1 GWB (§ 26 Abs. 2 GWB a.F.) herangezogen.

[3] Vgl. nur BGH, 26.10.1972, KZR 54/71, WuW/E BGH 1238, 1241 (Registrierkassen); BGH, 16.12.1976, KVR 2/76, WuW/E BGH 1445, 1447ff (Valium); BGH, 21.2.1978, KVR 4/77, WuW/E BGH 1501, 1502f (Kfz-Kupplungen). Vgl. auch *Markert* in I/M zu § 20 GWB, Rz. 23ff; *Niewöhner*, S. 39f jeweils m.z.N.

[4] Vgl. auch BGH, 7.11.1960, KZR 1/60, BGHZ 33, 259, 263 (Molkereigenossenschaft); BGH, 26.10.1972, KZR 54/71, WuW/E BGH 1238, 1241 (Registrierkassen); BGH, 24.9.2002, KZR 34/01, GRUR 2003, 257 (Wertgutscheine für Asylbewerber); *Bechtold* in: FS v. Gamm, S. 537; *Ipsen*, Rz. 28/12, S. 550 m.w.N.; *Möschel* in I/M zu § 19 GWB, Rz. 22; *Scholz* „Wirtschaftsaufsicht", S. 33.

[5] BGH, 7.11.1960, KZR 1/60, BGHZ 33, 259, 263f (Molkereigenossenschaft); BGH, 12.3.1991, KZR 26/89, BGHZ 114, 218, 229 (Einzelkostenerstattung).

[6] BGH, 26.5.1987, KVR 4/86, BGHZ 101, 100, 104 (Gekoppelter Kartenverkauf); BGH, 4.4.1995, KZR 34/93, WuW/E BGH 2977, 2980 (Hitlisten-Platten). *Bechtold* zu § 19 GWB, Rz. 3; *Markert* in I/M zu § 20 GWB, Rz. 24; *Freitag* WuW 1971, 294, 296.

1. Der sachlich relevante Markt

In sachlicher Hinsicht besteht der relevante Markt aus sämtlichen Gütern, die zur Deckung des Bedarfs der Marktgegenseite geeignet sind (sog. „**Bedarfsmarktkonzept**")[7]. Hierbei ist die funktionelle Austauschbarkeit (Substituierbarkeit) der Waren und Leistungen durch andere Güter aus der tatsächlichen Sicht der Marktgegenseite[8] entscheidend[9] (zumindest eines „sehr erheblichen Teils")[10], nicht jedoch die physikalisch-technische oder auch chemische Identität der betreffenden Güter[11].

Im Falle einer wettbewerbsverhindernden Kontrahierungsverweigerung stellen sich insoweit zwei besondere Fragen: Erstens, ob das Bedarfsmarktkonzept auch gegenüber *Newcomern* uneingeschränkt anwendbar ist oder ob sich deren Bedarf von dem solcher Unternehmen unterscheidet, die bereits auf dem jeweiligen Markt tätig und daher in ihrer Nachfrage auf bestimmte Güter eingerichtet sind (dazu unter **a)**. Zweitens stellt sich die Frage, ob ein „Markt" auch dann besteht, wenn ein Monopolist das nachgefragte Gut bis-

---

[7] Std. Rspr. BGH, 26.10.1972, KZR 54/71, WuW/E BGH 1238, 1241 (Registrierkassen); BGH, 22.10.1973, KZR 3/73, WuW/E BGH 1299, 1301 (Strombezugspreis); BGH, 29.9.1981, KVR 2/80, WuW/E BGH 1854, 1857 (Zeitungsmarkt München); BGH, 9.11.1982, KZR 5/82, WuW/E BGH 1993 (Privatschule); BGH, 23.2.1988, KVR 2/87, WuW/E BGH 2479, 2481 (Reparaturbetrieb); BGH, 23.2.1988, KZR 17/86, WuW/E BGH 2483, 2487 (Sonderungsverfahren); BGH, 25.10.1988, KVR 1/87, WuW/E BGH 2535, 2537 (Lüsterbehangsteine); BGH, 19.3.1996, KZR 1/95, WuW/E BGH 3058, 3062 (Pay-TV-Durchleitung) jeweils m.w.N. *Emmerich* § 18.4a), S. 168ff; *Knöpfle* „Schwerpunkte", S. 139, 179ff m.z.N.; *Möschel* in I/M zu § 19 GWB, Rz. 24 m.w.N.; *Stewing*, S. 27ff m.z.N.

[8] Wenn die Marktgegenseite die Abnahmeentscheidung nicht selbst trifft (wie etwa ein Patient bei verschreibungspflichtigen Medikamenten), ist die Sicht der *tatsächlichen Verbrauchsdisponenten* entscheidend (im Beispielsfall die verschreibenden Ärzte), BGH, 3.7.1976, KVR 4/75, WuW/E BGH 1435, 1440 (Vitamin-B-12); BGH, 16.12.1976, KVR 2/76, WuW/E BGH 1445, 1447 (Valium).

[9] RegBegr. zum Entwurf der 2. GWB-Novelle, BT-Drs. VI/2520, S. 21, 23. Std. Rspr., vgl. BGH, 3.3.1969, KVR 6/68, BGHZ 52, 65, 67 (Sportartikelmesse); BGH in „Valium" aaO. (vorige Fn.); BGH, 26.5.1981, KZR 22/80, WuW/E BGH 1805, 1806 (Privatgleisanschluss); BGH, 29.9.1981, KVR 2/80, WuW/E BGH 1854, 1857 (Zeitungsmarkt München); BGH, 10.12.1985, KZR 22/85, WuW/E BGH 2195, 2196 (Abwehrblatt II); BGH, 25.10.1988, KVR 1/87, WuW/E BGH 2535, 2537 (Lüsterbehangsteine); BGH, 19.3.1996, KZR 1/95, WuW/E BGH 3058, 3062 (Pay-TV-Durchleitung) jeweils m.w.N. *Knöpfle* „Schwerpunkte", S. 139, 181ff m.z.N.

[10] BGH in „Sportartikelmesse" aaO. (vorige Fn.); BGH in „Zeitungsmarkt München" aaO. (vorige Fn.); BGH in „Abwehrblatt II" aaO. (vorige Fn.), S. 2197; BGH in „Lüsterbehangsteine" aaO. (vorige Fn.).

[11] RegBegr. zum Entwurf der 2. GWB-Novelle aaO. (vorletzte Fn.). BGH, 3.7.1976, KVR 4/75, WuW/E BGH 1435, 1440 (Vitamin-B-12); BGH, 16.12.1976, KVR 2/76, WuW/E BGH 1445, 1447 (Valium).

her noch keinem Nachfrager überlassen hat, also einen Geschäftsverkehr bisher noch nicht praktiziert hat (dazu unten unter **b**).

a) Bedarfsbestimmung bei einem Newcomer

Gegenüber einem neuen Marktteilnehmer könnte der Inhaber eines Gutes einwenden, dass der Newcomer noch nicht auf das nachgefragte Gut (und auf eine bestimmte hierauf beruhende Tätigkeit) festgelegt sei und daher ebenso gut andere Güter nachfragen könne. In diesem Fall würde der sachlich relevante Markt nicht nur aus dem nachgefragten Gut bestehen, sondern auch aus weiteren, ggf. von anderen Unternehmen angebotenen Gütern, die für irgendeine (oder zumindest ähnliche) Tätigkeit des Nachfragers geeignet sind[12].

Diesem Einwand stehen jedoch bereits die weiteren Tatbestandsvoraussetzungen des § 20 Abs. 1 GWB sowie der Zweck dieser Vorschrift entgegen:

§ 20 Abs. 1 GWB verbietet die missbräuchliche Behandlung eines Unternehmens im Rahmen seiner Tätigkeit als Anbieter oder Nachfrager von Gütern auf einem bestimmten Markt. Es ist daher unerheblich, ob die Wettbewerbsfähigkeit des missbräuchlich Behandelten schlechthin beeinträchtigt worden ist, oder dieser seine Tätigkeit - ohne (erheblichen) Verlust seiner Wettbewerbsfähigkeit - auf einen anderen Markt verlagern könnte[13]. Anderenfalls könnte ein Marktbeherrscher seine Marktmacht mit dem Argument weiter verstärken, dass die von ihm verdrängten Unternehmen ohne größere wirtschaftliche Verluste auf anderen Märkten tätig sein könnten[14]. Dies widerspricht jedoch dem Prinzip des dynamischen Wettbewerbs, das dem GWB zugrunde liegt und im Missbrauchsverbot des § 20 Abs. 1 GWB zum Aus-

---

[12] Ähnliche Einwände haben die Unternehmen vorgetragen, über deren Kontrahierungsverweigerung der BGH in den Verfahren „Zuckerrübenanlieferungsrecht" sowie „Registrierkassen" zu entscheiden hatte, vgl. BGH, 13.11.1990, KZR 25/89, WuW/E BGH 2683, 2685 bzw. BGH, 26.10.1972, KZR 54/71, WuW/E BGH 1238, 1241f.

[13] Std. Rspr., vgl. nur: BGH, 3.3.1969, KVR 6/68, BGHZ 52, 65, 67 (Sportartikelmesse); BGH, 23.2.1988, KVR 2/87, WuW/E BGH 2479, 2481 (Reparaturbetrieb); BGH, 13.11.1990, KZR 25/89, WuW/E BGH 2683, 2685 (Zuckerrübenanlieferungsrecht) m.z.N. Vgl. auch BGH, 26.10.1972, KZR 54/71, WuW/E BGH 1238, 1242f (Registrierkassen). *Markert* BB 1994, 1645, 1646 stützt seine entsprechende Rechtsprechungsauswertung zusätzlich auf die BGH-Entscheidung „Stromeinspeisung", BGH, 6.10.1992, KZR 10/91, GRUR 1993, 146ff. Diese zählt jedoch nicht zu der hier untersuchten Fallgruppe, weil der Kläger nicht die erstmalige Öffnung eines bestimmten Marktes anstrebte. Der verfahrensgegenständliche Geschäftsverkehr war bereits eröffnet worden, jedoch - nach Auffassung des Klägers - zu missbräuchlichen Konditionen, vgl. BGH in „Stromeinspeisung" aaO., S. 146f.

[14] So auch der - vom BGH verworfene - Vortrag des Marktbeherrschers in den Entscheidungen „Sportartikelmesse" und „Zuckerrübenanlieferungsrecht" aaO. (vorige Fn.).

druck kommt[15]: Hiernach besteht Wettbewerb dann, wenn sich ein Unternehmen allein aufgrund der Güte und Preiswürdigkeit seiner angebotenen bzw. nachgefragten Leistungen auf einem Markt behauptet und auf diese Weise seine Konkurrenten „überflügelt", nicht jedoch aufgrund eines Verhaltens, das ihm seine besonders marktstarke Stellung ermöglicht und mit dem es die chancengleiche Verfolgung durch Konkurrenten im dynamischen Wettbewerb verhindern kann[16]. In Anwendung des Bedarfsmarktkonzepts kann daher der sachlich relevante Markt auch aus Sicht eines Newcomers bestimmt werden, dessen Tätigkeit (noch) nicht auf ein bestimmtes Gut „zugeschnitten" ist.

Mit der gleichen Argumentation kann die weitere für diese Untersuchung relevante Frage beantwortet werden, ob der jeweilige Markt auch **aus einem einzelnen Gut** bestehen kann, das ein Newcomer-Nachfrager erstmals (erfolglos) von einem Anbieter begehrt. In konsequenter Anwendung des Bedarfsmarktkonzepts ist diese Frage zu bejahen: Wenn der konkrete Bedarf eines Nachfragers nur durch ein bestimmtes Gut befriedigt werden kann, kann der sachlich relevante Markt auch aus einem einzelnen Gut bestehen[17]. Anderenfalls könnte der einzige Inhaber dieses Gutes das Entstehen von chancengleichem, dynamischen Wettbewerb verhindern.

b) Bedarfsbestimmung bei fehlenden Markttransaktionen

Des Weiteren stellt sich bei einer wettbewerbsverhindernden Kontrahierungsverweigerung die Frage, ob das Bestehen eines Marktes (und damit der beherrschenden Stellung eines Unternehmens auf diesem Markt) davon abhängig ist, dass der jeweilige Geschäftsverkehr bereits eröffnet worden ist[18]. Wenn dies der Fall wäre, könnte ein Anbieter, der ein Gut noch keinem

---

[15] Vgl. zum Begriff des „Wettbewerbs" iSd GWB sowie zum Schutzzweck des § 20 Abs. 1 GWB bereits oben 1. Abschnitt A.VIII.1 und C.I.

[16] RegBegr. zum Entwurf eines GWB, BT-Drs. II/1158, S. 21, 31; Bericht des Ausschusses für Wirtschaft zum Entwurf der 4. GWB-Novelle, BT-Drs. 8/3690, S. 28f, und der 5. GWB-Novelle, BT-Drs. 11/5949, S. 19; std. Rspr., vgl. nur BGH, 21.6.1971, KZR 8/70, BGHZ 56, 327, 334 (Verbandszeitschrift); BGH, 22.9.1981, KVR 8/80, WuW/E BGH 1829, 1832 (Original-VW-Ersatzteile II); BGH, 12.3.1991, KZR 26/89, BGHZ 114, 218, 234f (Einzelkostenerstattung) jeweils m.z.N.

[17] Vgl. BGH, 26.5.1987, KVR 4/86, BGHZ 101, 100ff, 103f (Gekoppelter Kartenverkauf); Vgl. auch BGH, 22.7.1999, KVR 12/98, WuW/E DE-R 375, 376 (Flugpreisspaltung). Vgl. auch BKartA, 21.12.1999, B9-63220-T-199/97 und T-16/98, WuW/E DE-V 253, 256 (Puttgarden).

[18] So: *Klaue* RdE 1994, 88, 89f; *Langer* et 1995, 395, 396f. A.A.: *Ebel* WuW 1994, 731, 733ff; *Emmerich* in LM zu § 44 GWB, Nr. 3, Bl. 9, 10; *Markert* BB 1994, 1645, 1646; *ders.* et 1995, 400, 401; *ders.* WuW 1995, 560, 567; *ders.* BB 1997, 1421, 1423f. Zweifelnd: *Bunte* WuW 1997, 302, 314.

Nachfrager überlassen hat, gegen einen Kontrahierungszwang einwenden, dass ein „Bedarf" nach seinem Gut und ein entsprechender Markt gar nicht bestehen.

Auch diese Frage ist mit einer dem Sinn und Zweck des Missbrauchsverbotes entsprechenden Auslegung des Bedarfsmarktkonzepts zu beantworten. Das GWB und insbesondere die Missbrauchsaufsicht über marktbeherrschende Unternehmen gewährleisten die Offenheit der Märkte und chancengleichen, dynamischen Wettbewerb[19]. Dieser Schutzzweck wird gerade in denjenigen Fällen, in denen ein Unternehmen bisher noch keinem Nachfrager die Inanspruchnahme seiner Leistungen gestattet hat und auf diese Weise das dynamische Nachfolgen seiner Konkurrenten verhindert, erheblich tangiert[20]. Der Zweck des GWB, chancengleichen, dynamischen Wettbewerb (wieder-) herzustellen, erfordert es daher, (gerade) den Schutz neuer Marktteilnehmer zu gewährleisten[21].

Bei der Anwendung des Bedarfsmarktkonzepts kommt es also allein auf den *Bedarf* eines Nachfragers an, jedoch nicht darauf, ob das jeweilige Gut tatsächlich bereits angeboten worden ist. Ein (Angebots-) Markt besteht daher in sachlicher Hinsicht nicht erst dann, wenn aktuelle Marktteilnehmer auftreten. Vielmehr gibt es einen „Markt" auch unter solchen Unternehmen, die potentiell in der Lage sind, das erstmals nachgefragte Gut anzubieten[22].

Für die weitere Auslegung des Missbrauchsverbots folgt hieraus, dass die „Freiheit des Wettbewerbs", die das GWB gewährleisten soll, nicht nur für *bereits bestehende* Wettbewerbsverhältnisse gilt. Vielmehr beinhaltet die Wettbewerbsfreiheit auch das Recht jedes Unternehmens, erstmals in einen Markt einzutreten oder seinen bisherigen Tätigkeitsbereich zu verändern. Dementsprechend besteht die aufsichtsrechtliche Befugnis, in solchen Fällen

---

[19] Vgl. oben 1. Abschnitt A.VIII.1 und C.I.

[20] Vgl. oben 1. Abschnitt C.III.

[21] Vgl. auch BGH, 17.1.1979, KZR 1/78, WuW/E BGH 1567, 1569 (Nordmende); BGH, 26.6.1979, KZR 7/78, WuW/E BGH 1620, 1623 (Revell Plastics); BGH, 30.6.1981, KZR 19/80, WuW/E BGH 1885, 1886 (adidas); BGH, 26.5.1987, KZR 13/85, WuW/E BGH 2399, 2405 (Krankentransporte); BGH, 25.10.1988, KVR 1/87, WuW/E BGH 2535, 2539 (Lüsterbehangsteine); BGH, 15.11.1994, KVR 29/93, BGHZ 128, 17, 28 (Gasdurchleitung); BGH, 2.7.1996, KZR 31/95, WuW/E BGH 3074, 3077 (Kraft-Wärme-Kopplung).

[22] Vgl. BGH, 17.1.1979, KZR 1/78, WuW/E BGH 1567, 1569 (Nordmende); BGH, 26.6.1979, KZR 7/78, WuW/E BGH 1620, 1623 (Revell Plastics); BGH, 30.6.1981, KZR 19/80, WuW/E BGH 1885, 1886 (adidas); BGH, 26.5.1987, KZR 13/85, WuW/E BGH 2399, 2405 (Krankentransporte); BGH, 25.10.1988, KVR 1/87, WuW/E BGH 2535, 2539 (Lüsterbehangsteine); BGH, 13.11.1990, KZR 25/89, WuW/E BGH 2683, 2685 (Zuckerrübenanlieferungsrecht); BGH, 15.11.1994, KVR 29/93, BGHZ 128, 17, 27f (Gasdurchleitung); BGH, 2.7.1996, KZR 31/95, WuW/E BGH 3074, 3077 (Kraft-Wärme-Kopplung); BGH, 27.4.1999, KZR 35/97, WuW/E DE-R 357, 358 (Feuerwehrgeräte).

regelnd in einen Geschäftsverkehr einzugreifen, in denen ein Newcomer an seinem Marktzutritt und dem Verfolgen des (bisher einzigen) Marktteilnehmers im dynamischen Wettbewerbsprozess gehindert wird[23].

Die gleiche Beurteilung liegt dem am 1.1.1999 in Kraft getretenen § 19 Abs. 1, 4 Nr. 4 GWB zugrunde, der ausdrücklich einen konkurrentennützigen Zugangsanspruch zu wettbewerbsnotwendigen Netzen und Infrastruktureinrichtungen eines marktbeherrschenden Unternehmens normiert. Diese Vorschrift geht ohne weiteres davon aus, dass es einen „Markt" für die nachgefragte Einrichtung gibt, den ihr Anbieter beherrscht[24].

2. Der räumlich relevante Markt

a) Räumlicher Markt

Der räumlich relevante Markt ist ebenfalls anhand der funktionellen Austauschbarkeit der angebotenen Güter abzugrenzen (Bedarfsmarktkonzept). Es kommt darauf an, in welchem räumlichen Bereich zumutbare Lieferalternativen vorhanden sind[25], bzw. der Bereich, in dem der Bedarf nach einem Gut auftritt und gedeckt werden kann[26]. Die Zumutbarkeit alternativer Angebote richtet sich beispielsweise danach, ob erheblich höhere Kosten aufgewendet werden müssten oder ob einem Nachfrager sonstiger Aufwand entsteht, um diese in Anspruch nehmen zu können[27]. Darüber hinaus kommen auch tatsächliche Aspekte wie die Verderblichkeit der Ware, deren besondere regionale oder lokale Bedeutung etc. in Betracht[28].

Wie bei der sachlichen Marktabgrenzung könnte ein Anbieter auch hier einwenden, ein Newcomer könne seinen Bedarf ebenso gut in anderen räum-

---

[23] Vgl. oben 1. Abschnitt C.II., III.

[24] So auch *Bunte* WuW 1997, 302, 314; *Haus*, S. 42f; vgl. auch die RegBegr. zum Entwurf der 6. GWB-Novelle, BT-Drs. 13/9720, S. 51.

[25] BGH, 23.2.1988, KZR 17/86, WuW/E BGH 2483, 2488 (Sonderungsverfahren); BGH, 15.11.1994, KVR 29/93, BGHZ 128, 17, 30 (Gasdurchleitung); BGH, 14.7.1998, KZR 15/97, unter II.1a) (Schilderprägebetrieb); BGH, 14.7.1998, KZR 19/97, WuW/E DE-R 222, 223 (Trabrennen); BGH, 22.7.1999, KZR 13/97, WuW/E BGH DE-R 352, 355 (Kartenlesegerät), BGH, 18.1.2000, KVR 23/98, WuW/E Verg 297, 300 (Tariftreueerklärung II). *Knöpfle* „Schwerpunkte", S. 139, 207ff m.z.N.; *Möschel* in I/M zu § 19 GWB, Rz. 35.

[26] BGH, 22.10.1973, KZR 3/73, WuW/E BGH 1299, 1301f (Strombezugspreis); vgl. auch BGH, 26.10.1972, KZR 54/71, WuW/E BGH 1238, 1242 (Registrierkassen).

[27] BGH in „Sonderungsverfahren" aaO. (vorletzte Fn.); BGH in „Schilderprägebetrieb" aaO. (vorletzte Fn.); BGH in „Trabrennen" aaO. (vorletzte Fn.); BGH in „Tariftreueerklärung II" aaO. (vorletzte Fn.). Vgl. auch *Freitag* WuW 1971, 296.

[28] *Freitag* aaO. (vorige Fn.); *Knöpfle* „Schwerpunkte", S. 139, 209f m.z.N.

lichen Gebieten befriedigen. Im Gegensatz zu einem bereits belieferten Nachfrager, der seinen Betrieb entsprechend eingerichtet hat, erscheint ein Newcomer insoweit freier. Wie bereits bei der sachlichen Marktabgrenzung gezeigt[29], widerspricht eine solche Kontrahierungsverweigerung jedoch dem Wettbewerbsleitbild offener dynamischer Märkte. § 20 Abs. 1 GWB ist daher insoweit auch auf Newcomer-Nachfrager anwendbar.

Auch der BGH stellte bei der Beurteilung der Kartellrechtswidrigkeit eines Verhaltens allein auf die Verhältnisse auf dem beherrschten Markt ab; die Beeinträchtigung der Wettbewerbsfähigkeit des kartellrechtswidrig behandelten Unternehmens auf anderen, räumlich benachbarten Märkten war demgegenüber unerheblich[30].

b) Räumlicher Anwendungsbereich des § 20 Abs. 1 iVm § 130 Abs. 2 GWB

Im Hinblick auf den später folgenden Vergleich mit der gemeinschaftlichen Rechtslage soll bereits jetzt geklärt werden, inwieweit § 20 Abs. 1 GWB auch auf **ausländische Unternehmen** anwendbar ist.

Nach dem völkerrechtlichen Grundsatz der Gebietshoheit, der für das GWB in der Kollisionsnorm des § 130 Abs. 2 GWB normiert worden ist, muss sich eine vom deutschen Kartellrecht erfasste Wettbewerbsbeschränkung in der Bundesrepublik Deutschland „auswirken". Der Tatbestand, an den insoweit angeknüpft wird, richtet sich nach der jeweils einschlägigen Verbotsnorm[31]. Bezogen auf § 20 Abs. 1 GWB, der die missbräuchliche Behandlung eines Unternehmens durch einen Marktbeherrscher verbietet, unterfallen dieser Vorschrift iVm § 130 Abs. 2 GWB also diejenigen ausländischen Unternehmen, die (auch) im Bundesgebiet tätig sind bzw. tätig werden wollen. Denn nur unter dieser Voraussetzung treten der Erfolg des missbräuchlichen Verhaltens und somit die „Auswirkungen" des gemäß § 20 Abs. 1 GWB verbotenen Handelns iSd § 130 Abs. 2 GWB im Inland ein[32].

Im Übrigen führt das Bedarfsmarktkonzept zu folgenden weiteren Schlussfolgerungen: Eine Monopolstellung liegt dann vor, wenn in dem räumlichen Gebiet, innerhalb dessen ein - wegen § 130 Abs. 2 GWB im Inland befindlicher - Nachfrager seinen Bedarf in zumutbarer Weise befriedi-

---

[29] Vgl. hierzu bereits oben 2. Abschnitt A.I.1a).

[30] Vgl. insbesondere das Urteil des BGH, 22.10.1973, KZR 3/73, WuW/E BGH 1299, 1301f (Strombezugspreis).

[31] Vgl. nur BGH, 12.7.1973, KRB 2/72, WuW/E BGH 1276, 1279 (Ölfeldrohre) m.z.N. *Rehbinder* in I/M zu § 130 Abs. 2 GWB, Rz. 10 m.z.N.

[32] Vgl. auch *Rehbinder* in I/M zu § 130 Abs. 2 GWB, Rz. 12 m.z.N.

gen kann, nur *ein* Anbieter dieses Gutes vorhanden ist[33]. Da § 130 Abs. 2 GWB für jede Verbotsnorm des GWB speziell auszulegen ist, kommt es bei der Anwendung des § 20 Abs. 1 GWB also nicht entscheidend darauf an, dass die *marktbeherrschende Stellung* des Verbotsadressaten auf dem deutschen Markt besteht[34]. Vielmehr ist ein Unternehmen dann Monopolist, wenn im Inland für die Marktgegenseite keine „Ausweichmöglichkeiten" bestehen, ihren Bedarf zu befriedigen[35].

Bei der Feststellung der überragenden Marktstellung eines Unternehmens iSd § 19 Abs. 1 *Nr. 2* GWB ist seit der Sechsten Novelle des GWB ausdrücklich die Berücksichtigung des Wettbewerbs „durch innerhalb oder außerhalb des Geltungsbereichs dieses Gesetzes ansässige Unternehmen" vorgesehen. Für die Feststellung einer marktbeherrschenden Stellung iSd § 19 Abs. 2 *Nr. 1* GWB sind jedoch keine vergleichbaren ausdrücklichen Regelungen in das GWB aufgenommen worden. Auch nach In-Kraft-Treten der Sechsten GWB-Novelle ist daher auf die soeben dargelegten Grundsätze des § 130 Abs. 2 GWB zurückzugreifen.

3. Der zeitlich relevante Markt

Unter Zugrundelegung des Bedarfsmarktkonzepts ist es denkbar, dass ein Bedarf nur durch ein bestimmtes, zeitlich beschränkt nachgefragtes Gut befriedigt werden kann, sodass der relevante Markt nur für einen bestimmten Zeitraum besteht[36]. Als Beispiel aus der Rechtsprechung des BGH ist insoweit der Kartenvorverkauf für ein Fußballspiel zweier europäischer Spitzenmannschaften im Rahmen eines internationalen Sportereignisses zu nennen, das aus Sicht des Publikums nicht mit gewerblichen Leistungen für andere oder spätere Freizeitaktivitäten vergleichbar war („Gekoppelter Kartenverkauf")[37].

Die zeitliche Abgrenzung, wann ein bestimmter Markt bestanden hat, ist für den Anspruch aus § 20 Abs. 1 iVm § 33 GWB deshalb von Bedeutung,

---

[33] Vgl. BGH, 10.11.1992, KVR 26/91, WuW/E BGH 2828, 2836 (Taxigenossenschaft II); BGH, 19.1.1993, KVR 25/91, WuW/E BGH 2875, 2877 (Herstellerleasing).

[34] Dies verkennt der Beschluss des BGH, 25.10.1988, KVR 1/87, WuW/E BGH 2535, 2538 (Lüsterbehangsteine).

[35] Vgl. auch *Knöpfle* „Schwerpunkte", S. 139, 214ff m.z.N.

[36] *Knöpfle* „Schwerpunkte", S. 139, 216f m.z.N.

[37] BGH, 26.5.1987, KVR 4/86, BGHZ 101, 100, 103f (Gekoppelter Kartenverkauf). Als weiteres Beispiel aus der Rspr. ist die regelmäßige Veranstaltung einer Fachmesse für Wintersportartikel im Frühjahr eines Jahres zu nennen, wenn die Messebesucher überwiegend jeweils im Frühjahr ihre Warenbestellungen vorzunehmen pflegen (BGH, 3.3.1969, KVR 6/68, BGHZ 52, 65, 67f (Sportartikelmesse), vgl. hierzu *vGamm* in: FS Pfeiffer, S. 643, 649).

weil Missbrauch und marktbeherrschende Stellung *zu derselben Zeit* vorgelegen haben müssen[38]. Da § 20 Abs. 1 GWB seinem ausdrücklichen Wortlaut nach nur marktbeherrschenden Unternehmen bestimmte Verhaltensweisen verbietet, jedoch kein allgemeines Missbrauchsverbot enthält, muss zwischen der Marktmacht eines Unternehmens und deren Missbrauch ein Kausalzusammenhang bestehen[39]. Dieser Zusammenhang liegt nicht vor, wenn beide Tatbestandsmerkmale nicht gleichzeitig vorgelegen haben.

Vergleichbare zeitliche Vorgaben für das *von einem Machtmissbrauch betroffene* Unternehmen gibt es im Tatbestand des § 20 Abs. 1 GWB nicht. Dessen zur Zeit des Missbrauchs bereits bestehende oder künftige Stellung auf dem relevanten Markt ist - ebenso wie bei der sachlichen und räumlichen Marktabgrenzung[40] - irrelevant. Insbesondere ist es für die Marktabgrenzung im Rahmen des § 20 Abs. 1 GWB also unerheblich, ob das betroffene Unternehmen bereits aktueller Marktteilnehmer ist, oder ob es nach seinem Markteintritt Wettbewerber des Marktbeherrschers werden und diesen möglicherweise aus seiner marktbeherrschenden Stellung verdrängen wird[41].

Die Tatsache, dass ein Nachfrager das begehrte Gut möglicherweise selbst in Zukunft herstellen und so den Marktbeherrscher aus seiner Stellung verdrängen könnte, könnte jedoch im Rahmen der Einwände des Monopolisten gegen die Missbräuchlichkeit seines Verhaltens zu berücksichtigen sein[42]. Diese Frage wird unten unter **D.** näher untersucht werden.

4. Ergebnis

Bei einer wettbewerbsverhindernden Kontrahierungsverweigerung besteht der sachliche, räumliche und zeitliche Markt aus dem von einem Newcomer-Konkurrenten nachgefragten Gut. Die Marktgegenseite, deren Bedarf über die Abgrenzung des relevanten Marktes entscheidet, kann sowohl aktueller, wie auch potentieller Marktteilnehmer sein[43]. Anderenfalls könnte der Zweck des Missbrauchsverbotes, das chancengleiche Nachfolgen von Konkurrenten

---

[38] BGH in „Sportartikelmesse" aaO. (vorige Fn.), S. 68f; BGHZ in „Gekoppelter Kartenverkauf" aaO. (vorige Fn.).

[39] Vgl. hierzu bereits oben 1. Abschnitt C.I.

[40] Vgl. oben 2. Abschnitt A.I.1a) und 2a).

[41] Vgl. BGH, 3.3.1969, KVR 6/68, BGHZ 52, 65, 68f (Sportartikelmesse).

[42] So auch das BKartA in seiner Entscheidung, die dem BGH-Beschluss „Gasdurchleitung" voraus ging, 29.6.1992, VN - 214/91, RdE 1992, 197, 199 (Gasdurchleitung).

[43] So auch *Ebel* WuW 1994, 731, 732; *Markert* BB 1994, 1645, 1646; *ders.* et 1995, 400, 401; *ders.* WuW 1995, 560, 567. A.A.: *Klaue* RdE 1994, 88, 90 und *Langer* et 1995, 395, 396. Zweifelnd: *Bunte* WuW 1997, 302, 314.

hinter dem marktbeherrschenden „Pionier“ (wieder) zu ermöglichen, nicht verwirklicht werden[44]. Ein Newcomer kann daher wählen, ob, wann und in welchen Markt er eintritt.

II. Beherrschende Stellung

Die Feststellung der marktbeherrschenden Stellung eines Unternehmens hängt von zwei Voraussetzungen ab. Erstens muss der Normadressat ein „Unternehmen“ sein (dazu unter **1.**). Zweitens ist die konkrete Marktstärke des Verbotsadressaten zu ermitteln; dies ist im Falle einer Kontrahierungsverweigerung, die das Entstehen von Wettbewerb verhindert, die Marktmacht eines monopolistischen Anbieters (dazu unter **2.**).

1. Unternehmenseigenschaft

Das Tatbestandsmerkmal „Unternehmen“ iSd GWB ist nach dem Sinn und Zweck dieses Gesetzes, die Freiheit des Wettbewerbs zu sichern, auszulegen[45]. Daher fällt jede Tätigkeit im geschäftlichen Verkehr mit Gütern unter diesen Begriff[46], z.B. also auch die Befriedigung eines Bedarfs, der bei der Ausübung eines Berufs oder des Betriebs eines Gewerbetreibenden auftritt[47]. Rechtsform, Auftreten als Anbieter oder Nachfrager und Gewinnerzielungsabsicht sind insoweit unerheblich[48]. Wie sich bereits aus § 130 Abs. 1 GWB ergibt, werden also auch Unternehmen im Eigentum der öffentlichen Hand vom GWB erfasst. Die Wahrnehmung öffentlich-rechtlicher Aufgaben berührt die Unternehmenseigenschaft iSd GWB nicht, soweit deren privatrechtlicher Verkehr betroffen ist[49]. Das Gleiche gilt für künstlerische oder

---

[44] So auch *Emmerich* in LM zu § 44 GWB, Nr. 3, Bl. 9, 10.

[45] Std. Rspr. BGH, 29.10.1970, KZR 3/70, WuW/E BGH 1142 (Volksbühne II); BGH, 19.9.1974, KZR 14/73, WuW/E BGH 1325 (Schreibvollautomat); BGH, 16.12.1976, KVR 5/75, WuW/E BGH 1474, 1476f (Architektenkammer); BGH, 11.12.2001, KZR 5/00, WRP 2002, 457, 458 (Privater Pflegedienst) jeweils m.z.N.

[46] BGH, 26.10.1961, KZR 1/61, BGHZ 36, 91, 102f (Gummistrümpfe) mit Hinweisen auf die Gesetzesbegründung; BGH in „Schreibvollautomat“ aaO. (vorige Fn.); BGH, 22.3.1976, GSZ 2/75, WuW/E BGH 1469 (Autoanalyzer) jeweils m.w.N.

[47] BGH in „Schreibvollautomat“ aaO. (vorletzte Fn.) m.z.N.

[48] BGH, 29.10.1970, KZR 3/70, WuW/E BGH 1142, 1143 (Volksbühne II).

[49] BGH, 26.10.1961, KZR 1/61, BGHZ 36, 91, 102 (Gummistrümpfe); BGH, 22.3.1976, GSZ 2/75, WuW/E BGH 1469, 1470 (Autoanalyzer); BGH, 7.3.1989, KZR 15/87, BGHZ 107, 273, 277 (Staatslotterie) m.w.N.

freiberufliche Tätigkeiten, soweit deren wirtschaftliche Verwertung tangiert ist[50].

Ein „Unternehmen" muss im „geschäftlichen Verkehr" tätig sein. § 20 Abs. 1 GWB erfasst daher solche Tätigkeiten nicht, die nicht im Geschäftsverkehr mit anderen Unternehmen erbracht werden. Die Erstellung eines ausschließlich verbandsintern gebrauchten Verzeichnisses wäre daher z.B. keine Tätigkeit eines „Unternehmens"[51].

§ 20 Abs. 1 GWB setzt seinem ausdrücklichen Wortlaut nach nicht nur voraus, dass der Verbotsadressat ein „Unternehmen" ist, sondern auch der Normbegünstigte. Daher werden Beeinträchtigungen von Endverbrauchern nicht vom Anwendungsbereich des § 20 Abs. 1 GWB erfasst[52]. Auch ein Newcomer kann jedoch ein „Unternehmen" iSd GWB sein, selbst wenn er noch keine unternehmerische Tätigkeit aufgenommen hat. Wie nämlich aus der oben dargelegten Definition des „Unternehmens" iSd § 20 Abs. 1 GWB deutlich wird, sind Kriterien wie die aktuelle oder geplante Marktteilnahme der Verfahrensbeteiligten irrelevant. Soweit der BGH bisher über den erstmaligen Marktzutritt von Newcomern im Rahmen des § 20 Abs. 1 GWB (bzw. § 26 Abs. 2 GWB a.F.) zu entscheiden hatte, hat er diese Fragestellung nicht erwähnt[53].

---

[50] BGH, 20.11.1964, KZR 3/64, WuW/E BGH 647, 650f (Rinderbesamung): freiberufliche Tierärzte; BGH in „Volksbühne II" aaO. (vorletzte Fn.), S. 1142f: entgeltliche Verwertung schauspielerischer Darbietungen durch ein Theater; BGH, 19.9.1974, KZR 14/73, WuW/E BGH 1325 (Schreibvollautomat): Rechtsanwalt; BGH, 16.12.1976, KVR 5/75, WuW/E BGH 1474, 1476f (Architektenkammer): Architekten; BGH, 3.5.1988, KVR 4/87, ZiP 1988, 935, 938 (GEMA-Wertungsverfahren): Wahrnehmungsgesellschaft für musikalische Nutzungsrechte und Vergütungsansprüche.

[51] BGH, 7.10.1980, KZR 25/79, WuW/E BGH 1740, 1741 (Rote Liste). Vgl. auch BGH in „Rinderbesamung" aaO. (vorige Fn.), S. 648f.

[52] BGH, 29.10.1970, KZR 3/70, WuW/E BGH 1142, 1143 (Volksbühne II).

[53] Vgl. BGH, 3.3.1969, KVR 6/68, BGHZ 52, 65, 65ff (Sportartikelmesse); BGH, 30.9.1971, KZR 12/70, WuW/E BGH 1200ff (Vermittlungsprovision für Flugpassagen); BGH, 30.9.1971, KZR 13/70, WuW/E BGH 1211ff (Kraftwagen-Leasing); BGH, 13.3.1979, KZR 25/77, WuW/E BGH 1646ff (Vermittlungsprovision für Flugpassagen II); BGH, 7.10.1980, KZR 8/80, WuW/E BGH 1783ff (Neue Osnabrücker Zeitung); BGH, 13.11.1990, KZR 25/89, WuW/E BGH 2683ff (Zuckerrübenanlieferungsrecht); BGH, 15.11.1994, KVR 29/93, BGHZ 128, 17ff (Gasdurchleitung); BGH, 21.2.1995, KVR 10/94, WuW/E BGH 2990ff (Importarzneimittel).

In dem Verfahren „Gasglühkörper" bejahte der BGH die Unternehmenseigenschaft einer Verfahrensbeteiligten, die seit ca. 10 Jahren nicht mehr tätig war, iSd **§ 1 GWB** a.F., weil sie noch über die zur Produktion erforderlichen Maschinen und Warenzeichen verfügte und aus ihrer früheren aktiven Tätigkeit noch Gewinne bezog, sodass sie „sich in absehbarer Zeit auch wieder selbständig im marktwirtschaftlichen Wettbewerb" betätigen konnte (BGH, 26.10.1959, KZR 2/59, WuW/E BGH 359, 360f).

Hierüber hinaus legt der Wortlaut des § 20 Abs. 1 GWB nahe, dass das Tatbestandsmerkmal „Unternehmen“ in erster Linie lediglich den bereits o.g. Zwecken dient, reine unternehmens- oder konzerninterne Maßnahmen sowie Geschäftsbeziehungen zu Endverbrauchern aus dem Anwendungsbereich dieser Vorschrift herauszunehmen. Dem Erfordernis, dass die Marktteilnahme des normbegünstigten Unternehmens in gewisser zeitlicher Nähe bevorsteht, tragen demgegenüber andere Tatbestandsmerkmale Rechnung, insbesondere die „üblicherweise Zugänglichkeit des Geschäftsverkehrs“ sowie das für den Schadensersatz gemäß § 33 GWB erforderliche Verschulden des Marktbeherrschers, das u.a. davon abhängig ist, dass er die Kartellrechtswidrigkeit seiner Verhaltensweise und dessen nachteilige Auswirkungen auf andere vorhersehen konnte[54]. Es ist daher davon auszugehen, dass die Frage der Unternehmenseigenschaft keine Voraussetzungen aufstellen soll, die den Anwendungsbereich des § 20 Abs. 1 GWB über die o.g. Fälle hinaus einschränken.

2. Monopolistische Marktstärke, insbesondere gesetzliche Monopolstellungen

Die Legaldefinition der „marktbeherrschenden Stellung“ ist § 19 Abs. 2 GWB zu entnehmen. Entscheidend ist hiernach die Wettbewerbssituation auf dem jeweiligen Markt und der Verhaltensspielraum, den ein Unternehmen hat, ohne von anderen Marktteilnehmern beeinflusst zu werden[55].

Für die Beurteilung der Kartellrechtmäßigkeit einer wettbewerbsverhindernden Kontrahierungsverweigerung kommt es nur auf das Bestehen einer *Monopolstellung* an. Anderenfalls hätte der Verbotsadressat nämlich den Markteintritt eines Newcomer-Konkurrenten durch seine Kontrahierungsverweigerung nicht erfolgreich verhindern können.

Nach der Legaldefinition des § 19 Abs. 2 Nr. 1, 1. Alt. GWB ist ein Unternehmen Monopolist, wenn es auf „seiner“ Marktstufe als einziges Unternehmen tätig, also ohne Konkurrenten, ist[56]. Für die Anwendbarkeit der §§ 19ff GWB ist es unerheblich, ob diese Stellung auf tatsächlichen Verhält-

---

[54] Vgl. hierzu unten 2. Abschnitt E.II.

[55] Vgl. RegBegr. zum Entwurf eines GWB, BT-Drs. II/1158, S. 39; RegBegr. zum Entwurf der 2. GWB-Novelle, BT-Drs. VI/2520, S. 21; *Emmerich* § 18.7b), S. 175f; *Bartholomeyczik* WuW 1971, 764, 769.

[56] Vgl. aus der Rspr. des BGH: BGH, 20.11.1964, KZR 3/64, WuW/E BGH 647, 649 (Rinderbesamung); BGH, 7.10.1980, KZR 8/80, WuW/E BGH 1783, 1784 (Neue Osnabrücker Zeitung); BGH, 6.10.1992, KZR 10/91, GRUR 1993, 146, 147 (Stromeinspeisung); BGH, 19.3.1996, KZR 1/95, WuW/E BGH 3058, 3062 (Pay-TV-Durchleitung); BGH, 2.7.1996, KZR 31/95, WuW/E BGH 3074, 3075 (Kraft-Wärme-Kopplung).

nissen oder auf gesetzlichen Vorschriften (z.B. Ausschließlichkeitsrechten) beruht[57].

a) Bedeutung des „potentiellen Wettbewerbs"

Bei der Feststellung der Marktstärke eines Unternehmens, die seinen unbeeinflussten Verhaltensspielraum auf dem Markt widerspiegelt, sind nicht nur aktuelle, sondern auch potentielle Konkurrenten zu berücksichtigen. Ein auf einem Markt bereits etabliertes Unternehmen kann nämlich unter bestimmten Voraussetzungen bereits von potentiellen Konkurrenten, also künftigen Marktteilnehmern, in seinem Verhalten beeinflusst werden. Allein aus der Befürchtung heraus, dass bestimmte Konkurrenten in „seinen" Markt eintreten könnten und die Marktverhältnisse wesentlich - etwa aufgrund der Marktmacht auf anderen, insbesondere vor- oder nachgelagerten Märkten - beeinflussen könnten, kann ein Marktteilnehmer dazu veranlasst werden, sein Gut zu bestimmten („vorausschauenden") Bedingungen anzubieten[58]. Ein derart in seinem Marktverhalten beeinflusstes Unternehmen beherrscht jedoch den relevanten Markt nicht (zumindest nicht in erheblichem Umfang). Es verfügt nämlich nicht über ausreichende Spielräume, die es ihm gestatten, sein Gut nach (weitestgehend) eigenen Vorstellungen zu vertreiben.

Die zum 1.1.1999 in Kraft getretene Sechste Novelle des GWB regelt für die Feststellung einer „überragenden Marktstellung" ausdrücklich, dass „der tatsächliche oder potentielle Wettbewerb durch ... Unternehmen ... zu berücksichtigen" ist (19 Abs. 2 *Nr. 2* GWB)[59]. Bei der Legaldefinition der Monopolstellung ist jedoch die bisher in § 22 Abs. 1 Nr. 1 GWB a.F. getroffene Regelung inhaltlich beibehalten worden (§ 19 Abs. 2 *Nr. 1* GWB). Auch nach In-Kraft-Treten der Sechsten GWB-Novelle sind also weiterhin die oben dargestellten Grundsätze anzuwenden.

Wenn der Markteintritt eines Nachfragers durch die Kontrahierungsverweigerung eines Anbieters erfolgreich verhindert werden konnte, braucht die (potentielle) Marktstärke des betreffenden *Nachfragers* nicht bei der Beurteilung der beherrschenden Stellung des Anbieters berücksichtigt zu werden. In diesem Fall konnte nämlich der Nachfrager die Stärke des Anbieters

---

[57] S. nur BGH, 7.11.1960, KZR 1/60, BGHZ 33, 259, 261 (Molkereigenossenschaft); BGH in „Rinderbesamung" aaO. (vorige Fn.); BGH, 7.3.1989, KZR 15/87, BGHZ 107, 273, 278 (Staatslotterie). Vgl. auch BGH in „Stromeinspeisung" aaO. (vorige Fn.).

[58] RegBegr. zum Entwurf der 2. GWB-Novelle, BT-Drs. VI/2520, S. 22; Bundesregierung in ihrer Stellungnahme zum Tätigkeitsbericht des BKartA 1969, BT-Drs. VI/950, S. 4; *Bartholomeyczik* WuW 1971, 764ff m.z.N.; *Bechtold* zu § 19 GWB, Rz. 23 m.w.N.; GK-*Leo* zu § 19 GWB, Rz. 613; *Freitag* WuW 1971, 297. Vgl. auch *vGamm* in: FS Pfeiffer, S. 643, 646f, 654f.

[59] Vgl. hierzu auch die RegBegr. zum Entwurf der 6. GWB-Novelle, BT-Drs. 13/9720, S. 36.

noch nicht machtmindernd beeinflussen und diesen von seiner Kontrahierungsverweigerung abhalten. Der nachfragende Newcomer zählt mithin nicht zur „potentiellen Konkurrenz" im o.g. Sinne, auf dessen zu erwartenden Einfluss der Marktbeherrscher bereits jetzt Rücksicht nehmen muss. Soweit der BGH über solche Sachverhalte zu entscheiden hatte, hat er die künftigen Einflussmöglichkeiten eines behinderten Newcomer-Konkurrenten bei der Beurteilung der Marktstärke des Anbieters nicht erwähnt[60].

b) Potentielle Marktmacht des Verbotsadressaten

Wenn nur ein solcher Anbieter marktbeherrschend und damit Verbotsadressat des § 20 Abs. 1 GWB wäre, der bereits auf dem relevanten Markt tätig ist, indem er sein Gut Nachfragern anbietet, wäre § 20 Abs. 1 GWB nicht anwendbar, wenn eine Kontrahierungsverweigerung dem *ersten* Nachfrager nach einem Gut gilt. Auf eine solche Auslegung könnte der allgemeine Sprachgebrauch hindeuten, wonach ein Markt nur durch aktives Tun „beherrscht" werden kann, indem die Marktgegenseite beispielsweise zu nachteiligen Vertragsabschlüssen gezwungen wird oder Konkurrenzunternehmen aus dem Markt gedrängt werden[61].

Diese Auslegung berücksichtigt jedoch nicht die oben unter a) geschilderten tatsächlichen Auswirkungen des **potentiellen Wettbewerbs** auf das Marktgeschehen[62]: Da das Verhalten eines Marktteilnehmers von potentiellen Wettbewerbern beeinflusst werden kann, kann unter bestimmten Voraussetzungen auch der Einfluss potentieller Konkurrenzunternehmen auf den Markt so groß sein, dass *deren* Verhalten das Marktgeschehen wesentlich gestaltet und diese den betreffenden Markt iSd § 20 Abs. 1 GWB beherr-

---

[60] Vgl. nur BGH, 7.11.1960, KZR 1/60, BGHZ 33, 259, 260f (Molkereigenossenschaft); BGH, 20.11.1964, KZR 3/64, WuW/E BGH 647, 648f (Rinderbesamung); BGH, 6.10.1992, KZR 10/91, GRUR 1993, 146, 147 (Stromeinspeisung); BGH, 15.11.1994, KVR 29/93, BGHZ 128, 17, 30 (Gasdurchleitung).

[61] So *Niewöhner*, S. 36ff.

[62] Vgl. auch *Stewing*, S. 60f. *Niewöhner*, der die hier abgelehnte Auffassung vertritt (vgl. vorige Fn.), erkennt zwar den Einfluss des potentiellen Wettbewerbs auf sämtliche Marktteilnehmer an (S. 56f), ohne jedoch die folgenden Schlussfolgerungen hinsichtlich deren Beherrschungsmöglichkeiten zu ziehen.

Auch der von *Niewöhner*, S. 41, zum Beleg zitierte Beschluss des BGH „Kfz-Kupplungen" (BGH, 21.2.1978, KVR 4/77, WuW/E BGH 1501, 1503) stützt seine These, ein potentieller Marktteilnehmer könne nicht Verbotsadressat der §§ 22ff GWB a.F. (heute: §§ 19ff GWB) sein, nicht: Der BGH vernachlässigte in dieser Entscheidung den potentiellen Wettbewerb lediglich bei der Berechnung des (tatsächlichen und daher aufgrund aktueller Marktdaten zu errechnenden) Marktanteils des Verbotsadressaten; dennoch hielt der BGH aaO. die Berücksichtigung des potentiellen Wettbewerbs bei einer „Gesamtbetrachtung aller wettbewerbsbestimmenden Umstände auf dem relevanten Markt" für „notwendig".

schen. Eine beherrschende Stellung kann also unabhängig davon bestehen, ob ein Unternehmen aktiv an einem Markt teilnimmt oder ob es andere Unternehmen (gerade) dadurch in ihrer Tätigkeit behindert, dass es eine Marktteilnahme unterlässt, indem es z.B. die Überlassung eines nachgefragten Gutes verweigert[63].

Ein tatsächliches Beispiel aus der Kartellrechtspraxis dafür, wie gerade eine unterlassene Marktteilnahme zu einer marktbeherrschenden und darüber hinaus sogar monopolistischen Stellung führen kann, liefert der Sachverhalt des BGH-Beschlusses „Gasdurchleitung“[64]: Auf dem sachlich, räumlich und zeitlich relevanten Markt für die Durchleitung von Erdgas war der Netzeigentümer, der seine Versorgungsleitungen ausschließlich für eigene Zwecke nutzte, der einzige potentielle Anbieter. Dieses Unternehmen konnte allein dadurch, dass es den Zugang zu seinem Netz verweigerte, nicht nur den Eintritt eines Nachfragers in den (Durchleitungs-) Markt verhindern, sondern auch die Konkurrenz dieses Nachfragers auf dem nachgelagerten Markt für die Versorgung von Endverbrauchern mit dem durchgeleiteten Gas. Auch ohne dass der Netzinhaber sein Netz und somit den entsprechenden Markt für Nachfrager bereits geöffnet hatte, waren dieser Markt und dessen (potentielle) Teilnehmer also allein von dem Verhalten *dieses* Unternehmens abhängig - da es keine anderen Anbieter von Versorgungsleitungen gab, konnte der einzige Leitungseigentümer sein Verhalten unbeeinflusst von anderen (aktuellen oder potentiellen) Marktteilnehmern durchsetzen und war somit Monopolist iSd § 19 Abs. 2 Nr. 1, 1. Alt. GWB[65].

Dieses Beispiel aus der Rechtsprechung kann auf sämtliche Fälle einer wettbewerbsverhindernden Kontrahierungsverweigerung übertragen werden: Wenn ein Unternehmen durch seine Weigerung, ein Gut zu überlassen, das Entstehen von Wettbewerb erfolgreich verhindern kann, kam auf dem sachlichen, räumlichen und zeitlich relevanten Markt für den Nachfrager kein anderer als Lieferant in Betracht. Der Anbieter, der die Kontrahierung verweigert hat, ist also Monopolist.

c) Monopolstellung aufgrund gewerblicher Schutzrechte

Ein gewerbliches Schutzrecht räumt seinem Inhaber eine rechtliche Ausschließlichkeitsstellung hinsichtlich des geschützten Gutes ein. Wenn ein Unternehmen durch die Verweigerung einer Kontrahierung die Entstehung von Wettbewerb verhindern konnte, ist es jedoch bereits aufgrund seiner *tat-*

---

[63] Vgl. auch *Stewing*, S. 61.

[64] BGH, 15.11.1994, KVR 29/93, BGHZ 128, 17ff (Gasdurchleitung).

[65] Vgl. BGH in „Gasdurchleitung“ aaO. (vorige Fn.), S. 30. Vgl. auch *Stewing*, S. 61.

sächlichen Alleinstellung als einziger (potentieller) Anbieter des nachgefragten Gutes „marktbeherrschend" iSd § 20 Abs. 1 GWB[66]. Auf die Frage, ob allein ein gewerbliches Schutzrecht seinem Inhaber eine marktbeherrschende Stellung verschafft[67], kommt es daher hier nicht an.

3. Ergebnis

Ein „Unternehmen" iSd § 20 Abs. 1 GWB muss nicht bereits an dem relevanten Markt teilnehmen. Im Fall einer wettbewerbsverhindernden Kontrahierungsverweigerung ist der (potentielle) Anbieter aufgrund seiner tatsächlichen Alleinstellung Monopolist. Das Bestehen gewerblicher Schutzrechte an dem nachgefragten Gut ist hierbei nicht entscheidungserheblich.

III. Ergebnis

Die sachliche, räumliche und zeitliche Abgrenzung des relevanten Marktes nach dem Bedarfsmarktkonzept kann auch aus der Sicht eines künftigen Marktteilnehmers erfolgen. Für das Tatbestandsmerkmal „Markt" ist es insbesondere unerheblich, ob dieser durch die Teilnahme eines Newcomer-Nachfragers erst entsteht, weil das nachgefragte Gut bisher noch keinem Nachfrager überlassen worden ist.

Das Gleiche gilt für die Feststellung der marktbeherrschenden Stellung eines Anbieters. Ein Unternehmen ist - auch ohne bereits aktuell an einem Markt teilzunehmen - bereits dann marktbeherrschend, wenn es allein dadurch, dass es ein Gut *nicht* anbietet, die Verhältnisse auf dem relevanten Markt wesentlich (mit-) bestimmt, weil die Nachfrager ohne sein Gut nicht an diesem Markt teilnehmen können. Aufgrund der tatsächlichen Alleinstellung dieses Unternehmens als einziger (zumindest potentieller) Anbieter kommt es auf das Bestehen eines gewerblichen Schutzrechts an dem nachgefragten Gut nicht an.

Wegen § 130 Abs. 2 GWB richtet sich die Feststellung einer Monopolstellung nach den im Inland befindlichen Ausweichmöglichkeiten zur Befriedigung des Bedarfs (auch ausländischer) Unternehmen, weil sich nur dann eine wettbewerbsbeschränkende Kontrahierungsverweigerung im Inland auswirkt.

---

[66] Vgl. auch BGH, 10.2.1987, KZR 43/85, WuW/E BGH 2368, 2369 (Handtuchspender); BGH, 3.5.1988, KVR 4/87, ZiP 1988, 935, 937 (GEMA-Wertungsverfahren). In diesen Entscheidungen hat der BGH die marktbeherrschende Stellung des Verbotsadressaten ebenfalls allein aufgrund der tatsächlichen Umstände, jedoch nicht aufgrund der gewerblichen Schutzrechte des betreffenden Unternehmens festgestellt.

[67] Dagegen: GK-*Benisch* zu § 26 Abs. 2 und 3 GWB, Rz. 15 m.w.N.

B. Üblicherweise zugänglicher Geschäftsverkehr für gleichartige Unternehmen

§ 20 Abs. 1 GWB verbietet Verhaltensweisen, die in einem Geschäftsverkehr ausgeübt worden sind, der „gleichartigen Unternehmen üblicherweise zugänglich" ist.

In der Rechtsprechung wurde insoweit zum Teil vorausgesetzt, dass der marktbeherrschende Anbieter einen Geschäftsverkehr bereits gegenüber Nachfragern praktiziert hat, indem er diesen sein Gut überlassen hat. So lehnte das OLG Karlsruhe die Belieferung eines Zeitschriftengroßhändlers durch einen marktbeherrschenden Verlag, der für eine bestimmte Region nur einen einzigen Nachfrager belieferte, mit dem Argument ab, dass der Verlag nicht zur Herstellung von Wettbewerb durch Belieferung *mehrerer* Grossisten verpflichtet sei („Zeitschriftenvertrieb")[68]. Unter dieser Prämisse wäre eine wettbewerbsverhindernde Kontrahierungsverweigerung auf einem bisher monopolistisch strukturierten Markt mangels Üblichkeit des Zugangs für gleichartige Unternehmen rechtmäßig, wenn der Monopolist das begehrte Gut bisher ausschließlich selbst genutzt hat[69] (dazu unter **I.**). Das Gleiche gilt dann, wenn der marktbeherrschende Anbieter bisher erst mit einem (oder zumindest wenigen) Unternehmen der Marktgegenseite in geschäftliche Beziehungen getreten ist und ein Geschäftsverkehr *häufig* praktiziert werden muss, um „üblich" iSd § 20 Abs. 1 GWB zu sein. Diese Frage stellt sich insbesondere bei knappen Gütern (dazu unter **II.**).

In der ständigen Rechtsprechung des BGH wurde das Tatbestandsmerkmal des „für gleichartige Unternehmen üblicherweise zugänglichen Geschäftsverkehrs" folgendermaßen ausgelegt:

- Ein „**Geschäftsverkehr**" iSd § 20 Abs. 1 GWB ist - ähnlich wie ein „Markt" iSd § 19 Abs. 2 GWB - der Verkehr mit Waren oder Leistungen (Gütern)[70];

---

[68] OLG Karlsruhe, 25.5.1977, 6 U 105/76 (Kart), WuW/E OLG 1855, 1857 (Zeitschriftenvertrieb), die Revision in dieser Sache wurde zurückverwiesen, BGH, 10.10.1978, KZR 10/77, WuW/E BGH 1527ff (Zeitschriften-Grossisten). Vgl. auch BGH, 1.6.1977, KZR 3/76, WuW/E BGH 1493, 1495 (Medizinischer Badebetrieb).

[69] So auch *Klaue* RdE 1994, 88, 91; *Langer* et 1995, 395, 396. A.A.: *Ebel* WuW 1994, 731, 735; *Emmerich* AG 1976, 57, 61f; *ders.* in LM zu § 44 GWB, Nr. 3, Bl. 10; *ders.* § 20.5, S. 222ff; *Markert* BB 1994, 1645, 1647.

[70] BGH, 7.11.1960, KZR 1/60, BGHZ 33, 259, 263 (Molkereigenossenschaft). *Markert* in I/M zu § 20 GWB, Rz. 95ff; *Niewöhner*, S. 97 jeweils m.w.N.

- **„üblich"** ist das, „was sich innerhalb der in Betracht kommenden Kreise in natürlicher wirtschaftlicher Entwicklung als allgemein üblich und als angemessen empfunden herausgebildet hat"[71];

- **„gleichartig"** sind alle Unternehmen, die nach ihrer Tätigkeit und wirtschaftlichen Funktion dem Marktbeherrscher auf der betroffenen Wirtschaftsstufe gegenüber gleich sind[72].

Auch diese Definitionen beantworten jedoch die oben aufgeworfenen Fragen nicht zweifelsfrei: Entweder könnte sich nur das als üblich „herausgebildet *haben*", was bereits existiert, oder eine Verhaltensweise könnte unabhängig von ihrer tatsächlichen Ausübung „als allgemein und angemessen empfunden" werden. Des Weiteren ist fraglich, ob ein Geschäftsverkehr „gleichartigen" Unternehmen zugänglich sein kann, wenn er bisher mit keinem Nachfrager praktiziert worden ist.

I. Üblichkeit trotz fehlender Markttransaktionen gegenüber gleichartigen Unternehmen

Die Frage, ob der Zugang zu einem Geschäftsverkehr auch dann iSd § 20 Abs. 1 GWB für gleichartige Unternehmen „üblich" ist, wenn er bisher weder von dem marktbeherrschenden Anbieter noch von dem Nachfrager oder mit diesen vergleichbaren Unternehmen ausgeübt worden ist, lässt sich mit dem im ersten Abschnitt herausgearbeiteten Wettbewerbsleitbild des GWB beantworten[73]:

Ein marktbeherrschender „Pionier", der verhindern kann, dass ihm Konkurrenten chancengleich nachfolgen und seinen Wettbewerbsvorsprung ein-

---

[71] Std. Rspr. BGH, 20.11.1964, KZR 3/64, WuW/E BGH 647, 651 (Rinderbesamung); BGH, 30.9.1971, KZR 13/70, WuW/E BGH 1211, 1213 (Kraftwagen-Leasing); BGH, 26.10.1972, KZR 54/71, WuW/E BGH 1238, 1242 (Registrierkassen); BGH, 10.10.1978, KZR 10/77, WuW/E BGH 1527, 1528 (Zeitschriften-Grossisten); BGH, 12.2.1980, KRB 4/79, WuW/E BGH 1729, 1730 (Ölbrenner); BGH, 22.9.1981, KVR 8/80, WuW/E BGH 1829, 1833 (Original-VW-Ersatzteile II); BGH, 6.10.1992, KZR 10/91, GRUR 1993, 146, 147 (Stromeinspeisung) jeweils m.z.N. Vgl. auch die RegBegr. zum Entwurf eines GWB, BT-Drs. II/1158, S. 21, 42f.

[72] Std. Rspr. BGH, 1.6.1977, KZR 3/76, WuW/E BGH 1493, 1494 (Medizinischer Badebetrieb); BGH, 18.9.1978, KZR 17/77, WuW/E BGH 1530, 1531 (Faßbierpflegekette); BGH, 8.5.1979, KZR 13/78, WuW/E BGH 1587, 1588 (Modellbauartikel); BGH, 24.9.1979, KZR 16/78, WuW/E BGH 1671, 1671 (robbe-Modellsport); BGH in „Original-VW-Ersatzteile II" aaO. (vorige Fn.); BGH, 19.3.1996, KZR 1/95, WuW/E BGH 3058, 3063 (Pay-TV-Durchleitung); BGH, 17.3.1998, KZR 30/96, WuW/E DE-R 134f (Bahnhofsbuchhandel) jeweils m.z.N. *Ebel* DB 1977, 1781, 1782; *Emmerich* AG 1976, 57, 60.

[73] Vgl. zum Wettbewerbsleitbild des GWB oben 1. Abschnitt A.VIII.1, C.I.

holen, beeinträchtigt den dynamischen Wettbewerbsprozess. Das GWB, insbesondere das Missbrauchsverbot, soll die Offenheit der Märkte mit chancengleichem Wettbewerb schützen. Ein Geschäftsverkehr, in dem ein Konkurrent einem Marktbeherrscher nachfolgen möchte, *soll* daher üblicherweise zugänglich sein, auch bzw. gerade wenn der Marktbeherrscher bisher erfolgreich die Marktteilnahme von Konkurrenten verhindern konnte und den nachgefragten Geschäftsverkehr bisher noch nicht (oder erst mit wenigen Nachfragern) ausgeübt hat[74]. Anderenfalls könnte der für andere Marktteilnehmer folgenschwerste Fall eines missbräuchlichen Verhaltens, die vollständige *Ver*hinderung ihrer Marktteilnahme (im Gegensatz zu deren bloßer *Be*hinderung) nicht von § 20 Abs. 1 GWB erfasst werden, sodass die hoheitliche Missbrauchsaufsicht keinen dynamischen, chancengleichen Wettbewerb (wieder-) herstellen könnte[75].

Mit der gleichen Argumentation ist die Frage zu bejahen, ob ein Geschäftsverkehr auch dann „für gleichartige Unternehmen" zugänglich ist, wenn noch kein Nachfrager an dem relevanten Markt teilgenommen hat. In diesem Fall kann zwar die Kontrahierungsverweigerung eines Verbotsadressaten nicht der Geschäftspraxis gegenüber vergleichbaren Unternehmen gegenübergestellt werden. Der dynamische Wettbewerb iSd GWB wird jedoch beeinträchtigt, wenn der Marktbeherrscher seine Kontrahierungsverweigerung damit rechtfertigen könnte, er beliefere nicht nur einen bestimmten Nachfrager nicht, sondern sämtliche, mit diesem vergleichbare Unternehmen[76]. Der Schutzzweck des GWB gebietet es daher, auch diese Fälle vom Missbrauchsverbot des § 20 Abs. 1 GWB zu erfassen.

---

[74] Vgl. auch BGH, 20.11.1964, KZR 3/64, WuW/E BGH 647, 651 (Rinderbesamung); BGH, 8.6.1967, KZR 5/66, WuW/E BGH 863, 867f (Rinderbesamung II); BGH, 30.9.1971, KZR 13/70, WuW/E BGH 1211ff (Kraftwagen-Leasing); BGH, 26.10.1972, KZR 54/71, WuW/E BGH 1238ff (Registrierkassen); BGH, 6.10.1992, KZR 10/91, GRUR 1993, 146, 147 (Stromeinspeisung); BGH, 15.11.1994, KVR 29/93, BGHZ 128, 17, 28f (Gasdurchleitung); BGH, 21.2.1995, KVR 10/94, WuW/E BGH 2990, 2997f (Importarzneimittel); BGH, 27.4.1999, KZR 35/97, WuW/E DE-R 357, 358f (Feuerwehrgeräte). *Emmerich* AG 1976, 57, 61f; *ders.* in LM zu § 44 GWB, Nr. 3, Bl. 10; *Markert* BB 1994, 1645, 1647; *ders.* WuW 1995, 560, 567ff. A.A.: *Klaue* RdE 1994, 88, 91; *ders.* RdE 1996, 51, 56.

[75] BGH in „Gasdurchleitung" aaO. (vorige Fn.), S. 27ff. Vgl. auch BGH in „Stromeinspeisung aaO. (vorige Fn.). Ähnlich auch *Ebel* WuW 1994, 731, 735; *Emmerich* AG 1976, 57, 61; *ders.* in LM zu § 44 GWB, Nr. 3, Bl. 10; *ders.* § 20.5, S. 222ff m.w.N.; *Markert* „Wettbewerberbehinderung", S. 13f., *ders.* BB 1994, 1645, 1647; *ders.* WuW 1995, 560, 568ff.

[76] BGH, 20.11.1964, KZR 3/64, WuW/E BGH 647, 651 (Rinderbesamung). Vgl. auch *Emmerich* AG 1976, 57, 61; *ders.* § 20.5, S. 222ff m.w.N.

II. Üblichkeit bei knappen Gütern

Darüber hinaus ist die Beurteilung der „Üblichkeit" eines Geschäftsverkehrs problematisch, wenn der nachgefragte Geschäftsverkehr aus tatsächlichen Gründen nur einer begrenzten Anzahl von Nachfragern offen steht. Ein Beispiel für ein derartiges knappes Angebot ist die Nachfrage nach Ausstellungsraum auf einer Warenmesse[77].

Hier gilt nach Sinn und Zweck des GWB, insbesondere der Missbrauchsvorschriften, das oben zum Tatbestandsmerkmal „Markt" Gesagte entsprechend:

Gerade diejenigen Fälle, in denen ein Unternehmen die Entstehung von Wettbewerb verhindert, widersprechen dem vom GWB geschützten dynamischen Wettbewerb, weil Konkurrenten den marktbeherrschenden Pionier nicht einholen können[78]. Wenn der Geschäftsverkehr für ein aus tatsächlichen Gründen begrenztes Angebot nicht „üblicherweise zugänglich" iSd § 20 Abs. 1 GWB wäre, könnte der marktbeherrschende Anbieter sein Gut, für das es ohnehin nur wenige Substitute gibt, ohne jede kartellaufsichtliche Kontrolle in den Geschäftsverkehr bringen. Der Zugang von einigen Marktteilnehmern könnte in diesem Fall dauerhaft verhindert werden, unabhängig u.a. davon, ob tatsächlich ein „Nachfrageüberhang" bestünde oder die begrenzte Kapazität des nachgefragten Gutes bereits sonst erschöpft wäre.

Im Übrigen spricht für eine weite Auslegung des Tatbestandsmerkmals „üblicherweise zugänglich" der Gesetzeswortlaut. Hiernach muss nicht die Zugänglichkeit für *jedes* vergleichbare Unternehmen bestehen, sondern lediglich „üblich" (also im Wortsinn: überhaupt möglich) sein.

---

[77] BGH, 3.3.1969, KVR 6/68, BGHZ 52, 65, 70 (Sportartikelmesse). Vgl. auch den Sachverhalt der Entscheidung des BGH vom 13.11.1990, KZR 25/89, WuW/E BGH 2683, 2686f (Zuckerrübenanlieferungsrecht): Hier war der Umfang der Nachfrage nach Zuckerrüben des marktbeherrschenden Zuckererzeugers durch eine Verordnung der (damaligen:) EWG im Rahmen der Gemeinsamen Marktorganisation für Zucker begrenzt. Vgl. auch BGH, 7.3.1989, KZR 15/87, BGHZ 107, 273, 278 (Staatslotterie); BGH, 14.7.1998, KZR 1/97, WuW/E DE-R 201, 203f (Schilderpräger im Landratsamt). Vgl. auch BGH, 14.7.1998, KZR 15/97, unter II.1b) (Schilderprägebetrieb): Auf dem zur Verfügung stehenden Gelände konnten zwei Nachfrager zugelassen werden.

[78] Vgl. so auch BGH in „Sportartikelmesse" aaO. (vorige Fn.); BGH, 30.9.1971, KZR 13/70, WuW/E BGH 1211, 1214 (Kraftwagen-Leasing): „Besonders Bereiche dieser Art bedürfen für eine gesunde wirtschaftliche Entwicklung auch des durch § 26 Abs. 2 GWB [a.F.: heute: § 20 Abs. 1 GWB] gewährten Schutzes"; BGH, 26.10.1972, KZR 54/71, WuW/E BGH 1238, 1242 (Registrierkassen): „Wahrung wettbewerblicher Belange"; BGH in „Zuckerrübenanlieferungsrecht" aaO. (vorige Fn.). In der letztgenannten Entscheidung wurde mit diesem Argument die Unbilligkeit bzw. die fehlende sachliche Rechtfertigung der Kontrahierungsverweigerung beurteilt. Ähnlich auch *Emmerich* AG 1976, 57, 61f; *ders.* § 20.5, S. 222ff m.w.N.; *Markert* „Wettbewerberbehinderung", S. 13f.

Vgl. hierzu bereits oben 1. Abschnitt C.I., II.

III. Ergebnis

Ein Geschäftsverkehr kann auch dann „gleichartigen Unternehmen üblicherweise zugänglich" sein, wenn er noch nicht tatsächlich praktiziert worden ist. Anderenfalls könnte ein Monopolist durch seine Weigerung, ein bisher ausschließlich selbst genutztes Gut zu überlassen, auf das ein Nachfrager für seine Marktteilnahme angewiesen ist, das chancengleiche Nachfolgen von Konkurrenten und damit das Entstehen dynamischen Wettbewerbs verhindern.

Die gleichen Erwägungen führen dazu, dass auch der Geschäftsverkehr mit einem Gut, das aus tatsächlichen Gründen nur einer begrenzten Anzahl von Nachfragern zur Verfügung steht, „üblich" ist.

Dies gilt - wie die Entstehungsgeschichte des Missbrauchsverbots belegt - auch dann, wenn an dem von dem Newcomer begehrten Gut **gewerbliche Schutzrechte** bestehen: Der Vorschlag, gewerbliche Schutzrechte aus dem Anwendungsbereich des § 26 Abs. 2 GWB a.F. (heute: § 20 Abs. 1 GWB) ausdrücklich herauszunehmen, wurde nicht angenommen[79]. Wenn der Schutzrechtsinhaber anderenfalls den dynamischen Wettbewerbsprozess behindert, ist daher auch die Überlassung gewerblicher Schutzrechte „üblich" iSd § 20 Abs. 1 GWB, auch wenn der Marktbeherrscher[80] diese Schutzrechte noch keinem Nachfrager überlassen hat[81].

C. Behinderung oder Diskriminierung

I. Behinderung, § 20 Abs. 1, 1. Alt. GWB

Ein Unternehmen wird iSd § 20 Abs. 1, 1. Alt. GWB „behindert", wenn sich das Verhalten eines Marktbeherrschers objektiv nachteilig auf seine Geschäftstätigkeit auswirkt[82]. Diese Voraussetzung ist erfüllt, wenn eine nachgefragte Kontrahierung verweigert wird[83].

---

[79] Vgl. *Kellermann* WuW 1958, 643, 652.

[80] Auf die Frage, ob allein die Innehabung gewerblicher Schutzrechte die Verbotsadressateneigenschaft iSd Vorschrift begründet, kommt es im Fall einer wettbewerbsverhindernden Kontrahierungsverweigerung aus tatsächlichen Gründen nicht an, vgl. oben 2. Abschnitt A.II.2c).

[81] Unter diesen zusätzlichen Voraussetzungen vertritt auch GK-*Benisch* (zu § 26 Abs. 2 und 3 GWB, Rz. 70), dass die Überlassung eines Schutzrechts ein „üblicherweise zugänglicher Geschäftsverkehr" ist.

[82] BGH, 22.9.1981, KVR 8/80, WuW/E BGH 1829, 1831 (Original-VW-Ersatzteile II). Vgl. auch BGH, 7.10.1980, KZR 8/80, WuW/E BGH 1783, 1784 (Neue Osnabrücker Zeitung); BGH, 12.3.1991, KZR 26/89, BGHZ 114, 218, 231 (Einzelkostenerstattung); BGH, 12.11.1991, KZR

Aus dem Wortlaut dieses Tatbestandsmerkmals wird deutlich, dass das Verhalten des Normadressaten gegenüber anderen Nachfragern insoweit unerheblich ist. Das soeben unter B. erörterte Problem, dass ein Vergleich mit den Verhaltensweisen des Verbotsadressaten gegenüber anderen Unternehmen nicht möglich ist, wenn der verweigerte Geschäftsverkehr noch nie ausgeübt wurde, stellt sich hier also nicht[84].

II. Diskriminierung, § 20 Abs. 1, 2. Alt. GWB

Demgegenüber ist die zweite Alternative des § 20 Abs. 1 GWB nach dem allgemeinen Sprachgebrauch nicht auf diejenigen Fälle anwendbar, in denen der Verbotsadressat einen Geschäftsverkehr bisher mit keinem Nachfrager praktiziert hat. Die Feststellung einer „unterschiedlichen", also anderen Behandlung eines Nachfragers gegenüber gleichartigen Unternehmen setzt einen Vergleich mit der sonstigen Geschäftspraxis des Verbotsadressaten voraus[85]. Im Falle einer wettbewerbsverhindernden Kontrahierungsverweigerung, wenn also ein Marktbeherrscher den Markteintritt seines *ersten* Kon-

---

18/90, WuW/E BGH 2762, 2768 (Amtsanzeiger); BGH, 21.2.1995, KVR 10/94, WuW/E BGH 2990, 2995 (Importarzneimittel); BGH, 14.7.1998, KZR 1/97, WuW/E DE-R 201, 203 (Schilderpräger im Landratsamt); BGH, 14.7.1998, KZR 15/97, unter II.1c) (Schilderprägebetrieb); BGH 22.7.1999, KZR 13/97, WuW/E BGH DE-R 352, 355f (Kartenlesegerät).

[83] Vgl. aus der Rspr. nur BGH, 16.10.1962, KZR 2/62, WuW/E BGH 509, 514 (Original-Ersatzteile); BGH, 8.6.1967, KZR 5/66, WuW/E BGH 863, 871 (Rinderbesamung II); BGH, 12.2.1980, KRB 4/79, WuW/E BGH 1729, 1730 (Ölbrenner); BGH, 25.10.1988, KVR 1/87, WuW/E BGH 2535, 2540 (Lüsterbehangsteine); BGH, 21.2.1989, KZR 3/88, WuW/E BGH 2589, 2590 (Frankiermaschinen); BGH, 10.11.1992, KVR 26/91, WuW/E BGH 2828, 2836 (Taxigenossenschaft II); BGH in „Schilderprägebetrieb" aaO. (vorige Fn.).

[84] Vgl. oben 2. Abschnitt B.I. Auch der BGH problematisierte dieses Tatbestandsmerkmal im Falle der Verhinderung des Marktzutritts neuer Marktteilnehmer nicht: vgl. nur BGH in „Rinderbesamung II" aaO. (vorige Fn.); BGH, 3.3.1969, KVR 6/68, BGHZ 52, 65, 72 (Sportartikelmesse); BGH, 26.10.1972, KZR 54/71, WuW/E BGH 1238, 1242f (Registrierkassen); BGH, 12.5.1976, KZR 14/75, WuW/E BGH 1423, 1424f (Sehhilfen); BGH in „Lüsterbehangsteine" aaO. (vorige Fn.); BGH in „Taxigenossenschaft II" aaO. (vorige Fn.); BGH in „Importarzneimittel" aaO. (vorletzte Fn.); BGH in „Schilderprägebetrieb" aaO. (vorletzte Fn.).

[85] Vgl. auch BGH, 26.10.1961, KZR 1/61, WuW/E BGH 442, 451 (Gummistrümpfe) (insoweit in BGHZ 36, 91ff nicht abgedruckt); BGH, 30.1.1970, KZR 3/69, WuW/E BGH 1069, 1071 (Tonbandgeräte); BGH, 30.9.1971, KZR 12/70, WuW/E BGH 1200, 1202 (Vermittlungsprovision für Flugpassagen); BGH in „Registrierkassen" aaO. (vorige Fn.); BGH, 22.10.1973, KZR 3/73, WuW/E BGH 1299, 1302 (Strombezugspreis); BGH, 1.7.1976, KZR 34/75, WuW/E BGH 1455, 1456f (BMW-Direkthändler); BGH, 26.5.1981, KZR 22/80, WuW/E BGH 1805, 1808 (Privatgleisanschluss); BGH, 12.12.1984, VIII ZR 295/83, NJW 1986, 990f (Sondertarife); BGH, 8.5.1990, KZR 23/88, BB 1990, 1727, 1728 (Nora-Kunden-Rückvergütung); BGH, 12.3.1991, KZR 26/89, BGHZ 114, 218, 230f (Einzelkostenerstattung); BGH, 11.12.2001, KZR 5/00, WRP 2002, 457, 458f (Privater Pflegedienst).

kurrenten verhindert, sind die Voraussetzungen des § 20 Abs. 1, 2. Alt. GWB nicht erfüllt. Eine weite teleologische Auslegung wie bei dem Tatbestandsmerkmal „üblicherweise zugänglicher Geschäftsverkehr“, weil der Verbotsadressat durch seine Kontrahierungsverweigerung den dynamischen, chancengleichen Wettbewerbsprozess behindert[86], würde den Wortlaut des § 20 Abs. 1 GWB in rechtswidriger Weise überdehnen.

III. Ergebnis

Ein neuer Marktteilnehmer wird - auch wenn der Verbotsadressat bisher noch keinen Nachfrager beliefert hat - „behindert“ iSd *1. Alternative* des § 20 Abs. 1 GWB, wenn ihm die Überlassung eines nachgefragten Gutes verweigert wird.

Demgegenüber ist § 20 Abs. 1 GWB auf eine wettbewerbsverhindernde Kontrahierungsverweigerung mangels „unterschiedlicher Behandlung“ des Nachfragers iSd *2. Alternative* nicht anwendbar[87].

D. Unbilligkeit bzw. fehlende sachliche Rechtfertigung

I. Auslegungsgrundsätze bei einer wettbewerbsverhindernden Kontrahierungsverweigerung

Die Missbräuchlichkeit einer Verhaltensweise iSd § 20 Abs. 1 GWB setzt voraus, dass diese unbillig (1. Alt.) bzw. sachlich nicht gerechtfertigt ist (2. Alt.).

Wie soeben dargelegt wurde, sind die Voraussetzungen der zweiten Tatbestandsalternative (unterschiedliche Behandlung) nicht erfüllt, wenn ein Marktbeherrscher noch keinen Nachfrager beliefert hat[88]. Im Folgenden wird daher nur die Unbilligkeit einer wettbewerbsverhindernden Kontrahierungsverweigerung untersucht. Da jedoch beide Alternativen des § 20 Abs. 1 GWB in der ständigen Kartellrechtspraxis grundsätzlich gleich beurteilt worden sind[89], kann hierbei die gesamte bisherige Rechtsprechung berücksichtigt werden.

---

[86] Vgl. dazu oben 2. Abschnitt B.I.

[87] So auch das BKartA in seiner Arbeitsunterlage zu der Sitzung des Arbeitskreises Kartellrecht im Oktober 1997, S. 16.

[88] Vgl. hierzu oben 2. Abschnitt C.II.

[89] Vgl. nur BGH, 21.2.1995, KZR 33/93, WuW/E BGH 2983, 2989 (Kfz-Vertragshändler). Ebenso *Emmerich* AG 1976, 92, 96f; *Markert* in I/M zu § 20 GWB, Rz. 115 jeweils m.w.N.

Nach der ständigen Rechtsprechung des BGH ist die „Unbilligkeit“ eines Verhaltens durch eine Abwägung der Interessen der Beteiligten unter Berücksichtigung der auf die Freiheit des Wettbewerbs gerichteten Zielsetzung des GWB festzustellen[90]. Die Darlegungs- und Beweislast trägt jeweils diejenige Partei, die zu ihren Gunsten bestimmte Interessen geltend machen will. Im Falle der Unbilligkeit der Behinderung also das normbegünstigte Unternehmen[91].

Diese Auslegungsgrundsätze führen bereits vorab zu einigen grundlegenden Feststellungen, die bei der weiteren Analyse zu berücksichtigen sind:

- Erstens betrifft die Interessenabwägung die *individuellen* Interessen der beteiligten Unternehmen. Weder der marktbeherrschende Verbotsadressat noch das normbegünstigte Unternehmen kann sich also auf Interessen Dritter oder der Allgemeinheit berufen[92]. Andererseits jedoch verdeutlicht die „Berücksichtigung der Zielsetzungen des GWB“, dass § 20 Abs. 1 GWB nicht lediglich das Abweichen des Marktbeherrschers von seinen *eigenen* Maßstäben (im Sinne eines reinen Willkürverbotes) sanktionieren soll. Vielmehr sind bei der Interessenabwägung auch allgemeine Belange zu berücksichtigen, unabhängig von der übrigen Geschäftspraxis des Marktbeherrschers[93]. Wie bereits im ersten Abschnitt dargelegt, kommt § 20 Abs. 1 GWB demzufolge eine Doppelnatur zum Schutz von Individualinteressen einerseits, aber auch zum Schutz von Allgemeininteressen andererseits zu[94].

  Hinsichtlich der Belange eines Newcomer-Nachfragers gilt dementsprechend Folgendes: Bei einem kartellaufsichtlichen Kontrahierungszwang, der zur Herstellung von Wettbewerb erfolgt, sind die individuellen Be-

---

[90] Std. Rspr. vgl. nur BGH, 27.9.1962, KZR 6/61, BGHZ 38, 90, 102 (Grote Revers); BGH, 3.3.1969, KVR 6/68, BGHZ 52, 65, 71 (Sportartikelmesse); BGH, 30.1.1970, KZR 3/69, WuW/E BGH 1069, 1072 (Tonbandgeräte); BGH, 12.5.1976, KZR 14/75, WuW/E BGH 1423, 1424 (Sehhilfen); BGH, 22.9.1981, KVR 8/80, WuW/E BGH 1829, 1834 (Original-VW-Ersatzteile II); BGH, 21.2.1995, KVR 10/94, WuW/E BGH 2990, 2995 (Importarzneimittel); BGH, 10.11.1998, KZR 6/97, WuW/E DE-R 220, 221 (U-Bahnbuchhandlungen) jeweils m.z.N.

[91] Zu § 20 Abs. 1 GWB, 1. Alt.: BGH, 8.6.1967, KZR 5/66, WuW/E 863, 870 (Rinderbesamung II); BGH, 12.11.1991, KZR 18/90, WuW/E BGH 2762, 2767 (Amtsanzeiger) m.z.N; BGH, 22.10.1996, KZR 19/95, NJW 1997, 574, 575 (Stromeinspeisung II).

[92] BGH in „Rinderbesamung II“ aaO. (vorige Fn.), S. 871; BGH, 24.9.1979, KZR 20/78, WuW/E BGH 1629, 1632 (Modellbauartikel II); BGH, 12.3.1991, KZR 26/89, BGHZ 114, 218, 232f (Einzelkostenerstattung).

[93] BGH, 10.11.1998, KZR 6/97, WuW/E DE-R 220, 221 (U-Bahnbuchhandlungen). Ebenso *Markert* „Wettbewerberbehinderung“, S. 16.

[94] Vgl. auch *vGamm* NJW 1980, 2489, 2492 m.w.N.; *Kilian* ZHR 142 (1978) 453, 477f; *Markert* in I/M zu § 20 GWB, Rz. 17ff m.w.N.

lange des Newcomers nur insoweit zu berücksichtigen, wie sie sich mit diesem allgemeinen Interesse decken[95].

- Zweitens führt die vom BGH vorgenommene Auslegung des Missbrauchsbegriffs zu folgendem weiteren Grundsatz, der dem im ersten Abschnitt entwickelten Wettbewerbsleitbild des GWB entspricht: Allein die Tatsache, dass das vom Missbrauch betroffene Unternehmen behindert bzw. unterschiedlich behandelt wurde, genügt nicht, um den Tatbestand des § 20 Abs. 1 GWB zu erfüllen. Vielmehr muss das Verhalten des Marktbeherrschers darüber hinaus den „Zielsetzungen des GWB" und den konkreten Interessen der Parteien widersprechen und deshalb „unbillig" bzw. „sachlich (nicht) gerechtfertigt" sein[96]. Verhaltensweisen, die Wettbewerber benachteiligen, sind daher nicht *per se* wettbewerbswidrig; der unterschiedliche Erfolg einzelner Unternehmen auf dem Markt ist (kartellrechtmäßige) Folge des dynamischen Wettbewerbsprozesses[97].

  Allerdings entspricht das Verhalten eines Marktbeherrschers nicht mehr dem Wettbewerbsleitbild des GWB, wenn er durch sein Verhalten den chancengleichen, dynamischen Wettbewerb behindert. Insoweit sind im Rahmen der Verhaltenskontrolle gemäß § 20 Abs. 1 GWB marktstrukturorientierte Belange zu berücksichtigen[98].

- Nach der ständigen Rechtsprechung des BGH ist ein marktbeherrschendes Unternehmen gemäß § 20 Abs. 1 GWB nicht verpflichtet, einem Nachfrager das unternehmerische Risiko abzunehmen[99]. Ein Verbotsadressat könnte daher gegen einen wettbewerbsherstellenden Kontrahierungszwang beispielsweise einwenden, der Newcomer-Nachfrager sei im Hin-

---

[95] S. hierzu bereits oben 1. Abschnitt C.III.

[96] Vgl. auch BGH, 8.6.1967, KZR 5/66, WuW/E 863, 871f; BGH, 22.9.1981, KVR 8/80, WuW/E BGH 1829, 1838 (Original-VW-Ersatzteile II); BGH, 4.4.1995, KZR 34/93, WuW/E BGH 2977, 2981 (Hitlisten-Platten). Vgl. auch *vGamm* NJW 1980, 2489, 2492 m.w.N.

[97] Vgl. auch BGH in „Hitlisten-Platten" aaO. (vorige Fn.); BGH, 19.3.1996, KZR 1/95, WuW/E BGH 3058, 3064 (Pay-TV-Durchleitung). Ebenso *Kilian* ZHR 142 (1978) 453, 477f; *Markert* „Wettbewerberbehinderung", S. 23ff m.w.N.; *Lukes* BB 1986, 2074, 2075ff.

[98] Vgl. zu dem aus dem GWB ersichtlichen Wettbewerbsbild bereits oben 1. Abschnitt C.I., III.

[99] Vgl. nur BGH, 29.10.1970, KZR 3/70, WuW/E BGH 1142, 1146 (Volksbühne II); BGH, 26.5.1987, KZR 13/85, WuW/E BGH 2399, 2405 (Krankentransporte); BGH, 13.11.1990, KZR 25/89, WuW/E BGH 2683, 2687 (Zuckerrübenanlieferungsrecht); BGH, 19.1.1993, KZR 1/92, WuW/E BGH 2855, 2856f (Flaschenkästen); BGH, 22.3.1994, KZR 3/93, WuW/E BGH 2919, 2922 (Orthopädisches Schuhwerk). Vgl. auch BGH, 6.10.1992, KZR 10/91, GRUR 1993, 146, 148 (Stromeinspeisung); BGH, 21.2.1995, KVR 10/94, WuW/E BGH 2990, 2996 (Importarzneimittel); BGH, 19.3.1996, KZR 1/95, WuW/E BGH 3058, 3063ff (Pay-TV-Durchleitung); BGH, 14.1.1997, KZR 30/95, WuW/E BGH 3104, 3107 (Zuckerrübenanlieferungsrecht II).

blick auf seine geplante Geschäftstätigkeit und deren zu erwartenden „Erfolg“ oder im Hinblick auf die betriebliche Ausstattung seines Unternehmens (finanzielle und personelle Ressourcen etc.) oder im Hinblick auf die Marktverhältnisse im Übrigen (Angebot sonstiger von ihm benötigter Güter, Beschaffenheit der erforderlichen Absatzwege und sonstiger Infrastruktureinrichtungen) objektiv dauerhaft nicht wettbewerbsfähig.

Nach den bisher gefundenen Ergebnissen kann ein solcher Einwand jedoch deshalb nicht zu Gunsten eines Marktbeherrschers berücksichtigt werden, weil die Beteiligten zur Rechtfertigung ihrer Interessen nur individuelle Belange vortragen dürfen. Das Interesse, einen Markt von nicht wettbewerbsfähigen Unternehmen „frei zu halten“, könnte jedoch - wenn überhaupt - nur von der Allgemeinheit geltend gemacht werden. Die den spezifischen Belangen des Monopolisten Rechnung tragenden Einwände, die dessen Kontrahierungsverweigerung gegenüber einem bestimmten Unternehmen rechtfertigen könnten (wie beispielsweise die besondere Qualifikation eines Nachfragers wegen der Beschaffenheit des nachgefragten Gutes), werden unten im Einzelnen untersucht werden.

Im Übrigen geht der o.g. Einwand des Monopolisten bereits deshalb fehl, weil die (ggf. erzwungene) Überlassung des nachgefragten Gutes dem Newcomer das unternehmerische Risiko, mit dem Güteranbieter auf einem nachgelagerten Markt konkurrieren zu müssen, gar nicht abnimmt:

Der Newcomer muss das gelieferte Gut ebenso wie der Monopolist zunächst noch weiterverarbeiten oder sonst nutzen, um seine Leistung auf dem nachgelagerten Markt erbringen zu können. Der kartellaufsichtliche Kontrahierungszwang zur Herstellung von Wettbewerb unterstützt den missbräuchlich behandelten Newcomer nur bei seinem Eintritt in den Markt, „im Markt“ wäre eine solche kartellaufsichtliche Maßnahme zumindest mit dieser Begründung rechtswidrig[100]. Außerdem hat der Monopolist ohnehin grundsätzlich keine Bezugsschwierigkeiten hinsichtlich des weiterzuverarbeitenden Gutes, da er sich quasi selbst beliefert[101]. Der Newcomer-Nachfrager hat somit durch die kartellaufsichtlich erzwungene Belieferung keine Vorteile auf dem nachgelagerten Markt, die ihm einen Wettbewerbsvorsprung vor dem konkurrierenden marktbeherrschenden Anbieter verschaffen könnten.

In den folgenden Kapiteln sollen die Besonderheiten der Interessengewichtung im Falle einer wettbewerbsverhindernden Kontrahierungsverwei-

---

[100] Vgl. hierzu bereits oben 1. Abschnitt C.I., III.

[101] Auf die Ausnahmefälle, in denen das nachgefragte Gut nur in begrenzter Menge verfügbar ist, wird unten näher eingegangen werden (s. unten 2. Abschnitt D.II.2).

gerung untersucht werden. Diese zeichnet sich nämlich gegenüber den übrigen Anwendungsfällen des § 20 Abs. 1 GWB durch einige spezifische Interessenkollisionen aus, die von folgenden Tatsachen beeinflusst werden:

- Erstens von der Tatsache, dass ein neuer Marktteilnehmer Zutritt zu dem von einem Monopolisten beherrschten Markt begehrt und mit diesem auf einem nachgelagerten Markt konkurrieren möchte. Diesem **Markteintritts- und Konkurrenzinteresse** des Newcomers steht das Interesse des Verbotsadressaten gegenüber, frei darüber entscheiden zu können, ob und mit wem er in Geschäftsbeziehungen tritt (**Vertragsfreiheit**). Dies gilt insbesondere gegenüber zukünftigen Konkurrenten, denn im Fall eines Kontrahierungszwangs müsste der Normadressat einen Wettbewerber unterstützen (dazu unter **II.**);

- zweitens von der Tatsache, dass der künftige Konkurrent als erster ein Gut nachfragt, das der monopolistische Inhaber bisher ausschließlich für eigene Zwecke genutzt hat. Ein zur Kontrahierung gezwungener Monopolist müsste also auf eigene, selbst genutzte Unternehmensressourcen und einen selbst erwirtschafteten „**Tüchtigkeitsvorteil**" verzichten (dazu unter **III.**).

Vorab ist darauf hinzuweisen, dass die folgenden Fallgruppen zwar eine grobe Leitlinie für den Einzelfall vorgeben können, jedoch nicht davon entbinden können, die konkreten (zusätzlichen) Besonderheiten des jeweiligen Sachverhaltes zu berücksichtigen.

II. Verhinderung des Markteintritts eines Newcomer-Konkurrenten

Wenn durch einen Kontrahierungszwang Wettbewerb auf einem monopolistisch strukturierten Markt hergestellt werden soll, deckt sich dieses allgemeine Interesse mit dem Markteintrittsinteresse des Newcomer-Konkurrenten. Weil anderenfalls der Zweck des Missbrauchsverbots, chancengleichen und dynamischen Wettbewerb (wieder-) herzustellen, nicht verwirklicht werden könnte, kann nach den oben unter I. dargestellten Grundsätzen das individuelle Interesse des Newcomers bei der Interessenabwägung im Rahmen des § 20 Abs. 1 GWB berücksichtigt werden[102]. Dies setzt jedoch vo-

---

[102] Vgl. zu dem dem GWB zugrunde liegenden Wettbewerbsleitbild bereits oben 1. Abschnitt A.VIII.1, C.III. und 2. Abschnitt D.I.
Vgl. auch BGH, 26.5.1987, KZR 13/85, WuW/E BGH 2399, 2405 (Krankentransporte); BGH, 25.10.1988, KVR 1/87, WuW/E BGH 2535, 2539 (Lüsterbehangsteine); BGH, 2.7.1996, KZR 31/95, WuW/E BGH 3074, 3077 (Kraft-Wärme-Kopplung). Vgl. auch BGH, 13.11.1990, KZR

raus, dass der Newcomer-Konkurrent darlegt, dass seine Tätigkeit gerade von der Belieferung durch den Marktbeherrscher abhängig ist, sodass seine Marktteilnahme an dessen Kontrahierungsverweigerung gescheitert ist[103]. Des Weiteren muss dies grundsätzlich auf *jeden* potentiellen Nachfrager zutreffen; es kommt also in erster Linie nicht darauf an, dass ein bestimmter (z.B. der an einem kartellrechtlichen Verfahren beteiligte) Newcomer-Nachfrager für seine Marktteilnahme auf die Belieferung durch den Marktbeherrscher angewiesen ist.

Hierüber hinaus lassen sich aus der Tatsache, dass das Konkurrenzinteresse eines Newcomers abwägungserheblich ist, folgende weiteren Schlussfolgerungen ziehen:

Zum Ersten ist es unerheblich, dass der Newcomer eine Tätigkeit ausüben möchte, bei der er auf die Belieferung mit bestimmten (Vor-) Produkten durch einen Monopolisten angewiesen ist[104].

Des Weiteren kann der Newcomer frei wählen, in welchen (sachlichen und räumlichen) Markt er eintreten möchte[105] - der Marktbeherrscher kann ihm also nicht entgegenhalten, dass er zumindest in einen anderen *räumlichen* Bereich „ausweichen" könnte[106]. Ohne die Marktteilnahme des Newcomer-Konkurrenten würde nämlich kein Wettbewerb auf dem nachgelagerten Markt entstehen.

Dem Markteintritts- und Konkurrenzinteresse eines Newcomer-Nachfragers stehen im Falle einer wettbewerbsverhindernden Kontrahierungsverweigerung mehrere spezifische Interessen des Verbotsadressaten gegenüber:

Erstens könnte der Marktbeherrscher einwenden, er dürfe seine unternehmerische Tätigkeit frei gestalten und insbesondere selbst entscheiden, ob er

---

25/89, WuW/E BGH 2683, 2687 (Zuckerrübenanlieferungsrecht); BGH, 14.7.1998, KZR 1/97, WuW/E DE-R 201, 205 (Schilderpräger im Landratsamt) sowie BGH, 14.7.1998, KZR 15/97, unter II.1c)dd) (Schilderprägebetrieb).

[103] BGH, 8.6.1967, KZR 5/66, WuW/E BGH 863, 871 (Rinderbesamung II); BGH, 3.3.1969, KVR 6/68, BGHZ 52, 65, 71 (Sportartikelmesse); BGH, 18.9.1978, KZR 17/77, WuW/E BGH 1530, 1532 (Faßbierpflegekette).

[104] So auch BGH, 25.10.1988, KVR 1/87, WuW/E BGH 2535, 2539 (Lüsterbehangsteine): Es könne dem missbräuchlich behandelten Unternehmen nicht entgegengehalten werden, „dass es seine Geschäftstätigkeit trotz der bestehenden Marktzutrittsschranken begonnen und sich sehenden Auges in die Abhängigkeit des marktbeherrschenden Anbieters begeben" habe.

[105] Vgl. auch BGH in „Sportartikelmesse" aaO. (vorletzte Fn.), S. 72; BGH, 7.10.1980, KZR 25/79, WuW/E BGH 1740, 1743 (Rote Liste); BGH, 1.12.1981, KZR 37/80, WuW/E BGH 1879, 1884 (Dispositionsrecht); BGH, 10.2.1987, KZR 1/86, WuW/E BGH 2370, 2375 (Importierte Fertigarzneimittel). *Pfeiffer* „Schwerpunkte", S. 73, 93f.

[106] Vgl. hierzu bereits oben im Rahmen der Abgrenzung des relevanten Marktes: § 20 Abs. 1 GWB schützt die Rechte des missbräuchlich behandelten Unternehmens auf dem von ihm gewählten Markt, 2. Abschnitt A.I.1a).

mit einem zukünftigen Konkurrenten Verträge abschließt und sich auf diese Weise selbst schädigt (Vertragsfreiheit, dazu unter **1.a), b)**. Des Weiteren könnte der Marktbeherrscher geltend machen, er wolle (zumindest) bestimmte qualitative Anforderungen an seine Vertragspartner stellen. Die letztgenannten Belange sind insbesondere dann berührt, wenn mehrere Newcomer ein Gut nachfragen, unter denen der Anbieter eine Auswahl treffen muss (Selektionsinteresse, dazu unter **1c**).

1. Vertragsfreiheit des Marktbeherrschers

a) Entscheidungserheblichkeit

Dem Interesse eines Newcomers, an einem bestimmten Markt teilzunehmen, steht zunächst das Interesse des marktbeherrschenden Güteranbieters gegenüber, seine unternehmerische Tätigkeit so zu gestalten, wie er es für wirtschaftlich richtig und sinnvoll erachtet. Hierzu zählt insbesondere sein Interesse, selbst zu wählen, ob und wen er beliefert.

Die unternehmerische Vertragsfreiheit[107] wurde vom BGH mehrfach zugunsten des Verbotsadressaten entscheidend hervorgehoben[108], und zwar auch dann, wenn ein neuer Marktteilnehmer von einem Monopolisten am Markteintritt gehindert wurde[109]. Darüber hinaus hat der BGH das Interesse

---

[107] Zu den hierdurch möglicherweise tangierten Grundrechten der betroffenen Unternehmen vgl. unten 2. Abschnitt D.III.2.

[108] Std. Rspr. BGH, 27.9.1962, KZR 6/61, BGHZ 38, 90, 102 (Grote Revers); BGH, 8.6.1967, KZR 5/66, WuW/E BGH 863, 872 (Rinderbesamung II); BGH, 30.9.1971, KZR 13/70, WuW/E BGH 1211, 1215 (Kraftwagen-Leasing); BGH, 28.6.1977, KVR 2/77, WuW/E BGH 1495, 1496 (Autoruf-Genossenschaft); BGH, 8.5.1979, KZR 13/78, WuW/E BGH 1587, 1590 (Modellbauartikel); BGH, 22.9.1981, KVR 8/80, WuW/E BGH 1829, 1837 (Original-VW-Ersatzteile II); BGH, 10.2.1987, KZR 31/85, NJW 1987, 2931, 2932f (Importvereinbarung); BGH, 10.2.1987, KZR 1/86, WuW/E BGH 2370, 2373f (Importierte Fertigarzneimittel); BGH, 25.10.1988, KVR 1/87, WuW/E BGH 2535, 2539f (Lüsterbehangsteine); BGH, 15.11.1994, KVR 29/93, BGHZ 128, 17, 36f (Gasdurchleitung); BGH, 4.4.1995, KZR 34/93, WuW/E BGH 2977, 2981 (Hitlisten-Platten); BGH, 14.1.1997, KZR 30/95, WuW/E BGH 3104, 3107 (Zuckerrübenanlieferungsrecht II); BGH, 17.3.1998, KZR 30/96, WuW/E DE-R 134, 136 (Bahnhofsbuchhandel); BGH, 27.4.1999, KZR 35/97, WuW/E DE-R 357, 359 (Feuerwehrgeräte), BGH, 24.6.2003, KZR 32/01, WuW/E DE-R 1144, 1145 (Schülertransporte) jeweils m.w.N. Vgl. zu diesem dem GWB zugrunde liegenden Grundsatz bereits die RegBegr. zum Entwurf eines GWB, BT-Drs. II/1158, S. 21, 27. Vgl. zu den vergleichbaren Voraussetzungen eines Kontrahierungszwangs bei der Aufnahme eines Bewerbers in eine Vereinigung nach § 27 GWB a.F. (§ 20 Abs. 6 GWB), § 826 BGB, wenn die betreffende Vereinigung eine überragende Marktstellung innehat sowie ein wesentliches oder grundlegendes Interesse an dem Erwerb der Mitgliedschaft besteht: BGH, 23.11.1998, II ZR 54/98, NJW 1999, 1326 (Aufnahmezwang für Verbände mit überragender Marktstellung) m.z.N.

[109] BGH in „Kraftwagen-Leasing" aaO. (vorige Fn.), S. 1216; BGH in „Lüsterbehangsteine" aaO. (vorige Fn.), S. 2540; BGH, 13.11.1990, KZR 25/89, WuW/E BGH 2683, 2686f (Zuckerrü-

eines Marktbeherrschers als abwägungserheblich anerkannt, die geschäftlichen Kontakte zu bisherigen („bewährten") Vertragspartnern durch weitere Belieferungen zu „pflegen" und keine Nachteile aus dem Abbruch seiner bisherigen Geschäftsbeziehungen zu erleiden[110].

Dieser Rechtsprechungspraxis ist deshalb zuzustimmen, weil anderenfalls das Wettbewerbsleitbild des GWB verletzt wäre, nach dem auch marktbeherrschenden Unternehmen ein unternehmerischer Handlungsspielraum zusteht - allein das Bestehen einer marktbeherrschenden Stellung ist nicht kartellrechtswidrig[111].

b) Abwägung mit dem Konkurrenzinteresse eines Newcomer-Nachfragers

aa) Bei der *Gewichtung* der unternehmerischen Interessen eines Monopolisten gegenüber dem Konkurrenzinteresse eines Newcomer-Nachfragers ist zunächst zu berücksichtigen, dass ein Kontrahierungszwang einen relativ schweren Eingriff in die unternehmerische Vertragsfreiheit darstellt[112]. Wie die bisherige Untersuchung, insbesondere über das dem GWB zugrunde liegende Wettbewerbsleitbild, gezeigt hat, ist die Vertragsfreiheit eines marktbeherrschenden Unternehmens und sein damit verbundenes Interesse, einen Wettbewerbsvorsprung vor den anderen Marktteilnehmern zu erzielen, grundsätzlich vom GWB geschützt[113].

---

benanlieferungsrecht); BGH in „Gasdurchleitung" aaO. (vorige Fn.), S. 33ff; BGH, 21.2.1995, KVR 10/94, WuW/E BGH 2990, 2997 (Importarzneimittel).

[110] BGH, 30.6.1981, KZR 19/80, WuW/E BGH 1885, 1885ff (adidas); BGH, 26.5.1987, KZR 13/85, WuW/E BGH 2399, 2406 (Krankentransporte); BGH in „Zuckerrübenanlieferungsrecht" aaO. (vorige Fn.), S. 2687; BGH in „Importarzneimittel" aaO. (vorige Fn.), S. 2995f. Vgl. auch BGH, 3.3.1969, KVR 6/68, BGHZ 52, 65, 72f (Sportartikelmesse); BGH, 24.2.1976, KVR 3/75, WuW/E BGH 1429, 1432 (Asbach-Fachgroßhändlervertrag); BGH, 28.6.1977, KVR 2/77, WuW/E BGH 1495, 1497 (Autoruf-Genossenschaft); BGH, 14.1.1997, KZR 30/95, WuW/E BGH 3104, 3106 (Zuckerrübenanlieferungsrecht II); BGH, 17.3.1998, KZR 30/96, WuW/E DE-R 134, 136f (Bahnhofsbuchhandel); BGH, 16.11.1999, KZR 30/97 (Bahnhofsbuchhandel II). Vgl. auch die Rechtsprechungsanalyse von *Carlhoff*, S. 51f m.w.N.

[111] Vgl. hierzu bereits oben 1. Abschnitt A.VIII.1, C.II., III.

[112] BGH, 13.11.1990, KZR 25/89, WuW/E BGH 2683, 2686 (Zuckerrübenanlieferungsrecht). So auch BGH in „Krankentransporte" aaO. (vorletzte Fn.), S. 2404f; BGH in „Zuckerrübenanlieferungsrecht II" aaO. (vorletzte Fn.), S. 3107; BGH, 27.4.1999, KZR 35/97, WuW/E DE-R 357, 359 (Feuerwehrgeräte). Vgl. auch die RegBegr. zum Entwurf der 5. GWB-Novelle, BT-Drs. 11/4610, S. 10, 21f.

[113] Vgl. hierzu bereits oben 1. Abschnitt A.VIII.1, C. Ebenso: BGH, 10.2.1987, KZR 31/85, NJW 1987, 2931, 2932f (Importvereinbarung); BGH, 21.2.1995, KVR 10/94, WuW/E BGH 2990, 2997 (Importarzneimittel); BGH in „Feuerwehrgeräte" aaO. (vorige Fn.). Vgl. auch BGH, 12.3.1991, KZR 26/89, BGHZ 114, 218, 234 (Einzelkostenerstattung).

Andererseits ist jedoch zu berücksichtigen, dass ein Monopolist, der sich weigert, die von einem Newcomer benötigten Güter zu überlassen, dessen Marktteilnahme verhindert. Dies wiegt umso schwerer, weil die wirtschaftliche Existenz des Nachfragers, dem der Marktzutritt insgesamt „abgeschnitten“ wird, gefährdet ist. Da ein Monopolist nämlich auf dem (sachlich, zeitlich und räumlich) relevanten Markt der einzige (potentielle) Vertragspartner ist, kann ein Newcomer-Nachfrager auch nicht auf andere Anbieter ausweichen. Hierüber hinaus verhindert der Monopolist im Falle einer wettbewerbsverhindernden Kontrahierungsverweigerung nicht nur die Marktteilnahme eines Newcomers, sondern auch, dass dieser mit ihm als erster auf einem benachbarten Markt konkurriert. Hierdurch wird das Entstehen eines dynamischen Wettbewerbsprozesses verhindert[114]. Dem Wettbewerbsleitbild des GWB offener, dynamischer Märkte wird in einem solchen Fall in besonders starkem Maße widersprochen. Die Kontrahierungsverweigerung eines Monopolisten, die den Markteintritt eines Konkurrenten verhindert, ist daher kartellrechtswidrig[115].

Auch der **BGH** hat in seiner ständigen Rechtsprechung zum Missbrauchsverbot die Tatsache, dass der Markteintritt eines Unternehmens verhindert wurde, grundsätzlich zu Lasten des Verbotsadressaten gewürdigt. In diesem Fall sei die Vertragsfreiheit des Marktbeherrschers „in der Regel“ nicht vor den Interessen eines neuen Marktteilnehmers vorrangig, da letzterer in seiner wirtschaftlichen Existenz bedroht sei[116].

---

[114] Vgl. BGH in „Importarzneimittel“ aaO. (vorige Fn.), S. 2997. Vgl. auch BGH in „Einzelkostenerstattung“ aaO. (vorige Fn.); BGH in „Feuerwehrgeräte“ aaO. (vorletzte Fn.). Vgl. auch *Emmerich* AG 1976, 92, 93ff m.w.N.; *Markert* „Wettbewerberbehinderung“, S. 21; *ders.* in seiner Anmerkung zu dem Urteil „Neue Osnabrücker Zeitung“, BB 1981, 384, 387.

[115] Ebenso BGH, 30.9.1971, KZR 13/70, WuW/E BGH 1211, 1216 (Kraftwagen-Leasing); BGH, 7.10.1980, KZR 8/80, WuW/E BGH 1783, 1784ff (Neue Osnabrücker Zeitung); BGH, 25.10.1988, KVR 1/87, WuW/E BGH 2535, 2540 (Lüsterbehangsteine). So auch *Emmerich* AG 1976, 92, 95 m.w.N. aus der Rspr. der Oberlandesgerichte.

[116] Wie vorige Fn. sowie BGH, 13.7.1971, KZR 10/70, WuW/E BGH 1175, 1181f (Ostmüller); BGH, 24.2.1976, KVR 3/75, WuW/E BGH 1429, 1432 (Asbach-Fachgroßhändlervertrag); BGH, 12.5.1976, KZR 14/75, WuW/E BGH 1423, 1425 (Sehhilfen); BGH, 1.7.1976, KZR 34/75, WuW/E BGH 1455, 1458 (BMW-Direkthändler); BGH, 28.6.1977, KVR 2/77, WuW/E BGH 1495, 1497 (Autoruf-Genossenschaft). Vgl. auch BGH, 25.6.1964, KZR 11/62, WuW/E BGH 675, 677 (Uhrenoptiker); BGH, 10.2.1987, KZR 6/86, WuW/E BGH 2360, 2363 (Freundschaftswerbung). In der letztgenannten Entscheidung wurden in die Interessenabwägung sowohl Umfang und Stärke der marktbeherrschenden Stellung des Verbotsadressaten als auch Umfang und Bedeutung des Missbrauchs einbezogen. Ebenso BGH, 30.9.1971, KZR 12/70, WuW/E BGH 1200, 1203f (Vermittlungsprovision für Flugpassagen): Aufgrund der monopolähnlichen Stellung des

bb) Diesen Schlussfolgerungen könnte der BGH-Beschluss „Gasdurchleitung“[117] entgegenstehen, dessen Sachverhalt für die hier untersuchte Problematik typisch ist, dass ein bisher monopolistisch strukturierter Markt für den Wettbewerb geöffnet werden soll.

Diese BGH-Entscheidung befasste sich mit der Weigerung eines Energieversorgungsunternehmens, Erdgas durch sein Leitungsnetz durchzuleiten, weil der Nachfrager einen bisherigen Kunden des Energieversorgers beliefern wollte. Der BGH führte hier zwar zunächst aus, dass ein Marktbeherrscher eine Durchleitung nicht allein mit dem Einwand verweigern dürfe, das Entstehen von Konkurrenz verhindern zu wollen[118]. Die unternehmerische Freiheit bestehe bei marktmächtigen Unternehmen nur eingeschränkt. Allerdings könne auch von einem marktbeherrschenden Unternehmen im „Grundsatz“ nicht verlangt werden, für einen Wettbewerber tätig zu werden und diesen zum eigenen Schaden zu fördern[119].

Zu dem gleichen Ergebnis, dass ein Marktbeherrscher einem Konkurrenten keine Wettbewerbsvorteile verschaffen muss bzw. konkurrierende Tätigkeiten durch eine bestimmte Vertragsgestaltung verhindern darf, gelangte der BGH in seinen Entscheidungen „EDV-Ersatzteile“, „Lüsterbehangsteine“, „Frankiermaschinen“, „Aktionsbeträge“, „Taxigenossenschaft II“ und „Importarzneimittel“[120]. Vergleichbar sind auch die Schlussfolgerungen in seinem Urteil „Herabstufung von Mitgliedern eines Berufsverbandes“. Hier musste ein

---

Marktbeherrschers und der hohen Anforderungen an den potentiellen Vertragspartner waren die Interessen des missbräuchlich Behandelten an dem Abschluss des verweigerten Vertrages vorrangig. Ähnlich auch BGH, 10.11.1998, KZR 6/97, WuW/E DE-R 220, 221 (U-Bahnbuchhandlungen) zu der Berücksichtigung der Bedrohung der wirtschaftlichen Existenz eines Nachfragers bei Lieferabbruch durch ein preisbindendes - nicht marktbeherrschendes - Unternehmen (ähnlich: BGH, 16.11.1999, KZR 30/97 (Bahnhofsbuchhandel II). Vgl. auch das Urteil BGH, 4.4.1995, KZR 34/93, WuW/E BGH 2977, 2981 (Hitlisten-Platten), das zu der nach gleichen Kriterien vorzunehmenden Interessenabwägung gemäß § 26 Abs. 4 GWB a.F. (heute: § 20 Abs. 4 GWB) erging. Ebenso *Emmerich* AG 1976, 92, 93ff; *Markert* „Wettbewerberbehinderung“, S. 21 jeweils m.w.N.; *ders.* in seiner Anmerkung zu dem Urteil „Neue Osnabrücker Zeitung“, BB 1981, 384, 387; *ders.* AG 1991, 288, 291 m.w.N. aus der Rspr. der Oberlandesgerichte.

117 BGH, 15.11.1994, KVR 29/93, BGHZ 128, 17ff (Gasdurchleitung).

118 BGH in „Gasdurchleitung“ aaO. (vorige Fn.), S. 33ff, 34.

119 BGH in „Gasdurchleitung“ aaO. (vorletzte Fn.), S. 37ff.

120 BGH, 22.10.1973, KZR 22/72, WuW/E BGH 1288, 1292 (EDV-Ersatzteile); BGH, 25.10.1988, KVR 1/87, WuW/E BGH 2535, 2540 (Lüsterbehangsteine); BGH, 21.2.1989, KZR 3/88, WuW/E BGH 2589, 2591ff (Frankiermaschinen); BGH, 12.11.1991, KZR 2/90, WuW/E BGH 2755, 2758f (Aktionsbeträge); BGH, 10.11.1992, KVR 26/91, WuW/E BGH 2828, 2836 (Taxigenossenschaft II); BGH, 21.2.1995, KVR 10/94, WuW/E BGH 2990, 2997 (Importarzneimittel).

Monopolist seine wesentlichen Eigeninteressen nicht zugunsten eines „wirtschaftlichen Gegenspielers" einschränken[121]. In sämtlichen dieser Entscheidungen mit Ausnahme des Beschlusses „Gasdurchleitung" brauchte der BGH jedoch nicht zu berücksichtigen, dass durch die Kontrahierungsverweigerung der *Marktzutritt* des Nachfragers verhindert wurde. Entweder betrafen die zugrunde liegenden Sachverhalte nämlich keine neuen Marktteilnehmer[122] oder der verfahrensbeteiligte Nachfrager konnte noch auf andere Bezugsquellen ausweichen[123].

Unter Berücksichtigung der o.g. teleologischen Erwägungen, monopolistisch strukturierte Märkte für den Wettbewerb zu öffnen, die auch auf zwingenden gemeinschaftsrechtlichen Vorgaben beruhen[124], sind die Schlussfolgerungen des BGH in seiner Entscheidung „Gasdurchleitung" abzulehnen. Unter Berücksichtigung der anderen o.g. Entscheidungen über die konkurrentennützigen Pflichten eines Marktbeherrschers kann sich der BGH insoweit nicht - wie in diesem Beschluss geschehen - auf einen „Rechtsprechungs-Grundsatz" berufen, dass ein Monopolist nicht zur aktiven Unterstützung eines Konkurrenten verpflichtet sei, wenn er den Markteintritt des Wettbewerbers verhindert[125].

Die Entscheidung „Gasdurchleitung" lässt sich mit der besonderen gesetzlich vorgegebenen Struktur des Energieversorgungsmarktes erklären, die zum Zeitpunkt dieses Verfahrens (noch) bestand: Zwar war Wettbewerb zwischen mehreren Energieversorgungsunternehmen seit der Streichung von § 103 Abs. 5 S. 2 Nr. 4 S. 3 GWB-1980 durch die Fünfte GWB-Novelle nicht mehr ausgeschlossen. Im Gegensatz zur früheren Rechtslage verhält sich ein marktbeherrschender

---

[121] BGH, 3.3.1971, KZR 5/70, WuW/E BGH 1183, 1185 (Herabstufung von Mitgliedern eines Berufsverbandes).

[122] BGH in „EDV-Ersatzteile" aaO. (vorletzte Fn.), S. 1288ff, BGH in „Frankiermaschinen" aaO. (vorletzte Fn.), S. 2589ff, BGH in „Aktionsbeträge" aaO. (vorletzte Fn.), S. 2755ff; BGH in „Taxigenossenschaft II" aaO. (vorletzte Fn.), S. 2828ff.

[123] BGH, 25.10.1988, KVR 1/87, WuW/E BGH 2535ff (Lüsterbehangsteine) sowie BGH, 21.2.1995, KVR 10/94, WuW/E BGH 2990ff (Importarzneimittel).

[124] Vgl. zur Pflicht der Mitgliedstaaten gemäß Art. 4 Abs. 1 EG (iVm Art. 59 Abs. 2 S. 1, Art. 23 Abs. 1 S. 1 GG), im Falle des Marktversagens ihr nationales Kartellrecht gemeinschaftsrechtskonform nach dem Grundsatz einer offenen Marktwirtschaft mit freiem dynamischen Wettbewerb auszulegen, oben 1. Abschnitt B.VII.2 und C.II.

[125] So auch das BKartA in seinem Arbeitspapier zu der Tagung des Arbeitskreises Kartellrecht im Oktober 1995, S. 39; *Ebel* WuW 1994, 731, 739; *Markert* WuW 1995, 560, 570. A.A.: *Klaue* BB 1992, 1937, 1938; *ders.* BB 1993, 740.

Energieversorger seither missbräuchlich, wenn er sich gegenüber einem Konkurrenzunternehmen auf der Versorgungsstufe weigert, Energie durchzuleiten. Grundsätzlich jedoch wurde in § 103 Abs. 1 GWB-1990 an der Struktur monopolistischer („geschlossener") Versorgungsgebiete festgehalten[126]. Teleologische Erwägungen, Wettbewerb herzustellen, waren somit von vornherein nur in begrenztem Maße entscheidungserheblich. Das Abwägungsergebnis des BGH ist daher nur auf solche Sachverhalte übertragbar, bei denen eine bestimmte (monopolistische) Marktstruktur (noch) gesetzlich erlaubt ist, nicht jedoch auf die sonstigen Anwendungsfälle des § 20 Abs. 1 GWB[127]. Eine solche spezielle Rechtslage besteht heute nicht einmal mehr in denjenigen Fällen, die dem Beschluss „Gasdurchleitung" zugrunde lagen. Nach den Änderungen des Energiewirtschaftsrechts im Jahre 1998 wurde nämlich die Bereichsausnahme des § 103 GWB a.F. ausschließlich auf die Wasserversorgung beschränkt und gilt nicht mehr für die Versorgung mit Elektrizität und Gas[128]. Auch diese Sachverhalte sind daher jetzt nach § 20 Abs. 1 GWB zu beurteilen, ohne dass eine bevorzugte Behandlung von Monopolstellungen kraft Gesetzes vorherbestimmt wäre[129].

c) Interesse an qualitativer Selektion

Von der oben unter a) und b) behandelten Fallgruppe sind die Fälle zu unterscheiden, in denen ein marktbeherrschender Anbieter seine Vertragspartner anhand einer bestimmten Qualifikation auswählen möchte. Der Marktbeherrscher beruft sich zur Rechtfertigung seiner Kontrahierungsverweigerung in diesem Fall auf Gesichtspunkte, die seinen Geschäftspartner *individuell* betreffen, der es (mehr oder weniger) selbst in der Hand hat, die Anforderungen des Anbieters zu erfüllen (subjektive Marktzugangskriterien).

Für die generelle Beurteilung einer solchen Kontrahierungsverweigerung gegenüber Newcomern sind diejenigen Fälle ungeeignet, die besondere Einzelfälle betreffen. Es können keine allgemeinen Schlussfolgerungen daraus

---

[126] Vgl. zu den Regelungen des Ausnahmebereichs „Energieversorgung" in der Fünften GWB-Novelle und dem hieraus zu entnehmen Wettbewerbsleitbild oben 1. Abschnitt A.VI.I.

[127] Vgl. auch *Markert* WuW 1995, 560, 570; zweifelnd jedoch *ders.* BB 1997, 1421, 1422.

[128] Vgl. Art. 2 Gesetz zur Neuregelung des Energiewirtschaftsrechts (vom 24.4.1998) sowie § 131 Abs. 8 GWB. Vgl. zu den wettbewerbspolitischen Zielen, die dieser Vorschrift zugrunde liegen, nur die RegBegr. zum Gesetzentwurf des Energiewirtschaftsrechtsgesetzes, BT-Drs. 13/7274, S. 9ff, 23f.

[129] Ebenso die Einschätzung der Bundesregierung in ihrem Entwurf eines Gesetzes zur Neuregelung des Energiewirtschaftsrechts, BT-Drs. 13/7274, S. 11, 23.

gezogen werden, dass ein marktbeherrschender Anbieter die Belieferung eines bestimmten Nachfragers wegen dessen persönlichen „Fehlverhaltens" verweigert, etwa weil dieser die geschäftliche Vertrauensbasis durch betrügerische Verhaltensweisen[130], ernsthafte Zweifel an seiner Vertragstreue[131] oder schwerwiegende Wettbewerbsverstöße zu Lasten des Anbieters[132] zerstört hat.

Abgesehen von diesen Sonderfällen kann ein marktbeherrschender Anbieter subjektive Auswahlkriterien haben, die sämtliche seiner (potentiellen) Vertragspartner betreffen. So könnte ein Marktbeherrscher von einem Nachfrager beispielsweise eine bestimmte fachliche Qualifikation verlangen, damit dieser seine Ware fachgerecht benutzen[133] oder aufgrund fachlich kompetenter Beratung erfolgreich weitervertreiben kann[134]. Bei einer solchen Auswahl seiner Vertragspartner beruft sich ein Anbieter auf **absatzpflegerische Interessen**: Im Hinblick auf den wirtschaftlich erfolgreichen Vertrieb seiner (Marken-) Ware ist ein Hersteller bestrebt, die Kaufentscheidung der Endabnehmer durch eine qualitativ der Güte seines Produktes entsprechende Ver-

---

[130] Vgl. BGH, 12.5.1976, KZR 14/75, WuW/E BGH 1423ff (Sehhilfen): Verurteilung wegen mehrfachen fortgesetzten Betruges und Urkundenfälschung zu Lasten des Verbotsadressaten.

[131] BGH, 12.5.1998, KZR 24/96, unter II.2 (Markenkosmetika): Verstöße gegen früher eingegangene vertragliche Verpflichtungen gegenüber dem Verbotsadressaten, aufgrund derer „auf einen hartnäckigen Willen zu künftigem Vertragsbruch" geschlossen werden konnte.

[132] Vgl. BGH, 20.11.1975, KZR 1/75, WuW/E BGH 1391, 1396 (Rossignol): erhebliche Preisunterbietung; BGH, 24.9.1979, KZR 20/78, WuW/E BGH 1629, 1632ff (Modellbauartikel II): wettbewerbswidrige „Anschwärzung" des Verbotsadressaten bei dessen Lieferanten und gegenüber Endabnehmern des jeweiligen Produktes; BGH, 23.2.1988, KZR 20/86, WuW/E BGH 2491, 2495f (Opel-Blitz): Verletzung des Warenzeichens des Verbotsadressaten; BGH, 25.10.1988, KVR 1/87, WuW/E BGH 2535, 2541 (Lüsterbehangsteine): sklavische Nachahmung der Produkte des Verbotsadressaten unter Verstoß gegen § 1 UWG.

[133] Vgl. BGH, 25.6.1964, KZR 11/62, WuW/E BGH 675, 679 (Uhrenoptiker); BGH, 30.9.1971, KZR 13/70, WuW/E BGH 1211, 1215 (Kraftwagen-Leasing); BGH, 26.10.1972, KZR 54/71, WuW/E BGH 1238, 1244 (Registrierkassen); BGH, 18.9.1978, KZR 17/77, WuW/E BGH 1530, 1532 (Faßbierpflegekette); BGH, 24.3.1981, KZR 2/80, WuW/E BGH 1793, 1797f (SB-Verbrauchermarkt); BGH, 30.6.1981, KZR 11/80, WuW/E BGH 1814, 1819ff (Allkauf-SABA); BGH, 23.2.1988, KVR 2/87, WuW/E BGH 2479, 2482 (Reparaturbetrieb). Vgl. auch BGH, 16.10.1962, KZR 2/62, WuW/E BGH 509, 514f (Original-Ersatzteile); BGH, 22.9.1981, KVR 8/80, WuW/E BGH 1829, 1834ff (Original-VW-Ersatzteile II); BGH, 26.5.1987, KZR 13/85, WuW/E BGH 2399, 2406 (Krankentransporte).

[134] Vgl. BGH, 24.9.1979, KZR 16/78, WuW/E BGH 1671, 1675 (robbe-Modellsport); BGH in „SB-Verbrauchermarkt" aaO. (vorige Fn.); BGH, 30.6.1981, KZR 19/80, WuW/E BGH 1885, 1887 (adidas); BGH, 8.3.1983, KZR 1/82, WuW/E BGH 1995, 1997 (Modellbauartikel III); BGH, 3.5.1988, KVZ 1 - 3/87, WuW/E BGH 2513f (Sportartikel-Fachgeschäft).

triebskette positiv zu beeinflussen[135]. Insbesondere will er negative Auswirkungen auf die Qualität seiner Erzeugnisse und seinen „guten Namen“ als Hersteller vermeiden.

Der BGH hat für diese Sachverhalte die Fallgruppe des sog. „**qualitativ selektiven Vertriebs**“ gebildet. Wie § 16 Nr. 1 bis 3 GWB verdeutlicht, sind solche Auswahlinteressen eines marktbeherrschenden Anbieters grundsätzlich rechtlich anzuerkennen. Die qualitative Selektion von Vertragspartnern ist hiernach nicht ohne weiteres kartellrechtswidrig, sondern (abgesehen von bestimmten unzulässigen Vereinbarungen iSd §§ 14, 17 Abs. 1 S. 1 GWB) nur unter weiteren Voraussetzungen. Hierüber hinaus ist § 16, letzter Halbsatz GWB zu entnehmen, dass Selektionsvereinbarungen allein nicht den Wettbewerb beeinträchtigen; vielmehr kann die Kartellbehörde nur dann entsprechende Vereinbarungen für unwirksam erklären, wenn „durch das Ausmaß“ der mit der Selektion verbundenen Beschränkungen des anderen Vertragspartners eine wesentliche Wettbewerbsbeeinträchtigung festzustellen ist[136]. Wenn der Anbieter zumutbare Selektionskriterien anwendet, sodass zumindest einige potentielle Nachfrager tatsächlich beliefert werden, dürfte ein derartiges „Ausmaß“ nur ausnahmsweise erreicht sein[137]. Rechtswidrig sind daher z.B. objektiv unerfüllbare oder unzumutbare Bedingungen des Marktbeherrschers, wie etwa hinsichtlich einer bestimmten Betriebsgröße[138] oder -ausstattung[139]. Abgesehen hiervon handelt ein Marktbeherrscher jedoch nicht rechtswidrig, wenn er seine Selektionskriterien objektiv, insbesondere diskriminierungsfrei, anwendet[140].

---

[135] So auch *Carlhoff*, S. 190f; *Hefermehl* GRUR 1975, 275, 287. Vgl. auch BGH, 27.4.1999, KZR 35/97, WuW/E DE-R 357, 360 (Feuerwehrgeräte).

[136] Vgl. auch die RegBegr. zum Entwurf eines Gesetzes gegen Wettbewerbsbeschränkungen, BT-Drs. II/1158, S. 37.

[137] BGH, 24.2.1976, KVR 3/75, WuW/E BGH 1429, 1433f (Asbach-Fachgroßhändlervertrag); BGH, 8.5.1979, KZR 13/78, WuW/E BGH 1587, 1590 (Modellbauartikel); BGH, 13.3.1979, KZR 25/77, WuW/E BGH 1646f (Vermittlungsprovision für Flugpassagen II); BGH, 3.5.1988, KVZ 1 - 3/87, WuW/E BGH 2513f (Sportartikel-Fachgeschäft). Vgl. auch BGH, 30.9.1971, KZR 12/70, WuW/E BGH 1200, 1203f (Vermittlungsprovision für Flugpassagen).

[138] Vgl. z.B. BGH in „Vermittlungsprovision für Flugpassagen“ aaO. (vorige Fn.).

[139] Vgl. BGH, 8.5.1979, KZR 13/78, WuW/E BGH 1587, 1591 (Modellbauartikel); BGH, 30.6.1981, KZR 11/80, WuW/E BGH 1814, 1819f (Allkauf-SABA); BGH, 16.12.1986, KZR 25/85, WuW/E BGH 2351, 2358f (Belieferungsunwürdige Verkaufsstätten II); BGH, 17.3.1998, KZR 30/96, WuW/E DE-R 134, 137f (Bahnhofsbuchhandel).

[140] BGH, 13.3.1979, KZR 25/77, WuW/E BGH 1646f (Vermittlungsprovision für Flugpassagen II); BGH, 30.6.1981, KZR 11/80, WuW/E BGH 1814, 1820 (Allkauf-SABA); BGH in „Belieferungsunwürdige Verkaufsstätten II“ aaO. (vorige Fn.), S. 2357; BGH, 3.5.1988, KVZ 1 - 3/87, WuW/E BGH 2513f (Sportartikel-Fachgeschäft). Vgl. auch BGH, 30.9.1971, KZR 12/70, WuW/E

Unter diesen Voraussetzungen darf daher (auch) ein marktbeherrschendes Unternehmen sein Vertriebssystem so gestalten, wie es ihm wirtschaftlich richtig und sinnvoll erscheint, selbst wenn hierdurch einige Nachfrager von der Belieferung ausgeschlossen werden[141]. Dies gilt - wie der o.g. gesetzlichen Wertentscheidung des § 16 GWB zu entnehmen ist - grundsätzlich auch, wenn durch die Selektion der Markteintritt von Newcomer-Konkurrenten verhindert wird[142]. Zwar hat der BGH in Fällen selektiven Vertriebs auch berücksichtigt, in welchem *Ausmaß* ein Nachfrager benachteiligt wurde[143]. Die Verhinderung des Markteintritts eines Newcomers wiegt insoweit besonders schwer. Die oben gezogenen Schlussfolgerungen, dass aufgrund des Allgemeininteresses an dem Bestehen dynamischen, chancengleichen Wettbewerbs die Markteintrittsinteressen eines Newcomer-Konkurrenten vor denen eines kontrahierungsverweigernden Monopolisten vorrangig sind, sind jedoch nicht uneingeschränkt auf die qualitative Selektion übertragbar. Im letztgenannten Fall geht es einem monopolistischen Güteranbieter nämlich nicht (nur) darum, den Markteintritt neuer, insbesondere konkurrierender, Unternehmen zu verhindern. Vielmehr hat er hierüber hinausgehende Interessen, die die Qualität des nachgefragten Gutes bzw. den „Ruf" oder das Image seines Unternehmens betreffen. Derartige Vereinbarungen beeinträchtigen gemäß § 16, letzter Halbsatz GWB den Wettbewerb nur ab einem bestimmten „Ausmaß" der mit ihnen verbundenen Beschränkungen. Wie oben gezeigt wurde, wird diese Grenze bei der Anwendung objektiver und zumutbarer Selektionskriterien nicht überschritten.

Allerdings darf ein marktbeherrschendes Unternehmen seine Vertragspartner nicht allein danach auswählen, ob sie mit ihm auf einem benachbarten

---

BGH 1200, 1203 (Vermittlungsprovision für Flugpassagen); BGH, 24.9.1979, KZR 16/78, WuW/E BGH 1671, 1677f (robbe-Modellsport).

[141] Std. Rspr. vgl. nur BGH in „Modellbauartikel" aaO. (vorletzte Fn.); BGH, 8.3.1983, KZR 1/82, WuW/E BGH 1995, 1996 (Modellbauartikel III); BGH in „Belieferungsunwürdige Verkaufsstätten II" aaO. (vorletzte Fn.), S. 2356; BGH in „Bahnhofsbuchhandel" aaO. (vorletzte Fn.), S. 136f jeweils m.w.N. Vgl. zur Vertragsfreiheit des Verbotsadressaten bereits oben 2. Abschnitt D.II.1a).

[142] BGH in „Vermittlungsprovision für Flugpassagen II" aaO. (vorletzte Fn.), S. 1647. Vgl. auch BGH in „Vermittlungsprovision für Flugpassagen" aaO. (vorletzte Fn.), S. 1203f. Vgl. auch die Schlussfolgerungen von *Hootz* in seiner Anmerkung zu diesen Entscheidungen, BB 1979, 1680; *Klimisch/Lange* WuW 1998, 15, 24.

[143] BGH, 25.6.1964, KZR 11/62, WuW/E BGH 675, 677f (Uhrenoptiker); BGH, 30.9.1971, KZR 12/70, WuW/E BGH 1200, 1204 (Vermittlungsprovision für Flugpassagen); BGH, 24.2.1976, KVR 3/75, WuW/E BGH 1429, 1432 (Asbach-Fachgroßhändlervertrag); BGH, 28.6.1977, KVR 2/77, WuW/E BGH 1495, 1496f (Autoruf-Genossenschaft). Vgl. auch BGH, 3.5.1988, KVZ 1 - 3/87, WuW/E BGH 2513, 2514 (Sportartikel-Fachgeschäft): Die Interessenabwägung nach § 26 Abs. 2 GWB a.F. (heute: § 20 Abs. 1 GWB) habe „stets unter Berücksichtigung ... des Zieles, den Marktzutritt offenzuhalten," stattzufinden.

Markt konkurrieren. Dies ist wegen des o.g. Wettbewerbsleitbildes des GWB offener, wettbewerblich dynamischer Märkte kein statthaftes Selektionskriterium.

Eine Kontrahierungsverweigerung aufgrund qualitativer Selektion ist also kartellrechtmäßig, wenn die Auswahlkriterien objektiv anzuerkennen (sachgemäß) und angemessen (zumutbar) sind sowie einheitlich gehandhabt werden[144]. Allein die Tatsache, dass ein Nachfrager Konkurrent des Marktbeherrschers werden wird, ist kein zulässiges Selektionskriterium.

2. Ergebnis

Im Rahmen der Interessenabwägung bei der Feststellung der Unbilligkeit einer wettbewerbsverhindernden Kontrahierungsverweigerung ist das Interesse eines Nachfragers, neu in einen Markt zu treten, berücksichtigungsfähig. Er kann seinen Tätigkeitsbereich („seinen" Markt) in sachlicher, räumlicher und zeitlicher Hinsicht selbst wählen, ohne von dem monopolistischen Anbieter des nachgefragten Gutes auf andere, „leichter zugängliche" Märkte verwiesen werden zu können.

Im Falle einer wettbewerbsverhindernden Kontrahierungsverweigerung ist das Markteintrittsinteresse eines Newcomer-Konkurrenten vor der (grundsätzlich anzuerkennenden) Vertragsfreiheit des Verbotsadressaten vorrangig, da ein öffentliches Interesse an offenen Märkten mit dynamischem, chancengleichen Wettbewerb besteht. Eine Ausnahme gilt nur, wenn der Verbotsadressat aus objektiv anzuerkennenden Gründen seine Vertragspartner anhand bestimmter qualitativer Merkmale auswählen möchte. Die Auswahlkriterien müssen einheitlich gehandhabt werden und mit zumutbarem (da angemessenen) Aufwand erfüllbar sein. Allein die Tatsache, dass ein Nachfrager mit dem Marktbeherrscher konkurriert, ist kein geeignetes Selektionskriterium in diesem Sinne.

Konsequent gelten diese Schlussfolgerungen auch dann, wenn neben dem Newcomer-Nachfrager weitere aktuelle Marktteilnehmer als Vertragspartner in Betracht kommen. Hier genügt es nicht, dass der Monopolist aus Gründen der Verhältnismäßigkeit den Newcomer „in den engeren Kreis der ... nach bestimmten objektiven Kriterien" auszuwählenden Vertragspartner aufnimmt[145]. Vielmehr überwiegt auch in diesem Fall das Konkurrenzinteresse

---

[144] Vgl. (ohne weitere Begründung) *Klimisch/Lange* WuW 1998, 15, 24.

[145] Vgl. demgegenüber die Entscheidungen des BGH, in denen diese Rechtsfolge als verhältnismäßig „milderes Mittel" gegenüber einem Kontrahierungszwang in Erwägung gezogen wurde: BGH, 26.5.1987, KZR 13/85, WuW/E BGH 2399, 2405 (Krankentransporte); BGH, 13.11.1990, KZR 25/89, WuW/E BGH 2683, 2687 (Zuckerrübenanlieferungsrecht). Vgl. auch BGH, 22.3.1994, KZR 3/93, WuW/E BGH 2919, 2922 (Orthopädisches Schuhwerk); BGH, 19.3.1996,

des Newcomers, der für seinen Markteintritt auf die Belieferung durch den Monopolisten angewiesen ist, die Vertragsfreiheit des Verbotsadressaten. Sein individuelles Markteintrittsinteresse deckt sich insoweit mit dem Allgemeininteresse am Bestehen chancengleichen, dynamischen Wettbewerbs.

Das gleiche Abwägungsergebnis ergibt sich dann, wenn ein Newcomer-Nachfrager ein **knappes Gut** nachfragt, sodass der Verbotsadressat aus tatsächlichen oder sonst nicht von ihm selbst zu vertretenden Gründen einigen Nachfragern die Belieferung verweigern muss (objektive Marktzugangskriterien)[146]. Das Interesse eines Newcomer-Konkurrenten ist zum Zwecke der Marktöffnung vorrangig vor der Vertragsabschlussfreiheit des marktbeherrschenden Anbieters. Auch in diesem Fall ist sein Markteintrittsinteresse nicht bereits dann erfüllt, wenn er etwa im Rahmen einer regelmäßig zu wiederholenden Ausschreibung lediglich mit in den Kreis der von dem Marktbeherrscher bereits belieferten Nachfrager aufgenommen wird[147].

Die Entscheidung des BGH „Gasdurchleitung“, wonach ein Monopolist nicht zu einer konkurrentennützigen Kontrahierung verpflichtet ist, steht dem nicht entgegen. Die Schlussfolgerungen des BGH sind nur auf solche Fälle übertragbar, in denen eine monopolistische Marktstruktur ausdrücklich (noch) gesetzlich anerkannt wird. Angesichts der aktuellen Wettbewerbspolitik, bisher monopolistisch strukturierte Märkte für den Wettbewerb zu öffnen[148], wird sich dieser Bereich zukünftig weiter verringern.

KZR 1/95, WuW/E BGH 3058, 3063ff (Pay-TV-Durchleitung). Gemäß § 19 Abs. 4 Nr. 4 GWB hat das BKartA eine **Repartierungspflicht** angeordnet, also die Verpflichtung, sämtliche Vertragspartner mit dem nachgefragten Gut anteilig zu beliefern, Beschluss vom 30.8.1999, B8-40100-T-99/99, WuW/E DE-V 149, 156 (Berliner Stromdurchleitung). Anders (möglicherweise jedoch aus tatsächlichen Gründen, weil hier ein Kapazitätsengpass vorlag) das BKartA in seiner Entscheidung vom 21.12.1999, B9-63220-T-199/97 und T-16/98, WuW/E DE-V 253, 264 (Puttgarden).

[146] BGH, 3.3.1969, KVR 6/68, BGHZ 52, 65, 70ff (Sportartikelmesse); BGH in „Zuckerrübenanlieferungsrecht“ aaO. (vorige Fn.). Vgl. auch BGH, 13.7.1971, KZR 10/70, WuW/E BGH 1175ff (Ostmüller); BGH, 14.1.1997, KZR 30/95, WuW/E BGH 3104ff (Zuckerrübenanlieferungsrecht II); BGH, 14.7.1998, KZR 1/97, WuW/E DE-R 201, 203ff (Schilderpräger im Landratsamt); BGH, 14.7.1998, KZR 15/97, unter II.1.b und II.1c)dd) (Schilderprägebetrieb).

[147] Vgl. demgegenüber die Rspr. des BGH zu den sog. „Schilderprägefällen“ über die Vergabe von begrenzt zur Verfügung stehenden Gewerbeflächen an Schilderprägebetriebe. Der BGH hat die Interessen neuer Marktteilnehmer neben den bereits berücksichtigten Schilderprägern nicht besonders hervorgehoben: BGH, 24.9.2002, KZR 4/01, WuW/E DE-R 1003, 1004f (Kommunaler Schilderprägebetrieb); BGH, 8.4.2003, KZR 39/99, WuW/E DE-R 1099, 1100f m.w.N. (Konkurrenzschutz für Schilderpräger).

[148] Vgl. dazu bereits in der Einleitung unter A.I.1.

III. Absolut geschützte Eigeninteressen des Marktbeherrschers (Grundrechte)

Wenn ein Newcomer-Nachfrager die Überlassung bzw. Mitbenutzung von Infrastruktureinrichtungen oder sonstigen Einrichtungen eines Monopolisten verlangt, die dieser bisher ausschließlich selbst genutzt und ggf. sogar selbst geschaffen hat, stellt ein Kontrahierungszwang einen besonders starken Eingriff in die unternehmerische Freiheit des Verbotsadressaten dar. Er wird in diesen Fällen nämlich gezwungen, erstmals eine bestimmte Geschäftstätigkeit aufzunehmen und auf die eigene Nutzung des nachgefragten Gutes (zumindest zum Teil) zu verzichten.

Im Anschluss an die allgemeinen Erwägungen zur Entscheidungserheblichkeit dieses Interesses (dazu unter **1.**), ist im Folgenden daher zu untersuchen, ob ein Kontrahierungszwang (zumindest) in diesen Fällen in verfassungswidriger Weise die Grundrechte des Monopolisten verletzt (dazu unter **2.**). Hieraus lassen sich Rückschlüsse auf die absoluten rechtlichen Grenzen eines konkurrentennützigen Kontrahierungszwangs ziehen.

1. Wesentliche Eigeninteressen

a) Verlust eines „Tüchtigkeitsvorteils"

Bei der Öffnung bisher monopolistisch strukturierter Märkte für den Wettbewerb stellt sich häufig das Problem, dass ein Newcomer für seine Tätigkeit eine bestimmte Infrastruktureinrichtung oder sonstige Unternehmensressource benötigt, die der Monopolist für eigene Zwecke geschaffen hat[149]. Als Beispiele aus der Rechtsprechung sind hier z.B. die Überlassung eines privaten Flughafengeländes zur Abfertigung gewerblicher Flüge zu nennen[150], die Nutzung einer Taxifunkzentrale zur Vermittlung von Personenbeförderungsverträgen[151], die Mitbenutzung eines Leitungsnetzes zur Übermittlung von Signalen eines Fernsehprogramms[152] bzw. zur Einspeisung von Gas[153] oder Elektrizität[154].

---

[149] Vgl. zu dem tatsächlichen Hintergrund der hier untersuchten Problematik oben in der Einleitung unter A.I.1.

[150] Vgl. BGH, 10.7.1969, KZR 13/68, MDR 1970, 214f (Flughafenbenutzung); BGH, 18.4.1974, KZR 6/73, WuW/E BGH 1327ff (Rundflugunternehmen).

[151] Vgl. BGH, 28.6.1977, KVR 2/77, WuW/E BGH 1495ff (Autoruf-Genossenschaft); BGH, 16.12.1986, KZR 36/85, WuW/E BGH 2341ff (Taxizentrale Essen); BGH, 10.11.1992, KVR 26/91, WuW/E BGH 2828ff (Taxigenossenschaft II).

[152] Vgl. BGH, 19.3.1996, KZR 1/95, WuW/E BGH 3058ff (Pay-TV-Durchleitung).

Diese Fälle unterscheiden sich von denen, die den Regelfall des § 20 Abs. 1 GWB bilden, also dem Verbot, die Belieferung oder Abnahme eines Gutes zu verweigern, in einem wesentlichen Aspekt: Zwar muss ein marktbeherrschender Produzent, der beispielsweise ein Ersatzteil an ein Reparaturunternehmen liefern soll, seine Produktionsanlagen ebenfalls nach den Wünschen des Nachfragers einsetzen und nimmt diesem einen Teil des unternehmerischen Risikos ab, selbst alle erforderlichen Betriebsmittel herstellen zu müssen. Demgegenüber verliert der Marktbeherrscher im Falle der Überlassung von Infrastruktureinrichtungen an Dritte hierüber hinaus die Verfügungsgewalt über einen Teil seiner innerbetrieblichen Ressourcen, die er für die eigene unternehmerische Tätigkeit vorbehalten hatte; er kann nicht mehr allein über seine Betriebsmittel bestimmen, sondern soll diese im Interesse Dritter zur (Mitbe-) Nutzung überlassen, erhalten und möglicherweise sogar ihre Kapazität erweitern[155].

Hinzu kommt, dass der Verbotsadressat diese innerbetrieblichen Ressourcen ursprünglich nicht für die Überlassung an Dritte, sondern ausschließlich für sich selbst vorgesehen hatte. Im Falle der Kontrahierung würde der Marktbeherrscher einen - im Regelfall mit hohen Kosten erworbenen -

---

[153] Vgl. BGH, 15.11.1994, KVR 29/93, BGHZ 128, 17ff (Gasdurchleitung). Zwar erfolgt keine „Durchleitung" einer bestimmten Gasmenge im Sinne eines (körperlichen) Transportes „dieses" Gases von dem Einspeisungsort „A" zum Entnahmeort „B". Aufgrund der Nichtabgrenzbarkeit des eingespeisten von dem insgesamt in der Leitung befindlichen Gas findet eher ein „Mengenaustausch" statt, indem der Leitungsinhaber am Einspeisungsort die jeweilige Gasmenge in sein Leitungsnetz aufnimmt und zeitgleich eine entsprechende Menge am Entnahmeort abgibt (sog. „*swap*"), vgl. auch die Legaldefinition der „Durchleitung" in § 131 Abs. 8 GWB iVm § 103 Abs. 5 S. 2 Nr. 4 GWB a.F. Rein wirtschaftlich betrachtet ist das Ergebnis dieser Gas"durchleitung" jedoch dasselbe wie bei einem Transport von Waren vom Lieferanten zum Endabnehmer. Diese Fälle können also insoweit mit dem Transport von Waren gleichgestellt werden (vgl. hierzu auch die Begründungserwägungen des Ausschusses für Wirtschaft zur 4. GWB-Novelle, BT-Drs. 8/3690, S. 33, der die Einfügung des § 103 Abs. 5 S. 2 Nr. 4 GWB a.F. vorgeschlagen hatte, sowie das BKartA in seinem Beschluss vom 29.6.1992, der der BGH-Entscheidung „Gasdurchleitung" vorausgegangen war, RdE 1992, 197, 198; KG, 24.10.2001, Kart U 6516/00, WRP 2002, 564, 569 m.w.N.; *Hüffer/Ipsen/Tettinger*, S. 207f, 271ff m.w.N.; *Kuhnt* in: FS Lukes, S. 411, 412f m.w.N. sowie *Markert* WuW 1995, 560, 565).

[154] Vgl. BGH, 6.10.1992, KZR 10/91, GRUR 1993, 146ff (Stromeinspeisung). Vgl. auch BGH, 22.10.1973, KZR 3/73, WuW/E BGH 1299ff (Strombezugspreis); BGH, 30.10.1975, KZR 2/75, WuW/E BGH 1413ff (Mehrpreis von 11%); BGH, 21.2.1995, KVR 4/94, WuW/E BGH 2967ff (Strompreis Schwäbisch-Hall); BGH, 4.4.1995, KZR 5/94, WuW/E BGH 2999ff (Einspeisungsvergütung). Wie bei Gas findet auch bei der Durchleitung von Elektrizität kein körperlicher Transport einer bestimmten Strommenge, sondern eher ein „Mengenaustausch" (sog. swap) statt. Für diese Untersuchung ergeben sich hieraus jedoch keine Besonderheiten (vgl. hierzu vorige Fn.).

[155] Ähnlich auch *Klaue* BB 1993, 740, 742; *Langer* et 1994, 158, 162.

„Tüchtigkeitsvorteil"[156] an Dritte verlieren, ohne dass diese eigene entsprechende Leistungen für ihren Erfolg auf dem Markt erbringen müssten[157]. Ein zur Kontrahierung gezwungener Marktbeherrscher ist daher in diesem Fall wesentlich stärker in seinen Interessen betroffen, als wenn er - wie im „Grundfall" einer Belieferungsverweigerung - „nur" zum vertraglichen Austausch von Gütern gezwungen worden wäre, die ohnehin zur Überlassung an Dritte vorgesehen waren[158].

Ein solcher, besonders zu berücksichtigender „Tüchtigkeitsvorteil" eines Monopolisten aufgrund selbstgeschaffener Einrichtungen besteht auch dann, wenn diese Ressourcen bestimmungsgemäß Dritten (und ggf. potentiellen Konkurrenten) zur Verfügung stehen und somit verkehrsfähig sind (wie beispielsweise die Überlassung eines Flughafengeländes für gewerbliche Flugabfertigungsdienste). Darüber hinaus stellt sich die gleiche Problematik auch dann, wenn das begehrte Netz technisch nahezu unbeschränkt nutzbar ist, sodass der Monopolist seine eigenen Verwendungsabsichten nicht (wesentlich) einschränken muss. Auch hier verliert nämlich der zur Kontrahierung gezwungene Monopolist zugunsten fremder Interessen die Verfügungsgewalt über eigene unternehmerische Ressourcen und den hierauf beruhenden „Tüchtigkeitsvorteil", weil er die (Mitbe-) Nutzung durch Dritte nicht verhindern darf und die eigene Nutzung hierauf abstimmen muss[159]. Die Tatsache, dass das zwangsweise überlassene Gut üblicherweise verkehrsfähig ist, kann sich lediglich auf die Gewichtung der Interessen des Verbotsadressaten gegenüber dem Markteintrittsinteresse des Newcomer-Nachfragers auswirken.

---

[156] Vgl. *Stewing* BB 1995, 1968, 1970 m.w.N. Vgl. auch KG, 9.6.1993, KG Kart. 19/92, RdE 1994, 20, 28 (Gasdurchleitung).

[157] Vgl. auch *Burchard* EuZW 1992, 693, 697. Vgl. auch KG in „Gasdurchleitung" aaO. (vorige Fn.).

[158] Vgl. auch *Burchard* aaO. (vorige Fn.); *Klaue* BB 1993, 740, 742; *Markert* WuW 1995, 560, 561ff; *Schröder* S. 63; *Stewing* BB 1995, 1968, 1970.

[159] A.A. - zur Rechtfertigung der besonderen Situation, in der sich der Betreiber einer Gasleitung u.a. gegenüber einem Flughafenbetreiber oder dem Inhaber eines Telekommunikationsnetzes befinde - *Klaue* BB 1993, 740, 742f.

Aufgrund der hier vorgenommen umfassenden Kategorisierung fallen auch „Gasdurchleitungsfälle" unter diese Fallgruppe. Es braucht daher nicht weiter problematisiert werden, ob aufgrund der physikalischen Besonderheiten der Gasdurchleitung (sog. „***swap***", vgl. oben 2. Abschnitt, Fn. 153) der Leitungsinhaber bei Einspeisung „fremden" Gases die Verfügungsgewalt über sein Leitungsnetz verliert oder nicht (im letztgenannten Sinne: *Ebel* WuW 1994, 731, 737, *Markert* WuW 1995, 560, 565, sowie *ders.* BB 1993, 1023, 1024, zur Entkräftung der Bedenken von *Klaue* BB 1993, 740, 742 und *Langer* et 1994, 158, 162 gegen die Durchleitungspflicht eines monopolistischen Leitungsinhabers).

Auch der BGH hat in seiner aktuellen Rechtsprechung nicht danach differenziert, ob z.B. eine Gasleitung ihrer generellen Bestimmung nach eine innerbetriebliche Ressource und somit nicht verkehrsfähig war oder nicht. Der BGH stellte fest, dass ein „Markt" (mit verkehrsfähigen Gütern) auch allein aufgrund der gesetzgeberischen Wertentscheidung bestehen kann, dass der relevante geschäftliche Verkehr liberalisiert werden soll[160]. Zu der Frage, ob ein Monopolunternehmen gegen seinen Willen selbstgeschaffene Infrastruktureinrichtungen einem Newcomer zur Verfügung stellen muss, hat der BGH bisher nur in dem Beschluss „Gasdurchleitung" Stellung genommen[161]. Er entschied, dass bei der Interessenabwägung berücksichtigt werden müsse, dass das marktbeherrschende Unternehmen gezwungen werde, das „ihm gehörende Leitungsnetz für fremde Zwecke" einzusetzen und es somit auch in seinen Rechten aus Art. 14 GG „berührt" sei. Diese Rechte bestünden jedoch bei Unternehmen mit besonderer Marktmacht nur eingeschränkt. Im Ergebnis bewertete der BGH die Interessen des Monopolisten als vorrangig, weil dieser nicht verpflichtet sei, einen Wettbewerber zum eigenen Schaden zu fördern[162]. Für den BGH war hier also nicht das Interesse des Marktbeherrschers an dem selbst geschaffenen Netz entscheidungserheblich, sondern sein Interesse, sich vor einem Konkurrenten zu schützen.

b) Zumutbarkeit der „Eigenrealisierung"

Des Weiteren ist bei der Überlassung unternehmenseigener Ressourcen zu berücksichtigen, dass der Nachfrager die begehrte Infrastruktureinrichtung möglicherweise auch selbst errichten könnte (zumindest mit zumutbarem finanziellen und zeitlichen Aufwand). Dies könnte sich ebenfalls auf die Gewichtung der Interessen der beteiligten Unternehmen auswirken.

Die Möglichkeit der „Eigenrealisierung" des nachgefragten Gutes durch den Normbegünstigten wurde vom BGH lediglich in dem Beschluss „Gasdurchleitung" erwähnt[163]. Diese Frage war jedoch nicht entscheidungserheblich. Der BGH führte insoweit lediglich aus, dass das Interesse des Nachfragers ggf. „gemindert" wäre[164]. Im Gegensatz hierzu hatte das Berufungsgericht in dieser Sache festgestellt, dass der Nachfrager eine eigene Gasversorgungsleitung „zur Zeit aus wirtschaftlichen Gründen noch nicht errichten"

---

[160] BGH, 15.11.1994, KVR 29/93, BGHZ 128, 17, 27ff (Gasdurchleitung).

[161] BGH in „Gasdurchleitung" aaO. (vorige Fn.), S. 36ff.

[162] Vgl. hierzu bereits oben 2. Abschnitt D.II.1b)bb).

[163] BGH, 15.11.1994, KVR 29/93, BGHZ 128, 17, 36 (Gasdurchleitung).

[164] BGH in „Gasdurchleitung" aaO. (vorige Fn.).

wolle und daraufhin die Durchleitungspflicht mangels einer Pflicht des Marktbeherrschers, Wettbewerber zu unterstützen, verneint[165].

Das GWB selbst enthält insoweit keine Vorgaben. Diesbezüglich lässt sich nur aus § 131 Abs. 8 GWB iVm § 103 Abs. 5 S. 2 Nr. 4 GWB a.F. der Grundsatz ablesen, dass Durchleitungen von Wasser generell durch *fremde* Leitungsnetze vorgenommen werden sollen und der theoretisch jederzeit mögliche Bau weiterer (paralleler) Leitungen (insbesondere mangels energiewirtschaftlicher Rationalität) nicht erwünscht ist[166]. Insofern ist jedoch zu berücksichtigen, dass § 103 Abs. 5 GWB a.F. ausdrücklich die Einbeziehung der Belange (u.a.) einer „preiswürdigen" Versorgung vorschreibt, sodass die Rentabilität paralleler Leitungsnetze möglicherweise nur im sektorspezifischen Anwendungsbereich dieser Vorschrift zu berücksichtigen ist[167]. Der Gedanke des § 131 Abs. 8 GWB iVm § 103 Abs. 5 S. 2 Nr. 4 GWB a.F. ist daher nicht ohne weiteres auf andere Sachverhalte übertragbar.

Die hier aufgeworfene Problemstellung zeigt die Grenzen auf, die bei der Abwägung der berechtigten Interessen eines marktbeherrschenden Anbieters an der freien Gestaltung seiner unternehmerischen Tätigkeit[168] gegenüber dem vom Allgemeininteresse gedeckten Markteintrittsinteresse eines Newcomer-Konkurrenten einzuhalten sind. Diese Grenzfälle betreffen die Zumutbarkeit eines kartellaufsichtlichen Kontrahierungszwangs zur Herstellung von Wettbewerb, die nicht allein mit Hilfe des Schutzzwecks des GWB, dynamischen und chancengleichen Wettbewerb herzustellen, bestimmt werden kann. Hierfür ist vielmehr der absolut geschützte Kernbereich der Rechte eines Verbotsadressaten iSd § 20 Abs. 1 GWB zu ermitteln, der sich aus seinen Grundrechten ergibt[169].

---

[165] KG, 9.6.1993, KG Kart. 19/92, RdE 1994, 20, 28 (Gasdurchleitung).

[166] So auch das BKartA in seinem Beschluss vom 29.6.1992, der der Entscheidung „Gasdurchleitung" des BGH vorausgegangen ist, RdE 1992, 197, 201 (Gasdurchleitung).

[167] Vgl. auch *Markert* BB 1994, 1645, 1648. Ähnlich auch *Langer* et 1995, 395, 398f.

[168] Vgl. dazu, dass das unternehmerische Eigeninteresse eines Marktbeherrschers grundsätzlich anzuerkennen ist, oben 1. Abschnitt C.I. und 2. Abschnitt D.II.1a).

[169] Z.T. wird vertreten, ein konkurrentennützziger Kontrahierungszwang sei verfassungswidrig: *Klaue* BB 1993, 740f; *Langer* et 1994, 158, 162; *ders.* et 1995, 395, 399; *Lukes*, S. 65, 87.

A.A.: Stellungnahme des Bundesrates zum Vorschlag, das GWB in der 6. GWB-Novelle durch die Spezialregelung eines konkurrentennützigen Kontrahierungszwangs zu ergänzen, BT-Drs. 13/9720, S. 71, 74; BKartA in seiner Arbeitsunterlage zu der Sitzung des Arbeitskreises Kartellrecht im Oktober 1997, S. 28f; *Baur* in: FS Lukes, S. 253, 266f; *Brugger* WuW 1959, 467, 480; *Bunte* WuW 1997, 302, 312, 317; *Ebel* WuW 1994, 731, 737; *Fehling* VerwArch 1995, 600, 606; *Gramlich* CR 1997, 65, 71; *Klimisch/Lange* WuW 1998, 15, 23f; *Lindemann/Köster* DVBl. 1997, 527, 530; *Markert* WuW 1995, 560, 566; *Papier* „Durchleitungsrechte", S. 13ff; *ders.* BB 1997, 1213, 1214ff, 1218f; *Schmidt-Preuß* AG 1996, 1, 5ff; *ders.* RdE 1996, 1ff; *vWeizsäcker* WuW 1997, 572, 577f. Vgl. auch die Begründung zum Entwurf eines Telekommunikationsgesetzes, BT-

Das Bundesverfassungsgericht hat Eingriffe in die Vertragsfreiheit eines marktbeherrschenden Unternehmens durch einen Kontrahierungszwang zwar bisher stets als verfassungsgemäß erachtet[170]. Anlass dafür, hier die Verfassungsmäßigkeit eines Kontrahierungszwangs dennoch erneut zu hinterfragen, bieten die o.g. Besonderheiten der zugrunde liegenden typischen Anwendungsfälle: Ein Monopolunternehmen wird nicht nur zur Überlassung eines Gutes an einen Nachfrager verpflichtet; vielmehr wird es zur erstmaligen Aufnahme einer bisher nicht ausgeübten gewerblichen Tätigkeit gezwungen, die einem Konkurrenten (auf einem nachgelagerten Markt) zugute kommt, also den eigenen unternehmerischen Erfolg des Verbotsadressaten entsprechend schmälert[171]. Wenn unbestimmte Rechtsbegriffe (wie die „Unbilligkeit" iSd § 20 Abs. 1 GWB) zu Lasten des Normadressaten in einem so einschneidenden Sinne ausgelegt werden, ist auch die Berücksichtigung des Verfassungsrechts, insbesondere der betroffenen Grundrechte, angezeigt[172].

2. Verletzung der Grundrechte des Marktbeherrschers

Die Untersuchung, ob und inwieweit ein wettbewerbsherstellender Kontrahierungszwang die Grundrechte des Marktbeherrschers verletzt, ist nicht mit

---

Drs. 13/3609, S. 33, 34, in der die Verfassungswidrigkeit der in §§ 32f dieses Gesetzentwurfes geregelten Überlassung der bisher selbst genutzten Netze verneint wird.

Im Rahmen der EG-Richtlinien zur Herstellung eines Energiebinnenmarktes, die u.a. auch eine Durchleitungspflicht für Strom oder Gas zu Lasten monopolistischer Energieversorgungsunternehmen regeln, wurde eine Verletzung der Grundrechte des Grundgesetzes bejaht von *Hüffer/Ipsen/Tettinger*, S. 248f, vgl. auch *Scholz/Langer*, S. 258ff. Diese Autoren prüfen die Verletzung der entsprechenden Gemeinschaftsgrundrechte in Anlehnung an die Grundrechte des Grundgesetzes. A.A.: *Hoffmann-Riem/Schneider* in: Hoffmann-Riem/Schneider, S. 13, 79ff, sowie *Koch* ebenda, S. 263, 267ff.

Die Ausführungen der o.g. Autoren werden im Folgenden lediglich insoweit berücksichtigt, als sie sich allgemein mit der Verfassungsmäßigkeit von Durchleitungen durch Leitungsnetze für Energie befassen und daher auf die hier untersuchte Problematik der Überlassung von betriebseigenen Ressourcen übertragbar sind. Die sektorspezifischen Schlussfolgerungen für Energiemärkte werden demgegenüber nicht einbezogen.

[170] Zu § 20 Abs. 1, 2 GWB (bzw. § 26 Abs. 2 GWB a.F.) sind bisher nur zwei Entscheidungen des Bundesverfassungsgerichtes ergangen, in denen § 26 Abs. 2 *S. 2* GWB a.F. (heute: § 20 Abs. 2 GWB) im Hinblick auf Art. 12 GG als verfassungsgemäß erachtet wurde, BVerfG, 12.7.1982, 1 BvR 1239/81, WuW/E VG 293f (adidas); BVerfG, 9.10.2000, 1 BvR 1627/95, WuW/E DE-R 557ff (Importarzneimittel-Boykott). RegBegr. zum Entwurf eines GWB, BT-Drs. II/1158, S. 21, 27. Vgl. aus der Literatur nur *Huber* DÖV 1956, 172; *Kilian* AcP 180 (1980) 47, 75ff; *Scholz* „Entflechtung", S. 98, 111f jeweils m.w.N.

[171] Vgl. auch *Klaue* BB 1993, 740, 742; *Langer* et 1994, 158, 162; *Schmidt-Preuß* AG 1996, 1, 6; *ders.* RdE 1996, 1, 2 m.w.N.

[172] BVerfG, 15.10.1997, 2 BvN 1/95, BVerfGE 96, 345, 367 m.w.N. Ebenso *Schmidt-Preuß* aaO. (vorige Fn.). Vgl. auch *Bunte* WuW 1997, 302, 312, 317.

der Frage gleichzusetzen, ob dessen Kontrahierungsverweigerung an sich verfassungswidrig ist. Dies wäre nämlich bereits wegen der mangelnden unmittelbaren Drittwirkung der Grundrechte des normbegünstigten Nachfragers z.B. aus Art. 12 GG zu verneinen[173]. Zu prüfen ist hier vielmehr, ob die *Normierung* und *Auslegung* des § 20 Abs. 1 iVm § 33 (bzw. § 32) GWB mit der Rechtsfolge „konkurrentennütziger Kontrahierungszwang" verfassungsgemäß ist.

Der BGH hat sich mit dieser verfassungsrechtlichen Problematik in der weit überwiegenden Zahl seiner Entscheidungen zu § 20 Abs. 1 GWB nicht auseinander gesetzt. Zwar hat er im Rahmen der Interessenabwägung die „unternehmerische Handlungsfreiheit" der Beteiligten erwähnt, ohne jedoch zu verdeutlichen, ob einer etwaigen Grundrechtsverletzung rechtlich eine besondere Bedeutung beizumessen wäre[174]. Die Tangierung von Grundrechten (insbesondere Art. 12 und 14 GG) durch kartellaufsichtliche Maßnahmen wurde nur in wenigen Entscheidungen ausdrücklich angesprochen[175]. Von diesen betraf nur der bereits oben erwähnte Beschluss „Gasdurchleitung" einen marktbeherrschenden Anbieter, der eine bisher selbst genutzte Infrastruktureinrichtung (sein Gasleitungsnetz) zur Verfügung stellen sollte. Der BGH führte insoweit aus, dass ein marktbeherrschendes Unternehmen bei der Ausübung seiner Grundrechte engeren Schranken unterliege als andere und verwies hierzu auf seine bisherige Rechtsprechung zum Kontrahierungszwang[176]. Zwar verneinte der BGH in diesem Beschluss die Kontrahierungspflicht nicht aus verfassungsrechtlichen Gründen, sondern wegen des Rechts des Marktbeherrschers, nicht konkurrentennützig tätig werden zu müssen.

---

[173] Vgl. nur MD-*Scholz* zu Art. 12 GG, Rz. 69; MD-*Papier* zu Art. 14 GG, Rz. 219; *Pieroth/ Schlink*, Rz. 173ff.

[174] Vgl. dazu bereits oben 2. Abschnitt D.II.1a).

[175] BGH, 26.10.1961, KZR 1/61, BGHZ 36, 91, 98f (Gummistrümpfe); BGH, 8.6.1967, KZR 5/66, WuW/E BGH 863, 871 (Rinderbesamung II); BGH, 12.5.1976, KZR 14/75, WuW/E BGH 1423, 1424 (Sehhilfen); BGH, 10.2.1987, KZR 1/86, WuW/E BGH 2370, 2373ff (Importierte Fertigarzneimittel); BGH, 10.2.1987, KZR 31/85, NJW 1987, 2931, 2932f (Importvereinbarung); BGH, 15.11.1994, KVR 29/93, BGHZ 128, 17, 36ff (Gasdurchleitung).

[176] BGH in „Gasdurchleitung" aaO. (vorige Fn.), S. 37. Vgl. zu der ähnlichen Rechtslage bei einem Kontrahierungszwang wegen der Aufnahme eines Bewerbers in eine Vereinigung nach § 27 GWB a.F. (§ 20 Abs. 6 GWB), § 826 BGB, nur BGH, 23.11.1998, II ZR 54/98, NJW 1999, 1326 (Aufnahmezwang für Verbände mit überragender Marktstellung) m.z.N. Hiernach besteht ein Aufnahmezwang unter Berücksichtigung des Grundrechts auf Vereinsfreiheit nur bei Beeinträchtigung schwerwiegender allgemeiner Interessen. Dies sei „ganz allgemein der Fall", wenn die betreffende Vereinigung eine überragende Marktstellung innehabe sowie ein wesentliches oder grundlegendes Interesse des Bewerbers an der Mitgliedschaft bestehe. Auch dieser Entscheidung nach kann die Vertragsabschlussfreiheit bei Unternehmen mit „überragender Marktstellung" eher eingeschränkt werden als bei anderen Marktteilnehmern.

Dennoch verdeutlicht diese Argumentation einen Aspekt, der von denjenigen, die die Pflicht, unternehmenseigene Ressourcen zu überlassen, für verfassungswidrig halten[177], grundsätzlich nicht beachtet wird:

Jeder Kontrahierungszwang berührt die durch Art. 12 GG geschützte unternehmerische Vertragsabschlussfreiheit des Verbotsadressaten; desgleichen ist notwendigerweise Art. 14 GG tangiert, wenn zur erzwungenen Vertragserfüllung der Einsatz von eigentumswerten Sachen erforderlich ist[178]. Die Frage der Verfassungsmäßigkeit eines Kontrahierungszwangs betrifft daher nicht nur die Auslegung und Anwendung von § 20 Abs. 1 GWB durch Gerichte und Kartellaufsichtsbehörden, sondern bereits die Normierung des Missbrauchsverbots (und der entsprechenden Rechtsfolgen) durch den Gesetzgeber selbst.

Eine verfassungswidrige Verletzung der (Art. 19 Abs. 3 iVm) Art. 12, 14 GG setzt die Tangierung des **Schutzbereichs** dieser Grundrechte (dazu unter **a)**) sowie die Verletzung der verfassungsrechtlichen **Schranken** durch die „öffentliche Gewalt" Gesetzgeber, Kartellgerichte und Kartellbehörden (Art. 19 Abs. 4 iVm Art. 1 Abs. 3 GG) voraus (dazu unter **b)** und **c)**).

a) Schutzbereich der Grundrechte aus (Art. 19 Abs. 3 iVm) Art. 12, 14 GG

aa) Der Schutzbereich von **Art. 12 Abs. 1 GG** erfasst u.a. die Freiheit, ein Unternehmen zu gründen und zu leiten[179].

Die allgemeine Vertragsfreiheit, ob und mit wem jemand einen bestimmten Vertrag abschließt, wird zwar von Art. 2 Abs. 1 GG geschützt[180]. Jedoch ist diese Norm gegenüber Art. 12 GG subsidiär, der das besondere Recht auf Entfaltung der Persönlichkeit in einer beruflichen Tätigkeit gewährleistet[181]. Im Falle eines wettbewerbsherstel-

---

[177] Vgl. hierzu die Nachweise oben 2. Abschnitt, Fn. 169.

[178] So auch *Brugger* WuW 1959, 467, 472, 480; *Ebel* WuW 1994, 731, 737; *Pfeiffer* „Schwerpunkte", S. 73, 75f; *Kilian* ZHR 142 (1978) 453, 480, 483; *Scholz* „Konzentrationskontrolle", S. 64; *Stewing*, S. 82. Vgl. auch KG, 9.6.1993, KG Kart. 19/92, RdE 1994, 20, 26 (Gasdurchleitung).

[179] Std. Rspr., vgl. nur BVerfG, 11.6.1958, 1 BvR 596/56, BVerfGE 7, 377, 397; BVerfG, 8.2.1972, 1 BvR 170/71, BVerfGE 32, 311, 317; BVerfG, 1.3.1979, 1 BvR 532, 533/77, 419/78 und 1 BvL 21/78, BVerfGE 50, 290, 363; BVerfG, 14.1.1987, 1 BvR 1052/79, BVerfGE 74, 129, 148f. Jarass/Pieroth-*Jarass* zu Art. 12 GG, Rz. 4, 10; *Pfeiffer* „Schwerpunkte", S. 73, 76 m.w.N.

[180] MD-*DiFabio* zu Art. 2 GG, Rz. 101ff; Jarass/Pieroth-*Jarass* zu Art. 2 GG, Rz. 4 jeweils m.z.N. aus der Rspr. des BVerfG.

[181] Std. Rspr., vgl. nur BVerfG, 16.1.1957, 1 BvR 253/56, BVerfGE 6, 32, 37; BVerfG, 16.3.1971, 1 BvR 52, 665, 667, 754/66, BVerfGE 30, 292, 336 m.w.N.; BVerwG, 15.12.1953, I C

lenden Kontrahierungszwangs besteht das maßgebliche Interesse des Verbotsadressaten darin, seine unternehmerische Tätigkeit nach eigenen Vorstellungen auszuüben. Hierzu zählt auch die freie Wahl der Vertragspartner sowie insbesondere sein Interesse daran, keine Konkurrenten aktiv zu unterstützen. Auch hier wird daher der Anwendungsbereich des Art. 2 Abs. 1 GG von dem spezielleren Grundrecht aus Art. 12 Abs. 1 GG verdrängt[182]. Eine kartellaufsichtlich erzwungene Kontrahierung gemäß § 20 Abs. 1 GWB berührt also den Schutzbereich des Art. 12 Abs. 1 GG.

Eine berufliche Tätigkeit iSd Art. 12 Abs. 1 GG kann auch von einer juristischen Person ausgeübt werden, sofern diese - unabhängig von ihrer zivilrechtlichen Rechtsfähigkeit - zu eigener Willensbildung und eigenständigem Handeln fähig ist[183]. Unter dieser Prämisse sind die Grundrechte aus Art. 12 GG gemäß Art. 19 Abs. 3 GG auch auf juristische Unternehmen anwendbar, wenn sie ihren Verwaltungssitz in Deutschland haben[184].

bb) **Art. 14 GG** schützt den durch eigene Arbeit und Leistung erworbenen Bestand von vermögenswerten Gütern[185]. Das verfassungsrecht-

---

90.53, BVerwGE 1, 48, 51. *Cornils* NJW 2001, 3758f m.w.N.; *Grabitz* ZHR 149 (1985) 263, 265 m.w.N.; MD-*Scholz* zu Art. 12 GG, Rz. 114, 131.

[182] Vgl. BVerfG, 7.2.1990, 1 BvR 26/84, BVerfGE 81, 242, 254; vgl. auch BVerfG, 12.7.1982, 1 BvR 1239/81, WuW/E VG 293, 294 (adidas). Vgl. auch *Schmidt-Preuß* DVBl. 1993, 236, 239; *ders.* RdE 1996, 1, 9; MD-*Scholz* zu Art. 12 GG, Rz. 115f; *ders.* „Wirtschaftsaufsicht", S. 174ff. A.A.: *Huber* DÖV 1956, 135, 138 m.w.N.

[183] Vgl. zu der weiten Auslegung des Art. 19 Abs. 3 GG in der std. Rspr. des BVerfG nur BVerfG, 20.7.1954, 1 BvR 459, 484, 548, 555, 623, 651, 748, 783, 801/52 und 5, 9/53 und 96, 114/54, BVerfGE 4, 7, 12, 17; BVerfG, 29.7.1959, 1 BvR 394/58, BVerfGE 10, 89, 99; BVerfG, 26.5.1976, 2 BvR 294/76, BVerfGE 42, 212, 219.

[184] BVerfG, 1.3.1967, 1 BvR 46/66, BVerfGE 21, 207, 208f; BVerfG, 19.3.1968, 1 BvR 554/65, BVerfGE 23, 229, 236; vgl. nur Jarass/Pieroth-*Jarass* zu Art. 19 GG, Rz. 17 m.z.N.

Auf die besondere Problematik der **Grundrechtsfähigkeit staatlich beherrschter Unternehmen**, die insbesondere bei Verträgen über die Durchleitung von Energie mit staatlich beherrschten Energieversorgungsunternehmen relevant werden würde, soll hier nicht näher eingegangen werden, vgl. dazu nur *Fehling* AöR 121 (1996) 59, 90f; *Schmidt-Preuß* RdE 1996, 1, 3 und *Scholz/Langer* S. 244ff jeweils m.z.N. In den Bereichen der Post und Telekommunikation ist die uneingeschränkte Grundrechtsfähigkeit der Nachfolgeunternehmen des ehemaligen Sondervermögens des Bundes „Deutsche Bundespost" bereits wegen Art. 143b Abs. 2, Art. 87f Abs. 2 GG zu bejahen, vgl. nur *Stern* DVBl. 1997, 309, 310.- Sollte die Grundrechtsfähigkeit eines Monopolisten, der die Überlassung eines nachgefragten Gutes verweigert, verneint werden, kann er sich bereits aus diesem Grund nicht auf die folgende Argumentation berufen.

[185] Std. Rspr. des BVerfG, vgl. nur BVerfG, 16.3.1971, 1 BvR 52, 665, 667, 754/66, BVerfGE 30, 292, 334f; BVerfG, 1.4.1971, 1 BvL 22/67, BVerfGE 31, 8, 32.

lich geschützte Eigentum zeichnet sich u.a. durch die Privatnützigkeit der Vermögenswerte aus, die der Eigentümer nach eigener Vorstellung und zu eigenem Nutzen verwenden kann (Verfügungsbefugnis)[186]. Die hoheitlich erzwungene Überlassung von unternehmenseigenen Ressourcen oder von Gütern, an denen gewerbliche Schutzrechte bestehen, die nach dem Willen des Eigentümers wie bisher zu eigenen Zwecken genutzt werden sollen, tangiert also den Schutzbereich des Art. 14 GG.

Eine Enteignung iSv Art. 14 Abs. 3 GG liegt bei einer gezielten hoheitlichen Entziehung konkreter Eigentumsrechte zugunsten eines Gemeinwohlzwecks vor[187]. Diese Voraussetzung ist bei einem wettbewerbsherstellenden Kontrahierungszwang nicht erfüllt. Die eigentumstangierende Wirkung ist nämlich lediglich eine Nebenfolge dieser kartellaufsichtlichen Maßnahme, außerdem verbleibt das Eigentum an den zwangsweise überlassenen Gütern bei dem Verbotsadressaten[188]. Ein konkurrentennütziger Kontrahierungszwang berührt daher nur den Schutzbereich des Art. 14 Abs. 1 GG.

Die Eigentumsrechte an unternehmenseigenen Ressourcen können auch von einem Unternehmen als juristische Person ausgeübt werden. Unter dieser Voraussetzung ist Art. 14 GG ebenso wie Art. 12 GG[189] gemäß Art. 19 Abs. 3 GG auf sämtliche Unternehmen anwendbar, die ihren Verwaltungssitz in Deutschland haben[190].

cc) Gegen die Tangierung des Schutzbereichs der Grundrechte aus Art. 12, 14 GG könnte eingewendet werden, dass das betroffene Mo-

---

Der Streit, ob Art. 14 GG auch den „eingerichteten und ausgeübten Gewerbebetrieb" in seiner Gesamtheit schützt (vgl. nur *Scholz* „Entflechtung", S. 141f und Jarass/Pieroth-*Jarass* zu Art. 14 GG, Rz. 10, 26 jeweils m.z.N.), ist hier nicht entscheidungserheblich, da die begehrte Kontrahierung nur einen einzelnen, unstreitig vermögenswerten Teil der Unternehmensgesamtheit betrifft.

[186] „Privatnützigkeit" und „Verfügungsbefugnis"; vgl. nur BVerfG, 1.3.1979, 1 BvR 532, 533/77, 419/78 und 1 BvL 21/78, BVerfGE 50, 290, 339; BVerfG, 12.6.1979, 1 BvL 19/76, BVerfGE 52, 1, 30; BVerfG, 14.2.1989, 1 BvR 308, 336, 356/88, BVerfGE 79, 292, 303f; BVerfG, 25.5.1993, 1 BvR 345/83, BVerfGE 88, 366, 377 jeweils m.w.N.

[187] BVerfG, 12.6.1979, 1 BvL 19/76, BVerfGE 52, 1, 27; BVerfG, 12.3.1986, 1 BvL 81/79, BVerfGE 72, 66, 76 jeweils m.z.N.; Jarass/Pieroth-*Jarass* zu Art. 14 GG, Rz. 70.

[188] Vgl. auch *Hoffmann-Riem/Schneider* in: Hoffmann-Riem/Schneider, S. 13, 81f m.w.N; *Hüffer/Ipsen/Tettinger*, S. 248; *Koch* in: Hoffmann-Riem/Schneider, S. 263, 265 m.w.N.; *Papier* „Durchleitungsrechte", S. 49; 10. HauptGA der Monopolkommission 1992/93, BT-Drs. 12/8323, Tz. 812.

[189] Vgl. dazu oben 2. Abschnitt D.III.2a)aa) a.E.

[190] Vgl. zur besonderen Problematik der Grundrechtsfähigkeit staatlich beherrschter Unternehmen bereits oben 2. Abschnitt, Fn. 184.

nopolunternehmen durch seine Kontrahierungsverweigerung den Markteintritt eines Konkurrenten und die hieraus resultierende Schwächung der eigenen Marktmacht verhindern will. Nach der ständigen Rechtsprechung des Bundesverfassungsgerichts schützen Art. 12, 14 GG weder vor dem **Entstehen von Konkurrenz**[191] noch garantieren diese Grundrechte den dauerhaften Bestand einer bestimmten Marktmacht, die von dem künftigen wirtschaftlichen Erfolg eines Unternehmens abhängig ist und daher eine bloße **Chance** oder **unternehmerische Erwartung** darstellt, die in der Gegenwart noch nicht durch konkrete Ansprüche gesichert ist[192].

Dieser Einwand wird jedoch nicht den sachverhaltsspezifischen Besonderheiten eines wettbewerbsherstellenden Kontrahierungszwangs gerecht, die diesen von den der o.g. Rechtsprechung des Bundesverfassungsgerichts zugrunde liegenden Verfahren unterscheidet: Dem marktbeherrschenden Normadressaten wird nicht lediglich die Pflicht auferlegt, die Tätigkeit eines Konkurrenten und die damit verbundene Schwächung seiner Marktstärke zu dulden. Vielmehr wird der Monopolist hierüber hinaus dazu verpflichtet, *aktiv* einen Teil seines Eigentums einzusetzen, um den Markteintritt eines Konkurrenten zu ermöglichen. Solche Pflichten, fremdnützig tätig zu sein, zählen jedoch nicht mehr zum üblichen und deshalb nicht verfassungsrechtlich geschützten Unternehmerrisiko. Diese Fälle gehen daher über die soeben genannten Grundsätze des Bundesverfassungsgerichts hinaus, sodass ein konkurrentennütziger Kontrahierungszwang den Schutzbereich der Art. 12, 14 GG tangiert[193].

---

[191] BVerfG, 11.6.1958, 1 BvR 596/56, BVerfGE 7, 377, 408; BVerfG, 8.6.1960, 1 BvL 53/55, 16, 31, 53/56, 7, 18, 24/57, BVerfGE 11, 168, 188; BVerfG, 8.6.1960, 1 BvR 580/53, BVerfGE 11, 192, 203; BVerfG, 14.12.1965, 1 BvL 14/60, BVerfGE 19, 330, 342; BVerfG, 1.2.1973, 1 BvR 426, 430, 434, 443, 451, 452, 453, 479, 505, 573/72, BVerfGE 34, 252, 256f.

[192] BVerfG, 16.10.1968, 1 BvR 241/66, BVerfGE 24, 236, 251; BVerfG, 18.3.1970, 2 BvO 1/65, BVerfGE 28, 119, 141f; BVerfG, 14.1.1987, 1 BvR 1052/79, BVerfGE 74, 129, 148. BGH, 7.1.1982, III ZR 114/80, BGHZ 83, 1, 3; BGH, 7.6.1990, III ZR 74/88, BGHZ 111, 349, 356f.

[193] So auch BVerwG, 18.4.1985, 3 C 34.84, BVerwGE 71, 183, 193f. Vgl. aus der Rspr. des BVerfG auch: BVerfG, 16.3.1971, 1 BvR 52, 665, 667, 754/66, BVerfGE 30, 292, 334f und BVerfG, 19.3.1975, 1 BvL 20, 21, 22, 23, 24/73, BVerfGE 39, 210ff: In diesen Entscheidungen wurde die Rechtspflicht relativ leistungsfähiger Unternehmen, ihren Betrieb (auch) im Interesse der (leistungsschwächeren) Konkurrenten besonders einzurichten, als verfassungsgemäß erachtet. Die Frage, ob Art. 12, 14 GG vor Konkurrenz schützen, wurde insoweit nicht erörtert. Diese Entscheidungen betrafen die Pflichtbevorratung einer Mindestmenge von Erdölerzeugnissen, die u.a. der Absicherung der Marktchancen des deutschen Steinkohlebergbaus bei der Energieversorgung diente (BVerfGE 30, 292, 293ff, 318, 324) bzw. die Normierung einer Produktionsobergrenze für Mahlerzeugnisse zum Abbau von Überkapazitäten zugunsten kleiner Betriebe in der Mühlenwirtschaft (BVerfGE 39, 210, 228ff, 237).

b) Grundrechtsschranken

Da sowohl der Schutzbereich des (Art. 19 Abs. 3 iVm) Art. 12 Abs. 1 GG als auch des Art. 14 Abs. 1 GG berührt wird, wenn ein Monopolist bestimmte Betriebsmittel nicht mehr eigenverantwortlich und für eigene berufliche Zwecke einsetzen kann[194], muss ein hoheitlicher Kontrahierungszwang die Schranken dieser Grundrechte einhalten.

aa) Zunächst ist zu beachten, dass die o.g. Grundrechte nur durch **Gesetze** eingeschränkt werden können (Art. 12 Abs. 1 S. 2, 14 Abs. 1 S. 2 GG). Dieses Erfordernis ist durch § 20 Abs. 1 GWB erfüllt[195].

bb) Gemäß der „Drei-Stufen-Theorie" des Bundesverfassungsgerichts richten sich die Grundrechtsschranken des **Art. 12 Abs. 1 GG** danach, auf welcher Stufe seiner Berufsfreiheit (Berufswahl oder Berufsausübung) der Grundrechtsträger betroffen wird[196].

Es ist davon auszugehen, dass ein hoheitlicher Kontrahierungszwang gemäß § 20 Abs. 1 GWB den Monopolisten nicht an der Aufnahme oder Ausübung irgendeiner beruflichen Tätigkeit hindert bzw. ihn hierzu zwingt; insbesondere wird ihm grundsätzlich auch nicht die Ausübung seines Berufes faktisch unmöglich gemacht. Der Verbotsadressat ist daher durch einen gesetzlichen Kontrahierungszwang

---

[194] So auch das BVerfG, 9.10.2000, 1 BvR 1627/95, WuW/E DE-R 557, 558 (Importarzneimittel-Boykott); BKartA, 30.8.1999, B8-40100-T-99/99, WuW/E DE-V 149, 155 (Berliner Stromdurchleitung); BKartA in seiner Arbeitsunterlage zu der Sitzung des Arbeitskreises Kartellrecht im Oktober 1997, S. 27f; *Baur* in: FS Lukes, S. 253, 266; *Brugger* WuW 1969, 467, 480; *Büdenbender* WuW 2000, 119, 129f; *Bunte* WuW 1997, 302, 312; *Cornils* NJW 2001, 3758f; *Ebel* WuW 1994, 731, 737; *Fehling* VerwArch 1995, 600, 606; *Gramlich* CR 1997, 65, 71; *Hoffmann-Riem/Schneider* in: Hoffmann-Riem/Schneider, S. 13, 86; *Huber* DÖV 1956, 172; *Hüffer/Ipsen/Tettinger*, S. 248f; *Klaue* BB 1993, 740f; *Klimisch/Lange* WuW 1998, 15, 23f; *Koch* in: Hoffmann-Riem/Schneider, S. 263, 267; *Langer* et 1994, 158, 162; *ders.* et 1995, 395, 399; *Lindemann/Köster* DVBl. 1997, 527, 530; *Lukes*, S. 65, 87; *Markert* WuW 1995, 560, 566; *Papier* „Durchleitungsrechte", S. 20, 41; *ders.* BB 1997, 1213, 1214ff m.w.N.; *Schmidt-Preuß* AG 1996, 1, 5f; *ders.* RdE 1996, 1, 3, 9; *vWeizsäcker* WuW 1997, 572, 577f. Vgl. auch *Scholz/Langer*, S. 269f, die ihre Prüfung der betroffenen gemeinschaftlichen Grundrechte an die deutsche Verfassungsrechtslage anlehnen.

[195] So auch das BVerfG, 9.10.2000, 1 BvR 1627/95, WuW/E DE-R 557, 558f (Importarzneimittel-Boykott).

[196] Std. Rspr. vgl. nur BVerfG, 11.6.1958, 1 BvR 596/56, BVerfGE 7, 377, 405; Jarass/Pieroth-*Jarass* zu Art. 12 GG, Rz. 24ff m.z.N.

nicht in seiner Berufs*wahl*freiheit betroffen[197]. Etwas anderes würde nur dann gelten, wenn der zur Kontrahierung gezwungene Monopolist überhaupt noch keine unternehmerische Tätigkeit ausgeübt hätte. Dies ist jedoch bei einem vertikal integrierten Unternehmen nicht der Fall, weil der Inhaber des nachgefragten Gutes zumindest auf einem nachgelagerten Markt bereits tätig ist.

Die Berufs*ausübungs*freiheit iSd Art. 12 Abs. 1 S. 2 GG darf nach der „Drei-Stufen-Theorie“ aus verhältnismäßigen und sachgerechten Gründen des Allgemeinwohls eingeschränkt werden[198].

cc) Gemäß **Art. 14 Abs. 1** S. 2 iVm Abs. 2 GG muss der Inhalt und Schranken des Eigentums regelnde Gesetzgeber den vermögensrechtlichen Freiheitsraum des Einzelnen und die Belange der Allgemeinheit gerecht und verhältnismäßig ausgleichen[199]. Im Hinblick auf Art. 14 Abs. 2 GG ist der gesetzgeberische Spielraum umso größer, je mehr das konkrete Eigentumsobjekt einen sozialen Bezug oder eine soziale Funktion aufweist[200].

Die hier aufgezeigten materiellen Grundrechtsschranken sind nicht nur vom Gesetzgeber bei der Normierung eines Kontrahierungszwangs (20 Abs. 1 GWB iVm § 33 bzw. § 32 GWB) zu beachten. Gleichermaßen gelten sie auch für Kartellgericht und Kartellverwaltungsbehörde bei der Anwendung und Auslegung dieser gesetzlichen Vorschriften[201] (Art. 1 Abs. 3 GG).

---

[197] Vgl. zum Inhalt der Berufswahlfreiheit nur BVerfG, 16.3.1971, 1 BvR 52, 665, 667, 754/66, BVerfGE 30, 292, 313; BVerfG, 17.10.1984, 1 BvL 18/82, 46/83 und 2/84, BVerfGE 68, 155, 170; BVerfG, 7.2.1990, 1 BvR 26/84, BVerfGE 81, 242, 253 jeweils m.w.N.

[198] Std. Rspr. vgl. nur BVerfG, 11.6.1958, 1 BvR 596/56, BVerfGE 7, 377, 405; vgl. zu § 26 Abs. 2 GWB a.F.: BVerfG, 9.10.2000, 1 BvR 1627/95, WuW/E DE-R 557, 558f (Importarzneimittel-Boykott); Jarass/Pieroth-*Jarass* zu Art. 12 GG, Rz. 36 m.z.N.

[199] BVerfG, 23.4.1974, 1 BvR 6/74 und 1 BvR 2270/73, BVerfGE 37, 132, 140f; BVerfG, 12.6.1979, 1 BvL 19/76, BVerfGE 52, 1, 29; BVerfG, 8.1.1985, 1 BvR 792, 501/83, BVerfGE 68, 361, 373 jeweils m.w.N.

[200] Vgl. BVerfG, 12.1.1967, 1 BvR 169/63, BVerfGE 21, 73, 83; BVerfG, 23.4.1974, 1 BvR 6/74 und 1 BvR 2270/73, BVerfGE 37, 132, 140f; BVerfG, 8.7.1976, 1 BvL 19 und 20/75, 1 BvR 148/75, BVerfGE 42, 263, 294; BVerfG, 1.3.1979, 1 BvR 532, 533/77, 419/78 und 1 BvL 21/78, BVerfGE 50, 290, 340f.

[201] BVerfG, 8.1.1985, 1 BvR 792, 501/83, BVerfGE 68, 361, 372; BVerfG, 14.2.1989, 1 BvR 308, 336, 356/88, BVerfGE 79, 292, 303; vgl. zu § 26 Abs. 2 GWB a.F.: BVerfG, 9.10.2000, 1 BvR 1627/95, WuW/E DE-R 557, 559f (Importarzneimittel-Boykott). Vgl. dazu nur *Grabitz* ZHR 149 (1985) 263, 283f.

c) *Verfassungsmäßige Einschränkung der Grundrechte*

aa) *Die Herstellung von Wettbewerb als Gemeinschaftsgut mit Verfassungsrang*

Die Einschränkung der Grundrechte eines kontrahierungspflichtigen Monopolunternehmens aus Art. 12, 14 GG ist nach dem soeben Gesagten nur zum verhältnismäßigen Schutz von Allgemeinwohlbelangen mit Verfassungsrang zulässig. Zwar dient ein wettbewerbsherstellender Kontrahierungszwang zunächst den *Individual*interessen des Newcomer-Nachfragers, indem er dessen Markteintritt ermöglicht. Darüber hinaus wird jedoch gleichermaßen auch das *allgemeine* Interesse an dem Bestehen von Wettbewerb berührt, indem der Newcomer (auf dem nachgelagerten Markt) als erster Konkurrent des Monopolisten auftritt, sodass sich beide künftig im Wettbewerb gegeneinander behaupten müssen[202]. Damit die hoheitlich erzwungene Unterstützung eines Newcomers den Eingriff in die Grundrechte des Monopolunternehmens rechtfertigt, müsste also die Verfolgung dieses Allgemeininteresses verfassungsmäßig geboten sein.

Diese Frage lässt sich nicht bereits mit den Ergebnissen des ersten Untersuchungsabschnitts zu dem Wettbewerbsleitbild des GWB und zu der diesem Gesetz zugrunde liegenden Wettbewerbspolitik beantworten. Bisher wurden nämlich „nur" die dem GWB und den jeweiligen Gesetzesnovellen zu entnehmenden Auffassungen dargestellt, um zu überprüfen, ob ein wettbewerbsherstellender Kontrahierungszwang nicht der Gesamtkonzeption des GWB (unter Berücksichtigung seines gemeinschaftsrechtlichen Bezugs) widerspricht. Die nunmehr vorzunehmende verfassungsrechtliche Betrachtung blieb bisher außer Betracht.

Zu der dem Grundgesetz zu entnehmenden Beurteilung von „Wettbewerb" ist Folgendes festzustellen:

- Das Grundgesetz gibt der öffentlichen Gewalt keine bestimmte wettbewerbspolitische Auffassung vor, die Grenzen hoheitlichen Handelns werden lediglich durch die Einzelgrundrechte gesetzt[203]. Das

[202] Vgl. hierzu bereits oben 1. Abschnitt C.III.

[203] Std. Rspr. des BVerfG, vgl. nur BVerfG, 20.7.1954, 1 BvR 459, 484, 548, 555, 623, 651, 748, 783, 801/52 und 5, 9/53 und 96, 114/54, BVerfGE 4, 7, 17f; BVerfG, 11.6.1958, 1 BvR 596/56, BVerfGE 7, 377, 400; BVerfG, 1.3.1979, 1 BvR 532, 533/77, 419/78 und 1 BvL 21/78, BVerfGE 50, 290, 336. Ebenso die Rspr. des BVerwG, vgl. nur BVerwG, 19.12.1963, BVerwG I C 77/60, NJW 1964, 2075, 2076.

Grundgesetz ist daher insoweit **„wettbewerbspolitisch neutral"**. Die gewährleisteten Grundrechte reglementieren keine bestimmte Wirtschaftsordnung, sondern lediglich bestimmte Einzelaspekte, die die Hoheitsgewalt bei der Ausgestaltung der Wirtschaftspolitik zu beachten hat[204].

- Jedoch lassen sich aus den nur begrenzt einschränkbaren und in ihrem Wesensgehalt absolut garantierten Grundrechten (Art. 19 Abs. 2 GG) **Wertentscheidungen** für eine bestimmte verfassungsmäßige Wirtschaftsordnung entnehmen. Dies gilt insbesondere für die „Wirtschaftsgrundrechte" aus Art. 12, 14 GG[205]:

  Das Grundgesetz garantiert in (Art. 19 Abs. 3 iVm) Art. 12 Abs. 1 GG u.a. das Recht, einen bestimmten Beruf frei zu wählen und eine unternehmerische Tätigkeit auszuüben[206]. Gleichermaßen wird hierdurch das individuelle Recht zum **Wettbewerb unter mehreren Unternehmen** gewährleistet. Wettbewerb entsteht nämlich zwangsläufig dann, wenn mehrere Unternehmen von ihrer beruflichen Betätigungsfreiheit Gebrauch machen und sich im Wettstreit untereinander behaupten müssen[207].

  Das Gleiche ergibt sich aus (Art. 19 Abs. 3 iVm) Art. 14 GG: Sobald mehrere Unternehmen ihr Grundrecht ausüben, über ihr betriebliches Eigentum im eigenen Interesse wirtschaftlich zu verfügen, treten sie miteinander in Wettbewerb[208].

---

[204] Vgl. auch *Möschel* „Entflechtungen", S. 135; *Scholz* „Entflechtung", S. 86f; *ders.* „Wirtschaftsaufsicht", S. 172f; *Tettinger* DVBl. 1999, 679, 686f.

[205] So auch *Basedow* „Wirtschaftsverfassung", S. 20ff m.w.N.; *Grabitz* ZHR 149 (1985) 263, 266f, 269; *Huber* DÖV 1956, 97, 100ff m.w.N.; *ders.* DÖV 1956, 135, 137; *Leisner* BB 1975, 1, 2f; *Müller-Graff* EuR 1997, 433, 447f m.w.N.; *Nipperdey* WuW 1954, 211, 215ff, 219, 222ff; *Papier* „Durchleitungsrechte", S. 24f; *Rupp*, S. 5f, 14; *Schmidt-Preuß* DVBl. 1993, 236, 239f; MD-*Scholz* zu Art. 12 GG, Rz. 77ff m.w.N; *ders.* „Wirtschaftsaufsicht", S. 128ff, 172f; *Tettinger* DVBl. 1999, 679, 683ff.

[206] Vgl. zum Schutzbereich des Art. 12 Abs. 1 GG oben 2. Abschnitt D.III.2a)aa).

[207] Vgl. BVerfG, 8.2.1972, 1 BvR 170/71, BVerfGE 32, 311, 317; BVerfG, 12.10.1977, 1 BvR 217, 216/75, BVerfGE 46, 120, 137f. So auch *Grabitz* ZHR 149 (1985) 263, 283; *Nipperdey* WuW 1954, 211, 215f; *Pieroth/Schlink*, Rz. 814; *Scholz* „Entflechtung", S. 92 m.w.N.; *ders.* „Konzentrationskontrolle", S. 6, 12f, 31f, 39, 44 m.w.N.; *ders.* „Wirtschaftsaufsicht", S. 25; *Stewing*, S. 82f m.w.N; *ders.* BB 1995, 1968, 1971; *Tettinger* DVBl. 1999, 679, 687. Vgl. auch *Scholz/Langer*, S. 259 m.w.N., die ihre Prüfung der gemeinschaftlichen Rechtslage an das deutsche Verfassungsrecht anlehnen.

[208] Vgl. BVerfG, 1.3.1979, 1 BvR 532, 533/77, 419/78 und 1 BvL 21/78, BVerfGE 50, 290, 337, 344. Vgl. auch *Grabitz* ZHR 149 (1985) 263, 283; *Schmidt-Preuß* DVBl. 1993, 236, 239; *Scholz*

Dadurch, dass Art. 12, 14 GG als *Rechte* ausgestaltet sind, die jedem Unternehmen in gleichem Maße zustehen, enthalten sie also das Recht zum chancengleichen Wettkampf mehrerer Unternehmen gegeneinander. Im Grundgesetz sind daher die wesentlichen Elemente der **Wettbewerbsfreiheit** verfassungsrechtlich gewährleistet[209].

- Die grundgesetzliche Wirtschaftsordnung des freien Wettbewerbs lässt sich hinsichtlich eines Kontrahierungszwangs, mit dem Wettbewerb hergestellt wird, weiter konkretisieren: Aufgrund ihres individuellen Charakters umfassen die Grundrechte nicht nur den aktuellen, sondern auch den **potentiellen Wettbewerb**. Anderenfalls wäre nämlich der Schutz der Grundrechte eines Unternehmens, das erst beginnen möchte, sein Recht auf Berufs(*wahl*)freiheit in dem oben dargestellten Sinne auszuüben, bzw. seine eigentumswerten Betriebsmittel unternehmerisch einzusetzen, nicht möglich[210]. Die verfassungsrechtliche Gewährleistung der Wettbewerbsfreiheit und das hierdurch legitimierte Gemeinwohl erstrecken sich mithin nicht nur auf bestehende Wettbewerbsverhältnisse, sondern auch auf künftige Konkurrenzverhältnisse zwischen etablierten Marktteilnehmern und Newcomern. Die grundgesetzliche Wirtschaftsordnung gewährleistet also auch das **Entstehen von Wettbewerbsverhältnissen**[211].

„Entflechtung", S. 87, 91f; *ders.* „Konzentrationskontrolle", S. 56 m.w.N; *ders.* „Wirtschaftsaufsicht", S. 25; *vWeizsäcker* WuW 1997, 572, 577.

209 Wie vorletzte und vorige Fn. sowie *Basedow* „Wirtschaftsverfassung", S. 25 m.w.N.; *Huber* DÖV 1956, 135, 137; MD-*Scholz* zu Art. 12 GG, Rz. 137, 153; *ders.* „Wirtschaftsaufsicht", S. 128ff, 147f, 172f, 179f.

210 Vgl. auch *Grabitz* ZHR 149 (1985) 263, 291; *Scholz* „Entflechtung", S. 94, 109f.

211 Vgl. zu dem „verfassungsrechtlichen Auftrag ... über Wettbewerb den Zugang von Wirtschaft und Verbrauchern zu modernen, preiswerten, und leistungsfähigen Telekommunikationsnetzen" mit Hilfe des Telekommunikationsgesetzes (TKG) zu gewährleisten, die Begründung dieses Gesetzentwurfes, BT-Drs. 13/3609, S. 34. Vgl. auch *Scholz* „Wirtschaftsaufsicht", S. 178ff, der zwar aaO., S. 25, 27f, 55, 148f, einerseits meint, dass sich die Kartellaufsichtsbefugnisse auf *bestehenden* Wettbewerb beschränken müsse und dessen *Entstehen* der privaten Wirtschaftsfreiheit zu überlassen sei - andererseits jedoch dem GWB einen doppelten Schutzzweck zur *Sicherung* dieser privaten Wirtschaftsfreiheit und deren *Erweiterung* zuerkennt (aaO., S. 178) und „Wirtschaftsfreiheit" als „Suche und Nutzung wirtschaftlicher Erwerbsmöglichkeiten" definiert (aaO.). Unter dieser Prämisse ist jedoch die Schlussfolgerung konsequent, dass der Kartellaufsicht auch die erforderlichen Befugnisse zustehen müssen, um die Erweiterung der individuellen Wirtschaftsfreiheit eines Unternehmens durch Teilnahme an einem neuen Markt und damit die Herstellung von Wettbewerb zu unterstützen. Vgl. auch *ders.*, der in „Entflechtung", S. 94, 109f, auch den potentiellen Wettbewerb als verfassungsrechtlich geschützt anerkennt. Vgl. auch *Basedow* „Wirtschaftsverfassung", S. 23, der ein Grundrecht auf Marktzutritt bereits aus Art. 12 GG herleitet; *Papier* BB 1997, 1213, 1216.

- Hieraus folgt ein Weiteres: Da verfassungsrechtlich eine Wirtschaftsordnung garantiert ist, die auf der Ausübung der Freiheitsrechte mehrerer Unternehmen beruht, sind hoheitliche Maßnahmen wie z.B. ein gesetzlicher Kontrahierungszwang, die die wirtschaftliche Tätigkeit (u.a.) eines marktbeherrschenden Unternehmens beeinträchtigen, nicht isoliert hinsichtlich ihrer Auswirkungen auf den Verbotsadressaten zu beurteilen. Vielmehr hat die öffentliche Gewalt insoweit auch zu berücksichtigen, dass wettbewerbslenkende Maßnahmen die *wechselseitigen* Rechte sämtlicher Wirtschaftsteilnehmer beeinflussen (und - zur Verwirklichung der grundgesetzlichen wettbewerbsorientierten Wirtschaftsverfassung - beeinflussen *sollen*)[212]. In der Diskussion über die Verfassungsmäßigkeit einer konkurrentennützigen Kontrahierungspflicht wird die gegenseitige Abhängigkeit der Rechte und Pflichten der Marktteilnehmer oft übersehen - häufig werden einseitig die Rechte des Monopolunternehmens hervorgehoben und daraufhin deren verfassungswidrige Verletzung bejaht, ohne die Rechte der Wettbewerber auf Teilnahme am verfassungsrechtlich gewährleisteten Wettbewerb hinreichend zu berücksichtigen[213].

Der grundrechtlich gewährleistete Schutz der Wettbewerbsfreiheit, der auf der gegenseitigen Ausübung der Grundrechte der Marktteilnehmer beruht, verpflichtet die hoheitliche Gewalt daher nicht nur passiv dazu, Eingriffe in die Freiheit aktueller und potentieller Marktteilnehmer zu unterlassen (sog. „*status negativus*“ der Grundrechtsträger[214]). Vielmehr bilden die Grundrechte hierüber hinaus ein Wertesystem, das als verfassungsrechtliche Grundentscheidung von Gesetzgeber, Verwaltung und Rechtsprechung zu beachten ist[215]. Die Grundrechte „strahlen“ somit auch auf die Privatrechtsordnung

---

[212] Vgl. auch *Brugger* WuW 1959, 467, 471f; *Fikentscher* WuW 1955, 205, 214; *Grabitz* ZHR 149 (1985) 263, 271f, 291; *Nipperdey* WuW 1954, 211, 215f, 222f; *Papier* „Durchleitungsrechte“, S. 27ff; *ders.* BB 1997, 1213, 1217 m.w.N.; *ders.* in: FS Baur, S. 209, 218f; *Pfeiffer* „Schwerpunkte“, S. 73, 75; *Schmidt-Preuß* DVBl. 1993, 236, 241; *Scholz* „Wirtschaftsaufsicht“, S. 176ff; *ders.* „Entflechtung“, S. 96f, 102ff m.w.N.; *vWeizsäcker* WuW 1997, 572, 577. Ähnlich zum Wettbewerbsprinzip bereits *Böhm* WuW 1956, 173, 180.

[213] So: *Klaue* BB 1993, 740ff; *Langer* et 1994, 158, 162; *ders.* et 1995, 395. 399. Vgl. auch BKartA, 21.12.1999, B9-63220-T-199/97 und T-16/98, WuW/E DE-V 253, 261 (Puttgarden); *Schmidt-Preuß* AG 1996, 1, 7; *ders.* RdE 1996, 1, 2f.

[214] Vgl. dazu nur *Ossenbühl* NJW 1976, 2100, 2101 m.z.N.; *Pieroth/Schlink*, Rz. 58.

[215] Std. Rspr. des BVerfG, vgl. nur BVerfG, 16.1.1957, 1 BvR 253/56, BVerfGE 6, 32, 40f; BVerfG, 15.1.1958, 1 BvR 400/51, BVerfGE 7, 198, 205 m.w.N.; BVerfG, 7.2.1990, 1 BvR 26/84, BVerfGE 81, 242, 254; weitere Nachweise aus der Rspr. des BVerfG bei *Ossenbühl* NJW 1976, 2100, 2101.

„aus"[216] und sind bei Auslegung und Anwendung unbestimmter Rechtsbegriffe, zu denen auch die „Unbilligkeit" eines Verhaltens iSd § 20 Abs. 1 GWB zu zählen ist, zu beachten[217]. Kartellgericht und -behörde sind daher verpflichtet, dem verfassungsrechtlichen Allgemeininteresse an der Herstellung von dynamischen Wettbewerbsverhältnissen bei der Auslegung des § 20 Abs. 1 GWB Rechnung zu tragen.

- Des Weiteren ergibt sich aus der wettbewerbspolitischen Neutralität des Grundgesetzes in dem hier verstandenen Sinne, dass ein wettbewerbsherstellender Kontrahierungszwang trotz seiner Rechtfertigung durch allgemeine, wettbewerbspolitische Interessen **nicht** als **„Indienstnahme Privater für öffentliche Aufgaben"**[218] zu beurteilen ist. Mit diesem Begriff werden solche hoheitlichen (insbesondere gesetzlichen) Maßnahmen bezeichnet, mit denen privaten Unternehmen bestimmte Handlungspflichten auferlegt werden, um eine im Gemeinwohlinteresse liegende Aufgabe zu erfüllen. Bei einem wettbewerbsherstellenden Kontrahierungszwang wird jedoch das kontrahierungspflichtige Unternehmen nicht zur Erfüllung einer *öffentlichen* Aufgabe herangezogen. Der erwünschte dynamische Wettbewerb entsteht durch die Ausübung der unternehmerischen Freiheitsrechte von (in erster Linie) privaten Unternehmen. Insoweit beschränkt sich deren im öffentlichen Interesse liegende Aufgabe darauf, sich kartellrechtmäßig zu verhalten, worüber der Staat (insbesondere die Kartellaufsicht) wacht. Dem Monopolisten wird also keine zusätzliche im öffentlichen Interesse liegende Pflicht auferlegt, wenn er hoheit-

---

[216] Sog. „Ausstrahlungswirkung". Std. Rspr. des BVerfG, vgl. nur BVerfG, 15.1.1958, 1 BvR 400/51, BVerfGE 7, 198, 205; BVerfG, 10.6.1964, 1 BvR 37/63, BVerfGE 18, 85, 93; BVerfG, 19.10.1971, 1 BvR 387/65, BVerfGE 32, 98, 108; BVerfG, 8.2.1972, 1 BvR 170/71, BVerfGE 32, 311, 317f; BVerfG, 25.4.1972, 1 BvL 13/67, BVerfGE 33, 52, 69; BVerfG, 14.2.1973, 1 BvR 112/65, BVerfGE 34, 269, 280 m.w.N.; BVerfG, 7.2.1990, 1 BvR 26/84, BVerfGE 81, 242, 254.

[217] Std. Rspr. seit BVerfG, 15.1.1958, 1 BvR 400/51, BVerfGE 7, 198, 205f; BVerfG, 7.2.1990, 1 BvR 26/84, BVerfGE 81, 242, 255f; vgl. zu § 20 Abs. 1, 2 GWB: BVerfG, 12.7.1982, 1 BvR 1239/81, WuW/E VG 293, 294 (adidas). Weitere Nachweise aus der Rspr. des BVerfG bei *Ossenbühl* NJW 1976, 2100, 2102. Vgl. auch *Nipperdey* WuW 1954, 211, 224.

[218] Std. Rspr., vgl. nur BVerfG, 16.3.1971, 1 BvR 52, 665, 667, 754/66, BVerfGE 30, 292, 310f; vgl. auch BGH, 22.10.1996, KZR 19/95, NJW 1997, 574, 578 (Stromeinspeisung II) m.w.N. Die Rechtmäßigkeitsgrenzen derartiger Maßnahmen ergeben sich aus den Grundrechten der dienstpflichtigen Unternehmen, insbesondere aus Art. 12 GG, BVerfGE 30, 292, 311f m.w.N.; BVerfG, 27.6.1972, 1 BvL 34/70, BVerfGE 33, 240BVerfG, 17.10.1984, 1 BvL 18/82, 46/83 und 2/84, BVerfGE 68, 155, 170 m.z.N.

lich daran gehindert wird, seine Macht zu missbrauchen und das Entstehen von Wettbewerb zu verhindern[219].

Im Rahmen der grundrechtlich garantierten Freiheitsrechte aus Art. 12, 14 GG sind also die Wettbewerbsfreiheit und das allgemeine Interesse an Bestehen und Entstehen dynamischen Wettbewerbs ein **verfassungsmäßiges Gemeinschaftsgut**[220]. Dieses kann daher einen kartellaufsichtlichen Eingriff in die Grundrechte eines Monopolisten rechtfertigen[221].

Das setzt voraus, dass sich die o.g. Belange der Allgemeinheit mit den individuellen Interessen eines Newcomers, zu dessen Gunsten ein Verbotsadressat zur wettbewerbsherstellenden Kontrahierung gezwungen wird, decken[222]. Diese Voraussetzung dürfte bei einem Newcomer-Konkurrenten grundsätzlich erfüllt sein, wenn dieser ohne die hoheitlich erzwungene Überlassung eines Gutes nicht als Konkurrent des Verbotsadressaten an einem nachgelagerten Markt teil-

---

[219] Dieser Schlussfolgerung steht auch nicht das Urteil des BGH in „Stromeinspeisung II" aaO. (vorige Fn.), S. 578f, entgegen. Dieses Verfahren, das der BGH auch unter dem Aspekt der „Indienstnahme Privater für öffentliche Aufgaben" würdigte, befasste sich nämlich nicht nur mit der Pflicht eines marktbeherrschenden energieversorgenden Unternehmens, einen Stromerzeuger kartellrechtmäßig zu behandeln. Die *öffentliche* Aufgabe, zu deren Erfüllung der Marktbeherrscher hier herangezogen wurde, bestand vielmehr darin, die sichere Energieversorgung zu gewährleisten, vgl. nur § 131 Abs. 8 GWB iVm § 103 Abs. 5 S. 1 GWB a.F. (vgl. zum öffentlichen Interesse an der Energieversorgung nur BVerfG, 16.3.1971, 1 BvR 52, 665, 667, 754/66, BVerfGE 30, 292, 311f, sowie zum Wortlaut des seit der Sechsten GWB-Novelle nur noch für die Wasserversorgung geltenden § 103 Abs. 5 S. 1 GWB a.F.: BGBl. 1990 I 235, 263).

[220] Vgl. BVerfG, 8.2.1972, 1 BvR 170/71, BVerfGE 32, 311, 317; BVerfG, 12.10.1977, 1 BvR 217, 216/75, BVerfGE 46, 120, 137f; BVerfG, 1.3.1979, 1 BvR 532, 533/77, 419/78 und 1 BvL 21/78, BVerfGE 50, 290, 337, 344. Vgl. auch *Huber* DÖV 1956, 97, 101f; *Möschel* „Entflechtungen", S. 136, 142; *Papier* BB 1997, 1213, 1216; *Pieroth/Schlink*, Rz. 814; *Schmidt-Preuß* DVBl. 1993, 236, 239ff; *Scholz* „Entflechtung", S. 86ff, 92ff, 109ff; *ders.* „Konzentrationskontrolle", S. 6, 12f, 31f, 39, 44, 56 m.w.N.; *ders.* „Wirtschaftsaufsicht", S. 25; *Stewing*, S. 82f m.w.N; *ders.* BB 1995, 1968, 1971; Begründung des Entwurfes eines Telekommunikationsgesetzes (TKG), BT-Drs. 13/3609, S. 34. Vgl. auch *Scholz/Langer*, S. 259 m.w.N., die in der Prüfung der entsprechenden Gemeinschaftsrechtslage von dem deutschen Verfassungsrecht ausgehen. Vgl. hinsichtlich der Durchleitungspflichten für Energie *Büdenbender* WuW 2000, 119, 120f; *Koch* in: Hoffmann-Riem/Schneider, S. 263, 269f.

[221] Vgl. auch BKartA, 30.8.1999, B8-40100-T-99/99, WuW/E DE-V 149, 155f (Berliner Stromdurchleitung); *Fehling* AöR 121 (1996) 59, 75; *Grabitz* ZHR 149 (1985) 263, 271f, 291; *Haus*, S. 185ff, 203; *Huber* DÖV 1956, 172; *Kilian* AcP 180 (1980) 47, 80; *Koch* in: Hoffmann-Riem/Schneider, S. 263, 269f; *Nipperdey* WuW 1954, 211, 223ff; *Papier* „Durchleitungsrechte", S. 24f; *ders.* BB 1997, 1213, 1216; *Scholz* „Wirtschaftsaufsicht", S. 182f.

[222] Vgl. hierzu bereits oben 1. Abschnitt C.III. sowie 2. Abschnitt D.I.

nehmen kann[223]. Das bedeutet jedoch, dass insoweit ein objektiver Maßstab anzulegen ist. Es kommt also in erster Linie nicht darauf an, ob z.B. der verfahrensbeteiligte Newcomer für seine Marktteilnahme auf das nachgefragte Gut angewiesen ist. Vielmehr sollte eine Prognose erfolgen, ob grundsätzlich *jeder* potentielle Newcomer nicht an einem nachgelagerten Markt mit dem Marktbeherrscher konkurrieren kann, wenn der Anbieter nicht zur Überlassung des nachgefragten Gutes gezwungen wird. Außerdem decken sich die Interessen eines Newcomers mit dem Allgemeininteresse an chancengleichem, dynamischen Wettbewerb beispielsweise dann nicht, wenn der Newcomer sittenwidrige oder sonst verbotene Tätigkeiten ausüben will. Der Markteintritt eines Newcomers ist daher angesichts des allgemeinen (wettbewerbspolitisch motivierten) Interesses an der Entmonopolisierung der Märkte zwar rechtlich geschützt; im Einzelfall ist jedoch stets konkret festzustellen, ob das Markteintrittsinteresse des Newcomers auch gemeinwohlverträglich ist[224].

Vor allem ist zu beachten, dass - wie bereits im ersten Abschnitt gezeigt[225]- Allgemeinwohlbelange auch Art und Umfang der einem Newcomer zuzuerkennenden Belieferungsansprüche bestimmen. Das verfassungsrechtliche Interesse an der Herstellung von Wettbewerb liegt insbesondere nur *so lange* vor, wie noch kein Wettbewerb auf dem (nachgelagerten) Markt besteht - sobald also ein (oder ggf. mehrere) Newcomer als Konkurrent(en) des bisherigen Monopolisten an diesem Markt teilnimmt (teilnehmen), ist dieses Interesse grundsätz-

---

[223] So auch *Büdenbender* WuW 2000, 119, 131; *Papier* BB 1997, 1213, 1216; *Scholz* „Wirtschaftsaufsicht", S. 164f, 171, 183f.

[224] So auch *Scholz* „Wirtschaftsaufsicht", S. 183ff; vgl. auch *Büdenbender* WuW 2000, 119, 131. Vgl. zu der ähnlichen Rechtslage bei einem Kontrahierungszwang wegen der Aufnahme eines Bewerbers in eine Vereinigung nach § 27 GWB a.F. (§ 20 Abs. 6 GWB), § 826 BGB, nur BGH, 23.11.1998, II ZR 54/98, NJW 1999, 1326 (Aufnahmezwang für Verbände mit überragender Marktstellung) m.z.N. Hiernach besteht unter Berücksichtigung des Grundrechts auf Vereinsfreiheit ein Aufnahmezwang nur dann, „wenn die Rechtsordnung mit Rücksicht auf schwerwiegende Interessen der betroffenen Kreise" die Vertragsabschlussfreiheit der betroffenen Vereinigung hinsichtlich der Aufnahme von Mitgliedern „nicht hinnehmen kann". Auch in diesem Fall reicht also das individuelle Interesse eines Nachfragers nicht zur Rechtfertigung eines Kontrahierungszwangs aus, vielmehr müssen hierüber hinaus Allgemeinwohlbelange tangiert sein.

Vgl. dazu, dass sich die individuellen Interessen des normbegünstigten Newcomers mit dem Allgemeininteresse am Bestehen dynamischen Wettbewerbs decken müssen, damit marktstrukturkontrollierende Maßnahmen im Wege der individuellen Verhaltenskontrolle vorgenommen werden dürfen, bereits oben 1. Abschnitt C.III. sowie 2. Abschnitt D.I.

[225] Vgl. hierzu bereits oben 1. Abschnitt C.I., III.

lich befriedigt[226]. Weitere Newcomer-Nachfrager können sich daher im Regelfall zumindest nicht auf das allgemeine Interesse an der *Herstellung* von Wettbewerb berufen, wenn sie einen Kontrahierungsanspruch zu Lasten eines marktbeherrschenden Anbieters durchsetzen wollen. Auch in diesen Fällen ist das konkrete Abwägungsergebnis jedoch von den jeweiligen Marktverhältnissen abhängig. So kann etwa bei hohen (finanziellen, technologischen etc.) Marktzutrittsschranken noch nicht davon ausgegangen werden, dass bei wenigen Marktteilnehmern bereits chancengleicher, dynamischer Wettbewerb besteht. Der (bisherige) Monopolist kann daher grundsätzlich gegenüber mehreren Newcomer-Konkurrenten zur Kontrahierung verpflichtet werden, um chancengleichen Wettbewerb herzustellen[227].

Diese Erwägungen verdeutlichen - wie ebenfalls bereits im ersten Abschnitt gezeigt[228]- einen weiteren Aspekt: Es besteht grundsätzlich keine Gefahr, dass der (ehemalige) Monopolist seine eigenen Interessen wesentlich zugunsten eines Konkurrenten einschränken muss, da er nur das erste (oder zumindest nur wenige) Konkurrenzunternehmen beim Markteintritt unterstützen muss bis Wettbewerb entstanden ist. Außerdem beschränkt sich das o.g. Allgemeinwohlinteresse grundsätzlich auf die Markteintrittsphase des Newcomers[229]. Hoheitliche Maßnahmen, die dessen etwaigen Schwierigkeiten mindern sollen, sich auf Dauer auf dem Markt gegenüber der (kartellrechtmäßig eingesetzten) Marktmacht des ehemaligen Monopolisten durchzusetzen, sind von dem verfassungsrechtlichen Allgemeininteresse an der Herstellung von Wettbewerb grundsätzlich nicht mehr gedeckt[230]. Die Gegenansicht, die eine Kongruenz zwischen den individuellen Interessen eines Nachfragers und Allgemeinwohlbelangen generell verneint[231], übersieht, dass das im Allgemeininteresse liegende Ziel

---

226 Vgl. auch (zu § 19 Abs. 4 Nr. 4 GWB) BKartA, 21.12.1999, B9-63220-T-199/97 und T-16/98, WuW/E DE-V 253, 264f (Puttgarden).

227 Die Problematik, inwieweit auch *bestehende*, jedoch - aufgrund eines Machtmissbrauchs - möglicherweise nicht „wettbewerbsgerechte" Wettbewerbsverhältnisse verfassungsrechtlich geschützt sein können, ist nicht Gegenstand dieser Untersuchung. Hier geht es allein um die Herstellung von Wettbewerb auf monopolistisch strukturierten Märkten, auf denen also der *erste* Konkurrent des Monopolisten durch dessen Verhalten beeinträchtigt wird.

228 Vgl. hierzu bereits oben 1. Abschnitt C.III.

229 *Schmidt-Preuß* AG 1996, 1, 7f sowie RdE 1996, 1, 5 vergleicht derartige kartellaufsichtsrechtliche Maßnahmen mit einer „Geburtshilfe".

230 Vgl. hierzu bereits oben 1. Abschnitt C.III.

231 *Scholz/Langer* et 1992, 851, 852.

der Herstellung von Wettbewerb stets zu einer Förderung einzelner Konkurrenten führt, ohne die das Entstehen der vom Grundgesetz geschützten Wettbewerbsfreiheit (in Form des „Kampfes“ mehrerer Unternehmen gegeneinander) nicht möglich wäre[232].

Als Zwischenergebnis ist daher festzuhalten, dass die Wettbewerbsfreiheit und das allgemeine Interesse an Bestehen und Entstehen dynamischen Wettbewerbs die Grundrechte eines zur konkurrentennützigen Kontrahierung gezwungenen Marktbeherrschers einschränken können.

bb) *Verhältnismäßigkeit („Schranken-Schranken“)*

Der Eingriff in die Grundrechte eines Monopolisten aus Art. 12, 14 GG durch einen hoheitlichen Kontrahierungszwang muss zur Verwirklichung der o.g. Allgemeininteressen verhältnismäßig, also geeignet, erforderlich und angemessen sein[233]. Eine Grundrechtsschranke unterliegt also ihrerseits bestimmten verfassungsrechtlich gebotenen Einschränkungen, sog. „**Schranken-Schranken**“[234].

aaa) Ein Mittel ist zur Verwirklichung verfassungsmäßiger Allgemeininteressen **geeignet**, wenn mit seiner Hilfe der gewünschte Erfolg gefördert werden kann[235].

Im Rahmen eines wettbewerbsherstellenden Kontrahierungszwangs bedeutet dies Folgendes: Wenn kein Wettbewerb entstehen kann, weil dem Newcomer-Konkurrenten (auf einem vorgelagerten Markt) ein für seine Marktteilnahme benötigtes Gut von dem Monopolisten nicht überlassen wird, ist die erzwungene Kontrahierung geeignet, das verfassungsmäßige Allgemeininteresse an dem Entstehen von Wettbewerb (auf dem nachgelagerten Markt) zu verwirklichen[236].

Insoweit ist unerheblich, wie lange sich der Newcomer als Konkurrent des Marktbeherrschers auf dem nachgelagerten Markt behaupten wird. Selbst wenn sich bereits nach kurzer Zeit erweisen

---

[232] Vgl. auch *Büdenbender* WuW 2000, 119, 131; *Papier* BB 1997, 1213, 1216; *Scholz* „Wirtschaftsaufsicht“, S. 182ff.

[233] Std. Rspr. vgl. nur BVerfG, 8.10.1985, 1 BvL 17, 19/83, BVerfGE 70, 278, 278, 286 m.z.N.; BVerfG, 31.5.1988, 1 BvL 22/85, BVerfGE 78, 232, 245.

[234] Vgl. zu diesem Begriff nur *Pieroth/Schlink*, Rz. 274ff.

[235] Std. Rspr. vgl. nur BVerfG aaO. (vorletzte Fn.).

[236] Vgl. auch *Koch* in: Hoffmann-Riem/Schneider, S. 263, 269f; *Papier* „Durchleitungsrechte“, S. 29f.

sollte, dass der Newcomer nicht wettbewerbsfähig ist und er dem ehemaligen Monopolisten (der dann aufgrund der entstandenen Konkurrenz „nur noch“ marktbeherrschend iSd § 19 Abs. 2 Nr. 1, 2. Alt. GWB ist) im Wettbewerb unterliegt, ist dies eine übliche und daher erlaubte Folge dynamischen Wettbewerbs (sofern sich der ehemalige Monopolist nicht kartellrechtswidrig verhält). Der mit dem Kontrahierungszwang verfolgte Zweck, wettbewerbliche Verhältnisse herzustellen, wurde also (zunächst) erfüllt.

bbb) Ein Grundrechtseingriff ist **erforderlich**, wenn von mehreren geeigneten Mitteln dasjenige eingesetzt wird, das den Grundrechtsträger am wenigsten belastet[237].

Eine gegenüber einem Kontrahierungszwang ungeeignete Alternative, Wettbewerb herzustellen, wäre, dass sich der Newcomer-Nachfrager das begehrte Gut auf einem **anderen räumlichen Markt** verschafft. In diesem Fall könnte der Newcomer-Nachfrager sein Recht auf Berufswahl nämlich nicht frei ausüben, sondern er würde auf einen bestimmten räumlichen Markt gedrängt. Darüber hinaus würde auf diese Weise kein Wettbewerb auf dem von einem Monopolisten beherrschten Markt hergestellt. Vielmehr könnte der Monopolist durch die Kontrahierungsverweigerung seine Marktmacht zumindest so lange erfolgreich verteidigen, bis ein Newcomer-Nachfrager seinen Bedarf auch auf anderen räumlichen Märkten nicht (mehr) decken kann. Erst recht ist dies keine zur Herstellung von Wettbewerb gleich geeignete Alternative, wenn auch andere räumliche Märkte monopolistisch strukturiert sind, sodass jedes Monopolunternehmen unter Bezugnahme auf seine Grundrechtsbetroffenheit den nachfragenden Newcomer auf einen anderen Markt „weiterverweisen“ könnte.

Auch die **staatliche Überlassung des begehrten Gutes** stellt keine Alternative zu einem Kontrahierungszwang dar, da dies in der Regel unwirtschaftlich sein dürfte. Darüber hinaus würden derartige staatliche Interventionen der auf freie unternehmerische Initiative und Wettbewerb ausgerichteten Wettbewerbspolitik[238] widersprechen. Aus denselben Gründen hat auch das Bundesverfassungsge-

---

[237] Std. Rspr. vgl. nur BVerfG, 18.12.1968, 1 BvL 5, 14/64 und 5, 11, 12/65, BVerfGE 25, 1, 18; BVerfG, 8.10.1985, 1 BvL 17, 19/83, BVerfGE 70, 278, 286 m.z.N.

[238] Vgl. hierzu nur die RegBegr. zum Entwurf eines GWB, BT-Drs. II/1158, S. 21 sowie den Bericht der Bundesregierung zur Zukunftssicherung des Standortes Deutschland, BT-Drs. 12/5620, S. 11f, 42f. S. ausführlich zur aktuellen deutschen Wettbewerbspolitik oben 1. Abschnitt A.VII.2, VIII.2 und C.II.

richt hoheitliche Maßnahmen im Vergleich zu privaten als ungeeignet für die Erreichung bestimmter gesetzgeberischer Ziele verworfen[239]. Angesichts der „wettbewerbspolitischen Neutralität" des Grundgesetzes, das also keine bestimmte und demzufolge auch nicht die gegenwärtig bestehende Wirtschaftsordnung verbindlich garantiert[240], kommt diesem Argument jedoch nur eine untergeordnete Bedeutung zu.

Die **Enteignung** der begehrten Ressource zugunsten des Newcomer-Konkurrenten käme zwar zu demselben Erfolg, würde das Monopolunternehmen jedoch noch schwerer belasten als ein (entgeltlicher) Kontrahierungszwang, der ihm das Eigentum an seinen Betriebsmitteln belässt.

Demgegenüber bestünde eine denkbare Alternative zu der erzwungenen vertraglichen Überlassung des nachgefragten Gutes darin, dass der Newcomer dieses Gut **selbst** (möglicherweise mit Hilfe staatlicher **Subventionen) herstellt**[241] (sog. „Eigenrealisierung"). Allerdings muss die Zumutbarkeit dieser Alternative stets im Einzelfall geprüft werden. So wäre beispielsweise die Errichtung mehrerer paralleler Leitungsnetze zur Durchleitung bzw. Einspeisung von Energie allenfalls bis zu einem bestimmten Maße (energie-) wirtschaftlich sinnvoll[242]. In anderen Fällen kommt ggf. eine zeitlich begrenzte

---

[239] Vgl. BVerfG, 16.3.1971, 1 BvR 52, 665, 667, 754/66, BVerfGE 30, 292, 319: Die staatliche Mindestbevorratung von Erdölerzeugnissen ist gegenüber der Bevorratung durch private Importeure und Hersteller von Erdölerzeugnissen keine geeignete Alternative, um (u.a.) den deutschen Steinkohlebergbau als Energieversorger zu schützen.

[240] Vgl. zu Inhalt und Reichweite der sog. „wettbewerbspolitischen Neutralität" des Grundgesetzes oben unter 2. Abschnitt D.III.2c)aa).

[241] So auch das AG Plön in seinem Vorlagebeschluss an das BVerfG vom 13.6.1996 zur Überprüfung der Verfassungsmäßigkeit der Abnahme- und Vergütungspflicht nach dem Stromeinspeisungsgesetz, 2 C 350/96, NJW 1997, 591, 592. A.A.: LG Karlsruhe, 10.5.1996, 2 O 176/95, NJW 1997, 590f.

[242] Vgl. dazu *Fehling* AöR 121 (1996) 59, 89; *Hoffmann-Riem/Schneider* in: Hoffmann-Riem/Schneider, S. 13, 85ff, 88 m.w.N.; *Lindemann/Köster* DVBl. 1997, 527, 530ff m.w.N.; *Markert* WuW 1995, 560, 565; *ders.* BB 1997, 1421; *Papier* BB 1997, 1213, 1216; *Schmidt-Preuß* RdE 1996, 1, 4f. Vgl. auch BGH, 15.11.1994, KVR 29/93, BGHZ 128, 17, 35 (Gasdurchleitung). A.A.: *Eckert* RdE 1992, 56, 63; *Hüffer/Ipsen/Tettinger*, S. 248; vgl. auch das 12. Haupt-GA der Monopolkommission 1996/97, BT-Drs. 13/11291, Tz. 6f, sowie *Kühne/Scholtka* NJW 1998, 1902, 1904.

Nach Ziff. 1.8. der „Verbändevereinbarung Strom II plus" vom 13.12.2001 (mit Ergänzung vom 23.4.2002) soll der Bau von zusätzlichen Leitungen zur Durchleitung von **Strom** „möglichst vermieden" werden (Verbändevereinbarung des Bundesverbands der deutschen Industrie (BDI), des Verbands der industriellen Energie- und Kraftwirtschaft (VIK), der Vereinigung deutscher Elektrizitätswerke (VDEW) des Verbands der Netzbetreiber (VDN), der Arbeitsgemeinschaft regio-

Überlassung der nachgefragten Ressource in Betracht bis dem Newcomer-Nachfrager die eigene Herstellung dieses Gutes zuzumuten ist. Eine staatliche Subventionierung des Newcomers würde jedoch der aktuellen Wettbewerbspolitik, die auf der freien unternehmerischen Eigeninitiative basiert, widersprechen.

Der hoheitliche Zwang zur vertraglichen Überlassung eines nachgefragten Gutes ist daher grundsätzlich das einzige Mittel, um im verfassungsmäßigen Gemeinwohlinteresse Wettbewerb unter mehreren Unternehmen herzustellen, wenn anderenfalls der Markteintritt eines Newcomer-Konkurrenten nicht möglich ist. Die letztgenannte Voraussetzung ist dann erfüllt, wenn feststeht, dass der Monopolist die Nachfrage des Newcomers nicht freiwillig erfüllen wird.

Allerdings ist die Unterstützung des Newcomers zur Förderung der o.g. Allgemeininteressen nicht mehr erforderlich, sobald ihm der Markteintritt gelungen und er nicht mehr auf das Gut des Monopolisten angewiesen ist, etwa weil er sich inzwischen selbst entsprechend versorgen kann. Ab diesem Zeitpunkt könnte daher der Monopolist in der Regel die Belieferung verweigern, ohne gegen § 20 Abs. 1 GWB zu verstoßen; ein Kontrahierungszwang wäre unverhältnismäßig. Mit diesen Einschränkungen ist ein Kontrahierungszwang erforderlich, um die hier aufgezeigten Allgemeinwohlinteressen, die sich insoweit mit den Interessen des Newcomer-Nachfragers decken, zu verwirklichen[243].

ccc) Ein Grundrechtseingriff ist des Weiteren nur dann verfassungsgemäß, wenn er dem Grundrechtsträger im Hinblick auf den hiermit verfolgten Zweck zuzumuten ist (Verhältnismäßigkeit im engeren Sinne, **Angemessenheit**)[244].

Nach ständiger Rechtsprechung des Bundesverfassungsgerichts wiegen die Interessen eines Newcomer-Nachfragers besonders schwer, wenn er bei der Ausübung seiner Freiheitsrechte und seiner

---

naler Energieversorgungs-Unternehmen (ARE) und des Verbands kommunaler Unternehmen (VKU) über Kriterien zur Bestimmung von Netznutzungsentgelten für elektrische Energie und über Prinzipien der Netznutzung, abrufbar unter www.strom.de). Demgegenüber hat nach Ziff. 6.1.4 der „Verbändevereinbarung **Erdgas** II" vom 3.5.2002 der freie Bau von Gasleitungen auf der Stufe der überregionalen und regionalen Ferngasversorgung „in Teilbereichen" bereits zu Wettbewerb geführt (Verbändevereinbarung des BDI, des VIK, des Bundesverbands der deutschen Gas- und Wasserwirtschaft (BGW) und des Verbands kommunaler Unternehmen (VKU) zum Netzzugang bei Erdgas, abrufbar unter www.bgw.de).

[243] So auch *Koch* in: Hoffmann-Riem/Schneider, S. 263, 270; *Papier* „Durchleitungsrechte", S. 29f; *Schmidt-Preuß* AG 1996, 1, 7; *ders.* RdE 1996, 1, 4f.

[244] Std. Rspr., vgl. nur BVerfG, 8.10.1985, 1 BvL 17, 19/83, BVerfGE 70, 278, 286 m.z.N.

verfassungsmäßig gewährleisteten Wettbewerbsfreiheit auf die nachgefragten Ressourcen des Verbotsadressaten faktisch angewiesen ist[245]. Auch im Falle einer wettbewerbsverhindernden Kontrahierungsverweigerung verleiht das Eigentum an bestimmten Produktionsmitteln dem monopolistischen Inhaber eine besondere Macht über Dritte, sein Eigentum unterliegt deshalb einer besonders starken **Sozialbindung** (vgl. Art. 14 Abs. 2 GG)[246].

Andererseits ist jedoch zu berücksichtigen, dass ein Kontrahierungszwang möglicherweise sogar die verfassungsrechtlich besonders geschützte **Substanz** des Eigentums des Monopolisten verletzt, die sich insbesondere durch die Privatnützigkeit des Eigentums und die grundsätzlich freie Verfügungsbefugnis des Eigentümers auszeichnet[247]. Durch den Kontrahierungszwang über seine Unternehmensressourcen wird der monopolistische Eigentümer nämlich wie ein Dritter behandelt, er kann nicht mehr frei darüber entscheiden, wie er seine Betriebsmittel nutzt. Nach der Rechtsprechung des Bundesverfassungsgerichts wird ein solcher Grundrechtseingriff grundsätzlich auch nicht dadurch gerechtfertigt, dass der Eigentümer für

---

[245] Vgl. auch BVerfG, 1.3.1979, 1 BvR 532, 533/77, 419/78 und 1 BvL 21/78, BVerfGE 50, 290, 341; BVerfG, 12.6.1979, 1 BvL 19/76, BVerfGE 52, 1, 32 jeweils m.w.N. BKartA in seiner Arbeitsunterlage zu der Sitzung des Arbeitskreises Kartellrecht im Oktober 1997, S. 28; *Baur* in: FS Lukes, S. 253, 266f; *Bunte* WuW 1997, 302, 312, 317; *Fehling* AöR 121 (1996) 59, 88ff, 91 m.w.N.; *Hoffmann-Riem/Schneider* in: Hoffmann-Riem/Schneider, S. 13, 87; *Klimisch/Lange* WuW 1998, 15, 23f; *Koch* in: Hoffmann-Riem/Schneider, S. 263, 268f; *Lindemann/Köster* DVBl. 1997, 527, 530 m.w.N.; *Markert* WuW 1995, 560, 566; *Papier* „Durchleitungsrechte", S. 20f; *ders.* BB 1997, 1213, 1215f; *Pieroth/Schlink*, Rz. 933 m.w.N; *Scholz* „Konzentrationskontrolle", S. 65; *ders.* „Entflechtung", S. 96ff m.w.N.- Vgl. auch *Möschel* „Entflechtungen", S. 136; *vWeizsäcker* WuW 1997, 572, 577; 10. HauptGA der Monopolkommission 1992/93, BT-Drs. 12/8323, Tz. 813.

[246] Vgl. bereits oben 2. Abschnitt D.III.2b)cc) und die dort zitierte Rspr. des BVerfG, 12.1.1967, 1 BvR 169/63, BVerfGE 21, 73, 83; BVerfG, 23.4.1974, 1 BvR 6/74 und 1 BvR 2270/73, BVerfGE 37, 132, 140f; BVerfG, 8.7.1976, 1 BvL 19 und 20/75, 1 BvR 148/75, BVerfGE 42, 263, 294, insbesondere BVerfG, 1.3.1979, 1 BvR 532, 533/77, 419/78 und 1 BvL 21/78, BVerfGE 50, 290, 341; BKartA, 30.8.1999, B8-40100-T-99/99, WuW/E DE-V 149, 155f (Berliner Stromdurchleitung).

[247] BVerfG, 16.3.1971, 1 BvR 52, 665, 667, 754/66, BVerfGE 30, 292, 334f; BVerfG, 8.7.1976, 1 BvL 19 und 20/75, 1 BvR 148/75, BVerfGE 42, 263, 295; BVerfG, 1.3.1979, 1 BvR 532, 533/77, 419/78 und 1 BvL 21/78, BVerfGE 50, 290, 341; BVerfG, 12.6.1979, 1 BvL 19/76, BVerfGE 52, 1, 30f; 7BVerfG, 30.11.1988, 1 BvR 1301/84, BVerfGE 79, 174, 198; BVerfG, 14.2.1989, 1 BvR 308, 336, 356/88, BVerfGE 79, 292, 303f jeweils m.w.N. Diese Problematik zeigen auch *Baur* in: FS Lukes, S. 253, 266f; *Hoffmann-Riem/Schneider* in: Hoffmann-Riem/Schneider, S. 13, 82; *Hüffer/Ipsen/Tettinger*, S. 249; *Koch* in: Hoffmann-Riem/Schneider, S. 263, 267ff; *Lukes*, S. 65, 87 und *Scholz/Langer*, S. 272ff (zu dem in Anlehnung an die deutsche Grundrechtslage entwickelten Gemeinschaftsgrundrecht) auf.

die Fremdnutzung seiner Sache eine finanzielle Gegenleistung erhält[248].

Allein die Substanzbeeinträchtigung des Eigentums macht einen Kontrahierungszwang jedoch nicht verfassungswidrig, vielmehr ist dieser Aspekt mit in die **Verhältnismäßigkeitsprüfung** einzubeziehen[249]. Es ist daher gleichermaßen zu beachten, dass der monopolistische Eigentümer bei einem wettbewerbsherstellenden Kontrahierungszwang dem Newcomer lediglich einen bestimmten Teil seines betrieblichen Eigentums gegen eine (angemessene[250]) Gegenleistung,

---

[248] BVerfG, 14.7.1981, 1 BvL 24/78, BVerfGE 58, 137, 151f; BVerfG, 14.2.1989, 1 BvR 308, 336, 356/88, BVerfGE 79, 292, 304 m.w.N. Vgl. auch *Papier* „Durchleitungsrechte“, S. 20; *ders.* BB 1997, 1213, 1215.

[249] BVerfG, 1.3.1979, 1 BvR 532, 533/77, 419/78 und 1 BvL 21/78, BVerfGE 50, 290, 341 m.w.N.

[250] In der Spezialregelung des **§ 19 Abs. 4 Nr. 4 GWB**, die am 1.1.1999 in Kraft getreten ist und einen konkurrentennützigen Kontrahierungsanspruch regelt, ist der Anspruch des Marktbeherrschers auf ein „angemessenes Entgelt“ ausdrücklich geregelt. Nach der Stellungnahme des Bundesrates, der diese Ergänzung des ursprünglichen Gesetzesvorschlags vorgeschlagen hatte, darf das Entgelt „nicht diskriminierend“ sein, darüber hinaus darf der Marktbeherrscher „bei der Festsetzung des Entgelts neben den Grenzkosten der Nutzung durch ein drittes Unternehmen auch weitere mit der Einrichtung in unmittelbarem Zusammenhang stehende Aufwendungen in angemessener Weise berücksichtigen“, BT-Drs. 13/9720, S. 71, 74; vgl. auch die Arbeitsunterlage des BKartA zu der Sitzung des Arbeitskreises Kartellrecht im Oktober 1997, S. 30f; *Haus*, S. 156ff; GK-*Leo* zu § 19 GWB, Rz. 2396ff jeweils m.w.N.

In §§ 24, 25 **Telekommunikationsgesetz** (TKG) ist geregelt, dass sich die Entgelte an den Kosten der „effizienten Leistungsbereitstellung“ orientieren müssen und keine Auf- oder Abschläge enthalten dürfen, die missbräuchlich oder diskriminierend sind oder sonst die „Wettbewerbsmöglichkeiten“ anderer Telekommunikationsunternehmen „beeinträchtigen“.

Der **BGH** stellt zur Ermittlung der Gegenleistung darauf ab, welcher Preis sich aufgrund wettbewerbskonformen Verhaltens eines Unternehmens ergeben würde, Preise dürften nicht auf „Willkür oder wirtschaftsfremden unternehmerischen Entscheidungen“ beruhen, vgl. BGH, 19.3.1996, KZR 1/95, WuW/E BGH 3058, 3065 (Pay-TV-Durchleitung) m.w.N. sowie ebenfalls zu § 26 Abs. 2 GWB a.F. (heute: § 20 Abs. 1 GWB) das 12. HauptGA der Monopolkommission 1996/97, BT-Drs. 13/11291, Tz. 317. In ihrem 14. HauptGA 2000/2001 spricht sich die Monopolkommission für Preise aus, die sich an den Kosten der effizienten Leistungsbereitstellung orientieren, Tz. 128. Im Bereich der Einspeisung von **Strom** in ein Leitungsnetz richtet sich die Gegenleistung nach den sog. **„vermiedenen Kosten“**, also denen, die der Netzbetreiber infolge der Fremdeinspeisung gegenüber einer anderweitigen Beschaffung erspart, s. nur BGH, 22.10.1996, KZR 18/95, WuW/E BGH 3099, 3101ff (Stromveredelung) sowie BGH, 22.10.1996, KZR 19/95, NJW 1997, 574, 575 (Stromeinspeisung II); BGH, 8.12.1998, KZR 49/97, WuW/E BGH DE-R 248, 249 (Kraft-Wärme-Kopplung II) jeweils m.z.N. Vgl. dazu aus der Literatur *Baur* in: FS Lukes, S. 253, 267ff; *Daiber* WuW 1996, 361, 365ff; *Fehling* VerwArch 1995, 600, 611ff; *Klimisch/Lange* WuW 1998, 15, 24f; *Lutz* in: FS Baur, S. 507ff; *Markert* RdE 1996, 205ff; *Möschel* WuW 1999, 5, 9ff; *Pohlmann* in: FS Baur, S. 535, 536ff; *Schmidt-Preuß* RdE 1996, 1, 6ff jeweils m.w.N.; *Stewing*, S. 130ff; *vWeizsäcker* WuW 1997, 572, 578 jeweils m.w.N.

Der Bundesverband der deutschen Industrie (BDI), der Verband der industriellen Energie- und Kraftwirtschaft (VIK), die Vereinigung deutscher Elektrizitätswerke (VDEW), der Verband der

und zwar regelmäßig nur vorübergehend und in begrenztem Umfang überlassen muss, bis Wettbewerb entsteht, da ein Newcomer-Konkurrent in den Markt eingetreten ist[251] - im Übrigen kann der zur Kontrahierung gezwungene Monopolist also weiterhin seine unternehmerische Tätigkeit ausüben. Ferner ist bei der Abwägung zu Lasten des Verbotsadressaten die o.g. gesteigerte Sozialbindung seiner Ressourcen zu berücksichtigen, auf die ein Konkurrent angewiesen ist, damit Wettbewerb entsteht[252]. Das Recht, den auf seiner Marktmacht beruhenden Wettbewerbsvorsprung zu behalten, besteht umso weniger für solche Unternehmen, die ihre Alleinstellung nicht aufgrund eigener Leistung, also „im Wettbewerb", erworben haben, sondern etwa durch die Einräumung ausschließlicher Rechte[253].

Netzbetreiber (VDN), die Arbeitsgemeinschaft regionaler Energieversorgungs-Unternehmen (ARE) und der Verband kommunaler Unternehmen (VKU) haben sich in ihrer Verbändevereinbarung über Kriterien zur Bestimmung von Netznutzungsentgelten für elektrische Energie und über Prinzipien der Netznutzung vom 13.12.1999 (mit Ergänzung vom 23.4.2002) entschieden, Preise zu bilden, „die in Anbetracht der Kosten- und Erlöslage bei **elektrizitätswirtschaftlich rationeller Betriebsführung** erforderlich sind", alle bilanziellen und kalkulatorischen Kosten seien „unter Maßgabe einer wirtschaftlichen Betriebsführung und in einem Umfang, der sich im Wettbewerb einstellen würde, anzusetzen" (Ziff. 2 iVm Anlage 3 der „Verbändevereinbarung Strom II plus", abrufbar unter www.strom.de). Gemäß Ziff. 6 der Verbändevereinbarung zwischen BDI, VIK, Bundesverband der deutschen Gas- und Wasserwirtschaft e.V. (BGW) und Verband kommunaler Unternehmen (VKU) zum Netzzugang bei Erdgas vom 3.5.2002 wird das Netzzugangsentgelt **rein kostenorientiert** berechnet, abrufbar unter www.bgw.de („Verbändevereinbarung **Erdgas II**").

[251] Wie soeben bei der Beurteilung der „Erforderlichkeit" des Grundrechtseingriffs festgestellt wurde, sind die einem Monopolisten aufzuerlegenden konkurrentennützigen Pflichten in zeitlicher und mengenmäßiger Hinsicht zu beschränken, weil sich die Allgemeininteressen an der Herstellung von Wettbewerb und die individuellen Interessen des Newcomers decken müssen, s. 2. Abschnitt D.III.2 c)bb)bbb).

[252] Vgl. auch BKartA, 30.8.1999, B8-40100-T-99/99, WuW/E DE-V 149, 155f (Berliner Stromdurchleitung); *Baur* in: FS Lukes, S. 253, 266f; *Fehling* VerwArch 1995, 600, 606f; *ders.* AöR 121 (1996) 59, 91f; *Hoffmann-Riem/Schneider* in: Hoffmann-Riem/Schneider, S. 13, 87; *Klimisch/Lange* WuW 1998, 15, 23f; *Koch* in: Hoffmann-Riem/Schneider, S. 263, 268f; *Lindemann/Köster* DVBl. 1997, 527, 530 m.w.N.; *Markert* WuW 1995, 560, 566; *Möschel* „Entflechtungen", S. 136; *Papier* BB 1997, 1213, 1215f; *ders.* in: FS Baur, S. 209, 216ff; *Pieroth/Schlink*, Rz. 933 m.w.N; *Scholz* „Konzentrationskontrolle", S. 65; *ders.* „Entflechtung", S. 96ff m.w.N.; *vWeizsäcker* WuW 1997, 572, 577; 10. HauptGA der Monopolkommission 1992/93, BT-Drs. 12/8323, Tz. 813.

[253] BVerfG, 8.6.1977, 2 BvR 499/70 und 1042/75, BVerfGE 45, 142, 170; BVerfG, 1.3.1979, 1 BvR 532, 533/77, 419/78 und 1 BvL 21/78, BVerfGE 50, 290, 340; BVerfG, 28.2.1980, 1 BvL 17/77 u.a. und 1 BvR 807/78, BVerfGE 53, 257, 291f; BVerfG, 16.7.1985, 1 BvL 5/80, 1 BvR 1023, 1052/83 und 1227/84, BVerfGE 69, 272, 301; BVerfG, 15.7.1987, 1 BvR 488, 1220, 628, 1278/86, 1 BvL 11/86, BVerfGE 76, 220, 237; BVerfG, 22.11.1994, BvR 3 51/91, BVerfGE 91, 294, 311 jeweils m.w.N.; Jarass/Pieroth-*Jarass* zu Art. 14 GG, Rz. 44 m.w.N. Vgl. auch BKartA in „Berliner Stromdurchleitung" aaO. (vorige Fn.) m.w.N.

Aus denselben Gründen ist im Hinblick auf **Art. 12 Abs. 1 GG** davon auszugehen, dass durch einen wettbewerbsherstellenden Kontrahierungszwang unter den o.g. Voraussetzungen die Grenze des absolut unantastbaren Spielraums zur Entfaltung der Unternehmerinitiative[254] nicht überschritten wird.

In besonderen Fällen jedoch könnte die Grenze des dem Monopolisten gemäß Art. 12, 14 GG verfassungsrechtlich Zumutbaren überschritten sein. Dies ist etwa dann der Fall, wenn ein einzelner Newcomer eine so große Menge des nachgefragten monopolisierten Betriebsmittels und/oder diese unternehmenseigene Ressource für einen so langen Zeitraum benötigt, dass im Falle der Überlassung die eigene unternehmerische Tätigkeit des Monopolisten erheblich beeinträchtigt werden würde[255]. Diese Voraussetzungen könnten insbesondere bei knappen Gütern erfüllt sein oder wenn dem Monopolisten aus ähnlichen Gründen die Überlassung des nachgefragten Gutes nicht zugemutet werden kann. Unzumutbar dürfte es einem Marktbeherrscher z.B. auch sein, seine eigene Nutzung des nachgefragten Gutes erheblich einzuschränken. Er ist daher nicht verpflichtet, seine Einrichtung oder ihre Nutzungskapazität wesentlich zu erweitern, um entsprechende (Mit-) Benutzungsbegehren zu erfüllen[256].

---

[254] BVerfG, 1.3.1979, 1 BvR 532, 533/77, 419/78 und 1 BvL 21/78, BVerfGE 50, 290, 366 m.w.N.; BVerfG, 19.10.1983, 2 BvR 298/81, BVerfGE 65, 196, 210. In diesen Entscheidungen wurde insoweit zusätzlich Art. 2 Abs. 1 GG herangezogen.

[255] Eine ähnliche Grenze ziehen *Schmidt-Preuß* AG 1996, 1, 8; *ders.* in RdE 1996, 1, 5 sowie *Klimisch/Lange* WuW 1998, 15, 23f bei Erschöpfung der Produktionsfähigkeit oder bei Insolvenzgefahr des Verbotsadressaten. Vgl. auch BKartA, 30.8.1999, B8-40100-T-99/99, WuW/E DE-V 149, 150f (Berliner Stromdurchleitung); *Bunte* WuW 1997, 302, 317, *Papier* „Durchleitungsrechte", S. 35f *ders.* in BB 1997, 1213, 1218 sowie *ders.* in: FS Baur, S. 209, 221ff, die insoweit auf die erhebliche Gefährdung der Wettbewerbsfähigkeit bzw. der Existenz des verpflichteten Monopolisten abstellen. Vgl. nunmehr auch die ausdrückliche Regelung in § 19 Abs. 4 Nr. 4 GWB (die Mitbenutzung ist „aus betriebsbedingten oder sonstigen Gründen nicht möglich oder nicht zumutbar; nahezu identisch § 6 Abs. 1 S. 2 EnWG, wonach zusätzlich die energiespezifischen Grundsätze des § 1 EnWG zu berücksichtigen sind (s. hierzu unten 4. Abschnitt A.II.)). In einem Urteil zu § 19 Abs. 4 Nr. 4 GWB hat das LG Köln entschieden, dass einem marktbeherrschenden Unternehmen nicht zugemutet werden könne, „gegen grundlegende kaufmännische Grundsätze zu verstoßen", indem es einen Kunden, der trotz Mahnung mehrere hohe Rechnungen nicht bezahlt hatte, weiterhin beliefern muss (LG Köln, 25.5.2001, 81 O (Kart) 57/01, CR 2001, 763, 764f).

[256] So auch *Papier* „Durchleitungsrechte", S. 37; *ders.* BB 1997, 1213, 1219; *ders.* in: FS Baur, S. 209, 221ff m.w.N.; *Schmidt-Preuß* AG 1996, 1, 8; *ders.* in RdE 1996, 1, 5; *Stewing*, S. 120ff m.w.N.; vgl. auch *Fehling* AöR 121 (1996) 59, 91; *Klaue* BB 1992, 1937, 1940. Vgl. auch die Arbeitsunterlage des BKartA zu der Sitzung des Arbeitskreises Kartellrecht im Oktober 1997, S. 29 m.w.N. Offen gelassen in BKartA, 30.8.1999, B8-40100-T-99/99, WuW/E DE-V 149, 153ff (Berliner Stromdurchleitung). Weiter jedoch BKartA, 21.12.1999, B9-63220-T-199/97 und T-

Demgegenüber fällt zugunsten des Verbotsadressaten *nicht* entscheidend ins Gewicht, dass er verpflichtet wird, einen **Konkurrenten** zu unterstützen[257]. Zwar impliziert die ihm verfassungsrechtlich garantierte Wettbewerbsfreiheit auch, dass seine erworbene Marktstärke grundsätzlich anerkannt wird[258]. Diese Marktstärke ist jedoch nur dann das Ergebnis der Ausübung der eigenen Wettbewerbsfreiheit und deshalb schützenswert, wenn sie *im Wettbewerb* erworben wurde, also aufgrund der freien Tätigkeit mehrerer gleichartiger Unternehmen auf einer Marktseite, die sich auf dem Markt durch die Qualität und Preiswürdigkeit ihrer Leistung durchgesetzt haben, sodass jedes Unternehmen die Chance hat, auf dem Markt vorzustoßen bzw. vorgestoßenen Pionieren nachzufolgen (chancengleicher, dynamischer Wettbewerb[259])[260]. Dies ist nicht der Fall, wenn ein Monopolist bereits das *Entstehen* von Wettbewerbsverhältnissen verhindert und die wettbewerbliche Dynamik außer Kraft setzt, indem er den Marktzutritt eines potentiellen (ersten) Konkurrenten durch Ausnutzung seiner Marktstärke vereitelt, also nicht durch wettbewerbskonforme Mittel wie die Qualität und Preiswürdigkeit seiner Leistung[261]. Die unternehmerische Handlungsfreiheit des Monopolisten im (chancengleichen, dynamischen) Wettbewerb wird durch einen wettbe-

---

16/98, WuW/E DE-V 253, 258f (Puttgarden): In dieser Entscheidung gemäß § 19 Abs. 4 Nr. 4 GWB betonte das BKartA zwar zunächst, dass ein Marktbeherrscher nicht verpflichtet werden könne, Anlagen neu zu schaffen oder in ihrem Wesen zu ändern. Da jedoch Infrastruktureinrichtungen typischerweise auf die Bedürfnisse nur eines einzigen Nutzers (des marktbeherrschenden Eigentümers) ausgerichtet seien, könne ein missbräuchlich behandelter Nachfrager - gegen Erstattung der marktüblichen Baukosten - verlangen, dass die vorhandenen Anlagen baulich entsprechend verändert (umgestaltet) werden. Vgl. auch *Koenig/Kühling/Winkler* WuW 2003, 228, 240f.

[257] So aber *Bunte* WuW 1997, 302, 317; *Eckert* RdE 1992, 56, 62; *Hüffer/Ipsen/Tettinger*, S. 249; *Klaue* BB 1993, 740; *Langer* et 1994, 158, 162; *ders.* et 1995, 395, 399; *Schnelle* EuZW 1994, 556, 557 und *Scholz/Langer*, S. 259f (zu den in Anlehnung an die deutsche Rechtslage entwickelten Gemeinschaftsgrundrechten).

[258] Vgl. zu der Wettbewerbskonzeption des GWB oben 1. Abschnitt A.VIII.1 sowie C.I. Vgl. auch *Grabitz* ZHR 149 (1985) 263, 267, 270 m.w.N.; *Klaue* BB 1993, 740; *Scholz* „Konzentrationskontrolle", S. 63f; *ders.* „Entflechtung", S. 103f, 111f; *ders.* „Wirtschaftsaufsicht", S. 174; *Schmidt-Preuß* RdE 1996, 1, 2f; *Stewing*, S. 85.

[259] Vgl. hierzu nur *Ulmer* GRUR 1977, 565, 567f m.z.N. BGH, 21.6.1971, KZR 8/70, BGHZ 56, 327, 334 (Verbandszeitschrift); BGH, 22.9.1981, KVR 8/80, WuW/E BGH 1829, 1838 (Original-VW-Ersatzteile II); BGH, 10.12.1985, KZR 22/85, WuW/E BGH 2195, 2199f (Abwehrblatt II); BGH, 12.3.1991, KZR 26/89, BGHZ 114, 218, 234f (Einzelkostenerstattung).

[260] Ebenso *Nipperdey* WuW 1954, 211, 216, 223f. Vgl. zur dynamischen Wettbewerbskonzeption des GWB oben 1. Abschnitt A.VIII.1 sowie C.I.

[261] Vgl. zur Wettbewerbskonzeption des GWB oben 1. Abschnitt A.VIII.1, C.I., III.

werbsherstellenden Kontrahierungszwang also gar nicht berührt[262]. Wie bereits im ersten Abschnitt auf der Basis des dem GWB zugrunde liegenden Wettbewerbsleitbildes sowie aufgrund der entsprechenden Wettbewerbspolitik gezeigt, gilt das Gleiche dann, wenn der Monopolist seine Marktmacht nicht aufgrund eigener Leistung erworben hat, sondern - wie beispielsweise in den ehemaligen staatlichen Monopolbereichen für Telekommunikation oder Energieversorgung - aufgrund hoheitlicher Ausschließlichkeitsrechte[263]. Hierüber hinaus schützen Art. 12, 14 GG einen Grundrechtsträger nicht vor dem Entstehen von Konkurrenz[264]. Bei der Schaffung gesetzlicher Regeln für erlaubtes unternehmerisches Verhalten braucht daher der Aspekt, dass die Unterstützung von Konkurrenten zu einer Verringerung der Marktstärke der verpflichteten Marktteilnehmer führen wird, nicht berücksichtigt zu werden[265].

Zusammenfassend ist daher festzustellen, dass auch die **Substanzgarantie des Eigentums und der Berufsfreiheit** eines Monopolisten durch einen wettbewerbsherstellenden Kontrahierungszwang nicht in verfassungswidriger Weise beeinträchtigt wird[266].

---

[262] Vgl. zur Wettbewerbskonzeption des GWB oben 1. Abschnitt A.VIII.1, C.I., III. Ebenso BKartA, 30.8.1999, B8-40100-T-99/99, WuW/E DE-V 149, 155 (Berliner Stromdurchleitung); *Brugger* WuW 1959, 467, 480; *Koch* in: Hoffmann-Riem/Schneider, S. 270f; *Papier* „Durchleitungsrechte", S. 22f; *ders.* BB 1997, 1213, 1216; *Stewing*, S. 84f, 93f. Vgl. auch BVerfG, 8.2.1972, 1 BvR 170/71, BVerfGE 32, 311, 311, 316; *Huber* DÖV 1956, 135, 137; *Nipperdey* WuW 1954, 211, 216, 223f. *Scholz* „Konzentrationskontrolle", S. 49; *ders.* „Wirtschaftsaufsicht", S. 134f; *vWeizsäcker* WuW 1997, 572, 577.

[263] Vgl. hierzu bereits oben 1. Abschnitt C.I. Vgl. auch BVerfG, 8.6.1977, 2 BvR 499/70 und 1042/75, BVerfGE 45, 142, 170; BVerfG, 1.3.1979, 1 BvR 532, 533/77, 419/78 und 1 BvL 21/78, BVerfGE 50, 290, 340; BVerfG, 28.2.1980, 1 BvL 17/77 u.a. und 1 BvR 807/78, BVerfGE 53, 257, 291f; BVerfG, 16.7.1985, 1 BvL 5/80, 1 BvR 1023, 1052/83 und 1227/84, BVerfGE 69, 272, 301; BVerfG, 15.7.1987, 1 BvR 488, 1220, 628, 1278/86, 1 BvL 11/86, BVerfGE 76, 220, 237; BVerfG, 22.11.1994, BvR 3 51/91, BVerfGE 91, 294, 311; BKartA, 30.8.1999, B8-40100-T-99/99, WuW/E DE-V 149, 156 (Berliner Stromdurchleitung); BKartA, 21.12.1999, B9-63220-T-199/97 und T-16/98, WuW/E DE-V 253, 259 (Puttgarden); Jarass/Pieroth-*Jarass* zu Art. 14 GG, Rz. 44 m.w.N.; Stellungnahme des Bundesrates zum Entwurf der 6. GWB-Novelle, BT-Drs. 13/9720, S. 73.

[264] Vgl. dazu bereits oben 2. Abschnitt D.III.2a)cc).

[265] Vgl. auch BKartA, 21.12.1999, B9-63220-T-199/97 und T-16/98, WuW/E DE-V 253, 261 (Puttgarden); *Klimisch/Lange* WuW 1998, 15, 23f; *Papier* „Durchleitungsrechte", S. 30f; *ders.* BB 1997, 1213, 1218; *ders.* in: FS Baur, S. 209, 217; Arbeitsunterlage des BKartA zu der Sitzung des Arbeitskreises Kartellrecht im Oktober 1997, S. 28.

[266] Ähnlich auch *Hoffmann-Riem/Schneider* in: Hoffmann-Riem/Schneider, S. 13, 87 - im Ergebnis jedoch unentschieden; *Klimisch/Lange* WuW 1998, 15, 23f; *Koch* in: Hoffmann-Riem/Schneider, S. 263, 268f - im Ergebnis jedoch unentschieden; *Markert* WuW 1995, 560, 566;

ddd) Außerdem ist auch die absolute Grenze des Art. 14 Abs. 1 S. 1 GG, die **Institutsgarantie** des Eigentums, nicht verletzt[267]. Die Institutsgarantie verbietet es, solche Eigentumswerte aufzuheben oder „wesentlich“ zu schmälern, „die zum elementaren Bestand der grundrechtlich geschützten Betätigung im vermögensrechtlichen Bereich gehören“[268]. Zu dem „elementaren Bestand“ des Eigentums zählt u.a. das Grundeigentum[269]. Dieses wäre bei einem wettbewerbsherstellenden Kontrahierungszwang beispielsweise dann betroffen, wenn ein Newcomer-Nachfrager von einem Monopolisten die (Mitbe-) Nutzung seiner Hafenanlagen zur Erbringung von Fährdienstleistungen begehrt[270].

Es ist jedoch zu bezweifeln, dass der Eigentumsschutz an solchen Sachen uneingeschränkt verfassungsrechtlich geboten ist, die dazu eingesetzt werden, die individuellen Freiheitsrechte anderer und den im Allgemeininteresse liegenden dynamischen Wettbewerb mehrerer Unternehmen untereinander zu verhindern. Da ein zur konkurrentennützigen Kontrahierung gezwungener Monopolist darüber hinaus seine Einrichtungen im Übrigen weiterhin für eigene Zwecke nutzen kann und für die Überlassung an den Newcomer ein angemessenes Entgelt erhält, ist die Institutsgarantie seines Eigentumgrundrechts nicht in verfassungswidriger Weise verletzt[271].

Unter Berücksichtigung der zu Art. 14 GG gefundenen Ergebnisse ist gleichermaßen davon auszugehen, dass der **Wesensgehalt** der in Art. 12 Abs. 1 GG gewährleisteten Berufsfreiheit eines zur konkurrentennützigen Kontrahierung gezwungenen marktbeherrschenden Unternehmens iSd Art. 19 Abs. 2 GG nicht verletzt ist.

---

10. HauptGA der Monopolkommission 1992/93, BT-Drs. 12/8323, Tz. 813. Vgl. auch *Brugger* WuW 1959, 467, 480; *Fehling* VerwArch 1995, 600, 606f; *ders.* AöR 121 (1996) 59, 91f.

[267] Diese weitere Problematik erörtert auch *Koch* in: Hoffmann-Riem/Schneider, S. 263, 267ff; vgl. auch *Stewing*, S. 82.

[268] BVerfG, 15.7.1981, 1 BvL 77/78, BVerfGE 58, 300, 339; vgl. auch BVerfG, 18.12.1968, 1 BvR 638, 673/64 und 200, 238, 249/65, BVerfGE 24, 367, 289.

[269] *Koch* in: Hoffmann-Riem/Schneider, S. 263, 269 m.w.N. auf die Rspr. des BVerfG.

[270] So der dem Verfahren der Europäischen Kommission 94/119/EG vom 21.12.1993 (Hafen von Rødby) zugrunde liegende Sachverhalt, ABl. EG 1994 Nr. L 55, S. 52ff.

[271] So auch *Hoffmann-Riem/Schneider* in: Hoffmann-Riem/Schneider, S. 13, 82. A.A: *Büdenbender* WuW 2000, 119, 132f.

3. Ergebnis

Ein hoheitlicher Kontrahierungszwang zugunsten eines Newcomer-Nachfragers beeinträchtigt die Vertragsfreiheit des marktbeherrschenden Anbieters und tangiert deshalb den Schutzbereich seines Grundrechts aus (Art. 19 Abs. 3 iVm) Art. 12 Abs. 1 GG. Wird das marktbeherrschende Unternehmen darüber hinaus verpflichtet, eigene Betriebsmittel oder Güter, an denen gewerbliche Schutzrechte bestehen, zu überlassen, ist daneben der Schutzbereich des (Art. 19 Abs. 3 iVm) Art. 14 Abs. 1 GG berührt.

Der **BGH** vertritt die Auffassung, dass die Grundrechte eines marktbeherrschenden Unternehmens weiter einschränkbar sind als die von anderen Marktteilnehmern. Die absoluten verfassungsrechtlichen Grenzen eines hoheitlichen Kontrahierungszwangs wurden vom BGH jedoch bisher nicht geprüft.

Diesbezüglich gilt Folgendes: Die Grundrechte eines monopolistischen Anbieters dürfen durch das verfassungsmäßige Gemeinschaftsgut, das Bestehen und Entstehen neuer chancengleicher, dynamischer Wettbewerbsverhältnisse zu gewährleisten, eingeschränkt werden **(Wettbewerbsfreiheit)**. Solange und soweit also die kartellaufsichtliche Unterstützung eines (beliebigen) Newcomer-Konkurrenten objektiv erforderlich und angemessen ist, damit Wettbewerb (auf einem dem gelieferten Gut nachgelagerten Markt) entsteht, ist ein Kontrahierungszwang nicht verfassungswidrig. Wegen des Wettbewerbsleitbildes des GWB offener Märkte mit chancengleichem Wettbewerb wird die unternehmerische Handlungsfreiheit von vornherein bei solchen Unternehmen weniger tangiert, die ihre Marktmacht nicht im dynamischen Wettbewerbsprozess durch eigene Leistung, sondern durch hoheitliche Maßnahmen erworben haben.

Insbesondere kann daher ein Monopolunternehmen verpflichtet werden, eine bestimmte Handelstätigkeit mit einem bisher ausschließlich selbst genutzten Gut erstmals aufzunehmen, indem es z.B. Lizenzen oder sonstige Nutzungsbefugnisse erteilt (die gleiche gesetzliche Wertung ergibt sich aus der im öffentlichen Interesse liegenden Erteilung einer Zwangslizenz gemäß § 24 Abs. 1 Patentgesetz und § 20 Gebrauchsmustergesetz[272]).

---

[272] Vgl. zur Rechtslage nach dem Patent- und Gebrauchsmustergesetz nur Benkard-*Rogge* zu § 24 Patentgesetz, Rz. 15ff m.z.N.: Ein öffentliches Interesse an der Erteilung einer Zwangslizenz besteht hiernach u.a. dann, wenn der Schutzrechtsinhaber eine Erfindung der Allgemeinheit vorenthält, die Marktbedürfnisse nicht ausreichend befriedigt oder durch die Nichtweitergabe einer bahnbrechenden Erfindung den Bestand anderer Industriezweige gefährdet, die - wie der nachfragende Newcomer im Falle einer wettbewerbsverhindernden Kontrahierungsverweigerung - auf sein geschütztes Gut angewiesen sind. Vgl. zum gewerblichen Rechtsschutz auch *Casper* ZHR 166 (2002) 685, 688f; *Müller* EuZW 1998, 232, 237 m.w.N.

IV. Ergebnis

Die Unbilligkeit einer Kontrahierungsverweigerung ist durch eine Abwägung der Interessen des Verbotsadressaten und des normbegünstigten Unternehmens unter Berücksichtigung der Zielsetzungen des GWB festzustellen.

Aufgrund des vorrangig zu berücksichtigenden Allgemeininteresses am Bestehen von dynamischem Wettbewerb ist die Kontrahierungsverweigerung eines Monopolisten, die den Markteintritt eines Newcomers verhindert, der mit ihm auf einem nachgelagerten Markt konkurrieren möchte, kartellrechtswidrig[273]. Der Verbotsadressat kann gegen das Markteintritts- und Konkurrenzinteresse des Newcomer-Nachfragers weder erfolgreich einwenden, er wolle seine unternehmerische Tätigkeit frei gestalten, noch, dass er seine Güter nicht einem (zukünftigen) Konkurrenten überlassen müsse. Auch die Tatsache, dass das begehrte Gut knapp ist, sodass der monopolistische Anbieter aus tatsächlichen Gründen von vornherein nicht sämtliche Nachfrager befriedigen kann, führt nicht zu einem anderen Abwägungsergebnis.

Der Monopolist kann seine Vertragspartner lediglich nach einheitlich anzuwendenden Kriterien auswählen, sofern er hieran ein objektiv anzuerkennendes Interesse hat. Das Interesse, den Markteintritt eines Konkurrenten zu verhindern, ist aus den o.g. Gründen jedoch nicht zu berücksichtigen.

Die **absolute Grenze** für den Kontrahierungsanspruch eines Newcomers ergibt sich aus dem Verfassungsrecht, da ein konkurrentennütziger Kontrahierungszwang die Grundrechte des Verbotsadressaten aus (Art. 19 Abs. 3 iVm) Art. 12 Abs. 1, 14 Abs. 1 GG tangiert. Diese Grundrechte können durch das verfassungsmäßige Gemeinschaftsgut am Bestehen und Entstehen von dynamischen wettbewerblichen Verhältnissen eingeschränkt werden. Die eigenen Interessen eines Monopolisten wiegen umso weniger schwer, wenn er seine Marktmacht nicht „im Wettbewerb" durch eigene Leistung, sondern aufgrund hoheitlicher Ausschließlichkeitsrechte erworben hat.

Ein Kontrahierungszwang ist verfassungsgemäß, solange und soweit sich das Markteintrittsinteresse eines (beliebigen) Newcomer-Konkurrenten objektiv mit dem Allgemeininteresse an freiem dynamischen Wettbewerb deckt. Der Verhältnismäßigkeitsgrundsatz wird dadurch gewahrt, dass der Monopolist eine angemessene Gegenleistung erhält und nur einen bestimmten Teil seines Unternehmens vorübergehend fremdnützig einsetzen muss - im Übrigen kann der Verbotsadressat also seine unternehmerische Tätigkeit weiterhin wie bisher ausüben.

Sobald Wettbewerb aufgrund der aktuellen Teilnahme mehrerer Unternehmen auf einer Marktseite besteht, ist ein wettbewerbsherstellender Kontra-

[273] *Markert* BB 1997, 1421, 1422. Vgl. auch *Bunte* WuW 1997, 302, 316f.

hierungszwang in der Regel verfassungswidrig. Ab diesem Zeitpunkt ist das Markteintrittsinteresse eines Newcomers nicht mehr von dem verfassungsmäßigen Allgemeininteresse an der Herstellung von Wettbewerb gedeckt. Das Gleiche gilt, wenn der Newcomer-Nachfrager nicht (mehr) auf die Belieferung durch den Monopolisten angewiesen ist, etwa weil ihm die eigene Herstellung des benötigten Gutes zugemutet werden kann.

Darüber hinaus können die Grundrechte des zur Kontrahierung gezwungenen Monopolisten im Einzelfall (insbesondere bei knappen Gütern) in verfassungswidriger Weise verletzt sein, wenn der Nachfrager eine so große Menge des jeweiligen Gutes und/oder dieses über einen so langen Zeitraum benötigt, dass die unternehmerische Tätigkeit des Monopolisten erheblich beeinträchtigt wird, oder wenn dem Verbotsadressaten aus vergleichbar schwerwiegenden Gründen ein konkurrentennütziges Verhalten nicht zugemutet werden kann. Des Weiteren könnte die eigene Tätigkeit des Marktbeherrschers dann in dem o.g. Sinne erheblich beeinträchtigt sein, wenn er seine eigene bisherige Nutzung des begehrten Gutes wesentlich einschränken müsste, um die Nachfrage zu befriedigen. Der monopolistische Inhaber einer Ressource ist daher grundsätzlich nicht verpflichtet, bei entsprechender Nachfrage deren Kapazität erheblich zu erweitern.

Ein hoheitlicher Kontrahierungszwang bleibt insgesamt also auf wenige Einzelfälle beschränkt und verpflichtet den Verbotsadressaten nicht generell dazu, fremdnützig tätig zu sein[274]. § 20 Abs. 1 GWB ist in dem o.g. Sinne verfassungskonform auszulegen.

E. Kontrahierungszwang gemäß § 33 S. 1 GWB

Wenn ein Unternehmen seine marktbeherrschende Stellung dadurch missbraucht, dass es eine Kontrahierung verweigert, ergibt sich die Rechtsfolge „konkurrentennütziger Kontrahierungszwang“ aus § 33 GWB, da § 20 Abs. 1 GWB drittschützend iSd § 33 S. 1 GWB ist[275]. Das marktbeherr-

---

[274] *Klaue* meint, dass das Regel-Ausnahme-Verhältnis zwischen unternehmerischer Handlungsfreiheit marktbeherrschender Unternehmen und staatlichen Eingriffsmöglichkeiten durch einen Kontrahierungszwang (zumindest bei ausdrücklicher Kodifizierung wie beim Zugang Dritter zu Energienetzen) beeinträchtigt ist (vgl. nur BB 1993, 740ff). Wegen der hier vorgenommenen Einschränkungen sind diese Bedenken bei der einzelfallbezogenen kartellrechtlichen Missbrauchsaufsicht gemäß § 20 Abs. 1 GWB unangebracht.

[275] Std. Rspr., vgl. nur BGH, 30.9.1971, KZR 13/70, WuW/E BGH 1211, 1216 (Kraftwagen-Leasing); BGH, 26.10.1972, KZR 54/71, WuW/E BGH 1238, 1245 (Registrierkassen); BGH, 22.10.1973, KZR 3/73, WuW/E BGH 1299, 1301 (Strombezugspreis); BGH, 8.5.1979, KZR 13/78, WuW/E BGH 1587 (Modellbauartikel); BGH, 7.10.1980, KZR 8/80, WuW/E BGH 1783,

schende Unternehmen muss im Wege der Naturalrestitution denjenigen Zustand herstellen, der ohne sein missbräuchliches Verhalten bestehen würde (§ 249 S. 1 BGB). Da die Verweigerung der Kontrahierung missbräuchlich war, muss der Verbotsadressat also das Vertragsangebot des Newcomer-Nachfragers annehmen[276].

Die gleiche Rechtsfolge ergibt sich aus einem Unterlassungsanspruch gemäß § 20 Abs. 1 iVm § 33 GWB, da der Marktbeherrscher sein missbräuchliches Verhalten nur durch den Abschluss eines konkurrentennützigen Vertrages „unterlassen" kann.

Auch die weiteren Voraussetzungen eines Schadensersatzanspruchs sind im Falle einer wettbewerbsverhindernden Kontrahierungsverweigerung erfüllt. Da gegenüber den sonstigen Fällen eines Machtmissbrauchs nur wenige Besonderheiten bestehen, werden diese hier nur kurz dargestellt:

I. Kausalität

Wenn die Marktteilnahme eines Newcomer-Nachfragers ausschließlich an der Kontrahierungsverweigerung eines monopolistischen Güteranbieters gescheitert ist, ist dieses Verhalten sowohl für die Behinderung des Nachfragers als auch für seinen Schaden kausal (sog. „doppelte Kausalität")[277].

1786 (Neue Osnabrücker Zeitung); BGH, 16.12.1986, KZR 36/85, WuW/E BGH 2341, 2342 (Taxizentrale Essen).

[276] Std. Rspr. vgl. nur BGH, 26.10.1961, KZR 1/61, BGHZ 36, 91, 99f (Gummistrümpfe); BGH, 2.4.1964, KZR 10/62, BGHZ 41, 271, 280 (Werkmilchabzug); BGH, 25.6.1964, KZR 11/62, WuW/E BGH 675, 676f (Uhrenoptiker); BGH, 9.11.1967, KZR 7/66, BGHZ 49, 90, 98f (Jägermeister); BGH, 12.5.1998, KZR 23/96, WuW/E DE-R 206, 209 (Depotkosmetik). Vgl. auch die RegBegr. zum Entwurf eines GWB, BT-Drs. II/1158, S. 21, 42f. *Belke*, S. 423f; *Emmerich* AG 1976, 92, 99; *Kilian* ZHR 142 (1978) 453, 480ff m.w.N.; *Markert* in I/M zu § 20 GWB, Rz. 227ff m.z.N.; *Niewöhner*, S. 30 m.w.N.

[277] RegBegr. zum Entwurf eines GWB, BT-Drs. II/1158, S. 27 und S. 43; RegBegr. zum Entwurf der 4. GWB-Novelle, BT-Drs. 8/2136, S. 12, 15f; Bericht des Ausschusses für Wirtschaft zum Entwurf der 4. GWB-Novelle, BT-Drs. 8/3690, S. 28; RegBegr. zum Entwurf der 5. GWB-Novelle, BT-Drs. 11/4610, S. 10, 23 (zu § 26 Abs. 4 GWB a.F., vgl. heute § 20 Abs. 4 GWB). Vgl. auch BGH, 7.11.1960, KZR 1/60, BGHZ 33, 259, 263 (Molkereigenossenschaft); BGH, 9.11.1967, KZR 7/66, BGHZ 49, 90, 96 (Jägermeister); BGH, 20.11.1975, KZR 1/75, WuW/E BGH 1391, 1392 (Rossignol); BGH, 10.2.1987, KZR 6/86, WuW/E BGH 2360, 2363, 2366f (Freundschaftswerbung); BGH, 23.2.1988, KZR 17/86, WuW/E BGH 2483, 2489 (Sonderungsverfahren); BGH, 12.3.1991, KZR 26/89, BGHZ 114, 218, 234f (Einzelkostenerstattung); BGH 22.7.1999, KZR 13/97, WuW/E BGH DE-R 352, 356 (Kartenlesegerät). *Lukes* BB 1986, 2074, 2080.

II. Verschulden

Eine Kontrahierungspflicht kann sich auch aus einem **Unterlassungs-** bzw. **Beseitigungsanspruch** ergeben. Diese Ansprüche sind nicht von dem Verschulden des Marktbeherrschers abhängig (§ 33 GWB).

Abgesehen hiervon könnte das für einen **Schadensersatzanspruch** erforderliche Verschulden eines marktbeherrschenden Anbieters iSd § 276 BGB wegen der Rechtsprechung des BGH, die ebenfalls die Verhinderung des Markteintritts eines Newcomers betraf, zweifelhaft sein:

In seinem Beschluss „Gasdurchleitung" vom 15.11.1994 stellte der BGH ausdrücklich den „Grundsatz" auf, dass „niemand verpflichtet" sei, „einen Wettbewerber zum eigenen Schaden zu fördern" und verwies hierzu auf eine weitere BGH-Entscheidung („Aktionsbeträge")[278]. Aufgrund dieser Rechtsprechung könnte ein marktbeherrschendes Unternehmen zu der Auffassung gelangen, dass es einen Newcomer-Nachfrager, der mit ihm auf einem nachgelagerten Markt konkurrieren möchte, nicht beliefern muss. Wie jedoch oben festgestellt wurde, ist eine wettbewerbsverhindernde Kontrahierungsverweigerung missbräuchlich. Das Monopolunternehmen handelt also **rechtsirrig**, wenn es meint, die Kontrahierung verweigern zu dürfen. Zumindest **vorsätzliches** Handeln des Verbotsadressaten, das u.a. das Bewusstsein rechtswidrigen Tuns voraussetzt[279], liegt im Falle eines solchen Rechtsirrtums nicht vor. Vor allem könnten gerade die Formulierung des BGH, es bestehe ein „Grundsatz", keinen Wettbewerber zum eigenen Schaden fördern zu müssen, und sein Verweis auf eine weitere BGH-Entscheidung zusätzlich den Eindruck verstärken, dass der BGH selbst von einer gefestigten Rechtsansicht zugunsten eines marktbeherrschenden Unternehmens ausgeht und in Zukunft ähnlich entscheiden wird.

Ein solcher Rechtsirrtum würde auch einen **Fahrlässigkeitsvorwurf** ausschließen, wenn er unverschuldet wäre[280]. Diese Voraussetzung ist nach der ständigen Rechtsprechung des BGH erfüllt, wenn es zu einer zweifelhaften Rechtsfrage weder eine einheitliche Rechtsauffassung noch deren höchstrichterliche Klärung gibt[281]. Auch die Entscheidung „Gasdurchleitung" ist

---

[278] BGH, 15.11.1994, KVR 29/93, BGHZ 128, 17, 37f (Gasdurchleitung) mit Verweis auf BGH, 12.11.1991, KZR 2/90, WuW/E BGH 2755, 2758f (Aktionsbeträge). Vgl. zu der Analyse dieses vom BGH aufgestellten „Grundsatzes" oben 2. Abschnitt D.II.1b)bb).

[279] Std. Rspr. vgl. nur BGH, 2.7.1996, KZR 20/91, EuZW 1996, 637, 640 (Fremdleasingboykott II) m.z.N.

[280] Std. Rspr. vgl. nur BGH, 16.12.1986, KZR 36/85, WuW/E BGH 2341, 2344 (Taxizentrale Essen) und BGH in „Fremdleasingboykott II" aaO. (vorige Fn.) jeweils m.w.N.

[281] Std. Rspr. des BGH vgl. nur BGH in „Taxizentrale Essen" aaO. (vorige Fn.); BGH, 10.10.1989, KZR 22/88, NJW 1990, 1531, 1533 (Neugeborenentransporte) jeweils m.z.N.

gerade im Hinblick auf die Pflicht eines marktbeherrschenden Unternehmens zum konkurrentennützigen Handeln kontrovers diskutiert worden[282], sodass bezweifelt werden könnte, wie der BGH in künftigen Entscheidungen die Pflicht eines Marktbeherrschers zu selbstschädigendem Verhalten beurteilen wird[283]. Diese Zweifel und ein hierauf beruhender unverschuldeter Rechtsirrtum sind jedoch seit In-Kraft-Treten der Sechsten Novelle des GWB am 1.1.1999 nicht mehr berechtigt. Seitdem enthält das GWB in § 19 Abs. 1, 4 Nr. 4 GWB einen neuen Regeltatbestand für missbräuchliches Verhalten eines marktbeherrschenden Unternehmens. Hiernach ist die Weigerung, den Zugang zu Netzen oder Infrastruktureinrichtungen zu gewähren, missbräuchlich, „wenn es dem anderen Unternehmen aus rechtlichen oder tatsächlichen Gründen ohne die Mitbenutzung nicht möglich ist, auf dem vor- oder nachgelagerten Markt als Wettbewerber des marktbeherrschenden Unternehmens tätig zu werden". Die Pflicht eines Marktbeherrschers zu konkurrentennützigem Verhalten scheint insoweit ausdrücklich geregelt zu sein[284], ein entsprechender Irrtum des Verbotsadressaten über die Rechtslage ist also grundsätzlich ausgeschlossen.

III. Ergebnis

Der Kontrahierungsanspruch eines Newcomer-Nachfragers gegenüber einem monopolistischen Anbieter ergibt sich aus § 20 Abs. 1 iVm § 33 GWB, § 249 S. 1 BGB. Im Wege der Naturalrestitution iSd § 249 S. 1 BGB hat der Verbotsadressat das Vertragsangebot des Newcomers anzunehmen. Die gleiche Rechtsfolge ergibt sich aus einem verschuldensunabhängigen Unterlassungs- oder Beseitigungsanspruch, da der Verbotsadressat seinen Machtmissbrauch nur durch eine konkurrentennützige Kontrahierung beseitigen kann.

---

[282] Vgl. hierzu bereits oben 2. Abschnitt D.II.1b)bb) sowie aus der Literatur insbesondere *Ebel* WuW 1994, 731, 739; *Markert* WuW 1995, 560, 570 gegenüber der a.A. von *Klaue* BB 1992, 1937, 1938; *ders.* BB 1993, 740; *ders.* RdE 1994, 88ff; *Langer* et 1995, 395, 397ff.

[283] Vgl. *Emmerich* in LM zu § 44 GWB, Nr. 3, Bl. 10; *Markert* et 1995, 400, 401; *ders.* WuW 1995, 560, 569f; *ders.* BB 1997, 1421, 1424f; *Papier* BB 1997, 1213, 1220; *Stewing* EWS 1997, 83, 85; vgl. auch das 11. HauptGA der Monopolkommission 1994/1995, BT-Drs. 13/5309, Tz. 72, 588; *Lindemann/Köster* DVBl. 1997, 527, 530; Arbeitspapier des BKartA zu der Tagung des Arbeitskreises Kartellrecht im Oktober 1995, S. 9f, 12f, 33ff m.w.N. gegenüber der anderen Ansicht von *Bunte* WuW 1997, 302, 318 und *Langer* et 1995, 395, 398f.

[284] Vgl. auch die RegBegr. zum Entwurf der 6. GWB-Novelle, BT-Drs. 13/9720, S. 36f, 51f, sowie die Stellungnahme des Bundesrates zu diesem Entwurf ebenda, S. 71, 73.

F. Ergebnis

Ein Newcomer-Konkurrent hat gegenüber einem marktbeherrschenden Anbieter einen Anspruch auf die Belieferung mit Gütern, die er für seine Marktteilnahme benötigt. Eine solche Auslegung des § 20 Abs. 1 GWB iVm § 33 GWB, § 249 S. 1 BGB ist wegen des Wettbewerbsleitbildes des GWB dynamischer Märkte, die für chancengleichen Wettbewerb offen stehen, geboten. Besondere rechtliche Instrumente wie z.B. der Spezialtatbestand des § 19 Abs. 1, 4 Nr. 4 GWB sind also im allgemeinen deutschen Kartellrecht für die Herstellung von Wettbewerb im Wege eines konkurrentennützigen Kontrahierungszwangs nicht erforderlich.

I. Marktbeherrschende Stellung

1. Relevanter Markt

Der für die Feststellung der Verbotsadressateneigenschaft relevante Markt ist in sachlicher, räumlicher und zeitlicher Hinsicht nach dem Bedarfsmarktkonzept abzugrenzen. Die insoweit relevante Frage, welche Güter als untereinander austauschbar betrachtet werden, ist gleichermaßen aus der Sicht aktueller wie potentieller Nachfrager zu beantworten. Es ist daher unerheblich, ob der Verbotsadressat das Gut bereits anderen Unternehmen überlassen hat oder nicht. Außerdem ist sowohl in räumlicher als auch in zeitlicher Hinsicht die aktuelle oder künftige Marktposition des normbegünstigten Unternehmens unerheblich. Dieser kann also auch ein Newcomer sein.

Des Weiteren kann ein Markt in sachlicher Hinsicht auch aus einem einzelnen Gut bestehen, wenn nur dieses geeignet ist, den Bedarf der Marktgegenseite zu befriedigen.

Gemäß § 20 Abs. 1 iVm § 130 Abs. 2 GWB werden auch ausländische Unternehmen vom Missbrauchsverbot geschützt, sofern sie (auch) auf dem deutschen Markt tätig sind.

2. Beherrschende Stellung

Unabhängig davon, ob die potentiellen Vertragspartner bereits einen Geschäftsverkehr ausgeübt haben, sind beide „Unternehmen" iSd § 20 Abs. 1 GWB.

Bei der Feststellung einer marktbeherrschenden Stellung iSd § 19 Abs. 2 GWB ist auch der Einfluss potentieller Marktteilnehmer zu berücksichtigen. Ein entsprechend machtmindernder Einfluss geht allerdings (noch) nicht von einem nicht belieferten Newcomer-Nachfrager aus, wenn dessen Markteintritt durch die Weigerung, ein hierfür benötigtes Gut zu überlassen, erfolgreich verhindert werden konnte. Demgegenüber kann in einem solchen Fall der *Anbieter* auch als lediglich potentieller Marktteilnehmer die Marktverhältnisse bereits so maßgeblich bestimmen, dass er eine marktbeherrschende oder sogar monopolistische Stellung einnimmt. Da er als einziger Inhaber des nachgefragten Gutes bereits aus tatsächlichen Gründen über eine Alleinstellung verfügt, ist die Frage, ob allein gesetzliche Ausschließlichkeitsrechte, insbesondere die Innehabung gewerblicher Schutzrechte, zu einer marktbeherrschenden Stellung führen können, hier nicht entscheidungserheblich.

II. Üblicherweise zugänglicher Geschäftsverkehr für gleichartige Unternehmen

Aus teleologischen Gründen ist ein Geschäftsverkehr auch dann „üblicherweise zugänglich" iSd § 20 Abs. 1 GWB, wenn der Verbotsadressat den begehrten Geschäftsverkehr noch mit keinem Nachfrager ausgeübt hat. Anderenfalls wären die Fälle einer vollständigen Geschäftsverweigerung, die dem Wettbewerbsleitbild des GWB in besonders schwerwiegender Weise widersprechen, nicht vom Missbrauchsverbot erfasst. Dies gilt auch, wenn der Newcomer die Überlassung von solchen Gütern verlangt, an denen der Anbieter gewerbliche Schutzrechte hat.

Das Gleiche gilt für die Auslegung des Tatbestandsmerkmals „gleichartige Unternehmen", selbst wenn an dem relevanten Markt weder ein bestimmter Nachfrager noch mit diesem vergleichbare Unternehmen teilnehmen.

III. Behinderung oder Diskriminierung

Eine Kontrahierungsverweigerung, die den Markteintritt eines Newcomer-Nachfragers verhindert und somit für seine unternehmerische Tätigkeit nachteilig ist, ist eine „Behinderung" iSd § 20 Abs. 1, 1. Alt. GWB.

Ein Nachfrager wird jedoch nur dann durch eine Kontrahierungsverweigerung „unterschiedlich behandelt" iSd § 20 Abs. 1, 2. Alt. GWB, wenn der Verbotsadressat andere Unternehmen bereits beliefert hat. Diese Tatbestandsalternative ist daher nicht anwendbar, wenn der Verbotsadressat den relevanten Geschäftsverkehr noch mit überhaupt keinem Unternehmen der Marktgegenseite praktiziert hat und der Nachfrager insoweit also - wie bei einer wettbewerbsverhindernden Kontrahierungsverweigerung - der erste (potentielle) Marktteilnehmer ist.

IV. Unbilligkeit bzw. fehlende sachliche Rechtfertigung

Allein die Behinderung eines Newcomers durch eine Belieferungsverweigerung ist nicht kartellrechtswidrig. Das Verhalten des Marktbeherrschers muss hierüber hinaus unbillig sein. Die Kartellrechtswidrigkeit ist aufgrund einer Abwägung der individuellen Interessen der betreffenden Unternehmen unter Berücksichtigung der Zielsetzungen des GWB hinsichtlich der Freiheit dynamischen und chancengleichen Wettbewerbs festzustellen. Diese Interessenabwägung fällt - außer bei der selektiven Auswahl der Vertragspartner - zu Lasten des Verbotsadressaten aus:

Ein Monopolist, der die Überlassung eines nachgefragten Gutes verweigert, kann sich zwar grundsätzlich auf sein Interesse berufen, seine unternehmerische Tätigkeit frei gestalten zu dürfen. Dies gilt insbesondere dann, wenn er sich durch die Belieferung eines zukünftigen Konkurrenten selbst schädigen würde (**Vertragsfreiheit**). Wenn jedoch durch seine Kontrahierungsverweigerung der Markteintritt eines Newcomers verhindert wird, der mit ihm auf einem ebenfalls beherrschten nachgelagerten Markt konkurrieren will, ist das Konkurrenzinteresse des Newcomers wegen des dem GWB zugrunde liegenden Leitbildes offenen dynamischen Wettbewerbs vorrangig. Gegenüber einem solchen Newcomer-Konkurrenten besteht daher eine Kontrahierungspflicht. Dies gilt auch dann, wenn das nachgefragte Gut knapp ist, also aus tatsächlichen Gründen nicht allen Nachfragern überlassen werden kann.

Das gegenteilige Abwägungsergebnis des BGH in seinem Beschluss „Gasdurchleitung" ist nicht generell auf einen wettbewerbsherstellenden Kontrahierungszwang übertragbar. Es kann allenfalls in den wenigen Fällen herangezogen werden, in denen eine monopolistische Marktstruktur ausdrücklich gesetzlich geregelt ist (z.B. (noch) in § 131 Abs. 8 GWB iVm § 103 Abs. 1 GWB a.F. bei der Wasserversorgung).

Allerdings darf der Monopolist seine Vertragspartner hinsichtlich ihrer fachlichen Qualifikation auswählen, soweit dies zur Absatzpflege objektiv anzuerkennen ist, die Auswahlkriterien einheitlich gehandhabt werden und diese Bedingungen den Nachfragern zuzumuten (da angemessen) sind. Die (zukünftige) Konkurrenztätigkeit des Vertragspartners ist wegen des o.g. Wettbewerbsleitbildes des GWB kein rechtmäßiges Auswahlkriterium in diesem Sinne.

Bei einer solchen Auslegung des § 20 Abs. 1 GWB werden zwar marktstrukturkontrollierende Erwägungen bei der Beurteilung der Missbräuchlichkeit einer Verhaltensweise berücksichtigt. Nachdem jedoch auch hier der Anlass für den kartellaufsichtlichen Eingriff in einem bestimmten *Verhalten* eines marktbeherrschenden Unternehmens besteht, nicht jedoch in seiner marktbeherrschenden Stellung an sich, wird § 20 Abs. 1 GWB nicht entgegen seinem Wortlaut oder Zweck von einer Norm der Verhaltens- zu einer solchen der Marktstrukturkontrolle.

Absolute Grenzen für die Rechtmäßigkeit eines gesetzlichen Kontrahierungszwangs ergeben sich aus einer verfassungskonformen Auslegung des § 20 Abs. 1 GWB.

Ein kartellaufsichtlicher Kontrahierungszwang tangiert die Grundrechte des Monopolisten aus (Art. 19 Abs. 3 iVm) Art. 12 Abs. 1, 14 Abs. 1 GG. Diese Grundrechte können unter den folgenden Voraussetzungen durch das verfassungsmäßige Allgemeininteresse am Entstehen dynamischen Wettbewerbs eingeschränkt werden:

Ein konkurrentennütziger Kontrahierungszwang ist verhältnismäßig, wenn der Monopolist ein angemessenes Entgelt erhält. Des Weiteren müssen sich die Markteintrittsinteressen des Newcomers mit den Interessen der Allgemeinheit decken. Seine Marktteilnahme muss im öffentlichen Interesse liegen, weil er für die Ausübung seiner konkurrierenden Tätigkeit auf die Belieferung durch den Monopolisten angewiesen ist. Diesbezüglich ist also ein objektiver Maßstab anzulegen, ob der Markteintritt *jedes* potentiellen Newcomers grundsätzlich an einer solchen Kontrahierungsverweigerung scheitern würde. Die Kontrahierungspflicht eines Monopolisten ist daher dann nicht (mehr) erforderlich, sobald Wettbewerb unter mehreren Unternehmen der gleichen Marktstufe besteht, weil irgendein Newcomer in den nachgelagerten Markt eintreten konnte. Der Monopolist muss also grundsätzlich nur die Markteintrittsphase eines Newcomer-Nachfragers unterstützen.

Der Verbotsadressat darf jedoch nicht dazu gezwungen werden, eine so große Menge der nachgefragten Unternehmensressource zu überlassen und/oder dieses Gut für eine so lange Zeit konkurrentennützig einzusetzen, dass seine eigene unternehmerische Tätigkeit erheblich behindert wird. Diese Grenze könnte insbesondere bei knappen Gütern überschritten sein oder wenn dem Marktbeherrscher aus vergleichbaren Gründen die Überlassung des nachgefragten Gutes nicht zugemutet werden kann. Des Weiteren könnte die Tätigkeit des Marktbeherrschers dann erheblich beeinträchtigt sein, wenn er die eigene Nutzung seiner Ressourcen wesentlich einschränken müsste. Der Marktbeherrscher ist daher grundsätzlich nicht verpflichtet, bei entsprechender Nachfrage die Kapazität des begehrten Gutes erheblich zu erweitern. Im Übrigen jedoch werden seine betroffenen Grundrechte durch das verfassungsmäßige Allgemeininteresse am Bestehen von chancengleichem und dynamischen Wettbewerb eingeschränkt. Dies gilt auch für die erzwungene Überlassung solcher Güter, an denen der Monopolist gewerbliche Schutzrechte hat. Im Übrigen wiegen die Eigeninteressen eines Monopolisten umso weniger schwer, wenn er seine Marktmacht nicht in einem dem Wettbewerbsleitbild des GWB entsprechenden dynamischen Wettbewerbsprozess durch eigene Leistung erworben hat, sondern aufgrund hoheitlicher Ausschließlichkeitsrechte.

V. Kontrahierungszwang gemäß § 33 S. 1 GWB

Bei einem Verstoß gegen § 20 Abs. 1 GWB ergeben sich die Rechtsfolgen aus § 33 GWB.

Die tatbestandlichen Anforderungen an die Kausalität sowie die Rechtsfolge „Kontrahierungszwang" iSd § 33 GWB sind erfüllt, wenn ein Verbotsadressat durch seine Kontrahierungsverweigerung den Markteintritt eines Newcomer-Nachfragers und die Entstehung von Wettbewerb auf einem nachgelagerten Markt verhindert.

Lediglich ein Verschulden des Verbotsadressaten könnte nach der BGH-Entscheidung „Gasdurchleitung" zweifelhaft sein. Ein hierauf beruhender Rechtsirrtum des Monopolisten, nicht zu konkurrentennützigem Verhalten verpflichtet zu sein, wäre jedoch wegen der mit der Sechsten GWB-Novelle in Kraft getretenen Regelung des § 19 Abs. 1, 4 Nr. 4 GWB zu Lasten marktbeherrschender Unternehmen verschuldet und daher unbeachtlich. Die Kontrahierungsverweigerung erfolgte also (zumindest) fahrlässig.

Die gleiche Rechtsfolge ergibt sich aus einem verschuldensunabhängigen Unterlassungs- oder Beseitigungsanspruch, da der Verbotsadressat sein missbräuchliches Verhalten nur durch eine konkurrentennützige Kontrahierung beenden kann.

Dritter Abschnitt: Das Missbrauchsverbot des Art. 82 EG

Ein Unternehmen ist gemäß Art. 82 EG zu einer konkurrentennützigen Kontrahierung verpflichtet, wenn

- es eine marktbeherrschende Stellung innehat (dazu unter **A.**),
- es durch seine Kontrahierungsverweigerung diese Stellung missbräuchlich ausnutzt (dazu unter **B.**),
- hierdurch der Handel zwischen Mitgliedstaaten beeinträchtigt werden kann (dazu unter **C.**)
- und wenn ein Kontrahierungszwang bei Verstößen gegen Art. 82 EG die statthafte Rechtsfolge ist (dazu unter **D.**).
- Für bestimmte Unternehmen gilt Art. 82 EG gemäß Art. 86 Abs. 2 S. 1, 2. HS EG nicht. Sofern die Voraussetzungen dieser Vorschrift erfüllt sind, ist ein marktbeherrschendes Unternehmen daher nicht zur konkurrentennützigen Kontrahierung verpflichtet (dazu unter **E.**).

A. Marktbeherrschende Stellung

Wie im deutschen Kartellrecht ist die Verbotsadressateneigenschaft eines Unternehmens iSd Art. 82 EG in zwei Schritten festzustellen. Zunächst ist der relevante Markt abzugrenzen (dazu unter **I.**), danach ist die Stellung des Unternehmens auf diesem Markt zu bestimmen (dazu unter **II.**)[1].

I. Relevanter Markt

Der relevante Gütermarkt ist in **sachlicher**[2] und **räumlicher**[3] Hinsicht abzugrenzen[4]. In der gemeinschaftsgerichtlichen Rechtsprechung wird - anders

---

[1] Std. Rspr. vgl. nur EuGH, 14.2.1978, Rs. 27/76, Slg. 1978, 207, 281ff (Chiquita); EuGH, 31.5.1979, Rs. 22/78, Slg. 1979, 1869, 1896f (Hugin/Liptons); EuGH, 11.4.1989, Rs. 66/86, Slg. 1989, 803, 850 (Ahmed Saeed Flugreisen u.a.); EuG, 12.12.1991, Rs. T-30/89, Slg. 1991 II 1439, 1472 (Hilti I) m.z.N.; EuG, 10.3.1992, verb. Rs. T-68/89, T-77/89 u. T-78/89, Slg. 1992 II 1403, 1548 (Società Italiana Vetro SpA u.a./Kommission) m.w.N.

[2] EuGH in „Chiquita" aaO. (vorige Fn.); EuGH, 13.2.1979, Rs. 85/76, Slg. 1979, 461, 519 (Vitamine); EuGH, 9.11.1983, Rs. 322/81, Slg. 1983, 3461, 3504ff (Michelin); EuGH, 5.10.1988, Rs.

als im deutschen Kartellrecht - der zeitlichen Marktabgrenzung grundsätzlich keine besondere Bedeutung beigemessen[5].

1. Der sachlich relevante Markt

In sachlicher Hinsicht wird der relevante Markt durch sämtliche Güter gebildet, die zur Befriedigung eines gleichbleibenden Bedarfs aufgrund spezifischer Merkmale besonders geeignet sind und daher aus Sicht der Marktgegenseite mit anderen Erzeugnissen nur in geringem Maße als austauschbar erscheinen[6].

247/86, Slg. 1988, 5987, 6009 (Alsatel/Novasam); EuGH, 28.2.1991, Rs. C-234/89, Slg. 1991, 935, 984f (Delimitis/Henninger Bräu AG); EuGH, 10.12.1991, Rs. C-179/90, Slg. 1991, 5889, 5928 (Porto di Genova); EuG in „Hilti I"aaO. (vorige Fn.), S. 1466; EuG in „Società Italiana Vetro SpA u.a./Kommission" aaO. (vorige Fn.), S. 1549; EuG, 12.6.1997, Rs. T-504/93, Slg. 1997 II 923, 953ff (Ladbroke Racing I); EuGH, 23.5.2000, Rs. C-209/98, Slg. 2000, 3743, 3796 (Entreprenørforeningens Affalds/Miljøsektion (FFAD)/Københavns Kommune).

[3] EuGH in „Chiquita" aaO. (vorletzte Fn.), S. 283ff; EuGH in „Vitamine" aaO. (vorige Fn.); EuGH in „Michelin" aaO. (vorige Fn.), S. 3502f; EuGH in „Alsatel/Novasam" aaO. (vorige Fn.); EuGH in „Ahmed Saeed Flugreisen u.a." aaO. (vorletzte Fn.); EuGH in „Delimitis/Henninger Bräu AG"aaO. (vorige Fn.); EuGH in „Porto di Genova" aaO. (vorige Fn.); EuG in „Hilti I" aaO. (vorletzte Fn.), S. 1476; EuG in „Società Italiana Vetro SpA u.a./Kommission" aaO. (vorletzte Fn.), S. 1549; EuGH, 17.5.1994, Rs. C-18/93, Slg. 1994, 1783, 1824f (Corsica Ferries); EuG, 6.10.1994, Rs. T-83/91, Slg. 1994 II 755, 805f (Tetra Pak II); EuGH, 6.4.1995, verb. Rs. C-241 und C-242/91 P, Slg. 1995, 743, 828 (Magill II); EuG in „Ladbroke Racing I" aaO. (vorige Fn.), S. 960ff; EuGH in „Entreprenørforeningens Affalds/Miljøsektion (FFAD)/Københavns Kommune" aaO. (vorige Fn.).

[4] Genauso grenzt auch die Europäische Kommission den relevanten Markt ab, vgl. die Bekanntmachung der Kommission 97/C 372/03 über die Definition des relevanten Marktes im Sinne des Wettbewerbsrechts der Gemeinschaft, ABl. EG 1997 Nr. C 372, S. 5f.

[5] Ebenso die Einschätzung von *Schlieder/Schröter* in: Cox/Jens/Markert, S. 485, 499 m.w.N. Vgl. demgegenüber zur deutschen Rechtslage oben 2. Abschnitt A.I.3.

[6] EuGH, 21.2.1973, Rs. 6/72, Slg. 1973, 215, 248f (Continental Can); EuGH, 25.10.1977, Rs. 26/76, Slg. 1977, 1875, 1904 (Metro/Kommission); EuGH, 14.2.1978, Rs. 27/76, Slg. 1978, 207, 282 (Chiquita); EuGH, 13.2.1979, Rs. 85/76, Slg. 1979, 461, 516 (Vitamine); EuGH, 31.5.1979, Rs. 22/78, Slg. 1979, 1869, 1896 (Hugin/Liptons); EuGH, 9.11.1983, Rs. 322/81, Slg. 1983, 3461, 3505 (Michelin); EuGH, 5.10.1988, Rs. 247/86, Slg. 1988, 5987, 6010 (Alsatel/Novasam); EuGH, 11.4.1989, Rs. 66/86, Slg. 1989, 803, 849 (Ahmed Saeed Flugreisen u.a.); EuGH, 3.7.1991, Rs. C-62/86, Slg. 1991, 3359, 3450f (AKZO); EuG, 6.10.1994, Rs. T-83/91, Slg. 1994 II 755, 793ff (Tetra Pak II) m.z.N.; EuGH, 14.11.1996, Rs. C-333/94 P, Slg. 1996, 5951, 6004ff (Tetra Pak III); EuG, 12.6.1997, Rs. T-504/93, Slg. 1997 II 923, 953 (Ladbroke Racing I) m.z.N.; EuG, 21.10.1997, Rs. T-229/94, Slg. 1997 II 1689, 1713 (Deutsche Bahn AG/Kommission) m.w.N.; EuG, 30.3.2000, Rs. T-65/96, Slg. 2000 II 1885, 1908f (Kish Glass & Co. Ltd/Kommission). Vgl. auch EuGH, 6.3.1974, Rs. 6 u. 7/73, Slg. 1974, 223, 250f (Commercial Solvents). Vgl. auch die Europäische Kommission in ihren Leitlinien für die Anwendung der EG-Wettbewerbsregeln im Telekommunikationsbereich, ABl. EG 1991 Nr. C 233, S. 2, 7. Vgl. auch die Bekanntmachung

Ein Markt kann daher auch ein einzelnes Gut umfassen, wenn die Marktgegenseite regelmäßig nur dieses nachfragt und ihren Bedarf anders nicht befriedigen kann[7].

Im Falle einer wettbewerbsverhindernden Kontrahierungsverweigerung gegenüber dem ersten Nachfrager nach einem bestimmten Gut sind bei der sachlichen Marktabgrenzung zwei weitere besondere Aspekte zu prüfen: Erstens, ob die sachliche Abgrenzung des Produktmarktes auch aus Sicht eines Newcomers erfolgen kann, und zweitens, ob ein „Markt" auch dann existiert, wenn der Inhaber des relevanten Gutes dieses bisher noch keinem Nachfrager überlassen hat. Diesbezüglich kommt es also darauf an, ob ein sachlicher Markt nur aus aktuellen Marktteilnehmern besteht oder ob auch potentielle Marktteilnehmer auf Nachfrager- wie auf Anbieterseite beteiligt sein können.

Beide Fragen lassen sich bereits mit dem o.g. Marktabgrenzungskonzept sowie unter Heranziehung der im ersten Abschnitt gewonnenen Ergebnisse beantworten:

Die Missbrauchsaufsicht der EG (und der Mitgliedstaaten) ist gemäß Art. 4 Abs. 1 EG dem Wettbewerbsleitbild einer offenen Marktwirtschaft mit freiem und chancengleichen Wettbewerb verpflichtet und muss die Wettbewerbsregeln der Art. 81ff EG dementsprechend anwenden. Daher ist für den ungehinderten Markteintritt neuer Marktteilnehmer Sorge zu tragen, und zwar insbesondere auch zugunsten solcher Unternehmen, die Konkurrent des bisherigen Marktbeherrschers werden möchten[8]. Bei der sachlichen Abgrenzung des relevanten Marktes ist daher allein auf den konkreten Bedarf der Marktgegenseite abzustellen, unabhängig davon, ob die Nachfrage nach diesem Gut zu einem früheren Zeitpunkt bereits befriedigt worden oder erstmals aufgetreten ist[9].

---

der Kommission 97/C 372/03 über die Definition des relevanten Marktes im Sinne des Wettbewerbsrechts der Gemeinschaft, ABl. EG 1997 Nr. C 372, S. 5, 6f.; *Stewing*, S. 27f m.z.N.

[7] EuGH in „Continental Can" aaO. (vorige Fn.); EuGH in „Vitamine" aaO. (vorige Fn.), S. 515ff; EuGH in „Hugin/Liptons" aaO. (vorige Fn.) , S. 1895ff; EuGH, 25.2.1986, Rs. 193/83, Slg. 1986, 611, 649 (Windsurfing International Inc./Kommission); EuG, 12.12.1991, Rs. T-30/89, Slg. 1991 II 1439, 1473ff (Hilti I). Vgl. auch EuGH in „Michelin" aaO. (vorige Fn.), S. 3508; EuG, 12.12.2000, Rs. T-128/98, Slg. 2000 II 3933, 3973 (Aéroports de Paris/Kommission). Vgl. für den Zugang zu Telekommunikationsnetzen die Mitteilung der Europäischen Kommission über die Anwendung der Wettbewerbsregeln auf Zugangsvereinbarungen im Telekommunikationsbereich, ABl. EG 1998 Nr. C 265, S. 2, 9 (Tz. 43ff). *Beier* in: FS Quack, S. 15, 20ff; *Vajda* ECLR 1981, 97, 101ff m.w.N.

[8] Vgl. zur gemeinschaftlichen Wettbewerbskonzeption oben 1. Abschnitt B.VII., C.I.

[9] Die gleiche Rechtsansicht vertritt die Europäische Kommission in ihrer Bekanntmachung 97/C 372/03 über die Definition des relevanten Marktes im Sinne des Wettbewerbsrechts der Gemeinschaft, ABl. EG 1997 Nr. C 372, S. 5, 7. Der EuGH hat diese Frage in Fällen, die die erst-

Aus den gleichen Gründen besteht ein (Angebots-) Markt nicht erst dann, wenn das jeweilige Gut bereits Nachfragern überlassen worden ist. Der Anbieter muss also kein aktueller Marktteilnehmer sein[10]. Anderenfalls könnte nämlich der einzige potentielle Anbieter eines Gutes erfolgreich verhindern, dass andere Unternehmen, die für die Ausübung ihrer Tätigkeit auf sein Gut angewiesen sind, mit ihm konkurrieren. Ein derartiges Verhalten widerspricht dem o.g. Wettbewerbsleitbild des EG-Vertrages offener Märkte.

2. Der räumlich relevante Markt

In räumlicher Hinsicht umfasst der relevante Markt das Gebiet, das zur Deckung des jeweiligen Bedarfs der Marktgegenseite geeignet ist[11]. Dies setzt voraus, dass für die jeweiligen Marktteilnehmer „hinreichend" gleiche Wettbewerbsbedingungen bezüglich der relevanten Produkte bestehen[12]. Wenn

---

malige Marktteilnahme von Nachfragern betrafen, nicht problematisiert, vgl. nur EuGH, 25.10.1977, Rs. 26/76, Slg. 1977, 1875, 1903f (Metro/Kommission); EuGH, 2.3.1983, Rs. 7/82, Slg. 1983, 483, 506f (GVL/Kommission); EuGH, 11.10.1983, Rs. 210/81, Slg. 1983, 3045, 3065 (Demo-Studio Schmidt); EuGH, 22.10.1986, Rs. 75/84, Slg. 1986, 3021, 3094 (Metro-SABA); EuGH, 11.11.1986, Rs. 226/84, Slg. 1986, 3263, 3299f (British Leyland); s. auch EuG, 10.7.1991, Rs. T-69/89, Slg. 1991 II 485, 515f (RTE/Kommission); EuG, 10.7.1991, Rs. T-70/89, Slg. 1991 II 535, 559ff (BBC/Kommission); EuG, 10.7.1991, Rs. T-76/89, Slg. 1991 II 575, 598f (ITP/Kommission); EuGH, 6.4.1995, verb. Rs. C-241 und C-242/91 P, Slg. 1995, 743, 822 (Magill II). Das Gleiche gilt für die Entscheidungen über Güter, an denen ein gewerbliches Schutzrecht bestand, EuGH, 5.10.1988, Rs. 238/87, Slg. 1988, 6211, 6235f (Volvo); EuG, 10.7.1990, Rs. T-51/89, Slg. 1990 II 309, 357f (Tetra Pak I); s. auch EuGH, 5.10.1988, Rs. 53/87, Slg. 1988, 6039, 6072f (Renault).

[10] Vgl. zur Rechtsansicht der Europäischen Kommission, die den potentiellen Wettbewerb nicht bei der Abgrenzung des relevanten Marktes berücksichtigt, die Bekanntmachung 97/C 372/03 über die Definition des relevanten Marktes im Sinne des Wettbewerbsrechts der Gemeinschaft, ABl. EG 1997 Nr. C 372, S. 5, 8. Vgl. auch EuGH, 23.4.1991, Rs. C-41/90, Slg. 1991, 1979, 2018 (Höfner und Elser/Macrotron GmbH); EuGH, 18.6.1991, Rs. C-260/89, Slg. 1991, 2925, 2961 (ERT); EuG, 12.6.1997, Rs. T-504/93, Slg. 1997 II 923, 962, 968f (Ladbroke Racing I). Bzw. wenn der Verbotsadressat an dem nachgefragten Gut ein gewerbliches Schutzrecht hatte: EuGH, 5.10.1988, Rs. 53/87, Slg. 1988, 6039, 6072f (Renault); EuGH in „Volvo" aaO. (vorige Fn.); EuG in „Tetra Pak I" aaO. (vorige Fn.); EuG in „Ladbroke Racing I" aaO.
A.A. (ohne Begründung) *Kuhnt* in: FS Lukes, S. 411, 419f.

[11] EuGH, 21.2.1973, Rs. 6/72, Slg. 1973, 215, 250 (Continental Can); EuGH, 9.11.1983, Rs. 322/81, Slg. 1983, 3461, 3502 (Michelin); EuG, 10.3.1992, verb. Rs. T-68/89, T-77/89 u. T-78/89, Slg. 1992 II 1403, 1550 (Società Italiana Vetro SpA u.a./Kommission); EuG, 30.3.2000, Rs. T-65/96, 2000 II 1885, Tz. 81ff (Kish Glass & Co. Ltd/Kommission). Vgl. auch EuGH, 10.12.1991, Rs. C-179/90, Slg. 1991, 5889, 5928 (Porto di Genova); EuGH, 17.5.1994, Rs. C-18/93, Slg. 1994, 1783, 1824 (Corsica Ferries); EuGH, 12.2.1998, Rs. C-163/96, Slg. 1998, 533, 579 (Silvano Raso u.a.).

[12] EuGH, 14.2.1978, Rs. 27/76, Slg. 1978, 207, 284 (Chiquita); EuGH, 5.10.1988, Rs. 247/86, Slg. 1988, 5987, 6009 (Alsatel/Novasam), EuG, 6.10.1994, Rs. T-83/91, Slg. 1994 II 755, 805

eine Nachfrage nur in einem bestimmten räumlichen Gebiet befriedigt werden kann und es hier nur einen Anbieter gibt, ist dieser Monopolist[13].

Unter Anwendung der oben entwickelten Grundsätze kann ein bestimmter räumlicher Markt nicht nur dann bestehen, wenn es aktuelle Marktteilnehmer gibt. Anderenfalls würde die Kontrahierungsverweigerung eines potentiellen Anbieters über ein Gut, auf das die weiteren (potentiellen) Marktteilnehmer angewiesen sind, entgegen dem o.g. wettbewerblichen Leitbild des EG-Vertrages die Entstehung offenen, chancengleichen Wettbewerbs verhindern[14].

3. Der zeitlich relevante Markt

Zwar wurde in der bisherigen gemeinschaftlichen Rechtsprechung der zeitlichen Abgrenzung des relevanten Marktes grundsätzlich keine besondere Bedeutung beigemessen[15]. Ein bestimmter Bedarf nach einem Gut kann jedoch ggf. nur für einen bestimmten Zeitraum auftreten, sodass der relevante Markt nur für diese Zeit besteht. Hieraus folgt, dass die Verbotsadressateneigenschaft eines Unternehmens iSd Art. 82 EG und dessen als missbräuchlich zu beurteilendes Verhalten zu derselben Zeit vorgelegen haben müssen[16]. Künf-

---

(Tetra Pak II) m.w.N.; EuG, 21.10.1997, Rs. T-229/94, Slg. 1997 II 1689, 1725 (Deutsche Bahn AG/Kommission); EuG in „Kish Glass & Co. Ltd/Kommission" aaO. (vorige Fn.); EuG, 22.11.2001, Rs. T-139/98, Slg. 2001 II 3413, 3435 (AAMS/Kommission). Vgl. auch EuGH in „Michelin" aaO. (vorige Fn.), S. 3502; EuGH, 11.4.1989, Rs. 66/86, Slg. 1989, 803, 849f (Ahmed Saeed Flugreisen u.a.); EuG, 12.12.1991, Rs. T-30/89, Slg. 1991 II 1439, 1476f (Hilti I); EuG, 12.6.1997, Rs. T-504/93, Slg. 1997 II 923, 960 (Ladbroke Racing I) m.z.N.; EuG, 12.12.2000, Rs. T-128/98, Slg. 2000 II 3933, 3973 (Aéroports de Paris/Kommission). Vgl. auch die Europäische Kommission in ihren Leitlinien für die Anwendung der EG-Wettbewerbsregeln im Telekommunikationsbereich, ABl. EG 1991 Nr. C 233, S. 2, 8 m.w.N. Vgl. auch die Bekanntmachung der Kommission 97/C 372/03 über die Definition des relevanten Marktes im Sinne des Wettbewerbsrechts der Gemeinschaft, ABl. EG 1997 Nr. C 372, S. 5, 6, 9.

[13] EuGH in „Corsica Ferries" aaO. (vorletzte Fn.). Vgl. auch EuGH in „Porto di Genova" aaO. (vorletzte Fn.); EuGH in „Silvano Raso u.a." aaO. (vorletzte Fn.).

[14] Der EuGH sowie das EuG haben in ihren Entscheidungen über „neue" Märkte die Frage der räumlichen Marktabgrenzung nicht aufgeworfen, s. EuGH, 5.10.1988, Rs. 53/87, Slg. 1988, 6039, 6072f (Renault); EuGH, 5.10.1988, Rs. 238/87, Slg. 1988, 6211, 6235f (Volvo); EuG, 10.7.1990, Rs. T-51/89, Slg. 1990 II 309, 357f (Tetra Pak I); EuG, 10.7.1991, Rs. T-69/89, Slg. 1991 II 485, 515f (RTE/Kommission); EuG, 10.7.1991, Rs. T-70/89, Slg. 1991 II 535, 559ff (BBC/Kommission); EuG, 10.7.1991, Rs. T-76/89, Slg. 1991 II 575, 598f (ITP/Kommission); EuGH, 6.4.1995, verb. Rs. C-241 und C-242/91 P, Slg. 1995, 743, 822 (Magill II); EuG, 12.6.1997, Rs. T-504/93, Slg. 1997 II 923, 960f, 969ff (Ladbroke Racing I). Vgl. auch *Korah* ECLR 1998, 169, 171.

[15] Ebenso *Schlieder/Schröter* in: Cox/Jens/Markert, S. 485, 499 m.w.N.

[16] Vgl. auch EuGH, 6.3.1974, Rs. 6 u. 7/73, Slg. 1974, 223, 250 (Commercial Solvents); EuGH, 16.12.1975, verb. Rs. 40 - 48/73, 50, 54 - 56, 111, 113 und 114/73, Slg. 1975, 1663, 2013 (Suiker Unie); EuGH, 13.2.1979, Rs. 85/76, Slg. 1979, 461, 517 (Vitamine); EuG, 10.7.1990, Rs. T-

tige Entwicklungen auf dem relevanten Markt sind unerheblich. Aus diesen Gründen ist für die Beurteilung der Kartellrechtswidrigkeit einer Kontrahierungsverweigerung auch die künftige Marktposition des nicht belieferten Nachfragers irrelevant - dieser kann also auch ein Newcomer sein oder sogar später selbst Marktbeherrscher werden.

4. Ergebnis

Für die Erfüllung des Tatbestandsmerkmals „Markt" ist es unerheblich, ob eine Nachfrage nur nach einem einzelnen Gut besteht, ob das nachfragende Unternehmen Newcomer ist oder ob der Anbieter bereits am relevanten Markt teilgenommen hat. Im Falle einer wettbewerbsverhindernden Kontrahierungsverweigerung besteht der relevante Markt daher aus dem von dem Newcomer nachgefragten Gut.

II. Beherrschende Stellung

1. Unternehmenseigenschaft

Seiner systematischen Stellung nach betrifft Art. 82 EG im Dritten Teil, Titel VI, Kapitel 1, Abschnitt 1 des EG-Vertrages ausschließlich Verhaltensweisen von „Unternehmen". Dieses Tatbestandsmerkmal ist weit auszulegen. Ein „Unternehmen" ist daher jede eine wirtschaftliche Tätigkeit ausübende Einheit[17].

Wie aus dem Wortlaut der Art. 86, Art. 48 Abs. 2 EG deutlich wird, fallen auch öffentliche Unternehmen unter den EG-Vertrag, soweit sie wirtschaftli-

---

51/89, Slg. 1990 II 309ff, 348ff (Tetra Pak I); EuG, 6.10.1994, Rs. T-83/91, Slg. 1994 II 755, 795, 811 (Tetra Pak II).

[17] Std. Rspr. vgl. nur EuGH, 30.4.1974, Rs. 155/73, Slg. 1974, 409, 430 (Giuseppe Sacchi); EuGH, 20.3.1985, Rs. 41/83, Slg. 1985, 873, 885f (British Telecommunications); EuG, 2.7.1992, Rs. T-61/89, Slg. 1992 II 1931, 1952 (Dansk Pelsdyravlerforening/Kommission) m.w.N.; EuGH, 19.1.1994, Rs. C-364/92, Slg. 1994, 43, 61 (SAT/Eurocontrol) m.w.N.; EuGH, 16.11.1995, Rs. C-244/94, Slg. 1995, 4013, 4028 (Fédération française des sociétés d'assurance u.a.) m.w.N; EuGH, 11.12.1997, Rs. C-55/96, Slg. 1997, 7119, 7147 (Job Centre coop arl.); EuGH, 18.6.1998, Rs. C-35/96, Slg. 1998, 3851, 3895f (Kommission/Italien); EuGH, 21.9.1999, Rs. C-67/96, Slg. 1999, 5754, 5886ff (Albany International BV/Stichting Bedrijfspensioenfonds Textielindustrie); EuGH, 12.9.2000, verb. Rs. C-180/98 bis C-184/98, Slg. 2000, 6451, 6520f, 6529 (Pavel Pavlov/Stichting Pensioenfonds Medische Specialisten); EuG, 12.12.2000, Rs. T-128/98, Slg. 2000 II 3933, 3964 (Aéroports de Paris/Kommission); EuGH, 22.1.2002, Rs. C-218/00, Slg. 2002, 691, 727 (Cisal di Battistello Venanzio & C. Sas/Istituto INAIL); EuGH, 19.2.2002, Rs. C-309/99, Slg. 2002, 1577, 1676f (Wouters u.a./Algemene Raad van de Nederlandse Orde van Advocaten); EuG, 4.3.2003, Rs. T-319/99, Tz. 35 (FENIN/Kommission).

che Tätigkeiten ausüben[18], wie beispielsweise die entgeltliche Überlassung von Fernmeldeanlagen[19] oder die Energieversorgung[20]. Eine Einschränkung ergibt sich insoweit jedoch für die in Art. 86 Abs. 2 S. 1 EG genannten Unternehmen, die mit einer besonderen, „im allgemeinen wirtschaftlichen Interesse“ liegenden Aufgabe betraut sind. Auf solche Unternehmen ist (u.a.) Art. 82 EG nicht anwendbar, wenn anderenfalls die Erfüllung der ihnen übertragenen Aufgabe verhindert wird (s. hierzu im Einzelnen unten unter E.).

Die o.g. Definition setzt nicht voraus, dass ein „Unternehmen“ iSd Art. 82 EG bereits aktuell auf dem relevanten Markt tätig ist[21]. Diese Auffassung wird durch Art. 48, 43 Abs. 2 EG bestätigt, wonach die Grundfreiheiten des EG-Vertrages bereits die „Aufnahme“ unternehmerischer Tätigkeiten bzw. die „Gründung“ von Unternehmen umfassen. Die Regelungen des EG-Vertrages gelten also auch für solche gewerblichen Einheiten, die noch keine geschäftliche Tätigkeit aktiv aufgenommen haben, dies jedoch beabsichtigen.

2. Monopolistische Marktstärke, insbesondere aufgrund ausschließlicher nationaler Rechte

Ein Unternehmen ist nach der ständigen Rechtsprechung der Gemeinschaftsgerichte marktbeherrschend iSd Art. 82 EG, wenn es ihm seine wirtschaftliche Machtstellung ermöglicht, „die Aufrechterhaltung eines wirksamen Wettbewerbs auf dem relevanten Markt zu verhindern, indem sie ihm die Möglichkeit verschafft, sich seinen Wettbewerbern, seinen Abnehmern und schließlich den Verbrauchern gegenüber in einem nennenswerten Umfang

---

[18] EuGH, 18.3.1997, Rs. C-343/95, Slg. 1997, 1547, 1587ff (Diego Cali & Figli Srl/SEPG) m.w.N.; EuGH in „Job Centre coop arl.“ aaO. (vorige Fn.); EuGH in „Pavel Pavlov/Stichting Pensioenfonds Medische Specialisten“ aaO. (vorige Fn.), S. 6523 m.w.N.; EuG in „Aéroports de Paris/Kommission“ aaO. (vorige Fn.), S. 3964f. Vgl. auch EuGH in „Cisal di Battistello Venanzio & C. Sas/Istituto INAIL“ aaO. (vorige Fn.), S. 732.

[19] EuGH in „British Telecommunications“ aaO. (vorletzte Fn.). Vgl. auch Sat/Eurocontrol aaO. (vorletzte Fn.), S. 61ff.

[20] EuGH, 27.4.1994, Rs. C-393/92, Slg. 1994, 1477, 1521 (Almelo).

[21] Die Gemeinschaftsgerichte haben diese Frage bei neuen Marktteilnehmern bisher nicht problematisiert, s. EuGH, 5.10.1988, Rs. 238/87, Slg. 1988, 6211, 6235f (Volvo); EuG, 10.7.1990, Rs. T-51/89, Slg. 1990 II 309, 357f (Tetra Pak I); EuG, 12.6.1997, Rs. T-504/93, Slg. 1997 II 923, 967 (Ladbroke Racing I). Vgl. auch EuGH, 5.10.1988, Rs. 53/87, Slg. 1988, 6039, 6072f (Renault).

unabhängig zu verhalten"[22]. Dieses Begriffsverständnis beruht auf dem Zweck des Art. 82 iVm Art. 3 Abs. 1g) EG, den Wettbewerb innerhalb des Binnenmarktes vor Verfälschungen zu schützen[23].

a) Monopolstellung kraft mitgliedstaatlichen Hoheitsakts, insbesondere aufgrund gewerblicher Schutzrechte

aa) Monopolstellung kraft nationalen Rechts

Wie aus dem Wortlaut des Art. 86 Abs. 1 EG deutlich wird, sind Art. 81ff EG auch auf solche Unternehmen anwendbar, denen zur Erfüllung eines besonderen Allgemeininteresses kraft nationalen Rechts ein Monopol eingeräumt worden ist, wie beispielsweise früher in der Energieversorgung oder im Telekommunikationsbereich[24].

bb) „Faktische Monopolstellung"

Unter Heranziehung der im ersten Abschnitt gefundenen Schlussfolgerungen umfasst das Wettbewerbsleitbild des EG-Vertrages nicht nur den bereits bestehenden Wettbewerb, sondern im Interesse der Offenhaltung der Märkte gemäß Art. 4 Abs. 1 EG auch die Entstehung von wettbewerblichen Verhältnissen[25]. Die eingangs erwähnte

[22] EuGH, 14.2.1978, Rs. 27/76, Slg. 1978, 207, 286 (Chiquita). Vgl. aus der Rspr. der Gemeinschaftsgerichte im Übrigen nur EuGH, 11.12.1980, Rs. 31/80, Slg. 1980, 3775, 3793 (L'Oréal); EuGH, 9.11.1983, Rs. 322/81, Slg. 1983, 3461, 3503 (Michelin); EuGH, 4.5.1988, Rs. 30/87, Slg. 1988, 2479, 2514 (Bodson); EuGH, 5.10.1988, Rs. 247/86, Slg. 1988, 5987, 6008f (Alsatel/Novasam); EuGH, 15.12.1994, Rs. C-250/92, Slg. 1994, 5641, 5690 (DLG) m.w.N.; EuGH, 1.10.1998, Rs. C-38/97, Slg. 1998, 5955, 5982 (Autotrasporti Librandi/Cuttica spedizioni); EuG, 7.10.1999, Rs. T-228/97, Slg. 1999 II 2969, 3007f (Irish Sugar plc/Kommission); EuG, 22.11.2001, Rs. T-139/98, Slg. 2001 II 3413, 3440 (AAMS/Kommission).

[23] EuGH in „Chiquita" aaO. (vorige Fn.); EuGH, 13.2.1979, Rs. 85/76, Slg. 1979, 461, 520 (Vitamine); EuG, 6.10.1994, Rs. T-83/91, Slg. 1994 II 755, 793f (Tetra Pak II) m.w.N.

[24] Vgl. auch EuGH, 3.10.1985, Rs. 311/84, Slg. 1985, 3261, 3275 m.w.N. (Télémarketing) sowie aus der weiteren std. Rspr. der Gemeinschaftsgerichte nur EuGH, 17.5.1994, Rs. C-18/93, Slg. 1994, 1783, 1824 (Corsica Ferries); EuGH, 17.6.1997, Rs. C-70/95, Slg. 1997, 3395, 3437 (Sodemare SA u.a./Regione Lombardia); EuGH, 12.2.1998, Rs. C-163/96, Slg. 1998, 533, 579 (Silvano Raso u.a.); EuGH, 21.9.1999, Rs. C-67/96, Slg. 1999, 5754, 5890 (Albany International BV/Stichting Bedrijfspensioenfonds Textielindustrie); EuGH, 12.9.2000, verb. Rs. C-180/98 bis C-184/98, Slg. 2000, 6451, 6533 (Pavel Pavlov/Stichting Pensioenfonds Medische Specialisten); EuG, 12.12.2000, Rs. T-128/98, Slg. 2000 II 3933, 3977 (Aéroports de Paris/Kommission) jeweils m.w.N.

[25] Vgl. hierzu oben 1. Abschnitt B.VII.2.

gemeinschaftsgerichtliche Definition der marktbeherrschenden Stellung eines Unternehmens ist daher wie folgt zu ergänzen:

Ein Unternehmen ist nicht nur dann marktbeherrschend, wenn es die *„Aufrechterhaltung“* von Wettbewerb verhindern kann, sondern auch dann, wenn es durch sein Verhalten das *Entstehen* wettbewerblicher Verhältnisse beeinträchtigt[26]. Nach der Rechtsprechung des EuGH verfügt es in diesem Fall über ein sog. „faktisches Monopol“[27].

Hiergegen könnte eingewendet werden, dass *jedes* Unternehmen, das Halbfertigprodukte oder Rohstoffe anbietet, auch auf dem nachgelagerten Markt für das jeweilige Fertigprodukt „faktisch“ marktbeherrschend ist, unabhängig davon, ob der angebotene Rohstoff von einem Nachfrager weiterverarbeitet wird oder nicht[28]. Dieser Einwand geht deshalb fehl, weil eine „faktische Monopolstellung“ nicht stets dann vorliegt, wenn sich eine Kontrahierungsverweigerung auf zwei miteinander verbundene Märkte auswirkt. Vielmehr verfügt der Anbieter auf dem vorgelagerten Markt nur dann über ein faktisches Monopol, wenn er der *einzige* ist, der das benötigte weiterzuverarbeitende Gut anbietet und sich der Nachfrager dieses Gut nicht anderweitig beschaffen, insbesondere es nicht selbst (mit zumutbarem Aufwand) herstellen kann. Nur unter diesen Voraussetzungen ist der Anbieter in der Lage, durch seine Kontrahierungsverweigerung den Markteintritt von Unternehmen in den nachgelagerten Markt zu verhindern und fällt dementsprechend unter die o.g. Definition eines marktbeherrschenden Unternehmens[29] (s. zu der Frage, inwieweit die Marktmacht *potentieller* Marktteilnehmer im Rahmen des Art. 82 EG berücksichtigungsfähig ist, unten II.2b).

---

[26] EuGH, 6.4.1995, verb. Rs. C-241 und C-242/91 P, Slg. 1995, 743, 822 (Magill II). Vgl. auch EuG, 10.7.1991, Rs. T-69/89, Slg. 1991 II 485, 517 (RTE/Kommission); EuG, 10.7.1991, Rs. T-70/89, Slg. 1991 II 535, 561 (BBC/Kommission); EuG, 10.7.1991, Rs. T-76/89, Slg. 1991 II 575, 599 (ITP/Kommission); EuG, 8.10.1996, verb. Rs. T-24/93, T-25/93, T-26/93 und T-28/93, Slg. 1996 II 1201, 1243 (Compagnie maritime belge transports SA u.a./Kommission).

[27] EuGH in „Magill II“ aaO. (vorige Fn.).

[28] So der Streithelfer in dem Verfahren „Magill II“, EuGH, 6.4.1995, verb. Rs. C-241 und C-242/91 P, Slg. 1995, 743, 821. Ebenso *Bunte* WuW 1997, 302, 314.

[29] Vgl. auch Generalanwalt Gulmann in seinen Schlussanträgen zu den verb. Rs. C-241/91 P und C-242/91 P, Slg. 1995, S. 747, 798 (Magill II).

cc) Marktbeherrschende Stellung aufgrund gewerblicher Schutzrechte

Zwar verschaffen auch gewerbliche Schutzrechte ihrem Inhaber einen Wettbewerbsvorteil. Der Rechtsinhaber kann nämlich aufgrund der ihm zustehenden Ausschließlichkeitsrechte Wettbewerb durch Anbieter desselben Gutes verhindern[30]. Allein die Innehabung gewerblicher Schutzrechte führt jedoch nicht zu einer „marktbeherrschenden Stellung“ iSd Art. 82 EG[31]. Diesbezüglich ist also streng zwischen der Feststellung der Marktmacht eines Unternehmens einerseits und dessen Innehabung gewerblicher Schutzrechte andererseits zu unterscheiden: Unter grundsätzlicher Anerkennung des Bestehens gewerblicher Schutzrechte ist der Inhaber eines Immaterialgüterrechts erst dann marktbeherrschend, wenn er *unabhängig* von seinem gewerblichen Schutzrecht in der Lage ist, dynamischen Wettbewerb zu verhindern[32] - etwa aufgrund seines überragenden Marktanteils[33] oder aufgrund anderer Wettbewerbsvorteile wie überragendem Know-how, hinreichender Kapazität der angebotenen Güter[34], Abwesenheit von Anbietern gleichartiger oder substituierbarer Waren[35] etc. Eine marktbeherrschende Stellung besteht daher insbesondere dann, wenn der Schutzrechtsinhaber der einzige Anbieter eines

---

[30] Vgl. auch Generalanwalt Gulmann aaO. (vorige Fn.), S. 751.

[31] EuGH, 29.2.1968, Rs. 24/67, Slg. 1968, 85, 112 (Parke, Davis) (Patent); EuGH, 18.2.1971, Rs. 40/70, Slg. 1971, 69, 84 (Sirena) (Warenzeichen); EuGH, 8.6.1971, Rs. 78/70, Slg. 1971, 487, 501 (Deutsche Grammophon) (Urheberrecht); EuGH, 15.6.1976, Rs. 96/75, Slg. 1976, 913, 952 (EMI/CBS) (Warenzeichen); EuGH, 6.4.1995, verb. Rs. C-241 und C-242/91 P, Slg. 1995, 743, 822 (Magill II) (Urheberrecht). Vgl. auch BGH, 15.3.1973, KZR 11/72, WuW/E BGH 1259, 1263f (Bremsrollen).

[32] EuGH in „Sirena“ aaO. (vorige Fn.); EuGH in „Deutsche Grammophon“ aaO. (vorige Fn.); EuGH in „EMI/CBS“ aaO. (vorige Fn.); EuGH in „Magill II“ aaO. (vorige Fn.); vgl. auch EuG, 10.7.1990, Rs. T-51/89, Slg. 1990 II 309, 357f (Tetra Pak I). Vgl. auch die Entscheidungen, in denen mangels Vorliegen eines Missbrauchs offen bleiben konnte, ob der Verbotsadressat marktbeherrschend war: EuGH in „Parke, Davis“ aaO. (vorige Fn.); EuGH, 23.5.1978, Rs. 102/77, Slg. 1978, 1139, 1168 (Hoffmann-La Roche/Centrafarm); EuGH, 9.4.1987, Rs. 402/85, Slg. 1987, 1747, 1769 (Basset/SACEM); EuGH, 5.10.1988, Rs. 53/87, Slg. 1988, 6039, 6073 (Renault); EuGH, 5.10.1988, Rs. 238/87, Slg. 1988, 6211, 6235 (Volvo). Vgl. auch BGH in „Bremsrollen“ aaO. (vorige Fn.), dessen Entscheidung ebenfalls zu Art. 86 EWGV (heute: Art. 82 EG) erging. Ebenso: *Beier* in: FS Quack, S. 15, 19ff m.w.N.

[33] Vgl. EuG in „Tetra Pak I“ aaO. (vorige Fn.); EuG, 12.12.1991, Rs. T-30/89, Slg. 1991 II 1439, 1480f (Hilti I); EuG, 8.10.1996, verb. Rs. T-24/93, T-25/93, T-26/93 und T-28/93, Slg. 1996 II 1201, 1235 (Compagnie maritime belge transports SA u.a./Kommission).

[34] Vgl. EuG in „Compagnie maritime belge transports SA u.a./Kommission“ aaO. (vorige Fn.).

[35] EuGH, 18.2.1971, Rs. 40/70, Slg. 1971, 69, 84 (Sirena); EuGH, 15.6.1976, Rs. 96/75, Slg. 1976, 913, 952 (EMI/CBS).

Gutes ist, sodass die (ggf. potentiellen) Nachfrager ihren Bedarf nur bei ihm decken können[36]. Dies ist stets dann der Fall, wenn ein Unternehmen allein durch seine Kontrahierungsverweigerung in der Lage ist, den Eintritt von Newcomer-Nachfragern in den relevanten Markt zu verhindern.

b) Einfluss des potentiellen Wettbewerbs

Wie im deutschen Kartellrecht[37] wird auch im Gemeinschaftsrecht der Einfluss potentieller Marktteilnehmer auf das Marktgeschehen anerkannt. Nach der o.g. Definition des EuGH ist ein Unternehmen marktbeherrschend, wenn es sich u.a. gegenüber seinen Nachfragern unabhängig verhalten kann. Einen solchen machtmindernden Einfluss können jedoch nicht nur die aktuellen Marktteilnehmer aufeinander ausüben. Vielmehr kann ein Unternehmen auch von solchen Marktteilnehmern in seinem Verhalten beeinflusst werden, die noch nicht aktuell an „seinem" Markt teilnehmen. Dies gilt insbesondere bezüglich künftiger Konkurrenten, die z.B. einen Anbieter dazu veranlassen, seine Güter vorausschauend zu bestimmten „konkurrenzfähigen" Bedingungen anzubieten[38]. Im Rahmen der Zusammenschlusskontrolle ist in Art. 2 Abs. 1a) der Fusionskontrollverordnung ausdrücklich geregelt, dass zur Ermittlung der Marktmacht eines Unternehmens nicht nur die auf dem relevanten Markt bereits tätigen Konkurrenten zu berücksichtigen sind[39].

Im Fall einer wettbewerbsverhindernden Kontrahierungsverweigerung gilt insoweit Folgendes:

Der Anbieter, der die Überlassung eines Gutes verweigert, muss nicht bereits aktuell an dem relevanten Markt teilnehmen, indem er sein Gut bereits anderen Nachfragern überlassen hat. Er ist auch als potentieller Marktteil-

---

[36] EuGH, 6.4.1995, verb. Rs. C-241 und C-242/91 P, Slg. 1995, 743, 822 (Magill II).

[37] Vgl. zur deutschen Kartellrechtslage oben 2. Abschnitt A.II.2a), b).

[38] Vgl. EuGH, 21.2.1973, Rs. 6/72, Slg. 1973, 215, 249f (Continental Can); EuGH, 13.2.1979, Rs. 85/76, Slg. 1979, 461, 524ff, 527 (Vitamine); EuG, 7.10.1999, Rs. T-228/97, Slg. 1999 II 2969, 3011 (Irish Sugar plc/Kommission). Vgl. auch die Ausführungen des Generalanwaltes Reischl in seinen Schlussanträgen zu der Rs. 22/78, Slg. 1979, S. 1902, 1906, 1913 (Hugin/Liptons). *Schlieder/Schröter* in: Cox/Jens/Markert, S. 485, 500 m.w.N. Vgl. auch EuGH, 6.3.1974, Rs. 6 u. 7/73, Slg. 1974, 223, 249f (Commercial Solvents): Hier wurde die Marktstellung eines Unternehmens deshalb nicht von weiteren künftigen Konkurrenten beeinflusst, weil die substitutionsfähigen Güter bisher nicht „in industriellem Maßstab" produziert wurden und deshalb (noch) nicht verkehrs- (und damit konkurrenz-) fähig waren. Die Marktteilnahme von Anbietern substitutionsfähiger Güter war deshalb noch zu ungewiss, um den aktuell tätigen Anbieter bereits jetzt zu Reaktionen zu veranlassen.

[39] Verordnung (EWG) Nr. 4064/89 über die Kontrolle von Unternehmenszusammenschlüssen (Fusionskontrollverordnung).

nehmer marktbeherrschend, wenn er als einziger Inhaber eines Gutes allein dadurch, dass er dieses keinem Nachfrager überlässt, deren Markteintritt verhindert und auf diese Weise die Marktverhältnisse so wesentlich beeinflussen kann wie ein aktueller Marktteilnehmer[40].

Demgegenüber hat ein Newcomer-Nachfrager, dessen Marktteilnahme allein durch die Kontrahierungsverweigerung des Güteranbieters erfolgreich verhindert werden kann, als potentieller Konkurrent keinen machtmindernden Einfluss auf die Marktstärke dieses Anbieters. Auf sein Verhalten bzw. seine Reaktion braucht der Anbieter (noch) keine Rücksicht zu nehmen - sonst hätte er die Kontrahierung nicht verweigert.

c) Marktbeherrschende Stellung auf dem Gemeinsamen Markt oder einem wesentlichen Teil desselben

Die Anwendbarkeit des Art. 82 EG setzt des Weiteren voraus, dass eine marktbeherrschende Stellung „auf dem Gemeinsamen Markt oder auf einem wesentlichen Teil desselben“ besteht. Hierdurch sowie durch das Tatbestandsmerkmal der „Handelsbeeinträchtigung zwischen Mitgliedstaaten“ (dazu unten C.) soll der Anwendungsbereich des gemeinschaftlichen von dem des Kartellrechts eines Mitgliedstaates abgegrenzt werden.

Im Falle einer wettbewerbsverhindernden Kontrahierungsverweigerung gelten für die Auslegung dieses Tatbestandsmerkmals keine Besonderheiten:

Eine marktbeherrschende Stellung besteht dem Wortlaut dieser Vorschrift nach auf jeden Fall dann „auf dem Gemeinsamen Markt oder auf einem wesentlichen Teil desselben“, wenn diese das gesamte Gebiet eines Mitgliedstaates umfasst[41]. Das Gleiche gilt, wenn ein Mitgliedstaat bestimmten Unternehmen ein Monopol innerhalb bestimmter Regionen einräumt, die insgesamt sein gesamtes Hoheitsgebiet umfassen[42].

---

[40] Ebenso *Stewing*, S. 60f. Vgl. auch EuG, 10.7.1990, Rs. T-51/89, Slg. 1990 II 309, 357f (Tetra Pak I); EuG, 10.7.1991, Rs. T-69/89, Slg. 1991 II 485, 516f (RTE/Kommission); EuG, 10.7.1991, Rs. T-70/89, Slg. 1991 II 535, 560f (BBC/Kommission); EuG, 10.7.1991, Rs. T-76/89, Slg. 1991 II 575, 598f (ITP/Kommission).

[41] Vgl. dazu nur EuGH, 27.3.1974, Rs. 127/73, Slg. 1974, 313, 316 (BRT II); EuGH, 9.11.1983, Rs. 322/81, Slg. 1983, 3461, 3502 (Michelin); EuGH, 13.12.1991, Rs. C-18/88, Slg. 1991, 5941, 5979 (RTT/GB-Inno) m.w.N.; EuG, 21.10.1997, Rs. T-229/94, Slg. 1997 II 1689, 1714 (Deutsche Bahn AG/Kommission) m.w.N.

[42] EuGH, 5.10.1994, Rs. C-323/93, Slg. 1994, 5077, 5104 (Centre d'insémination). Vgl. auch EuGH, 14.12.1995, Rs. C-387/93, Slg. 1995, 4663, 4700 (Banchero): Hier waren die Voraussetzungen des Art. 86 EG-Vertrag (jetzt Art. 82 EG) deshalb nicht erfüllt, weil die staatlich zuzulassenden italienischen Einzelhändler von Tabakwaren kein ausschließliches Vertriebsrecht am Ort ihrer Niederlassung hatten.

Wenn ein Unternehmen eine beherrschende Stellung allein für ein bestimmtes Gebiet eines Mitgliedstaates einnimmt, stellt diese Region dann einen „wesentlichen Teil" des Gemeinsamen Marktes dar, wenn sie für die wirtschaftliche Tätigkeit der betreffenden Branche verglichen mit der Situation in anderen Mitgliedstaaten von „hinreichender Bedeutung" ist[43]. Eine solche gesetzliche Alleinstellung innerhalb eines (Versorgungs-) Gebiets bestand bis vor einigen Jahren in Deutschland gemäß § 103 GWB a.F. für Energieversorgungsunternehmen. Nach der Neuregelung des deutschen Energiewirtschaftsrechts gilt dieser Ausnahmebereich nur noch für die Wasserversorgung[44].

3. Ergebnis

Ein „Unternehmen" iSd Art. 82 EG ist „marktbeherrschend", wenn es als aktueller oder potentieller Marktteilnehmer in der Lage ist, das Entstehen oder die Aufrechterhaltung von Wettbewerb zu verhindern. In diesem Fall kann es sich gegenüber seinen Wettbewerbern, Abnehmern oder den Verbrauchern unabhängig verhalten. Wie bereits Art. 86 Abs. 1 EG zu entnehmen ist, gilt dies auch für kraft mitgliedstaatlicher Rechtsvorschriften eingeräumte Monopolstellungen. Im Fall einer wettbewerbsverhindernden Kontrahierungsverweigerung ist daher der einzige (potentielle) Anbieter des von dem Newcomer benötigten Gutes unabhängig davon Verbotsadressat iSd Art. 82 EG, ob an dem nachgefragten Gut gewerbliche Schutzrechte bestehen.

Im Rahmen der Prüfung, ob die marktbeherrschende Stellung „auf dem Gemeinsamen Markt oder einem wesentlichen Teil desselben" besteht, ergeben sich bei einer wettbewerbsverhindernden Kontrahierungsverweigerung keine Besonderheiten gegenüber der sonstigen Auslegung des Art. 82 EG.

---

[43] Zu dem gleichen Ergebnis gelangt *Stewing* in seiner Rechtsprechungsanalyse, S. 51ff m.w.N. Vgl. auch EuGH, 16.12.1975, verb. Rs. 40 - 48/73, 50, 54 - 56, 111, 113 und 114/73, Slg. 1975, 1663, 2011ff (Suiker Unie); EuGH, 10.12.1991, Rs. C-179/90, Slg. 1991, 5889, 5928 (Porto di Genova); EuGH, 17.5.1994, Rs. C-18/93, Slg. 1994, 1783, 1824f (Corsica Ferries); EuGH, 17.7.1997, Rs. C-242/95, Slg. 1997, 4449, 4465 (GT-Link A/S); EuGH, 12.2.1998, Rs. C-163/96, Slg. 1998, 533, 579 (Silvano Raso u.a.); EuGH, 18.6.1998, Rs. C-266/96, Slg. 1998, 3949, 3994f (Corsica Ferries France SA); EuGH, 25.10.2001, Rs. C-475/99, Slg. 2001, 8089, 8150f (Ambulanz Glöckner/Landkreis Südwestpfalz).

[44] S. § 103b GWB a.F. (vgl. heute: § 131 Abs. 8 GWB), neu eingefügt durch Art. 2 Gesetz zur Neuregelung des Energiewirtschaftsrechts (vom 24.4.1998), mit dem die Sonderregelung der §§ 103, 103a GWB a.F. für die Versorgung mit Elektrizität und Gas aufgehoben wurde (vgl. auch die RegBegr. zum Gesetzentwurf des Energiewirtschaftsrechtsgesetzes, BT-Drs. 13/7274, S. 10f, 23f).

III. Ergebnis

Wenn ein Unternehmen durch seine Kontrahierungsverweigerung verhindern kann, dass auf einem nachgelagerten Markt Wettbewerb entsteht, ist es marktbeherrschend und unterfällt dem Missbrauchsverbot des Art. 82 EG. Auf die Frage, ob dieses Unternehmen bereits aktuell an dem relevanten Markt teilnimmt oder nur potentieller Marktteilnehmer ist, kommt es insoweit nicht an. Für die Auslegung des Tatbestandsmerkmals „marktbeherrschende Stellung auf dem Gemeinsamen Markt oder einem wesentlichen Teil desselben" gelten im Vergleich zu der sonstigen Auslegung des Art. 82 EG keine Besonderheiten.

B. Missbrauch

I. „Ausnutzung" einer marktbeherrschenden Stellung

Art. 82 EG verbietet die „Ausnutzung" einer marktbeherrschenden Stellung. In der bisherigen gemeinschaftlichen Rechtsprechung wurde diesem Begriff keine eigene, über die Missbräuchlichkeit der streitigen Verhaltensweise hinausgehende Bedeutung beigemessen[45]. Dieses Tatbestandsmerkmal setzt auch nicht voraus, dass der Verbotsadressat schuldhaft gehandelt hat[46]. Außerdem haben die Gemeinschaftsgerichte entschieden, dass der Begriff der „missbräuchlichen Ausnutzung" objektiv zu verstehen sei[47]. Diese Tatbestandsvoraussetzung ist daher insbesondere auch nicht so auszulegen, dass ein Kausalzusammenhang zwischen dem Vorliegen einer marktbeherrschenden Stellung und einem kartellrechtswidrigen Verhalten dergestalt erforder-

---

[45] Vgl. aus der Rspr. nur EuGH, 18.2.1971, Rs. 40/70, Slg. 1971, 69, 84 (Sirena); EuGH, 29.2.1968, Rs. 24/67, Slg. 1968, 85, 112 (Parke, Davis).

[46] EuG, 1.4.1993, Rs. T-65/89, Slg. 1993 II 389, 418 (BPB u.a./Kommission); vgl. auch Generalanwalt Jacobs in seinen Schlussanträgen zu der Rs. C-41/90, Slg. 1991, S. 1994, 2006 (Höfner und Elser). Vgl. auch EuGH, 21.2.1973, Rs. 6/72, Slg. 1973, 215, 247 (Continental Can).

[47] Vgl. aus der Rspr. nur EuGH, 13.2.1979, Rs. 85/76, Slg. 1979, 461, 541, 551 (Vitamine); EuGH, 11.12.1980, Rs. 31/80, Slg. 1980, 3775, 3794 (L'Oréal); EuGH, 3.7.1991, Rs. C-62/86, Slg. 1991, 3359, 3455 (AKZO); EuG, 10.7.1990, Rs. T-51/89, Slg. 1990 II 309, 357 (Tetra Pak I); EuG, 12.12.2000, Rs. T-128/98, Slg. 2000 II 3933, 3982f (Aéroports de Paris/Kommission). Vgl. auch EuG in „BPB u.a./Kommission" aaO. (vorige Fn.), S. 418 (hier zum Tatbestandsmerkmal „Verschulden").

lich ist, dass der Verbotsadressat seine Marktmacht als *Mittel* zur Durchsetzung seiner Verhaltensweise eingesetzt haben muss[48].

II. Auslegungsgrundsätze bei einer wettbewerbsverhindernden Kontrahierungsverweigerung

Bereits dem Wortlaut des Art. 82 EG ist zu entnehmen, dass grundsätzlich nicht bereits das Bestehen einer marktbeherrschenden Stellung verboten ist; vielmehr muss diese Stellung zusätzlich „missbräuchlich ausgenutzt" werden[49]. Wie bereits im ersten Abschnitt dargelegt wurde, dient Art. 82 EG also wie die deutsche kartellrechtliche Missbrauchsaufsicht nach § 20 Abs. 1 GWB in der Regel nur der *Verhaltenskontrolle* über marktbeherrschende Unternehmen[50]. Die Benachteiligungen anderer, die sich allein daraus ergeben, dass ein Unternehmen eine größere Marktmacht hat (ggf. gemeinsam

---

[48] Vgl. in std. Rspr. EuGH und EuG jeweils aaO. (vorige Fn.) sowie Richter des EuG Kirschner in seinen Schlussanträgen zu der Rs. T-51/89, Slg. 1990 II, S. 312, 332 (Tetra Pak I); Generalanwalt Lenz in seinen Schlussanträgen zu der Rs. C-62/86, Slg. 1991, S. 3396, 3404 (AKZO); Generalanwalt Colomer in seinen Schlussanträgen zu der Rs. C-333/94 P, Slg. 1996, S. 5954, 5971 (Tetra Pak III) jeweils m.w.N. A.A. Generalanwalt Roemer in seinen Schlussanträgen zu der Rs. 24/67, Slg. 1968, S. 115, 122f (Parke, Davis); Grabitz/Hilf-*Jung* zu Art. 82 EGV, Rz. 107 m.w.N.

[49] Vgl. zu den Art. 82 EG zugrunde liegenden wettbewerblichen Erwägungen bereits oben 1. Abschnitt C.I., II.
Vgl. aus der Rspr. nur EuGH, 29.2.1968, Rs. 24/67, Slg. 1968, 85, 112 (Parke, Davis); EuGH, 9.11.1983, Rs. 322/81, Slg. 1983, 3461, 3511 (Michelin); EuGH, 18.6.1991, Rs. C-260/89, Slg. 1991, 2925, 2962 (ERT); EuG, 10.3.1992, verb. Rs. T-68/89, T-77/89 u. T-78/89, Slg. 1992 II 1403, 1548 (Società Italiana Vetro SpA u.a./Kommission); EuGH, 15.12.1994, Rs. C-250/92, Slg. 1994, 5641, 5691 (DLG); EuG, 8.10.1996, verb. Rs. T-24/93, T-25/93, T-26/93 und T-28/93, Slg. 1996 II 1201, 1230 (Compagnie maritime belge transports SA u.a./Kommission); EuGH, 11.12.1997, Rs. C-55/96, Slg. 1997, 7119, 7149 (Job Centre coop arl.) m.z.N.; EuGH, 12.2.1998, Rs. C-163/96, Slg. 1998, 533, 579 (Silvano Raso u.a.); EuGH, 18.6.1998, Rs. C-266/96, Slg. 1998, 3949, 3995 (Corsica Ferries France SA); EuG, 7.10.1999, Rs. T-228/97, Slg. 1999 II 2969, 3021, 3048 (Irish Sugar plc/Kommission); EuGH, 23.5.2000, Rs. C-209/98, Slg. 2000, 3743, 3797 (Entreprenørforeningens Affalds/Miljøsektion (FFAD)/Københavns Kommune); EuGH, 12.9.2000, verb. Rs. C-180/98 bis C-184/98, Slg. 2000, 6451, 6533f (Pavel Pavlov/Stichting Pensioenfonds Medische Specialisten). Vgl. auch Generalanwalt Roemer in seinen Schlussanträgen zu der Rs. 24/67, Slg. 1968, S. 115, 121 (Parke, Davis); ders. in seinen Schlussanträgen zu der Rs. 6/72, Slg. 1973, S. 252, 257 (Continental Can); Richter des EuG Kirschner in seinen Schlussanträgen zu der Rs. T-51/89, Slg. 1990 II, S. 312, 323 (Tetra Pak I).

[50] Vgl. zu den § 20 Abs. 1 GWB und Art. 82 EG zugrunde liegenden wettbewerbspolitischen Erwägungen bereits oben 1. Abschnitt C.I., II.

mit anderen) und sich demzufolge gegenüber den übrigen Marktteilnehmern unabhängig verhalten kann, sind grundsätzlich kartellrechtmäßig[51].

Allerdings wurde ebenfalls bereits gezeigt, dass das Missbrauchsverbot des Art. 82 EG auch angewendet werden kann, um die *Strukturen* eines Marktes vor weiterer Vermachtung zu schützen[52]. Dies wird schon aus dem Wortlaut des Art. 82 EG deutlich: Zum Ersten greift die gemeinschaftliche Missbrauchskontrolle nicht nur dann ein, wenn „ein anderes Unternehmen" (so § 20 Abs. 1 GWB) missbräuchlich behandelt wird. Zum Zweiten zeigt die beispielhafte Aufzählung von Missbrauchstatbeständen in Art. 82 Abs. 2 EG, dass ein kartellrechtswidriges Handeln nicht nur bei bestimmten Verhaltensweisen gegenüber anderen Handels- oder Vertragspartnern vorliegen kann, sondern auch bei einseitigen Verhaltensweisen eines Unternehmens, wenn es etwa die „Erzeugung" seiner Güter zum Schaden der Verbraucher einschränkt (Art. 82 Abs. 2b EG)[53]. Art. 82 EG erfasst somit nicht nur Verhaltensweisen im Wettbewerb der Marktteilnehmer untereinander, sondern dient darüber hinaus weiteren, u.a. verbraucherschützenden, Zwecken (Art. 82 Abs. 2b EG). Zur näheren Konkretisierung dieser Vorschrift können insbesondere die Vertragsziele aus Art. 2, 3 Abs. 1g) EG (früher: Art. 2, 3f EWGV) herangezogen werden[54].

Vor diesem Hintergrund wird im Folgenden die Frage untersucht, ob und inwieweit eine wettbewerbsverhindernde Kontrahierungsverweigerung miss-

---

[51] *Kreutz*, S. 67. Vgl. auch das Ergebnis einer Rechtsprechungsanalyse von *Temple Lang* CMLR 1979, 345, 362. Vgl. zum aus Art. 82 EG ersichtlichen Wettbewerbsbegriff bereits oben 1. Abschnitt C.III.

[52] So auch *Temple Lang* CMLR 1979, 345, 349ff, 362; *ders.* Fordham International Law Journal 18 (1994) 437, 441ff, 475ff; *Schlieder/Schröter* in: Cox/Jens/Markert, S. 485, 500 m.w.N. Vgl. auch *Kreutz*, S. 103ff m.w.N.; *Mestmäcker* „Europäisches Wettbewerbsrecht", S. 412ff m.w.N.; *Vajda* ECLR 1981, 97, 104ff m.w.N. Vgl. zur Berücksichtigung marktstrukturorientierter Belange in der gemeinschaftlichen Wettbewerbspolitik bereits oben 1. Abschnitt B.I., VII.2, C.II., III.

[53] So auch *Mestmäcker* „Europäisches Wettbewerbsrecht", S. 413 m.w.N. Auch der EuGH zog aus Art. 86 Abs. 2 c), d) EG-Vertrag (jetzt Art. 82 Abs. 2 c, d EG) den Schluss, dass auch Eingriffe in die *Struktur* eines Marktes „missbräuchlich" iSv Art. 86 EG-Vertrag sein können, vgl. nur EuGH, 21.2.1973, Rs. 6/72, Slg. 1973, 215, 246 (Continental Can).

[54] Vgl. nur EuGH, 21.2.1973, Rs. 6/72, Slg. 1973, 215, 244f (Continental Can); EuGH, 6.3.1974, Rs. 6 u. 7/73, Slg. 1974, 223, 254 (Commercial Solvents); EuGH, 14.2.1978, Rs. 27/76, Slg. 1978, 207, 297 (Chiquita); EuGH, 13.2.1979, Rs. 85/76, Slg. 1979, 461, 552f (Vitamine); EuGH, 3.7.1991, Rs. C-62/86, Slg. 1991, 3359, 3454 (AKZO); EuG, 6.10.1994, Rs. T-83/91, Slg. 1994 II 755, 813 (Tetra Pak II). Vgl. auch 11. HauptGA der Monopolkommission 1994/1995, BT-Drs. 13/5309, Tz. 907f; BKartA in seinem Arbeitspapier zu der Tagung des Arbeitskreises Kartellrecht im Oktober 1994, S. 3, 30 m.w.N.; *Ehlermann* WuW 1992, 5, 7ff; *von der Groeben* WuW 1964, 1001, 1006ff; *Kreutz*, S. 33ff m.w.N.; *Markert* EuR 1970, 349, 352f m.w.N.; *van Miert* WuW 1995, 553f; *ders.* „EU-Regierungskonferenz", S. 17, 21, 23; GTE-*Schröter* Vorbemerkung zu Art. 85 - 94 EGV, Rz. 9f m.w.N.; GTE-*Zuleeg* zu Art. 3 EGV, Rz. 7 m.w.N.

bräuchlich iSd Art. 82 EG ist. Unter Berücksichtigung der in einem solchen Fall typischen Interessen der beteiligten Unternehmen handelt es sich im Einzelnen um die Entscheidungserheblichkeit folgender Tatsachen:

- Erstens, dass ein Newcomer in einen von einem Monopolisten beherrschten Markt eintreten und mit dem Marktbeherrscher auf einem nachgelagerten Markt konkurrieren möchte. Bei einer Kontrahierung würde der Monopolist also aktiv einen Wettbewerber unterstützen (dazu unter **III.**),

- zweitens, dass der Newcomer für seinen Markteintritt ein Gut benötigt, das der Monopolist bisher ausschließlich für eigene Zwecke genutzt hat. Im Falle eines Kontrahierungszwangs müsste der Marktbeherrscher also auf eigene Unternehmensressourcen verzichten (dazu unter **IV.**).

III. Verhinderung des Markteintritts eines Newcomer-Konkurrenten

Wie bereits oben aufgezeigt, wird auch das Entstehen neuer Wettbewerbsverhältnisse, insbesondere auch der Marktzutritt von Newcomer-Konkurrenten, vom EG-Vertrag geschützt (s. Art. 4 Abs. 1 EG)[55]. Bei der Beurteilung der Missbräuchlichkeit des Verhaltens eines marktbeherrschenden Unternehmens ist also die Tatsache, dass hierdurch der Markteintritt eines Newcomers verhindert worden ist, entscheidungserheblich[56].

---

[55] Vgl. hierzu bereits 1. Abschnitt B.VII., C.I., 3. Abschnitt A.I.1.

[56] Auch die Gemeinschaftsgerichte haben in zahlreichen Entscheidungen über kartellrechtswidrige Verhaltensweisen eines marktbeherrschenden Unternehmens die Tatsache entscheidungserheblich hervorgehoben, dass der Eintritt eines *neuen* Marktteilnehmers behindert wurde. Diese Entscheidungen ergingen sowohl zugunsten neuer Teilnehmer auf dem beherrschten Markt als auch zugunsten von Newcomern auf einem Markt, der dem beherrschten nachgelagert war.

Zugunsten eines Newcomers auf dem beherrschten Markt: EuGH, 16.12.1975, verb. Rs. 40 - 48/73, 50, 54 - 56, 111, 113 und 114/73, Slg. 1975, 1663, 2020f (Suiker Unie); EuGH, 13.2.1979, Rs. 85/76, Slg. 1979, 461, 540 (Vitamine); EuGH, 9.11.1983, Rs. 322/81, Slg. 1983, 3461, 3517f (Michelin); EuG, 10.7.1990, Rs. T-51/89, Slg. 1990 II 309, 357f (Tetra Pak I); EuG, 12.12.1991, Rs. T-30/89, EuG, 12.12.1991, Rs. T-30/89, Slg. 1991 II 1439, 1452, 1483 (Hilti I); EuG, 1.4.1993, Rs. T-65/89, Slg. 1993 II 389, 417f, 430f (BPB u.a./Kommission); EuG, 6.10.1994, Rs. T-83/91, Slg. 1994 II 755, 821 (Tetra Pak II); EuG, 12.6.1997, Rs. T-504/93, Slg. 1997 II 923, 967ff (Ladbroke Racing I). Vgl. auch EuGH, 16.12.1975, verb. Rs. 40 - 48/73, 50, 54 - 56, 111, 113 und 114/73, Slg. 1975, 1663, 2016f (Suiker Unie); EuGH, 3.7.1991, Rs. C-62/86, Slg. 1991, 3359, 3473 (AKZO); EuGH, 27.4.1994, Rs. C-393/92, Slg. 1994, 1477, 1520 (Almelo); EuG, 8.10.1996, verb. Rs. T-24/93, T-25/93, T-26/93 und T-28/93, Slg. 1996 II 1201, 1243 (Compagnie maritime belge transports SA u.a./Kommission).

Zugunsten eines Newcomers auf einem nachgelagerten Markt (hier wurde der Rechtsprechungsgrundsatz aufgestellt, dass es einem marktbeherrschenden Unternehmen verboten ist, sich einen nachgelagerten Markt für die eigene Tätigkeit vorzubehalten und auf diese Weise seine Marktmacht auf einen anderen Markt auszudehnen): EuGH, 5.10.1988, Rs. 53/87, Slg. 1988,

Allerdings ist insoweit eine Einschränkung zu machen: Die o.g. Schlussfolgerungen beruhen nicht auf den individuellen Interessen eines Newcomers, in einen Markt einzutreten, sondern auf dem gemeinschaftlichen Allgemeininteresse an der Entstehung von Wettbewerb (Art. 4 Abs. 1 EG). Diese Gemeinwohlbelange sind daher nicht erst dann erfüllt, wenn ein bestimmter (z.B. der an einem kartellrechtlichen Verfahren beteiligte) Newcomer als Konkurrent in einen Markt eintreten kann. Vielmehr muss insoweit ein *objektiver* Maßstab angelegt werden, nach dem das Verhalten eines Marktbeherrschers nur dann missbräuchlich ist, wenn hierdurch *überhaupt kein anderer* Newcomer - auch nicht aufgrund einer mit zumutbaren Mitteln gemeinsam mit anderen geschaffenen alternativen Marktzutrittsmöglichkeit - am Markt hätte teilnehmen können[57].

Aus den gleichen Gründen ist es für eine konkurrentennützige Auslegung des Art. 82 EG unerheblich, dass der Newcomer-Nachfrager seine Markteintrittsschwierigkeiten quasi „mitverschuldet" hat, indem er sich für die Teilnahme an einem Markt entschieden hat, in dem er auf die Belieferung durch einen Marktbeherrscher angewiesen ist. Das Wettbewerbsleitbild des

---

6039, 6073 (Renault); EuGH, 5.10.1988, Rs. 238/87, Slg. 1988, 6211, 6235 (Volvo); EuGH, 19.3.1991, Rs. C-202/88, Slg. 1991, 1223, 1271 (Telekommunikations-Endgeräte); EuGH, 18.6.1991, Rs. C-260/89, Slg. 1991, 2925, 2962 (ERT); EuG, 10.7.1991, Rs. T-69/89, Slg. 1991 II 485, 520f (RTE/Kommission); EuG, 10.7.1991, Rs. T-70/89, Slg. 1991 II 535, 564f (BBC/Kommission); EuG, 10.7.1991, Rs. T-76/89, Slg. 1991 II 575, 602f (ITP/Kommission); EuGH, 13.12.1991, Rs. C-18/88, Slg. 1991, 5941, 5977ff (RTT/GB-Inno); EuGH, 17.11.1992, verb. Rs. C-271, 281 u. 289/90, Slg. 1992, 5833, 5865 (Spanien u.a./Kommission); EuGH, 27.10.1993, verb. Rs. C-46/90 u. C-93/91, Slg. 1993, 5267, 5331 (Lagauche u.a.); EuGH, 27.10.1993, Rs. C-69/91, Slg. 1993, 5335, 5380 (Decoster); EuGH, 9.11.1995, Rs. C-91/94, Slg. 1995, 3911, 3929 (Tranchant); EuGH, 6.4.1995, verb. Rs. C-241 und C-242/91 P, Slg. 1995, 743, 822ff (Magill II); EuGH, 26.11.1998, Rs. C-7/97, Slg. 1998, 7791, 7830f (Bronner). So auch Generalanwalt Jacobs in seinen Schlussanträgen zu der Rs. C-7/97, Slg. 1998, 7794, 7803ff (Bronner); *Temple Lang* CMLR 1979, 345, 349ff, 362; vgl. auch *ders.* Fordham International Law Journal 18 (1994) 437, 444ff, 467ff, 495ff. Nachweise aus der übereinstimmenden Entscheidungspraxis der Europäischen Kommission bei Generalanwalt Jacobs in seinen Schlussanträgen zu der Rs. C-7/97, Slg. 1998, 7794, 7806f (Bronner); *Kirchhoff* WuW 1995, 361, 371ff.

Vgl. auch die Rechtslage nach **Art. 85 EG-Vertrag (jetzt Art. 81 EG)**: EuGH, 13.7.1966, verb. Rs. 56 u. 58/64, Slg. 1966, 321, 391f (Consten und Grundig); EuGH, 25.11.1971, Rs. 22/71, Slg. 1971, 949, 959f (Béguelin); EuGH, 10.12.1985, Rs. 31/85, Slg. 1985, 3933, 3944 (ETA); EuGH, 24.10.1995, Rs. C-266/93, Slg. 1995, 3477, 3517 (Bundeskartellamt/Volkswagen AG und VAG Leasing GmbH). Vgl. auch EuGH, 8.6.1982, Rs. 258/78, Slg. 1982, 2015, 2061f (Maissaatgut).

[57] Vgl. auch EuGH, 26.11.1998, Rs. C-7/97, Slg. 1998, 7791, 7831f (Bronner). Vgl. auch zu Art. 85 EG-Vertrag (jetzt Art. 81 EG): EuG, 15.9.1998, verb. Rs. T-374/94, T-375/94, T-384/94 und T-388/94, Slg. 1998 II 3141, 3223ff (ENS/Kommission). Ebenso: Generalanwalt Jacobs in seinen Schlussanträgen zu der Rs. C-7/97, Slg. 1998, 7794, 7813ff (Bronner); *Bergman* ECLR 2000, 59, 62f; *Ehle* in seiner Anmerkung zu dem Urteil „Bronner", EuZW 1999, 89, 90; *Fleischer/Weyer* WuW 1999, 350, 359ff; *Koenig/Loetz* EWS 2000, 377, 382; *Scherer* MMR 1999, 315, 317ff.

Vgl. hierzu bereits oben 1. Abschnitt C.III.

EG-Vertrages setzt voraus, dass Märkte für das Entstehen von Wettbewerb offen stehen und jedes Unternehmen frei und chancengleich an einem Markt teilnehmen kann. Dieses Prinzip der „offenen Marktwirtschaft mit freiem Wettbewerb" iSd Art. 4 Abs. 1 EG wäre beeinträchtigt, wenn ein neuer Marktteilnehmer nicht selbst entscheiden könnte, an welchem Markt er teilnimmt, sondern der Marktbeherrscher seine starke Marktposition dadurch (dauerhaft) verfestigen könnte, dass er einen Newcomer-Nachfrager auf einen z.B. anderen *räumlichen* Markt „weiterverweisen" und dementsprechend eine nachgefragte Belieferung verweigern darf.

Auch die Gemeinschaftsgerichte haben ein solches „Mitverschulden" eines Newcomer-Nachfragers bisher nicht zu seinen Lasten berücksichtigt[58].

Ein Marktbeherrscher könnte gegen die konkurrentennützige Auslegung des Art. 82 EG zugunsten eines Newcomers einwenden, er müsse zumindest nicht jeden Nachfrager bei seinem Markteintritt unterstützen, sondern könne seine Vertragspartner auswählen. Im Folgenden soll daher die Frage untersucht werden, ob die Verhinderung der Marktteilnahme eines Newcomer-Nachfragers auch dann missbräuchlich ist, wenn die Erfolglosigkeit seines Markteintritts auch auf andere Umstände zurückzuführen ist, etwa weil er nicht in der Lage gewesen ist, sein unternehmerisches Risiko selbst zu tragen (dazu unter **1.**). Im Anschluss hieran soll festgestellt werden, ob und inwieweit der Verbotsadressat eine Kontrahierung deshalb verweigern darf, weil ein Kontrahierungszwang seine Vertragsfreiheit tangiert, überhaupt zu kontrahieren bzw. nur mit bestimmten, selbst ausgewählten Nachfragern (dazu unter **2.**).

1. Unternehmerisches Risiko des Newcomer-Nachfragers

Die Wettbewerbsfähigkeit eines Nachfragers, die dazu führen könnte, dass er voraussichtlich nicht dauerhaft marktfähig sein und aus dem Markt wieder ausscheiden wird, ist bei der Beurteilung der Missbräuchlichkeit einer markteintrittsverhindernden Kontrahierungsverweigerung nicht zu berück-

---

[58] EuGH, 6.3.1974, Rs. 6 u. 7/73, Slg. 1974, 223, 252f (Commercial Solvents); EuGH, 11.11.1986, Rs. 226/84, Slg. 1986, 3263, 3300f (British Leyland); EuGH, 5.10.1988, Rs. 53/87, Slg. 1988, 6039, 6073 (Renault); EuGH, 5.10.1988, Rs. 238/87, Slg. 1988, 6211, 6235 (Volvo); EuGH, 19.3.1991, Rs. C-202/88, Slg. 1991, 1223, 1271 (Telekommunikations-Endgeräte); EuGH, 18.6.1991, Rs. C-260/89, Slg. 1991, 2925, 2962 (ERT); EuGH, 13.12.1991, Rs. C-18/88, Slg. 1991, 5941, 5977ff (RTT/GB-Inno); EuGH, 17.11.1992, verb. Rs. C-271, 281 u. 289/90, Slg. 1992, 5833, 5865 (Spanien u.a./Kommission); EuGH, 27.10.1993, verb. Rs. C-46/90 u. C-93/91, Slg. 1993, 5267, 5331 (Lagauche u.a.); EuGH, 27.10.1993, Rs. C-69/91, Slg. 1993, 5335, 5380 (Decoster); EuGH, 9.11.1995, Rs. C-91/94, Slg. 1995, 3911, 3929 (Tranchant); EuGH in „Bronner" aaO. (vorige Fn.). Vgl. auch EuGH, 2.3.1983, Rs. 7/82, Slg. 1983, 483, 509 (GVL/Kommission).

sichtigen. Die Wettbewerbsfähigkeit eines Marktteilnehmers soll sich nämlich nach dem Wettbewerbsleitbild des EG-Vertrages auf offenen Märkten mit freiem, chancengleichen Wettbewerb herausstellen (Art. 4 Abs. 1 EG)[59]. Wenn ein solcher Einwand bei der Auslegung des Art. 82 EG zugunsten eines Verbotsadressaten berücksichtigt werden könnte, würde die Kartellaufsicht ihre Prognoseentscheidung, ob sich der jeweilige Newcomer-Nachfrager auf dem Markt behaupten können wird, an die Stelle der Selbstregulierungskräfte des Marktes setzen.

Aus den gleichen Gründen ist zugunsten eines Verbotsadressaten nicht zu berücksichtigen, dass ein Kontrahierungszwang dem Newcomer-Nachfrager eine „sichere Bezugsquelle" verschafft und diesem auf den ersten Blick einen Teil seines unternehmerischen Risikos abnimmt. Das Risiko, die erforderlichen Bezugsquellen für die eigene unternehmerische Tätigkeit nicht zu finden, ist nämlich nach dem Wettbewerbsleitbild des EG-Vertrages nur dann und insoweit von jedem Marktteilnehmer selbst zu tragen, wenn er die Chance hat, überhaupt an einem Markt teilzunehmen[60]. Ein Marktbeherrscher, der durch sein Verhalten diese Chance eines potentiellen Marktteilnehmers vereitelt, beeinträchtigt jedoch den chancengleichen, dynamischen Wettbewerb iSd Art. 82 iVm Art. 3 Abs. 1g) EG.

Des Weiteren wurde diesbezüglich bereits bei der Untersuchung der deutschen Kartellrechtslage festgestellt, dass ein zur Kontrahierung verpflichteter Marktbeherrscher einem Newcomer-Nachfrager das unternehmerische Risiko, sich „im Markt" selbst behaupten zu müssen, gar nicht abnimmt[61]: Der Newcomer muss das gelieferte Gut ebenso wie der Monopolist zunächst noch weiterverarbeiten oder sonst nutzen, um auf einem nachgelagerten Markt mit dem vertikal integrierten Güteranbieter konkurrieren zu können. Hierbei muss er sich grundsätzlich ohne kartellaufsichtliche „Hilfe" behaupten[62].

Die Gemeinschaftsgerichte haben in ihrer bisherigen Rechtsprechung zu Art. 82 EG die o.g. Aspekte ebenfalls nicht zu Lasten neuer Marktteilnehmer berücksichtigt[63].

---

[59] Vgl. zum Wettbewerbsleitbild des EG-Vertrages, das (u.a.) in die Auslegung des Art. 82 EG einfließt, oben 1. Abschnitt B.VII., C.I.

[60] So auch Generalanwalt Jacobs in seinen Schlussanträgen zu der Rs. C-7/97, Slg. 1998, 7794, 7811ff (Bronner). Vgl. zum Wettbewerbsleitbild des EG-Vertrages, das (u.a.) in die Auslegung des Art. 82 EG einfließt, oben 1. Abschnitt B.VII., C.I.

[61] Vgl. zur deutschen Kartellrechtslage oben 2. Abschnitt D.I.

[62] Vgl. hierzu bereits oben 1. Abschnitt C.III.

[63] EuGH, 19.3.1991, Rs. C-202/88, Slg. 1991, 1223, 1271 (Telekommunikations-Endgeräte); EuGH, 18.6.1991, Rs. C-260/89, Slg. 1991, 2925, 2962 (ERT); EuGH, 13.12.1991, Rs. C-18/88, Slg. 1991, 5941, 5977ff (RTT/GB-Inno); EuGH, 17.11.1992, verb. Rs. C-271, 281 u. 289/90, Slg.

2. Vertragsfreiheit des Marktbeherrschers

a) Entscheidungserheblichkeit

Wie bereits oben gezeigt, ist einem Marktbeherrscher auch im Rahmen des Missbrauchsverbotes des Art. 82 EG ein freier unternehmerischer Spielraum zuzuerkennen[64].

Dies deckt sich mit der ständigen Rechtsprechung der Gemeinschaftsgerichte. Diese haben einem marktbeherrschenden Unternehmen das Recht zuerkannt, „seine eigenen geschäftlichen Interessen zu wahren, wenn diese bedroht" sind, ihm müsse „im angemessenen Umfang die Möglichkeit" eingeräumt werden, „so vorzugehen, wie es dies zum Schutz dieser Interessen für richtig" hält[65]. Des Weiteren haben die Gemeinschaftsgerichte in ihrer bisherigen Rechtsprechung zu Art. 82 EG die besondere Stellung von Stamm- gegenüber Gelegenheitskunden als entscheidungserheblich anerkannt und zugunsten eines Verbotsadressaten berücksichtigt, dass er bei der Belieferung eines Newcomer-Nachfragers „bewährte" frühere Vertragspartner, insbesondere Stammkunden, möglicherweise nicht mehr beliefern kann und ihm durch den Bruch dieser Vertragsbeziehungen Nachteile entstehen könnten[66].

b) Markteintrittsverhinderung eines Newcomer-Konkurrenten

Die Vertragsfreiheit eines Marktbeherrschers besteht jedoch nicht schrankenlos. Dies wird bereits aus den Regelbeispielen für missbräuchliches Ver-

---

1992, 5833, 5865 (Spanien u.a./Kommission); EuGH, 27.10.1993, verb. Rs. C-46/90 u. C-93/91, Slg. 1993, 5267, 5331 (Lagauche u.a.); EuGH, 27.10.1993, Rs. C-69/91, Slg. 1993, 5335, 5380 (Decoster); EuGH, 9.11.1995, Rs. C-91/94, Slg. 1995, 3911, 3929 (Tranchant). Vgl. auch EuGH, 5.10.1988, Rs. 53/87, Slg. 1988, 6039, 6073 (Renault); EuGH, 5.10.1988, Rs. 238/87, Slg. 1988, 6211, 6235 (Volvo); EuG, 10.7.1991, Rs. T-69/89, Slg. 1991 II 485, 516ff (RTE/Kommission); EuG, 10.7.1991, Rs. T-70/89, Slg. 1991 II 535, 561ff (BBC/Kommission); EuG, 10.7.1991, Rs. T-76/89, Slg. 1991 II 575, 598ff (ITP/Kommission); EuGH, 6.4.1995, verb. Rs. C-241 und C-242/91 P, Slg. 1995, 743, 824ff (Magill II); EuGH, 26.11.1998, Rs. C-7/97, Slg. 1998, 7791, 7831f (Bronner). Vgl. hierzu *Mennicke* ZHR 160 (1996) 626, 653 m.w.N.

[64] Vgl. hierzu oben 1. Abschnitt B.VII.1, C.I.

[65] EuG, 1.4.1993, Rs. T-65/89, Slg. 1993 II 389, 417f, 430 (BPB u.a./Kommission). Vgl. auch EuGH, 14.2.1978, Rs. 27/76, Slg. 1978, 207, 298 (Chiquita); EuGH, 14.7.1981, Rs. 172/80, Slg. 1981, 2021, 2031 (Züchner); EuG, 18.9.1992, Rs. T-24/90, Slg. 1992 II 2223, 2268 (Automec II); EuG, 8.10.1996, verb. Rs. T-24/93, T-25/93, T-26/93 und T-28/93, Slg. 1996 II 1201, 1243 (Compagnie maritime belge transports SA u.a./ Kommission); EuG, 7.10.1999, Rs. T-228/97, Slg. 1999 II 2969, 3048 (Irish Sugar plc/Kommission). Vgl. auch EuG, 22.11.2001, Rs. T-139/98, Slg. 2001 II 3413, 3450 (AAMS/Kommission).

[66] EuGH in „Chiquita"aaO. (vorige Fn.), S. 297f; EuGH, 29.6.1978, Rs. 77/77, Slg. 1978, 1513, 1527f (B.P./Kommission).

halten in Art. 82 Abs. 2 EG deutlich, insbesondere aus Art. 82 Abs. 2b) EG, wonach ein Marktbeherrscher den Absatz seiner Güter nicht „zum Schaden der Verbraucher" einschränken darf.

Bei Verhaltensweisen, die Wettbewerber behindern, sind die Grenzen der einem Marktbeherrscher zuzuerkennenden Vertragsfreiheit dem gemeinschaftlichen Wettbewerbsleitbild sowie dem Wortlaut des Art. 82 iVm Art. 3 Abs. 1g) EG zu entnehmen: Ein Marktbeherrscher handelt nicht mehr „im Wettbewerb" und dementsprechend missbräuchlich, wenn er den Wettbewerb iSd EG-Vertrages „verfälscht". Dies ist grundsätzlich dann der Fall, wenn ein Monopolunternehmen die Konkurrenz durch neue Marktteilnehmer verhindert und so das Vertragsziel der offenen Marktwirtschaft (Art. 4 Abs. 1 EG) beeinträchtigt[67]. Die Weigerung, Güter zu überlassen, auf die Nachfrager für die Ausübung einer konkurrierenden Tätigkeit angewiesen sind, ist daher missbräuchlich[68]. Das Missbrauchsurteil beruht insoweit auf marktstrukturorientierten Erwägungen, um eine (weitere) Vermachtung von Märkten zu verhindern[69].

Auch die Gemeinschaftsgerichte haben trotz der grundsätzlich anerkannten Vertragsfreiheit eines marktbeherrschenden Unternehmens entschieden, dass diesem solche Verhaltensweisen verboten sind, die „gerade auf eine Verstärkung dieser beherrschenden Stellung und ihren Missbrauch" abzielen[70]. Da wegen der beherrschenden Stellung eines Unternehmens der Wettbewerb auf dem Markt bereits eingeschränkt sei, trage der Marktbeherrscher eine „besondere Verantwortung" dafür, dass der Wettbewerb nicht beeinträchtigt wird[71]. Ein Missbrauch wurde daher insbesondere dann bejaht,

---

[67] Vgl. hierzu oben 1. Abschnitt B.VII., C.I.

[68] Vgl. auch Generalanwalt Jacobs in seinen Schlussanträgen zu der Rs. C-7/97, Slg. 1998, 7794, 7803ff (Bronner); *Deselaers* EuZW 1995, 563, 568; *Montag* EuZW 1997, 71, 76; *Schnelle* EuZW 1994, 556; *Temple Lang* CMLR 1979, 345, 349ff, 362; *ders.* Fordham International Law Journal 18 (1994) 437, 441, 444ff, 467ff, 475ff; *Vajda* ECLR 1981, 97, 104ff.

[69] Vgl. auch das Ergebnis einer Analyse der std. Rspr. der Gemeinschaftsgerichte zu Art. 86 EG-Vertrag (jetzt Art. 82 EG) von Generalanwalt Jacobs in seinen Schlussanträgen zu der Rs. C-7/97, Slg. 1998, 7794, 7803ff (Bronner); *Temple Lang* CMLR 1979, 345, 349ff, 362; *ders.* Fordham International Law Journal 18 (1994) 437, 441, 444ff, 467ff, 475ff; sowie *Vajda* ECLR 1981, 97, 104ff.

[70] EuGH, 14.2.1978, Rs. 27/76, Slg. 1978, 207, 298 (Chiquita); EuG, 1.4.1993, Rs. T-65/89, Slg. 1993 II 389, 430 (BPB u.a./Kommission); EuG, 8.10.1996, verb. Rs. T-24/93, T-25/93, T-26/93 und T-28/93, Slg. 1996 II 1201, 1243 (Compagnie maritime belge transports SA u.a./Kommission). S. auch die in der vorigen Fn. genannten Nachweise.

[71] EuG in „BPB u.a./Kommission" aaO. (vorige Fn.), S. 417; EuG, 7.10.1999, Rs. T-228/97, Slg. 1999 II 2969, 3021 (Irish Sugar plc/Kommission). Vgl. auch EuGH, 9.11.1983, Rs. 322/81, Slg. 1983, 3461, 3511 (Michelin); EuG, 6.10.1994, Rs. T-83/91, Slg. 1994 II 755, 813 (Tetra Pak II); EuG in „Compagnie maritime belge transports SA u.a./Kommission" aaO. (vorige Fn.), S. 1242f;

wenn ein Marktbeherrscher die konkurrierende Tätigkeit seines (potentiellen) Vertragspartners auf einem nachgelagerten Markt verhindern oder erschweren wollte[72]. Diese ständige Rechtsprechung der Gemeinschaftsgerichte betraf insbesondere auch solche Fälle, in denen sich ein Marktbeherrscher dadurch vor der Konkurrenz durch seine Nachfrager auf nachgelagerten Märkten schützen wollte, dass er diese nicht belieferte. Ein marktbeherrschendes Unternehmen dürfe sich durch seine Weigerung, ein Gut zu überlassen, das ein Konkurrent für seine Marktteilnahme auf einem nachgelagerten Markt braucht, diesen Markt nicht für sich selbst vorbehalten und so seine Marktmacht auf einen anderen Markt ausdehnen[73].

Die Europäische Kommission hat zwar ohne weitere Begründung entschieden, dass ein marktbeherrschendes Unternehmen nicht verpflichtet sei, „den gegen ihn gerichteten Wettbewerb zu subventionieren", indem es einen Nachfrager beliefert, der mit ihm auf einem nachgelagerten Markt konkur-

---

EuGH, 14.11.1996, Rs. C-333/94 P, Slg. 1996, 5951, 6007 (Tetra Pak III). Vgl. auch EuGH, 13.2.1979, Rs. 85/76, Slg. 1979, 461, 541 (Vitamine); EuG, 10.7.1990, Rs. T-51/89, Slg. 1990 II 309, 357 (Tetra Pak I).

[72] EuGH, 14.2.1978, Rs. 27/76, Slg. 1978, 207, 295 (Chiquita); EuGH, 11.11.1986, Rs. 226/84, Slg. 1986, 3263, 3301f (British Leyland); EuGH, 5.10.1988, Rs. 53/87, Slg. 1988, 6039, 6073 (Renault); EuGH, 5.10.1988, Rs. 238/87, Slg. 1988, 6211, 6235 (Volvo); EuGH, 12.2.1998, Rs. C-163/96, Slg. 1998, 533, 580 (Silvano Raso u.a.). Vgl. auch EuG, 12.12.1991, Rs. T-30/89, Slg. 1991 II 1439, 1452, 1482f (Hilti I); EuG in „Irish Sugar plc/Kommission" aaO. (vorige Fn.), S. 3038ff; EuGH, 25.10.2001, Rs. C-475/99, Slg. 2001, 8089, 8151 (Ambulanz Glöckner/Landkreis Südwestpfalz).

[73] EuGH in „Renault" aaO. (vorige Fn.); EuGH in „Volvo" aaO.(vorige Fn.); EuGH, 19.3.1991, Rs. C-202/88, Slg. 1991, 1223, 1271 (Telekommunikations-Endgeräte); EuGH, 18.6.1991, Rs. C-260/89, Slg. 1991, 2925, 2962 (ERT); EuG, 10.7.1991, Rs. T-69/89, Slg. 1991 II 485, 520f (RTE/Kommission); EuG, 10.7.1991, Rs. T-70/89, Slg. 1991 II 535, 564f (BBC/Kommission); EuG, 10.7.1991, Rs. T-76/89, Slg. 1991 II 575, 602f (ITP/Kommission); EuGH, 13.12.1991, Rs. C-18/88, Slg. 1991, 5941, 5977ff (RTT/GB-Inno); EuGH, 17.11.1992, verb. Rs. C-271, 281 u. 289/90, Slg. 1992, 5833, 5865 (Spanien u.a./Kommission); EuGH, 27.10.1993, verb. Rs. C-46/90 u. C-93/91, Slg. 1993, 5267, 5331 (Lagauche u.a.); EuGH, 27.10.1993, Rs. C-69/91, Slg. 1993, 5335, 5380 (Decoster); EuGH, 9.11.1995, Rs. C-91/94, Slg. 1995, 3911, 3929 (Tranchant); EuGH, 6.4.1995, verb. Rs. C-241 und C-242/91 P, Slg. 1995, 743, 822ff (Magill II); EuGH, 26.11.1998, Rs. C-7/97, Slg. 1998, 7791, 7830f (Bronner); EuGH in „Ambulanz Glöckner/Landkreis Südwestpfalz" aaO. (vorige Fn.). Vgl. auch EuGH, 20.3.1985, Rs. 41/83, Slg. 1985, 873, 886f (British Telecommunications); Generalanwalt Jacobs in seinen Schlussanträgen zu der Rs. C-7/97, Slg. 1998, 7794, 7803ff (Bronner) m.w.N. *Hüffer/Ipsen/Tettinger*, S. 220ff, 284, vertreten die Auffassung, dass der EuGH bisher keine Fälle entschieden hätte, in denen ein marktbeherrschendes Unternehmen verpflichtet worden wäre, Nachfrager, die mit ihm (auf einem benachbarten Markt) erstmals konkurrieren wollten, zu beliefern. Die o.g. Entscheidungen, die überwiegend erst nach Veröffentlichung dieses Aufsatzes ergangen sind, wurden von diesen Autoren nicht berücksichtigt.

riert[74]. Unter Berücksichtigung des o.g. Wettbewerbsleitbildes sowie der ständigen Entscheidungspraxis der Gemeinschaftsgerichte erweist sich diese Rechtsauffassung jedoch als unzutreffend. Auch die Kommission selbst entschied in dem dieser Schlussfolgerung zugrunde liegenden Verfahren entgegen ihrem zuvor aufgestellten Grundsatz *zu Lasten* des marktbeherrschenden Unternehmens. Sie verpflichtete den Verbotsadressaten gegenüber demjenigen der verfahrensbeteiligten Nachfrager auf Dauer zur Belieferung, der auf die Belieferung angewiesen war und sich - im Gegensatz zu dem anderen Verfahrensbeteiligten - keine andere Bezugsquelle suchen konnte[75].

Die gleichen Grundsätze gelten, wenn das von einem Newcomer nachgefragte Gut **knapp** ist, sodass aus tatsächlichen Gründen nicht sämtliche Nachfrager beliefert werden können. Diesbezüglich haben zwar die Europäische Kommission sowie die Gemeinschaftsgerichte in einigen Entscheidungen vertreten, dass der Verbotsadressat die Nachfrager zumindest *anteilig*, z.B. nach einer objektiv zu bestimmenden Quote, beliefern müsse[76]. Weder dem Wortlaut des Art. 82 EG noch dem Wettbewerbsleitbild des EG-Vertrages ist jedoch zu entnehmen, dass derartige objektive Marktzutrittsschranken den Grundsatz einer offenen Marktwirtschaft mit freiem Wettbewerb iSd Art. 4 Abs. 1 EG verdrängen. Die Nachfrage eines Newcomers ist daher grundsätzlich zu befriedigen.

c) Recht zur qualitativen Selektion

Ein (marktbeherrschender) Anbieter kann objektive Gründe dafür haben, dass er sein Gut nicht jedem Nachfrager überlässt, sondern nur solchen Unternehmen, die bestimmte Voraussetzungen, insbesondere eine besondere Qualifikation, erfüllen. Dies ist z.B. dann der Fall, wenn das nachgefragte Gut zur Wahrung seiner Qualität und/oder zur Gewährleistung seines be-

---

[74] Entscheidung 87/500/EWG vom 29.7.1987, ABl. EG 1987 Nr. L 286, S. 36, 41 (BBI/Boosey & Hawkes). Vgl. dazu bereits oben Einleitung unter B.II.2.

[75] Kommission in „BBI/Boosey & Hawkes" aaO. (vorige Fn.), S. 42 sowie in Art. 6 dieser Entscheidung ebenda, S. 43.

[76] Entscheidung 77/327/EWG vom 19.4.1977, ABl. EG 1977 Nr. L 117, S. 1, 9 (A.B.G.); vgl. auch den Vortrag der Kommission in dem Verfahren vor dem EuG „BPB u.a./Kommission", Rs. T-65/89, Slg. 1993 II 389, 423. EuG, 1.4.1993, Rs. T-65/89, Slg. 1993 II 389, 424f (BPB u.a./Kommission). Vgl. auch EuGH, 29.6.1978, Rs. 77/77, Slg. 1978, 1513, 1527f (B.P./Kommission).

stimmungsgemäßen Gebrauchs besondere Eigenschaften oder Kenntnisse des jeweiligen Nutzers erfordert[77].

Wenn ein marktbeherrschender Anbieter unter diesen Voraussetzungen nur bestimmte Nachfrager beliefert, hat dies zwar nachteilige Auswirkungen auf sämtliche Nichtbelieferten, die dieses Gut nicht ihrerseits nutzen oder weitervertreiben können[78]. Langfristig betrachtet hat eine derartige Auswahl unter den (potentiellen) Vertragspartnern jedoch keine wettbewerbs*beschränkenden* Wirkungen, sondern verbessert im Allgemeininteresse den Wettbewerb mit solchen Gütern, die eine besondere Behandlung erfordern.

In der gemeinschaftlichen Kartellrechtspraxis ist das Interesse eines marktbeherrschenden Unternehmens, unter potentiellen Vertragspartnern auszuwählen, im Rahmen der Fallgruppe des sog. selektiven Vertriebs anerkannt worden. Hiernach haben selektive Vertriebssysteme zwar wettbewerbsbeeinflussende Wirkungen sowohl gegenüber konkurrierenden Anbietern, da die Nachfrager an bestimmte Anbieter gebunden werden, als auch gegenüber den Nachfragern des jeweiligen Gutes, da nicht sämtliche Nachfrager beliefert werden[79]. Trotzdem ist der selektive Vertrieb kartellrechtmäßig, wenn die Auswahl der Vertragspartner anhand „objektiver Gesichtspunkte qualitativer Art erfolgt, die sich auf die Leistungsfähigkeit des Wiederverkäufers, seines Personals und seiner sachlichen Ausstattung beziehen", einheitlich festgelegt und „ohne Diskriminierung angewendet werden"[80].

---

[77] Vgl. auch EuGH, 25.10.1977, Rs. 26/76, Slg. 1977, 1875, 1905 (Metro/Kommission); EuGH, 14.2.1978, Rs. 27/76, Slg. 1978, 207, 295 (Chiquita); EuGH, 11.12.1980, Rs. 31/80, Slg. 1980, 3775, 3791 (L'Oréal); EuGH, 11.10.1983, Rs. 210/81, Slg. 1983, 3045, 3061, 3065 (Demo-Studio Schmidt); EuGH, 25.10.1983, Rs. 107/82, Slg. 1983, 3151, 3194f (AEG-Telefunken); EuGH, 10.12.1985, Rs. 31/85, Slg. 1985, 3933, 3944 (ETA); EuGH, 25.2.1986, Rs. 193/83, Slg. 1986, 611, 655 (Windsurfing International Inc./Kommission); EuGH, 22.10.1986, Rs. 75/84, Slg. 1986, 3021, 3077 (Metro-SABA). Vgl. auch BGH, 12.5.1998, KZR 23/96, WuW/E DE-R 206, 208 (Depotkosmetik); BGH, 12.5.1998, KZR 24/96, unter I.2b)aa) (Markenkosmetika). Weitere Beispiele aus der Entscheidungspraxis der Gemeinschaftsgerichte und der Europäischen Kommission bei Dauses-*Emmerich* H.I § 1, Rz. 277ff m.w.N.

[78] Vgl. nur EuGH in „AEG-Telefunken" aaO. (vorige Fn.).

[79] Vgl. nur EuGH in „AEG-Telefunken" aaO. (vorletzte Fn.), S. 3194.

[80] EuGH, 16.6.1981, Rs. 126/80, Slg. 1981, 1563, 1580 (Salonia). Vgl. aus der std. Rspr. zu **Art. 86 EG-Vertrag** (jetzt Art. 82 EG) des Weiteren nur: EuGH, 14.2.1978, Rs. 27/76, Slg. 1978, 207, 295 (Chiquita); EuGH, 3.10.1985, Rs. 311/84, Slg. 1985, 3261, 3278 (Télémarketing); EuG, 10.7.1991, Rs. T-69/89, Slg. 1991 II 485, 521, 525 (RTE/Kommission); EuG, 10.7.1991, Rs. T-70/89, Slg. 1991 II 535, 565 (BBC/Kommission); EuG, 10.7.1991, Rs. T-76/89, Slg. 1991 II 575, 603 (ITP/Kommission); EuG, 12.12.1991, Rs. T-30/89, Slg. 1991 II 1439, 1488f (Hilti I); EuG, 6.10.1994, Rs. T-83/91, Slg. 1994 II 755, 823 (Tetra Pak II); EuGH, 6.4.1995, verb. Rs. C-241 und C-242/91 P, Slg. 1995, 743, 824 (Magill II).

Vgl. aus der std. Rspr. zu **Art. 85 EG-Vertrag** (jetzt Art. 81 EG) nur: EuGH, 25.10.1977, Rs. 26/76, Slg. 1977, 1875, 1905, 1913f (Metro/Kommission); EuGH, 10.7.1980, Rs. 99/79, Slg.

Weitere Voraussetzung ist, dass das vertriebene Erzeugnis zur Wahrung seiner Qualität und/oder zur Gewährleistung seines bestimmungsgemäßen Gebrauchs den Vertrieb durch besonders ausgewählte Wiederverkäufer objektiv erfordert[81]. Wie hierüber hinaus aus Art. 12 Abs. 1 EG deutlich wird, darf ein Unternehmen seine Vertragspartner nicht aufgrund ihrer Staatsangehörigkeit auswählen[82].

Unter diesen Voraussetzungen stellt die qualitative Selektion nach Auffassung der Gemeinschaftsgerichte keine Wettbewerbsbeschränkung, sondern eine Wettbewerbs*verbesserung* dar, weil beispielsweise die Belieferung ausschließlich qualifizierter Fachhändler es ermöglicht, einen Vertriebsweg für bestimmte Dienstleistungen mit hochwertigen und technisch hoch entwickelten Erzeugnissen aufrecht zu erhalten[83]. Das Interesse eines Unternehmens am qualifizierten Vertrieb seiner Güter wurde daher zur Gewährleistung eines optimalen Absatzerfolges als wettbewerbsfördernd und deshalb

---

1980, 2511, 2536 (Lancôme); EuGH, 11.12.1980, Rs. 31/80, Slg. 1980, 3775, 3790f (L'Oréal); EuGH, 11.10.1983, Rs. 210/81, Slg. 1983, 3045, 3065 (Demo-Studio Schmidt); EuGH, 25.10.1983, Rs. 107/82, Slg. 1983, 3151, 3194f (AEG-Telefunken); EuGH, 22.10.1986, Rs. 75/84, Slg. 1986, 3021, 3085 (Metro-SABA).

Vgl. auch die Mitteilung der Kommission „Leitlinien für vertikale Beschränkungen", ABl. EG 2000 Nr. C 291, S: 1, 36ff; *Ebenroth/Hübschle*, Rz. 57ff. m.w.N.; *Fischötter* WuW 1981, 478, 481ff m.w.N.; *Joerges* GRUR Int. 1984, 222, 229, 283; *Koenigs* „Schwerpunkte 1986/87", S. 69, 81f m.w.N. Vgl. aus der Rspr. des BGH nur BGH, 23.10.1979 KZR 21/78 WuW/E 1643, 1645 (BMW-Importe); BGH, 10.11.1987, KZR 15/86, WuW/E BGH 2451, 2452ff, 2456 (Cartier-Uhren); BGH, 19.1.1993, KVR 25/91, WuW/E BGH 2875, 2877ff, 2880f (Herstellerleasing); BGH, 12.5.1998, KZR 23/96, WuW/E DE-R 206, 207f (Depotkosmetik).

[81] EuGH in „L'Oréal" aaO. (vorige Fn.). Vgl. auch EuGH in „Metro/Kommission" aaO. (vorige Fn.); EuGH in „Chiquita" aaO. (vorige Fn.); EuGH in „Demo-Studio Schmidt" aaO. (vorige Fn.); EuGH in „AEG-Telefunken" aaO. (vorige Fn.); EuGH, 10.12.1985, Rs. 31/85, Slg. 1985, 3933, 3944 (ETA); EuGH, 25.2.1986, Rs. 193/83, Slg. 1986, 611, 655 (Windsurfing International Inc./Kommission); EuGH in „Metro-SABA)" aaO. (vorige Fn.). Vgl. auch BGH in „Depotkosmetik" aaO. (vorige Fn.); BGH, 12.5.1998, KZR 24/96, unter I.2b)aa) (Markenkosmetika). Weitere Beispiele aus der Entscheidungspraxis der Gemeinschaftsgerichte und der Europäischen Kommission bei Dauses-*Emmerich* H.I § 1, Rz. 277ff m.w.N.

[82] Ebenso die Europäische Kommission in ihrer Entscheidung 81/1030/EWG vom 29.10.1981, ABl. EG 1981 Nr. L 370, S. 49, 55 (GVL). Vgl. auch EuGH, 30.4.1974, Rs. 155/73, Slg. 1974, 409, 431 (Giuseppe Sacchi); EuGH, 2.3.1983, Rs. 7/82, Slg. 1983, 483, 508f (GVL/Kommission); EuGH, 18.6.1991, Rs. C-260/89, Slg. 1991, 2925, 2962, 2959f (ERT).

Die im deutschen Verfassungsrecht erhebliche Frage, ob Grundrechte auch zwischen Privaten Rechtswirkungen entfalten („Drittwirkung der Grundrechte"), stellt sich im Gemeinschaftsrecht nicht, s. nur Grabitz/Hilf-*v.Bogdandy* zu Art. 6 EGV (Archivband), Rz. 28ff m.w.N.

[83] EuGH, 25.10.1983, Rs. 107/82, Slg. 1983, 3151, 3194f (AEG-Telefunken). Vgl. auch EuGH, 25.10.1977, Rs. 26/76, Slg. 1977, 1875, 1905, 1905f (Metro/Kommission). Vgl. auch die Mitteilung der Kommission „Leitlinien für vertikale Beschränkungen", ABl. EG 2000 Nr. C 291, S. 1, 20ff, 36ff.

kartellrechtmäßig anerkannt[84]. Allerdings darf ein marktbeherrschender Anbieter gegenüber keinem Unternehmen, das seinen Selektionskriterien entspricht, die Belieferung verweigern[85], es sei denn, dass hierfür andere, gemeinschaftsrechtlich anerkannte Gründe vorliegen. Die gleiche Wertung liegt im deutschen Kartellrecht § 16 GWB zugrunde[86].

Die Gemeinschaftsgerichte haben bisher nicht entschieden, ob ein marktbeherrschendes Unternehmen unter Berufung auf sein selektives Vertriebsnetz auch einen Newcomer am Marktzutritt hindern darf. In Entscheidungen, die Newcomer betrafen, wurden jedoch die gleichen Maßstäbe angewendet wie in Entscheidungen über etablierte Marktteilnehmer[87]. Es ist daher davon auszugehen, dass die soeben dargestellten Grundsätze über selektive Vertriebsnetze auch zu Lasten von Newcomern gelten, soweit diese zur Sicherung des qualitativen Vertriebs des jeweiligen Gutes objektiv erforderlich sind[88]. Wegen des o.g. Wettbewerbsleitbilds der EG dynamischer Märkte, die chancengleichem Wettbewerb offen stehen, ist jedoch allein die Tatsache, dass ein Newcomer-Nachfrager mit dem Marktbeherrscher konkurriert, kein statthaftes Selektionskriterium.

3. Ergebnis

Wenn ein Marktbeherrscher durch seine Kontrahierungsverweigerung verhindern kann, dass ein Newcomer-Konkurrent in den Markt eintritt, handelt er wegen des Wettbewerbsleitbilds offener Märkte mit freiem dynamischen Wettbewerb nicht mehr „im Wettbewerb" iSd EG-Vertrages (Art. 4 Abs. 1 EG) und deshalb missbräuchlich. Auch die Knappheit des nachgefragten

---

[84] Vgl. nur EuGH, 11.10.1983, Rs. 210/81, Slg. 1983, 3045, 3065 (Demo-Studio Schmidt). Vgl. auch BGH, 12.5.1998, KZR 23/96, WuW/E DE-R 206, 208 (Depotkosmetik); BGH, 12.5.1998, KZR 24/96, unter I.2b)bb) (Markenkosmetika). Ebenso: *Birk* EWS 2000, 485, 488f; *Deselaers* EuZW 1995, 563, 568; *Montag* EuZW 1997, 71, 76; *Müller* EuZW 1998, 232, 235 m.w.N. Vgl. auch *Fischötter* WuW 1981, 478, 481ff m.w.N.; *Joerges* GRUR Int. 1984, 222, 229, 283 m.w.N. aus der Entscheidungspraxis der Europäischen Kommission; die Mitteilung der Kommission „Leitlinien für vertikale Beschränkungen" aaO. (vorige Fn.).

[85] Vgl. nur EuGH, 22.10.1986, Rs. 75/84, Slg. 1986, 3021, 3091 (Metro-SABA) m.w.N.

[86] Vgl. hierzu oben 2. Abschnitt D.II.1c).

[87] EuG, 10.7.1991, Rs. T-69/89, Slg. 1991 II 485, 524f. (RTE/Kommission). Auf den Einwand des Verbotsadressaten, seinen Vertragspartner selektiv auswählen zu wollen, ist das EuG in den Parallelverfahren „ITP/Kommission" sowie „BBC/Kommission" nicht näher eingegangen (EuG, 10.7.1991, Rs. T-76/89, Slg. 1991 II 575, 589, EuG, 10.7.1991, Rs. T-70/89, Slg. 1991 II 535, 558).

[88] Vgl. auch *Birk* EWS 2000, 485, 489; *Deselaers* EuZW 1995, 563, 568; *Montag* EuZW 1997, 71, 76; *Müller* EuZW 1998, 232, 235 m.w.N.

Gutes berechtigt ihn unter diesen Voraussetzungen nicht zur Verweigerung der Belieferung.

Ein marktbeherrschendes Unternehmen darf seine Güter jedoch auch zu Lasten von Newcomer-Nachfragern anhand diskriminierungsfrei angewendeter objektiver Kriterien qualitativer Art selektiv anbieten, da der Wettbewerb in diesem Fall nicht beeinträchtigt wird. Eine Selektion nach der Staatsangehörigkeit der Vertragspartner ist jedoch wegen Art. 12 Abs. 1 EG gemeinschaftsrechtswidrig. Des Weiteren darf ein Marktbeherrscher seine Vertragspartner nicht allein danach auswählen, ob sie mit ihm konkurrieren.

IV. Absolut geschützte Eigeninteressen des Marktbeherrschers (Grundrechte)

1. Wesentliche Eigeninteressen

Wie bereits bei der Untersuchung der deutschen Kartellrechtslage dargelegt, stellt die Verpflichtung eines Marktbeherrschers, Güter zu überlassen, die er bisher ausschließlich selbst genutzt und für eigene Zwecke geschaffen hat (z.B. Infrastruktureinrichtungen), einen besonders schweren Eingriff in seine Vertragsfreiheit dar. Die rechtliche Bedeutung des „Tüchtigkeitsvorteils", der ihm durch einen konkurrentennützigen Kontrahierungszwang genommen wird, kann nicht allein mit dem Schutzzweck des gemeinschaftlichen Kartellrechts beurteilt werden, chancengleichen und dynamischen Wettbewerb herzustellen. Die Grenzen konkurrentennütziger Pflichten eines Marktbeherrschers können vielmehr nur seinen Grundrechten entnommen werden[89]. In Betracht kommen insoweit sowohl gemeinschaftliche als auch nationale Grundrechte.

a) Geltungsgrund der Grundrechte des Gemeinschaftsrechts

Auch wenn das Gemeinschaftsrecht bisher keinen geschriebenen, sämtliche Organe der EG bindenden Katalog einzelner Grundrechte enthält, wurde der EuGH bereits frühzeitig mit der Problematik befasst, dass die EG-Organe bei der Wahrnehmung ihrer Aufgaben Lebens- und Tätigkeitsbereiche von Gemeinschaftsbürgern tangieren können, die in den Mitgliedstaaten durch Grundrechte geschützt sind[90]. Der EuGH entschied, dass auch Grundrechte zu den „allgemeinen Grundsätzen der Gemeinschaftsrechtsordnung" zählen,

---

[89] Vgl. zum deutschen Kartellrecht 2. Abschnitt D.III.1.

[90] Vgl. EuGH, 12.11.1969, Rs. 29/69, Slg. 1969, 419, 425 (Stauder); EuGH, 17.12.1970, Rs. 11/70, Slg. 1970, 1125, 1135 (Internationale Handelsgesellschaft); EuGH, 14.5.1974, Rs. 4/73, Slg. 1974, 491, 507 (Nold); EuGH, 13.12.1979, Rs. 44/79, Slg. 1979, 3727, 3747 (Hauer).

deren „Wahrung“ er im Rahmen seiner Aufgaben gemäß Art. 220 EG „zu sichern“ habe[91]. Die Geltung von Gemeinschaftsgrundrechten wurde hieraufhin in ständiger Rechtsprechung anerkannt und mit In-Kraft-Treten des EU-Vertrags am 1.11.1993 in dessen Art. F Abs. 2 (jetzt: Art. 6 Abs. 2 EU) erstmals ausdrücklich in den Ziel- und Aufgabenkatalog der Europäischen Union aufgenommen[92]. Seit dem 7.12.2000 enthält die „Charta der Grundrechte der Europäischen Union“[93] einen Grundrechtskatalog. Dieser wurde jedoch bisher nicht förmlich in die Gemeinschaftsverträge integriert[94] und ist daher nicht unmittelbar rechtlich verbindlich[95]. Die Charta kann jedoch als Interpretationshilfe herangezogen werden[96].

Wegen der Eigenständigkeit der gemeinschaftlichen Rechtsordnung gegenüber der der Mitgliedstaaten und der Erforderlichkeit der einheitlichen Anwendung des Gemeinschaftsrechts hatte der EuGH bereits zu Beginn seiner „Grundrechte-Rechtsprechung“ entschieden, dass diese Rechte nicht nationaler, sondern spezifisch gemeinschaftsrechtlicher Natur seien[97]. Auf-

---

[91] EuGH in „Stauder“ aaO. (vorige Fn.); EuGH in „Internationale Handelsgesellschaft“ aaO. (vorige Fn.); EuGH in „Nold“ aaO. (vorige Fn.); EuGH in „Hauer“ aaO. (vorige Fn.), S. 3744f.

[92] Vgl. zur rechtsgeschichtlichen Entwicklung gemeinschaftlicher Grundrechte nur BVerfG, 22.10.1986, 2 BvR 197/83, BVerfGE 73, 339, 378ff (Solange II) m.z.N. GTE-*Beutler* zu Art. F EUV, Rz. 22ff; *Pernice* NJW 1990, 2409, 2412ff m.z.N.; *Streinz* „Grundrechtsschutz“, S. 47ff m.z.N. Vgl. auch die gemeinsame Erklärung von Rat, Parlament und Kommission vom 5.4.1977, ABl. EG 1977 Nr. C 103, S. 1ff, die Erklärung über Grundrechte und Grundfreiheiten des Europäischen Parlaments vom 12.4.1989, ABl. EG 1989 Nr. C 120, S. 52ff sowie die Präambel der Einheitlichen Europäischen Akte (EEA), ABl. EG 1992 Nr. C 191, S. 1ff.

[93] ABl. EG 2000 Nr. C 364, S. 1ff.

[94] Vgl. hierzu *Grabenwarter* DVBl 2001, 1, 11; *Magiera* DÖV 2000, 1017, 1019f jeweils m.w.N.

[95] *Pache* EuR 201, 475, 485f m.w.N. Gemäß Ziff. 5 der „Erklärung zur Zukunft der Union“ soll im sog. „Post-Nizza-Prozess“ u.a. über den Status der Charta der Grundrechte der Europäischen Union beraten werden (23. von der Konferenz angenommene Erklärung zum Vertrag von Nizza, ABl. EG 2001 Nr. C 80, S. 77, 85f, vgl. auch die Entschließung des Europäischen Parlaments zu der Wirkung der Charta der Grundrechte der Europäischen Union und ihren künftigen Status, BR-Drs. 927/02). Vgl. hierzu *Oppermann* DVBl 2003, 1, 2ff, 8f m.w.N.

In Teil II des Entwurfs eines Vertrags über eine Verfassung für Europa durch den Europäischen Konvent vom 18.7.2003 wurde die Grundrechtecharta fast unverändert aufgenommen (ABl. EG 2003 Nr. C 169, S. 1, 22ff). Sie erhält damit verbindlichen Verfassungsrang, s. nur *Meyer/Hölscheidt* EuZW 2003, 613, 618f; *Oppermann* DVBl 2003, 1234, 1242.

[96] *Pache* aaO. (vorige Fn.), S. 486 m.z.N.

[97] Vgl. nur EuGH, 17.12.1970, Rs. 11/70, Slg. 1970, 1125, 1135 (Internationale Handelsgesellschaft); EuGH, 13.12.1979, Rs. 44/79, Slg. 1979, 3727, 3744 (Hauer); EuGH, 19.6.1980, verb. Rs. 41, 121 und 796/79, Slg. 1980, 1979, 1996f (Testa u.a.); EuGH, 8.10.1986, Rs. 234/85, Slg. 1986, 2897, 2912 (Keller). Vgl. auch EuGH, 15.7.1964, Rs. 6/64, Slg. 1964, 1251, 1269 ff (Costa/E.N.E.L.).

grund der gemeinsamen rechtsstaatlich-demokratischen Tradition sämtlicher Mitgliedstaaten haben diese Grundrechte jedoch ihre wesentliche Quelle in den Verfassungsordnungen der Mitgliedstaaten[98] (s. Art. 6 Abs. 2 EU sowie die Präambel der Europäischen Grundrechtecharta). Diese Rechtslage ist mittlerweile von den mitgliedstaatlichen Verfassungsgerichten (insbesondere auch dem Bundesverfassungsgericht[99]) anerkannt (vgl. Art. 23 Abs. 1 S. 1 GG).

Die Gemeinschaftsgrundrechte sind in erster Linie von den Gemeinschaftsorganen zu beachten, gleichermaßen gelten sie jedoch auch für die mitgliedstaatlichen Behörden und Gerichte, soweit sie Gemeinschaftsrecht anwenden[100]. Diese Schlussfolgerung wird nunmehr durch Art. 7 EU bestätigt, der dem Rat der Europäischen Union Sanktionsbefugnisse gegenüber Mitgliedstaaten einräumt, die die Gemeinschaftsgrundrechte verletzen (vgl. auch Art. 51 Abs. 1 der Europäischen Grundrechtecharta). Kontrahierungszwänge, die auf gemeinschaftlichem Kartellrecht beruhen und von mitgliedstaatlichen Behörden vollzogen werden, dürfen daher auf ihre Vereinbarkeit mit Gemeinschaftsgrundrechten hin überprüft werden (dazu unter **2.**).

b) Geltungsgrund der Grundrechte des Grundgesetzes

Für die Beurteilung des Gemeinschaftsrechts unter Heranziehung des deutschen Verfassungsrechts ergeben sich aus dem Verhältnis zwischen Gemein-

---

[98] Std. Rspr. des EuGH, vgl. nur EuGH, 17.12.1970, Rs. 11/70, Slg. 1970, 1125, 1135 (Internationale Handelsgesellschaft); EuGH, 14.5.1974, Rs. 4/73, Slg. 1974, 491, 507 (Nold); vgl. aus der std. Rspr. des Bundesverfassungsgerichts nur BVerfG, 22.10.1986, 2 BvR 197/83, BVerfGE 73, 339, 378 (Solange II). *Pernice* NJW 1990, 2409, 2412ff m.w.N.

[99] Vgl. BVerfG, 22.10.1986, 2 BvR 197/83, BVerfGE 73, 339, 376ff (Solange II) jeweils m.z.N. zu der Entwicklung der deutschen Verfassungsrechtsprechung; BVerfG, 10.4.1987, 2 BvR 1236/86, NJW 1987, 3077; BVerfG, 12.10.1993, 2 BvR 2134, 2159/92, BVerfGE 89, 155, 175 (Maastricht); BVerfG, 7.6.2000, 2 BvL 1/97, EuZW 2000, 702, 703 (Bananenmarktordnung III). *Horn* DVBl. 1995, 89, 91f m.w.N.; *Limbach* NJW 2001, 2913, 2916f m.w.N.; vgl. insbesondere auch zu der Verfassungsrechtslage in anderen Mitgliedstaaten *Streinz* „Grundrechtsschutz", S. 133ff, 346ff.

[100] EuGH, 14.5.1974, Rs. 4/73, Slg. 1974, 491, 507 (Nold); EuGH, 19.6.1980, verb. Rs. 41, 121 und 796/79, Slg. 1980, 1979, 1997 (Testa u.a.); EuGH, 13.7.1989, Rs. 5/88, Slg. 1989, 2609, 2639f (Wachauf); EuGH, 18.6.1991, Rs. C-260/89, Slg. 1991, 2925, 2964 (ERT); EuGH, 4.10.1991, Rs. C-159/90, Slg. 1991, 4685, 4741 (Grogan u.a.); EuGH, 24.3.1994, Rs. C-2/92, Slg. 1994, 955, 983 (Bostock); vgl. auch EuGH, 15.4.1997, Rs. C-27/95, Slg. 1997, 1847, 1866f (Woodspring District Council/Bakers of Nailsea Ltd). Vgl. auch BVerfG, 22.10.1986, 2 BvR 197/83, BVerfGE 73, 339, 376, 387 (Solange II); BVerfG, 12.10.1993, 2 BvR 2134, 2159/92, BVerfGE 89, 155, 175 (Maastricht); BVerfG, 25.1.1995, 2 BvR 2689/94 und 2 BvR 52/95, NJW 1995, 950, 951 (Bananenmarktordnung). *Pernice* NJW 1990, 2409, 2416f; *Rengeling*, S. 190f, 199f; *Ruffert* EuGRZ 1995, 581, 520ff m.w.N.; MD-*Scholz* zu Art. 23 GG, Rz. 23; *Streinz* „Grundrechtsschutz", S. 130, 284; *ders.*, Rz. 368.

schaftsrecht und mitgliedstaatlichem Recht weitere verfassungsrechtlich gebotene Maßstäbe: Zwar ist das Gemeinschaftsrecht aufgrund seiner Eigenständigkeit grundsätzlich vorrangig auch vor mitgliedstaatlichem Verfassungsrecht[101], die Mitgliedstaaten haben den Geltungsanspruch ihrer Rechtsordnungen durch den Beitritt zu den Europäischen Gemeinschaften (bzw. der Europäischen Union) insoweit zurückgenommen[102] (Art. 23 Abs. 1 S. 2 GG). Nach der Rechtsprechung des Bundesverfassungsgerichts gilt dieser Vorrang vor dem deutschen Verfassungsrecht jedoch nicht absolut, die Bundesrepublik Deutschland konnte sich durch ihren Beitritt zu den Europäischen Gemeinschaften nicht von den „sie konstituierenden Strukturen", der „Identität" ihrer „geltenden Verfassung" lösen[103]. Diese „Verfassungsstrukturen" können zwar nicht abstrakt definiert werden. Art. 1 Abs. 3, Art. 79 Abs. 3 GG sind jedoch zumindest diejenigen Verfassungsprinzipien zu entnehmen, die im Geltungsbereich des Grundgesetzes „ewig" sind, daher durch den Beitritt Deutschlands nicht auf die EG übertragen werden konnten und somit die Rechtmäßigkeit gemeinschaftsrechtlicher Maßnahmen beeinflussen (Art. 23 Abs. 1 S. 3 GG)[104]. Der „Integrationsermächtigung" des Art. 23 Abs. 3 (frü-

---

[101] Vgl. nur EuGH, 5.2.1963, Rs. 26/62, Slg. 1963, 1, 25 (Van Gend & Loos); EuGH, 15.7.1964, Rs. 6/64, Slg. 1964, 1251, 1270 (Costa/E.N.E.L.); EuGH, 17.12.1970, Rs. 11/70, Slg. 1970, 1125, 1135 (Internationale Handelsgesellschaft); EuGH, 9.3.1978, Rs. 106/77, Slg. 1978, 629, 643ff (Simmenthal). BVerfG, 18.10.1967, 1 BvR 248/63 und 216/67, BVerfGE 22, 293, 296; BVerfG, 9.6.1971, 2 BvR 225/69, BVerfGE 31, 145, 173f; BVerfG, 29.5.1974, 2 BvL 52/71, BVerfGE 37, 271, 277f (Solange); BVerfG, 22.10.1986, 2 BvR 197/83, BVerfGE 73, 339, 374f (Solange II).

[102] Std. Rspr. des BVerfG, vgl. nur BVerfG, 9.6.1971, 2 BvR 225/69, BVerfGE 31, 145, 173f; BVerfG, 29.5.1974, 2 BvL 52/71, BVerfGE 37, 271, 280 (Solange); BVerfG, 22.5.1979, 2 BvR 193, 197/79, BVerfGE 51, 222, 233; BVerfG, 22.10.1986, 2 BvR 197/83, BVerfGE 73, 339, 374 (Solange II) m.z.N. Vgl. auch BVerfG, 18.10.1967, 1 BvR 248/63 und 216/67, BVerfGE 22, 293, 298f; BVerfG, 23.6.1981, 2 BvR 1107, 1124/77 und 195/79, BVerfGE 58, 1, 28 (Eurocontrol). Vgl. auch aus der Rspr. des EuGH nur „Costa/E.N.E.L." aaO. (vorige Fn.), S. 1269ff. *Huber* EuZW 1997, 517, 519 m.w.N.; *Streinz* „Grundrechtsschutz", S. 197ff m.w.N. Vgl. auch MD-*Scholz* zu Art. 23 GG, Rz. 6, 45f, 51f m.w.N.

[103] BVerfG, 29.5.1974, 2 BvL 52/71, BVerfGE 37, 271, 279 (Solange); BVerfG, 22.10.1986, 2 BvR 197/83, BVerfGE 73, 339, 375f (Solange II) m.z.N. zu der vergleichbaren italienischen Verfassungsrechtslage. Vgl. auch BVerfG, 18.10.1967, 1 BvR 248/63 und 216/67, BVerfGE 22, 293, 299; BVerfG, 23.6.1981, 2 BvR 1107, 1124/77 und 195/79, BVerfGE 58, 1, 40 (Eurocontrol) m.z.N.; BVerfG, 25.1.1995, 2 BvR 2689/94 und 2 BvR 52/95, NJW 1995, 950, 951 (Bananenmarktordnung). Vgl. auch Generalanwalt Warner in seinen Schlussanträgen zu der Rs. 7/76, Slg. 1976, S. 1229, 1236 (IRCA/Staatliche Finanzverwaltung).

[104] Vgl. auch BVerfG, 12.10.1993, 2 BvR 2134, 2159/92, BVerfGE 89, 155, 172 (Maastricht); BVerfG, 25.1.1995, 2 BvR 2689/94 und 2 BvR 52/95, NJW 1995, 950, 951 (Bananenmarktordnung); BVerfG, 26.4.1995, 2 BvR 760/95, EuZW 1995, 412f (Bananenmarktordnung II). Bericht der Gemeinsamen Verfassungskommission, BT-Drs. 12/6000, S. 21; *Dauses* EuZW 1997, 705; *Horn* DVBl. 1995, 89, 91 m.w.N.; *Huber* EuZW 1997, 517, 519; *Hüffer/Ipsen/Tettinger*, S. 153;

her: Art. 24 Abs. 1) GG, die Bundesrepublik Deutschland in die Europäischen Gemeinschaften (bzw. die Europäische Union) einzugliedern, sind insoweit Schranken gesetzt (sog. „Schranken der Integrationsermächtigung")[105]. Hinsichtlich der Grundrechte des Grundgesetzes ist deshalb zumindest deren Wesensgehalt als „unabdingbarer Grundrechtsstandard" gewährleistet (Art. 79 Abs. 3 iVm Art. 1 Abs. 3, Art. 19 Abs. 2 GG)[106]. Kontrahierungszwänge, die auf gemeinschaftlichem Kartellrecht beruhen, sind daher auch auf ihre Vereinbarkeit mit dem deutschen Verfassungsrecht hin zu überprüfen (dazu unter **3.**). Dies betrifft die Anwendung des gemeinschaftlichen Kartellrechts durch deutsche Kartellbehörden und -gerichte, die gemäß Art. 1 Abs. 3 GG an die Grundrechte des Grundgesetzes gebunden sind[107].

Die Beurteilung eines primärrechtlichen gemeinschaftlichen Kontrahierungszwangs nach dem deutschen Verfassungsrecht heißt aus verfassungsprozessrechtlichen Gründen jedoch nicht, dass Maßnahmen der Europäischen Kommission bzw. der Gemeinschaftsgerichte unmittelbar am Wesensgehalt der Grundrechte des Grundgesetzes zu messen wären. Das für die Feststellung von „Grundgesetzwidrigkeiten" ausschließlich zuständige Bundesverfassungsgericht[108] darf nämlich lediglich Akte der *deutschen* öffentli-

---

Pernice NJW 1990, 2409, 2418; MD-*Scholz* zu Art. 23 GG, Rz. 37, 55, 61, 87; *Streinz* „Grundrechtsschutz", S. 220ff, 250ff, 295.

[105] Vgl. nur *Streinz*, Rz. 208ff.

[106] BVerfG, 22.10.1986, 2 BvR 197/83, BVerfGE 73, 339, 387 (Solange II); BVerfG, 12.10.1993, 2 BvR 2134, 2159/92, BVerfGE 89, 155, 175 (Maastricht). Vgl. auch BVerfG, 29.5.1974, 2 BvL 52/71, BVerfGE 37, 271, 280 (Solange); BVerfG, 23.6.1981, 2 BvR 1107, 1124/77 und 195/79, BVerfGE 58, 1, 40 (Eurocontrol) m.w.N.; BVerfG, 12.5.1989, 2 BvA 3/89, EuR 1989, 270, 273 (Tabakrichtlinie); BVerfG, 25.1.1995, 2 BvR 2689/94 und 2 BvR 52/95, NJW 1995, 950, 951 (Bananenmarktordnung). *Horn* DVBl. 1995, 89, 91 m.w.N.; *Huber* EuZW 1997, 517, 519; *Hüffer/Ipsen/Tettinger*, S. 153; *Pernice* NJW 1990, 2409, 2418 m.w.N.; MD-*Scholz* zu Art. 23 GG, Rz. 24, 87; *Streinz* „Grundrechtsschutz", S. 252f m.w.N.

[107] Vgl. nur BVerfG, 18.10.1967, 1 BvR 248/63 und 216/67, BVerfGE 22, 293, 298f; BVerfG, 29.5.1974, 2 BvL 52/71, BVerfGE 37, 271, 283 (Solange); BVerfG, 8.4.1987, 2 BvR 687/85, BVerfGE 75, 223, 235 m.z.N.; BVerfG, 12.10.1993, 2 BvR 2134, 2159/92, BVerfGE 89, 155, 175, 195, 210 (Maastricht); BVerfG, 25.1.1995, 2 BvR 2689/94 und 2 BvR 52/95, NJW 1995, 950, 951 (Bananenmarktordnung); BVerfG, 26.4.1995, 2 BvR 760/95, EuZW 1995, 412f (Bananenmarktordnung II). *Horn* DVBl. 1996, 89, 93; *Pernice* NJW 1990, 2409, 2417; *Rengeling*, S. 191; *Streinz* „Grundrechtsschutz", S. 180f, 190f m.w.N.

[108] Vgl. Art. 220, 234 EG, Art. 93, 100 GG. EuGH, 13.12.1979, Rs. 44/79, Slg. 1979, 3727, 3744 (Hauer); EuGH, 19.6.1980, verb. Rs. 41, 121 und 796/79, Slg. 1980, 1979, 1996f (Testa u.a.); EuGH, 8.10.1986, Rs. 234/85, Slg. 1986, 2897, 2912 (Keller). BVerfG, 29.5.1974, 2 BvL 52/71, BVerfGE 37, 271, 282 (Solange); BVerfG, 12.10.1993, 2 BvR 2134, 2159/92, BVerfGE 89, 155, 174f (Maastricht).

chen Gewalt beurteilen[109]. Hinsichtlich Art. 82 EG und den Eingriffsbefugnissen der Europäischen Kommission gemäß Art. 83 EG iVm der KartellVO kommt allein das **deutsche Zustimmungsgesetz** zum EWGV vom 27.7.1957[110] als Prüfungsgegenstand in Betracht, mit dem diese Vorschriften in die deutsche Rechtsordnung eingefügt wurden. Weitere Zustimmungsgesetze zu späteren Vertragsänderungen des E(W)G-Vertrags können nicht gerichtlich angegriffen werden, da Art. 82, 83 EG (früher: Art. 86, 87 E(W)GV) bisher materiell nicht geändert wurden[111]. Auf diese Weise ist primäres Gemeinschaftsrecht *mittelbar* daraufhin überprüfbar, ob die durch das Zustimmungsgesetz gemäß Art. 23 Abs. 1 S. 2 (früher: Art. 24 Abs. 1), Art. 59 Abs. 2 GG eröffnete konkrete Anwendung des Gemeinschaftsrechts die oben aufgezeigten „Schranken der Integrationsermächtigung" einhält[112].

---

[109] BVerfG, 18.10.1967, 1 BvR 248/63 und 216/67, BVerfGE 22, 293, 295; BVerfG, 29.5.1974, 2 BvL 52/71, BVerfGE 37, 271, 283 (Solange); BVerfG, 23.6.1981, 2 BvR 1107, 1124/77 und 195/79, BVerfGE 58, 1, 26f (Eurocontrol) m.z.N. *Streinz* „Grundrechtsschutz", S. 141ff m.w.N.; *ders.*, Rz. 213f. Die a.A. von *Horn* DVBl. 1995, 89, 92, die sich insoweit auf die unklare Formulierung des BVerfG in seiner Entscheidung vom 12.10.1993, 2 BvR 2134, 2159/92, BVerfGE 89, 155, 174f (Maastricht) stützen kann, widerspricht der Eigenständigkeit der Europäischen Gemeinschaften, die auch in der Rspr. des BVerfG und mittlerweile auch im Grundgesetz, Art. 23 GG, anerkannt worden ist. Vgl. zur verfassungsrechtlichen Anerkennung der Gewährung selbständiger Grundrechte in der EU Art. 23 Abs. 1 S. 1 GG (dazu Grabitz/Hilf-*v.Bogdandy/Nettesheim* zu Art. 1 EGV (Archivband), Rz. 45f, 48 m.w.N.). Diese Eigenständigkeit wäre nicht mehr gewährleistet, wenn die EU über Art. 1 Abs. 3 GG den Regelungen einer nationalen Verfassung unterworfen werden würde, die bestimmungsgemäß allein die nationale, also deutsche, Staatsgewalt konstituieren und „verfassen" sollte (vgl. auch BVerfG, 23.6.1981, 2 BvR 1107, 1124/77 und 195/79, BVerfGE 58, 1, 26f (Eurocontrol), zur alleinigen Bindung der *deutschen* Staatsgewalt an die Grundrechte des Grundgesetzes). Darüber hinaus wäre bei einer Bindung der EU an die jeweilige nationale Verfassung ihrer Mitgliedstaaten die einheitliche Anwendung des Gemeinschaftsrechts nicht mehr gewährleistet; aus diesem Grund hat der EuGH spezifisch gemeinschaftsrechtliche Grundrechte entwickelt (vgl. nur EuGH, 17.12.1970, Rs. 11/70, Slg. 1970, 1125, 1135 (Internationale Handelsgesellschaft); EuGH, 13.12.1979, Rs. 44/79, Slg. 1979, 3727, 3744 (Hauer), vgl. auch EuGH, 15.7.1964, Rs. 6/64, Slg. 1964, 1251, 1268f (Costa/E.N.E.L.). Vgl. im Übrigen zur Kritik Grabitz/Hilf-*Pernice/Mayer* nach Art. 6 EUV, Rz. 5, 48 m.w.N. sowie ausführlich zu weiteren verfassungsrechtlichen Gründen gegen die Grundgesetzunterworfenheit primären und sekundären Gemeinschaftsrechts *Cremer* Der Staat 1995, 268ff, 278f; *Streinz* „Grundrechtsschutz", S. 141ff m.w.N.

[110] BGBl. 1957 II 753ff.

[111] Vgl. hierzu bereits oben 1. Abschnitt B.VII.- Soweit Änderungen des E(W)G-Vertrages erfolgt sind, sind Verfassungsbeschwerden gegen das jeweilige deutsche Zustimmungsgesetz zulässig, vgl. nur BVerfG, 31.3.1998, 2 BvR 1877/97 und 2 BvR 50/98, EuZW 1998, 279, 282 (Euro-Verfassungsbeschwerden).

[112] Grabitz/Hilf-*v.Bogdandy/Nettesheim* zu Art. 1 EGV (Archivband), Rz. 56; *Cremer* Der Staat 1995, 268, 279f; *Huber* EuZW 1997, 517, 519 m.w.N.; Grabitz/Hilf-*Pernice/Mayer* nach Art. 6 EUV, Rz. 50 m.w.N.; MD-*Scholz* zu Art. 23 GG, Rz. 24; *Streinz* „Grundrechtsschutz", S. 154ff,

Die Frist zur Einreichung von Verfassungsbeschwerden ist gemäß § 93 BVerfGG bereits abgelaufen[113], abstrakte oder konkrete Normenkontrollen gemäß Art. 93 Abs. 1 Nr. 2, Art. 100 GG sind jedoch nicht fristgebunden und daher zulässig.

Schließlich ist bei der Prüfung einer Maßnahme anhand der Grundrechte des Grundgesetzes zu beachten, dass einem marktbeherrschenden Unternehmen diese Grundrechte nur dann zustehen, wenn sein Verwaltungssitz in Deutschland liegt (Art. 19 Abs. 3 GG)[114].

2. Verletzung der Grundrechte des Gemeinschaftsrechts

Sofern die Gemeinschaftsgerichte bisher über die Kartellrechtmäßigkeit von Kontrahierungsverweigerungen zu entscheiden hatten, haben sie die Grundrechte der betroffenen Unternehmen nicht erwähnt. Dies gilt insbesondere auch für diejenigen Fälle, in denen ein marktbeherrschendes Unternehmen zur konkurrentennützigen Überlassung von Gütern gezwungen wurde, ohne die der Nachfrager nicht mit ihm auf einem benachbarten Markt konkurrieren konnte[115]. Im Übrigen haben die Gemeinschaftsgerichte zwar in einigen Entscheidungen das Recht eines Marktbeherrschers zur „freien unternehmerischen Entscheidung“ hervorgehoben, insbesondere auch unter dem Aspekt der Vertragsfreiheit. Jedoch sind sie auf die etwaige Grundrechtsrelevanz dieser Frage nicht eingegangen[116]. Nach Auffassung der Gemeinschaftsgerichte steht die unternehmerische Handlungsfreiheit insbesondere unter dem

---

160ff, 293f m.w.N.; *ders.*, Rz. 210. Vgl. auch BVerfG, 12.10.1993, 2 BvR 2134, 2159/92, BVerfGE 89, 155, 171ff (Maastricht).

[113] Der Streit, ob Verfassungsbeschwerden, die sich mittelbar gegen die Verfassungsmäßigkeit von Gemeinschaftsrecht richten, statthaft sind (dafür: *Streinz* „Grundrechtsschutz“, S. 157f; *ders.*, Rz. 212; a.A.: *Cremer* Der Staat 1995, 268, 281ff) ist daher, soweit - wie hier - keine neuen Zustimmungsgesetze für Vertragsänderungen des Gemeinschaftsrechts zu prüfen sind, irrelevant. Da auch der Vertrag von Nizza Art. 82 EG materiell nicht geändert hat, ist das deutsche Zustimmungsgesetz zu diesem Vertrag ebenfalls kein zulässiger Gegenstand einer Verfassungsbeschwerde, um die verfassungskonforme Auslegung des Missbrauchsverbots zu überprüfen. Das Gleiche gilt für den Entwurf eines Vertrags über eine Verfassung für Europa vom 18.7.2003, Art. III-50ff dieses Entwurfs, ABl. EG 2003 Nr. C 169, S. 1, 35ff.

[114] BVerfG, 1.3.1967, 1 BvR 46/66, BVerfGE 21, 207, 208f; BVerfG, 19.3.1968, 1 BvR 554/65, BVerfGE 23, 229, 236; vgl. Jarass/Pieroth-*Jarass* zu Art. 19 GG, Rz. 17 m.z.N. Vgl. hierzu bereits oben 2. Abschnitt D.III.2a).

[115] Vgl. zu der std. gemeinschaftlichen Rspr., es sei einem Marktbeherrscher verboten, sich einen abgeleiteten Markt vorzubehalten und auf diese Weise seine Marktmacht auf einen anderen Markt auszudehnen, oben 3. Abschnitt B.III.2b).

[116] Vgl. nur EuG, 18.9.1992, Rs. T-24/90, Slg. 1992 II 2223, 2268 (Automec II); EuG, 22.11.2001, Rs. T-139/98, Slg. 2001 II 3413, 3450 (AAMS/Kommission).

Vorbehalt, eine marktbeherrschende Stellung nicht zu verstärken[117]. Auch in diesen Entscheidungen wurde der Grundrechtsbezug dieser Problematik nicht erwähnt. Bei der folgenden Untersuchung kann daher nur die allgemeine „Grundrechte-Rechtsprechung" der Gemeinschaftsgerichte berücksichtigt werden.

a) Schutzbereich der Grundrechte

Nach der ständigen Rechtsprechung des EuGH ergibt sich der Inhalt der gemeinschaftlichen Grundrechte aus den gemeinsamen Grundlagen der Verfassungen der Mitgliedstaaten unter Berücksichtigung der in allen Mitgliedstaaten geltenden Menschenrechte der Konvention zum Schutze der Menschenrechte und Grundfreiheiten (EMRK)[118] (Art. 6 Abs. 2 EU). Darüber hinaus kann die „Charta der Grundrechte der Europäischen Union", die allerdings (noch) kein verbindlicher Bestandteil der Gemeinschaftsverträge ist[119], zur Auslegung herangezogen werden[120].

aa) Ähnlich wie im deutschen Verfassungsrecht Art. 12 GG[121] umfasst das **Gemeinschaftsgrundrecht auf freie berufliche Betätigung** u.a. die Freiheit, Verträge nach eigenem Willen abzuschließen (Vertragsabschluss- und -gestaltungsfreiheit)[122]. Diese Rechte stehen auch Unternehmen des öffentlichen wie des privaten Rechts zu[123].

---

[117] Vgl. nur EuGH, 14.2.1978, Rs. 27/76, Slg. 1978, 207, 298 (Chiquita); EuGH, 14.7.1981, Rs. 172/80, Slg. 1981, 2021, 2031f (Züchner); EuG, 1.4.1993, Rs. T-65/89, Slg. 1993 II 389, 430 (BPB u.a./Kommission). S. auch die Rechtsprechungsanalyse von Generalanwalt Jacobs in seinen Schlussanträgen zu der Rs. C-7/97, Slg. 1998, 7794, 7803ff (Bronner).

[118] Std. Rspr., vgl. nur EuGH, 17.12.1970, Rs. 11/70, Slg. 1970, 1125, 1135 (Internationale Handelsgesellschaft); EuGH, 14.5.1974, Rs. 4/73, Slg. 1974, 491, 507 (Nold); EuGH, 13.12.1979, Rs. 44/79, Slg. 1979, 3727, 3745 (Hauer); EuGH, 19.6.1980, verb. Rs. 41, 121 und 796/79, Slg. 1980, 1979, 1996f (Testa u.a.); EuGH, 11.7.1989, Rs. 265/87, Slg. 1989, 2237, 2267f (Schräder). Vgl. auch BVerfG, 22.10.1986, 2 BvR 197/83, BVerfGE 73, 339, 378, 381 (Solange II). *Pernice* NJW 1990, 2409, 2414 m.w.N.; *Streinz* „Grundrechtsschutz", S. 399ff m.z.N.

[119] *Pache* EuR 201, 475, 486 m.z.N.
In Teil II des Entwurfs eines Vertrags über eine Verfassung für Europa durch den Europäischen Konvent vom 18.7.2003 wurde die Grundrechtecharta fast unverändert aufgenommen (ABl. EG 2003 Nr. C 169, S. 1, 22ff). Sie erhält damit verbindlichen Verfassungsrang, s. nur *Meyer/Hölscheidt* EuZW 2003, 613, 618f; *Oppermann* DVBl 2003, 1234, 1242.

[120] Vgl. hierzu *Grabenwarter* DVBl 2001, 1, 11; *Magiera* DÖV 2000, 1017, 1019f jeweils m.w.N.

[121] Vgl. zur deutschen Verfassungsrechtslage oben 2. Abschnitt D.III.2a)aa).

[122] Vgl. EuGH, 14.5.1974, Rs. 4/73, Slg. 1974, 491, 507f (Nold); EuGH, 13.12.1979, Rs. 44/79, Slg. 1979, 3727, 3750 (Hauer); EuGH, 7.2.1985, Rs. 240/83, Slg. 1985, 531, 548 (Procureur de la

Wenn ein marktbeherrschendes Unternehmen gezwungen wird, seine Güter einem Nachfrager zu überlassen, ist dieses Grundrecht berührt[124].

bb) Zu dem gemeinschaftlich anerkannten **Eigentumsgrundrecht** zählt u.a. die Befugnis des Grundrechtsträgers, über sein Eigentum nach eigenen Vorstellungen zu verfügen (Verfügungsbefugnis) und es zum eigenem Nutzen zu verwenden (Privatnützigkeit)[125]. Auch hinsicht-

---

République/ADBHU); 18.9.1986, Rs. 116/82, Slg. 1986, 2519, 2545 (Kommission/Deutschland); EuGH, 8.10.1986, Rs. 234/85, Slg. 1986, 2897, 2912 (Keller); EuGH, 11.7.1989, Rs. 265/87, Slg. 1989, 2237, 2268 (Schräder); EuGH, 21.2.1991, verb. Rs. C-143/88 und C-92/89, Slg. 1991, 415, 553 (Zuckerfabrik Süderdithmarschen AG und Zuckerfabrik Soest GmbH); EuGH, 5.10.1994, Rs. C-280/93, Slg. 1994, 4973, 5065 (Deutschland/Rat); EuGH, 13.12.1994, Rs. C-306/93, Slg. 1994, 5555, 5582 (SMW Winzersekt GmbH/Land Rheinland Pfalz). *Eckert* RdE 1992, 56, 62; *Hüffer/Ipsen/Tettinger*, S. 170ff m.w.N., 249f; Grabitz/Hilf-*Pernice/Mayer* nach Art. 6 EUV, Rz. 8, 128; *Rengeling*, S. 21 m.w.N.; *Schmidt-Preuß* AG 1996, 1, 9; *Scholz/Langer*, S. 257; *dies.* et 1992, 851, 855f; *Schröder*, S. 45; *Stewing* EuR 1993, 41, 57.

Vgl. auch Art. 15, 16 der Europäischen Grundrechtecharta.

123 *Hüffer/Ipsen/Tettinger*, S. 154ff m.w.N.; *Scholz/Langer*, S. 244f.

124 So auch *Scholz/Langer*, S. 257ff, 261; *Stewing*, S. 86; vgl. auch Generalanwalt Jacobs in seinen Schlussanträgen zu der Rs. C-7/97, Slg. 1998, 7794, 7811f (Bronner).- Im Rahmen der EG-Richtlinien zur Herstellung eines Energiebinnenmarktes (insbesondere die Richtlinien 90/547/EWG bzw. 91/296/EWG über den Transit von Elektrizitätslieferungen bzw. Erdgas über große Netze, ABl. EG 1990 Nr. L 313, S. 30ff bzw. ABl. EG 1991 Nr. L 147, S. 37ff), die u.a. die Durchleitungspflicht für Strom oder Gas zu Lasten monopolistischer Energieversorgungsunternehmen regeln, wurde eine Tangierung der gemeinschaftsgrundrechtlichen Berufsfreiheit des Monopolisten ebenfalls bejaht von *vBurchard* EuZW 1992, 693, 696f; *Eckert* RdE 1992, 56, 62; *Hüffer/Ipsen/Tettinger*, S. 249; *Scholz/Langer*, S. 257; *dies.* et 1992, 851, 856; *Schröder*, S. 45. Die Ausführungen der letztgenannten Autoren werden im Folgenden lediglich insoweit berücksichtigt, als sie sich allgemein mit der Verfassungsmäßigkeit von konkurrentennützigen Verhaltenspflichten befassen und daher auf die hier untersuchte Problematik der Überlassung von betriebseigenen Ressourcen übertragbar sind. Spezielle energierechtliche Schlussfolgerungen werden demgegenüber nicht einbezogen.

125 EuGH, 13.12.1979, Rs. 44/79, Slg. 1979, 3727, 3745ff (Hauer); EuGH, 6.12.1984, Rs. 59/83, Slg. 1984, 4057, 4079 (SA Biovilac NV/EWG). Vgl. auch EuGH, 14.5.1974, Rs. 4/73, Slg. 1974, 491, 507f (Nold); EuGH, 19.6.1980, verb. Rs. 41, 121 und 796/79, Slg. 1980, 1979, 1997 (Testa u.a.); EuGH, 11.7.1989, Rs. 265/87, Slg. 1989, 2237, 2268 (Schräder); EuGH, 5.10.1994, Rs. C-280/93, Slg. 1994, 4973, 5065 (Deutschland/Rat); EuGH, 13.12.1994, Rs. C-306/93, Slg. 1994, 5555, 5582 (SMW Winzersekt GmbH/Land Rheinland Pfalz). *Eckert* RdE 1992, 56, 61; *Hüffer/Ipsen/Tettinger*, S. 164ff, 227ff, 294 m.w.N.; *Schnelle* EuZW 1994, 556, 558 m.w.N.; *Schmidt-Preuß* AG 1996, 1, 10; *Scholz/Langer*, S. 269ff; *dies.* et 1992, 851, 855f; *Schröder*, S. 59ff; *Stewing* EuR 1993, 41, 57. *Schröder*, S. 60, hat offen gelassen, ob der EuGH über die Verfügungsbefugnis des Eigentümers hinaus auch die Privatnützigkeit als Element des gemeinschaftsgrundrechtlichen Eigentumsschutzes anerkennt. Vgl. nunmehr auch Art. 17 der Europäischen Grundrechtecharta.

Da Art. 295 EG nur die ausschließlich mitgliedstaatliche Kompetenz zur Regelung der „Eigentumsordnung", also der Ausgestaltung des Eigentums im Wege der Privatisierung und Sozialisielich dieses Grundrechts sind gleichermaßen private wie öffentliche Unternehmen grundrechtsfähig[126].

Wenn ein marktbeherrschendes Unternehmen gezwungen wird, entgegen seiner eigenen Disposition einem Nachfrager Unternehmensressourcen zu überlassen und damit fremdnützig einzusetzen, ist der Schutzbereich dieses Gemeinschaftsgrundrechts tangiert[127].

Da auch gewerbliche Schutzrechte gemeinschaftsrechtlich als „Eigentum" gelten[128] (Art. 30 S. 1 EG a.E., Art. 17 Abs. 2 der Europäischen Grundrechtecharta), ist ein zur Kontrahierung gezwungener Schutzrechtsinhaber ebenfalls in seinem gemeinschaftlichen Eigentumsgrundrecht verletzt.

Die Voraussetzungen einer **Enteignung** liegen im Fall eines wettbewerbsherstellenden Kontrahierungszwangs nicht vor, da der marktbeherrschende Anbieter nur in der *Verwendung* seines Eigentums beschränkt, dieses ihm aber nicht vollständig entzogen wird[129].

cc) Bloße **Erwerbschancen** auf künftige wirtschaftliche Erfolge eines Unternehmens sind zwar im Gemeinschaftsrecht - wie auch im deutschen Verfassungsrecht[130] - nicht grundrechtlich geschützt[131]. Die

---

rung iSd „Haben-Dürfens" regelt, steht diese Vorschrift der Entwicklung eines gemeinschaftsrechtlichen Eigentumbegriffs nicht entgegen, vgl. nur *Basedow* „Wirtschaftsverfassung", S. 35f m.w.N.; *Hüffer/Ipsen/Tettinger*, S. 169f; *Rengeling*, S. 41f m.w.N.; *Schnelle* EuZW 1994, 556, 558; *Stewing*, S. 68ff; *Thiel* JuS 1991, 274ff jeweils m.z.N.

126 *Hüffer/Ipsen/Tettinger*, S. 154ff m.w.N.; *Schnelle* EuZW 1994, 556, 559 m.w.N.; *Scholz/Langer*, S. 244f; *Schröder*, S. 46ff m.z.N.

127 So auch *vBurchard* EuZW 1992, 693, 696 m.w.N.; *Eckert* RdE 1992, 56, 61ff; *Ehlermann* RdE 1993, 41, 44; *Hüffer/Ipsen/Tettinger*, S. 157, 227f, 294; *Markert* WuW 1995, 560, 564f; *Schmidt-Preuß* AG 1996, 1, 10; *Schnelle* EuZW 1994, 556, 558f; *Scholz/Langer*, S. 271, 272ff; *dies.* et 1992, 851, 856; *Schröder*, S. 59ff; *Stewing*, S. 82ff. Vgl. auch Generalanwalt Jacobs in seinen Schlussanträgen zu der Rs. C-7/97, Slg. 1998, 7794, 7811f (Bronner).

128 Vgl. auch *Rengeling*, S. 44f.

129 Vgl. EuGH, 13.12.1979, Rs. 44/79, Slg. 1979, 3727, 3746 (Hauer); *Schnelle* EuZW 1994, 556, 558; *Thiel* JuS 1991, 274, 280 m.w.N. In der rechtlichen Beurteilung hinsichtlich eines gemeinschaftsrechtlichen Kontrahierungszwangs zugunsten Konkurrenten verneinen eine Enteignung ebenfalls *Ehlermann* RdE 1993, 41, 44; *Hüffer/Ipsen/Tettinger*, S. 227f m.w.N., 294; *Schnelle* EuZW 1994, 556, 558; *Schröder*, S. 52, 62 m.w.N.

130 Vgl. zur deutschen Verfassungsrechtslage oben 2. Abschnitt D.III.2a)cc).

131 Vgl. EuGH, 14.5.1974, Rs. 4/73, Slg. 1974, 491, 508 (Nold); EuGH, 18.3.1980, verb. Rs. 154, 205, 206, 226 bis 228, 263 und 264/78 sowie 39, 31, 83 und 85/79, Slg. 1980, 907, 1010f (Valsabbia u.a./Kommission); vgl. auch EuGH, 5.10.1994, Rs. C-280/93, Slg. 1994, 4973, 5065 (Deutschland/Rat). *Everling* CMLR 1996, 401, 416 m.w.N.; *Hüffer/Ipsen/Tettinger*, S. 159f; *Nettesheim* EuZW 1995, 106, 108; *Streinz* „Grundrechtsschutz", S. 406; *Thiel* JuS 1991, 274, 279 m.w.N.

Pflicht eines marktbeherrschenden Unternehmens, unternehmenseigene Ressourcen fremdnützig einem Newcomer-Konkurrenten zu überlassen und auf diese Weise seinen eventuellen Geschäftserfolg gegen seinen Willen unabhängig von den Marktverhältnissen zu schmälern, wird jedoch nicht mehr von seinem üblichen Unternehmerrisiko umfasst. Die mit einem konkurrentennützigen Kontrahierungszwang verbundenen Nachteile für das marktbeherrschende Unternehmen gehen also über die Nichtrealisierung reiner Erwerbschancen hinaus und werden daher grundrechtlich geschützt[132].

b) Grundrechtsschranken

Die Gemeinschaftsgrundrechte gelten nicht schrankenlos[133]. Zunächst können sie nur durch eine **gesetzliche Regelung** eingeschränkt werden[134]. Eine solche Regelung stellt im Falle des Verbots missbräuchlichen Verhaltens Art. 82 EG dar.

Im Übrigen hat der EuGH zwar keine Schrankendoktrin entwickelt, jedoch lässt sich seiner „Grundrechte-Rechtsprechung" entnehmen, dass Eingriffe in gemeinschaftliche Grundrechte im **Allgemeininteresse** liegen und **verhältnismäßig** sein müssen sowie den **Wesensgehalt** der betroffenen Grundrechte nicht beeinträchtigen dürfen[135]. Aus Art. 16 der Europäischen Grundrechtecharta, der die „unternehmerische Freiheit" unter den Vorbehalt des Gemeinschaftsrechts und der „einzelstaatlichen Rechtsvorschriften und Gepflogen-

---

[132] Vgl. auch *Hüffer/Ipsen/Tettinger*, S. 246f; *Schröder*, S. 51f, 60f. Vgl. auch *Everling* CMLR 1996, 401, 416f.

[133] Vgl. Art. 52 Europäischen Grundrechtecharta.

[134] EuGH, 21.9.1989, verb. Rs. 46/87 und 227/88, Slg. 1989, 2859, 2924 (Hoechst AG). *Rengeling*, S. 220f m.w.N.

[135] EuGH, 17.12.1970, Rs. 11/70, Slg. 1970, 1125, 1135 (Internationale Handelsgesellschaft); EuGH, 17.12.1970, Rs. 25/70, Slg. 1970, 1161, 1176ff (Köster); EuGH, 14.5.1974, Rs. 4/73, Slg. 1974, 491, 507f (Nold); EuGH, 13.12.1979, Rs. 44/79, Slg. 1979, 3727, 3750 (Hauer); EuGH, 19.6.1980, verb. Rs. 41, 121 und 796/79, Slg. 1980, 1979, 1997 (Testa u.a.); EuGH, 7.2.1985, Rs. 240/83, Slg. 1985, 531, 549 (Procureur de la République/ADBHU); EuGH, 8.10.1986, Rs. 234/85, Slg. 1986, 2897, 2912 (Keller); EuGH, 11.7.1989, Rs. 265/87, Slg. 1989, 2237, 2268 (Schräder); EuGH, 13.7.1989, Rs. 5/88, Slg. 1989, 2609, 2639 (Wachauf); EuGH, 21.2.1991, verb. Rs. C-143/88 und C-92/89, Slg. 1991, 415, 552 (Zuckerfabrik Süderdithmarschen AG und Zuckerfabrik Soest GmbH); EuGH, 5.10.1994, Rs. C-280/93, Slg. 1994, 4973, 5065f (Deutschland/Rat). Vgl. auch BVerfG, 22.10.1986, 2 BvR 197/83, BVerfGE 73, 339, 380f (Solange II) m.z.N. aus der Rspr. des EuGH. *Hüffer/Ipsen/Tettinger*, S. 150ff, 172 m.w.N.; *Rengeling*, S. 213ff m.z.N.; *Schnelle* EuZW 1994, 556, 558f; *Streinz* „Grundrechtsschutz", S. 410f m.w.N.; *Thiel* JuS 1991, 274, 279f m.w.N.
Vgl. nunmehr auch Art. 52 Abs. 1 S. 2 der Europäischen Grundrechtecharta.

heiten“ stellt, ergeben sich für einen wettbewerbsherstellenden Kontrahierungszwang keine hierüber hinausgehenden Schranken.

c) Rechtmäßige Einschränkung der Grundrechte

aa) Die Herstellung von Wettbewerb als gemeinschaftsrechtlich anzuerkennendes Allgemeininteresse

Konkrete Allgemeininteressen, die den Eingriff in die Grundrechte eines Marktteilnehmers rechtfertigen, wurden von den Gemeinschaftsgerichten bisher nicht definiert[136]. Nach allgemeinen völkerrechtlichen Grundsätzen („*lex superior derogat legi inferiori*“) können Grundrechte als allgemeine Rechtsgrundsätze iSd gemeinschaftlichen Primärrechts (Art. 6 Abs. 2 EU) nur durch solche Rechtsgüter eingeschränkt werden, die gleichfalls einen solchen gemeinschaftskonstituierenden („verfassungsmäßigen“) Charakter haben[137]. Art. 52 Abs. 1 S. 2 der Europäischen Grundrechtecharta nennt insoweit ausdrücklich die „von der Union anerkannten dem Gemeinwohl dienenden Zielsetzungen“.

Die „Verfassungsmäßigkeit“ einer Auslegung des Art. 82 EG, aufgrund der dem ersten Konkurrenten eines Monopolisten beim Markteintritt geholfen wird, richtet sich also danach, dass gerade dieser Zweck „gemeinschaftsverfassungsrechtlich“ anzuerkennen ist[138]. Da die EG kein Staat, sondern ein Zusammenschluss von Staaten ist,[139] ist der staatsrechtliche Begriff „Verfassungsrecht“ nicht uneingeschränkt auf das Gemeinschaftsrecht übertragbar[140]. Insbesondere ist

---

[136] *Hüffer/Ipsen/Tettinger*, S. 150, 172 m.w.N.; *Schnelle* EuZW 1994, 556, 559.

[137] Vgl. GTE-*Beutler* zu Art. F EUV, Rz. 73 m.w.N.; *Nettesheim* EuZW 1995, 106, 107. Vgl. auch *Rengeling*, S. 180f, 206, 216.

[138] Vgl. entsprechend im deutschen Verfassungsrecht oben 2. Abschnitt D.III.2c)aa).

[139] Die Rechtsnatur der EG ist am ehesten eine besondere Entwicklungsstufe einer internationalen Organisation, s. nur *Streinz*, Rz. 107ff m.w.N. Durch den derzeit diskutierten Vertrag über eine Verfassung für Europa (ABl. EG 2003 Nr. C 169, S. 1ff) könnte sich die EU zu einem „intensiven Staatenbund besonderer Art“ weiterentwickeln, *Oppermann* DVBl 2003, 1165, 1168.

[140] Vgl. zu dieser Problematik nur *Heintzen* EuR 1997, 1ff; *Mestmäcker* in: FS von der Groeben, S. 9, 17; Dauses-*Müller-Graff* A.I, Rz. 90 m.w.N.; MD-*Scholz* zu Art. 23 GG, Rz. 32ff m.z.N.; 8. HauptGA der Monopolkommission 1988/89, BT-Drs. 11/7582, Tz. 1170; insbesondere zur speziellen Problematik der „Wirtschaftsverfassung“ der EG: *Basedow* „Wirtschaftsverfassung“, S. 8ff; *Müller-Graff* EuR 1997, 433, 437f; *Oppermann* DVBl 2003, 1, 2ff m.w.N.; *Scherer* „Wirtschaftsverfassung“, S. 42ff, 69ff jeweils m.w.N.- Der EuGH hat zwar in mehreren Urteilen den EG-Vertrag als „Verfassungsurkunde“ bezeichnet, EuGH, 23.4.1986, Rs. 294/83, Slg. 1986, 1339, 1365 (Parti écologiste „Les Verts“/Europäisches Parlament); EuGH, 14.12.1991, Gutachten 1/91,

deshalb der (Verfassungs-) Rang gemeinschaftlicher Rechtsgüter nicht ohne weiteres - wie etwa im deutschen Recht mit Hilfe der Staatszielbestimmungen der Art. 1, 20 GG - zu ermitteln.

Aus einigen Entscheidungen des EuGH, die zu den gemeinschaftlichen Grundrechten der Berufs- und Eigentumsfreiheit ergingen, lässt sich entnehmen, dass ein vorrangiges „verfassungsmäßiges Allgemeininteresse“ u.a. in der Errichtung einer Gemeinsamen Marktordnung iSd Art. 33, 34 Abs. 2 EG bestehen kann[141]. Dieses Vertragsziel beinhaltet die Beseitigung von Handelsbeeinträchtigungen zwischen den Mitgliedstaaten[142] bzw. die Vereinheitlichung der unterschiedlichen Ausgangsbedingungen der Marktteilnehmer in den Mitgliedstaaten zur „Integration der einzelnen Inlandsmärkte“[143]. Zumindest die Errichtung des Gemeinsamen Marktes durch Abbau marktabschottender nationaler Handelsregelungen ist also ein „verfassungsmäßig“ anzuerkennendes und den Gemeinschaftsgrundrechten ggf. vorrangiges Allgemeininteresse. Diesem Vertragsziel stehen gemäß **Art. 2, 3 Abs. 1 EG** gleichberechtigt die anderen Ziele gegenüber, zu denen gemäß Art. 3 Abs. 1g) iVm Art. 81ff EG auch die gemeinschaftliche Wettbewerbspolitik zu zählen ist. Es ist daher davon auszugehen, dass die Vertragsziele der EG, die in Art. 2 und 3 Abs. 1 EG niedergelegt sind, Gemeinschaftsziele mit Verfassungsrang darstellen, zu deren Verwirklichung auch Gemeinschaftsgrundrechte eingeschränkt werden dürfen[144].

Slg. 1991, 6079, 6102 (ähnlich auch das Bundesverfassungsgericht, 18.10.1967, 1 BvR 248/63 und 216/67, BVerfGE 22, 293, 295f). Hieraus lassen sich jedoch keine Schlussfolgerungen hinsichtlich der Einschränkbarkeit der Gemeinschaftsgrundrechte durch (sämtliche oder auch nur einige) Normen des EG-Vertrages ziehen.

Vgl. zum Entwurf eines Vertrags über eine Verfassung für Europa durch den Europäischen Konvent vom 18.7.2003 (ABl. EG 2003 Nr. C 169, S. 1ff) nur *Meyer/Hölscheidt* EuZW 2003, 613ff; *Oppermann* DVBl 2003, 1165, 1234ff jeweils m.z.N.

[141] EuGH, 17.12.1970, Rs. 25/70, Slg. 1970, 1161, 1178 (Köster); EuGH, 13.12.1979, Rs. 44/79, Slg. 1979, 3727, 3748 (Hauer); EuGH, 6.12.1984, Rs. 59/83, Slg. 1984, 4057, 4079, 4077f (SA Biovilac NV/EWG); 18.9.1986, Rs. 116/82, Slg. 1986, 2519, 2545 (Kommission/Deutschland); EuGH, 8.10.1986, Rs. 234/85, Slg. 1986, 2897, 2913 (Keller); EuGH, 11.7.1989, Rs. 265/87, Slg. 1989, 2237, 2268 (Schräder); EuGH, 21.2.1991, verb. Rs. C-143/88 und C-92/89, Slg. 1991, 415, 552 (Zuckerfabrik Süderdithmarschen AG und Zuckerfabrik Soest GmbH); 5.10.1994, Rs. C-280/93, Slg. 1994, 4973, 5066f (Deutschland/Rat); EuGH, 15.4.1997, Rs. C-22/94, Slg. 1997, 1809, 1839f (The Irish Farmers Association u.a.); EuGH, 17.7.1997, Rs. C-183/95, Slg. 1997, 4315, 4372 (Affish BV/Rijksdienst voor de keuring van Vee en Vlees).

[142] EuGH in „Keller“ aaO. (vorige Fn.).

[143] EuGH in „Deutschland/Rat“ aaO. (vorletzte Fn.).

[144] Vgl. auch EuGH, 17.12.1970, Rs. 11/70, Slg. 1970, 1125, 1135 (Internationale Handelsgesellschaft); EuGH, 14.5.1974, Rs. 4/73, Slg. 1974, 491, 507 (Nold). Vgl. auch EuGH, 7.2.1985,

Im Folgenden ist somit zu untersuchen, welche Schranken sich aus den Vertragszielen der EG für die Grundrechte eines Monopolunternehmens ergeben, das durch seine Kontrahierungsverweigerung den Markteintritt eines Newcomer-Konkurrenten und so die Entstehung von Wettbewerb verhindert. Ausgangspunkt soll wie bei der Untersuchung des deutschen Verfassungsrechts[145] die **Wirtschaftsverfassung der EG** sein.

- Bereits bei einer ersten Analyse des EG-Vertrages fällt auf, dass dieser - im Gegensatz zum Grundgesetz in seiner Auslegung durch das Bundesverfassungsgericht - nicht auf **wettbewerbspolitische Neutralität** ausgerichtet ist[146]: Eine der Aufgaben der EG besteht gemäß Art. 2, 4 EG darin, einen Gemeinsamen Markt zu errichten. Die hierzu verfolgte Wirtschaftspolitik soll dem „Grundsatz einer offenen Marktwirtschaft mit freiem Wettbewerb verpflichtet" sein (s. auch Art. 98, 105 Abs. 1 S. 3, 154 Abs. 2 S. 1, 157 Abs. 1 S. 2 EG). Gemäß Art. 3 Abs. 1g) EG werden diese Ziele u.a. durch „ein System, das den Wettbewerb innerhalb des Binnenmarkts vor Verfälschungen schützt" und gemäß Art. 3 Abs. 1c), 14 EG durch die Errichtung eines Binnenmarkts, in dem die Grundfreiheiten des EG-Vertrages ungehindert ausgeübt werden können, realisiert. Der EG-Vertrag verpflichtet die EG also nicht nur zur Verwirklichung einer bestimmten Wirtschaftsordnung, sondern schreibt ihr gleichzeitig zwingend[147] vor, mit welchen Mitteln sie diese Ziele zu erreichen hat[148].

Rs. 240/83, Slg. 1985, 531, 549 (Procureur de la République/ADBHU) zur Einschränkbarkeit des Gemeinschaftsgrundrechts auf Handelsfreiheit durch das „wesentliche Ziel" der EG des Umweltschutzes, Art. 3k) EG-Vertrag (jetzt Art. 3 Abs. 1 l EG). *Dauses* JöR 31 (1982) 1, 12, m.w.N.; *Hüffer/Ipsen/Tettinger*, S. 151; Grabitz/Hilf-*Pernice/Mayer* nach Art. 6 EUV, Rz. 10, 41; *Schnelle* EuZW 1994, 556, 559; *Scholz/Langer*, S. 36 m.w.N.; *Schröder*, S. 52f m.w.N.; *Streinz* „Grundrechtsschutz", S. 413f m.w.N.

[145] Vgl. oben 2. Abschnitt D.III.2c)aa).

[146] Vgl. zur Rechtsansicht des Bundesverfassungsgerichts oben 2. Abschnitt D.III.2c)aa).

[147] Vgl. zum zwingenden Charakter des Art. 3 EG Grabitz/Hilf-*v.Bogdandy* zu Art. 3 EGV, Rz. 2 m.z.N.; Grabitz/Hilf-*Bandilla* zu Art. 4 EGV, Rz. 3 m.w.N.; *Ipsen*, Rz. 28/21f, S. 557ff m.w.N.; Dauses-*Müller-Graff* A.I, Rz. 124f; *Streinz*, Rz. 800. Vgl. auch EuGH, 13.5.1971, verb. Rs. 41 - 44/70, Slg. 1971, 411, 427 (International Fruit Company); EuGH, 21.2.1973, Rs. 6/72, Slg. 1973, 215, 246 (Continental Can).

[148] Grabitz/Hilf-*Bandilla* zu Art. 4 EGV, Rz. 7ff m.w.N.; *Basedow* „Wirtschaftsverfassung", S. 26ff m.z.N.; *Bleckmann* DVBl. 1992, 335, 341; Langen/Bunte-*Bunte* Einführung zum EG-Kartellrecht, Rz. 34 m.w.N.; Dauses-*Emmerich* H.I § 1, Rz. 1; GTE-*von Estorff/Molitor* zu Art. 3a EGV, Rz. 17ff m.w.N.; *Dreher* WuW 1998, 656f; *Immenga* EuZW 1994, 14, 15; *Kreutz*, S. 33f, 38f m.w.N.; *Mestmäcker* „Europäisches Wettbewerbsrecht", S. 14; *ders.* in: FS von der Groeben, S. 9, 16ff m.w.N.; Dauses-*Müller-Graff* A.I, Rz. 124f m.w.N.; *ders.* EuR 1997, 433, 439ff m.w.N.;

- Bereits der Wortlaut des Art. 4 EG deutet darauf hin, dass die Wettbewerbsfreiheit grundlegender Bestandteil der „EG-Wirtschaftsverfassung“ ist. Konkretisieren lässt sich der in dieser Vorschrift nicht näher definierte Begriff der „offenen Marktwirtschaft mit freiem Wettbewerb“ bzw. das System unverfälschten Wettbewerbs iSd Art. 3 Abs. 1g) EG insbesondere durch die gemäß Art. 3 Abs. 1c), Art. 4, Art. 14 EG zu verwirklichenden **Grundfreiheiten** der Marktbürger innerhalb der EG[149]:

  Die Grundfreiheiten konstituieren einen individuellen Freiheitsraum[150] im wirtschaftlichen Handelsverkehr (Art. 4, Art. 23 bis 31 EG), bei der Aufnahme und Ausübung selbständiger Erwerbstätigkeiten (Art. 48 iVm Art. 43ff EG) sowie bei der Erbringung von Dienstleistungen iSd Art. 50, 49ff EG. Wie bereits für Art. 12, 14 GG gezeigt[151], wird durch die Gewährleistung solcher unternehmerischer Grundfreiheiten gleichzeitig die Freiheit zum Wettbewerb der Unternehmen untereinander verbürgt. „Wettbewerb“ entsteht nämlich automatisch dann, wenn mehrere Marktteilnehmer auf derselben Marktstufe von ihren Grundfreiheiten Gebrauch machen, mit Waren zu handeln, Unternehmen zu gründen und zu leiten, selbständige Tätigkeiten auszuüben und Dienstleistungen zu erbringen[152].

- Verfassungsrang erhält die Wettbewerbsfreiheit nicht nur aufgrund ihres Ursprungs in den grundlegenden Vertragszielen der EG. Vielmehr lässt sich dieser Rang gleichermaßen (wie im deutschen Ver-

---

Rengeling, S. 208; *Roth* EuR Beiheft 1-1994, 45, 48f m.w.N.; *Schmidt-Preuß* DVBl. 1993, 236, 244ff m.w.N.; *Scholz/Langer*, S. 27, 40ff; GTE-*Schröter* Vorbemerkung zu Art. 85 - 94 EGV, Rz. 25; *Streinz* aaO. (vorige Fn.); GTE-*Zuleeg* zu Art. 3 EGV, Rz. 1, 7 m.w.N. Vgl. auch das 8. HauptGA der Monopolkommission 1988/89, BT-Drs. 11/7582, Tz. 1169f m.w.N.; *Scherer* „Wirtschaftsverfassung“, S. 199ff m.w.N. Vgl. bereits oben 1. Abschnitt B.I.

149 Vgl. auch *Basedow* „Wirtschaftsverfassung“, S. 40ff m.w.N.; Langen/Bunte-*Bunte* Einführung zum EG-Kartellrecht, Rz. 34 m.w.N.; *Dreher* WuW 1998, 656, 658f; *Immenga* EuZW 1994, 14, 15; *Ipsen*, Rz. 28/30, S. 566; *Mestmäcker* in: FS von der Groeben, S. 9, 18ff m.w.N.; Dauses-*Müller-Graff* A.I, Rz. 125, 127f; *ders.* EuR 1997, 433, 440ff m.w.N.; *Rengeling*, S. 207f m.w.N.; *Schmidt-Preuß* DVBl. 1993, 236, 244 m.w.N.; *Scholz/Langer*, S. 27ff; GTE-*Schröter* Vorbemerkung zu Art. 85 - 94 EGV, Rz. 13 m.w.N. Vgl. auch *Stewing*, S. 93.

150 Vgl. auch Grabitz/Hilf-*Pernice/Mayer* nach Art. 6 EUV, Rz. 10; *Scholz/Langer*, S. 48, 51, 243.

151 Vgl. zur wirtschaftsverfassungskonstituierenden Funktion dieser Grundrechte oben 2. Abschnitt D.III.2c)aa).

152 Vgl. auch *Dreher* WuW 1998, 656, 658f; Dauses-*Müller-Graff* A.I, Rz. 128f; *Oppermann*, Rz. 1025, 930; *Rengeling*, S. 207f m.w.N.; *Scherer* „Wirtschaftsverfassung“, S. 134 m.w.N.; *Scholz/Langer*, S. 27f, 30f; *Stewing*, S. 82f.

fassungsrecht[153]) aus den **Gemeinschaftsgrundrechten** herleiten: Diese konstituieren durch die Gewährleistung u.a. der freien Ausübung eines Berufs und der Inhaberschaft von (Unternehmens-) Eigentum eine objektive wettbewerbsorientierte Wertordnung, indem sie jedem Unternehmen das Recht zur ungehinderten Ausübung seiner wirtschaftlichen Tätigkeit gewähren, wodurch es mit den anderen Grundrechtsträgern in Wettbewerb tritt[154].

- Die so verstandene Wettbewerbsfreiheit iSd EG-Vertrages beruht also auf den ausgeübten Freiheitsrechten einzelner Unternehmen. Dies könnte bedeuten, dass die Wettbewerbsfreiheit vom EG-Vertrag nur dann „verfassungsmäßig" garantiert wird, wenn und soweit die Marktteilnehmer tatsächlich ihre Grundfreiheiten aktiv ausüben[155]. Unter dieser Prämisse könnte ein Marktteilnehmer nicht zur *Aufnahme* einer bestimmten beruflichen Tätigkeit gezwungen werden, wenn er beispielsweise erstmals für einen Newcomer-Nachfrager Energie durch sein Leitungsnetz durchleiten soll[156]. Die Grundfreiheiten des EG-Vertrages wären also auf **potentielle Marktteilnehmer**, wie z.B. Newcomer-Nachfrager, nicht anwendbar.

  Eine solche Auslegung wird jedoch dem doppelten Charakter der Grundfreiheiten nicht gerecht, die nicht nur eine individuelle Freiheitssphäre vor hoheitlichen Eingriffen garantieren, sondern gleichermaßen die EG auch dazu verpflichten, aktiv für die ungehinderte Ausübung der Grundfreiheiten Sorge zu tragen (Art. 3 Abs. 1c, Art. 14 Abs. 1 EG)[157]. Nachdem die in Art. 14 Abs. 1 EG genannte

---

[153] Vgl. zur Garantie einer bestimmten grundgesetzlichen Wirtschaftsverfassung insbesondere aus Art. 12, 14 GG oben 2. Abschnitt D.III.2c)aa).

[154] Vgl. zur verfassungsmäßigen Wettbewerbsfreiheit aufgrund der Ausübung der Gemeinschaftsgrundrechte und der hieraus resultierenden wettbewerblichen Ordnung nur *Dreher* WuW 1998, 656, 658f; *Rengeling*, S. 205ff; *Schmidt-Preuß* DVBl. 1993, 236, 244 m.w.N.; *Scholz/Langer*, S. 259; *Stewing*, S. 82f; *ders.* EuR 1993, 41, 57. Auch der EuGH leitete in seinem Urteil „Rau u.a./BALM" - ohne nähere Begründung - die gemeinschaftsrechtliche Garantie der Wettbewerbsfreiheit aus den Gemeinschaftsgrundrechten ab, 21.5.1987, verb. Rs. 133 - 136/85, Slg. 1987, 2289, 2339.

[155] So *Scholz/Langer*, S. 30f, 36ff. Vgl. auch *Eckert* RdE 1992, 56, 62; *Stewing*, S. 89ff, 93.

[156] So *Scholz/Langer*, S. 30f, 36ff, vgl. auch *dies.* aaO., S. 67f, 70, dazu, dass die Grundfreiheiten nicht das Recht enthielten, noch nicht existierende Wirtschaftssysteme zu schaffen, und die EG deshalb keine Kompetenz zu derartigen wirtschaftslenkenden Eingriffen habe; so auch *Stewing*, S. 93. Zweifelnd auch *Eckert* RdE 1992, 56, 62f.

[157] Vgl. *Mestmäcker* „Wirtschaftsverfassung", S. 12; Grabitz/Hilf-*Pernice/Mayer* nach Art. 6 EUV, Rz. 10.

Frist unverbindlich ist[158], besteht diese Verpflichtung der EG auch noch nach dem 31.12.1992 fort. Aufgabe und Zweck der EG bestehen daher nicht nur darin, die individuelle tatsächliche Ausübung der Grundfreiheiten durch Unternehmen zu tolerieren. Vielmehr haben die EG-Organe bei der Ausübung ihrer Befugnisse ebenfalls dafür zu sorgen, dass Marktteilnehmer nicht an der beabsichtigten Ausübung ihrer Grundfreiheiten gehindert werden[159]. Die gleiche Pflicht ergibt sich aus dem im ersten Untersuchungsabschnitt dargestellten Vertragsziel der „offenen", also auf den Zutritt neuer Teilnehmer ausgerichteten, Wirtschaftsordnung iSd Art. 4 Abs. 1 EG, für deren Errichtung die EG bei Versagen der wettbewerblichen Selbstregulierungskräfte verantwortlich ist[160].

Bei einer engeren Auslegung der Grundfreiheiten, dass der EG-Vertrag nur tatsächlich ausgeübte Rechte umfasst, würde darüber hinaus die vom EG-Vertrag angestrebte dynamische Entwicklung der EG zu einem „immer engeren Zusammenschluss der europäischen Völker" (s. Präambel des EG-Vertrages sowie Art. 2 EG, Art. 1 Abs. 2 EU)[161] nicht verwirklicht werden können, sondern die EG im aktuellen Integrationszustand erstarren. Außerdem würden anderenfalls einseitig allein die Rechte der aktuell tätigen Wirtschaftsteilnehmer betont werden, ohne die Rechte der potentiellen Marktteilnehmer gleichermaßen zu berücksichtigen[162]. Ein derartiges, allein auf die aktuelle Freiheitsausübung gerichtetes Verständnis der Grundfreiheiten steht außerdem in Widerspruch zu deren ausdrücklichem Wortlaut: Erstens sind sie als *Rechte* ausgestaltet[163], zweitens räumt beispielsweise Art. 43 Abs. 2 EG einem EU-Angehörigen ausdrücklich die Freiheit ein, eine Erwerbstätigkeit *aufzunehmen* oder ein Unternehmen zu *gründen*. Sämtlichen der o.g. Aspekte lässt sich entnehmen, dass die Grundfreiheiten des EG-Vertrages und die durch diese gebildete Wirtschaftsordnung nicht nur aktuellen Marktteil-

---

[158] Vgl. die Erklärung zu Art. 8a EWGV in der Schlussakte zur Einheitlichen Europäischen Akte (EEA), ABl. EG 1987 Nr. C 169, S. 1ff.

[159] Vgl. aus der gemeinschaftsgerichtlichen Rspr. den Beschluss des EuG, 12.5.1995, Rs. T-79/95 R und T-80/95 R, Slg. 1995 II 1433ff (Société nationale des chemins de fer français und British Railways Board/Kommission).

[160] Vgl. hierzu 1. Abschnitt B.I.2, C.II., III.

[161] Vgl. hierzu bereits oben 1. Abschnitt B.I., IV.2.

[162] Vgl. auch *Stewing*, S. 93.

[163] Vgl. auch *Stewing* aaO. (vorige Fn.).

nehmern zustehen, sondern sich auch an potentielle Marktteilnehmer richten[164].

- Die Organe der EG dürfen zur Verwirklichung der Grundfreiheiten sowie zur Schaffung der in diesen enthaltenen Wettbewerbsfreiheit auch unmittelbar gegenüber **Unternehmen** Maßnahmen ergreifen.

Zwar zeigt Art. 14 Abs. 1 EG iVm den dort genannten Vorschriften, dass die Tätigkeit der EG bei der Verwirklichung der Grundfreiheiten in erster Linie gegen die Mitgliedstaaten, nicht jedoch unmittelbar gegen die Marktteilnehmer gerichtet ist. Gemäß dieser Vorschrift sollen nämlich nationale Vorschriften, die der ungehinderten grenzüberschreitenden Ausübung der Grundfreiheiten entgegenstehen, koordiniert bzw. harmonisiert werden (Art. 14 Abs. 1 iVm Art. 47 Abs. 2 EG bzw. Art. 95 EG). Außerdem deutet der Begriff der „offenen Marktwirtschaft" in Art. 4 EG darauf hin, dass die Aufgabe der EG in erster Linie darin besteht, Abschottungen der einzelnen nationalen Märkte zu beseitigen, die durch *mitgliedstaatliche* Vorschriften entstehen, nicht jedoch durch individuelles Verhalten der Unternehmen[165] (s. auch Art. 98, 157 Abs. 1 S. 2 EG). Soweit allerdings der unverfälschte Wettbewerb iSd Art. 3 Abs. 1g) EG zu gewährleisten ist - wozu insbesondere das Instrumentarium der Art. 81ff EG dient[166] -, richtet sich die Tätigkeit der EG nicht nur gegen die Mitgliedstaaten (Art. 86 EG), sondern u.a. auch gegen Kartelle (Art. 81 EG) bzw. gegen marktbeherrschende Unternehmen (Art. 82 EG).

Die Wettbewerbspolitik der EG soll gemäß dem EG-Vertrag also auf zwei Wegen verfolgt werden: Einerseits gegenüber den Mitgliedstaaten (insbesondere durch Harmonisierung der nationalen wettbewerbsbehindernden Vorschriften), andererseits gegenüber den einzelnen Unternehmen, wenn deren individuelles Verhalten den Zielen der

---

[164] *Basedow* „Wirtschaftsverfassung", S. 42f m.w.N.; Dauses-*Müller-Graff* A.I, Rz. 128, betont, dass die Grundfreiheiten nicht nur die „Privatautonomie", sondern auch die „Privat*initiative*" umfassen, also auch das Recht eines Unternehmens, erstmals eine bestimmte Tätigkeit auszuüben (Hervorhebung von der Verfasserin). Vgl. auch *Papier* BB 1997, 1213, 1216. Vgl. auch EuGH, 21.2.1973, Rs. 6/72, Slg. 1973, 215, 244f (Continental Can); 16. Erwägungsgrund der Richtlinie der Kommission 90/388/EWG vom 28.6.1990 über den Wettbewerb auf dem Markt für Telekommunikationsdienste, ABl. EG 1990 Nr. L 192, S. 10, 12.

[165] Vgl. Grabitz/Hilf-*Bandilla* zu Art. 4 EGV, Rz. 7, 9.

[166] EuGH, 21.2.1973, Rs. 6/72, Slg. 1973, 215, 245 (Continental Can); EuGH, 6.3.1974, Rs. 6 u. 7/73, Slg. 1974, 223, 254 (Commercial Solvents); EuGH, 13.2.1979, Rs. 85/76, Slg. 1979, 461, 520, 552f (Vitamine); EuGH, 18.6.1991, Rs. C-260/89, Slg. 1991, 2925, 2961 (ERT).

EG widerspricht[167]. Darüber hinaus ist der Eingliederung der Art. 81ff EG in den Aufgaben- und Zielkatalog der EG zu entnehmen, dass die EG auch dann, wenn sie beispielsweise gegen ein einzelnes Unternehmen vorgeht, das seine Macht missbraucht hat, nur mittelbar zum Schutz des missbräuchlich behandelten Unternehmens handelt - in erster Linie dient diese Maßnahme der Verwirklichung der im Gemeinschaftsinteresse liegenden Vertragsziele des Art. 2 EG, zu denen auch die Herstellung von Wettbewerb zählt[168].

- Im Ergebnis ist daher festzuhalten, dass die Wettbewerbsfreiheit, wie sie durch die Ausübung der Grundfreiheiten des EG-Vertrages durch aktuelle oder potentielle Marktteilnehmer entsteht, im Gemeinschaftsrecht „verfassungsmäßig" verankert ist[169]. Maßnahmen zur Verwirklichung der EG-Vertragsziele durch Herstellung von Wettbewerb können daher die Gemeinschaftsgrundrechte eines Unternehmens einschränken[170].

- Wie bereits im ersten Abschnitt gezeigt, ist das in Art. 4 Abs. 1 EG vorgeschriebene Ziel, eine Wirtschaftspolitik einzuführen, die „einer offenen Marktwirtschaft mit freiem Wettbewerb" verpflichtet ist,

---

[167] Vgl. auch das 8. HauptGA der Monopolkommission 1988/89, BT-Drs. 11/7582, Tz. 1103; Dauses-*Emmerich* H.I § 1, Rz. 2ff m.w.N.; *van Miert* WuW 1995, 553, 564; Dauses-*Müller-Graff* A.I, Rz. 129; *Streinz*, Rz. 802. Vgl. dazu, dass nicht nur Maßnahmen von Unternehmen, sondern auch von Mitgliedstaaten den „Wettbewerb" iSd EG-Vertrages verfälschen können, bereits oben 1. Abschnitt B.I.

[168] Vgl. auch *Hüffer/Ipsen/Tettinger*, S. 228f. Die a.A. von *Schnelle* EuZW 1994, 556, 559f (ähnlich auch *Eckert* RdE 1992, 56, 62; *Scholz/Langer* et 1992, 851, 852 sowie *Schröder*, S. 66), übersehen die oben aufgezeigten Zusammenhänge zwischen den im Gemeinschaftsinteresse zu realisierenden Vertragszielen und den hierzu der EG obliegenden Aufgaben, Art. 2, 3 Abs. 1c), g) iVm Art. 81 ff EG. Vgl. zu der Doppelnatur der Art. 81ff EG, sowohl die individuellen Interessen der Marktteilnehmer zu befriedigen als auch die gemeinschaftlichen Vertragsziele, bereits oben 1. Abschnitt B.VII., C.III.

[169] Vgl. auch Langen/Bunte-*Bunte* Einführung zum EG-Kartellrecht, Rz. 34 m.w.N.; GTE-*von Estorff/Molitor* zu Art. 3a EGV, Rz. 19; *Dreher* WuW 1998, 656ff, 663ff; *Ipsen*, Rz. 28/30, S. 566; Dauses-*Müller-Graff* A.I, Rz. 128f m.w.N.; *Rengeling*, S. 207f; *Scherer* „Wirtschaftsverfassung", S. 151ff m.w.N.; GTE-*Schröter* Vorbemerkung zu Art. 85 - 94 EGV, Rz. 9, 13f m.z.N.; *Streinz*, Rz. 802; GTE-*Zuleeg* zu Art. 2 EGV, Rz. 19. Vgl. auch das 8. HauptGA der Monopolkommission 1988/89, BT-Drs. 11/7582, Tz. 1170; *Stewing*, S. 93. Vgl. zum (nicht näher begründeten) Bestehen eines „allgemeinen Grundsatzes des Gemeinschaftsrechts" für freien Wettbewerb auch EuGH, 7.2.1985, Rs. 240/83, Slg. 1985, 531, 550 (Procureur de la République/ADBHU).

[170] Vgl. auch *Markert* WuW 1995, 560, 564; *Müller-Graff* EuR 1997, 433, 444; *Papier* BB 1997, 1213, 1216; *Schnelle* EuZW 1994, 556, 559f; *Scholz/Langer*, S. 259; *Schröder*, S. 62f; *Stewing* EuR 1993, 41, 57.

nicht nur für die Wirtschaftsverfassung der EG relevant. Vielmehr bindet diese Vorschrift ihrem ausdrücklichem Wortlaut nach gleichermaßen die „Tätigkeit der **Mitgliedstaaten**". Auch diese müssen ihre Wirtschaftspolitik dementsprechend ausrichten (vgl. auch Art. 99 Abs. 1, 98 EG sowie Art. 131 EG für die Handelspolitik)[171]. Das Grundgesetz hat sich dieser verhältnismäßig starken „Beeinflussung" grundsätzlich streng nationaler Belange wie der zu verfolgenden Wirtschaftspolitik mit staatszielbestimmenden Charakter[172] geöffnet; gemäß Art. 23 Abs. 1 S. 1, 2 GG ist die Bundesrepublik Deutschland zur Integration in die Europäische Union, deren Grundlage gemäß Art. 1 Abs. 3 EU u.a. die EG bildet, verpflichtet[173]. Eine solche Integration in einen internationalen, insbesondere auf wirtschaftliche Zusammenarbeit gerichteten Rahmen wäre ohne die ge-

---

[171] Vgl. hierzu bereits oben 1. Abschnitt B.VII.2, C.II.
GTE-*von Estorff/Molitor* zu Art. 3a EGV, Rz. 11, 18; *Müller-Graff* EuR 1997, 433, 439ff, 448, 456f. Vgl. dazu, dass die Mitgliedstaaten bei der Ausübung ihrer Befugnisse gemäß Art. 5 Abs. 2 EG-Vertrag an die Grundsätze der Art. 3g, 85f EG-Vertrag (jetzt **Art. 10 Abs. 2 iVm Art. 3 Abs. 1g, 81f EG**) gebunden sind, nur EuGH, 29.1.1985, Rs. 231/83, Slg. 1985, 305, 319f (Cullet/Leclerc) m.w.N.; EuGH, 30.4.1986, verb. Rs. 209 - 213/84, Slg. 1986, 1425, 1471 (Ministère Public/Asjes u.a.); EuGH, 11.4.1989, Rs. 66/86, Slg. 1989, 803, 851 (Ahmed Saeed Flugreisen u.a.); EuGH, 17.6.1997, Rs. C-70/95, Slg. 1997, 3395, 3436 (Sodemare SA u.a./Regione Lombardia) m.z.N.; 8. HauptGA der Monopolkommission 1988/89, BT-Drs. 11/7582, Tz. 1103, 1106, 1112f, 1115ff m.z.N. aus der Rspr. des EuGH; *Basedow* „Wirtschaftsverfassung", S. 50 m.w.N.; *Everling* „Wettbewerbspolitik", S. 103, 118ff; *ders.* WuW 1990, 995, 1005f jeweils m.w.N.; *Scherer* „Wirtschaftsverfassung", S. 142ff m.w.N.; vgl. zu den Verpflichtungen der Mitgliedstaaten aus Art. 90 Abs. 1, 86 EG-Vertrag (jetzt **Art. 86 Abs. 1, 81 EG**) nur EuGH, 13.12.1991, Rs. C-18/88, Slg. 1991, 5941, 5980 (RTT/GB-Inno); EuGH, 5.10.1994, Rs. C-323/93, Slg. 1994, 5077, 5104 (Centre d'insémination); EuGH, 14.12.1995, Rs. C-387/93, Slg. 1995, 4663, 4690 (Banchero); EuGH, 11.12.1997, Rs. C-55/96, Slg. 1997, 7119, 7148 (Job Centre coop arl.) m.w.N. Vgl. zu diesem Problemkreis auch *Scherer* aaO., S. 144f m.w.N. sowie das 8. HauptGA der Monopolkommission 1988/89, BT-Drs. 11/7582, aaO. sowie Tz. 1152ff m.w.N. aus der Rspr. des EuGH, 1172, 1176.

[172] Vgl. zum in Art. 23 GG verankerten verfassungsrechtlichen Staatsziel der europäischen Integration nur den Bericht der Gemeinsamen Verfassungskommission, BT-Drs. 12/6000, S. 20, 28; MD-*Scholz* zu Art. 23 GG, Rz. 2, 4, 37ff m.w.N.

[173] Die verfassungsrechtliche Grenze der wirtschaftspolitischen Integration Deutschlands in die EU gemäß Art. 23 Abs. 1 S. 2, 3 GG war u.a. Gegenstand des „Maastricht-Urteils" des BVerfG. Diese Entscheidung befasste sich mit der etwaigen Aushöhlung des Demokratieprinzips, weil die Aufgaben des Deutschen Bundestages auf die EU verlagert wurden (s. Art. 23 Abs. 1 S. 3, Art. 79 Abs. 3 iVm Art. 20 Abs. 1, 2 GG), vgl. BVerfG, 12.10.1993, 2 BvR 2134, 2159/92, BVerfGE 89, 155, 172f (Maastricht). Nach Auffassung des BVerfG wurde diese Grenze durch die Vorschriften über die Wirtschafts- und Währungsunion (Art. 102a ff EG-Vertrag; jetzt Art. 98ff EG), nicht verletzt, BVerfG aaO., S. 199ff. Vgl. zur Bindung der Mitgliedstaaten an die Wettbewerbspolitik der EG bereits oben 1. Abschnitt B.VII.2, C.II.

meinsame Ausrichtung der Wirtschaftspolitiken der Mitgliedstaaten nicht möglich (s. auch Art. 2, 4, 99 Abs. 1 EG)[174].

Abgesehen also davon, dass die Herstellung von Wettbewerb mit Verfassungsrang in den Grundrechten des Grundgesetzes, insbesondere Art. 12, 14 GG, niedergelegt ist[175], ist die deutsche Hoheitsgewalt auch gemeinschaftsrechtlich verpflichtet, diese Ziele zu verfolgen[176]. Die Schranken für Grundrechtsbeeinträchtigungen durch wettbewerbsherstellende Maßnahmen lassen sich daher nicht nur aus der Wirtschaftsverfassung des Grundgesetzes herleiten, sondern gleichermaßen aus der in Art. 4 Abs. 1 EG niedergelegten Wirtschaftsverfassung des EG-Vertrages, die auch für die deutsche öffentliche Gewalt (gemäß Art. 23 Abs. 1 S. 1, 2, Art. 59 Abs. 2 GG mit Verfassungsrang) verbindlich ist.

bb) Verhältnismäßigkeit

Nach der ständigen Rechtsprechung des EuGH müssen Einschränkungen gemeinschaftlicher Grundrechte verhältnismäßig sein und dürfen den Wesensgehalt der betroffenen Grundrechte nicht verletzen[177].

Ein Grundrechtseingriff ist verhältnismäßig, wenn er zur Förderung des jeweiligen „verfassungsmäßigen“ Gemeinschaftsziels geeignet, erforderlich und angemessen ist[178].

---

[174] Vgl. auch die Bundesregierung in ihrem Jahreswirtschaftsbericht 1996, BT-Drs. 13/3601, S. 58, sowie in ihrer Stellungnahme zum Tätigkeitsbericht des BKartA 1995/96, BT-Drs. 13/7900, S. VI; BVerfG, 12.10.1993, 2 BvR 2134, 2159/92, BVerfGE 89, 155, 200f (Maastricht); *Behrens* Jura 1989, 561, 576; *Bleckmann* DVBl. 1992, 340; *Vollmer* DB 1993, 25, 27. Vgl. hierzu nur die jüngsten Empfehlungen des Rates zu den Grundzügen der Wirtschaftspolitik der Mitgliedstaaten und der Gemeinschaft 2000/517/EG vom 19.6.2000, ABl. EG 2000 Nr. L 210, S. 1ff; Empfehlung 2001/483/EG vom 15.6.2001, ABl. EG 2001 Nr. L 179, S. 1ff; Empfehlung 2002/549/EG vom 21.6.2002, ABl. EG 2002 Nr. L 182, S. 1ff sowie Empfehlung 2003/555/EG vom 26.6.2003, ABl. EG 2003 Nr. L 195, S. 1 ff.

[175] Vgl. dazu oben 2. Abschnitt D.III.2c)aa).

[176] So auch *Badura* EuR 2000, Beiheft 1, 45, 46f; *Papier* BB 1997, 1213, 1216. Vgl. zur Pflicht der Mitgliedstaaten zu gemeinschaftstreuer Wirtschaftspolitik und den Konsequenzen für die hier untersuchte Problematik oben 1. Abschnitt B.VII.2, C.II.

[177] Vgl. bereits oben 3. Abschnitt B.IV.2b) am Anfang m.z.N.
Vgl. nunmehr Art. 52 Abs. 1 der Europäischen Grundrechtecharta.

[178] EuGH, 11.7.1989, Rs. 265/87, Slg. 1989, 2237, 2269 (Schräder); EuGH, 17.7.1997, Rs. C-183/95, Slg. 1997, 4315, 4372 (Affish BV/Rijksdienst voor de keuring van Vee en Vlees) m.w.N.; vgl. auch EuG, 19.6.1997, Rs. T-260/94, Slg. 1997 II 997, 1045 (Air Inter SA/Kommission) m.w.N. *Streinz* „Grundrechtsschutz“, S. 414 m.z.N.

aaa) Jeder Grundrechtseingriff ist zur Verfolgung eines „verfassungsmäßigen" Zieles **geeignet**, wenn er dieses fördern kann[179].

Diese Voraussetzung ist bei einem wettbewerbsherstellenden Kontrahierungszwang erfüllt, da der Newcomer-Nachfrager hierdurch das für seine Marktteilnahme benötigte Gut erhält und mit dem Monopolisten auf einem nachgelagerten Markt konkurrieren kann[180].

bbb) Die **Erforderlichkeit** eines Grundrechtseingriffs setzt voraus, dass das gleiche Ziel nicht ebenso erfolgreich mit anderen Mitteln erreicht werden kann, die den Grundrechtsträger weniger belasten[181].

Hinsichtlich geeigneter Alternativen zur Herstellung von Wettbewerb gilt das Gleiche wie nach deutschem Recht[182]:

Zwar könnte sich der kraft Kontrahierungszwangs belieferte Newcomer das nachgefragte Gut möglicherweise auch auf einem **anderen räumlichen Markt** verschaffen. Auf diese Weise hätte jedoch der Verbotsadressat durch die Kontrahierungsverweigerung seine Monopolstellung erfolgreich verteidigt, Wettbewerb würde nicht entstehen. Diese Alternative ist also zur Herstellung von Wettbewerb ungeeignet.

Der **hoheitlichen Überlassung** des von dem Newcomer-Konkurrenten benötigten Gutes durch die Organe der EG steht in den meisten Fällen bereits die mangelnde Kompetenz der EG entgegen, Unternehmen zu betreiben, die entsprechende Ressourcen herstellen könnten[183]. Gleichermaßen fehlt der EG die Kompetenz, sich die jeweiligen Infrastruktureinrichtungen von den Mitgliedstaaten zu beschaffen, um sie dann dem Newcomer-Nachfrager zu überlassen. Eine Ausnahme besteht insoweit lediglich für den Bereich der Forschung und technologischen Entwicklung. Die EG könnte gemäß

S. dazu, dass Art. 52 Abs. 1 S. 2 der Europäischen Grundrechtecharta dem Verhältnismäßigkeitsgrundsatz iSd der gemeinschaftsgerichtlichen Rspr. entspricht, *Grabenwarter* DVBl 2001, 1, 2.

[179] EuGH, 13.12.1979, Rs. 44/79, Slg. 1979, 3727, 3748f (Hauer); EuGH in „Schräder" aaO. (vorige Fn.), S. 2269f. *Streinz* „Grundrechtsschutz", S. 416f.

[180] So auch *Schnelle* EuZW 1994, 556, 560.

[181] EuGH, 11.7.1989, Rs. 265/87, Slg. 1989, 2237, 2269 (Schräder); EuG, 19.6.1997, Rs. T-260/94, Slg. 1997 II 997, 1045 (Air Inter SA/Kommission) m.w.N.
Vgl. auch Art. 5 Abs. 3 EG.

[182] Vgl. oben 2. Abschnitt D.III.2c)bb)bbb).

[183] Vgl. beispielsweise zu der auf Förderungsmaßnahmen beschränkten Kompetenz der EG für Auf- und Ausbau transeuropäischer Netze der Verkehrs-, Telekommunikations- und Energieinfrastruktur Art. 154 Abs. 2 EG, sowie zum Industriebereich Art. 157 Abs. 3 EG.

Art. 163ff, Art. 171 EG Unternehmen fördern, die Güter entwickeln, die mit dem von dem Monopolisten begehrten Gut substituierbar sind. Derartige wirtschaftliche Lenkungsmaßnahmen der EG stünden jedoch in Widerspruch zu ihren eigenen wirtschaftspolitischen Grundsätzen, die auf der Eigeninitiative der Marktteilnehmer beruhen (Art. 4 EG).

Ebenso wäre die **Enteignung** des monopolistischen Anbieters ein unverhältnismäßiges Mittel zur Herstellung von Wettbewerb, da es diesen schwerer beeinträchtigen würde als ein (entgeltlicher) Kontrahierungszwang, der ihm das Eigentum an seinen Betriebsmitteln belässt.

Eine geeignete und den Verbotsadressaten weniger als ein Kontrahierungszwang belastende Alternative wäre jedoch, dass der Newcomer das benötigte Gut **selbst herstellt** oder etwa - ggf. mit finanzieller Unterstützung der EG gemäß Art. 166 Abs. 1, dritter Spiegelstrich, Art. 168 Abs. 1 EG - eigene substituierbare Güter entwickelt. Jedoch ist stets im Einzelfall zu prüfen, ob diese Alternative dem Newcomer zugemutet werden kann oder nicht andere Erwägungen entgegenstehen, wie die Unwirtschaftlichkeit mehrerer paralleler Leitungsnetze für Energie[184] oder die mangelnde Praktikabilität zusätzlicher Hafeneinrichtungen zum Betrieb eines Fährdienstes (zu berücksichtigen wären insoweit beispielsweise die Erforderlichkeit ausreichender Manövriermöglichkeiten der Schiffe beim An- und Ablegen, verkehrstechnische Fragen bei der Be- und Entladung sowie der

---

[184] Vgl. zur deutschen Energierechtslage insoweit bereits oben 2. Abschnitt D.III.2c)bb)bbb). In der Richtlinie 96/62/EG des Europäischen Parlaments und des Rates vom 19.12.1996 betreffend gemeinsame Vorschriften für den Elektrizitätsbinnenmarkt (Elektrizitätsbinnenmarktrichtlinie) (EltRL), ABl. EG 1997 Nr. L 27, S. 20ff, wurde zwar durch Art. 21 Abs. 2 EltRL der Bau von Direktleitungen erleichtert. Allerdings wurden im Gegensatz zu Energieerzeugungsanlagen in Art. 4ff EltRL keine Regelungen zum freien Bau paralleler Übertragungsnetze getroffen (vgl. Art. 7ff EltRL), vgl. hierzu auch *Britz* RdE 1997, 85f m.w.N. Das Gleiche gilt für das bis zum 1.7.2004 umzusetzende neue gemeinschaftliche Elektrizitätsrecht, s. Art. 6, 8ff, 22 der Richtlinie 2003/54/EG des Europäischen Parlaments und des Rates vom 26.6.2003 über gemeinsame Vorschriften für den Elektrizitätsbinnenmarkt und zur Aufhebung der Richtlinie 96/92/EG, ABl. EG 2003 Nr. L 176, S. 37, 43ff. Den freien (Energie-) Leitungsbau halten demgegenüber *vBurchard* EuZW 1992, 693, 696; *Hüffer/Ipsen/Tettinger*, S. 230f, 295 sowie *Eckert* RdE 1992, 56, 63, für ein geeignetes, milderes Mittel. Vgl. auch *Scholz/Langer* et 1992, 851, 854; *Schröder*, S. 64. In der „Verbändevereinbarung Erdgas II" wurde festgestellt, dass der freie Bau von Gasleitungen auf der Stufe der überregionalen und regionalen Ferngasversorgung bereits „in Teilbereichen" zu Wettbewerb geführt hat (Ziff. 6.1.4 der Verbändevereinbarung des Bundesverbands der deutschen Industrie (BDI), des Verbands der industriellen Energie- und Kraftwirtschaft (VIK), des Bundesverbands der deutschen Gas- und Wasserwirtschaft (BGW) und des Verbands kommunaler Unternehmen (VKU) zum Netzzugang bei Erdgas vom 3.5.2002, abrufbar unter www.bgw.de).

Abfertigung von Passagieren etc.)[185]. Demgegenüber werden bei der Liberalisierung der Telekommunikationsmärkte Maßnahmen getroffen, um den Bau eigener Netze durch Unternehmen, die Nachrichten übermitteln wollen, zur Herstellung von Wettbewerb zu erleichtern (Einräumung von Wegerechten, Förderung der gemeinsamen Nutzung von Einrichtungen, wie Masten, Antennen, Grundstücke)[186].

Eine weitere denkbare Alternative besteht darin, dass der Monopolist lediglich **befristet** zur Überlassung des begehrten Gutes verpflichtet wird, bis dem Newcomer-Nachfrager die Eigenproduktion zugemutet werden kann oder bis Wettbewerb durch die Teilnahme mehrerer Unternehmen auf einer Marktseite besteht.

Es ist daher grundsätzlich davon auszugehen, dass der hoheitliche Kontrahierungszwang die einzige Alternative ist, um Wettbewerb herzustellen, wenn ein Newcomer-Konkurrent anderenfalls nicht an einem Markt teilnehmen kann. Wie bereits oben aufgezeigt, ist insoweit ein objektiver Maßstab anzulegen. Entscheidungserheblich ist also nicht, ob ein bestimmter Nachfrager nicht in einen Markt eintreten kann, sondern überhaupt kein potentieller Newcomer[187]. Ein kartellaufsichtsrechtlicher Kontrahierungszwang ist daher nicht erforderlich und deshalb unverhältnismäßig, wenn ein *beliebiger* Newcomer nicht (mehr) auf die begehrte Unternehmensressource des Monopolisten angewiesen ist, etwa weil ihm die Eigenproduktion dieses

---

[185] Vgl. hierzu die Sachverhaltsschilderung der Entscheidung der Europäischen Kommission 94/19/EG vom 21.12.1993, ABl. EG 1994 Nr. L 15, S. 8, 10ff (Sea Containers/Stena Sealink), die die Überlassung von Hafenanlagen betraf. AaO., S. 16, führte die Kommission selbst aus, dass der Bau eines neuen Hafens durch den nachfragenden Fährdienstbetreiber „wirtschaftlich wie auch materiell keine realistische Alternative" sei. Demgegenüber soll nach Art. 22 der Richtlinie 2002/.../EG des Europäischen Parlaments und des Rates vom ... über den Marktzugang für Hafendienste die Entwicklung neuer Häfen und Hafenanlagen gefördert werden (Art. 22 iVm dem 45. Erwägungsgrund dieser Richtlinie in der Fassung des Gemeinsamen Standpunkts (EG) Nr. 61/2002, vom Rat festgelegt am 5.11.2002, ABl. EG 2002 Nr. C 299 E, S. 1, 4, 10.

In dem Verfahren „Bronner" hat der EuGH das Vorliegen eines Missbrauchs verneint, weil nicht dargetan worden war, dass die Schaffung eines eigenen Hauszustellungssystems für Tageszeitungen keine „realistische potentielle Alternative" darstellte. Der EuGH legte insoweit einen objektiven Maßstab an. Die Frage, ob der verfahrensbeteiligte Nachfrager ein eigenes Zustellungssystem errichten konnte, war insoweit nicht entscheidungserheblich (EuGH, 26.11.1998, Rs. C-7/97, Slg. 1998, 7791, 7831f). Ebenso Generalanwalt Jacobs in seinen Schlussanträgen zu dieser Rechtssache ebenda, S. 7794, 7811ff.

Vgl. hierzu auch unten 4. Abschnitt D.I.1.

[186] Vgl. Art. 11, 12 iVm 22., 23. und 24. Erwägungsgrund der Richtlinie 2002/21/EG des Europäischen Parlaments und des Rates vom 7.3.2002 über einen gemeinsamen Rechtsrahmen für elektronische Kommunikationsnetze und -dienste (Rahmenrichtlinie), ABl. EG 2002 Nr. L 108, S. 33, 36, 43.

[187] Vgl. hierzu oben 3. Abschnitt B.III.

Gutes zugemutet werden kann[188] oder weil aus anderen Gründen (inzwischen) chancengleicher und dynamischer Wettbewerb besteht[189].

ccc) Ein Grundrechtseingriff ist des Weiteren nur dann gemeinschaftsrechtmäßig, wenn die dem Grundrechtsträger auferlegten Belastungen in **angemessenem Verhältnis** zu den hiermit verfolgten Zielen stehen[190].

Diesbezüglich kann auf die bereits oben zum deutschen Verfassungsrecht vorgenommene Güterabwägung zurückgegriffen werden[191]: Im Rahmen der Angemessenheit des Grundrechtseingriffs ist zu beachten, dass die von einem Newcomer benötigten Einrichtungen des Verbotsadressaten einer besonders starken Sozialbindung unterliegen. Dieser Aspekt wurde auch vom EuGH im Rahmen des gemeinschaftlichen Grundrechts auf Eigentum anerkannt[192]. Wenn nämlich Marktteilnehmer auf die Einrichtungen eines Monopolisten angewiesen sind und Wettbewerb auf andere Weise nicht entstehen kann, verleihen diese Ressourcen dem Monopolisten zusätzlich zu seiner Alleinstellung eine besondere Macht[193]. Darüber hinaus ist ein wettbewerbsherstellender Kontrahierungszwang verhältnismäßig, weil der monopolistische Eigentümer nur einen Teil seiner Unternehmensressourcen und nur für einen vorübergehenden Zeitraum fremdnützig einsetzen muss. Ein Kontrahierungszwang zur Herstellung von Wettbewerb ist nämlich dann nicht mehr erforderlich (und daher unverhältnismäßig), wenn Wettbewerb besteht, weil der Markt-

---

[188] Vgl. auch *Deselaers* EuZW 1995, 563, 567; *Ehlermann* RdE 1993, 41, 44; *Markert* WuW 1995, 560, 565; *Schnelle* EuZW 1994, 556, 560; Generalanwalt Jacobs in seinen Schlussanträgen zu Rs. C-7/97, Slg. 1998, 7794, 7811ff (Bronner).

[189] Ebenso *Deselaers* EuZW 1995, 563, 567.

[190] Vgl. EuGH, 13.12.1979, Rs. 44/79, Slg. 1979, 3727, 3747 (Hauer); EuGH, 11.7.1989, Rs. 265/87, Slg. 1989, 2237, 2269 (Schräder). *Streinz* „Grundrechtsschutz“, S. 419 m.w.N.

[191] Vgl. oben 2. Abschnitt D.III.2c)bb)ccc).

[192] EuGH, 13.12.1979, Rs. 44/79, Slg. 1979, 3727, 3746 (Hauer). In dieser Entscheidung hat der EuGH ausdrücklich auf Art. 14 Abs. 2 GG sowie ähnliche Verfassungsregelungen anderer Mitgliedstaaten Bezug genommen. Zu einem anderen Beurteilungsergebnis hinsichtlich der Sozialbindung des Eigentums an Unternehmensressourcen gelangen *Hüffer/Ipsen/Tettinger*, S. 165, 227ff, 294f m.w.N. Diese Autoren berücksichtigen jedoch nicht, dass das Newcomer auf die Einrichtungen des Verbotsadressaten angewiesen sind, und betrachten den parallelen Energieleitungsbau als geeignete Alternative.
Vgl. nunmehr auch Art. 17 Abs. 1 S. 3 der Europäischen Grundrechtecharta.

[193] So auch *Ehlermann* RdE 1993, 41, 44; vgl. auch Generalanwalt Jacobs in seinen Schlussanträgen zu Rs. C-7/97, Slg. 1998, 7794, 7811ff (Bronner).

eintritt des Newcomers erfolgreich war oder diesem (inzwischen) die eigene Herstellung des nachgefragten Gutes zuzumuten ist. Allerdings ist stets im konkreten Einzelfall zu prüfen, ob allein durch die Marktteilnahme eines einzigen Newcomers Wettbewerb entsteht; dies wäre beispielsweise dann nicht der Fall, wenn auf dem relevanten Markt relativ hohe, vor allem etwa technologische Marktzutrittsschranken für weitere Marktteilnehmer bestehen bzw. wenn wegen ähnlicher Besonderheiten des betreffenden Marktes der wettbewerbliche Erfolg neuer Marktteilnehmer gegenüber dem Know-how- und Wettbewerbsvorsprung des „erfahrenen" Monopolisten in erheblichem Maße ungewiss wäre.

Außerdem ist ein konkurrentennütziger Kontrahierungszwang dem Verbotsadressaten deshalb zumutbar, weil er für die vertragliche Überlassung des nachgefragten Gutes eine angemessene[194] Gegenleistung erhält[195].

---

[194] Ein gemeinschaftsrechtliches Beispiel für die Berechnung eines angemessenen Entgelts für den Zugang zu Telekommunikationsnetzen liefert Art. 13 der Richtlinie 2002/19/EG des Europäischen Parlaments und des Rates vom 7.3.2002 über den Zugang zu elektronischen Kommunikationsnetzen und zugehörigen Einrichtungen sowie deren Zusammenschaltung (Zugangsrichtlinie), ABl. EG 2002 Nr. L 108, S. 7, 15f: Die nationalen Regulierungsbehörden dürfen den zugangsverpflichteten Netzbetreibern kostenorientierte Preise auferlegen, wobei den Investitionen des Betreibers Rechnung zu tragen und ihm eine „angemessene Rendite für das entsprechend eingesetzte Kapital" zu ermöglichen ist.

In den Richtlinien betreffend gemeinsame Vorschriften für den **Elektrizitäts- bzw. Erdgasbinnenmarkt** (Richtlinie 96/92/EG vom 19.12.1996, ABl. EG 1997 Nr. L 27, S. 20ff, bzw. Richtlinie 98/30/EG vom 22.6.1998, ABl. EG 1998 Nr. L 204, S. 1ff) werden die zu zahlenden Preise bzw. Tarife nicht näher umschrieben. Demgegenüber sehen die neuen Regelungen für den Elektrizitätsbinnenmarkt, die von den Mitgliedstaaten bis zum 1.7.2004 umzusetzen sind, vor, dass die Tarife für den Netzzugang „transparent und nichtdiskriminierend" und die Tarife für die Übertragung und Verteilung „nichtdiskriminierend und kostenorientiert" sind, außerdem sollen die Tarife „die langfristig durch dezentrale Elektrizitätserzeugung und Nachfragesteuerung vermiedenen Netzgrenzkosten berücksichtigen", 13. und 18. Erwägungsgrund, Art. 23 Abs. 2a, Abs. 4 der Richtlinie 2003/54/EG des Europäischen Parlaments und des Rates vom 26.6.2003 über gemeinsame Vorschriften für den Elektrizitätsbinnenmarkt und zur Aufhebung der Richtlinie 96/92/EG, ABl. EG 2003 Nr. L 176, S. 37, 38f, 49f (das Gleiche gilt für den Erdgasbinnenmarkt ab dem 1.7.2004, s. 16. und 22. Erwägungsgrund, Art. 25 Abs. 2a, Abs. 4 der Richtlinie 2003/55/EG des Europäischen Parlaments und des Rates vom 26.6.2003 über gemeinsame Vorschriften für den Erdgasbinnenmarkt und zur Aufhebung der Richtlinie 98/30/EG, ABl. EG 2003 Nr. L 176, S. 57ff, 70f).

[195] Vgl. die Entscheidung der **Kommission** 98/190/EG vom 14.1.1998, ABl. EG 1998 Nr. L 72, S. 30, 47 (FAG - Flughafen Frankfurt/Main AG). In dieser Entscheidung vertrat die Kommission die Ansicht, dass das Eigentum einer marktbeherrschenden Flughafenbetreiberin durch konkurrentennützige Pflichten nicht verletzt werde, solange diese eine angemessene Vergütung für die Überlassung ihrer Einrichtungen erhalte. Vgl. auch Generalanwalt Jacobs in seinen Schlussanträgen zu Rs. C-7/97, Slg. 1998, 7794, 7813 (Bronner).

Nach der Rspr. des **EuGH** verletzt lediglich eine Regelung, die jemanden *entschädigungslos* „um die Früchte seiner Arbeit" und die von ihm vorgenommenen Investitionen bringt, sein ge-

Unter diesen Prämissen ist davon auszugehen, dass ein Kontrahierungszwang verhältnismäßig ist, solange und soweit er zur Herstellung von Wettbewerb erforderlich ist[196]. In diesem Fall deckt sich das Markteintrittsinteresse des Newcomers mit dem Allgemeininteresse an der Herstellung von Wettbewerb und kann deshalb die Grundrechte des Verbotsadressaten rechtmäßig einschränken.

ddd) Auch der **Wesensgehalt** der Gemeinschaftsgrundrechte der Berufs- und Eigentumsfreiheit wird durch einen konkurrentennützigen Kontrahierungszwang nicht verletzt.

Zum Ersten lässt sich der bisherigen Grundrechtejudikatur des EuGH entnehmen, dass Grundrechtseingriffe, die verhältnismäßig

---

meinschaftliches Eigentumsgrundrecht, EuGH, 13.7.1989, Rs. 5/88, Slg. 1989, 2609, 2639f (Wachauf). Diese Entscheidung ist jedoch nur mit Einschränkungen auf die hier untersuchte Problematik übertragbar, weil der verfahrensbeteiligte Grundrechtsträger - im Gegensatz zu der hier untersuchten Fragestellung - seine getätigten Investitionen nicht zugunsten eines Konkurrenten und somit nicht zum Schaden für den eigenen künftigen wirtschaftlichen Erfolg aufgeben musste, sondern lediglich bestimmte selbstgeschaffene Eigentumswerte nach *Beendigung* seiner Tätigkeit verlor.

[196] So auch *Deselaers* EuZW 1995, 563, 568; *Ehlermann* RdE 1993, 41, 44; *Markert* WuW 1995, 560, 564f; *Montag* EuZW 1997, 71, 76; *Schmidt-Preuß* AG 1996, 1, 10; *Schnelle* EuZW 1994, 556, 560 hinsichtlich öffentlicher Unternehmen (a.A. aaO., S. 561, hinsichtlich privater Unternehmen). Vgl. auch die Entscheidung der Kommission „FAG - Flughafen Frankfurt/Main AG“ aaO. (vorige Fn.); Generalanwalt Jacobs in seinen Schlussanträgen zu Rs. C-7/97, Slg. 1998, 7794, 7811ff (Bronner).

Trotz zum Teil ähnlicher Einschränkungen bejahen folgende Autoren die verfassungswidrige Verletzung von Gemeinschaftsgrundrechten durch einen konkurrentennützigen Kontrahierungszwang: *vBurchard* EuZW 1992, 693, 696; *Eckert* RdE 1992, 56, 62f; *Hüffer/Ipsen/Tettinger*, S. 227ff, 294ff; *Scholz/Langer*, S. 257ff; *dies.* et 1992, 851, 856f; *Schröder*, S. 63ff; *Stewing*, S. 82ff. Wie insbesondere die Ausführungen von *Hüffer/Ipsen/Tettinger*, S. 245ff, 296 und *Schröder*, S. 63, 66, verdeutlichen, lässt sich deren abweichende Ansicht möglicherweise damit begründen, dass sich sämtliche Autoren (mit Ausnahme von *Stewing* aaO.) nicht mit der Verfassungsmäßigkeit einer Durchleitungspflicht gemäß Art. 82 EG befassten, sondern mit den **EG-Richtlinien zur Herstellung eines Energiebinnenmarktes**, die u.a. Durchleitungspflichten für Energieversorgungsunternehmen vorsehen. In diesen Fällen ist möglicherweise eine andere verfassungsrechtliche Beurteilung angezeigt, da diese Richtlinien von dem Bestehen einer *generellen Durchleitungspflicht* von Energieversorgungsunternehmen ausgehen, vgl. hierzu unten 4. Abschnitt A.I. Demgegenüber werden die hier untersuchten konkurrentennützigen Verhaltenspflichten nach Art. 82 EG dadurch eingeschränkt, dass sich das individuelle Interesse des Newcomer-Nachfragers mit dem Allgemeininteresse an der Herstellung von Wettbewerb decken muss. Der Durchleitungsanspruch eines Nachfragers aus Art. 82 EG besteht daher (insbesondere zeitlich) nur so lange, bis Wettbewerb auf dem nachgelagerten Markt für die Abgabe der durchgeleiteten Energie an Endverbraucher entstanden ist (vgl. hierzu unten 4. Abschnitt E.).

sind, grundsätzlich auch nicht den Wesensgehalt der jeweiligen Grundrechte verletzen[197].

Im Übrigen wäre der Wesensgehalt dieser Grundrechte, selbst wenn er bei einer konkurrentennützigen Tätigkeitspflicht eines Unternehmens tangiert sein sollte[198], durch einen wettbewerbsherstellenden Kontrahierungszwang nicht rechtswidrig beeinträchtigt[199]: Zwar erkennt auch die „gemeinschaftsverfassungsrechtliche" Wettbewerbsfreiheit die von einem Marktteilnehmer erworbene Marktstellung an[200]. Im Falle eines wettbewerbsherstellenden Kontrahierungszwangs geht es jedoch nicht darum, dass die von einem Marktbeherrscher *im Wettbewerb* erworbene Position beeinträchtigt wird. Vielmehr verhindert der Monopolist durch seine Kontrahierungsverweigerung bereits das *Entstehen* von Wettbewerb, weil seine potentiellen Konkurrenten auf seine Güter angewiesen sind. Eine derartige Verhaltensweise erfolgt nicht im chancengleichen und dynamischen „Wettbewerb" im gemeinschaftsrechtlichen Sinne[201]. Die unternehmerische Handlungsfreiheit des Monopolisten im Wettbewerb wird daher durch einen wettbewerbsherstellenden Kontrahierungszwang gar nicht berührt[202]. Dies gilt insbesondere für solche Unternehmen, die ihre Marktmacht nicht in einem dem Leitbild des EG-Vertrages entsprechenden dynamischen Wettbewerbsprozess erworben haben, sondern aufgrund ausschließlicher Rechte.

Der absolut zu schützende Wesensgehalt der Gemeinschaftsgrundrechte schränkt jedoch die Rechtmäßigkeit eines konkurrentennützigen Kontrahierungszwangs folgendermaßen ein:

---

[197] EuGH, 13.12.1979, Rs. 44/79, Slg. 1979, 3727, 3748f (Hauer); vgl. auch EuGH, 15.4.1997, Rs. C-22/94, Slg. 1997, 1809, 1840 (The Irish Farmers Association u.a.). *Huber* EuZW 1997, 517, 521 m.w.N.; Grabitz/Hilf-*Pernice/Mayer* nach Art. 6 EUV, Rz. 43 m.w.N.; *Rengeling*, S. 214f m.w.N.; *Scholz/Langer*, S. 255, Fn. 17 m.z.N.; *Thiel* JuS 1991, 274, 280. Vgl. auch *Streinz* „Grundrechtsschutz", S. 421ff m.w.N.

[198] *vBurchard* EuZW 1992, 693, 697; *Hüffer/Ipsen/Tettinger*, S. 230, 249f, 295; *Scholz/Langer*, S. 260, 271ff; *dies.* et 1992, 851, 856. Vgl. auch *Eckert* RdE 1992, 56, 62f.

[199] So aber *vBurchard* EuZW 1992, 693, 697; *Hüffer/Ipsen/Tettinger*, S. 230, 295f; *Scholz/Langer*, S. 260, 271ff; *dies.* et 1992, 851, 856.

[200] *Scholz/Langer*, S. 260; *Stewing*, S. 85 m.w.N.; *ders.* EuR 1993, 41, 57 m.w.N. Vgl. zum entsprechenden gemeinschaftsrechtlichen Wettbewerbsbegriff bereits oben 1. Abschnitt B.VII.1, C.I.

[201] Vgl. zum gemeinschaftsrechtlichen Wettbewerbsbegriff und dessen Bedeutung für die hier untersuchte Problematik bereits oben 1. Abschnitt C.I., III. Vgl. auch *Badura* EuR 2000, Beiheft 1, 45, 51; *Schnelle* EuZW 1994, 556, 560.

[202] Vgl. hierzu bereits im Rahmen der deutschen Rechtslage oben 2. Abschnitt D.III.2c)bb)ccc).

In bestimmten Fällen wird der Verbotsadressat durch die Überlassung der begehrten Unternehmensressource in seiner eigenen Tätigkeit erheblich beeinträchtigt, beispielsweise, wenn ein einzelner Newcomer eine so große Menge und/oder diese Ressource für einen so langen Zeitraum benötigt, dass der Monopolist gezwungen wäre, die Produktionsmenge des begehrten Gutes wesentlich zu vergrößern bzw. dessen Kapazität sonst erheblich zu erweitern[203]. In derartigen, insbesondere bei knappen Gütern denkbaren Fällen kann dem marktbeherrschenden Anbieter die Überlassung der nachgefragten Einrichtung nicht mehr zuzumuten sein[204].

Im Übrigen ist jedoch davon auszugehen, dass aufgrund der Einschränkungen, die bereits oben aus Gründen der Verhältnismäßigkeit vorgenommen wurden (befristete entgeltliche Überlassungspflicht bis Wettbewerb besteht), der Wesensgehalt der durch einen Kontrahierungszwang tangierten Gemeinschaftsgrundrechte nicht verletzt ist. Insbesondere bei zeitlich befristeten Grundrechtseingriffen in Eigentum und freie Berufsausübung hat auch der EuGH bereits entschieden, dass der Wesensgehalt dieser Grundrechte nicht in gemeinschaftsrechtswidriger Weise verletzt ist[205]. Das Gleiche gilt nach der EuGH-Rechtsprechung, wenn der Grundrechtsträger seine Tätigkeit trotz der grundrechtstangierenden Maßnahme fortsetzen konnte[206].

---

[203] Vgl. auch *Doherty* CMLR 2001, 397, 430f; *Deselaers* EuZW 1995, 563, 568; *Ehlermann* RdE 1993, 41, 44; *Markert* WuW 1995, 560, 565; *Montag* EuZW 1997, 71, 76; *Müller* EuZW 1998, 232, 235; *Schnelle* EuZW 1994, 556, 560f; *Stewing*, S. 120ff.

[204] Ähnlich *Ehlermann* RdE 1993, 41, 44; *Markert* WuW 1995, 560, 565 und *Stewing*, S. 120f, die diese Grenze bei der Durchleitung von Energie durch ein Leitungsnetz insbesondere bei der Erschöpfung der Kapazität des Netzes erreicht sehen. Vgl. auch die Mitteilung der Europäischen Kommission über die Anwendung der Wettbewerbsregeln auf Zugangsvereinbarungen im Telekommunikationsbereich, ABl. EG 1998 Nr. C 265, S. 2, 15 (Tz. 87, 89); *Doherty* CMLR 2001, 397, 430f; *Deselaers* EuZW 1995, 563, 568; *Müller* EuZW 1998, 232, 235 m.w.N.; *Schmidt-Preuß* AG 1996, 1, 10, 7f; *Schnelle* EuZW 1994, 556, 560f. Demgegenüber hat die Kommission in ihrer Entscheidung 98/190/EG vom 14.1.1998, ABl. EG 1998 Nr. L 72, S. 30, 46f, 50 (FAG - Flughafen Frankfurt/Main AG) vertreten, dass ein marktbeherrschender Flughafenbetreiber den Zugang zu seinen Einrichtungen nicht aus Kapazitätsgründen verweigern darf, wenn dieser Engpass durch eine „Umgestaltung der vorhandenen Infrastruktur" überwindbar ist.

[205] EuGH, 13.12.1979, Rs. 44/79, Slg. 1979, 3727, 3749f (Hauer).

[206] EuGH, 15.4.1997, Rs. C-22/94, Slg. 1997, 1809, 1840 (The Irish Farmers Association u.a.).

d) Ergebnis

Ein konkurrentennütziger, entgeltlicher Kontrahierungszwang verletzt die betroffenen Gemeinschaftsgrundrechte der Berufs- und Eigentumsfreiheit[207] des Verbotsadressaten nicht, solange und soweit diese Maßnahme zur Herstellung von Wettbewerb erforderlich ist[208]. Im Einzelfall ist die Überlassung von betrieblichen Ressourcen dem monopolistischen Eigentümer jedoch nicht zuzumuten und deshalb unverhältnismäßig.

Bei einer solchen konkurrentennützigen Auslegung des Art. 82 EG überschreiten die Organe der EG auch nicht die Kompetenzgrenzen des **Art. 295 EG**[209]. Nach dieser Vorschrift obliegt die Befugnis zur dauerhaften Sozialisierung oder Privatisierung von Unternehmen den Mitgliedstaaten[210]. Eine solche dauerhafte Änderung der mitgliedstaatlichen Eigentumsordnung liegt hier jedoch nicht vor. Wie oben aufgezeigt wurde, besteht nämlich die gemeinschaftsrechtliche Pflicht eines marktbeherrschenden Unternehmens, konkurrentennützig tätig zu sein, nur in den hier umschriebenen Einzelfällen und insbesondere nur vorübergehend, bis Wettbewerb aufgrund des erfolgten Markteintritts eines Newcomer-Konkurrenten entstanden ist.

3. Verletzung der Grundrechte des Grundgesetzes

Wie bereits oben erläutert, kann das Bundesverfassungsgericht auch im Anwendungsbereich des gemeinschaftlichen Kartellrechts mit der Frage befasst werden, ob eine bestimmte Auslegung mit dem Wesensgehalt der Grund-

---

[207] S. auch Art. 16, 17 der Europäischen Grundrechtecharta.

[208] Vgl. aus der jüngeren Rspr. des EuGH zu dem weiten Vorrang der EG-Vertragsziele vor den Grundrechten von Unternehmen, die ihre Tätigkeitsbereiche zugunsten anderer Marktteilnehmer einschränken oder ändern müssen, nur EuGH, 5.10.1994, Rs. C-280/93, Slg. 1994, 4973, 5065ff (Deutschland/Rat). Hiernach wurden die Grundrechte der Importeure von Drittlandsbananen nicht durch hoheitliche Maßnahmen verletzt, mit denen die Marktanteile auf bestimmte Wirtschaftsteilnehmer zur Errichtung einer Gemeinsamen Marktorganisation für Bananen umverteilt und die Importeure von Bananen aus AKP- oder Mitgliedstaaten der Gemeinschaft gefördert wurden.- Der Streit, ob diese Problematik nach Art. 14 GG anders zu beurteilen wäre, wie es das Bundesverfassungsgericht in NJW 1995, S. 950, 951 (Bananenmarktordnung) andeutet (vgl. dazu nur *Rabe* NJW 1996, 1320, 1322ff), ist für die vorliegende Untersuchung irrelevant. Wie nämlich bereits gezeigt, verletzt ein konkurrentennütziger Kontrahierungszwang weder Art. 12, 14 GG noch die entsprechenden Gemeinschaftsgrundrechte.

[209] Eine solche Überschreitung der Kompetenzen der EG befürchten jedoch *vBurchard* EuZW 1992, 693, 696 m.w.N.; *Eckert* RdE 1992, 56, 62 sowie *Scholz/Langer*, S. 271f, durch die Regelungen zur Errichtung eines Energiebinnenmarktes, die Energieversorgungsunternehmen generell zur konkurrentennützigen Tätigkeit gegenüber Nachfragern verpflichten.

[210] Vgl. zur Auslegung des Art. 295 EG nur *Hüffer/Ipsen/Tettinger*, S. 169f; *Stewing*, S. 68ff; *Thiel* JuS 1991, 274ff jeweils m.w.N.

rechte des Grundgesetzes vereinbar ist (im Rahmen der Überprüfung des deutschen Zustimmungsgesetzes zum EWG-Vertrag[211])[212].

Bei Verfassungsbeschwerden und Vorlagen von Gerichten gemäß Art. 100 Abs. 1 GG ist nach der aktuellen Rechtsprechung des Bundesverfassungsgerichts darzulegen, dass der „jeweils als unabdingbar gebotene Grundrechtsschutz" im gemeinschaftlichen Recht generell nicht gewährleistet ist[213]. Diese besondere Zulässigkeitsvoraussetzung[214] eines konkreten Verfahrens wird bei der folgenden abstrakten Untersuchung, ob und inwieweit ein auf das gemeinschaftliche Primärrecht gestützter Kontrahierungszwang die Grundrechte des Verbotsadressaten aus dem Grundgesetz verletzt, nicht näher berücksichtigt.

Zur Verfassungsmäßigkeit der Auslegung des deutschen Kartellrechts (§ 20 Abs. 1 GWB) als Rechtsgrundlage für einen wettbewerbsherstellenden (entgeltlichen) Kontrahierungszwang wurde bereits im zweiten Abschnitt ausführlich Stellung genommen[215]. Hiernach ist eine solche Auslegung des Missbrauchsverbots nicht verfassungswidrig, bis Wettbewerb auf einem nachgelagerten Markt besteht. Die Grundrechte eines marktbeherrschenden Unternehmens aus Art. 12, 14 GG werden durch das verfassungsmäßige Allgemeininteresse an der Herstellung von Wettbewerb rechtmäßig eingeschränkt. Ergänzend ist darauf hinzuweisen, dass sich ein Unternehmen nur dann auf die Grundrechte des Grundgesetzes berufen kann, wenn sein Verwaltungssitz in Deutschland liegt.

Wie soeben unter 2. festgestellt, ist die maßgebliche Grundrechtsschranke für eine konkurrentennützige Auslegung des gemeinschaftlichen Missbrauchsverbots der „Wirtschaftsverfassung" des EG-Vertrages zu entnehmen, die auch für die Mitgliedstaaten verbindlich ist (in Deutschland mit Verfassungsrang, Art. 23 Abs. 1 S. 1, 2, Art. 59 Abs. 2 GG). Die Mitgliedstaaten sind deshalb gemäß Art. 4 Abs. 1 EG zur Gewährleistung einer „offenen Marktwirtschaft" verpflichtet und müssen dies bei der Auslegung und Anwendung des gemeinschaftlichen Kartellrechts beachten[216]. Unter Berück-

---

[211] Vgl. zum Prüfungsgegenstand einer mittelbaren Prüfung gemeinschaftlicher Rechtsakte durch das Bundesverfassungsgericht oben 3. Abschnitt B.IV.1b).

[212] Vgl. oben 3. Abschnitt B.IV.1b).

[213] BVerfG, 7.6.2000, 2 BvL 1/97, EuZW 2000, 702, 704 (Bananenmarktordnung III). Vgl. auch BVerfG, 22.10.1986, 2 BvR 197/83, BVerfGE 73, 339, 387 (Solange II); BVerfG, 12.10.1993, 2 BvR 2134, 2159/92, BVerfGE 89, 155, 174f (Maastricht). Vgl. hierzu nur *Limbach* NJW 2001, 2913, 2917f; *Mayer* EuZW 2000, 685, 686ff jeweils m.w.N.

[214] Vgl. nur *Mayer* aaO. (vorige Fn.).

[215] Vgl. oben 2. Abschnitt D.III.2.

[216] Vgl. hierzu oben 3. Abschnitt B.IV.2c)aa).

sichtigung der im zweiten Abschnitt gefundenen Ergebnisse ergeben sich mithin für die deutsche Kartellaufsicht dieselben Grundrechtsschranken aus der „Wirtschaftsverfassung" des EG-Vertrages wie aus der Wirtschaftsverfassung des Grundgesetzes. Ein konkurrentennütziger Kontrahierungszwang gemäß Art. 82 EG verletzt daher nicht die Grundrechte des Verbotsadressaten aus Art. 12, 14 GG. Im Einzelfall ist diesem jedoch die Überlassung von Unternehmensressourcen nicht (mehr) zumutbar, wenn ein Newcomer-Konkurrent eine so große Menge und/oder dieses Gut für einen so langen Zeitraum benötigt, dass seine eigene unternehmerische Tätigkeit erheblich beeinträchtigt werden würde oder er die Kapazität der begehrten Ressource wesentlich erweitern müsste.

4. Ergebnis

Die Gemeinschaftsgerichte haben in ihrer bisherigen Rechtsprechung zu Art. 82 EG die Grundrechtsrelevanz eines Kontrahierungszwangs nicht erwähnt.

Bei einem wettbewerbsherstellenden Kontrahierungszwang gemäß Art. 82 EG werden die Grundrechte eines monopolistischen Anbieters nicht in gemeinschaftsrechtswidriger Weise verletzt. Dies gilt sowohl für die gemeinschaftlichen Grundrechte der Berufs- und Eigentumsfreiheit als auch für die tangierten Grundrechte aus Art. 12, 14 GG (sofern der Verbotsadressat seinen Verwaltungssitz in Deutschland hat). Insbesondere ist ein Kontrahierungszwang auch verhältnismäßig, wenn und soweit dem Newcomer die Eigenrealisierung des nachgefragten Gutes nicht zuzumuten ist, der Monopolist ein angemessenes Entgelt erhält und nur so lange zur Güterüberlassung gezwungen wird, bis durch die Marktteilnahme von Konkurrenten auf dem nachgelagerten Markt für das weiterverarbeitete oder sonst genutzte Gut Wettbewerb besteht.

V. Ergebnis

Auch wenn Art. 82 EG nicht bereits das Bestehen der marktbeherrschenden Stellung eines Unternehmens an sich verbietet, können in die Beurteilung der Missbräuchlichkeit seines Verhaltens auch marktstrukturorientierte Erwägungen hinsichtlich vor- oder nachgelagerter Märkte einbezogen werden. Eine Kontrahierungsverweigerung, durch die ein Marktbeherrscher seine marktbeherrschende Stellung verstärkt, indem er die Marktteilnahme von Konkurrenten verhindert, ist daher missbräuchlich iSd Art. 82 EG. Dies gilt auch bei knappen Gütern.

Auch zu Lasten von Newcomer-Nachfragern darf jedoch ein marktbeherrschendes Unternehmen seine Vertragspartner auswählen, wenn seine Auswahlkriterien objektiv qualitativer Art sind, diskriminierungsfrei angewendet werden und Art. 12 EG nicht verletzen. Dies setzt voraus, dass das jeweilige Gut aufgrund seiner Beschaffenheit oder Verwendung eine solche „Qualitätssicherung" erfordert. Allein die Tatsache, dass ein Nachfrager mit dem Anbieter auf einem benachbarten Markt konkurrieren wird, ist wegen des Leitbildes des EG-Vertrages offener Märkte mit chancengleichem, dynamischen Wettbewerb kein rechtmäßiges Selektionskriterium.

Die absoluten Grenzen eines konkurrentennützigen Kontrahierungszwangs ergeben sich aus den Grundrechten des Verbotsadressaten. Die Gemeinschaftsgerichte haben sich in ihrer bisherigen Rechtsprechung zu Art. 82 EG nicht mit der Grundrechtsrelevanz eines Kontrahierungszwangs befasst.

Eine Auslegung des Art. 82 EG, nach der ein Marktbeherrscher zur konkurrentennützigen Kontrahierung verpflichtet ist, verletzt weder seine gemeinschaftlichen noch deutschen Grundrechte. Die maßgebliche Grundrechtsschranke ergibt sich sowohl für die Gemeinschaftsgrundrechte als auch für die Grundrechte des Grundgesetzes aus der gemeinschaftlichen Wirtschaftsverfassung, die die EG und die Mitgliedstaaten (in Deutschland gemäß Art. 23 Abs. 1 S. 1, 2, Art. 59 Abs. 2 GG mit Verfassungsrang) zur Herstellung einer „offenen Marktwirtschaft" verpflichtet (Art. 4 Abs. 1 EG). Solange und soweit sich die Markteintritts- und Konkurrenzinteressen eines (beliebigen) Newcomer-Nachfragers mit diesen „verfassungsmäßigen" Interessen, Wettbewerb herzustellen, objektiv decken, werden die o.g. Grundrechte nicht rechtswidrig verletzt. Diese Voraussetzung ist erfüllt, wenn die Eigenrealisierung des nachgefragten Gutes dem Newcomer nicht zugemutet werden kann und der Monopolist das jeweilige Gut nur so lange überlassen muss, bis Wettbewerb auf dem nachgelagerten Markt aufgrund der Marktteilnahme von Konkurrenten besteht. Aus Verhältnismäßigkeitsgründen kann der Monopolist eine angemessene Gegenleistung verlangen. Nur im Einzelfall kann ein wettbewerbsherstellender Kontrahierungszwang Grundrechte verletzen und daher rechtswidrig sein, wenn - etwa bei knappen Gütern - der Monopolist so lange oder hinsichtlich einer so großen Gütermenge zur Kontrahierung gezwungen wird, dass seine eigene unternehmerische Tätigkeit erheblich beeinträchtigt wird. Eine solche Beeinträchtigung könnte auch dann vorliegen, wenn der Monopolist seine eigene Nutzung der begehrten Ressource erheblich einschränken müsste, um die Nachfrage zu befriedigen. Der Marktbeherrscher ist daher grundsätzlich nicht verpflichtet, die Kapazität des betreffenden Gutes bei entsprechender Nachfrage wesentlich zu erweitern.

Aus den gemeinschaftlichen Grundrechten ergeben sich mithin dieselben Schlussfolgerungen und Einschränkungen für einen konkurrentennützigen Kontrahierungszwang wie aus den Grundrechten des Grundgesetzes[217]. Diese Übereinstimmung ist bereits deshalb nicht ungewöhnlich, weil die Gemeinschaftsgrundrechte ihre wesentliche Quelle in den gemeinsamen Grundlagen der Verfassungen der Mitgliedstaaten haben, insbesondere also auch im Grundgesetz und dessen Auslegung durch das Bundesverfassungsgericht[218].

C. Beeinträchtigung des Handels zwischen Mitgliedstaaten

Die sog. „Zwischenstaatlichkeitsklausel" des Art. 82 EG soll den Anwendungsbereich des nationalen Kartellrechts von dem gemeinschaftlichen abgrenzen[219]. Wenn also durch das Verhalten eines Marktbeherrschers der Handel zwischen Mitgliedstaaten nicht iSd Art. 82 EG beeinträchtigt ist, ist ausschließlich nationales Kartellrecht anzuwenden. Anderenfalls sind sowohl das nationale als auch das gemeinschaftliche Kartellrecht zu beachten; wenn beide Rechtsordnungen zu unterschiedlichen Ergebnissen kommen, ist das Gemeinschaftsrecht vorrangig[220].

---

[217] Vgl. oben 2. Abschnitt D.III.2.

[218] Vgl. zu den Quellen der Gemeinschaftsgrundrechte bereits oben 3. Abschnitt B.IV.1a). Vgl. hinsichtlich des gemeinschaftlichen Grundrechts auf Eigentum insbesondere auch die Entscheidung des EuGH, 13.12.1979, Rs. 44/79, Slg. 1979, 3727, 3746 (Hauer), in der er hinsichtlich der Schranken dieses Grundrechtes ausdrücklich auf Art. 14 Abs. 2 GG sowie ähnliche Verfassungsregelungen anderer Mitgliedstaaten Bezug nahm. Vgl. auch die Präambel der Europäischen Grundrechtecharta.

Aus diesem Grund stützen sich beispielsweise *Scholz/Langer* im Wesentlichen auf die deutsche Verfassungsrechtslage, wenn sie die Verletzung der Gemeinschaftsgrundrechte durch energierechtliche Durchleitungspflichten bei der Bestimmung des jeweiligen Schutzbereiches sowie der Schranken und Schranken-Schranken der betroffenen Grundrechte untersuchen, vgl. nur S. 254, 256ff. Vgl. auch *Hüffer/Ipsen/Tettinger*, die nachweisen, dass sich der EuGH insbesondere bei der Feststellung der Schranken-Schranken in erster Linie am deutschen Verfassungsrecht orientiert, S. 149ff, 151ff, 164 m.w.N.; auch diese Autoren stützen daraufhin ihre Analyse über die Verletzung von Gemeinschaftsgrundrechten auf die „zentralen Interpretationsergebnisse" zu Art. 14 GG, S. 164ff (vgl. auch *dies.* aaO., S. 166 m.w.N., des Weiteren dazu, dass die Verfassungsbestimmungen der übrigen Mitgliedstaaten einen ähnlichen Eigentumsschutz gewährleisteten).

[219] EuGH, 6.3.1974, Rs. 6 u. 7/73, Slg. 1974, 223, 253f (Commercial Solvents); EuGH, 31.5.1979, Rs. 22/78, Slg. 1979, 1869, 1899 (Hugin/Liptons); EuGH, 5.10.1988, Rs. 247/86, Slg. 1988, 5987, 6008 (Alsatel/Novasam); EuG, 10.7.1991, Rs. T-69/89, Slg. 1991 II 485, 522 (RTE/Kommission) m.z.N.

[220] Std. Rspr. vgl. nur EuGH, 13.2.1969, Rs. 14/68, Slg. 1969, 1, 14ff (Walt Wilhelm u.a./Bundeskartellamt); EuGH, 10.7.1980, verb. Rs. 253/78 und 1 bis 3/79, Slg. 1980, 2327, 2374f (Giry und Guerlain); vgl. auch EuG, 6.4.1995, Rs. T-141/89, Slg. 1995 II 791, 860f (Tréfileurope Sales SARL/Kommission); EuG, 6.4.1995, Rs. T-148/89, Slg. 1995 II 1063, 1122 (Tréfilunion

I. Handelsbeeinträchtigung

Dem Wortlaut nach könnte der Handel zwischen Mitgliedstaaten möglicherweise erst dann „beeinträchtigt" sein, wenn mit dem relevanten Gut bereits gehandelt wird. Unter dieser Prämisse wäre der (potentielle) Geschäftsverkehr mit neuen Vertragspartnern nicht von Art. 82 EG umfasst.

Eine solche enge Auslegung hat die Europäische Kommission in ihrer Entscheidung „Zoja/CSC-ICI" vorgenommen. Die Kommission wies zwar auch auf die nachteiligen Auswirkungen der beurteilten Kontrahierungsverweigerung für die „potentiellen Handelsströme" hin, führte jedoch aus, dass „in erster Linie den auf dem Markt *bestehenden* Bedingungen Rechnung zu tragen" sei[221].

Bereits die Formulierung des Art. 82 EG zeigt jedoch, dass diese Tatbestandsvoraussetzung weit auszulegen ist. Hiernach ist jede missbräuchliche Verhaltensweise verboten, die „dazu führen *kann*"[222], den zwischenstaatlichen Handel zu beeinträchtigen. Auch nach der ständigen Rechtsprechung der Gemeinschaftsgerichte reicht eine Beeinträchtigung lediglich „potentieller Handelsströme" zwischen mehreren Mitgliedstaaten aus[223]. Um den Wort-

---

SA/Kommission); EuG, 6.4.1995, Rs. T-149/89, Slg. 1995 II 1127, 1159 (Sotralentz SA/Kommission); EuGH, 14.12.2000, Rs. C-344/98, Slg. 2000, 11369, 11428ff (Masterfoods Ltd/HB Ice Cream). Vgl. auch BGH, 16.12.1986, KZR 25/85, WuW/E BGH 2351, 2357 (Belieferungsunwürdige Verkaufsstätten II); BGH, 12.11.1991, KZR 2/90, WuW/E BGH 2755, 2759 (Aktionsbeträge); BGH, 19.1.1993, KZR 20/91, WuW/E BGH 2858, 2861ff (Fremdleasingboykott); BGH, 19.1.1993, KVR 25/91, WuW/E BGH 2875, 2876ff (Herstellerleasing). Dauses-*Emmerich* H.I § 1, Rz. 39ff; *Streinz*, Rz. 808ff jeweils m.w.N.

[221] Entscheidung 72/457/EWG vom 14.12.1972, ABl. EG 1972 Nr. L 299, S. 51, 55 (Zoja/CSC-ICI) (Hervorhebung durch die Verfasserin).

[222] Hervorhebung durch die Verfasserin.

[223] EuG, 10.7.1991, Rs. T-69/89, Slg. 1991 II 485, 523 (RTE/Kommission); EuG, 10.7.1991, Rs. T-70/89, Slg. 1991 II 535, 567 (BBC/Kommission); EuGH, 25.10.2001, Rs. C-475/99, Slg. 2001, 8089, 8153f (Ambulanz Glöckner/Landkreis Südwestpfalz). Vgl. auch EuGH, 16.12.1975, verb. Rs. 40 - 48/73, 50, 54 - 56, 111, 113 und 114/73, Slg. 1975, 1663, 2020 (Suiker Unie); EuGH, 31.5.1979, Rs. 22/78, Slg. 1979, 1869, 1899 (Hugin/Liptons); EuGH, 4.5.1988, Rs. 30/87, Slg. 1988, 2479, 2514 (Bodson); EuGH, 5.10.1988, Rs. 247/86, Slg. 1988, 5987, 6008 (Alsatel/Novasam); EuGH, 23.4.1991, Rs. C-41/90, Slg. 1991, 1979, 2018f (Höfner und Elser/Macrotron GmbH) m.w.N.; EuG, 10.7.1991, Rs. T-69/89, Slg. 1991 II 485, 522 (RTE/Kommission) m.z.N.; EuG, 12.12.1991, Rs. T-30/89, Slg. 1991 II 1439, 1491 (Hilti I); EuG, 1.4.1993, Rs. T-65/89, Slg. 1993 II 389, 436 (BPB u.a./Kommission) m.w.N.; EuGH, 15.12.1994, Rs. C-250/92, Slg. 1994, 5641, 5692 (DLG); EuGH, 6.4.1995, verb. Rs. C-241 und C-242/91 P, Slg. 1995, 743, 828 (Magill II); EuG, 8.10.1996, verb. Rs. T-24/93, T-25/93, T-26/93 und T-28/93, Slg. 1996 II 1201, 1266 (Compagnie maritime belge transports SA u.a./Kommission) m.w.N.; EuGH, 17.7.1997, Rs. C-242/95, Slg. 1997, 4449, 4467 (GT-Link A/S); EuGH, 11.12.1997, Rs. C-55/96, Slg. 1997, 7119, 7150 (Job Centre coop arl.). Vgl. auch die Vorlagefrage des BGH über die Vereinbarkeit des § 103 GWB a.F. mit Art. 85 EG-Vertrag (jetzt Art. 81

laut des Art. 82 EG nicht zu überdehnen, ist jedoch positiv festzustellen, dass ohne das missbräuchliche Verhalten des Verbotsadressaten ein zwischenstaatlicher Handel mit hinreichender Wahrscheinlichkeit stattgefunden hätte, etwa weil mit einem grenzüberschreitenden Geschäftsverkehr aufgrund der Beschaffenheit des relevanten Gutes und erheblichen Preisunterschieden zwischen den jeweiligen nationalen Märkten der Mitgliedstaaten gerechnet werden konnte[224].

II. Zwischenstaatlicher Handel

Ein solcher Handel ist dann „zwischenstaatlich" iSd Art. 82 EG, wenn die jeweilige Tätigkeit aus dem Bereich des Warenhandels oder der Erbringung von Dienstleistungen[225] das Gebiet mehrerer Mitgliedstaaten der EU berührt[226] oder wenn EU-ansässige Unternehmen im Gebiet eines anderen Mitgliedstaates tätig werden möchten[227].

Aus der Formulierung dieses Tatbestandsmerkmals („zwischen Mitgliedstaaten") und dem Zweck der Wettbewerbsregeln der Art. 81ff EG, den Wettbewerb innerhalb des Binnenmarktes vor Verfälschungen zu schützen (Art. 3 Abs. 1g EG), wird Folgendes deutlich: Beeinträchtigungen des Handelsverkehrs mit Drittstaatsangehörigen oder Drittstaaten werden nur dann von Art. 82 EG erfasst, wenn das missbräuchliche Verhalten (auch) Auswirkungen auf Unternehmen innerhalb der EU hat[228]. Ein solcher „Binnenmarkt-

EG) (der eine gleich auszulegende Zwischenstaatlichkeitsklausel enthält), 11.3.1997, KZR 2/96, EuZW 1997, 381, 382f (Erdgasdurchgangsleitung) m.w.N.

[224] So auch EuGH in „Hugin/Liptons" aaO. (vorige Fn.), S. 1900; EuG in „Hilti I" aaO. (vorige Fn.); EuGH in „DLG" aaO. (vorige Fn.); vgl. auch EuGH, 27.1.1987, Rs. 45/85, Slg. 1987, 405, 459 (Verband der Sachversicherer e.V./Kommission).

[225] Vgl. EuGH, 25.10.1979, Rs. 22/79, Slg. 1979, 3275, 3288 (Greenwich Film Production/SACEM u.a.); EuGH in „Verband der Sachversicherer e.V./Kommission" aaO. (vorige Fn.), S. 458f; EuGH, 4.5.1988, Rs. 30/87, Slg. 1988, 2479, 2514 (Bodson); EuGH, 23.4.1991, Rs. C-41/90, Slg. 1991, 1979, 2019 (Höfner und Elser/Macrotron GmbH); EuGH, 17.5.1994, Rs. C-18/93, Slg. 1994, 1783, 1825 (Corsica Ferries).

[226] So auch EuGH, 31.5.1979, Rs. 22/78, Slg. 1979, 1869, 1900f (Hugin/Liptons); EuGH, 13.12.1991, Rs. C-18/88, Slg. 1991, 5941, 5982 (RTT/GB-Inno); EuGH in „Corsica Ferries" aaO. (vorige Fn.); EuGH, 15.12.1994, Rs. C-250/92, Slg. 1994, 5641, 5692 (DLG); EuGH, 6.4.1995, verb. Rs. C-241 und C-242/91 P, Slg. 1995, 743, 828 (Magill II); EuGH, 17.7.1997, Rs. C-242/95, Slg. 1997, 4449, 4467 (GT-Link A/S).

[227] So auch EuGH, 14.2.1978, Rs. 27/76, Slg. 1978, 207, 299 (Chiquita); EuGH in „Bodson" aaO. (vorletzte Fn.); EuGH in „Höfner und Elser/Macrotron GmbH" aaO. (vorletzte Fn.); EuGH, 11.12.1997, Rs. C-55/96, Slg. 1997, 7119, 7150 (Job Centre coop arl.). Vgl. auch EuGH, 27.1.1987, Rs. 45/85, Slg. 1987, 405, 459 (Verband der Sachversicherer e.V./Kommission).

[228] So auch EuGH, 6.3.1974, Rs. 6 u. 7/73, Slg. 1974, 223, 254 (Commercial Solvents); EuGH in „Chiquita" aaO. (vorige Fn.); EuGH, 25.10.1979, Rs. 22/79, Slg. 1979, 3275, 3289 (Greenwich

bezug" liegt beispielsweise dann vor, wenn EU-Unternehmen in ihren Import- oder Exportmöglichkeiten von Waren aus bzw. in Drittstaaten bzw. in ihrer Möglichkeit beeinträchtigt worden sind, in anderen Mitgliedstaaten Dienstleistungen zu erbringen[229].

Des Weiteren genügen auch Beeinträchtigungen, die das Hoheitsgebiet eines einzigen Mitgliedstaates betreffen, den Zwischenstaatlichkeitsanforderungen des Art. 82 EG, wenn das betreffende Verhalten gleichermaßen Auswirkungen auf die Handelsströme innerhalb des Gemeinsamen Marktes haben kann. Dies ist z.B. dann der Fall, wenn ein marktbeherrschendes Unternehmen durch sein Verhalten den Inlandsmarkt gegenüber ausländischen Konkurrenten abschottet[230].

III. Spürbarkeit der Handelsbeeinträchtigung

Wie bei Art. 81 EG stellten die Gemeinschaftsgerichte auch bei Art. 82 EG in zahlreichen Entscheidungen darauf ab, dass Handelsbeeinträchtigungen „spürbar", also nicht nur geringfügig, sein müssen[231]. Diese Voraussetzung ist auf jeden Fall dann erfüllt, wenn ein Marktbeherrscher durch eine Kontrahierungsverweigerung die Entstehung von Wettbewerb verhindert. Es braucht daher hier nicht näher untersucht zu werden, ob die Spürbarkeit ei-

---

Film Production/SACEM u.a.); BPB, S. 437; vgl. auch EuGH, 15.12.1994, Rs. C-250/92, Slg. 1994, 5641, 5692 (DLG).

[229] So auch EuGH in „Commercial Solvents" aaO. (vorige Fn.); EuGH in „Greenwich Film Production/SACEM u.a." aaO. (vorige Fn.); EuG, 1.4.1993, Rs. T-65/89, Slg. 1993 II 389, 437 (BPB u.a./Kommission); EuG, 8.10.1996, verb. Rs. T-24/93, T-25/93, T-26/93 und T-28/93, Slg. 1996 II 1201, 1267f (Compagnie maritime belge transports SA u.a./Kommission). Vgl. auch EuGH in „Chiquita" aaO. (vorletzte Fn.).

[230] Vgl. auch EuGH, 9.11.1983, Rs. 322/81, Slg. 1983, 3461, 3522f (Michelin); EuG in „BPB u.a./Kommission" aaO. (vorige Fn.); EuGH, 27.4.1994, Rs. C-393/92, Slg. 1994, 1477, 1520, 1519 (Almelo). Vgl. auch EuGH, 31.5.1979, Rs. 22/78, Slg. 1979, 1869, 1900f (Hugin/Liptons); EuGH, 2.3.1983, Rs. 7/82, Slg. 1983, 483, 505f (GVL/Kommission).

[231] EuGH, 14.2.1978, Rs. 27/76, Slg. 1978, 207, 299 (Chiquita); EuGH in „Michelin" aaO. (vorige Fn.), S: 3523; EuG, 10.7.1991, Rs. T-69/89, Slg. 1991 II 485, 523 (RTE/Kommission); EuG, 10.7.1991, Rs. T-70/89, Slg. 1991 II 535, 567f (BBC/Kommission); EuG, 1.4.1993, Rs. T-65/89, Slg. 1993 II 389, 436f (BPB u.a./Kommission); EuGH, 6.4.1995, verb. Rs. C-241 und C-242/91 P, Slg. 1995, 743, 828 (Magill II); EuG, 8.10.1996, verb. Rs. T-24/93, T-25/93, T-26/93 und T-28/93, Slg. 1996 II 1201, 1266 (Compagnie maritime belge transports SA u.a./Kommission); EuGH, 25.10.2001, Rs. C-475/99, Slg. 2001, 8089, 8153f (Ambulanz Glöckner/Landkreis Südwestpfalz); vgl. auch EuGH, 16.12.1975, verb. Rs. 40 - 48/73, 50, 54 - 56, 111, 113 und 114/73, Slg. 1975, 1663, 2020 (Suiker Unie). So auch GTE-*Schröter* zu Art. 86 EGV, Rz. 242; ebenso wohl Dauses-*Emmerich* H.I § 1, Rz. 35; Grabitz/Hilf-*Jung* zu Art. 82 EGV, Rz. 269f jeweils m.w.N. auch zu der anderen Ansicht.

nes missbräuchlichen Verhaltens ein zusätzliches ungeschriebenes Tatbestandsmerkmal des Art. 82 EG ist[232].

IV. Ergebnis

Die Voraussetzungen des für die Anwendbarkeit des Art. 82 EG erforderlichen zwischenstaatlichen Bezugs sind bei einer wettbewerbsverhindernden Kontrahierungsverweigerung erfüllt, wenn ein Newcomer-Nachfrager, der mit dem monopolistischen Anbieter auf einem benachbarten Markt konkurrieren möchte, einem anderen Mitgliedstaat der EU angehört als der Monopolist. In diesem Fall wäre bereits der verweigerte Geschäftsverkehr selbst grenzüberschreitend. Im Übrigen kann der Newcomer auch ein Drittstaatsangehöriger sein, der mit EU-Unternehmen in Geschäftsbeziehungen treten möchte. Aber auch wenn der Newcomer-Nachfrager und der Monopolist demselben Mitgliedstaat angehören, ist der „Handel zwischen Mitgliedstaaten" iSd Art. 82 EG beeinträchtigt, wenn der Verbotsadressat durch die Kontrahierungsverweigerung den Inlandsmarkt abschottet, weil mit einer grenzüberschreitenden Tätigkeit des Newcomers gerechnet werden konnte.

Wenn ein Marktbeherrscher durch seine Kontrahierungsverweigerung die Entstehung von Wettbewerb verhindert, ist diese Handelsbeeinträchtigung spürbar. Auf die Frage, ob dieses Kriterium ein zusätzliches ungeschriebenes Tatbestandsmerkmal des Art. 82 EG ist, kommt es daher hier nicht an.

D. Kontrahierungszwang gemäß Art. 82 EG iVm §§ 823 Abs. 2, 249 S. 1 BGB

Gemäß Art. 82 EG sind missbräuchliche Verhaltensweisen verboten. Weitere Rechtsfolgen sind außerhalb des gemeinschaftlichen Kartellverwaltungsverfahrens gemäß Art. 3, 15, 16 KartellVO nicht geregelt. Gemäß Art. 3 KartellVO darf die Europäische Kommission den Verbotsadressaten verpflichten, seine Zuwiderhandlung gegen Art. 82 EG „abzustellen"; sofern gemäß Art. 9 Abs. 3 KartellVO die nationalen Kartellbehörden für die Anwendung des Art. 82 EG zuständig sind, darf das Bundeskartellamt gemäß § 50 Abs. 2 S. 2, § 32 GWB missbräuchliche Verhaltensweisen untersagen.

Da Art. 82 EG unmittelbar anwendbar ist, also Rechte verschafft, die (u.a.) nationale Gerichte zu beachten haben,[233] kann sich ein Nachfrager, dem eine

---

[232] So *Schröter, Emmerich, Jung* aaO. (vorige Fn.) jeweils m.w.N. auch zu der anderen Ansicht.

[233] Std. Rspr., vgl. nur EuG, 10.7.1990, Rs. T-51/89, Slg. 1990 II 309, 364 (Tetra Pak I); EuGH, 10.12.1991, Rs. C-179/90, Slg. 1991, 5889, 5930 (Porto di Genova); EuG, 24.1.1995, Rs. T-114/92, Slg. 1995 II 147, 172 (BEMIM/Kommission) jeweils m.w.N.

Kontrahierung missbräuchlich verweigert worden ist, in einem nationalen Zivilrechtsstreit auf seine Rechte aus Art. 82 EG berufen und die Rechtsfolgen geltend machen, die sich aus dem nationalen Recht ergeben[234]. Art. 82 EG ist Schutzgesetz iSd § 823 Abs. 2 BGB, soweit es sich - wie im Falle einer Kontrahierungsverweigerung - um Ansprüche von Abnehmern oder Lieferanten handelt[235]. Die Voraussetzungen eines Kontrahierungsanspruchs richten sich somit nach § 823 Abs. 2 BGB iVm § 249 S. 1 BGB.

Ein Schadensersatzanspruch nach deutschem Recht setzt die haftungsbegründende und -ausfüllende Kausalität der gemäß Art. 82 EG verbotenen Kontrahierungsverweigerung sowie ein schuldhaftes Verhalten des Verbotsadressaten voraus. Da hierbei die gleichen Anforderungen wie bei § 33 GWB zu beachten sind, kann insoweit auf die Ausführungen zur deutschen Rechtslage verwiesen werden[236]. Der missbräuchlich handelnde Marktbeherrscher hat daher im Wege der Naturalrestitution iSd § 249 S. 1 BGB das Vertragsangebot des Newcomer-Nachfragers anzunehmen und ihm das nachgefragte Gut zu überlassen.

E. Ausnahmeregelungen gemäß Art. 86 EG

Art. 86 Abs. 1 und 2 EG enthalten kartellrechtliche Sonderregelungen für bestimmte Unternehmen, die zumindest iVm unmittelbar anwendbaren Vorschriften wie Art. 82 EG auch von den Kartellgerichten und -behörden der Mitgliedstaaten zu beachten sind[237].

Gemäß **Art. 86 Abs. 1 EG** ist es den Mitgliedstaaten verboten, gegenüber öffentlichen Unternehmen sowie Unternehmen, denen ausschließliche Rechte eingeräumt wurden, Maßnahmen anzuwenden, die u.a. Art. 82 EG widersprechen. Diese Vorschrift stellt somit lediglich klar, dass Art. 82 EG

---

[234] Vgl. auch EuGH, 27.3.1974, Rs. 127/73, Slg. 1974, 313, 317 (BRT II); EuGH, 30.4.1974, Rs. 155/73, Slg. 1974, 409, 431 (Giuseppe Sacchi); EuGH, 10.7.1980, Rs. 37/79, Slg. 1980, 2481, 2500 (Marty/Lauder); EuG, 10.7.1990, Rs. T-51/89, Slg. 1990 II 309, 364 (Tetra Pak I); EuG, 18.9.1992, Rs. T-24/90, Slg. 1992 II 2223, 2267 (Automec II) m.w.N.

[235] *Baur* EuR 1988, 257, 260ff, 263f; Langen/Bunte-*Dirksen* zu Art. 82 EG, Rz. 208f; Dauses-*Emmerich* H.I, Rz. 412; Grabitz/Hilf-*Jung* zu Art. 82 EGV, Rz. 283; *Streinz*, Rz. 830 jeweils m.z.N.

[236] S.o. 2. Abschnitt E.

[237] EuGH, 11.4.1989, Rs. 66/86, Slg. 1989, 803, 853 (Ahmed Saeed Flugreisen u.a.); EuGH, 18.6.1991, Rs. C-260/89, Slg. 1991, 2925, 2962 (ERT); EuGH, 19.5.1993, Rs. C-320/91, Slg. 1993, 2533, 2569 (Corbeau); EuGH, 27.4.1994, Rs. C-393/92, Slg. 1994, 1477, 1521 (Almelo); EuGH, 17.7.1997, Rs. C-242/95, Slg. 1997, 4449, 4470 (GT-Link A/S) m.w.N. Vgl. auch Grabitz/Hilf-*Pernice/Wernicke* zu Art. 86 EGV, Rz. 12f sowie *Rapp-Jung* RdE 1994, 165, 167f jeweils m.z.N. zu der Entwicklung der gemeinschaftlichen Rspr.

auch auf mitgliedstaatliche Maßnahmen gegenüber „öffentlichen“ Unternehmen, also solchen, die unter staatlicher Kontrolle stehen[238] (wie z.B. in einigen Mitgliedstaaten bisher die Post[239]), sowie gegenüber solchen Unternehmen anwendbar ist, denen eine ausschließliche Erlaubnis zur Erbringung bestimmter Dienste eingeräumt wurde[240] (beispielsweise die Beförderung und Verteilung der Briefpost[241] oder die Veranstaltung und Verbreitung von Fernsehprogrammen[242])[243]. Für die Beurteilung der Missbräuchlichkeit von Verhaltensweisen solcher Unternehmen ergeben sich also gegenüber den bisher gefundenen Ergebnissen keine Besonderheiten.

Eine Ausnahmeregelung von Art. 82 EG für bestimmte Unternehmen enthält jedoch **Art. 86 Abs. 2 EG**: Auf Unternehmen, die bestimmte Dienstleistungen erbringen, ist Art. 82 EG gemäß Art. 86 Abs. 2 S. 1, 2. HS EG nicht anwendbar, wenn die Erfüllung der besonderen Aufgabe hierdurch rechtlich oder tatsächlich verhindert werden würde. Gemäß Art. 86 Abs. 2 S. 2 EG darf allerdings die Entwicklung des Handelsverkehrs auf diese Weise nicht in einem Ausmaß beeinträchtigt werden, das dem Gemeinschafts-

---

[238] EuGH, 6.7.1982, verb. Rs. 188 - 190/80, Slg. 1982, 2545, 2577f, 2579 (Transparenz-Richtlinie); EuGH, 23.10.1997, Rs. C-159/94, Slg. 1997, 5815, 5832 (Kommission/Frankreich) m.w.N.; Generalanwalt Lenz in seinen Schlussanträgen zu der Rs. C-260/89, Slg. 1991, S. 2939, 2946 (ERT). GTE-*Hochbaum* zu Art. 90 EGV, Rz. 9f m.z.N.; Grabitz/Hilf-*Pernice/Wernicke* zu Art. 86 EGV, Rz. 20ff m.w.N.

[239] So die Europäische Kommission in ihrer Bekanntmachung über die Anwendung der Wettbewerbsregeln auf den Postsektor und über die Beurteilung bestimmter staatlicher Maßnahmen betreffend Postdienste, ABl. EG 1998 Nr. C 39, S. 2, 10f; *Everling* EuR 1994, 386, 395 m.w.N. Vgl. auch Generalanwalt Jacobs in seinen Schlussanträgen zu der Rs. C-41/90, Slg. 1991, 1994, 2004 (Höfner und Elser) dazu, dass die deutsche Bundesanstalt für Arbeit ein „öffentliches Unternehmen“ iSd Art. 90 Abs. 1 EG-Vertrag (jetzt Art. 86 Abs. 1 EG) sei. Vgl. für weitere Beispiele auch GTE-*Hochbaum* zu Art. 90 EGV, Rz. 14, 17, 96 m.z.N.; Grabitz/Hilf-*Pernice/Wernicke* zu Art. 86 EGV, Rz. 26 m.w.N.

[240] EuGH, 4.5.1988, Rs. 30/87, Slg. 1988, 2479, 2516 (Bodson) (Bestattungswesen); EuGH, 11.4.1989, Rs. 66/86, Slg. 1989, 803, 852 (Ahmed Saeed Flugreisen u.a.) (Bedienung bestimmter Flugstrecken); EuGH, 17.5.1994, Rs. C-18/93, Slg. 1994, 1783, 1824f (Corsica Ferries) (Erbringung von Lotsendiensten in einem Hafen); EuGH, 5.10.1994, Rs. C-323/93, Slg. 1994, 5077, 5104 (Centre d'insémination) (künstliche Besamung von Rindern); EuGH, 23.5.2000, Rs. C-209/98, Slg. 2000, 3743, 3799 (Entreprenørforeningens Affalds/Miljøsektion (FFAD)/Københavns Kommune) (Bewirtschaftung bestimmter Abfälle zur Beseitigung von Umweltproblemen).

[241] EuGH, 19.5.1993, Rs. C-320/91, Slg. 1993, 2533, 2567 (Corbeau); EuGH, 17.05.2001, Rs. C-340/99, Slg. 2001, 4109, 4158f (TNT Traco SpA/Poste Italiane SpA). Vgl. nur GTE-*Hochbaum* zu Art. 90 EGV, Rz. 96 m.w.N. Gemäß § 51 PostG hat die Deutsche Post AG bis zum 31.12.2007 die „gesetzliche Exklusivlizenz“ zur Beförderung von bestimmten Standardbriefsendungen.

[242] EuGH, 18.6.1991, Rs. C-260/89, Slg. 1991, 2925, 2962 (ERT).

[243] *Edward/Hoskins* CMLR 1995, 157, 160; *Everling* EuR 1994, 386, 395; *Lecheler* RdE 1996, 212, 216; Grabitz/Hilf-*Pernice/Wernicke* zu Art. 86 EGV, Rz. 5ff m.w.N.

interesse widerspricht. Bei einer wettbewerbsverhindernden Kontrahierungsverweigerung gilt insoweit Folgendes:

I. Unternehmen iSd Art. 86 Abs. 2 EG

Wie bereits die systematische Stellung des Art. 86 EG in Titel VI des EG-Vertrages nahe legt, ist der Begriff des „Unternehmens" genauso auszulegen wie in Art. 82 EG[244]. Diese Tatbestandsvoraussetzung umfasst also alle Einheiten, die eine wirtschaftliche Tätigkeit ausüben, ohne Rücksicht auf ihre Rechtsform oder die Art ihrer Finanzierung[245].

Art. 86 Abs. 2 EG gilt für zwei Arten von Unternehmen: Erstens für solche, die „Dienstleistungen von allgemeinem wirtschaftlichen Interesse" erbringen (dazu unter **1.**), zweitens für Finanzmonopole (dazu unter **2.**).

1. Dienstleistungen von allgemeinem wirtschaftlichen Interesse

Der Begriff der „**Dienstleistung**" ist nicht im engen Sinne des Art. 50 EG zu verstehen; auch der Verkehr mit Waren wird hiervon erfasst[246].

Das Tatbestandsmerkmal des „**allgemeinen wirtschaftlichen Interesses**" nimmt erstens die Ausübung hoheitlicher Vorrechte aus dem Anwendungsbereich der Art. 81ff EG heraus[247]. So zählt beispielsweise die Überwachung und Kontrolle des Luftraums zur Flugverkehrskontrolle[248] oder die Genehmigung und Überwachung der Ausübung bestimmter Tätigkeiten[249] zu den typischerweise hoheitlichen Befugnissen, die nicht wirtschaftlicher Art iSd Art. 86 Abs. 2 EG sind[250].

Zweitens besteht ein allgemeines wirtschaftliches Interesse iSd Art. 86 Abs. 2 EG nur dann, wenn sich dieses von dem Interesse an anderen wirt-

---

244 Std. Rspr. vgl. nur EuGH, 19.1.1994, Rs. C-364/92, Slg. 1994, 43, 61 (SAT/Eurocontrol); EuGH, 21.9.1999, Rs. C-67/96, Slg. 1999, 5754, 5886 (Albany International BV/Stichting Bedrijfspensioenfonds Textielindustrie) jeweils m.z.N.

245 Vgl. zum Begriff des „Unternehmens" iSd Art. 82 EG oben 3. Abschnitt A.II.1.

246 *Hüffer/Ipsen/Tettinger*, S. 288; Grabitz/Hilf-*Pernice/Wernicke* zu Art. 86 EGV, Rz. 32 m.z.N.; *Scholz/Langer*, S. 158; *Stewing*, S. 149f m.w.N.

247 Mitteilung der Kommission „Leistungen der Daseinsvorsorge in Europa", ABl. EG 1996 Nr. C 281, Ziff. 18, S. 3 5 bzw. ABl. EG 2001 Nr. C 17, S. 4, 9, jeweils mit weiteren Beispielen; Grünbuch der Kommission „Zu Dienstleistungen von Allgemeinem Interesse", KOM (2003) 270 endg., S. 17f.

248 EuGH, 19.1.1994, Rs. C-364/92, Slg. 1994, 43, 61ff (SAT/Eurocontrol).

249 EuGH, 14.12.1995, Rs. C-387/93, Slg. 1995, 4663, 4698 (Banchero).

250 Vgl. auch EuGH, 18.6.1975, Rs. 94/74, Slg. 1975, 699, 713 (ENCC); EuGH, 18.3.1997, Rs. C-343/95, Slg. 1997, 1547, 1588f (Diego Cali & Figli Srl/SEPG) m.w.N.

schaftlichen Tätigkeiten „besonders" unterscheidet[251]. Aus diesem Grund lag nach Auffassung der Gemeinschaftsgerichte die Organisation von Hafenarbeiten, wie das Be- und Entladen von Schiffen, nicht im allgemeinen wirtschaftlichen Interesse[252]. Demgegenüber hat der EuGH ein besonderes allgemeines Interesse an der Sicherstellung der regionalen Stromversorgung anerkannt[253] sowie an der preiswerten und qualitativ gleichmäßigen Sammlung, Beförderung und Verteilung von Postsendungen[254], an der Vermittlung von Arbeitskräften und der Gewährung von Arbeitslosengeld[255], an der Bedienungspflicht auch unrentabler Strecken durch Flugverkehrsunternehmen[256] oder an dem Betrieb von Rundfunksendern[257] bzw. öffentlichen Telekommunikationsnetzen[258]. Die entscheidungserhebliche Frage ist, ob dem jeweiligen Unternehmen eine bestimmte Versorgungspflicht mit Gütern auferlegt wurde, die es zur Befriedigung eines Allgemeininteresses unabhängig von

---

[251] EuGH, 10.12.1991, Rs. C-179/90, Slg. 1991, 5889, 5931 (Porto di Genova); EuGH, 17.7.1997, Rs. C-242/95, Slg. 1997, 4449, 4469 (GT-Link A/S); EuGH, 18.6.1998, Rs. C-266/96, Slg. 1998, 3949, 3996f (Corsica Ferries France SA).

[252] EuGH in „Porto di Genova" aaO. (vorige Fn.); vgl. auch EuGH in „GT-Link A/S" aaO. (vorige Fn.).

[253] EuGH, 27.4.1994, Rs. C-393/92, Slg. 1994, 1477, 1521 (Almelo); EuGH, 23.10.1997, Rs. C-157/94, Slg. 1997, 5699, 5779f (Kommission/Niederlande); EuGH, 23.10.1997, Rs. C-159/94, Slg. 1997, 5815, 5834 (Kommission/Frankreich). Vgl. auch GTE-*Hochbaum* zu Art. 90 EGV, Rz. 79 m.w.N.; *Scholz/Langer*, S. 158, sowie *Stewing*, S. 160ff m.z.N. aus dem Recht einzelner Mitgliedstaaten. Vgl. zur Versorgung von Endabnehmern mit Erdgas auch den Vorlagebeschluss des BGH, 11.3.1997, KZR 2/96, EuZW 1997, 381, 383 (Erdgasdurchgangsleitung) m.w.N.

[254] EuGH, 19.5.1993, Rs. C-320/91, Slg. 1993, 2533, 2568 (Corbeau). Vgl. auch EuGH, 12.2.1992, verb. Rs. C-48/90 und C-66/90, Slg. 1992, 565, 635f (Niederländische Eilkurierdienste); EuGH, 10.2.2000, verb. Rs. C-147/97 und C-148/97, Slg. 2000, 825, 873 (Deutsche Post AG/GZS mbH und Citicorp Kartenservice GmbH); EuGH, 17.05.2001, Rs. C-340/99, Slg. 2001, 4109, 4158f, 4162 (TNT Traco SpA/Poste Italiane SpA). Vgl. auch die Europäische Kommission in ihrer Bekanntmachung über die Anwendung der Wettbewerbsregeln auf den Postsektor und über die Beurteilung bestimmter staatlicher Maßnahmen betreffend Postdienste, ABl. EG 1998 Nr. C 39, S. 2, 14. Vgl. auch BGH, 29.9.1998, KZR 3/97, WuW/E DE-R 197, 198f (Röntgenbilder). *Everling* EuR 1994, 386, 394f m.w.N.; GTE-*Hochbaum* zu Art. 90 EGV, Rz. 96 m.w.N.

[255] EuGH, 23.4.1991, Rs. C-41/90, Slg. 1991, 1979, 2017 (Höfner und Elser/Macrotron GmbH); EuGH, 11.12.1997, Rs. C-55/96, Slg. 1997, 7119, 7147f (Job Centre coop arl.).

[256] EuGH, 11.4.1989, Rs. 66/86, Slg. 1989, 803, 853 (Ahmed Saeed Flugreisen u.a.). Vgl. auch EuG, 19.6.1997, Rs. T-260/94, Slg. 1997 II 997, 1042f (Air Inter SA/Kommission).

[257] EuGH, 30.4.1974, Rs. 155/73, Slg. 1974, 409, 431 (Giuseppe Sacchi); EuGH, 3.10.1985, Rs. 311/84, Slg. 1985, 3261, 3275 (Télémarketing); EuG, 10.7.1991, Rs. T-69/89, Slg. 1991 II 485, 525 (RTE/Kommission).

[258] EuGH, 20.3.1985, Rs. 41/83, Slg. 1985, 873, 888 (British Telecommunications). Vgl. auch EuGH, 13.12.1991, Rs. C-18/88, Slg. 1991, 5941, 5980f (RTT/GB-Inno); GTE-*Hochbaum* zu Art. 90 EGV, Rz. 52 m.z.N.; Grabitz/Hilf-*Pernice/Wernicke* zu Art. 86 EGV, Rz. 32ff m.w.N.

Rentabilitätserwägungen zu erfüllen hat[259]. Die Erbringung solcher Tätigkeiten, die auch im Zuge der technischen und wirtschaftlichen Entwicklung von den Wettbewerbsregeln der Art. 81ff EG ausgenommen und einzelnen Unternehmen übertragen werden können, werden insbesondere in den Bereichen Telekommunikation und Post als „Universaldienst" bezeichnet[260].

Des Weiteren fallen nur solche Unternehmen unter Art. 86 Abs. 2 EG, die mit derartigen besonderen Aufgaben **„betraut"** wurden. Eine solche Betrauung erfolgt durch einen Hoheitsakt, der die Wahrnehmung von besonderen Aufgaben bestimmten Unternehmen vorbehält. Allein die *Ausübung* einer Tätigkeit zum Schutz allgemeiner Interessen ohne ausdrückliche staatliche Zuweisung genügt also nicht[261].

2. Finanzmonopole

Unternehmen mit dem „Charakter eines Finanzmonopols" iSd Art. 86 Abs. 2 S. 1 EG sind solche, die ähnlich einer steuererhebenden Stelle besondere Einnahmen für den Staatshaushalt eines Mitgliedstaates erzielen sollen. Als

---

[259] EuGH, 17.05.2001, Rs. C-340/99, Slg. 2001, 4109, 4162 (TNT Traco SpA/Poste Italiane SpA); EuGH, 25.10.2001, Rs. C-475/99, Slg. 2001, 8089, 8155 (Ambulanz Glöckner/Landkreis Südwestpfalz). Grabitz/Hilf-*Pernice/Wernicke* zu Art. 86 EGV, Rz. 32ff, 34 m.w.N. Vgl. auch die Definition der Europäischen Kommission in ihrer Mitteilung „Leistungen der Daseinsvorsorge in Europa", ABl. EG 1996 Nr. C 281, S. 3 bzw. ABl. EG 2001 Nr. C 17, S. 4, 9 sowie in dem Grünbuch der Kommission „Zu Dienstleistungen von Allgemeinem Interesse", KOM (2003) 270 endg., S. 8.

[260] Vgl. hierzu bereits in der Einleitung A.I.1. S. nunmehr ausdrücklich Art. 16 EG; Mitteilung der Kommission „Leistungen der Daseinsvorsorge in Europa", ABl. EG 1996 Nr. C 281, S. 3ff, 7 bzw. ABl. EG 2001 Nr. C 17, S. 4, 11ff, 16ff; Grünbuch der Kommission „Zu Dienstleistungen von Allgemeinem Interesse", KOM (2003) 270 endg., S. 3ff, 18f, 41f; Mitteilung der Kommission „Der Universaldienst in der Telekommunikation im Hinblick auf ein vollständig liberalisiertes Umfeld", KOM (96) 73 endg., S. 3, 5ff; Bekanntmachung der Kommission über die Anwendung der Wettbewerbsregeln auf den Postsektor und über die Beurteilung bestimmter staatlicher Maßnahmen betreffend Postdienste, ABl. EG 1998 Nr. C 39, S. 2, 3f; 12. HauptGA der Monopolkommission 1996/97, BT-Drs. 13/11291, Tz. 40, 49f. Vgl. auch §§ 17ff TKG iVm der Telekommunikations-Universaldienstleistungsverordnung (TUDLV), §§ 11ff PostG iVm der Post-Universaldienstleistungsverordnung (PUDLV). In Anlehnung an das französische Verwaltungsrecht wird insoweit auch der Begriff **„service public"** verwendet, vgl. nur *Lechner* RdE 1996, 212, 213ff; *Le Nestour/Zinow* RdE 1994, 129ff; *Theobald* AöR 122 (1997) 372, 395 m.w.N.

[261] S. nur EuGH, 27.3.1974, Rs. 127/73, Slg. 1974, 313, 318 (BRT II); EuGH, 2.3.1983, Rs. 7/82, Slg. 1983, 483, 504 (GVL/Kommission); EuGH, 11.4.1989, Rs. 66/86, Slg. 1989, 803, 853 (Ahmed Saeed Flugreisen u.a.); EuGH, 23.10.1997, Rs. C-159/94, Slg. 1997, 5815, 5836 (Kommission/Frankreich). Vgl. demgegenüber EuGH, 3.10.1985, Rs. 311/84, Slg. 1985, 3261, 3275 (Télémarketing); EuGH, 27.4.1994, Rs. C-393/92, Slg. 1994, 1477, 1520f (Almelo). GTE-*Hochbaum* zu Art. 90 EGV, Rz. 57, 84 m.w.N.; *Lecheler* RdE 1996, 212, 216f m.w.N.; *Scholz/Langer*, S. 158f m.z.N.; *Stewing*, S. 144ff m.w.N.

Beispiel sind hier Tabakmonopole zu nennen, wie sie in einigen Mitgliedstaaten bestanden haben oder noch bestehen[262].

II. Verhinderung der Aufgabenerfüllung

Auf die o.g. Unternehmen ist gemäß Art. 86 Abs. 2 S. 1, 2. HS EG u.a. Art. 82 EG nicht anwendbar, wenn das Missbrauchsverbot die Erfüllung der übertragenen besonderen Aufgaben rechtlich oder tatsächlich verhindert. Dies ist dann der Fall, wenn die besondere Aufgabe nur erfüllt werden kann, wenn das jeweilige Unternehmen über besondere oder ausschließliche Rechte verfügt[263].

Bei einer konkurrentennützigen Kontrahierungsverweigerung stellt sich insoweit die Frage, ob ein „betrautes" Unternehmen dadurch in seiner Aufgabenerfüllung iSd Art. 86 Abs. 2 EG behindert wird, dass erstmals Konkurrenten an „seinem" Markt teilnehmen und seinen wirtschaftlichen Erfolg entsprechend schmälern. Nach Auffassung der Gemeinschaftsgerichte sind derartige betriebswirtschaftliche Erwägungen durchaus im Rahmen des Art. 86 Abs. 2 EG relevant. Die Auswirkungen einzelner Verhaltenspflichten auf die Kosten, die ein betrautes Unternehmen zur effektiven Erfüllung der ihm übertragenen besonderen Aufgaben zu tragen hat, seien im Rahmen des Art. 86 Abs. 2 S. 1, 2. HS EG berücksichtigungsfähig[264]; das betraute Unter-

---

[262] GTE-*Hochbaum* zu Art. 90 EGV, Rz. 58ff m.z.N.; vgl. auch Grabitz/Hilf-*Pernice/Wernicke* zu Art. 86 EGV, Rz. 43 m.w.N.

[263] Vgl. EuGH, 23.10.1997, Rs. C-159/94, Slg. 1997, 5815, 5833 (Kommission/Frankreich); EuGH, 17.05.2001, Rs. C-340/99, Slg. 2001, 4109, 4161 (TNT Traco SpA/Poste Italiane SpA) m.w.N.

[264] EuGH, 20.3.1985, Rs. 41/83, Slg. 1985, 873, 888 (British Telecommunications); EuGH, 11.4.1989, Rs. 66/86, Slg. 1989, 803, 853 (Ahmed Saeed Flugreisen u.a.); EuGH, 19.5.1993, Rs. C-320/91, Slg. 1993, 2533, 2569 (Corbeau); EuGH, 27.4.1994, Rs. C-393/92, Slg. 1994, 1477, 1521 (Almelo); EuG, 19.6.1997, Rs. T-260/94, Slg. 1997 II 997, 1043 (Air Inter SA/Kommission); EuGH„ 23.10.1997, Rs. C-157/94, Slg. 1997, 5699, 5782 (Kommission/Niederlande); EuGH in „Kommission/Frankreich" aaO. (vorige Fn.), S. 5835. Vgl. auch EuGH, 23.10.1997, Rs. C-158/94, Slg. 1997, 5789, 5809 (Kommission/Italien); EuGH, 21.9.1999, Rs. C-67/96, Slg. 1999, 5754, 5893 (Albany International BV/Stichting Bedrijfspensioenfonds Textielindustrie); EuGH, 10.2.2000, verb. Rs. C-147/97 und C-148/97, Slg. 2000, 825, 876ff (Deutsche Post AG/GZS mbH und Citicorp Kartenservice GmbH). Vgl. auch die Europäische Kommission in ihrer Bekanntmachung über die Anwendung der Wettbewerbsregeln auf den Postsektor und über die Beurteilung bestimmter staatlicher Maßnahmen betreffend Postdienste, ABl. EG 1998 Nr. C 39, S. 2, 14f; Mitteilung der Kommission „Leistungen der Daseinsvorsorge in Europa", ABl. EG 2001 Nr. C 17, S. 4, 8; Entscheidung der Kommission vom 25.7.2001, ABl. EG 2001 Nr. L 331, S. 40, 76 (Deutsche Post AG). Vgl. auch BGH, 7.10.1997, KZR 36/96, WuW/E DE-R 1f (Auslandspost-Remailing); BGH, 8.12.1998, KZR 26/97, WuW/E DE-R 217, 218f (Postbeförderungsvorbehalt). Dauses-*Emmerich* H.II, Rz. 162 m.w.N. So auch *Edward/Hoskins*

nehmen müsse in der Lage sein, seine besondere Aufgabe „unter wirtschaftlich tragbaren Bedingungen“ auszuüben[265].

Unter Berufung auf diese Rechtsprechung könnte ein zu einer konkurrentennützigen Kontrahierung gezwungenes Monopolunternehmen beispielsweise einwenden, es müsse deshalb sein Stromversorgungsnetz einem Nachfrager nicht zur Verfügung stellen, weil dieser mit ihm auf dem nachgelagerten Markt der Energieversorgung von Endabnehmern konkurriert und ihm seine Kunden „abwirbt“. Es bestünde daher die Gefahr, dass ihm die pflichtgemäße Gewährleistung der sicheren, preisgünstigen und umweltverträglichen Energieversorgung iSd § 1 EnWG[266] mangels Amortisation seiner Netzinvestitionen nicht mehr möglich wäre[267].

1. Regel-Ausnahme-Verhältnis zugunsten der Wettbewerbsregeln

Sofern Energieversorgungsunternehmen überhaupt „betraute Unternehmen“ iSd Art. 86 Abs. 2 EG sind[268], kann ein solcher Einwand in Einzelfällen ent-

---

CMLR 1995, 157, 176ff m.w.N.; *Everling* EuR 1994, 386, 402f; *Gardner* ECLR 1995, 78, 82; *Rapp-Jung* RdE 1994, 165, 169; *Thiessen* EWS 1998, 10, 17 m.w.N.

[265] EuGH in „Corbeau“ aaO. (vorige Fn.), S. 2569; EuGH in „Deutsche Post AG/GZS mbH und Citicorp Kartenservice GmbH“ aaO. (vorige Fn.); EuGH, 17.05.2001, Rs. C-340/99, Slg. 2001, 4109, 4162 (TNT Traco SpA/Poste Italiane SpA); EuGH, 25.10.2001, Rs. C-475/99, Slg. 2001, 8089, 8156 (Ambulanz Glöckner/Landkreis Südwestpfalz). Vgl. auch für die Tätigkeit eines Stromversorgungsunternehmens EuGH, 27.4.1994, Rs. C-393/92, Slg. 1994, 1477, 1521 (Almelo). Vgl. auch BGH, 8.12.1998, KZR 26/97, WuW/E DE-R 217, 218f (Postbeförderungsvorbehalt).

[266] Energiewirtschaftsgesetz.

[267] So wohl *Hüffer/Ipsen/Tettinger*, S. 222, 291; a.A.: *Stewing*, S. 189f.
Vgl. hinsichtlich der Gewährung des ausschließlichen Rechts zur Versorgung der Bevölkerung mit Gas die Entscheidung EuGH, 23.10.1997, Rs. C-159/94, Slg. 1997, 5815, 5842 (Kommission/Frankreich). Vgl. zur Frage der Vereinbarkeit deutscher kommunaler Gasversorgungsmonopole iSd § 103 Abs. 1 Nr. 1 GWB a.F. mit Art. 85 EG-Vertrag (jetzt Art. 81 EG) den Vorlagebeschluss des BGH, 11.3.1997, KZR 2/96, EuZW 1997, 381, 383f (Erdgasdurchgangsleitung) m.w.N.

[268] Vgl. nur GTE-*Hochbaum* zu Art. 90 EGV, Rz. 84ff m.z.N.; *Hüffer/Ipsen/Tettinger*, S. 289ff m.z.N.; *Oppermann*, Rz. 1055; *Schröder*, S. 57f m.w.N.; *Stewing*, S. 147ff, 173ff m.w.N.; *Thiessen* EWS 1998, 10, 13ff m.z.N.; Bericht der Deregulierungskommission, S. 80. A.A.: *Rapp-Jung* RdE 1994, 165, 168; *Scholz/Langer*, S. 159ff. Vgl. auch den Vorlagebeschluss des BGH, 11.3.1997, KZR 2/96, EuZW 1997, 381, 383f (Erdgasdurchgangsleitung) m.w.N. über die Vereinbarkeit deutscher kommunaler Gasversorgungsmonopole gemäß § 103 Abs. 1 Nr. 1 GWB a.F. mit Art. 85 EG-Vertrag (jetzt Art. 81 EG). Im Übrigen ist darauf hinzuweisen, dass gemäß § 103b GWB a.F. (eingefügt durch Art. 2 Gesetz zur Neuregelung des Energiewirtschaftsrechts vom 24.4.1998) die Sonderregelung der §§ 103, 103a GWB a.F. für die Versorgung mit Elektrizität und Gas nicht mehr besteht (vgl. nach der Sechsten GWB-Novelle § 131 Abs. 8 GWB). Art. 86 Abs. 2 EG ist daher nur noch für die deutsche Wasserwirtschaft von Bedeutung (§ 131 Abs. 8 GWB iVm § 103ff GWB a.F.).

scheidungserheblich sein. Grundsätzlich führt jedoch eine Auslegung des Art. 86 Abs. 2 EG, die dem hierin geregelten Regel-Ausnahme-Verhältnis Rechnung trägt, zu einem anderen Ergebnis. Dem Wortlaut dieser Vorschrift lässt sich nämlich entnehmen, dass *grundsätzlich* die Regelungen des EG-Vertrages (wie z.B. das Missbrauchsverbot des Art. 82 EG) anzuwenden sind und das Interesse eines Mitgliedstaates, Unternehmen mit besonderen Aufgaben zu betrauen, nur *ausnahmsweise* vorrangig ist[269]:

In ihrer o.g. Rechtsprechung ließen EuGH und EuG die Regelungen des EG-Vertrages bereits dann hinter den mitgliedstaatlichen Belangen zurücktreten, wenn anderenfalls die mitgliedstaatlichen Interessen gefährdet wären. Wie jedoch aus der Formulierung des Art. 86 Abs. 2 EG (die Vertragsvorschriften „gelten ..., soweit ... nicht") deutlich wird, ist davon auszugehen, dass der EG-Vertrag grundsätzlich auch auf „besonders betraute Unternehmen" anwendbar ist - die Unanwendbarkeit der Wettbewerbsregeln stellt demgegenüber den Ausnahmefall dar[270]. Diese Gewichtung wird durch Art. 86 Abs. 2 S. 2 EG bestätigt, wonach die Entwicklung des Handelsverkehrs auf jeden Fall nicht in einem Ausmaß beeinträchtigt werden darf, das dem Gemeinschaftsinteresse zuwiderläuft. Hier werden also dem Gemeinschaftsinteresse der Vorrang vor den Belangen der Mitgliedstaaten eingeräumt und der Ausnahmevorschrift des Art. 86 Abs. 2 S. 1, 2. HS EG enge Grenzen gezogen[271].

Das Gleiche ergibt sich aus dem generell für das Gemeinschaftsrecht geltenden Grundsatz, dass dessen auf die Verwirklichung der Grundfreiheiten ausgerichteten Vorschriften weit, demgegenüber jedoch freiheitsbeschränkende Regelungen eng auszulegen sind[272]. Zwar ergibt sich bereits aus Art. 3 Abs. 1c) EG, dass die Wettbewerbsregeln der Art. 81ff EG nicht zu den Grundfreiheiten des EG-Vertrages zählen. Wie jedoch oben zur Wirtschaftsverfassung der EG ausgeführt, gewährleistet der EG-Vertrag mit den Grund-

---

[269] Zu den gleichen Schlussfolgerungen gelangte der BGH, der in seinem Beschluss vom 7.10.1997, KZR 36/96, WuW/E DE-R 1f (Auslandspost-Remailing) die Rspr. des EuGH „Corbeau" dementsprechend anwandte.

[270] Vgl. auch EuGH, 6.7.1982, verb. Rs. 188 - 190/80, Slg. 1982, 2545, 2575 (Transparenz-Richtlinie); EuGH, 23.10.1997, Rs. C-157/94, Slg. 1997, 5699, 5777 (Kommission/Niederlande); EuGH, 23.10.1997, Rs. C-158/94, Slg. 1997, 5789, 5806 (Kommission/Italien); 8. HauptGA der Monopolkommission 1988/89, BT-Drs. 11/7582, Tz. 1152. *Koenig/Kühling* ZHR 166 (2002) 656, 677; *Lecheler* RdE 1996, 212, 217; *Schwarze* EuZW 2001, 334, 336. Vgl. auch *Edward/Hoskins* CMLR 1995, 157, 159ff, 168 (sog. *„limited Competition approach"*).

[271] Vgl. auch das 8. HauptGA der Monopolkommission 1988/89, BT-Drs. 11/7582, Tz. 1158.

[272] *Ipsen*, Rz. 5/73, S. 132 m.w.N.: *„In dubio pro libertate"*. Vgl. auch Dauses-*Bleckmann/Pieper* B.I, Rz. 56; Grabitz/Hilf-*Nettesheim* zu Art. 4 EGV a.F. (Archivband), Rz. 49; Grabitz/Hilf-*Pernice/Mayer* zu Art. 220 EGV, Rz. 45 jeweils m.w.N.

freiheiten implizit gleichermaßen die Wettbewerbsfreiheit, die automatisch dann entsteht, wenn mehrere Unternehmen von ihren Grundfreiheiten (insbesondere aus Art. 43, 49 EG) Gebrauch machen[273]. Art. 86 Abs. 2 S. 1, 2. HS EG, nach dem die Wettbewerbsregeln des EG-Vertrages ggf. unanwendbar sind, regelt nun seinerseits eine Ausnahme von dem gemeinschaftsrechtlichen Prinzip des freien („unverfälschten") Wettbewerbs und ist deshalb nach dem o.g. Grundsatz nur in eng zu umgrenzenden Fällen anzuwenden[274].

Bei der Auslegung des Art. 86 EG ist daher davon auszugehen, dass die Wettbewerbsregeln des EG-Vertrages nur ausnahmsweise hinter dem Interesse eines Mitgliedstaates zurücktreten, einzelne Unternehmen mit besonderen Aufgaben zu betrauen. Diesem Grundsatz widersprechen die von den Gemeinschaftsgerichten gezogenen Schlussfolgerungen, dass Wettbewerbsbeschränkungen anderer Marktteilnehmer durch betraute Unternehmen bereits dann zulässig sind, „soweit sie erforderlich sind", um dem betrauten Unternehmen die Erfüllung seiner besonderen Aufgabe „zu *ermöglichen*"[275]. Die gleiche fehlerhafte Gewichtung liegt der Schlussfolgerung des EuGH zugrunde, dass die Wettbewerbsregeln des EG-Vertrages bereits dann unanwendbar sind, wenn ohne die verliehenen Ausschließlichkeitsrechte „die Erfüllung der dem Unternehmen übertragenen besonderen Aufgaben *gefährdet* wäre"[276]. Da nach dem oben Gesagten Art. 82 EG nur ausnahmsweise auf

---

[273] Vgl. zu der am Prinzip des freien Wettbewerbs orientierten Wirtschaftsverfassung der EG, die im Wesentlichen auf der Ausübung der Grundfreiheiten basiert, oben 3. Abschnitt B.IV.2c)aa).

[274] Vgl. EuGH, 27.3.1974, Rs. 127/73, Slg. 1974, 313, 318 (BRT II); EuG, 19.6.1997, Rs. T-260/94, Slg. 1997 II 997, 1042 (Air Inter SA/Kommission); EuGH, 17.7.1997, Rs. C-242/95, Slg. 1997, 4449, 4469 (GT-Link A/S); EuGH, 23.10.1997, Rs. C-157/94, Slg. 1997, 5699, 5778 (Kommission/Niederlande); EuGH, 23.10.1997, Rs. C-159/94, Slg. 1997, 5815, 5834 (Kommission/Frankreich); EuGH, 17.5.2001, Rs. C-340/99, Slg. 2001, 4109, 4162f (TNT Traco SpA/Poste Italiane SpA); Generalanwalt Reischl in seinen Schlussanträgen zu der Rs. 7/82, Slg. 1983, S. 510. 524 (GVL). Vgl. auch das 8. HauptGA der Monopolkommission 1988/89, BT-Drs. 11/7582, Tz. 1152; GTE-*Hochbaum* zu Art. 90 EGV, Rz. 49, 62 m.w.N.; *Oppermann*, Rz. 1057; Grabitz/Hilf-*Pernice/Wernicke* zu Art. 86 EGV, Rz. 53 m.w.N.; *Stewing*, S. 143; *Vollmer* in: FS Schmidt, S. 289, 294f m.w.N.

[275] EuGH, 27.4.1994, Rs. C-393/92, Slg. 1994, 1477, 1521 (Almelo). Vgl. auch EuGH, 11.4.1989, Rs. 66/86, Slg. 1989, 803, 853 (Ahmed Saeed Flugreisen u.a.); EuGH, 19.5.1993, Rs. C-320/91, Slg. 1993, 2533, 2568 (Corbeau); EuGH in „Kommission/Frankreich" aaO. (vorige Fn.), S. 5842ff; EuGH, 21.9.1999, Rs. C-67/96, Slg. 1999, 5754, 5893ff (Albany International BV/Stichting Bedrijfspensioenfonds Textielindustrie) (Hervorhebung von der Verfasserin). Ähnlich auch *Scholz/Langer*, S. 157, 164f, 173. Auf einer solchen unzutreffenden Gewichtung beruht auch die Ansicht von *Scholz/Langer*, vgl. S. 157, 164f, 173.

[276] EuGH, 23.10.1997, Rs. C-157/94, Slg. 1997, 5699, 5782 (Kommission/Niederlande); EuGH, 10.2.2000, verb. Rs. C-147/97 und C-148/97, Slg. 2000, 825, 876 (Deutsche Post AG/GZS mbH und Citicorp Kartenservice GmbH); EuGH, 17.05.2001, Rs. C-340/99, Slg. 2001, 4109, 4162 (TNT Traco SpA/Poste Italiane SpA). Hervorhebung von der Verfasserin.

besonders betraute Unternehmen nicht anwendbar ist, ist insoweit unter strenger Berücksichtigung des Wortlautes des Art. 86 Abs. 2 S. 1 EG erforderlich, dass die Anwendung der Wettbewerbsregeln die Aufgabenerfüllung *verhindert* - bloße Erschwerungen oder Gefährdungen reichen demgegenüber nicht aus[277].

Auch im Fall des oben beispielhaft genannten Energieunternehmens, das zur sicheren und preisgünstigen Versorgung auch unrentabler Abnehmer verpflichtet ist, ist bei einer wettbewerbsverhindernden Kontrahierungsverweigerung nicht davon auszugehen, dass seine wirtschaftliche Tätigkeit durch die Belieferung eines einzelnen Newcomer-Nachfragers, der mit ihm bei der Stromversorgung konkurrieren möchte, in Frage gestellt wird[278]. Diesbezüglich ist nämlich zu berücksichtigen, dass ein hoheitlicher Kontrahierungszwang, der zur Herstellung von Wettbewerb auf einem nachgelagerten Markt (hier: der Energieversorgung von Endabnehmern) erfolgt, nur so lange rechtmäßig ist, bis Wettbewerb durch die Tätigkeit mehrerer Anbieter besteht[279]. Wenn ein (ehemaliger) Monopolist durch seine Kontrahierungsverweigerung nicht (mehr) die Entstehung von Wettbewerb verhindern kann, ist sein Verhalten (zumindest) nicht aus diesem Grund rechtswidrig. Des Weiteren erhält der zur Kontrahierung Gezwungene hierfür ein angemessenes Entgelt, das seine etwaigen Verluste durch die entstehende Konkurrenz (zumindest teilweise) verringert[280]. Das Gleiche gilt auch dann, wenn ein marktbeherrschendes Unternehmen nicht nur einen, aber zumindest nur wenige Nachfrager zwangsweise beliefern muss, bis Wettbewerb besteht.

2. Widerspruch gegen das Gemeinschaftsinteresse

Selbst wenn jedoch ein konkurrentennützige Kontrahierungszwang die Erfüllung der einem marktbeherrschenden Unternehmen übertragenen Aufga-

---

[277] EuG, 19.6.1997, Rs. T-260/94, Slg. 1997 II 997, 1043 (Air Inter SA/Kommission); vgl. auch EuGH, 25.6.1998, Rs. C-203/96, Slg. 1998, 4075, 4132 (Chemische Afvalstoffen Dusseldorp BV u.a./Minister van Volkshuisvesting, Ruimtelijke Ordening en Milieubeheer). Vgl. GTE-*Hochbaum* zu Art. 90 EGV, Rz. 63 m.w.N., der sich insoweit u.a. zusätzlich auf die französische und englische Fassung dieser Vorschrift stützt, sowie *Koenig/Kühling* ZHR 166 (2002) 656, 677; *Oppermann*, Rz. 1057; *Stewing*, S. 189f m.w.N.; Bericht der Deregulierungskommission, S. 80.

[278] Zweifelnd auch *Emmerich* in: FS v.Gamm, S. 581, 589f, sowie *Stewing*, S. 189f.

[279] Vgl. zu den aus dem Wettbewerbsleitbild des EG-Vertrages folgenden Grenzen einer konkurrentennützigen Auslegung des Art. 82 EG 1. Abschnitt C.I., III. Die gleichen Grenzen ergeben sich unter Berücksichtigung der Grundrechte des zur Kontrahierung gezwungenen Verbotsadressaten, vgl. 3. Abschnitt B.IV.2c)bb).

[280] Diese Gesichtspunkte berücksichtigt mit ähnlichen Schlussfolgerungen auch *Stewing*, S. 189f.

ben iSd Art. 86 Abs. 2 S. 1, 2. HS EG „verhindern" sollte, ist Art. 82 EG nur dann unanwendbar, wenn auch die zweite in Art. 86 Abs. 2 EG genannte Grenze überschritten wäre: Gemäß Art. 86 Abs. 2 S. 2 EG dürfen die mitgliedstaatlichen Belange die Entwicklung des Handelsverkehrs nicht in einem Ausmaß beeinträchtigen, das dem gemeinschaftlichen Interesse widerspricht. Hier ist also das mitgliedstaatliche Interesse an der Schaffung ausschließlicher Rechte mit dem Gemeinschaftsinteresse an der Einhaltung (u.a.) der EG-Wettbewerbsregeln abzuwägen[281].

Das abwägungsrelevante Gemeinschaftsinteresse ist insbesondere den Zielen und Grundsätzen des EG-Vertrages zu entnehmen. In erster Linie kommen insoweit Art. 2, 3 Abs. 1 EG in Betracht, zu denen die Errichtung eines gemeinsamen, wettbewerblich orientierten Marktes zählt (Art. 3 Abs. 1g, Art. 4 iVm Art. 81ff EG)[282]. Wie bereits in der Einleitung sowie im ersten Abschnitt gezeigt wurde, besteht die aktuelle gemeinschaftliche Wettbewerbspolitik iSd Vertragsziele darin, bisherige Monopolbereiche für Konkurrenten zu öffnen und diese Märkte den Selbstregulierungskräften des Wettbewerbs zu überlassen. Diese Liberalisierungspolitik wird insbesondere auch in solchen Bereichen verfolgt, in denen Monopolstellungen bisher als unverzichtbar erachtet wurden, wie etwa in der Energieversorgung oder sonstigen Bereichen, die bisher als „natürliche Monopole" galten[283]. Vor diesem Hintergrund ist Art. 86 Abs. 2 S. 2 EG zu entnehmen, dass der EG-Vertrag keine „Bestandsgarantie" für besonders betraute Unternehmen enthält, sondern dass die Betrauung unter dem Vorbehalt der (sich verändernden) Wettbewerbspolitik, vor allem des „immer engeren Zusammenschlusses"[284] der Mitgliedstaaten in einem Gemeinsamen Markt steht.

Eine wettbewerbsverhindernde Kontrahierungsverweigerung widerspricht dem Grundsatz einer offenen Marktwirtschaft mit freiem Wettbewerb. Im Falle eines wettbewerbsherstellenden Kontrahierungszwangs überwiegt da-

---

[281] Vgl. nur EuGH, 19.3.1991, Rs. C-202/88, Slg. 1991, 1223, 1263 (Telekommunikations-Endgeräte); EuGH, 23.10.1997, Rs. C-159/94, Slg. 1997, 5815, 5847f (Kommission/Frankreich).

[282] GTE-*Hochbaum* zu Art. 90 EGV, Rz. 65 m.w.N.; Grabitz/Hilf-*Pernice/Wernicke* zu Art. 86 EGV, Rz. 60. Vgl. zur Bedeutung des Wettbewerbs in der Wirtschaftsverfassung der EG bereits oben 1. Abschnitt B.VII.2.

[283] Vgl. zur aktuellen Liberalisierungs- und Deregulierungspolitik der EG oben in der Einleitung unter A.I.1. Auch die Monopolkommission stützt sich in ihrem 8. HauptGA 1988/89, BT-Drs. 11/7582, Tz. 1156, 1168ff, wesentlich auf den (gemeinschaftsverfassungsrechtlichen) Grundsatz des freien Wettbewerbs, um in den zu deregulierenden Wirtschaftsbereichen den Vorrang des Gemeinschaftsinteresses und damit die Unanwendbarkeit des Art. 90 Abs. 2 S. 1, 2. HS EG-Vertrag (jetzt Art. 86 Abs. 2 S. 1, 2. HS EG) zu begründen. Vgl. auch *Koenig/Kühling* ZHR 166 (2002) 656, 678.

[284] Vgl. den ersten Erwägungsgrund der Präambel des EG-Vertrages.

her das Interesse der EG an der Errichtung des wettbewerblich ausgerichteten Gemeinsamen Marktes das allgemeine nationale Interesse eines Mitgliedstaats an der Betrauung von Unternehmen mit besonderen Aufgaben[285]. Art. 86 Abs. 2 S. 2 EG steht somit der Anwendbarkeit des Art. 82 EG nicht entgegen.

3. Keine Quersubventionierung

Nach den bisher gefundenen Ergebnissen schränkt Art. 86 Abs. 2 EG bei einer wettbewerbsverhindernden Kontrahierungsverweigerung die Anwendbarkeit des Art. 82 EG nicht ein. Dies gilt erst recht, wenn das missbräuchliche Verhalten des Verbotsadressaten darin besteht, sich durch die Behinderung von Wettbewerbern einen Markt vorzubehalten, auf dem er gerade *keine* „besondere" Aufgabe iSd Art. 86 Abs. 2 S. 1 EG erfüllt[286]:

Da Art. 86 Abs. 2 S. 1, 2. HS EG eng auszulegen ist, ist stets genau zu prüfen, ob und inwieweit gerade die Monopolstellung des betreffenden Unternehmens erforderlich ist oder seine besonderen Aufgaben nicht auch durch Maßnahmen erfüllt werden können, die den Wettbewerb weniger einschränken[287]. Die Gemeinschaftsgerichte führten diesbezüglich mehrfach aus, dass es zur Erfüllung einer besonderen Aufgabe in der Regel nicht erforderlich sei, dass das betraute Unternehmen vor- oder nachgelagerte Märkte ebenfalls monopolisiert, indem es den Marktzutritt von Wettbewer-

[285] Vgl. auch das 8. HauptGA der Monopolkommission 1988/89, BT-Drs. 11/7582, Tz. 1156; *Koenig/Kühling* ZHR 166 (2002) 656, 677ff; *Vollmer* in: FS Schmidt, S. 289, 294f m.w.N.

[286] Ein derartiger Sachverhalt lag z.B. der Entscheidung „RTE/Kommission" im Gegensatz zu den Verfahren zugrunde, die sich mit der Durchleitung von Energie durch ein Leitungsnetz befassten: In dem Verfahren „RTE" nahmen die marktbeherrschenden Veranstalter von Fernsehprogrammen nur auf diesem Markt ein „öffentliche Aufgabe" wahr, weil sie verpflichtet waren, landesweit kulturell ausgewogene Programme zu senden; die Herausgabe von Programmzeitschriften auf dem nachgelagerten Markt, auf dem der Veranstalter RTE die Marktteilnahme eines Konkurrenten verhinderte, war von diesem allgemeinen öffentlichen Interesse nicht mehr gedeckt, EuG, 10.7.1991, Rs. T-69/89, Slg. 1991 II 485, 525 (RTE/Kommission). Demgegenüber besteht die öffentliche Aufgabe eines marktbeherrschenden Energieversorgungsunternehmens, das die Durchleitung „fremder" Energie durch sein Leitungsnetz verweigert, nicht auf dem Markt für die Überlassung von Leitungsnetzen, sondern auf dem nachgelagerten Markt für die sichere und preiswürdige Energieversorgung der Endverbraucher. Vgl. zu dieser Problematik auch *Bartosch* K & R 1998, 519, 522; Dauses-*Emmerich* H.II, Rz. 163 m.w.N.

[287] Generalanwalt Lenz in seinen Schlussanträgen zu der Rs. C-260/89, Slg. 1991, S. 2939, 2947 (ERT). Vgl. auch EuGH, 13.12.1991, Rs. C-18/88, Slg. 1991, 5941, 5980f (RTT/GB-Inno). Vgl. auch das 8. HauptGA der Monopolkommission 1988/89, BT-Drs. 11/7582, Tz. 1159; *Everling* EuR 1994, 386, 403f.

bern verhindert[288]. Die rein wirtschaftlichen Motive, aus denen das betraute Unternehmen durch die (ebenfalls monopolistische) Tätigkeit auf einem benachbarten Markt seine besonderen Tätigkeiten (quer-) subventionieren wollte, wurden also nicht anerkannt[289]. Aus diesen Gründen konnte sich beispielsweise ein Veranstalter von Fernsehsendungen, der durch seine Weigerung, Programminformationen weiterzugeben, verhinderte, dass andere Unternehmen auf einem nachgelagerten Markt mit seiner Programmzeitschrift konkurrierten, nicht darauf berufen, er sei auf die Einnahmen aus dem Verkauf dieser Zeitschriften angewiesen. Mit diesen Einnahmen wollte er die einem anderen Markt zuzurechnende, im allgemeinen Interesse liegende Aufgabe finanzieren, landesweit Rundfunksendungen zu veranstalten („RTE/Kommission")[290]. Wie Art. 86 EG zeigt, soll die „wirtschaftliche Lebensfähigkeit" betrauter Unternehmen grundsätzlich durch die Gewährung ausschließlicher oder besonderer Rechte gesichert werden, nicht jedoch dadurch, dass das betraute Unternehmen den Wettbewerb - insbesondere auf benachbarten Märkten - stärker behindert als es zur Erfüllung seiner Aufgabe erforderlich ist[291].

Hieraus lassen sich folgende weitere Schlussfolgerungen für die Beurteilung solcher Verhaltensweisen eines betrauten Monopolunternehmens ziehen, die - wie im Fall einer wettbewerbsverhindernden Kontrahierungsverweigerung - nicht nur denjenigen Markt betreffen, dem die besondere Aufgabe zuzurechnen ist, sondern auch einen benachbarten Markt:

---

[288] EuG, 10.7.1991, Rs. T-69/89, Slg. 1991 II 485, 525 (RTE/Kommission). Generalanwalt Lenz in seinen Schlussanträgen zu der Rs. C-260/89, Slg. 1991, S. 2939, 2947 (ERT). Vgl. auch EuGH in „RTT/GB-Inno" aaO. (vorige Fn.); EuGH, 17.11.1992, verb. Rs. C-271, 281 u. 289/90, Slg. 1992, 5833, 5868 (Spanien u.a./Kommission). Vgl. auch die Europäische Kommission in ihren Leitlinien für die Anwendung der EG-Wettbewerbsregeln im Telekommunikationsbereich, ABl. EG 1991 Nr. C 233, S. 2, 17 sowie in ihrer Bekanntmachung über die Anwendung der Wettbewerbsregeln auf den Postsektor und über die Beurteilung bestimmter staatlicher Maßnahmen betreffend Postdienste, ABl. EG 1998 Nr. C 39, S. 2, 12. Dauses-*Emmerich* H.II, Rz. 163 m.w.N.

[289] EuG in „RTE/Kommission" aaO. (vorige Fn.). Vgl. auch EuG, 10.7.1991, Rs. T-70/89, Slg. 1991 II 535, 565 (BBC/Kommission); EuG, 10.7.1991, Rs. T-76/89, Slg. 1991 II 575, 603 (ITP/Kommission). Vgl. auch die Europäische Kommission in ihren Leitlinien für die Anwendung der EG-Wettbewerbsregeln im Telekommunikationsbereich, ABl. EG 1991 Nr. C 233, S. 2, 20f. Ebenso *Edward/Hoskins* CMLR 1995, 157, 180; *Hancher* CMLR 1994, 105, 118f.

[290] EuG in „RTE/Kommission" aaO. (vorletzte Fn.). In der zweiten Instanz in dieser Sache („Magill II") wurde die Ausgangsentscheidung insoweit nicht angegriffen, EuGH, 6.4.1995, verb. Rs. C-241 und C-242/91 P, Slg. 1995, 743ff (Magill II).

[291] Vgl. auch die Europäische Kommission in ihren Leitlinien für die Anwendung der EG-Wettbewerbsregeln im Telekommunikationsbereich, ABl. EG 1991 Nr. C 233, S. 2, 21.

- Sofern ein Monopolist die Überlassung seiner Einrichtungen deshalb verweigert, weil sich anderenfalls z.B. seine Investitionen in sein für eigene Zwecke errichtetes Leitungsnetz nicht amortisieren, sind die Voraussetzungen des Art. 86 Abs. 2 S. 1, 2. HS EG *nicht* erfüllt. Art. 82 EG ist also auf die Kontrahierungsverweigerung anwendbar. Die besondere Aufgabe iSd Art. 86 Abs. 2 S. 1 EG, mit der der Verbotsadressat betraut wurde, betrifft nämlich seine Tätigkeit auf dem Markt für die Versorgung der Bevölkerung mit den durch das Netz durchgeleiteten Gütern (z.B. die Energieversorgung). Diesem Markt ist der Markt für die Überlassung des Energieversorgungsnetzes für andere Versorgungsunternehmen vorgelagert. Nach der o.g. Entscheidung des EuG „RTE/Kommission" sind jedoch betriebswirtschaftliche Einwände, die sich auf einen anderen Markt als den für die betraute Aufgabe beziehen, nicht zugunsten des betrauten Unternehmens berücksichtigungsfähig.

  Darüber hinaus ist nicht davon auszugehen, dass die Durchleitung für Dritte die besondere Tätigkeit des betrauten Unternehmens iSd Art. 86 Abs. 2 S. 1, 2. HS EG verhindert. Erstens erhält der Verbotsadressat für die Überlassung seines Netzes eine angemessene Gegenleistung, bei deren Berechnung auch die Herstellungs- und Betriebskosten des Leitungsnetzes berücksichtigt werden können[292]. Zweitens beschränkt sich ein Kontrahierungszwang zur Herstellung von Wettbewerb auf wenige Fälle: Der Verbotsadressat muss sein Netz nur so lange zur Verfügung stellen, bis Wettbewerb auf dem nachgelagerten Markt für die Versorgung mit dem durchgeleiteten Gut besteht.

- Sofern das betraute Unternehmen gegen seine Kontrahierungspflicht einwendet, seine Monopolstellung auf dem Markt für die besondere Aufgabe sei unabdingbar, um diese wirtschaftlich rentabel zu erfüllen[293], sind die Voraussetzungen des Art. 86 Abs. 2 S. 1, 2. HS EG ebenfalls *nicht* erfüllt. Art. 82 EG ist daher auch in diesen Fällen anwendbar.

  Erstens ist insoweit nämlich bereits fraglich, ob unter strenger Anwendung des Verhältnismäßigkeitsgrundsatzes gerade die *Allein*stellung des betrauten Unternehmens zur Erfüllung seiner besonderen Aufgabe notwendig ist. In der aktuellen, auf die Liberalisierung monopolistisch strukturierter Märkte ausgerichteten Wettbewerbspolitik der EG, die auch von den Mitgliedstaaten getragen wird, wird dies in weiten Bereichen nicht mehr in dem Maße für erforderlich erachtet wie noch zu der Zeit, in der

---

[292] Vgl. zu den bisher angewandten Methoden, eine „angemessene Gegenleistung" zu bestimmen, oben 3. Abschnitt, Fn. 194.

[293] Mit diesem Argument halten *Scholz/Langer* (et 1992, 851, 854) die Voraussetzungen einer Ausnahme von den Wettbewerbsregeln gemäß Art. 85 Abs. 2 S. 1, 2. HS EG für erfüllt.

einzelne Unternehmen mit besonderen Aufgaben betraut worden sind[294]. Darüber hinaus ist nicht davon auszugehen, dass bereits die Marktteilnahme eines oder allenfalls weniger weiterer Wettbewerber die Erfüllung der besonderen Tätigkeit verhindert. Zu berücksichtigen ist insoweit wiederum, dass das betraute Unternehmen für die Überlassung seiner Einrichtungen ein angemessenes Entgelt erhält, das seine finanziellen Verluste zumindest mindert und ihm die entstandenen Kosten ersetzt.

Unter den o.g. Prämissen ist die Ausnahmeregelung des Art. 86 Abs. 2 S. 1 EG sehr restriktiv zu handhaben.

In den aktuellen Liberalisierungsvorhaben der EG und der Mitgliedstaaten lassen sich ähnliche Erwägungen wiederfinden, die einerseits berücksichtigen, dass besonders betraute Unternehmen wirtschaftlich rentabel arbeiten müssen, andererseits jedoch, dass deren rechtliche Sonderstellung im Interesse der Herstellung von Wettbewerb in einem Gemeinsamen Markt auf das absolut erforderliche Maß zu beschränken ist[295]:

So wird beispielsweise der in den Mitgliedstaaten früher monopolistisch organisierten **Post** weiterhin eine Alleinstellung für bestimmte Dienste im zu liberalisierenden Briefverkehr (zumindest vorübergehend) garantiert (so nach der grundlegenden EG-Richtlinie für den Postbinnenmarkt bzw. nach dem deutschen Postgesetz das Monopol für die Erbringung des „Standardbriefdienstes“ für bestimmte Briefsendungen, die insbesondere ein bestimmtes Höchstgewicht nicht überschreiten dürfen[296]). Im Interesse der Errichtung eines vollständigen Postbinnenmarktes bis (voraussichtlich) 2009 soll der Umfang dieser Ausschließlichkeitsrechte stufenweise verringert werden[297]. Ein weiteres Beispiel dafür, dass der effektiven Erfüllung der besonderen Aufgabe eines betrauten Unternehmens auch vor dem Hintergrund

---

[294] Vgl. hierzu bereits oben 1. Abschnitt C.II.

[295] Grünbuch der Kommission „Zu Dienstleistungen von Allgemeinem Interesse“, KOM (2003) 270 endg., S. 30ff.

[296] Art. 7 iVm dem 14. und 24. Erwägungsgrund der Richtlinie 2002/39/EG des Europäischen Parlaments und des Rates vom 10.6.2002 zur Änderung der Richtlinie 97/67/EG im Hinblick auf die weitere Liberalisierung des Marktes für Postdienste in der Gemeinschaft, ABl. EG 2002 Nr. L 176, S. 21, 22ff. Vgl. auch die Bekanntmachung der Kommission über die Anwendung der Wettbewerbsregeln auf den Postsektor und über die Beurteilung bestimmter staatlicher Maßnahmen betreffend Postdienste, ABl. EG 1998 Nr. C 39, S. 2, 15, sowie die Mitteilung der Kommission „Leistungen der Daseinsvorsorge in Europa“, ABl. EG 1996 Nr. C 281, S. 3, 8 bzw. ABl. EG 2001 Nr. C 17, S. 4, 17.
§ 51 PostG, vgl. hierzu nur *Gramlich* NJW 1998, 866, 869 m.w.N. sowie kritisch das 12. HauptGA der Monopolkommission 1996/97, BT-Drs. 13/11291, Tz. 49ff.

[297] Art. 7 Abs. 1, 3 der Richtlinie 2002/39/EG aaO. (vorige Fn.); § 51 PostG idF von Art. 1, 2 des Dritten Gesetzes zur Änderung des Postgesetzes (BGBl. 2002 I 3218).

der Öffnung monopolistischer Märkte Rechnung getragen wird, stellen die Maßnahmen zur Errichtung eines **Energiebinnenmarktes** dar. Diese sehen Ausnahmen von der Durchleitungspflicht für Elektrizität oder Gas vor, wenn anderenfalls die Versorgungssicherheit gefährdet wäre[298].

Der **Telekommunikationsbereich** liefert ein Beispiel dafür, dass Ausnahmen von den Wettbewerbsregeln, die für nicht mehr erforderlich gehalten werden, insgesamt aufgehoben werden: In der grundlegenden Richtlinie 90/388/EWG über den Wettbewerb auf dem Markt für Telekommunikationsdienste[299] wurden 1990 ausschließliche besondere Rechte zur Erbringung von Sprachtelefondienst[300] noch als erforderlich erachtet. Den betrauten Unternehmen sei die Errichtung und der Betrieb eines flächendeckenden Netzes, auf das alle Anbieter von Telekommunikationsdienstleistungen zugreifen können, ohne die Einnahmen aus dem Sprachtelefondienst nicht möglich[301]. Außerdem wurde befürchtet, dass sich künftige Konkurrenten zu Lasten der Gewinnchancen der betrauten Unternehmen auf die Erbringung besonders profitabler Dienste beschränken[302] („Rosinenpicken"). 1996 jedoch änderte die Kommission diese Vorschriften mit der Begründung, dass durch die mittlerweile bessere flächendeckende Versorgung mit Telekommunikationsnetzen sowie durch die Veränderungen der Preis- und Kostenstrukturen im Sprachtelefondienst die Gewährung besonderer Rechte an einzelne Unternehmen nicht mehr erforderlich sei. Die Voraussetzungen des Art. 86 Abs. 2 S. 1, 2. HS EG lägen daher in diesem Bereich nicht mehr vor, eine Ausnahme von der Anwendbarkeit der Art. 81ff EG sei nicht mehr gerecht-

---

[298] S. Art. 3 Abs. 2 der Richtlinie 90/547/EWG über den Transit von Elektrizitätslieferungen über große Netze (ABl. EG 1990 Nr. L 313, S. 30, 31) sowie Art. 3 Abs. 2 der Richtlinie 91/296/EWG über den Transit von Erdgas über große Netze (ABl. EG 1991 Nr. L 147, S. 37, 38) bzw. ab 1.7.2004: Art. 20 iVm Art. 3 Abs. 8 der Richtlinie 2003/54/EG des Europäischen Parlaments und des Rates vom 26.6.2003 über gemeinsame Vorschriften für den Elektrizitätsbinnenmarkt und zur Aufhebung der Richtlinie 96/92/EG, ABl. EG 2003 Nr. L 176, S. 37, 43, 48; Art. 21 Abs. 2 der Richtlinie 2003/55/EG des Europäischen Parlaments und des Rates vom 26.6.2003 über gemeinsame Vorschriften für den Erdgasbinnenmarkt und zur Aufhebung der Richtlinie 98/30/EG, ABl. EG 2003 Nr. L 176, S. 57, 68ff.

[299] ABl. EG 1990 Nr. L 192, S. 10ff.

[300] Gemäß Art. 1 Abs. 1 der Richtlinie 90/388/EWG (aaO., vorige Fn.) ist „Sprachtelefondienst" die kommerzielle Bereitstellung für die Öffentlichkeit des direkten Transports und der Vermittlung von Sprache in Echtzeit von und zu den Netzabschlusspunkten des öffentlichen, vermittelten Netzes, ..."

[301] 18. Erwägungsgrund der Richtlinie 90/388/EWG über den Wettbewerb auf dem Markt für Telekommunikationsdienste, aaO. (vorletzte Fn.), S. 12.

[302] 19. Erwägungsgrund der Richtlinie 90/388/EWG über den Wettbewerb auf dem Markt für Telekommunikationsdienste, ABl. EG 1990 Nr. L 192, S. 10, 12f.

fertigt[303]. Das Angebot von Sprachtelefondienst wurde daher in der EU zum 1.1.1998 für den Wettbewerb geöffnet, die bestehenden Ausschließlichkeitsrechte wurden aufgehoben[304]. Auch mit dem neuen gemeinschaftlichen Rechtsrahmen für elektronische Kommunikationsnetze und -dienste, der bis zum 25.7.2003 umgesetzt werden musste, wurden keine neuen Ausschließlichkeitsrechte eingeführt, sondern weitere Maßnahmen getroffen, um den Wettbewerb in dieser Branche zu fördern[305].

III. Ergebnis

Aus Art. 86 Abs. 1 EG sind für eine konkurrentennützige Auslegung des Art. 82 EG keine Besonderheiten zu entnehmen.

Die Voraussetzungen des Art. 86 Abs. 2 EG sind bei einer wettbewerbsverhindernden Kontrahierungsverweigerung grundsätzlich ebenfalls nicht erfüllt, Art. 82 EG ist also auch auf die hier genannten Unternehmen anwendbar:

Zunächst sind die Voraussetzungen einer Aufgabe „von allgemeinem wirtschaftlichen Interesse" und an ein Betrautsein des Verbotsadressaten nur selten erfüllt. Diese Tatbestandsmerkmale setzen eine besondere Versorgungspflicht gegenüber der Allgemeinheit voraus, die von Rentabilitätserwägungen unabhängig ist und durch staatlichen Hoheitsakt auferlegt wurde (sog. „Universaldienst").

---

[303] S. den 4. Erwägungsgrund der Richtlinie 96/19/EG zur Änderung der Richtlinie 90/388/EWG, ABl. EG 1996 Nr. L 74, S. 13f. Vgl. auch die alternativ vorgeschlagenen Finanzierungsmöglichkeiten eines Basis-Sprachtelefondienstes, sofern dieser die Erbringung unrentabler Dienstleistungen erfordert, in der Entschließung des Rates vom 7.2.1994 über die Grundsätze für den Universaldienst im Bereich der Telekommunikation, ABl. EG 1994 Nr. C 48, S. 1, 2 sowie Art. 5 der Richtlinie 97/33/EG des Europäischen Parlaments und des Rates vom 30.6.1997 über die Zusammenschaltung in der Telekommunikation im Hinblick auf die Sicherstellung eines Universaldienstes und der Interoperabilität durch Anwendung der Grundsätze für einen offenen Netzzugang (ONP), ABl. EG 1997 Nr. L 199, S. 32, 37.

[304] S. Art. 2 der Richtlinie 90/388/EWG idF der Richtlinie 96/19/EG aaO. (vorige Fn); vgl. aus dem deutschen Recht §§ 97 Abs. 2, 100 Abs. 1 S. 4 TKG.

[305] Richtlinie 2002/19/EG des Europäischen Parlaments und des Rates vom 7.3.2002 über den Zugang zu elektronischen Kommunikationsnetzen und zugehörigen Einrichtungen sowie deren Zusammenschaltung (Zugangsrichtlinie), Richtlinie 2002/21/EG des Europäischen Parlaments und des Rates vom 7.3.2002 über einen gemeinsamen Rechtsrahmen für elektronische Kommunikationsnetze und -dienste (Rahmenrichtlinie), Richtlinie 2002/22/EG des Europäischen Parlaments und des Rates vom 7.3.2002 über den Universaldienst und Nutzerrechte bei elektronischen Kommunikationsnetzen und -diensten (Universaldienstrichtlinie), ABl. EG 2002 Nr. L 108, S. 7ff. S. insbesondere den wettbewerbsorientierten Zielkatalog in Art. 8 Abs. 2 Rahmenrichtlinie aaO. S. zur Umsetzung dieser Richtlinien in deutsches Recht den Kabinettsentwurf eines Telekommunikationsgesetzes vom 15.10.2003, abrufbar unter www.bmwi.de/Navigation/Service/Gesetze/rechtsgrundlagen-telekommunikationspolitik,did= 26500.html.

Darüber hinaus liegen bei einer wettbewerbsverhindernden Kontrahierungsverweigerung die Voraussetzungen des Art. 86 Abs. 2 S. 1, 2. HS und S. 2 EG nicht vor. Es ist nämlich davon auszugehen, dass die Aufgabenerfüllung des betrauten Unternehmens nicht verhindert wird, wenn es nur so lange Newcomer-Konkurrenten unterstützen muss, bis Wettbewerb entstanden ist, und wenn es hierfür eine angemessene Gegenleistung erhält. Darüber hinaus sind nach Auffassung der aktuellen gemeinschaftlichen und mitgliedstaatlichen Deregulierungspolitik Monopolstellungen auch für besondere Aufgaben grundsätzlich nicht mehr angezeigt. Des Weiteren ist die Monopolstellung des betrauten Unternehmens auf einem benachbarten Markt nicht erforderlich, um seine besondere Tätigkeit querzusubventionieren.

F. Ergebnis

Ein Monopolunternehmen kann gemäß Art. 82 EG gezwungen werden, mit einem Newcomer-Konkurrenten zu kontrahieren, wenn sonst kein Wettbewerb auf einem benachbarten Markt entsteht. Wie im deutschen Kartellrecht ist eine solche Auslegung des Art. 82 EG wegen des Leitbilds des EG-Vertrages einer offenen Marktwirtschaft mit freiem Wettbewerb geboten. Im Wege der Verhaltenskontrolle gemäß Art. 82 EG werden die **Strukturen** der betroffenen Märkte kontrolliert und ggf. im Interesse der Errichtung eines Gemeinsamen Marktes, in dem die EU-Unternehmen von ihren Grundfreiheiten Gebrauch machen und mit anderen Unternehmen konkurrieren können, korrigiert[306]. Besondere rechtliche Instrumente wie eine spezielle Auslegung des allgemeinen Kartellrechts iSd *„essential facilities-doctrine“* sind daher insoweit nicht erforderlich.

I. Marktbeherrschende Stellung

1. Relevanter Markt

Bei einer wettbewerbsverhindernden Kontrahierungsverweigerung ist es für die Abgrenzung des relevanten Marktes unerheblich, ob der Nachfrager oder der Güteranbieter bereits aktuell an dem entsprechenden Geschäftsverkehr teilgenommen haben oder dies aufgrund des Kontrahierungszwangs erstmals tun.

---

[306] Vgl. auch die Rechtsprechungsanalyse von *Temple Lang* CMLR 1979, 345, 349ff, 362; *Vajda* ECLR 1981, 97, 104ff m.w.N. Vgl. auch *Kreutz*, S. 103ff m.w.N.; *Mestmäcker* „Europäisches Wettbewerbsrecht“, S. 412ff m.w.N.; *Schlieder/Schröter* in: Cox/Jens/Markert, S. 485, 500 m.w.N.

2. Beherrschende Stellung

Ein „Unternehmen“ iSd EG-Vertrages muss kein aktueller Marktteilnehmer sein. Wenn ein Unternehmen allein durch seine Weigerung, ein nachgefragtes Gut zu überlassen, verhindern kann, dass Wettbewerb auf einem nachgelagerten Markt entsteht, ist es als einziger (potentieller) Anbieter des nachgefragten Gutes Monopolist. Darauf, dass seine ausschließliche Stellung ggf. auch auf mitgliedstaatlichen Rechtsvorschriften, z.B. gewerblichen Schutzrechten, beruht, kommt es daher nicht an.

Eine marktbeherrschende Stellung besteht „auf dem Gemeinsamen Markt oder einem wesentlichen Teil desselben“, wenn sie entweder das gesamte Gebiet eines Mitgliedstaates umfasst, einzelne Regionen, die insgesamt das Staatsgebiet darstellen, oder auch nur bestimmte Gebiete, die in der betreffenden Branche im Vergleich zum übrigen Staatsgebiet und den anderen Mitgliedstaaten besonders bedeutend sind (insbesondere hinsichtlich der produzierten Gütermenge und des Güterverbrauchs).

II. Missbrauch

Art. 82 EG verbietet nur missbräuchliche Verhaltensweisen, nicht jedoch das Bestehen einer marktbeherrschenden Stellung an sich. Allein die Wahrnehmung der Vorteile seiner Marktmacht führt also noch nicht dazu, dass das Verhalten eines Marktbeherrschers kartellrechtswidrig ist. Auch marktbeherrschenden Unternehmen steht daher ein Handlungsspielraum zu, insbesondere die Freiheit, Verträge abzuschließen oder Vertragsabschlüsse zu verweigern.

Bei der Feststellung eines Machtmissbrauchs können jedoch auch marktstrukturkontrollierende Zwecke berücksichtigt werden. Wenn ein marktbeherrschendes Unternehmen den Markteintritt eines Newcomer-Nachfragers verhindert, widerspricht sein Verhalten dem gemeinschaftlichen Grundsatz einer offenen Marktwirtschaft mit freiem Wettbewerb iSd Art. 4 Abs. 1 EG. Die Kontrahierungsverweigerung ist daher missbräuchlich. Dies gilt auch dann, wenn das nachgefragte Gut knapp ist, also aus tatsächlichen Gründen nicht sämtlichen Nachfragern überlassen werden kann. Besondere Feststellungen hinsichtlich des Newcomer-Nachfragers, etwa über seine zu erwartende Wettbewerbsfähigkeit, sind insoweit nicht erforderlich.

Ein Verbotsadressat darf jedoch sein Gut auch zu Lasten von Newcomern selektiv vertreiben, wenn dieses Gut aufgrund seiner Beschaffenheit oder Verwendung eine solche „Qualitätssicherung“ erfordert. Die Auswahlkriterien müssen objektiv qualitativer Art sein, diskriminierungsfrei angewendet werden und dürfen wegen Art. 12 EG nicht an die Staatsangehörigkeit des

Nachfragers anknüpfen. Unter diesen Voraussetzungen wird der Wettbewerb iSd EG-Vertrages nicht beeinträchtigt.

Ein konkurrentennütziger Kontrahierungszwang verletzt auch nicht die gemeinschaftlichen oder deutschen (Berufs- und Eigentums-) Grundrechte des Monopolisten, solange und soweit die Unterstützung eines Newcomer-Konkurrenten zur Herstellung einer offenen Marktwirtschaft mit freiem Wettbewerb iSd Art. 4 Abs. 1 EG erforderlich ist. Dies gilt insbesondere zu Lasten solcher Unternehmen, die ihre Marktstärke nicht im dynamischen, chancengleichen Wettbewerb erworben haben, sondern aufgrund nationaler Ausschließlichkeitsrechte. Im „gemeinschaftsverfassungsmäßigen" Interesse an der Herstellung von Wettbewerb muss der Monopolist grundsätzlich nur wenige Unternehmen unterstützen und erhält hierfür aus Verhältnismäßigkeitsgründen eine angemessene Gegenleistung. Seine Kontrahierungspflicht endet bzw. besteht nicht (mehr), wenn und soweit einem (beliebigen) Nachfrager-Konkurrenten die Eigenrealisierung des nachgefragten Gutes zugemutet werden kann. Ein Kontrahierungszwang ist jedoch rechtswidrig, wenn der Monopolist erheblich in der eigenen Tätigkeit beeinträchtigt werden würde. Dies kann bei knappen Gütern der Fall sein, oder wenn bereits ein einzelner Nachfrager eine verhältnismäßig große Menge des Gutes und/oder dieses Gut für lange Zeit benötigt. Des Weiteren könnte der Marktbeherrscher erheblich in seinen Rechten beeinträchtigt sein, wenn er seine eigene Nutzung der begehrten Ressource stark einschränken müsste, um (Mit-)Benutzungsbegehren zu erfüllen. Der Marktbeherrscher ist daher grundsätzlich auch nicht verpflichtet, die Kapazität des nachgefragten Gutes bei entsprechender Nachfrage wesentlich zu erweitern.

III. Beeinträchtigung des Handels zwischen Mitgliedstaaten

Die Zwischenstaatlichkeitsklausel des Art. 82 EG ist erfüllt, wenn das Verhalten des Verbotsadressaten objektiv geeignet ist, die Ausübung von Tätigkeiten zu verhindern, die mit hinreichender Wahrscheinlichkeit grenzüberschreitend ausgeübt werden würden. Der beeinträchtigte Handelsverkehr muss nicht bereits praktiziert worden sein.

Diese Voraussetzung ist im Falle einer wettbewerbsverhindernden Kontrahierungsverweigerung erfüllt, wenn ein Newcomer-Nachfrager, der mit dem monopolistischen Anbieter auf einem benachbarten Markt konkurrieren möchte, einem anderen EU-Mitgliedstaat angehört als der Verbotsadressat, wenn der Newcomer-Nachfrager als Drittstaatsangehöriger mit hinreichender Wahrscheinlichkeit mit EU-Unternehmen Geschäftsbeziehungen aufnehmen würde oder wenn der Verbotsadressat einen Inlandsmarkt dadurch abschottet, dass er einen Newcomer am Markteintritt hindert, der grenzüberschreitend tätig werden wollte.

IV. Kontrahierungszwang gemäß Art. 82 EG iVm §§ 823 Abs. 2, 249 S. 1 BGB

Der Kontrahierungsanspruch eines von einem Missbrauch betroffenen Unternehmens richtet sich nach dem nationalen Recht des betreffenden Mitgliedstaates, in Deutschland also nach Art. 82 EG iVm §§ 823 Abs. 2, 249 S. 1 BGB. Wie bereits zur deutschen Rechtslage ausgeführt, sind die Voraussetzungen dieser Vorschriften bei einer wettbewerbsverhindernden Kontrahierungsverweigerung erfüllt.

V. Ausnahmeregelungen gemäß Art. 86 EG

Grundsätzlich sind im Falle einer wettbewerbsverhindernden Kontrahierungsverweigerung die engen Tatbestandsvoraussetzungen des Art. 86 Abs. 2 EG nicht erfüllt, sodass Art. 82 EG auch auf die hier genannten Unternehmen anwendbar ist.

So ist ein Unternehmen nur dann mit einer Aufgabe „von allgemeinem wirtschaftlichen Interesse betraut", wenn ihm kraft mitgliedstaatlichen Hoheitsakts die Erledigung unrentabler Universaldienste auferlegt wurde. Außerdem können zwar wegen Art. 86 Abs. 2 EG Behinderungen von Konkurrenten, die „Rosinen picken", vom Missbrauchsverbot des Art. 82 EG ausgenommen sein. Da jedoch im Falle eines konkurrentennützigen Kontrahierungszwangs der Verbotsadressat nur wenige Konkurrenten unterstützen muss und er hierfür ein angemessenes Entgelt erhält, wird seine Tätigkeit nicht iSd Art. 86 Abs. 2 S. 1, 2. HS EG verhindert. Darüber hinaus sind Monopolstellungen nach der aktuellen gemeinschaftlichen (und mitgliedstaatlichen) Deregulierungspolitik nicht mehr angezeigt, sodass das Gemeinschaftsinteresse an der Errichtung eines Gemeinsamen Marktes vor dem etwaigen mitgliedstaatlichen Interesse an der Betrauung einzelner Unternehmen mit besonderen Aufgaben iSd Art. 86 Abs. 2 S. 2 EG vorrangig ist.

Vierter Abschnitt: Branchenspezifische Regelungen

In den beiden vorangegangenen Kapiteln wurde festgestellt, dass ein Monopolist seine marktbeherrschende Stellung iSd allgemeinen deutschen und gemeinschaftlichen Kartellrechts missbraucht, wenn er durch seine Kontrahierungsverweigerung die Entstehung von Wettbewerb auf einem nachgelagerten Markt verhindert. Ein Kontrahierungszwang ist rechtmäßig, wenn der Verbotsadressat ein angemessenes Entgelt erhält und nur so lange und so weit zur Kontrahierung verpflichtet wird, bis Wettbewerb entstanden ist oder dem Nachfrager die Eigenrealisierung des nachgefragten Gutes zuzumuten ist. Allerdings kann ein Kontrahierungszwang in Einzelfällen unverhältnismäßig und deshalb rechtswidrig sein, wenn das Gut knapp ist, ein einzelner Nachfrager eine verhältnismäßig große Menge dieses Gutes benötigt oder wenn der Monopolist sonst erheblich in seiner eigenen Tätigkeit beeinträchtigt wird. Da die Voraussetzungen des Art. 86 Abs. 2 EG grundsätzlich nicht erfüllt sind, ist Art. 82 EG auch auf solche Unternehmen anwendbar, die mit der Erbringung von sog. „Universaldienstleistungen" betraut wurden. Zur Herstellung von Wettbewerb auf monopolistisch strukturierten Märkten sind daher über § 20 Abs. 1 GWB und Art. 82 EG hinaus keine besonderen rechtlichen Instrumente erforderlich.

Diese Schlussfolgerungen werden im folgenden Abschnitt einigen exemplarisch ausgewählten Sonderregelungen gegenübergestellt, die im Rahmen der gemeinschaftlichen und deutschen Deregulierungspolitik in den letzten Jahren geschaffen worden sind, um monopolistisch strukturierte Märkte für den Wettbewerb zu öffnen. Auch wenn die jeweiligen nationalen Regelungen (zumindest auch) zur Umsetzung entsprechender gemeinschaftsrechtlicher Vorgaben entstanden sind, eignen sich diese in ihrer konkreten Ausgestaltung des jeweiligen Umsetzungsspielraums als Beleg für die Auffassung des deutschen Gesetzgebers.

Ein solcher Vergleich zwischen der allgemeinen und der speziellen Rechtslage dient erstens dazu, die praktische Relevanz der hier gefundenen Ergebnisse im Rahmen der gemeinschaftlichen und deutschen Deregulierungspolitik festzustellen. Zweitens können auf diese Weise die Vor- und Nachteile der jeweiligen Regelungen herausgearbeitet werden. Allerdings bleibt die generelle Frage außer Betracht, ob das allgemeine Kartellrecht allein für die „Entmonopolisierung" von Märkten geeignet ist oder hierzu sektorspezifische Regelungen (zumindest für eine Übergangszeit) erforderlich sind. Diese Frage hat der Gesetzgeber bereits durch die Schaffung spezieller Regelungen beantwortet[1].

Aufgrund ihrer wirtschaftlichen und politischen Bedeutung wurden die Bereiche Elektrizität (dazu unter **A.**) und Telekommunikation (dazu unter **B.**) ausgewählt. Auch in diesem Branchen ist ggf. ein kartellaufsichtlicher Kontrahierungszwang erforderlich, um Wettbewerb herzustellen. Diese Märkte waren nämlich bisher monopolistisch strukturiert und künftige Wettbewerber sind auf die Überlassung eines Gutes (Leitungsnetz) angewiesen, über das auf einem vorgelagerten Markt lediglich der Monopolist verfügt und das der Newcomer-Konkurrent sich grundsätzlich nicht anderweitig beschaffen, insbesondere nicht selbst herstellen kann. Bei der folgenden Analyse werden nur diejenigen Regelungen berücksichtigt, die einen Monopolisten zu konkurrentennützigem Verhalten verpflichten, um einem Newcomer-Konkurrenten den Markteintritt zu ermöglichen.

Die gleiche Problematik liegt dem am 1.1.1999 in Kraft getretenen § 19 Abs. 1, 4 Nr. 4 GWB zugrunde, wonach ein marktbeherrschendes Unternehmen missbräuchlich handelt, wenn es sich weigert, den Zugang zu den eigenen Netzen und anderen Infrastruktureinrichtungen zu gewähren. Da diese Vorschrift eine Spezialregelung für einen konkurrentennützigen Kontrahierungszwang sein soll, wird sie im Folgenden ebenfalls in den Vergleich mit der allgemeinen Kartellrechtslage nach § 20 Abs. 1 GWB bzw. Art. 82 EG einbezogen (dazu unter **C.**). Des Weiteren wird eine spezielle Auslegungspraxis zu Art. 82 EG berücksichtigt, die die Europäische Kommission in den vergangenen Jahren für die Überlassung von Infrastruktureinrichtungen eines Marktbeherrschers an einen Konkurrenten entwickelt hat (sog. *„essential facilities-doctrine“*; dazu unter **D.**).

A. Elektrizitätskartellrecht[2]

I. Gemeinschaftsrecht

Gemäß Art. 17 Abs. 5 der Elektrizitätsbinnenmarktrichtlinie 96/92/EG (EltRL)[3] darf der Betreiber eines Elektrizitätsverteiler- oder Übertragungsnetzes den Netzzugang „verweigern, wenn er nicht über die nötige Kapazität

[1] Vgl. nur die Begründung zum Entwurf eines Telekommunikationsgesetzes, BT-Drs. 13/3609, S. 1f, 34.

[2] Der Begriff „Kartellrecht“ beschränkt die hier vorgenommene Untersuchung auf diejenigen Vorschriften, die einen wettbewerbsherstellenden Kontrahierungszwang betreffen.

[3] Richtlinie 96/92/EG des Europäischen Parlaments und des Rates vom 19.12.1996 betreffend gemeinsame Vorschriften für den Elektrizitätsbinnenmarkt, ABl. EG 1997 Nr. L 27, S. 20, 26.

verfügt", insoweit sind „insbesondere" die Regelungen des Art. 3 EltRL zu berücksichtigen. Die letztgenannte Vorschrift regelt die „Allgemeinen Vorschriften für die Organisation des (Elektrizitäts-) Sektors", vor allem die Ziele der EG-Elektrizitätspolitik, einen „wettbewerbsorientierten Elektrizitätsbinnenmarkt" durch „Marktöffnung" und den „Zugang zu den Elektrizitätsmärkten" zu errichten (Art. 3 Abs. 1 EltRL).

Der Zugang zum Elektrizitätsverteiler- bzw. Übertragungsnetz darf gemäß Art. 17 Abs. 5 iVm Art. 3 Abs. 1 EltRL (nur) aus Kapazitätsgründen verweigert werden. Nachfrager haben im Gegenschluss also einen *Anspruch* auf Netzzugang[4].

Die Rechtmäßigkeit einer Weigerung, den Netzzugang zu gewähren, ist gemäß Art. 17 Abs. 5 iVm Art. 3 Abs. 1 EltRL unter Berücksichtigung des Interesses an der Herstellung von Wettbewerb zu beurteilen.

Wie sich implizit aus Art. 17 Abs. 3 EltRL ergibt, kann ein Netzbetreiber für die Überlassung seines Netzes eine Gegenleistung verlangen[5]. Diese Vorschrift schreibt nämlich vor, dass Preise für die Nutzung eines Netzes zu veröffentlichen sind.

Wie im allgemeinen Kartellrecht darf der Netzbetreiber auch nach dem Elektrizitätskartellrecht die Kontrahierung verweigern, wenn seine eigene Tätigkeit beeinträchtigt wäre. Allerdings wird insoweit in Art. 17 Abs. 5 EltRL nur die mangelnde Kapazität seines Netzes angesprochen, die diese Infrastruktureinrichtung zu einem knappen Gut macht. Die weiteren in dieser Untersuchung zu Art. 82 EG entwickelten „Rechtfertigungsgründe" für die Kontrahierungsverweigerung eines Monopolisten sind der Elektrizitätsbinnenmarktrichtlinie nicht ausdrücklich zu entnehmen. Sie können jedoch gemäß Art. 22 EltRL bei der Auslegung berücksichtigt werden, die „den Bestimmungen des Vertrags, im besonderen dessen Art. 86 [*jetzt: Art. 82 EG*], Rechnung" tragen muss. Schließlich müssen die Ausnahmeregelungen des Art. 86 EG gemäß Art. 17 Abs. 5 S. 2 iVm Art. 3 Abs. 2 EltRL berücksichtigt werden, sofern die Mitgliedstaaten einem Energieversorgungsunternehmen im Allgemeininteresse gemeinwirtschaftliche Verpflichtungen auferlegen, wie insbesondere die Gewährleistung der Energieversorgungssicherheit[6].

Zum gemeinschaftlichen Elektrizitätskartellrecht ist daher festzustellen, dass der Betreiber eines Energieverteiler- oder Übertragungsnetzes, der nicht

---

[4] Vgl. auch *Baur* et 1996, 474; *Britz* EuZW 1997, 334, 335; *dies.* RdE 1997, 85, 89; *Rapp-Jung* RdE 1997, 133, 135; *Stewing* EWS 1997, 83, 84f m.w.N.

[5] Vgl. auch *Britz* RdE 1997, 85, 89; *Stewing* EWS 1997, 83, 84.

[6] Vgl. dazu auch den 19. Erwägungsgrund der EltRL, ABl. EG 1997 Nr. L 27, S. 20, S. 21 sowie *Britz* aaO. (vorige Fn.), S. 91f; *Stewing* aaO. (vorige Fn.).

marktbeherrschend sein muss[7], einem Nachfrager grundsätzlich den Zugang zu seinem Netz zu gewähren hat. Dies gilt insbesondere auch gegenüber Wettbewerbern, da gemäß Art. 17 Abs. 5 iVm Art. 3 Abs. 1 EltRL das Gemeinschaftsinteresse an der Herstellung von Wettbewerb zu berücksichtigen ist. Der Netzbetreiber darf allerdings die Überlassung seines Netzes aus ähnlichen Gründen verweigern wie nach dem allgemeinen Kartellrecht. Insbesondere darf er eine Gegenleistung verlangen und den Netzzugang zumindest dann verweigern, wenn die Kapazität seines Netzes erschöpft ist.

Ob die Rechtmäßigkeit einer Netzzugangsverweigerung nach allgemeinem (Art. 82 EG) und branchenspezifischen Kartellrecht nach der Elektrizitätsbinnenmarktrichtlinie im Einzelfall gleich zu beurteilen ist, hängt von den Besonderheiten des jeweiligen Sachverhalts ab und kann daher hier nicht abstrakt festgestellt werden. Eine weitgehende Übereinstimmung wird jedoch grundsätzlich durch Art. 22 EltRL sichergestellt, wonach bei der Kontrolle marktbeherrschender Unternehmen den Regelungen des Art. 82 EG „Rechnung" zu tragen ist. Wie im allgemeinen Kartellrecht können auch im speziellen gemeinschaftlichen Elektrizitätskartellrecht besondere gemeinwirtschaftliche Verpflichtungen eines Energieunternehmens iSd Art. 86 EG zu dessen Gunsten berücksichtigt werden.

Diese Rechtslage gilt auch nach den neuen gemeinschaftsrechtlichen Vorschriften für den Elektrizitätsbinnenmarkt fort, die von den Mitgliedstaaten bis zum 1.7.2004 umzusetzen sind und mit denen die hier untersuchte Richtlinie 96/92/EG aufgehoben wird:

Gemäß Art. 20 Abs. 1 S. 2 RL 2003/54/EG[8] müssen Betreiber von Übertragungs- und Verteilernetzen bestimmten Kunden „nach objektiven Kriterien und ohne Diskriminierung" Zugang zu ihren Netzen „auf der Grundlage veröffentlichter Tarife" gewähren. Der Netzzugang darf verweigert werden, wenn der Netzbetreiber nicht über die nötige Kapazität verfügt (Art. 20 Abs. 2 RL 2003/54/EG). Die „Mechanismen", die die Mitgliedstaaten schaffen müssen, um den Missbrauch einer marktbeherrschenden Stellung sowie Verdrängungspraktiken zu verhindern, müssen „insbesondere Art. 82" EG Rechnung tragen (Art. 23 Abs. 8 RL 2003/54/EG). Gemäß Art. 3 Abs. 2 RL 2003/54/EG können die Mitgliedstaaten unter Beachtung des Art. 86 EG den Elektrizitätsunternehmen „im allgemeinen wirtschaftlichen Interesse" „gemeinwirtschaftliche Verpflichtungen" auferlegen.

---

[7] Möglicherweise handelt es sich insoweit allerdings um natürliche Monopole.

[8] Richtlinie 2003/54/EG des Europäischen Parlaments und des Rates vom 26.6.2003 über gemeinsame Vorschriften für den Elektrizitätsbinnenmarkt und zur Aufhebung der Richtlinie 96/92/EG, ABl. EG 2003 Nr. L 176, S. 37, 48.

II. Deutsches Recht

§ 6 Abs. 1 EnWG[9] schreibt für den „verhandelten Netzzugang" vor, dass „Betreiber von Elektrizitätsversorgungsnetzen ... anderen Unternehmen das Versorgungsnetz für Durchleitungen zu Bedingungen zur Verfügung zu stellen" haben, „die guter fachlicher Praxis entsprechen und die nicht ungünstiger sind, als sie von ihnen in vergleichbaren Fällen für Leistungen innerhalb ihres Unternehmens oder gegenüber verbundenen oder assoziierten Unternehmen tatsächlich oder kalkulatorisch in Rechnung gestellt werden. ... § 19 Abs. 4 und § 20 Abs. 1 und 2 des Gesetzes gegen Wettbewerbsbeschränkungen bleiben unberührt".

Dem Wortlaut des § 6 Abs. 1 S. 1 EnWG nach hat ein Nachfrager grundsätzlich einen *Rechtsanspruch* auf Abschluss eines Vertrags über den Zugang zu einem Elektrizitätsversorgungsnetz und hieraufhin - wenn keine Kontrahierungsverweigerungsgründe vorliegen - auf Zugang zu dem Netz[10]. Verhandelbar sind lediglich die Zugangsbedingungen, die nicht ungünstiger sein dürfen als diejenigen Konditionen, die sich der Netzbetreiber selbst oder verbundenen oder assoziierten Unternehmen einräumt[11]. Die Verweigerung des Zugangs ist in § 6 Abs. 1 S. 2 EnWG ausdrücklich als Ausnahmefall geregelt („Dies [*die Pflicht, das Versorgungsnetz zur Verfügung zu stellen*] gilt nicht, soweit ...")[12].

Gemäß § 6 Abs. 1 S. 2 EnWG darf ein Betreiber die Verhandlung über einen Netzzugang verweigern, wenn er „nachweist, dass ihm die Durchleitung aus betriebsbedingten oder sonstigen Gründen unter Berücksichtigung der Ziele des § 1 nicht möglich ist oder nicht zumutbar ist". Eines der in § 1

---

[9] Energiewirtschaftsgesetz.

[10] Es ist str., ob § 6 EnWG einen unmittelbaren gesetzlichen Anspruch auf Zugang zu einem Stromnetz oder lediglich auf Abschluss eines Durchleitungsvertrages enthält. *Wie hier:* LG Potsdam, 2.2.2000, 51 O 2/00, RdE 2000, 203, 205; LG Magdeburg, 14.4.2000, 7 O 8/00, NJW-WettbR 2000, 199f; OLG Dresden, 8.2.2001, U 2978/00 Kart, GRUR-RR 2001, 190, 192f m.z.N.; KG, 24.10.2001, Kart U 6516/00, WRP 2002, 564, 568 m.w.N.; LG München I, 17.12.2002, 26 O 7485/01, RdE 2003, 215; vgl. auch LG Berlin, 27.6.2000, 16 O 652/99 Kart, NJW-WettbR 2000, 270, 273f m.w.N. Ebenso der Bericht des Ausschusses für Wirtschaft zu dem Gesetzentwurf der Bundesregierung zur Neuregelung des Energiewirtschaftsrechts, BT-Drs. 13/9211, S. 24, sowie das 12. HauptGA der Monopolkommission 1996/97, BT-Drs. 13/11291, Tz. 7. *Büdenbender* WuW 2000, 119, 124f; *Kühne/Scholtka* NJW 1998, 1902, 1905; *Theobald/Zenke* WuW 2001, 19, 24. *A.A.:* LG Leipzig, 4.10.2000, 06 HK O 7953/00, WuW/E DE-R 664; LG Rostock, 15.6.2001, 5 O 130/99, RdE 2001, 237, 241 m.z.N.

[11] OLG Dresden, 8.2.2001, U 2978/00 Kart, GRUR-RR 2001, 190, 192f; *Salje* NVwZ 1998, 916, 920.

[12] LG Hamburg, 3.2.2000, 406 O 17/00, RdE 2000, 231, 232. *Salje* NVwZ aaO. (vorige Fn.), S. 919; *Theobald/Zenke* WuW 2001, 19, 20. Vgl. auch *Büdenbender* JZ 1999, 62, 68.

EnWG genannten Ziele ist die Versorgungssicherheit im Interesse der Allgemeinheit. Bei der Frage, ob ein verhandelter Netzzugang zumutbar ist, spielen gemäß § 6 Abs. 3 EnWG ebenfalls energierechtsspezifische Aspekte eine Rolle, nämlich die besondere Förderung fernwärmeorientierter, umwelt- und ressourcenschonender Anlagen. Diese Kontrahierungsverweigerungsgründe sind zwar in unbestimmten Rechtsbegriffen enthalten. Sie können nach dem Wortlaut des § 6 EnWG jedoch so auslegt werden, dass ein Netzbetreiber ähnliche Einwände gegen einen Kontrahierungszwang geltend machen kann wie nach dem allgemeinen Kartellrecht, weil ihm die Überlassung seines Netzes „betriebsbedingt" oder aus „sonstigen Gründen" unmöglich oder nicht zumutbar ist. Ein „betriebsbedingter" Verweigerungsgrund läge beispielsweise vor, wenn die Kapazität des Energieversorgungsnetzes erschöpft ist[13]. Des Weiteren kann die Durchleitung verweigert werden, wenn der Netzbetreiber in seiner unternehmerischen Existenz bedroht ist[14]. Daneben finden die allgemeinen, hier herausgearbeiteten kartellrechtlichen Grenzen über § 20 Abs. 1 GWB Anwendung, der gemäß § 6 Abs. 1 S. 6 EnWG, § 130 Abs. 3 GWB ausdrücklich „unberührt" bleibt[15].

Das spezielle Energiekartellrecht hat gegenüber dem allgemeinen Kartellrecht iSd § 20 Abs. 1 GWB auch nicht deshalb einen größeren Anwendungsbereich, weil anderenfalls keine energierechtsspezifischen Belange berücksichtigt werden könnten. Die gemäß § 6 Abs. 1 S. 2 iVm § 1 EnWG relevanten energierechtlichen Besonderheiten können nämlich auch in die Auslegung des § 20 Abs. 1 GWB einfließen[16]. So wäre beispielsweise die Pflicht eines marktbeherrschenden Unternehmens, die Versorgungssicherheit iSd

---

[13] LG Berlin, 27.6.2000, 16 O 652/99 Kart, NJW-WettbR 2000, 270, 273; OLG Dresden, 8.2.2001, U 2978/00 Kart, GRUR-RR 2001, 190, 193; *Büdenbender* aaO. (vorige Fn.); *Kühne/Scholtka* NJW 1998, 1902, 1905. Vgl. auch Ziff. 2.3.2 der Verbändevereinbarung des Bundesverbands der deutschen Industrie (BDI), des Verbands der industriellen Energie- und Kraftwirtschaft (VIK), der Vereinigung deutscher Elektrizitätswerke (VDEW) des Verbands der Netzbetreiber (VDN), der Arbeitsgemeinschaft regionaler Energieversorgungs-Unternehmen (ARE) und des Verbands kommunaler Unternehmen (VKU) über Kriterien zur Bestimmung von Netznutzungsentgelten für elektrische Energie und über Prinzipien der Netznutzung vom 13.12.2001 und Ergänzung vom 23.4.2002, abrufbar unter www.strom.de („Verbändevereinbarung Strom II plus"); Anlage 5 der Verbändevereinbarung des BDI, des VIK, des Bundesverbands der deutschen Gas- und Wasserwirtschaft (BGW) und des Verbands kommunaler Unternehmen (VKU) zum Netzzugang bei Erdgas vom 3.5.2002, abrufbar unter www.bgw.de („Verbändevereinbarung Erdgas II").

[14] KG, 24.10.2001, Kart U 6516/00, WRP 2002, 564, 573.

[15] *Salje* NVwZ 1998, 916, 920.

[16] Bericht des Ausschusses für Wirtschaft zu dem Gesetzentwurf der Bundesregierung zur Neuregelung des Energiewirtschaftsrechts, BT-Drs. 13/9211, S. 25; vgl. LG Berlin, 27.6.2000, 16 O 652/99 Kart, NJW-WettbR 2000, 270, 279. Ebenso *Emmerich* § 32.3, S. 353.

§ 1 EnWG zu gewährleisten, zu seinen Gunsten in die Interessenabwägung zur Beurteilung der Kartellrechtswidrigkeit einer Netzzugangsverweigerung einzubeziehen.

Des Weiteren stimmt das spezielle Elektrizitätskartellrecht mit § 20 Abs. 1 GWB darin überein, dass das verpflichtete Versorgungsunternehmen ein Entgelt verlangen darf. Zwar enthält das Energiewirtschaftsrecht hierzu keine ausdrücklichen Regelungen. Jedoch liegen derartige Gegenleistungsansprüche implizit einigen Regelungen des Energiewirtschaftsgesetzes zugrunde[17]. So sieht § 6 Abs. 1 S. 1 EnWG die Überlassung eines Netzes u.a. ausdrücklich zu den „Bedingungen" vor, die der Netzbetreiber innerhalb seines Unternehmens oder „gegenüber verbundenen oder assoziierten Unternehmen ... kalkulatorisch in Rechnung" stellt. Darüber hinaus darf gemäß § 6 Abs. 2 EnWG das Bundesministerium für Wirtschaft und Arbeit durch Rechtsverordnung „Kriterien zur Bestimmung von Durchleitungsentgelten festlegen".

Zum deutschen Elektrizitätskartellrecht ist daher festzustellen, dass ein Betreiber von Energieversorgungsnetzen grundsätzlich zu deren Überlassung verpflichtet ist. Die marktbeherrschende Stellung des Betreibers ist keine Tatbestandsvoraussetzung[18]. Abgesehen von energierechtsspezifischen Kontrahierungsverweigerungsgründen kann der Verbotsadressat insbesondere betriebsbedingte Unzumutbarkeitsgründe geltend machen. Außerdem kann der Netzbetreiber eine Gegenleistung verlangen. Hierüber hinaus ist ein weitgehend gleiches Beurteilungsergebnis nach speziellem Elektrizitäts- wie allgemeinem Kartellrecht dadurch gewährleistet, dass § 20 Abs. 1 GWB „unberührt" bleibt.

Da die bis zum 1.7.2004 in deutsches Recht umzusetzende Elektrizitätsbinnenmarktrichtlinie 2003/54/EG[19] hinsichtlich der hier untersuchten Fra-

---

[17] *Kühne/Scholtka* NJW 1998, 1902, 1906. Vgl. auch das 12. HauptGA der Monopolkommission 1996/97, BT-Drs. 13/11291, Tz. 8; *Salje* NVwZ 1998, 916, 919f; LG Magdeburg, 14.4.2000, 7 O 8/00, NJW-WettbR 2000, 199, 200; LG Berlin, 27.6.2000, 16 O 652/99 Kart, NJW-WettbR 2000, 270, 273. Detaillierte Regelungen zur Bestimmung angemessener Durchleitungsbedingungen und -entgelte enthalten die Verbändevereinbarung von BDI, VIK, VDEW, VDN, ARE und VKU über Kriterien zur Bestimmung von Netznutzungsentgelten für elektrische Energie und über Prinzipien der Netznutzung vom 13.12.2001 und Ergänzung vom 23.4.2002, abrufbar unter www.strom.de („Verbändevereinbarung Strom II plus") sowie Ziff. 6 der Verbändevereinbarung von BDI, VIK, BGW und VKU zum Netzzugang bei Erdgas vom 3.5.2002, abrufbar unter www.bgw.de („Verbändevereinbarung Erdgas II"), vgl. hierzu *Büdenbender* JZ 1999, 62, 68 m.w.N.; *Emmerich* aaO. (vorige Fn.), S. 354.

[18] Möglicherweise handelt es sich insoweit allerdings um natürliche Monopole.

[19] Richtlinie 2003/54/EG des Europäischen Parlaments und des Rates vom 26.6.2003 über gemeinsame Vorschriften für den Elektrizitätsbinnenmarkt und zur Aufhebung der Richtlinie 96/92/EG, ABl. EG 2003 Nr. L 176, S. 37ff.

gen keine Änderungen enthält[20], ist davon auszugehen, dass auch die deutsche Rechtslage insoweit gleich bleibt.

B. Telekommunikationskartellrecht[21]

I. Gemeinschaftsrecht

Ein Unternehmen, das über kein eigenes Telekommunikationsnetz verfügt und Daten übermitteln möchte, benötigt den Zugang zu dem Netz eines anderen Unternehmens. Nach der Richtlinie 2002/19/EG (Zugangsrichtlinie, ZugangsRL)[22] sind *zwei* Gruppen von Unternehmen verpflichtet, den Zugang zu gewähren:

Erstens können die nationalen Regulierungsbehörden der Mitgliedstaaten gemäß Art. 5 Abs. 1 S. 2a) ZugangsRL „Unternehmen, die den Zugang zu den Endnutzern kontrollieren, Verpflichtungen auferlegen, wozu in begründeten Fällen auch die Verpflichtung gehören kann, ihre Netze zusammenzuschalten". Eine solche Kontrolle über die Zugangswege für Endnutzer hat insbesondere dasjenige Unternehmen, das die (feste oder mobile) physische Verbindung zu den Endnutzern besitzt oder sonst kontrolliert[23] (sog. Teilnehmernetzbetreiber[24]). Eine besondere Marktstärke wird nicht vorausgesetzt[25]. Zweitens können die Regulierungsbehörden gemäß Art. 8 Abs. 1, 2 iVm Art. 12 Abs. 1a) ZugangsRL Betreibern mit „beträchtlicher Marktmacht" unter anderem die Verpflichtung auferlegen, „Dritten Zugang zu bestimmten

---

[20] S. oben 4. Abschnitt A.I. a.E.

[21] Der Begriff „Kartellrecht" beschränkt die hier vorgenommene Untersuchung auf diejenigen Vorschriften, die einen wettbewerbsherstellenden Kontrahierungszwang betreffen.

[22] Richtlinie 2002/19/EG des Europäischen Parlaments und des Rates vom 7.3.2002 über den Zugang zu elektronischen Kommunikationsnetzen und zugehörigen Einrichtungen sowie deren Zusammenschaltung (Zugangsrichtlinie), ABl. EG 2002 Nr. L 108, S. 7ff.

[23] Vgl. den 6. und 8. Erwägungsgrund ZugangsRL.

[24] S. die Begründung zu § 18 des Kabinettsentwurfs eines Telekommunikationsgesetzes vom 15.10.2003, mit dem Art. 5 Abs. 1 ZugangsRL insoweit wortgleich umgesetzt werden soll, abrufbar unter www.bmwi.de/Navigation/Service/Gesetze/rechtsgrundlagen-telekommunikationspolitik,did=26500.html, S. 87.

[25] *Scherer* K & R 2002, 329, 339; *Schütz/Attendorn* MMR-Beilage 4-2002, S. 1, 19. S. auch die Begründung zu § 18 des Kabinettsentwurfs eines Telekommunikationsgesetzes vom 15.10.2003, mit dem Art. 5 Abs. 1 ZugangsRL insoweit wortgleich umgesetzt werden soll, aaO. (vorige Fn.). Diese Schlussfolgerung wird auch dadurch bestätigt, dass die Zugangsrichtlinie zwischen Verpflichtungen für Unternehmen mit „beträchtlicher Marktmacht" einerseits und anderen Unternehmen andererseits streng differenziert (vgl. insbesondere Art. 8 Abs. 2, 3 ZugangsRL).

Netzkomponenten und/oder -einrichtungen" zu gewähren. Ein Unternehmen verfügt über „beträchtliche Marktmacht", wenn es eine „der Beherrschung gleichkommende Stellung einnimmt, d.h. eine wirtschaftlich starke Stellung, die es ihm gestattet, sich in beträchtlichem Umfang unabhängig von Wettbewerbern, Kunden und letztlich Verbrauchern zu verhalten" (Art. 14 Abs. 2 Richtlinie 2002/21/EG, Rahmenrichtlinie[26]). Diese Definition beruht auf der ständigen Rechtsprechung der Gemeinschaftsgerichte zu Art. 82 EG[27].

Die Gründe, einen Netzzugang verweigern zu dürfen, ergeben sich für Unternehmen i.S.d. Art. 5 ZugangsRL aus Art. 5 Abs. 2, 3 ZugangsRL bzw. für Unternehmen mit „beträchtlicher Marktmacht" aus Art. 12 Abs. 2 ZugangsRL. Im erstgenannten Fall müssen die „Nutznießer einer Zugangsgewährung" technische oder betriebliche Bedingungen erfüllen, „um den normalen Betrieb des Netzes sicherzustellen", außerdem müssen die Zugangsverpflichtungen „objektiv, transparent, verhältnismäßig und nichtdiskriminierend sein". Bei Zugangspflichten iSd Art. 12 ZugangsRL spielen ähnliche objektive Beweggründe eine Rolle, die insbesondere die technische Machbarkeit oder die Aufrechterhaltung der Netzintegrität betreffen[28]. Art. 12 Abs. 2 ZugangsRL sieht vor, dass die auferlegten Zugangspflichten angemessen sein müssen, des Weiteren müssen sie der „technischen und wirtschaftlichen Tragfähigkeit" Rechnung tragen sowie der „verfügbaren Kapazität", den „Anfangsinvestitionen des Eigentümers der Einrichtung", der „Notwendigkeit zur langfristigen Sicherung des Wettbewerbs" sowie gegebenenfalls gewerblichen Schutzrechten. Diese Kontrahierungsverweigerungsgründe ähneln den hier für das allgemeine Kartellrecht entwickelten Maßstäben, unter denen die Überlassung einer Infrastruktureinrichtung deren Inhaber nicht zugemutet werden kann[29].

Aus der Formulierung der sowohl für Art. 5 ZugangsRL als auch für Art. 8, 12 ZugangsRL geltenden allgemeinen Regelungen des Art. 4 Abs. 1 ZugangsRL wird deutlich, dass die Gewährung des Zugangs den Regelfall darstellt, der nur ausnahmsweise verweigert werden darf (Betreiber öffentli-

---

[26] Richtlinie 2002/21/EG des Europäischen Parlaments und des Rates vom 7.3.2002 über einen gemeinsamen Rechtsrahmen für elektronische Kommunikationsnetze und -dienste (Rahmenrichtlinie), ABl. EG 2002 Nr. L 108, S. 33, 44.

[27] 25. Erwägungsgrund der Rahmenrichtlinie a.E. aaO. (vorige Fn.), S. 36.

[28] 19. Erwägungsgrund der ZugangsRL.

[29] Vgl. *Scherer* K & R 2002, 329, 341.

cher Kommunikationsnetze „bieten den Unternehmen den Zugang und die Zusammenschaltung ... an"[30]).

Außerdem darf ein Netzbetreiber den Zugang zu seinem Netz nicht deshalb verweigern, weil er die Entstehung von Wettbewerb verhindern will. Die nationalen Regulierungsbehörden, die einen Netzzugang anordnen können, müssen ihre Zuständigkeit nämlich u.a. so wahrnehmen, dass sie „den Wettbewerb stimuliert" (Art. 5 Abs. 1 S. 1 ZugangsRL), außerdem müssen Unternehmen mit „beträchtlicher Marktmacht" gemäß Art. 12 Abs. 1 S. 1 ZugangsRL u.a. dann den Netzzugang gewähren, wenn die Zugangsverweigerung „die Entwicklung eines nachhaltig wettbewerbsorientierten Marktes auf Endverbraucherebene behindern oder den Interessen der Endnutzer zuwiderlaufen" würde. Des Weiteren müssen Netzbetreiber den Netzzugang diskriminierungsfrei gewähren (Art. 5 Abs. 1 ZugangsRL bzw. Art. 12 Abs. 2 ZugangsRL iVm Art. 8 Abs. 3c Rahmenrichtlinie).

Wie sich aus Art. 8 Abs. 1, 2, iVm Art. 13 Abs. 2 ZugangsRL ergibt, darf ein Unternehmen mit „beträchtlicher Marktmacht" für die Zugangsgewährung ein Entgelt verlangen. Nach diesen Vorschriften darf die nationale Regulierungsbehörde nämlich „hinsichtlich bestimmter Arten von Zusammenschaltung und/oder Zugang Verpflichtungen betreffend die Kostendeckung und die Preiskontrolle einschließlich kostenorientierter Preise auferlegen". Da Unternehmen mit „beträchtlicher Marktmacht" für die Zugangsgewährung einen finanziellen Ausgleich verlangen können, muss dies *erst recht* für Unternehmen gelten, die nicht über beträchtliche Marktmacht verfügen, sondern „nur" „den Zugang zu Endnutzern kontrollieren" iSd Art. 5 Abs. 1 S. 2a) ZugangsRL.

Die preislich „erschwingliche" Versorgung der Allgemeinheit mit bestimmten Kommunikationsdiensten iSd Art. 86 EG wird durch die Regelungen der Richtlinie 2002/22/EG (Universaldienstrichtlinie[31]) gewährleistet. Unternehmen, denen die Erbringung derartiger „Universaldienste" auferlegt wurde, können für die hierfür aufgewendeten „Nettokosten" entschädigt werden, wenn sie sonst „unzumutbar belastet" werden würden (Art. 12f Universaldienstrichtlinie). Wie das allgemeine Kartellrecht geht daher auch die Zugangsrichtlinie davon aus, dass die Erfüllung von Aufgaben im Rahmen des Universaldienstes der Verpflichtung, Dritten den Zugang zu den eigenen

---

[30] Vgl. auch Art. 5 Abs. 1 S. 1 ZugangsRL: Die „nationalen Regulierungsbehörden *fördern* und *garantieren* ... einen angemessenen Zugang und eine geeignete Zusammenschaltung" (Hervorhebung von der Verfasserin).

[31] Richtlinie 2002/22/EG des Europäischen Parlaments und des Rates vom 7.3.2002 über den Universaldienst und Nutzerrechte bei elektronischen Kommunikationsnetzen und -diensten (Universaldienstrichtlinie), ABl. EG 2002 Nr. L 108, S. 51ff.

Netzen zu gewähren, nicht entgegensteht - vorausgesetzt zumindest unzumutbar belastende Kosten der Universaldienstpflichten werden erstattet.

Neben den Regelungen der Zugangsrichtlinie sind die allgemeinen Wettbewerbsregeln des EG-Vertrages, insbesondere also auch Art. 82 EG, anwendbar[32].

Zum gemeinschaftlichen Telekommunikationskartellrecht ist daher festzustellen, dass Unternehmen einem Nachfrager grundsätzlich den Zugang zu ihrem Telekommunikationsnetz gewähren müssen. Dies gilt nicht nur für Unternehmen mit „beträchtlicher Marktmacht", sondern auch für andere Unternehmen, wenn diese „den Zugang zu Endnutzern kontrollieren" (sog. Teilnehmernetzbetreiber). Ein Netzzugang darf nur verweigert werden, wenn nicht ausreichend Kapazität verfügbar ist, der „normale Netzbetrieb" nicht sichergestellt ist oder er dem Netzbetreiber objektiv nicht zuzumuten ist. Wirtschaftliche Gründe, insbesondere dass eine Zugangsgewährung konkurrentennützig wäre, sind zugunsten des Verpflichteten - wie im allgemeinen Kartellrecht - nicht berücksichtigungsfähig. Das zur Kontrahierung gezwungene Unternehmen kann für die Überlassung seines Netzes ein Entgelt verlangen.

Den Belangen des Art. 86 EG wurde in dem gemeinschaftlichen Rechtsrahmen für elektronische Kommunikationsnetze und -dienste dadurch Rechnung getragen, dass die Kosten für die Erbringung von Universaldiensten ggf. zu erstatten sind.

II. Deutsches Recht

Ein Unternehmen, das auf dem Markt für die Übermittlung von Sprache oder Daten mit dem marktbeherrschenden Betreiber eines öffentlichen Telekommunikationsnetzes konkurrieren möchte, hat gemäß § 35 TKG einen Anspruch auf Zugang zu dessen Telekommunikationsnetz[33]. Für die Feststellung der marktbeherrschenden Stellung verweist § 35 TKG auf § 19 GWB.

---

[32] Tz. 14, 31 der Leitlinien der Kommission zur Marktanalyse und Ermittlung beträchtlicher Marktmacht nach dem gemeinsamen Rechtsrahmen für elektronische Kommunikationsnetze und -dienste, ABl. EG 2002 Nr. C 165, S. 6, 7, 9; vgl. auch den 27. Erwägungsgrund der Rahmenrichtlinie sowie den 5. Erwägungsgrund der Zugangsrichtlinie. Vgl. allgemein zum Verhältnis des sektorspezifischen Telekommunikationsrechts zu den Wettbewerbsregeln des EG-Vertrages die Mitteilung der Europäischen Kommission über die Anwendung der Wettbewerbsregeln auf Zugangsvereinbarungen im Telekommunikationsbereich, ABl. EG 1998 Nr. C 265, S. 2ff, 5f, 10 (Tz. 22f, 57f) m.w.N.

[33] Vgl. auch *Nolte* BB 1996, 2629, 2632; *Riehmer* MMR 1998, 59, 60.

§ 35 Abs. 1 S. 1 TKG (Telekommunikationsgesetz): „Der Betreiber eines Telekommunikationsnetzes, der Telekommunikationsdienstleistungen für die Öffentlichkeit anbietet und auf einem solchen Markt über eine marktbeherrschende Stellung nach § 19 des Gesetzes gegen Wettbe-

Der Marktbeherrscher darf die Gewährung des Netzzugangs gemäß § 35 Abs. 2 S. 2 TKG aus den in Art. 3 Abs. 2 der Richtlinie 90/387/EWG (iVm Art. 2 Nr. 6 der Richtlinie 90/387/EWG idF der Richtlinie 97/51/EG[34]) genannten Gründen verweigern. Hiernach darf der Zugang zu öffentlichen Telekommunikationsnetzen nur aus „im allgemeinen Interesse liegenden Gründen nichtwirtschaftlicher Art" eingeschränkt werden. Solche sog. „grundlegenden Anforderungen" betreffen die „Sicherheit des Netzbetriebs", die „Aufrechterhaltung der Netzintegrität", die „Interoperabilität der Dienste", den Datenschutz, den Umweltschutz, Bauplanungs- und Raumordnungsziele sowie „eine effiziente Nutzung des Frequenzspektrums und die Verhinderung von Störungen zwischen funkgestützten Telekommunikationssystemen und anderen, raumgestützten oder terrestrischen, technischen Systemen". Bis auf den Datenschutz, den Umweltschutz, Bauplanungs- und Raumordnungsziele betreffen diese Gründe die technischen Risiken eines Netzzugangs. Diese Rechtsbegriffe konkretisieren somit in ähnlicher Weise wie das allgemeine Kartellrecht diejenigen Voraussetzungen, unter denen die Überlassung einer Infrastruktureinrichtung deren Inhaber nicht zugemutet werden kann. Es ist davon auszugehen, dass die eigene unternehmerische Tätigkeit des Netzbetreibers erheblich im Sinne der in dieser Untersuchung entwickelten Maßstäbe beeinträchtigt werden würde, wenn eine der o.g. „grundlegenden Anforderungen" verletzt ist. Darüber hinaus ist wie im allgemeinen Kartellrecht auch im Telekommunikationsgesetz die Verhinderung von Wettbewerb kein relevanter Kontrahierungsverweigerungsgrund: Gemäß § 35 Abs. 2 S. 2 TKG iVm Art. 3 Abs. 2, 2 Nr. 6 der Richtlinie 90/387/EWG idF der Richtlinie 97/51/EG werden insoweit nur „im allgemeinen Interesse liegende Gründe *nichtwirtschaftlicher Art*"[35] anerkannt[36].

Wie im allgemeinen Kartellrecht nach § 20 Abs. 1 GWB muss ein marktbeherrschendes Unternehmen auch nach dem Telekommunikationsgesetz sein Netz nicht unentgeltlich zur Verfügung stellen. Dies ist implizit § 39 TKG zu entnehmen, der (u.a.) „für die Regulierung der Entgelte für die Gewährung eines Netzzugangs nach § 35 TKG" auf diejenigen Vorschriften des Telekommunikationsgesetzes verweist, nach denen Entgelte von der Regulierungsbehörde für Telekommunikation und Post zu genehmigen sind.

---

werbsbeschränkungen verfügt, hat anderen Nutzern Zugang zu seinem Telekommunikationsnetz oder zu Teilen desselben zu ermöglichen."

[34] Richtlinie 97/51/EG des Europäischen Parlaments und des Rates vom 6.10.1997 zur Änderung der Richtlinien 90/387/EWG und 92/44/EWG des Rates zwecks Anpassung an ein wettbewerbsorientiertes Umfeld, ABl. EG 1997 Nr. L 295, S. 23, 26f.

[35] Hervorhebung von der Verfasserin.

[36] So auch *Riehmer* MMR 1998, 59, 60.

Neben dem speziellen Telekommunikationskartellrecht bleiben gemäß § 2 Abs. 3 TKG die Vorschriften des GWB, insbesondere also auch § 20 Abs. 1 GWB, „unberührt“[37].

Zum deutschen Telekommunikationskartellrecht ist daher festzustellen, dass ein marktbeherrschendes Unternehmen sein Netz gegen Entgelt konkurrentennützig zur Verfügung stellen muss. Er darf die Kontrahierung lediglich aus objektiven nichtwirtschaftlichen und netztechnischen Gründen verweigern. Grundsätzlich hat also auch ein Unternehmen, das mit dem Telekommunikationsnetzbetreiber auf einem nachgelagerten Markt konkurriert, einen Anspruch auf Zugang zu dem Netz des Marktbeherrschers; der Netzzugang darf nur ausnahmsweise verweigert werden[38].

Ergänzend ist darauf hinzuweisen, dass nach dem derzeitigen Entwurf für ein neues Telekommunikationsgesetz, mit dem u.a. die o.g. Zugangsrichtlinie[39] umgesetzt werden soll, Zugangspflichten nicht nur Betreibern mit „beträchtlicher Marktmacht“ auferlegt werden können. Vielmehr treffen diese Pflichten auch andere Betreiber öffentlicher Telekommunikationsnetze, wenn diese „den Zugang zu Endnutzern kontrollieren“ (sog. Teilnehmernetzbetreiber, § 18 TKG-E[40])[41].

C. § 19 Abs. 1, 4 Nr. 4 GWB

Eine Sonderstellung unter den hier zum Vergleich mit der allgemeinen kartellrechtlichen Lage herangezogenen Regelungen nimmt § 19 Abs. 1, 4 Nr. 4 GWB ein, der mit der Sechsten Novelle des GWB am 1.1.1999 in Kraft getreten ist. Diese Vorschrift gilt einerseits nicht nur für Unternehmen einer speziellen Branche wie etwa die Regelungen des Energiewirtschafts- oder des Telekommunikationsgesetzes[42]. Andererseits jedoch regelt diese Vorschrift spezielle missbräuchliche Verhaltensweisen eines Marktbeherrschers. Hiernach verhält sich ein marktbeherrschendes Unternehmen missbräuch-

---

[37] Vgl. zum Konkurrenzverhältnis des GWB zum TKG nur die RegBegr. zum Entwurf der 6. GWB-Novelle, BT-Drs. 13/9720, S. 36; sowie die Begründung zum Entwurf eines Telekommunikationsgesetzes, BT-Drs. 13/3609, S. 36.

[38] Vgl. auch die Begründung des Entwurfes eines TKG der Fraktionen der CDU/CSU, SPD und F.D.P., BT-Drs. 13/3609, S. 46.

[39] S. oben 4. Abschnitt B.I.

[40] Entwurf eines Telekommunikationsgesetzes vom 15.10.2003, abrufbar unter www.bmwi.de/Navigation/Service/Gesetze/rechtsgrundlagen-telekommunikationspolitik,did= 26500. html.

[41] Dazu *Möschel/Haug* MMR 2003, 505, 506f.

[42] Vgl. auch die RegBegr. zum Entwurf der 6. GWB-Novelle, BT-Drs. 13/9720, S. 36f.

lich, wenn es „sich weigert, einem anderen Unternehmen gegen angemessenes Entgelt Zugang zu den eigenen Netzen oder anderen Infrastruktureinrichtungen zu gewähren, wenn es dem anderen Unternehmen aus rechtlichen oder tatsächlichen Gründen ohne die Mitbenutzung nicht möglich ist, auf dem vor- oder nachgelagerten Markt als Wettbewerber des marktbeherrschenden Unternehmens tätig zu werden; dies gilt nicht, wenn das marktbeherrschende Unternehmen nachweist, dass die Mitbenutzung aus betriebsbedingten oder sonstigen Gründen nicht möglich oder nicht zumutbar ist".

Wie die im letzten Halbsatz dieser Vorschrift geregelte Beweislastumkehr zeigt, ist eine Zugangsverweigerung nur ausnahmsweise kartellrechtmäßig. Grundsätzlich ist ein marktbeherrschendes Unternehmen also zur Kontrahierung verpflichtet[43].

Die Tatbestandsvoraussetzungen des § 19 Abs. 4 Nr. 4 GWB stimmen im Wesentlichen mit den hier zu § 20 Abs. 1 GWB und Art. 82 EG entwickelten Voraussetzungen überein. So ist die Verpflichtung, den Zugang zu Infrastruktureinrichtungen zu gewähren, zum Ersten daran geknüpft, dass der Nachfrager ohne das jeweilige Gut nicht als Wettbewerber des marktbeherrschenden Anbieters auf einem vor- oder nachgelagerten Markt tätig werden kann. Diese Vorschrift dient also dazu, Wettbewerb auf einem benachbarten Markt herzustellen. Des Weiteren muss der Marktbeherrscher seine eigene Tätigkeit nur im Rahmen des Möglichen und Zumutbaren („aus betriebsbedingten oder sonstigen Gründen") einschränken. Zur Auslegung dieses Tatbestandsmerkmals könnte die hier vorgenommene verfassungskonforme Auslegung des § 20 Abs. 1 GWB (und Art. 82 EG) herangezogen werden, nach der die eigene Tätigkeit des Verbotsadressaten nicht erheblich beeinträchtigt werden darf[44]. Außerdem ähneln sich § 19 Abs. 4 Nr. 4 GWB und § 20 Abs. 1 GWB darin, dass die Güterüberlassung nur gegen ein „angemessenes Entgelt" erfolgen muss. Die Bundesregierung hat in der Begründung ihres Gesetzentwurfs insoweit ausdrücklich den Vorbildcharakter des allgemeinen Kartellrechts (insbesondere von Art. 82 EG) hervorgehoben[45].

---

[43] RegBegr. zum Entwurf der 6. GWB-Novelle, BT-Drs. 13/9720, S. 37, Stellungnahme des Bundesrates zu diesem Vorschlag der Bundesregierung, ebenda, S. 71, 73; *Dreher* DB 1999, 833, 837; *Haus*, S. 141; *Theobald/Zenke* WuW 2001, 19, 20. Vgl. auch GK-*Leo* zu § 19 GWB, Rz. 2363.

[44] Vgl. BKartA, 30.8.1999, B8-40100-T-99/99, WuW/E DE-V 149, 151f (Berliner Stromdurchleitung); BKartA, 21.12.1999, B9-63220-T-199/97 und T-16/98, WuW/E DE-V 253, 257f (Puttgarden). Ähnlich auch *Dreher* DB 1999, 833, 835; *Haus*, S. 110ff; GK-*Leo* zu § 19 GWB, Rz. 2365f, 2380ff; *vWallenberg* K & R 1999, 152, 156.

[45] RegBegr. zum Entwurf der 6. GWB-Novelle, BT-Drs. 13/9720, S. 37.

D. „essential facilities-doctrine“

Die Europäische Kommission hat seit 1992 eine besondere Entscheidungspraxis über konkurrentennützige Verhaltenspflichten eines marktbeherrschenden Unternehmens nach Art. 86 EG-Vertrag (jetzt Art. 82 EG) entwickelt, wenn der Marktbeherrscher die Überlassung „wesentlicher Einrichtungen“ verweigert hat (sog. „*essential facilities-doctrine*“).

Die „Tatbestandsmerkmale“ dieser Auslegungspraxis können nur den jeweiligen Kommissionsentscheidungen selbst entnommen werden. Dies gilt insbesondere für die „Wesentlichkeit“ des nachgefragten Gutes, die Voraussetzung dafür ist, dass ein Marktbeherrscher dieses (sogar) einem Konkurrenten überlassen muss.

I. Entscheidungspraxis der Kommission

1. „Hafenentscheidungen“

a) Sämtliche Entscheidungen, in denen die Kommission die Missbräuchlichkeit des Verhaltens eines marktbeherrschenden Unternehmens darauf stützte, dass das nachgefragte Gut „wesentlich“ war, betrafen die Gewährung des Zugangs zu Hafenanlagen.

Der Hafenbetreiber war marktbeherrschend, da nur die Nutzung seines Hafens den Bedarf des jeweiligen Nachfragers befriedigen konnte. Weil der Hafenbetreiber den Zugang verweigerte oder nur unter ungünstigen Bedingungen gewährte, konnte der verfahrensbeteiligte Nachfrager auf dem nachgelagerten Markt für das Angebot von Fährdiensten nicht mit dem Marktbeherrscher konkurrieren (Entscheidungen „Sealink/B & I (Holyhead)“, „Sea Containers/Stena Sealink“, „Rødby“ und „Irish Continental Group/CCI Morlaix“)[46]. Die Kommission entschied hierzu nahezu gleichlautend: „Ein marktbeherrschendes Unternehmen, das eine wesentliche Einrichtung [*essential facility*], d.h. eine Einrichtung oder Infrastruktur, ohne deren Nutzung ein Wettbewerber seinen Kunden keine Dienste anbieten kann, besitzt oder

---

[46] Entscheidung der Kommission vom 11.6.1992, Az. IV/34.174 (Sealink/B & I (Holyhead)), nicht im Amtsblatt der EG veröffentlicht, S. 16ff des amtlichen Umdrucks; vgl. (1992) 5 C.M.L.R. 257ff; Kurzzusammenfassungen im XXII. Bericht der Kommission über die Wettbewerbspolitik 1992, S. 123ff sowie in Bull. EG 6-1992, Ziff. 1.3.30, S. 46; Entscheidung 94/19/EG vom 21.12.1993, ABl. EG 1994 Nr. L 15, S. 8, 16ff (Sea Containers/Stena Sealink); Entscheidung 94/119/EG vom 21.12.1993, ABl. EG 1994 Nr. L 55, S. 52, 55 (Rødby); Entscheidung der Kommission vom 16.5.1995, Az. IV/35388 (Irish Continental Group/CCI Morlaix), nicht im Amtsblatt der EG veröffentlicht, S. 11ff des amtlichen Umdrucks; vgl. (1995) 5 C.M.L.R. 178ff; Kurzzusammenfassungen im XXV. Bericht der Kommission über die Wettbewerbspolitik 1995, S. 128f sowie in der Pressemitteilung der Kommission in WuW 1995, 717f.

kontrolliert und selbst nutzt und seinen Wettbewerbern den Zugang zu dieser Einrichtung oder Infrastruktur verweigert oder nur unter Bedingungen, die ungünstiger sind als für seine eigenen Dienste, gewährt und damit seine Wettbewerber in eine nachteilige Wettbewerbssituation zwingt, verstößt gegen Artikel 86 [*jetzt: Art. 82 EG*], sofern die übrigen Voraussetzungen dieses Artikels erfüllt sind. Ein Unternehmen mit marktbeherrschender Stellung darf auf einem benachbarten Markt nicht zugunsten der eigenen Tätigkeiten diskriminierende Handlungen vornehmen."[47]

b) „Wesentlich", und deshalb einem Newcomer-Konkurrenten zu überlassen, waren hiernach solche Güter, die „unerlässlich" für die Marktteilnahme des Nachfragers waren. Die Kommission legte keine allgemeinen Anforderungen an Alternativen zu dem monopolisierten Gut fest. Zwar deutete sie bei der Prüfung der marktbeherrschenden Stellung in der Entscheidung „Sealink/B & I (Holyhead)" an, dass der nachfragende Fährdienstbetreiber auch selbst einen Hafen bauen könnte. Jedoch erwähnte sie diesen Aspekt bei der Feststellung der Missbräuchlichkeit der Zugangsverweigerung - etwa unter Zumutbarkeitsgesichtspunkten - nicht mehr[48]. In dem Verfahren „Rødby" hätte der nachfragende Fährdienstbetreiber zwar einen eigenen Hafen errichten können und hatte dies auch angeboten. Jedoch war ihm dies mangels Baugenehmigung (also aus rechtlichen Gründen) nicht möglich[49]. Der Bau eines eigenen Hafens war daher gegenüber der Nutzung des bestehenden Hafens Rødby keine geeignete Alternative. In ihren Entscheidungen „Sea Containers/Stena Sealink" sowie „Irish Continental Group/CCI Morlaix" führte die Kommission diesbezüglich aus, dass die Errichtung eines eigenen Hafens unzumutbar, da „wirtschaftlich wie materiell" unrealistisch sei[50].

c) In dem Verfahren „Irish Continental Group/CCI Morlaix" hat die Europäische Kommission dem Verbotsadressaten Pflichten auferlegt, die über ihre bisherige Praxis hinausgehen: Sie stellte in dieser Entscheidung nicht maß-

---

[47] Entscheidung der Kommission „Sealink/B & I (Holyhead)" aaO. (vorige Fn.), S. 16f (Hervorhebung von der Verfasserin). Vgl. auch Entscheidung der Kommission „Sea Containers/Stena Sealink" aaO. (vorige Fn.); Entscheidung der Kommission „Rødby" aaO. (vorige Fn.); Entscheidung der Kommission „Irish Continental Group/CCI Morlaix" aaO. (vorige Fn.). Einfügungen von der Verfasserin.

[48] Entscheidung der Kommission vom 11.6.1992, Az. IV/34.174 (Sealink/B & I (Holyhead)), S. 14ff.

[49] Entscheidung 94/119/EG vom 21.12.1993, ABl. EG 1994 Nr. L 55, S. 52ff (Rødby).

[50] Entscheidung 94/19/EG vom 21.12.1993, ABl. EG 1994 Nr. L 15, S. 8, 16 (Sea Containers/Stena Sealink); Entscheidung der Kommission vom 16.5.1995, Az. IV/35388 (Irish Continental Group/CCI Morlaix), S. 11.

geblich darauf ab, dass der Marktbeherrscher die Konkurrenztätigkeit eines Nachfragers zu dem eigenen oder einem verbundenen Betrieb auf einem nachgelagerten Markt verhinderte. Zwar wäre diese Voraussetzung auch hier erfüllt gewesen, da der marktbeherrschende Hafenbetreiber zu einem geringen Anteil (5%) an dem Fährbetrieb beteiligt war, mit dem der verfahrensbeteiligte Nachfrager konkurrieren wollte[51]. Jedoch ließ die Kommission ausdrücklich offen, ob der Verbotsadressat ein solches wirtschaftliches Eigeninteresse verfolgte - dieser Aspekt wurde in ihrer Pressemitteilung und in der zusammenfassenden Darstellung dieses Verfahrens in ihrem Bericht über die Wettbewerbspolitik 1995 nicht einmal erwähnt[52]. In Wortlaut und Ergebnis geht diese Entscheidung daher sehr weit: *Jeder* marktbeherrschende Inhaber muss seine „wesentliche Einrichtung" einem Nachfrager überlassen, wenn sonst die wettbewerbliche Struktur auf einem benachbarten Markt nachteilig beeinflusst wird, weil der Nachfrager dort nicht mit (irgend) einem (hier: monopolistischen) Anbieter konkurrieren kann. Die (wirtschaftliche) Beteiligung des Marktbeherrschers an dem „bevorzugt behandelten" Monopolisten auf dem benachbarten Markt und ein hieraus resultierendes Eigeninteresse an seinem konkurrentenbehindernden Verhalten sind also unerheblich[53]. Jedes Gut ist in diesem Sinne „wesentlich" und muss deshalb zur Verfügung gestellt werden, wenn es für die Marktteilnahme des Nachfragers unerlässlich ist. Dies gilt angesichts des dieser Kommissionsentscheidung zugrunde liegenden Falles auch bei Newcomern.

2. Anspruch auf Zugang zu „essential facilities"

Zusammenfassend ist daher festzustellen, dass ein Unternehmen, das eine „wesentliche Einrichtung" („*essential facility*") besitzt, diese nach Auffassung der Europäischen Kommission (auch) einem Newcomer überlassen muss, wenn der Nachfrager anderenfalls Wettbewerbsnachteile erleidet[54]. Die Kommission hat sich insoweit ausdrücklich auf die ständige Rechtsprechungspraxis der Gemeinschaftsgerichte zu Art. 86 EG-Vertrag (jetzt Art. 82 EG) gestützt[55]. In den entschiedenen Fällen war die nachgefragte Einrichtung

---

[51] Vgl. die Entscheidung „Irish Continental Group/CCI Morlaix" aaO. (vorige Fn.), S. 2, 13.

[52] Vgl. die Pressemitteilung der Kommission in WuW 1995, 717f bzw. den XXV. Bericht der Kommission über die Wettbewerbspolitik 1995, S. 128f.

[53] So auch *Mailänder* in: FS Schmidt, S. 271, 280f.

[54] S. auch die Entscheidungsanalyse von Generalanwalt Jacobs in seinen Schlussanträgen zu Rs. C-7/97, Slg. 1998, 7794, 7806f (Bronner); *Nikolinakos* ECLR 1999, 399, 403ff.

[55] Parallelen zwischen den o.g. Entscheidungen der Kommission und der früheren Rspr. der Gemeinschaftsgerichte bzw. der Verwaltungspraxis der Kommission werden auch betont von:

durch andere Güter nicht substituierbar, der betreffende Inhaber war also Monopolist. Die Missbräuchlichkeit der Zugangsverweigerung hing von folgenden zwei Voraussetzungen ab:

(1.) Erstens musste das nachgefragte Gut eine „wesentliche Einrichtung" sein. Dies war dann der Fall, wenn das Gut für die Marktteilnahme des Nachfragers an dem nachgelagerten Markt für unter Nutzung der „wesentlichen Einrichtung" erbrachte Leistungen unerlässlich war, weil er es sich aus tatsächlichen oder rechtlichen Gründen (auf Dauer) nicht anderweitig beschaffen konnte oder ihm die eigene Herstellung dieses Gutes aus wirtschaftlichen Gründen nicht zuzumuten war[56].

Soweit die Kommission überhaupt näher untersuchte, ob der Nachfrager alternativ selbst die betreffende Einrichtung errichten könnte, stellte sie darauf ab, ob dies unzumutbar, da „wirtschaftlich wie materiell" unrealistisch sei. Da die Kommission diesbezüglich keine umfangreichen Feststellungen getroffen hat, ist grundsätzlich zu unterstellen, dass die Herstellung großer Infrastruktureinrichtungen wie Hafenanlagen oder Leitungsnetze einem Newcomer-Nachfrager in dem o.g. Sinne nicht zuzumuten ist[57].

BKartA in seiner Arbeitsunterlage zu der Sitzung des Arbeitskreises Kartellrecht im Oktober 1997, S. 12ff; *Bunte* WuW 1997, 302, 310f; *Deselaers* EuZW 1995, 563, 564f; *Furse* ECLR 1995, 469, 472; *Klaue* RdE 1996, 51, 56; *Klimisch/Lange* WuW 1998, 15, 19. Vgl. auch *Markert* WuW 1995, 560, 563f, 570f; *ders.* BB 1997, 1421, 1423; *Mennicke* ZHR 160 (1996) 626, 650f, 652f; *Montag* EuZW 1997, 71, 76; *Müller* EuZW 1998, 232, 234; *Schnelle* EuZW 1994, 556, 557. Zweifelnd: *Glasl* ECLR 1994, 306, 311.

[56] Vgl. auch die Europäische Kommission in ihrer Mitteilung über die Anwendung der Wettbewerbsregeln auf Zugangsvereinbarungen im Telekommunikationsbereich, ABl. EG 1998 Nr. C 265, S. 2, 12, 15 (Tz. 68, 91): „Als wesentliche Einrichtung wird eine Einrichtung oder Infrastruktur bezeichnet, die wesentlich ist, um Kunden zu erreichen und/oder Wettbewerbern die Durchführung ihrer Geschäftstätigkeit zu ermöglichen, und *die mit angemessenen Mitteln nicht neu geschaffen werden kann*" (Hervorhebung von der Verfasserin). Vgl. auch die Entscheidungsanalyse von Generalanwalt Jacobs in seinen Schlussanträgen zu Rs. C-7/97, Slg. 1998, 7794, 7806ff, 7809 (Bronner); *Bunte* WuW 1997, 302, 315f; *Deselaers* EuZW 1995, 563, 567; *Glasl* ECLR 1994, 306, 308 m.w.N.; *Koenig/Loetz* EWS 2000, 377, 380; *Markert* WuW 1995, 560, 564; *Mennicke* ZHR 160 (1996) 626, 650, 652; *Montag* EuZW 1997, 71, 75f; *Müller* EuZW 1998, 232, 234; *Nikolinakos* ECLR 1999, 399, 403ff; *Schnelle* EuZW 1994, 556, 557; *Temple Lang* Fordham International Law Journal 18 (1994) 437, 477, 486ff.

[57] Ebenso die Europäische Kommission in ihrer Mitteilung über die Anwendung der Wettbewerbsregeln auf Zugangsvereinbarungen im Telekommunikationsbereich, ABl. 1998 Nr. C 265, S. 2, 15 (Tz. 91). Vgl. auch *Furse* ECLR 1995, 469, 469; *Glasl* ECLR 1994, 306, 307, 311; *Klimisch/Lange* WuW 1998, 15f, 21f; *Markert* WuW 1995, 560, 565; *ders.* BB 1997, 1421, 1423; *Montag* EuZW 1997, 71, 75f.

(2.) Die zweite Voraussetzung dafür, dass der Inhaber einer „wesentlichen Einrichtung“ diese einem Nachfrager überlassen musste, war, dass er durch seine Weigerung einen Wettbewerber benachteiligte. Diese Nachteile bestanden darin, dass er dem Nachfrager entweder den Zugang zu einer für seine Marktteilnahme unerlässlichen Einrichtung verweigerte oder nur unter diskriminierenden Bedingungen zugunsten eines Unternehmens des eigenen Konzerns gewährte[58].

Durch diese Voraussetzung wird gleichzeitig der Umfang der Kontrahierungspflichten eines marktbeherrschenden Anbieters begrenzt: Er ist nicht (mehr) zur konkurrentennützigen Überlassung seiner wesentlichen Einrichtung verpflichtet, wenn durch die Kontrahierungsverweigerung keine Wettbewerbsnachteile (mehr) entstehen, insbesondere weil auf dem betreffenden Markt Wettbewerb existiert[59].

Hierüber hinaus übertrug die Kommission ihre Auslegungspraxis auch auf einen solchen Fall, in dem der marktbeherrschende Inhaber einer wesentlichen Einrichtung keine eigenen Vorteile aus seinem Verhalten zog, sondern „nur“ die Marktteilnahme eines Unternehmens verhinderte, das (als erstes) auf einem benachbarten Markt mit einem anderen Marktteilnehmer konkurrieren wollte („Irish Continental Group/CCI Morlaix“). Im Gegensatz zu ihren früheren Entscheidungen stellte die Kommission hier also nicht mehr darauf ab, dass der Verbotsadressat selbst an dem auf dem benachbarten Markt begünstigten Unternehmen wirtschaftlich beteiligt war[60]. Ein Missbrauch lag bereits dann vor, wenn die Wettbewerbsstruktur auf dem benachbarten Markt beeinträchtigt wurde, weil sich ein Unternehmen, das dort mit einem Monopolisten konkurrieren wollte, ein für seine Tätigkeit unerlässliches Gut nicht beschaffen konnte[61].

---

[58] Zu dem gleichen Ergebnis gelangt *Temple Lang* in seiner Entscheidungsanalyse im Fordham International Law Journal 18 (1994) 437, 475ff, 492f. Vgl. auch *Bunte* WuW 1997, 302, 310f; *Deselaers* EuZW 1995, 563, 564f; *Furse* ECLR 1995, 469, 472; *Klaue* RdE 1996, 51, 56; *Klimisch/Lange* WuW 1998, 15, 19; *Markert* WuW 1995, 560, 563f, 570f; *Mennicke* ZHR 160 (1996) 626, 650, 652f; *Montag* EuZW 1997, 71, 76; *Müller* EuZW 1998, 232, 234f m.w.N.; *Nikolinakos* ECLR 1999, 399, 404f; *Schnelle* EuZW 1994, 556, 557. Vgl. auch *Glasl* ECLR 1994, 306, 313f.

[59] Ebenso: *Deselaers* EuZW 1995, 563, 566f; *Mennicke* ZHR 160 (1996) 626, 654; *Müller* EuZW 1998, 232, 235; *Temple Lang* Fordham International Law Journal 18 (1994) 437, 492f.

[60] So auch *Mailänder* in: FS Schmidt, S. 271, 280f.

[61] So auch *Mailänder* aaO. (vorige Fn.).

Die hier entwickelten Grundsätze wurden von der Europäischen Kommission auch dann angewendet, wenn der Nachfrager der erste Konkurrent auf dem nachgelagerten Markt werden würde[62].

Diese Entscheidungspraxis zu *„essential facilities“* ist jedoch nicht neu. Vielmehr hat die Kommission bereits früher zu Art. 86 EG-Vertrag (jetzt Art. 82 EG) entschieden, dass ein marktbeherrschendes Unternehmen missbräuchlich handelt, wenn es einen Konkurrenten behindert[63]; die Tatsache, dass das nachgefragte Gut für den Nachfrager „wesentlich“, also für die Ausübung der konkurrierenden Tätigkeit unerlässlich war, wurde insoweit nicht ausdrücklich hervorgehoben[64].

---

[62] Ebenso: Entscheidungsanalyse von Generalanwalt Jacobs in seinen Schlussanträgen zu Rs. C-7/97, Slg. 1998, 7794, 7806ff, 7809 (Bronner); *Furse* ECLR 1995, 469, 472f; *Markert* WuW 1995, 560, 564. Vgl. auch *Montag* EuZW 1997, 71, 76; *Müller* EuZW 1998, 232, 234f.

[63] Die gleiche Rechtsansicht vertrat die Kommission in Entscheidungen zu **Art. 85 EG-Vertrag** (jetzt Art. 81 EG). Vereinbarungen zwischen Unternehmen über eine Infrastruktureinrichtung, auf deren Nutzung Konkurrenten für ihren Markteintritt angewiesen waren, wurden hiernach vom Verbot des Art. 85 Abs. 1 EG-Vertrag gemäß Art. 85 Abs. 3 EG-Vertrag nur unter der Bedingung freigestellt, dass die betroffenen Unternehmen Wettbewerbern den Zugang zu wesentlichen Einrichtungen diskriminierungsfrei gewährten (vgl. insbesondere Art. 4b), c), d) der Entscheidung 96/546/EG vom 17.7.1996, ABl. EG 1996 Nr. L 239, S. 23, 53f (ATLAS) sowie ebenda, S. 34ff, 42f, 46f, 49f (Daten- und Fernmeldenetze als für die Erbringer von Telekommunikationsdienstleistungen „wesentliche Einrichtung“, „ATLAS“ aaO., S. 34). Vgl. auch Art. 2a) der Entscheidung 91/562/EWG vom 18.10.1991, ABl. EG 1991 Nr. L 306, S. 22, 33 (Eirpage) sowie ebenda, S. 25 (Nutzung von Anlagen für die Erbringung von Funkrufdiensten), Art. 2 der Entscheidung 94/894/EG vom 13.12.1994, ABl. EG 1994 Nr. L 354, S. 66, 74 (EUROTUNNEL) sowie ebenda, S. 72f (Nutzung des Kanaltunnels zwischen Großbritannien und Frankreich durch Eisenbahnunternehmen) sowie Art. 2 der Entscheidung 96/547/EG vom 17.7.1996, ABl. EG 1996 Nr. L 239, S. 57, 75f (PHOENIX/GlobalOne) sowie ebenda, S. 65f, 74 (Nutzung von Fernmeldenetzen durch Anbieter von Telekommunikationsdienstleistungen).

Vgl. auch die Entscheidung der Kommission 76/185/EGKS vom 29.10.1975, ABl. EG 1976 Nr. L 35, S. 6, 7 (National Coal Board, National Smokeless Fuels Limited und National Carbonizing Company Limited). Diese Entscheidung erging zwar zu **Art. 60, 66 EGKSV**. Jedoch führte die Kommission aus, dass ein marktbeherrschender Rohstofferzeuger seine Stellung missbrauche, wenn er die Rohstoffe so vertreibt, dass er Abnehmer, die diese weiterverarbeiten und mit dem Rohstofflieferanten auf dem Markt für die weiterverarbeiteten Erzeugnisse konkurrieren, behindert. Auch in dieser Entscheidung ging die Kommission also davon aus, dass Verhaltensweisen eines Marktbeherrschers für bestimmte Güter (Rohstoffe), mit dem er die Konkurrenz auf einem nachgelagerten Markt (für weiterverarbeitete Produkte) behindert, verboten sind (so auch *Temple Lang* Fordham International Law Journal 18 (1994) 437, 455). A.A.: *Glasl* ECLR 1994, 306, 311f.

[64] Entscheidung 72/457/EWG vom 14.12.1972, ABl. EG 1972 Nr. L 299, S. 51, 54 (Zoja/CSC-ICI); Entscheidung 78/68/EWG vom 8.12.1977, ABl. EG 1978 Nr. L 22, S. 23, 31ff (Hugin/Liptons); Entscheidung 82/861/EWG vom 10.12.1982, ABl. EG 1982 Nr. L 360, S. 36, 40f (British Telecommunications); Entscheidung 84/379/EWG vom 2.7.1984, ABl. EG 1984 Nr. L 207, S. 11, 15 (BL); Entscheidung 87/500/EWG vom 29.7.1987, ABl. EG 1987 Nr. L 286, S. 36, 41 (BBI/Boosey & Hawkes); Entscheidung 88/518/EWG vom 18.7.1988, ABl. EG 1988 Nr. L 284, S. 41, 54 (Napier Brown/British Sugar); Entscheidung 88/501/EWG vom 26.7.1988, ABl.

II. Bewertung

Ausgehend von der Definition der marktbeherrschenden Stellung eines Unternehmens iSd Art. 82 EG, die dieses in die Lage versetzt, sich (u.a.) gegenüber seinen Wettbewerbern und Abnehmern unabhängig zu verhalten[65], ist davon auszugehen, dass nach der o.g. Entscheidungspraxis der Kommission

---

EG 1988 Nr. L 272, S. 27, 39f (Tetra Pak I - BTG-Lizenz); Entscheidung 88/589/EWG vom 4.11.1988, ABl. EG 1988 Nr. L 317, S. 47, 52f (London European - SABENA); Entscheidung 89/205/EWG vom 21.12.1988, ABl. EG 1989 Nr. L 78, S. 43, 48ff (Magill TV Guide/ITP, BBC und RTE); Entscheidung 90/16/EWG vom 20.12.1989, ABl. EG 1990 Nr. L 10, S. 47, 49f (Niederländische Eil-Kurierdienste); Entscheidung 90/456/EWG vom 1.8.1990, ABl. EG 1990 Nr. L 233, S. 19, 21f (Spanische Eilkurierdienste); Entscheidung 92/213/EWG vom 26.2.1992, ABl. EG 1992 Nr. L 96, S. 34, 39ff (British Midland/Aer Lingus); Entscheidung 98/190/EG vom 14.1.1998, ABl. EG 1998 Nr. L 72, S. 30, 39ff, 43 (FAG - Flughafen Frankfurt/Main AG).

Vgl. auch den XXIII. Bericht über die Wettbewerbspolitik 1993, Ziff. 213, S. 139, sowie den XXVI. Bericht über die Wettbewerbspolitik 1996, Ziff. 59, S. 36. Ebenso zur grundsätzlichen Auslegungspraxis der Kommission: Generalanwalt Jacobs in seinen Schlussanträgen zu Rs. C-7/97, Slg. 1998, 7794, 7806ff (Bronner). BKartA in seiner Arbeitsunterlage zu der Sitzung des Arbeitskreises Kartellrecht im Oktober 1997, S. 12ff; *Bunte* WuW 1997, 302, 310f; *Deselaers* EuZW 1995, 563, 564f; Dauses-*Emmerich* H.I § 1, Rz. 378f; *Furse* ECLR 1995, 469, 472; *Klaue* RdE 1996, 51, 56; *Schnelle* EuZW 1994, 556, 557; *Subiotto* ECLR 1992, 234, 243. Vgl. auch *Markert* WuW 1995, 560, 563f, 570f; *ders.* BB 1997, 1421, 1423; *Mennicke* ZHR 160 (1996) 626, 650f, 652f; *Montag* EuZW 1997, 71, 76; *Müller* EuZW 1998, 232, 234f; *Temple Lang* Fordham International Law Journal 18 (1994) 437, 455ff; *Weber* in: FS Deringer, S. 416, 426f.

Ein weiteres Beispiel für diese Rechtsauffassung der Kommission stellt das Verfahren gegen den Computerhardwareproduzenten **IBM** dar. Dieses Verfahren endete allerdings nicht mit einer förmlichen Entscheidung, sondern wurde nach einer Selbstverpflichtung von IBM, sein Verhalten zu ändern, ausgesetzt und weiter beobachtet. IBM hatte sich (u.a.) geweigert, die technischen Informationen über die Schnittstellen seiner marktführenden Hardware weiterzugeben, die Unternehmen benötigten, um in Konkurrenz zu IBM kompatible Zusatzgeräte und Software zu entwickeln. Die Kommission sah hierin einen Verstoß gegen Art. 86 EG-Vertrag (jetzt Art. 82 EG), weil IBM seine beherrschende Stellung auf dem Markt für Hardware ausnutzte, um zu Lasten seiner Konkurrenten die benachbarten Märkte für alle mit seinen Systemen kompatiblen Produkte zu kontrollieren (vgl. Bull. EG 7/8-1984, Ziff. 1.1.1ff, S. 7ff sowie den XIV. Bericht der Kommission der Europäischen Gemeinschaften über die Wettbewerbspolitik 1984, Ziff. 94f, S. 87ff; XVIII. Bericht der Kommission der Europäischen Gemeinschaften über die Wettbewerbspolitik 1988, Ziff. 78, S. 81). Der Rat erließ hieraufhin 1991 eine Richtlinie über den Rechtsschutz von Computerprogrammen, die klarstellte, dass derartige Verhaltensweisen marktbeherrschender Anbieter missbräuchlich sind (vgl. Art. 4, 6 sowie den 10., 11., 21., 22. und 23. Erwägungsgrund der Richtlinie 91/250/EWG vom 14.5.1991, ABl. EG 1991 Nr. L 122, S. 42, 43ff; Richtlinienvorschlag der Kommission über den Rechtsschutz von Computerprogrammen, ABl. EG 1989 Nr. C 91, S. 4, 8, 16; der 27. Erwägungsgrund der Richtlinie 91/250/EWG aaO., S. 43, verweist insoweit ausdrücklich darauf, dass die Wettbewerbsregeln des EG-Vertrages anwendbar bleiben). Die Kommission nahm diese Rechtsansicht in ihre 1991 erlassenen Leitlinien über die Anwendung der Art. 85ff EG-Vertrag (jetzt Art. 81ff EG) auf den Computer- und Telekommunikationsbereich auf, ABl. EG 1991 Nr. C 233, S. 2, 21.

[65] Vgl. zu der Auslegung dieses Tatbestandsmerkmals in der std. Rspr. der Gemeinschaftsgerichte 3. Abschnitt A.II.2.

jeder Inhaber einer „*essential facility*" marktbeherrschend ist[66]. Anderenfalls könnte sich nämlich der Nachfrager das betreffende Gut auch von einem anderen Anbieter verschaffen und wäre für seine Marktteilnahme nicht auf die Belieferung bzw. Überlassung durch dasjenige Unternehmen, das die Kontrahierung verweigert hat, angewiesen.

Die Kommission hat in ihrer Entscheidung „Irish Continental Group/CCI Morlaix" dem Inhaber „wesentlicher Güter" eine erhebliche Marktstrukturverantwortung auferlegt, die über dessen in der bisherigen Rechtsprechung zu Art. 86 EG-Vertrag (jetzt Art. 82 EG) entwickelten Verhaltenspflichten weit hinausgeht:

Die Kommission stellte allein darauf ab, dass der Marktbeherrscher die Marktteilnahme eines (ersten) Konkurrenten auf einem benachbarten Markt verhinderte; demgegenüber war unerheblich, ob der behinderte Newcomer mit dem kontrahierungsverweigernden Anbieter selbst bzw. mit einem von diesem wirtschaftlich abhängigen Unternehmen konkurrieren wollte. Entscheidungserheblich sind nach dieser Auffassung somit nicht die *eigenen* (Wettbewerbs-) Vorteile, die sich ein marktbeherrschendes Unternehmen durch sein Verhalten auf einem benachbarten Markt verschafft, um seine marktbeherrschende Stellung zu verstärken bzw. auf den benachbarten Markt auszudehnen. Der Marktbeherrscher muss daher nicht einmal potentiell an dem benachbarten Markt teilnehmen. Da jeder Anbieter eines „wesentlichen Gutes" iSd ständigen Rechtsprechung der Gemeinschaftsgerichte zu Art. 82 EG marktbeherrschend ist, ist somit jeder Inhaber eines „wesentlichen" Gutes zu dessen Überlassung verpflichtet.

Unter diesen Voraussetzungen wird der Verbotsadressat allein aufgrund des Allgemeininteresses an dem Bestehen von Wettbewerb gezwungen, seine Güter Nachfragern zu überlassen. Der einzige Anknüpfungspunkt für kartellaufsichtliche Eingriffe besteht darin, dass ein marktbeherrschendes Unternehmen die Überlassung eines Gutes verweigert, ohne das ein Newcomer auf einem nachgelagerten Markt nicht mit dem dort tätigen Monopolisten konkurrieren kann. Die Kartellrechtswidrigkeit des Verhaltens des Kontrahierungsverweigerers hängt von den Wettbewerbsverhältnissen auf einem Markt ab, an dem er nicht beteiligt ist. Sein Verantwortungsbereich für die Wettbewerbsverhältnisse auf dem beherrschten Markt wird somit ausgedehnt auf einen Markt, an dem er zwar selbst nicht einmal potentiell teilnimmt,

---

[66] Ebenso die Europäische Kommission in ihrer Mitteilung über die Anwendung der Wettbewerbsregeln auf Zugangsvereinbarungen im Telekommunikationsbereich, ABl. EG 1998 Nr. C 265, S. 2, 12 (Tz. 69); *Bunte* WuW 1997, 302, 314; *Deselaers* EuZW 1995, 563, 564; *Montag* EuZW 1997, 71, 75; *Nikolinakos* ECLR 1999, 399, 406f. Kritisch: *Koenig/Loetz* EWS 2000, 377, 379f.

dessen Wettbewerbsstruktur er jedoch (aufgrund der Abhängigkeit der potentiellen Marktteilnehmer von seinen Gütern) beeinflussen kann.

Mangels weiterer Entscheidungen der Kommission (und insbesondere mangels entsprechend rechtlich verbindlicher[67] Bestätigung durch die Gemeinschaftsgerichte[68]) bleibt abzuwarten, ob sich eine eigenständige „*essential facilities-doctrine*“ zu Art. 82 EG iSd weitreichenden Schlussfolgerungen der Kommission in ihrer Entscheidung „Irish Continental Group/CCI Morlaix“ entwickeln wird. Dagegen spricht, dass der Inhaber eines nachgefragten Gutes grundsätzlich nur dann ein Interesse daran hat, die Überlassung zu verweigern, wenn er hierdurch auf dem nachgelagerten Markt Wettbewerbsvorteile hat; bereits aus diesem Grund ist daher die Normierung bzw.

---

[67] Zur rechtlich verbindlichen Auslegung des Gemeinschaftsrechts sind nur die Gemeinschaftsgerichte, insbesondere der EuGH, befugt, vgl. nur Art. 220, 225, 234 EG.

[68] Einige Vertreter in der Literatur betrachten das Urteil des EuGH „Magill II“ als Bestätigung der „*essential facilities-doctrine*“ der Kommission (so: *Crowther* E.L.Rev. 20 (1995) 521, 524f; *Deselaers* EuZW 1995, 563ff; *Emmerich* § 38.7c)bb), S. 442f; *Mennicke* ZHR 160 (1996) 626, 628, 649ff; *Müller* EuZW 1998, 232, 236f; *Schnelle* EuZW 1994, 556, 557; *Subiotto* ECLR 1992, 234, 236ff; vgl. auch Dauses-*Emmerich* H.I § 1, Rz. 380; *Klimisch/Lange* WuW 1998, 15, 19; *Markert* WuW 1995, 560, 564f; *ders.* BB 1997 1421, 1423; *Montag* EuZW 1997, 71, 75ff; *Pilny* GRUR Int. 1995, 954, 956, 961f).

Weder der EuGH noch das EuG in erster Instanz stützten ihre Entscheidung jedoch auf die „Wesentlichkeit“ des begehrten Gutes (vgl. EuG, 10.7.1991, Rs. T-69/89, Slg. 1991 II 485, 520f (RTE/Kommission); EuG, 10.7.1991, Rs. T-70/89, Slg. 1991 II 535, 564f (BBC/Kommission); EuG, 10.7.1991, Rs. T-76/89, Slg. 1991 II 575, 602f (ITP/Kommission); EuGH, 6.4.1995, verb. Rs. C-241 und C-242/91 P, Slg. 1995, 743, 822ff (Magill II)). Vielmehr sind diese Entscheidungen in die gemeinschaftsgerichtliche Fallgruppe des Verbots, sich einen nachgelagerten Markt vorzubehalten und auf diese Weise seine Marktmacht auf einen anderen Markt auszudehnen, einzuordnen (ebenso: Generalanwalt Jacobs in seinen Schlussanträgen zu Rs. C-7/97, Slg. 1998, 7794, 7803ff (Bronner); *Bunte* WuW 1997, 302, 310f; *Doherty* CMLR 2001, 397, 404f; *Fleischer/Weyer* WuW 1999, 350, 353; *Glasl* ECLR 1994, 306, 311; *Lampert* NJW 1999, 2235f; *Nikolinakos* ECLR 1999, 399, 404f; *Scherer* MMR 1999, 315, 317). Die erstgenannten Autoren übersehen ebenfalls, dass die Kommission selbst ihre Entscheidung über den „Magill TV Guide“ nicht auf die Überlassungspflicht „wesentlicher Einrichtungen“ stützte, sondern auf die verbraucherschädigende sowie die konkurrentenbehindernde Wirkung der verfahrensgegenständlichen Kontrahierungsverweigerung, vgl. Entscheidung 89/205/EWG vom 21.12.1988, ABl. EG 1989 Nr. L 78, S. 43, 48ff (Magill TV Guide/ITP, BBC und RTE).

Das Gleiche gilt für die EuGH-Entscheidung „Bronner“. Diese beruhte ebenfalls nicht auf der Wesentlichkeit des nachgefragten Gutes iSd „*essential facilities-doctrine*“. Generalanwalt Jacobs hatte in seinen Schlussanträgen zwar diese Auslegungspraxis der Kommission erwähnt und im Einzelnen analysiert (S. 7794, 7802ff), der EuGH ist hierauf jedoch in seinen Entscheidungsgründen nicht eingegangen (EuGH, 26.11.1998, Rs. C-7/97, Slg. 1998, 7791, 7830ff (Bronner); vgl. hierzu auch *Doherty* CMLR 2001, 397, 418).

Auch die Europäische Kommission selbst hat in einer Entscheidung vom 3.7.2001 ausgeführt, dass sich die Gemeinschaftsgerichte bisher noch nie auf die von dem Beschwerdeführer herangezogene „Doktrin der „wesentlichen Einrichtungen““ bezogen hatten, Entscheidung 2002/165/EG, ABl. EG 2002 Nr. L 59, S. 18, 25f (NDC Health/IMS Health).

Anordnung einer entsprechenden Kontrahierungspflicht nicht erforderlich, wenn der Marktbeherrscher auf dem nachgelagerten Markt nicht tätig ist und auch nicht werden will[69]. Die „Morlaix"-Entscheidung der Kommission allein liefert zu der Verallgemeinerungsfähigkeit ihrer Schlussfolgerungen keine Anhaltspunkte. Der Verbotsadressat war nämlich - wenn auch zu einem sehr geringen Anteil (ca. 5%)[70] - an dem auf dem benachbarten Markt begünstigten Unternehmen wirtschaftlich beteiligt. Auch hier wären daher die Grundsätze der allgemeinen Entscheidungspraxis zu Art. 86 EG-Vertrag (jetzt Art. 82 EG) erfüllt gewesen, wonach ein Marktbeherrscher missbräuchlich handelt, wenn er sich durch sein Verhalten einen benachbarten Markt zu eigenen Gunsten vorbehält.

Die Mitteilung der Kommission über die Anwendung der Wettbewerbsregeln auf Zugangsvereinbarungen im **Telekommunikationsbereich** vom 22.8.1998 deutet allerdings darauf hin, dass sie beabsichtigt, die in der Entscheidung „Irish Continental Group/CCI Morlaix" entwickelten Grundsätze (zumindest) in der Telekommunikationsbranche strikt weiterzuverfolgen[71]: Unter Verweis auf ihre Entscheidungen über „wesentliche Einrichtungen" im Hafenbereich führte die Kommission hierin aus, dass die Weigerung eines marktbeherrschenden Telekommunikationsunternehmens, Anbietern von Telekommunikationsdienstleistungen den Zugang zu seinem Netz zu gestatten, auch dann missbräuchlich iSd Art. 86 EG-Vertrag (jetzt Art. 82 EG) sei, wenn es selbst an dem nachgelagerten Markt für die Erbringung derartiger Dienstleistungen nicht teilnehme. Die von der Kommission vertretene Rechtsansicht geht sogar noch über ihre Entscheidung „Irish Continental Group/CCI Morlaix" hinaus, weil hiernach der Inhaber eines Telekommunikationsnetzes bereits dann den Netzzugang gestatten muss, wenn auf dem nachgelagerten Dienstleistungsmarkt *noch gar kein Anbieter* tätig ist. In der „Morlaix"-Entscheidung hatte die Kommission noch entscheidend darauf abgestellt, dass der Verbotsadressat durch seine Zugangsverweigerung den Marktzutritt des ersten Konkurrenten des etablierten Anbieters verhinderte und so dessen Monopolstellung verteidigte[72].

Im grundsätzlich regulatorisch ähnlich behandelten **Postbereich** ist nicht erkennbar, ob die Europäische Kommission ihre bisherige Entscheidungs-

---

[69] Ebenso *Klimisch/Lange* WuW 1998, 15, 23.

[70] Entscheidung der Kommission vom 16.5.1995, Az. IV/35388 (Irish Continental Group/CCI Morlaix), S. 2.

[71] Mitteilung der Europäischen Kommission über die Anwendung der Wettbewerbsregeln auf Zugangsvereinbarungen im Telekommunikationsbereich, ABl. EG 1998 Nr. C 265, S. 2, 15ff (Tz. 87ff). Kritisch hierzu auch *Nikolinakos* ECLR 1999, 399, 406ff, 410.

[72] Vgl. die Entscheidung der Kommission „Irish Continental Group/CCI Morlaix" aaO. (vorletzte Fn.), S. 13.

praxis auf solche Fälle ausdehnen wird, in denen ein marktbeherrschendes Unternehmen durch sein Verhalten keine eigenen Vorteile auf einem benachbarten Markt hat[73].

E. Vergleich der speziellen mit der allgemeinen Kartellrechtslage

I. Gemeinsamkeiten

Ein Vergleich des branchenspezifischen Elektrizitäts- und Telekommunikationskartellrechts sowie des § 19 Abs. 1, 4 Nr. 4 GWB mit dem allgemeinen Kartellrecht nach Art. 82 EG bzw. § 20 Abs. 1 GWB zeigt, dass die konkurrentennützigen Kontrahierungspflichten jeweils an ähnliche Kriterien anknüpfen:

Im Interesse der Herstellung von Wettbewerb auf den bisher monopolistisch strukturierten Elektrizitäts- und Telekommunikationsmärkten wird die Vertragsfreiheit des etablierten Monopolisten zugunsten eines Newcomer-Konkurrenten eingeschränkt. Der Monopolist kann lediglich objektive Kontrahierungsverweigerungsgründe insbesondere branchenspezifischer Art geltend machen, wie die Integrität des zu überlassenden Netzes oder die Knappheit der nachgefragten Ressource. Außerdem ist der Verbotsadressat nicht verpflichtet, seine Einrichtungen kostenlos zur Verfügung zu stellen. Die im zweiten und dritten Abschnitt festgestellten Anspruchsvoraussetzungen für eine konkurrentennützige Kontrahierung finden sich somit in diesen vergleichbaren Sachverhalten wieder.

Ob jedoch die Rechtmäßigkeit einer wettbewerbsverhindernden Kontrahierungsverweigerung nach allgemeinem Kartellrecht (Art. 82 EG, § 20 Abs. 1 GWB) und nach dem speziellen Kartellrecht im Einzelfall gleich zu beurteilen ist, ist vom konkreten Einzelfall abhängig und kann aufgrund der

---

[73] In ihrer Bekanntmachung über die Anwendung der Wettbewerbsregeln auf den Postsektor und über die Beurteilung bestimmter staatlicher Maßnahmen betreffend Postdienste äußerte sich die Kommission über ihre künftige Praxis bei „*essential facilities*" nicht so deutlich wie im Telekommunikationsbereich (ABl. EG 1998 Nr. C 39, S. 2, 9). Ein Beispiel für missbräuchliches Verhalten ist hiernach die „Weigerung eines Unternehmens, das für ein bestimmtes Erzeugnis die einzige oder beherrschende Versorgungsquelle ist oder den Zugang zu einer wichtigen Technologie oder Infrastruktur kontrolliert, mit einem Wettbewerber zu verhandeln (mit dem Ziel, diesen auszuschalten)". Diese Fallgruppe scheint zwar der hier untersuchten „*essential facilities-doctrine*" zuzurechnen zu sein. Jedoch lässt sich der „Bekanntmachung Post" nicht entnehmen, ob die Kommission einen Missbrauch auch dann bejaht, wenn der Marktbeherrscher kein Eigeninteresse an seiner Kontrahierungsverweigerung hat, weil er auf dem benachbarten Markt nicht tätig ist.

sektorspezifischen unbestimmten Rechtsbegriffe der jeweiligen Vorschriften nicht abstrakt beurteilt werden.

II. Unterschiede

Das spezielle Kartellrecht unterscheidet sich allerdings vom allgemeinen Kartellrecht darin, dass zum Teil nicht nur marktbeherrschende Unternehmen iSd Art. 82 EG bzw. § 19 GWB zu konkurrentennützigem Verhalten verpflichtet werden (im Elektrizitätskartellrecht (soweit hier nicht natürliche Monopole vorliegen) sowie im gemeinschaftlichen bzw. auch im künftigen deutschen Telekommunikationskartellrecht).

Außerdem hat die Europäische Kommission die „*essential facilities-doctrine*" in einer Entscheidung auch dann zu Lasten eines Marktbeherrschers angewendet, wenn dieser aufgrund seiner Kontrahierungsverweigerung keine eigenen Vorteile auf dem nachgelagerten Markt hatte (weil er dort nicht tätig war).

Der mit der Sechsten Novelle in das GWB eingefügte Missbrauchstatbestand des § 19 Abs. 4 Nr. 4 GWB, der sich an die Auslegungspraxis der Europäischen Kommission zu „*essential facilities*" anlehnen sollte[74], entspricht dieser weiten Auslegung nicht. Nach § 19 Abs. 4 Nr. 4 GWB ist die Verweigerung des Zugangs zu den Einrichtungen eines Marktbeherrschers nämlich nur dann missbräuchlich, wenn es dem Nachfrager „ohne die Mitbenutzung nicht möglich ist, auf dem vor- oder nachgelagerten Markt *als Wettbewerber des marktbeherrschenden Unternehmens* tätig zu werden"[75]. Ein solches Wettbewerbsverhältnis zwischen dem Nachfrager und dem Marktbeherrscher besteht auf dem benachbarten Markt nur dann, wenn der Marktbeherrscher dort ebenfalls tätig ist.

Ein weiterer Unterschied zwischen der speziellen und der allgemeinen Kartellrechtslage besteht darin, dass sich der Gesetzgeber im ersteren Fall sowie in § 19 Abs. 4 Nr. 4 GWB grundsätzlich *für* einen Kontrahierungszwang entschieden hat und der Verbotsadressat die Kontrahierung nur ausnahmsweise verweigern darf. Demgegenüber darf ein marktbeherrschendes Unternehmen nach den hier gefundenen Ergebnissen zum allgemeinen Kartellrecht wegen seiner hierdurch tangierten Grundrechte aus (Art. 19 Abs. 3 iVm) Art. 12 Abs. 1, 14 Abs. 1 GG nur dann und insoweit zu einer konkurrentennützigen Kontrahierung gezwungen werden, wie sich das Markteintrittsinteresse des Newcomer-Konkurrenten mit dem verfassungsmäßigen Allgemeininteresse an der Herstellung von Wettbewerb deckt. Diese verfas-

[74] RegBegr. zum Entwurf der 6. GWB-Novelle, BT-Drs. 13/9720, S. 37.

[75] Hervorhebung von der Verfasserin.

sungsrechtlichen Grenzen gelten auch für das sektorspezifische Kartellrecht. Ob und inwieweit sich diese unterschiedliche Akzentuierung auswirkt, bleibt der abschließenden Würdigung der allgemeinen Kartellrechtslage im nächsten Abschnitt vorbehalten[76].

[76] S. hierzu unten 5. Abschnitt C.

Fünfter Abschnitt: Gesamtergebnis

A. Zusammenfassung der Einzelergebnisse

Das Missbrauchsverbot des allgemeinen deutschen und gemeinschaftlichen Kartellrechts, § 20 Abs. 1 GWB bzw. Art. 82 EG, ist im Interesse der Herstellung von Wettbewerb konkurrentennützig auszulegen. Der einzige (ggf. potentielle) Anbieter ist als Monopolist verpflichtet, die Güter zu überlassen, die ein Newcomer-Nachfrager benötigt, um mit ihm auf einem nachgelagerten Markt als erster zu konkurrieren.

Aus den einzelnen Abschnitten dieser Untersuchung ergeben sich insoweit folgende Ergebnisse:

I. Ordnungspolitische Funktion der Missbrauchsaufsicht im deutschen und gemeinschaftlichen Kartellrecht

Um festzustellen, ob und inwieweit § 20 Abs. 1 GWB bzw. Art. 82 EG konkurrentennützige Kontrahierungspflichten enthalten, müssen diese Vorschriften insbesondere teleologisch ausgelegt werden. In dem ersten Abschnitt wurden daher die Grundlagen entwickelt, die sich insoweit aus dem Wettbewerbsleitbild sowie der hierzu zu verfolgenden Wettbewerbspolitik des GWB sowie des EG-Vertrages ergeben. Diese dem Kartellrecht selbst zu entnehmenden Vorgaben sind für die Auslegung des geltenden Rechts (das insoweit auch demnächst voraussichtlich nicht verändert werden wird) verbindlich.

1. Wettbewerbskonzeption des GWB

a) Wettbewerbsleitbild

Die Entwicklung des GWB von seinem In-Kraft-Treten am 1.1.1958 bis zu seiner sechsten Novellierung, die seit dem 1.1.1999 gilt, spiegelt zum Teil den Wandel der in der Wettbewerbswissenschaft jeweils vorherrschenden Theorien über „den“ Wettbewerb wider. Das Wettbewerbsverständnis des GWB, das die „doppelte Funktion“ des Wettbewerbs in der Befriedigung der Interessen der einzelnen Unternehmen einerseits sowie dem Interesse der Bevölkerung an optimaler Versorgung mit den bestmöglichen Gütern andererseits betont, blieb jedoch seit In-Kraft-Treten des GWB unverändert. Beide Funktionen stehen in einem Verhältnis zueinander, das dem Leitbild der in der Wettbewerbswissenschaft vertretenen „wettbewerblichen Dynamik“ entspricht.

Ein marktbeherrschendes Unternehmen handelt daher nicht mehr „im Wettbewerb“, wenn es durch sein Verhalten seine Marktstellung auf Dauer verteidigen und verhindern kann, dass sein Wettbewerbsvorsprung durch chancengleich konkurrierende Unternehmen machtmindernd eingeholt wird. Innerhalb dieser Grenzen jedoch verdeutlicht die in § 20 Abs. 1 GWB geregelte Verhaltenskontrolle, dass Erwerb und Bestehen einer marktbeherrschenden Stellung durch einzelne Marktteilnehmer - abgesehen von der Fusionskontrolle - grundsätzlich anerkannt werden, verboten ist nur die missbräuchliche Ausnutzung dieser Stellung.

„Wettbewerb“ iSd GWB liegt daher dann vor, wenn für die Marktteilnehmer sowohl **Anreiz** als auch **Druck** vorhanden sind: Einerseits verspricht ihnen wettbewerbliches Verhalten den Vorteil, ggf. relativ starke Marktstellungen zu erringen und behalten zu können, andererseits jedoch stehen die Marktteilnehmer unter dem Druck, von konkurrierenden, „besseren“ Unternehmen eingeholt zu werden, wenn sie ihre eigene Leistung nicht ständig verbessern, sondern sich „auf ihren Monopolgewinnen ausruhen“.

b) Wettbewerbspolitik

Die deutsche Wettbewerbspolitik basierte bereits 1958 auf dem Grundsatz, dass hoheitliche Eingriffe in die Wettbewerbsverhältnisse auf das notwendige Maß zu beschränken seien. Die Eingriffs- und Regelungsbefugnisse wurden seitdem konsequent verringert. In diesem Zusammenhang wurden seit der Einführung der präventiven Fusionskontrolle mit der Zweiten GWB-Novelle 1973 die Selbstregulierungskräfte des Marktes insbesondere durch Verfahrens- und Beweiserleichterungen für kartellrechtswidrig behandelte Unternehmen gestärkt. Diese Entwicklung, den staatlichen Einfluss auf die Wettbewerbsverhältnisse zunehmend zu reduzieren, wird außerdem in der Deregulierungspolitik deutlich, die seit der Fünften GWB-Novelle 1990 in den Ausnahmebereichen des GWB erstmals verfolgt wurde und in der Sechsten Novelle des GWB in weiteren Branchen fortgeführt worden ist.

Eine ähnliche Tendenz ist jedoch bei der Beurteilung *einseitiger* Verhaltensweisen marktbeherrschender Unternehmen - wie beispielsweise Kontrahierungsverweigerungen - nicht erkennbar. Die Rechtslage blieb seit Schaffung des Verbotsgesetzes des § 26 Abs. 2 S. 1 GWB a.F. bis heute (§ 20 Abs. 1 GWB) materiell unverändert. Dem Missbrauchsverbot liegt die Erkenntnis zugrunde, dass zwischen der Marktstärke eines Unternehmens und dessen Einfluss auf die wettbewerblichen Marktstrukturen ein Zusammenhang besteht, der von den zuständigen hoheitlichen Organen vorhergesagt und dementsprechend ggf. im wettbewerbspolitisch erwünschten Sinne regulierend beeinflusst werden kann. Diesbezüglich sind Parallelen zur wettbewerbswissenschaftlichen Theorie des „wirksamen, funktionsfähigen Wettbewerbs" („*workable competition*") erkennbar.

Der durch die Sechste GWB-Novelle geschaffene spezielle Missbrauchstatbestand des § 19 Abs. 1, 4 Nr. 4 GWB, der marktbeherrschende Unternehmen zur Gewährung des Zugangs zu Netzen oder anderen Infrastruktureinrichtungen verpflichtet, wenn der Nachfrager anderenfalls nicht „auf dem vor- oder nachgelagerten Markt als Wettbewerber des marktbeherrschenden Unternehmens tätig" werden kann, bringt insoweit keine Änderungen: Die hoheitliche Kartellaufsicht darf hiernach dann in einen grundsätzlich der Selbstregulierung überlassenen Markt eingreifen, wenn ein beherrschender Marktteilnehmer die Selbstregulierungsmechanismen außer Kraft setzt und Marktzutrittsschranken errichtet, die die Praktizierung dynamischen und chancengleichen Wettbewerbs behindern.

2. Wettbewerbskonzeption des EG-Vertrages

Im Gegensatz zum deutschen lassen sich im gemeinschaftlichen Kartellrecht bereits unmittelbar aus den geltenden Vorschriften die wesentlichen Rechtsgrundsätze über „Wettbewerb" und die hoheitlich zu verfolgende Wettbewerbspolitik ablesen.

a) Wettbewerbsleitbild

Im Gemeinschaftsrecht gilt das Leitbild des „unverfälschten Wettbewerbs" unter mehreren Unternehmen (Art. 3 Abs. 1g EG), die ihre Grundfreiheiten iSd EG-Vertrages ausüben können, ohne hierbei von anderen Unternehmen oder den Mitgliedstaaten beeinflusst zu werden. Das gleiche Verständnis liegt dem durch den Vertrag von Maastricht 1993 eingefügten Art. 3a Abs. 1 EG-Vertrag (jetzt Art. 4 Abs. 1 EG) zugrunde, der den Begriff des „freien Wettbewerbs" in das Gemeinschaftsrecht eingeführt hat. Wie im deutschen Kartellrecht liegt also auch dem gemeinschaftlichen Wettbewerbsleitbild die Auffassung von der wettbewerblichen Dynamik zugrunde, nach der einzelne Unternehmen zwar - abgesehen von der Fusionskontrolle - eine starke Marktposition erringen dürfen (vgl. nur Art. 82 EG), die jedoch ständig von dem Konkurrenzdruck der chancengleich nachfolgenden Marktteilnehmer bedroht wird. Kartellrechtswidrige Verhaltensweisen, die diese Dynamik gefährden, „verfälschen" den Wettbewerb iSd EG-Vertrages und stellen kein erlaubtes wettbewerbliches Verhalten mehr dar.

b) Wettbewerbspolitik

Ein „freier“, also unbeeinflusster Wettbewerb sowie die in Art. 4 Abs. 1 EG zum Vertragsziel erhobene „offene Marktwirtschaft“ bedeuten jedoch nicht, dass „Wettbewerb“ iSd EG-Vertrages hoheitliche Lenkungsmaßnahmen ausschließt. Im Gegenteil erfüllte der Wettbewerb der Unternehmen untereinander bereits seit In-Kraft-Treten des E(W)G-Vertrags am 1.1.1958 wie im deutschen Kartellrecht neben der wirtschaftlichen, auf das individuelle Unternehmen bezogenen Funktion einen weiteren („doppelten“) Zweck. Der Wettbewerb ist ein Instrument zur Verwirklichung der volkswirtschaftlichen Ziele der E(W)G (Art. 2, 3 Abs. 1g EG) sowie seit den Vertragsänderungen von Maastricht 1993 zusätzlich ein Mittel zur Realisierung der Ziele der EU (Art. A Abs. 3 S. 1, Art. B EU-Vertrag, jetzt: Art. 1 Abs. 3 S. 1, Art. 2 EU). Den zuständigen Organen der EG wurden durch Art. 3 Abs. 1g) iVm Art. 81ff EG Wettbewerbssteuerungskompetenzen zuerkannt, um die Vertragsziele EG und der EU zu verwirklichen.

Der EG-Vertrag geht also wie die wettbewerbswissenschaftliche Theorie des „wirksamen, funktionsfähigen Wettbewerbs“ („*workable competition*“) davon aus, dass wettbewerbliche Verhältnisse für heteronome Zwecke beeinflusst werden können. Der EG wurde insoweit die „Letztverantwortung“ für den „unverfälschten Wettbewerb“ iSd Art. 3 Abs. 1g) EG übertragen: Ihre Organe sind *verpflichtet*, dann in das Marktgeschehen einzugreifen, wenn die Selbstregulierungsmechanismen nicht funktionieren und die Verwirklichung der Vertragsziele, insbesondere die Errichtung eines Gemeinsamen Marktes und einer „offenen Marktwirtschaft“ iSd Art. 2, 4 Abs. 1 EG, gefährdet ist.

Wegen der gemeinschaftsrechtlich vorgesehenen Intensivierung des Zusammenschlusses der Mitgliedstaaten ist bei der Beurteilung der Kompetenzen der EG des Weiteren Folgendes zu berücksichtigen: Die Errichtung eines Gemeinsamen Marktes erfordert zwangsläufig eine Umgestaltung der Marktstrukturen der Mitgliedstaaten sowie die Öffnung der nationalen Märkte für grenzüberschreitende unternehmerische Tätigkeiten (u.a.) durch die Beseitigung mitgliedstaatlicher und privater Marktzutrittsschranken. Dies bedeutet, dass die EG beispielsweise dann, wenn ein Monopolunternehmen Wettbewerb durch neue Marktteilnehmer verhindert („verfälscht“), im Wege eines kartellaufsichtlichen Eingriffes gemäß Art. 3 Abs. 1g), 82 EG die betroffenen Marktstrukturen auch so verändern darf, dass Wettbewerb entsteht, um das Vertragsziel der offenen Marktwirtschaft zu verwirklichen. Da der Anlass für einen solchen marktstrukturregelnden Eingriff ein (marktabschottendes) Verhalten des Verbotsadressaten war, wird hierbei der Wortlaut des Art. 82 EG nicht rechtswidrig überdehnt.

Seit In-Kraft-Treten des EU-Vertrags wurde die Verantwortung der EG für „freien Wettbewerb" und eine „offene Marktwirtschaft" gemäß Art. 4 Abs. 1 EG zusätzlich den *Mitgliedstaaten* übertragen. Diese sind also sowohl kraft Gemeinschafts- als auch kraft nationalen Rechts verpflichtet, (u.a.) ihre nationale Wettbewerbspolitik gemeinschaftsrechtskonform zu gestalten (in Deutschland iVm Art. 23 Abs. 1 S. 1, Art. 59 Abs. 2 S. 1 GG). Die Mitgliedstaaten müssen daher ihr Kartellrecht ggf. so anwenden, dass das gemeinschaftsrechtliche Vertragsziel der „offenen Marktwirtschaft" nicht durch unternehmerische („wettbewerbsverfälschende") Verhaltensweisen beeinträchtigt wird.

Das Misstrauen der EG in die Selbstregulierungsmechanismen des Marktes gegenüber marktbeherrschenden Unternehmen besteht ausweislich des seit 1958 materiell unverändert gebliebenen Art. 82 EG fort.

3. Schlussfolgerungen für die Auslegung des § 20 Abs. 1 GWB sowie des Art. 82 EG

Unter Berücksichtigung der Wettbewerbskonzeptionen, die dem GWB bzw. dem EG-Vertrag zugrunde liegen, sind § 20 Abs. 1 GWB und Art. 82 EG (teleologisch) dahingehend auszulegen, dass ein marktbeherrschendes Unternehmen zur konkurrentennützigen Überlassung eines Gutes an einen Newcomer verpflichtet ist.

Zwar erkennen beide Rechtsordnungen - abgesehen von der Fusionskontrolle - das Bestehen marktbeherrschender Stellungen grundsätzlich als wettbewerbskonform an. Ein Monopolunternehmen, das in der Lage ist, die Entstehung von Wettbewerb auf einem nachgelagerten Markt zu verhindern, setzt jedoch die wettbewerbliche Dynamik außer Kraft, dass andere Unternehmen chancengleich seinen Wettbewerbsvorsprung einholen können. Der Verbotsadressat handelt daher weder iSd GWB noch des EG-Vertrages „im Wettbewerb". Ein Marktbeherrscher kann sich umso weniger auf seine unternehmerische Freiheit berufen, wenn er seine Marktmacht nicht im dynamischen, chancengleichen Wettbewerb erworben hat, sondern aufgrund der Verleihung nationaler Ausschließlichkeitsrechte.

Da die Selbstregulierungskräfte der betroffenen Märkte in diesen Fällen versagen, widersprechen kartellaufsichtliche Eingriffe, die Wettbewerb auf einem bisher von einem Monopolisten beherrschten Markt herstellen und so eine Änderung der Marktstrukturen bewirken, nicht dem Grundsatz möglichst „staatsfreier" Märkte. Diese Schlussfolgerung wird im Gemeinschaftsrecht zusätzlich dadurch bestätigt, dass (u.a.) die Errichtung eines Systems unverfälschten unternehmerischen Wettbewerbs ausdrücklich dafür vorgesehen ist, die volkswirtschaftlichen Vertragsziele der EG sowie der EU zu verwirklichen (Art. 2 EG).

Nicht nur der EG, sondern gemäß Art. 4 Abs. 1 EG und nationalem Recht auch den Mitgliedstaaten wurde die Letztverantwortung für die Herstellung einer „offenen“ (also von staatlichen wie privaten Marktzutrittsschranken freien) Marktwirtschaft auferlegt. Die EG und die Mitgliedstaaten sind daher im Falle einer marktabschottenden Verhaltensweise eines beherrschenden Unternehmens zum Eingriff aufgrund einer entsprechenden Befugnisnorm des Gemeinschafts- bzw. des nationalen Rechts nicht nur berechtigt, sondern auch *verpflichtet*.

Die zuständige Kartellaufsicht darf also in das Marktgeschehen eingreifen und das kartellrechtswidrige Verhalten eines Verbotsadressaten sanktionieren. Eine solche Verhaltenskontrolle im Falle des Marktversagens führt im Ergebnis stets zu einem Eingriff in die Marktstrukturen. Diese müssen nämlich so umgestaltet werden, dass die Selbstregulierungsmechanismen wieder funktionieren und der Verbotsadressat die wettbewerbliche Dynamik nicht mehr außer Kraft setzen kann, sodass ihm konkurrierende Unternehmen nachfolgen und ihn ggf. aus seiner marktbeherrschenden Position verdrängen können.

Die diesen Schlussfolgerungen zugrunde liegenden Vorschriften sollen auch künftig nicht geändert werden. Die Ergebnisse gelten daher auch für die künftige Rechtslage (nach In-Kraft-Treten des Vertrages über eine Verfassung für Europa bzw. der Siebten GWB-Novelle) fort.

II. Das Missbrauchsverbot des § 20 Abs. 1 GWB

Ein marktbeherrschendes Unternehmen, das durch seine Kontrahierungsverweigerung die Marktteilnahme eines Newcomer-Konkurrenten verhindert, handelt missbräuchlich iSd § 20 Abs. 1 GWB. Die einzelnen Tatbestandsvoraussetzungen sind wie folgt auszulegen:

1. Ein Unternehmen, das durch seine Kontrahierungsverweigerung die Entstehung von Wettbewerb verhindern kann, ist **marktbeherrschend** iSd § 20 Abs. 1 iVm § 19 Abs. 2 Nr. 1, 1. Alt. GWB.

Ein "Markt“ kann in sachlicher, räumlicher und zeitlicher Hinsicht nämlich auch aus einem einzelnen Gut bestehen, wenn nur dieses zur Deckung des Bedarfs der Nachfrager geeignet ist. Das „Bedarfsmarktkonzept“ führt sowohl aus der Sicht aktueller wie potentieller Nachfrager zu dem gleichen Ergebnis.

Wenn die Nachfrager für ihre Marktteilnahme auf ein bestimmtes Gut angewiesen sind, kann der einzige Inhaber dieses Gutes auch dann die Marktverhältnisse so maßgeblich bestimmen, dass er Monopolist iSd § 20 Abs. 1 iVm § 19 Abs. 2 Nr. 1, 1. Alt. GWB ist, wenn er noch nicht aktuell, sondern lediglich potentiell an diesem Markt teilnimmt und die Belieferung sämtlicher Nachfrager verweigert. Unter diesen Voraussetzungen ist es unerheblich, ob seine Alleinstellung auf tatsächlichen Verhältnissen oder (auch) auf gesetzlichen Ausschließlichkeitsrechten beruht.

Weder das Tatbestandsmerkmal „Markt" noch das der „marktbeherrschenden Stellung" iSd § 20 Abs. 1 GWB setzen also voraus, dass die betreffenden Unternehmen (als Anbieter oder Nachfrager) bereits aktuell auf dem relevanten Markt tätig sind. Diese Voraussetzungen sind daher insbesondere auch dann erfüllt, wenn das nachgefragte Gut bisher ausschließlich von dem potentiellen Anbieter selbst genutzt und noch keinem Nachfrager überlassen worden ist.

2. Der Geschäftsverkehr mit einem nachgefragten Gut ist auch dann „**gleichartigen Unternehmen üblicherweise zugänglich**" iSd § 20 Abs. 1 GWB, wenn das Gut von dem monopolistischen Inhaber noch nie oder erst an wenige Unternehmen überlassen wurde.

Vom Wortlaut dieser Tatbestandsvoraussetzung her ist zwar mangels (zahlreicher) Vergleichsfälle sowohl die „Gleichartigkeit" betroffener Unternehmen als auch die „üblicherweise Zugänglichkeit" des nachgefragten Geschäftsverkehrs fraglich. Gerade Fälle einer vollständigen Geschäftsverweigerung widersprechen jedoch dem im ersten Abschnitt entwickelten Wettbewerbsleitbild des GWB offener Märkte mit chancengleichem, dynamischen Wettbewerb. Dieses Tatbestandsmerkmal ist also deshalb erfüllt, weil der Geschäftsverkehr aus teleologischen Gründen zumindest üblicherweise zugänglich (und damit für freien und chancengleichen Wettbewerb offen) sein *soll*.

Dies gilt auch, wenn an dem nachgefragten Gut gewerbliche Schutzrechte bestehen.

3. Eine Kontrahierungsverweigerung, die den Marktzutritt eines Newcomer-Konkurrenten verhindert, stellt eine „**Behinderung**" iSd § 20 Abs. 1, 1. Alt. GWB dar.

Demgegenüber wird ein nichtbefriedigter Nachfrager nur dann „**unterschiedlich behandelt**", wenn der Verbotsadressat das nachgefragte Gut bereits anderen Nachfragern überlassen hat. Eine weitergehende Auslegung wäre mit dem Wortlaut dieser Tatbestandsalternative nicht vereinbar. Im Falle einer wettbewerbsverhindernden Kontrahierungsverweigerung ist daher § 20 Abs. 1, 2. Alt. GWB nicht auf die Nachfrage des ersten Newcomer-Konkurrenten anwendbar.

4. Die Weigerung, ein Gut zu überlassen, das der Nachfrager für seine konkurrierende Teilnahme an einem nachgelagerten Markt benötigt, ist **missbräuchlich** und daher kartellrechtswidrig. Der monopolistische Güterinhaber ist jedoch in bestimmten Fällen, die sich aus verfassungsrechtlichen Erwägungen ergeben, nicht zur konkurrentennützigen Überlassung verpflichtet.

Die Kartellrechtswidrigkeit einer wettbewerbsverhindernden Kontrahierungsverweigerung ist durch eine Abwägung der Interessen der beteiligten Unternehmen festzustellen. In dieser Untersuchung wurden insoweit diejenigen Interessen der Beteiligten gewürdigt, die im Fall einer wettbewerbsverhindernden Kontrahierungsverweigerung typischerweise tangiert sind. So stehen sich einerseits das Markteintritts- und Konkurrenzinteresse des Newcomer-Nachfragers, an einem Markt seiner Wahl teilzunehmen, sowie andererseits die Interessen des Marktbeherrschers gegenüber, seine unternehmerische Tätigkeit selbst zu bestimmen, insbesondere seine Vertragspartner frei auszuwählen und keine zukünftigen Konkurrenten zu unterstützen (Vertragsfreiheit). Hierüber hinaus kann zusätzlich das Interesse des Verbotsadressaten involviert sein, seine selbst erwirtschafteten Unternehmensressourcen, an denen ggf. gewerbliche Schutzrechte bestehen, und den hieraus resultierenden „Tüchtigkeitsvorteil“ weiterhin ausschließlich für eigene Zwecke zu nutzen.

Im Falle einer wettbewerbsverhindernden Kontrahierungsverweigerung überwiegt das Markteintritts- und Konkurrenzinteresse des Newcomers, das sich insoweit mit dem Allgemeininteresse am Bestehen chancengleichen und dynamischen Wettbewerbs iSd Wettbewerbsleitbilds des GWB deckt, die o.g. Interessen des Marktbeherrschers. Die Wettbewerbsfähigkeit des Newcomers nach seinem Markteintritt ist irrelevant. Der Verbotsadressat nimmt dem Newcomer im Falle eines Kontrahierungszwangs auch nicht in entscheidungserheblicher Weise das von jedem Marktteilnehmer grundsätzlich selbst zu tragende unternehmerische Risiko ab. Des Weiteren steht die Knappheit des Gutes, das also aus tatsächlichen Gründen nicht sämtlichen Nachfragern überlassen werden kann, der Kontrahierungspflicht mit einem Newcomer-Konkurrenten nicht entgegen. Eine Ausnahme gilt jedoch dann, wenn das nachgefragte Gut objektiv eine Auswahl unter den potentiellen Vertragspartnern erfordert. Sofern der Newcomer-Konkurrent die einheitlich anzuwendenden, erforderlichen Kriterien nicht erfüllt, ist der Verbotsadressat nicht zur Belieferung verpflichtet. Der chancengleiche, dynamische Wettbewerb wird von einer solchen Selektion nicht tangiert. Die Tatsache, dass sein Vertragspartner nicht mit ihm (auf einem benachbarten Markt) konkurriert, ist jedoch aus den o.g. Gründen kein statthaftes Selektionskriterium.

Die absoluten Grenzen für konkurrentennützige Kontrahierungspflichten eines Monopolisten ergeben sich aus der **verfassungskonformen Auslegung** des § 20 Abs. 1 GWB. Aus der Rechtsprechung des BGH lassen sich insoweit keine entscheidenden Anhaltspunkte entnehmen.

Erstens tangiert ein konkurrentennütziger Kontrahierungszwang das Grundrecht des Verbotsadressaten auf Vertragsfreiheit und freie Ausübung seiner unternehmerischen Tätigkeit aus (Art. 19 Abs. 3 iVm) Art. 12 Abs. 1 GG. Wenn ein Marktbeherrscher bisher selbst genutzte Unternehmensressourcen erstmals fremdnützig einsetzen soll, ist darüber hinaus der Schutzbereich seines Grundrechts aus (Art. 19 Abs. 3 iVm) Art. 14 Abs. 1 GG berührt.

Diese Grundrechte werden jedoch durch das verfassungsmäßige Allgemeininteresse an dem Bestehen chancengleichen und dynamischen Wettbewerbs eingeschränkt, solange und soweit die kartellaufsichtliche Unterstützung eines Newcomers zur Herstellung von Wettbewerb (auf einem nachgelagerten Markt) erforderlich ist. Da sich die individuellen Rechte eines Newcomer-Nachfragers mit diesem Allgemeininteresse decken müssen, kommt es nicht darauf an, ob ein *bestimmter* Newcomer auf die Belieferung durch den Marktbeherrscher angewiesen ist. Vielmehr ist ein objektiver Maßstab anzulegen, es ist also zu fragen, ob überhaupt kein potentieller Newcomer-Konkurrent ohne die Belieferung durch den marktbeherrschenden Anbieter an dem nachgelagerten Markt teilnehmen könnte. Die unternehmerischen Eigeninteressen eines Marktbeherrschers wiegen umso weniger schwer, wenn er seine Marktmacht nicht durch eigene Leistung „im Wettbewerb“, sondern aufgrund ausschließlicher Rechte erworben hat.

Der Grundrechtseingriff ist verhältnismäßig, wenn der Monopolist ein angemessenes Entgelt erhält und er nicht gezwungen wird, eine so große Menge des begehrten Gutes und/oder dieses für eine so lange Zeit konkurrentennützig einzusetzen, dass seine eigene unternehmerische Tätigkeit erheblich behindert werden würde. Diese Grenze könnte z.B. bei knappen Gütern überschritten sein. Des Weiteren könnte der Verbotsadressat unzumutbar in seinen Rechten beeinträchtigt sein, wenn er die bisherige eigene Nutzung seiner Ressourcen erheblich einschränken müsste, um die Nachfrage zu befriedigen. Der Marktbeherrscher muss daher die Nutzungskapazität der nachgefragten Ressource grundsätzlich auch nicht erheblich erweitern, um entsprechende (Mit-) Benutzungsbegehren zu erfüllen. Ein Kontrahierungszwang ist zur Herstellung von Wettbewerb nicht (mehr) erforderlich und daher verfassungswidrig, sobald Wettbewerb auf dem nachgelagerten Markt besteht. Das Gleiche gilt, wenn ein (beliebiger) Nachfrager nicht (mehr) auf die Belieferung durch den Monopolisten angewiesen ist, etwa weil ihm die Eigenproduktion des nachgefragten Gutes zugemutet werden kann.

Diese Grundsätze sind auch bei solchen Gütern anzuwenden, an denen gewerbliche Schutzrechte des zur Kontrahierung gezwungenen Monopolisten bestehen.

Wie im ersten Abschnitt festgestellt wurde, sind die deutschen Kartellaufsichtsorgane nicht nur nach dem deutschen Verfassungsrecht, sondern mit verfassungsrechtlich bindender Wirkung ebenfalls gemäß Art. 4 Abs. 1 EG iVm Art. 23 Abs. 1 S. 1, 2, Art. 59 Abs. 2 GG verpflichtet, das o.g. Allgemeininteresse an einer „offenen Marktwirtschaft mit freiem Wettbewerb" zu berücksichtigen.

5. Im Falle einer wettbewerbsverhindernden Kontrahierungsverweigerung sind auch die Voraussetzungen eines **Kontrahierungszwangs** gemäß § 33 GWB erfüllt.

Ein auf der Entscheidung des BGH „Gasdurchleitung" beruhender Rechtsirrtum des Verbotsadressaten, er sei nicht zu einem solchen konkurrentennützigen Verhalten verpflichtet, wäre verschuldet und daher unbeachtlich. Der übrigen Rechtsprechung des BGH lässt sich nämlich kein derartiger „Grundsatz" entnehmen. Darüber hinaus enthält das GWB seit seiner Sechsten Novellierung in § 19 Abs. 1, 4 Nr. 4 GWB einen Tatbestand, der marktbeherrschende Unternehmen ausdrücklich zu einer konkurrentennützigen Kontrahierung verpflichtet.

Der Anspruch auf Abschluss des von einem Newcomer begehrten Vertrages ergibt sich ebenfalls aus einem von schuldhaftem Verhalten unabhängigen Unterlassungs- oder Beseitigungsanspruch, weil der Verbotsadressat sein missbräuchliches Verhalten nur auf diese Weise beenden kann.

III. Das Missbrauchsverbot des Art. 82 EG

Die wettbewerbsverhindernde Kontrahierungsverweigerung eines marktbeherrschenden Unternehmens stellt eine missbräuchliche Ausnutzung seiner beherrschenden Stellung iSd Art. 82 EG dar.

1. Ein Unternehmen, das durch seine Kontrahierungsverweigerung die Entstehung von Wettbewerb verhindert, ist **marktbeherrschend** iSd Art. 82 EG.

Ein „Markt", der in sachlicher und räumlicher Hinsicht danach abzugrenzen ist, womit und wo die Marktgegenseite ihren Bedarf nach sämtlichen untereinander austauschbaren Gütern befriedigen kann, kann auch aus einem einzigen Gut bestehen. Sowohl Anbieter als auch Nachfrager können potentielle Marktteilnehmer sein.

Der einzige Inhaber des von dem Newcomer nachgefragten Gutes kann das Entstehen oder die Aufrechterhaltung von Wettbewerb unbeeinflusst von

Konkurrenten oder Abnehmern und Verbrauchern verhindern und ist daher „marktbeherrschend“. Dies gilt unabhängig davon, ob der Anbieter bereits auf dem Markt für das nachgefragte Gut tätig ist oder seine Alleinstellung (auch) auf mitgliedstaatlichen Vorschriften, insbesondere gewerblichen Schutz- oder sonstigen Ausschließlichkeitsrechten, beruht.

Eine marktbeherrschende Stellung besteht „auf dem Gemeinsamen Markt oder einem wesentlichen Teil desselben“, wenn die Marktmacht des Anbieters entweder das gesamte Staatsgebiet eines Mitgliedstaates umfasst oder einzelne Regionen, die insgesamt dieses Staatsgebiet darstellen, oder zumindest bestimmte Regionen, die in der betroffenen Branche gegenüber dem übrigen Staatsgebiet und dem Gebiet der anderen Mitgliedstaaten relativ bedeutend sind.

2. Eine Kontrahierungsverweigerung, durch die der Markteintritt eines Newcomer-Konkurrenten verhindert wird, widerspricht dem Wettbewerbsleitbild einer offenen Marktwirtschaft mit freiem, dynamischen Wettbewerb, das dem EG-Vertrag zugrunde liegt. Sie ist daher **missbräuchlich**. Der Marktbeherrscher kann nicht geltend machen, ein Kontrahierungszwang würde dem Newcomer-Nachfrager das von diesem selbst zu tragende unternehmerische Risiko abnehmen.

Dies gilt auch dann, wenn das nachgefragte Gut aus tatsächlichen Gründen knapp ist. Demgegenüber ist der Wettbewerb iSd EG-Vertrages nicht verfälscht und damit eine Kontrahierungsverweigerung kartellrechtmäßig, wenn das jeweilige Gut objektiv aufgrund seiner Beschaffenheit oder Verwendung eine Auswahl der Vertragspartner erfordert. Die Auswahlkriterien müssen objektiv qualitativer Art sein, diskriminierungsfrei angewendet werden und dürfen wegen Art. 12 EG nicht die Staatsangehörigkeit des Nachfragers betreffen.

Ein konkurrentennütziger Kontrahierungszwang verletzt grundsätzlich auch nicht die gemeinschaftlichen und deutschen (Berufs- und Eigentums-) **Grundrechte** des Monopolisten. Die Gemeinschaftsgerichte haben über diese absolute Auslegungsgrenze des Art. 82 EG bisher nicht entschieden.

Die o.g. Grundrechte eines zur Kontrahierung gezwungenen Monopolisten werden so lange in rechtmäßiger Weise eingeschränkt, wie eine solche Unterstützung eines Newcomer-Konkurrenten zur Verwirklichung des „verfassungsmäßigen“ Gemeinschaftsinteresses an der Herstellung von Wettbewerb (auf einem nachgelagerten Markt) erforderlich ist (vgl. Art. 4 Abs. 1 EG). Dieses Gemeinschaftsinteresse ist auch von den Mitgliedstaaten (in Deutschland gemäß Art. 23 Abs. 1 S. 1, 2, Art. 59 Abs. 2 GG) zu beachten. Der Kontrahierungszwang ist verhältnismäßig, wenn der Monopolist eine angemessene Gegenleistung erhält und nur so lange zur Kontrahierung verpflichtet ist, bis Wettbewerb auf dem nachgelagerten Markt besteht, also dort ein oder mehrere Konkurrenten teilnehmen, oder bis einem (beliebigen) Newcomer-Nachfrager die Eigenproduktion des relevanten Gutes zuzumuten ist. Ein gemeinschaftsrechtlicher Kontrahierungszwang ist rechtswidrig, da grundrechtsverletzend, wenn die eigene Tätigkeit des Verbotsadressaten erheblich beeinträchtigt wird, etwa weil das jeweilige Gut knapp ist oder wenn der Nachfrager hiervon eine große Menge und/oder dieses Gut für eine lange Zeit benötigt. Eine solche erhebliche Beeinträchtigung kann auch dann vorliegen, wenn der Marktbeherrscher seine eigene Nutzung der begehrten Ressource stark einschränken müsste, um (Mit-) Benutzungsbegehren zu erfüllen. Der monopolistische Inhaber einer Ressource ist daher grundsätzlich auch nicht verpflichtet, bei entsprechender Nachfrage deren Kapazität wesentlich zu erweitern. Auf ihre unternehmerische Freiheit im Wettbewerb können sich erst recht nicht solche Unternehmen berufen, die ihre Marktmacht nicht im chancengleichen, dynamischen Wettbewerb durch eigene Leistung, sondern aufgrund ausschließlicher Rechte erworben haben.

3. Mit Hilfe der „Zwischenstaatlichkeitsklausel" des Art. 82 EG („**Beeinträchtigung des Handels zwischen Mitgliedstaaten**") ist der Anwendungsbereich des gemeinschaftlichen von dem des nationalen Kartellrechts abzugrenzen.

Dieses Tatbestandsmerkmal ist im Falle einer wettbewerbsverhindernden Kontrahierungsverweigerung erfüllt, wenn ein Newcomer-Nachfrager, der mit dem monopolistischen Anbieter auf einem benachbarten Markt konkurrieren möchte, einem anderen EU-Mitgliedstaat angehört als der Verbotsadressat, oder wenn der Newcomer-Nachfrager als Drittstaatsangehöriger mit hinreichender Wahrscheinlichkeit mit EU-Unternehmen Geschäftsbeziehungen aufnehmen würde, oder wenn der Verbotsadressat einen Inlandsmarkt dadurch abschottet, dass er einen Newcomer am Markteintritt hindert, der grenzüberschreitend tätig werden wollte.

4. Der **Kontrahierungsanspruch** des von einem Machtmissbrauch betroffenen Nachfragers ergibt sich aus dem nationalen Recht; in Deutschland also aus §§ 823 Abs. 2, 249 S. 1 BGB iVm Art. 82 EG. Wie bereits im Rahmen der deutschen Rechtslage festgestellt wurde, sind die Voraussetzungen dieser Vorschriften im Falle einer wettbewerbsverhindernden Kontrahierungsverweigerung erfüllt.

5. **Art. 86 EG** steht der Anwendbarkeit des Art. 82 EG nicht entgegen, da im Falle eines konkurrentennützigen Kontrahierungszwangs dessen Tatbestandsvoraussetzungen nicht erfüllt sind.

Erstens wurde der Verbotsadressat nur in den praktisch seltenen Fällen mit einer besonderen Aufgabe iSd Art. 86 Abs. 2 S. 1 EG „betraut", wenn ihm die Erledigung unrentabler Universaldienste kraft Hoheitsakts übertragen wurde. Zweitens wird die Tätigkeit eines zur Kontrahierung gezwungenen Monopolisten durch einen wettbewerbsherstellenden Kontrahierungszwang nicht iSd Art. 86 Abs. 2 S. 1, 2. HS EG „verhindert", da er nur wenige Konkurrenten bei deren Markteintritt unterstützen muss (bis Wettbewerb auf dem nachgelagerten Markt aufgrund der Teilnahme mehrerer Anbieter besteht) und er hierfür ein angemessenes Entgelt erhält. Drittens überwiegt das Gemeinschaftsinteresse an der Errichtung eines Gemeinsamen Marktes mit ungehindertem Handelsverkehr das Interesse eines Mitgliedstaates, dem Verbotsadressaten ausschließliche Rechte einzuräumen, die den nationalen Markt gegen grenzüberschreitende Tätigkeiten abschotten (Art. 86 Abs. 2 S. 2 EG).

IV. Branchenspezifische Regelungen

Im vierten Abschnitt wurde die Rechtslage nach dem allgemeinen Kartellrecht anderen, beispielhaft ausgewählten Regelungen gegenübergestellt, die ein Unternehmen im Interesse der Herstellung von Wettbewerb auf einem benachbarten Markt zur Kontrahierung mit einem Newcomer-Konkurrenten verpflichten. Im Einzelnen wurden das Elektrizitäts- und Telekommunikationskartellrecht, § 19 Abs. 1, 4 Nr. 4 GWB sowie die *„essential facilities-doctrine"* der Europäischen Kommission untersucht.

Dieser Vergleich hat gezeigt, dass die jeweils bestehenden Anspruchsvoraussetzungen weitgehend mit denen des allgemeinen Kartellrechts übereinstimmen. Unterschiede bestehen jedoch in dem Kreis der Anspruchsverpflichteten, der zum Teil nicht nur marktbeherrschende Unternehmen umfasst (im Elektrizitäts- und gemeinschaftlichen sowie im künftigen deutschen Telekommunikationskartellrecht, wobei im Elektrizitätsbereich allerdings natürliche Monopole vorliegen könnten). Des Weiteren wurde die *„essential facilities-doctrine"* in einer Entscheidung der Kommission auch dann angewendet, wenn der Marktbeherrscher durch seine Kontrahierungsverweigerung keine eigenen Vorteile auf dem nachgelagerten Markt hatte (weil er dort nicht tätig war). Im Gegensatz zu § 20 Abs. 1 GWB, Art. 82 EG ist der Verbotsadressat nach den speziellen Regelungen außerdem grundsätzlich zur Kontrahierung verpflichtet und darf diese nur ausnahmsweise verweigern.

B. Voraussetzungen eines konkurrentennützigen Kontrahierungszwangs im deutschen und gemeinschaftlichen Kartellrecht

Die vorliegende Untersuchung hat ergeben, dass ein Marktbeherrscher nach dem allgemeinen deutschen und gemeinschaftlichen Kartellrecht (§ 20 Abs. 1 GWB bzw. Art. 82 EG) unter folgenden Voraussetzungen zur konkurrentennützigen Überlassung eines nachgefragten Gutes an einen Newcomer verpflichtet ist - eine Lieferverweigerung wäre missbräuchlich.

- Der Anspruchsteller ist **Newcomer-Konkurrent,**
  d.h. er möchte an einem von einem Monopolunternehmen beherrschten Markt als dessen erster Konkurrent teilnehmen.

- Der Anspruchsteller fragt ein „**wesentliches Gut**" nach.
  Der Newcomer-Nachfrager benötigt für seine Marktteilnahme ein Gut, das einem vorgelagerten Markt zuzurechnen ist, weil es z.B. einer vorherigen Produktionsstufe angehört oder es sich um eine Infrastruktureinrichtung handelt, die er für die Erbringung einer Dienstleistung benötigt (beispielsweise ein Netz für die Durchleitung von Energie). Dieses Gut wird ausschließlich von demselben Unternehmen angeboten bzw. intern genutzt, das auch den nachgelagerten Markt als Monopolist dominiert (der Monopolist ist also vertikal integriert). Das nachgefragte Gut ist für die Marktteilnahme des Newcomers unabdingbar, er kann es insbesondere auch nicht mit (zumutbarem) eigenen Aufwand selbst herstellen oder anderweitig erwerben. Insoweit ist ein objektiver Maßstab anzulegen, das heißt, es muss geprüft werden, ob das nachgefragte Gut auch nicht für *irgend einen* (beliebigen) Nachfrager anderweitig verfügbar ist[1]. Wenn und solange der monopolistische Anbieter die Überlassung seines Gutes verweigert, kann er daher die Marktteilnahme jedes Newcomers verhindern und seine Monopolstellung auf dem nachgelagerten Markt erfolgreich verteidigen.

  Die Europäische Kommission bezeichnet ein solches Gut als „wesentlich". Die o.g. Voraussetzungen liegen insbesondere bei Infrastruktureinrichtungen vor, deren Schaffung mit hohen (versunkenen) Kosten verbunden ist, beispielsweise also bei Telekommunikations- oder Energieversor-

[1] Vgl. auch EuGH, 26.11.1998, Rs. C-7/97, Slg. 1998, 7791, 7831f (Bronner). Ebenso: Generalanwalt Jacobs in seinen Schlussanträgen zu der Rs. C-7/97, Slg. 1998, 7794, 7813ff (Bronner); *Bergman* ECLR 2000, 59, 62f; *Ehle* in seiner Anmerkung zu dem Urteil „Bronner", EuZW 1999, 89, 90; *Fleischer/Weyer* WuW 1999, 350, 359ff; *Scherer* MMR 1999, 315, 317ff.

gungsnetzen, über die Nachrichten übermittelt bzw. durch die Energie geleitet werden soll; das Gleiche gilt für (Flug-) Hafenanlagen[2].

- Der Anspruchsgegner (Verbotsadressat) ist **Monopolist.**
  Das Unternehmen, das dem Newcomer-Nachfrager die Überlassung des nachgefragten Gutes verweigert hat, ist der einzige (aktuelle oder potentielle) Anbieter, wenn es hierdurch dessen Marktteilnahme verhindern konnte. Aufgrund seiner tatsächlichen Alleinstellung ist es unerheblich, ob dieses Unternehmen (zusätzlich) über ein gesetzliches Ausschließlichkeitsrecht an dem nachgefragten Gut verfügt (z.B. über ein gewerbliches Schutzrecht).

- Kartellaufsichtlicher Eingriff, **um Wettbewerb herzustellen.**
  Sowohl nach dem Wettbewerbsleitbild des GWB als auch des EG-Vertrages dürfen kartellaufsichtliche Maßnahmen Verhaltensweisen eines marktbeherrschenden Unternehmens sanktionieren, die das Entstehen chancengleichen und dynamischen Wettbewerbs verhindern. In einem solchen Fall des Marktversagens sind die EG und die Mitgliedstaaten sogar gemäß Art. 4 Abs. 1 EG (ggf. iVm Art. 23 Abs. 1 S. 1, 2, Art. 59 Abs. 2 GG) verpflichtet, kartellaufsichtliche Maßnahmen zu ergreifen.

- **Keine Kontrahierungsverweigerungsgründe.**
  Der Anspruch eines Newcomers auf Kontrahierung ist davon abhängig, ob und inwieweit sich seine individuellen Markteintrittsinteressen mit den Allgemeininteressen an dem Bestehen chancengleichen und dynamischen Wettbewerbs auf dem nachgelagerten Markt durch die Teilnahme von Konkurrenten decken. Unter Heranziehung des Wettbewerbsleitbildes des GWB sowie des EG-Vertrages einer „offenen Marktwirtschaft mit freiem Wettbewerb“ (vgl. Art. 4 Abs. 1 EG), ist eine wettbewerbsverhindernde Kontrahierungsverweigerung kartellrechtswidrig, bis Wettbewerb auf dem nachgelagerten Markt besteht bzw. bis Newcomer-Nachfragern die Eigenrealisierung des „wesentlichen Gutes“ zuzumuten ist.

  Weder die Vertragsfreiheit des Monopolanbieters zu wählen, ob und mit welchem Nachfrager er kontrahiert, noch die Knappheit des jeweiligen Gutes stehen der Kontrahierungspflicht mit einem Newcomer-Konkur-

---

[2] Vgl. auch die Definition eines „wesentlichen Gutes“ in der Arbeitsunterlage des BKartA zu der Sitzung des Arbeitskreises Kartellrecht im Oktober 1997, S. 3ff, 22f, 25f m.w.N.; Generalanwalt Jacobs in seinen Schlussanträgen zu Rs. C-7/97, Slg. 1998, 7794, 7803ff, 7809 (Bronner); *Bergman* ECLR 2000, 59, 60ff; *Doherty* CMLR 2001, 397, 423f m.w.N.; *Mailänder* in: FS Schmidt, S. 271, 275f; *Stothers* ECLR 2001, 256, 258ff; *Temple Lang* Fordham International Law Journal 18 (1994) 437, 4ff, 486ff.

renten grundsätzlich entgegen. Der Monopolist darf seine Vertragspartner nur hinsichtlich ihrer Qualifikation auswählen, wenn das betreffende Gut eine derartige Selektion objektiv erfordert.

Aus verfassungsrechtlichen Gründen hat der zur Kontrahierung gezwungene Monopolist, der hierdurch in seinem Berufs- und Eigentumsgrundrecht tangiert wird, einen Anspruch auf ein angemessenes Entgelt. Seine Grundrechte sind allerdings verfassungswidrig verletzt, wenn er in seiner eigenen Tätigkeit erheblich beeinträchtigt werden würde, insbesondere wenn er eine erhebliche Menge des jeweiligen Gutes und/oder dieses für einen langen Zeitraum überlassen soll. In diesem Fall darf der Verbotsadressat die Kontrahierung verweigern. Diese Voraussetzungen dürften allerdings im Falle eines wettbewerbsherstellenden Kontrahierungszwangs grundsätzlich nicht erfüllt sein, da der Monopolist das nachgefragte Gut nur einigen Newcomer-Nachfragern überlassen muss und nur so lange, bis Wettbewerb auf dem nachgelagerten Markt wegen deren erfolgreichen Markteintritts besteht oder den Nachfragern die Eigenrealisierung des betreffenden Gutes zuzumuten ist. Eine andere Beurteilung könnte im Einzelfall insbesondere bei knappen Gütern angezeigt sein.

- **Erfüllung der besonderen Voraussetzungen des gemeinschaftsrechtlichen Missbrauchsverbots.**

  Abgesehen von den o.g. Voraussetzungen ist Art. 82 EG nur dann anwendbar, wenn die Monopolstellung des Anbieters auf dem **„Gemeinsamen Markt oder einem wesentlichen Teil desselben"** besteht. Die Marktmacht des Verbotsadressaten muss also entweder das gesamte Staatsgebiet eines Mitgliedstaates umfassen oder einzelne Regionen, die insgesamt dieses Staatsgebiet darstellen, oder zumindest bestimmte Regionen, die in der betreffenden Branche gegenüber dem übrigen Staatsgebiet und dem Gebiet der anderen Mitgliedstaaten vergleichsweise bedeutend sind.

  Des Weiteren muss die „Zwischenstaatlichkeitsklausel" des Art. 82 EG erfüllt sein. Der **„Handel zwischen Mitgliedstaaten"** ist im Fall einer wettbewerbsverhindernden Kontrahierungsverweigerung nur dann beeinträchtigt, wenn ein Newcomer-Nachfrager, der mit dem monopolistischen Anbieter auf einem benachbarten Markt konkurrieren möchte, einem anderen EU-Mitgliedstaat angehört als der Verbotsadressat oder wenn der Newcomer-Nachfrager als Drittstaatsangehöriger mit hinreichender Wahrscheinlichkeit mit EU-Unternehmen Geschäftsbeziehungen aufnehmen würde oder wenn der monopolistische Anbieter einen Inlandsmarkt dadurch abschottet, dass er einen Newcomer am Markteintritt hindert, der grenzüberschreitend tätig werden wollte.

Art. 86 EG steht einem Kontrahierungsanspruch nur in den in der Praxis seltenen Fällen entgegen, in denen der Verbotsadressat mit der Erbringung unrentabler Universaldienste kraft Hoheitsakts „betraut" wurde. Eine derartige Tätigkeit wird im Falle eines wettbewerbsherstellenden Kontrahierungszwangs jedoch grundsätzlich nicht „verhindert", solange der Monopolist nur wenige Konkurrenten bei deren Markteintritt unterstützen muss (bis Wettbewerb auf dem nachgelagerten Markt aufgrund der Teilnahme mehrerer Anbieter besteht) und er hierfür ein angemessenes Entgelt erhält.

Die o.g. tatsächlichen Voraussetzungen sind grundsätzlich insbesondere auf solchen Märkten erfüllt, die bisher monopolistisch strukturiert waren und nunmehr für den Wettbewerb geöffnet werden sollen. Dies gilt beispielsweise für die Telekommunikation und die Energieversorgung. Darüber hinaus liegen die o.g. Voraussetzungen für den Kontrahierungsanspruch eines Newcomer-Konkurrenten in der Praxis immer dann vor, wenn ein Monopolist vertikal integriert ist, also einen bestimmten Markt und einen benachbarten (insbesondere nachgelagerten) Markt beherrscht[3].

Der hier vorgenommenen Auslegung von § 20 Abs. 1 GWB, Art. 82 EG steht nicht entgegen, dass die Kartellaufsicht im Falle eines wettbewerbsherstellenden Kontrahierungszwangs im Wege der Verhaltensaufsicht über marktbeherrschende Unternehmen eine Veränderung der Marktstrukturen vornimmt. Derartige Maßnahmen, die Wettbewerb herstellen, wenn ein Monopolist durch sein Verhalten seine Marktmacht auf Dauer verteidigen kann und die Selbstregulierungskräfte des Marktes versagen, haben nämlich stets einen marktstrukturverändernden Effekt. Ein solcher Kontrahierungszwang widerspricht daher nicht dem Wettbewerbsleitbild sowie der Wettbewerbspolitik, die dem GWB sowie dem EG-Vertrag zugrunde liegen. Hierüber hinaus sind sowohl die EG als auch die Bundesrepublik Deutschland als Mitgliedstaat der EU gemäß Art. 4 Abs. 1 EG im Falle eines solchen Marktversagens sogar verpflichtet, kartellaufsichtlich in den Markt einzugreifen.

Des Weiteren widersprechen diese Schlussfolgerungen nicht dem Gesetzeswortlaut und -zweck von § 20 Abs. 1 GWB und Art. 82 EG. Der Anlass der kartellaufsichtlichen Maßnahme ist auch in diesem Fall das konkrete Verhalten eines marktbeherrschenden Unternehmens (die Kontrahierungsverweigerung), nicht jedoch bereits dessen marktbeherrschende Stellung an sich. Die Kartellrechtswidrigkeit dieses Verhaltens kann demgegenüber auch danach beurteilt werden, ob es die *Struktur* des relevanten Marktes in negati-

---

[3] Zu der gleichen Schlussfolgerung hinsichtlich der Voraussetzungen konkurrentennütziger Kontrahierungsansprüche gelangen *Klimisch/Lange* WuW 1998, 15, 19, 22ff; *Mennicke* ZHR 160 (1996) 626, 652f; *Schnelle* EuZW 1994, 556f.

ver, nicht dem Wettbewerbsprinzip des GWB bzw. des EG-Vertrages entsprechender Weise beeinflusst.

Im Falle eines konkurrentennützigen Kontrahierungszwangs widersprechen kartellaufsichtliche Eingriffe außerdem deshalb nicht dem deutschen und gemeinschaftlichen Wettbewerbsleitbild, weil der Newcomer-Konkurrent nur für den Zeitpunkt seines Markteintritts kartellaufsichtlich unterstützt wird. „Im“ Markt bleibt der Newcomer auf seine eigene Wettbewerbsfähigkeit angewiesen. Die hoheitlichen Eingriffe in die Marktverhältnisse sind daher insbesondere in zeitlicher Hinsicht beschränkt, bis auf dem betroffenen Markt (wieder) dynamischer, chancengleicher Wettbewerb unter dem Konkurrenzdruck vorstoßender und nachfolgender Unternehmen praktiziert werden kann - im Übrigen bleiben also die Selbstregulierungskräfte des Marktes in Kraft. Unter diesen Voraussetzungen bleibt insbesondere auch für den Verbotsadressaten der Anreiz erhalten, mit anderen Unternehmen im Wettbewerb zu stehen und seine Marktstellung zu verteidigen - er muss seine Konkurrenten nur so lange und so weit unterstützen, bis Wettbewerb besteht und sämtliche Marktteilnehmer die gleiche Chance haben, sich durch ihre eigene Leistung gegenüber den anderen zu behaupten[4].

Die o.g. Kriterien stellen nicht nur die Voraussetzungen dar, unter denen die Tatbestände des § 20 Abs. 1 GWB und Art. 82 EG konkurrentennützig ausgelegt werden können. Vielmehr können sie auch als Auslegungshilfe oder „Vorbild“ für bereits existierende oder noch zu erlassende (sektorspezifische) Regelungen eines wettbewerbsherstellenden Kontrahierungsanspruchs dienen. Dies gilt nicht nur für die Tatbestandsvoraussetzungen einer solchen Vorschrift, sondern vor allen Dingen auch für die Grenzen eines solchen Kontrahierungszwangs. Die Kontrahierungsverweigerungsgründe ergeben sich nämlich nicht nur aus § 20 Abs. 1 GWB und Art. 82 EG und dem diesen Vorschriften zugrunde liegenden Wettbewerbsleitbild, sondern auch mit allgemeiner Geltung aus der Wirtschaftsverfassung des Grundgesetzes sowie des EG-Vertrages selbst.

So hat bereits die Europäische Kommission im Telekommunikationsbereich die Anwendbarkeit des Art. 82 EG auf die Weigerung eines marktbeherrschenden Unternehmens, den Zugang zu seinem Netz zu gewähren, an vergleichbare tatsächliche Voraussetzungen geknüpft[5]. Des Weiteren hat das

---

[4] Diese Problematik betonen auch Generalanwalt Jacobs in seinen Schlussanträgen zu Rs. C-7/97, Slg. 1998, 7794, 7811ff (Bronner); *Stothers* ECLR 2001, 256, 260f.

[5] Vgl. die Mitteilung der Europäischen Kommission über die Anwendung der Wettbewerbsregeln auf Zugangsvereinbarungen im Telekommunikationsbereich, ABl. EG 1998 Nr. C 265, S. 2, 15 (Tz. 91). Vgl. als weiteres Beispiel auch die Mitteilung der Kommission „Entbündelter Zugang zum Teilnehmeranschluss: Wettbewerbsorientierte Bereitstellung einer vollständigen Palette von elektronischen Kommunikationsdiensten einschließlich multimedialer Breitband- und schneller

Bundeskartellamt vor der sechsten Novellierung des GWB ähnliche Tatbestandsvoraussetzungen für eine neu zu schaffende Regelung innerhalb des GWB vorgeschlagen, da „ungewiss“ sei, ob die unbillige Verweigerung des Zugangs zu einer wesentlichen Einrichtung von der bisherigen Kartellrechtslage nach § 22 Abs. 4, § 26 Abs. 2 GWB a.F. erfasst werde[6].

Auf dieser Grundlage sollen daher im Folgenden die hier gefundenen Ergebnisse zum allgemeinen Kartellrecht vor dem Hintergrund der bestehenden sektorspezifischen Regelungen abschließend bewertet und gewürdigt werden.

C. Abschließende Beurteilung

Nach den hier gefundenen Ergebnissen ist eine konkurrentennützige Auslegung des allgemeinen Kartellrechts (§ 20 Abs. 1 GWB bzw. Art. 82 EG) geboten, wenn ein marktbeherrschendes Unternehmen seine Macht dadurch missbraucht, dass es durch die Verweigerung einer Kontrahierung die Entstehung von Wettbewerb verhindert. Die Abwägung der Interessen der Parteien im Einzelfall, aufgrund der die Missbräuchlichkeit der Kontrahierungsverweigerung festzustellen ist, ergeht zu Lasten des Monopolisten, solange und soweit sich die Markteintritts- und Konkurrenzinteressen des Newcomer-Nachfragers mit dem verfassungsmäßigen Allgemeininteresse am Entstehen von chancengleichem und dynamischen Wettbewerb decken.

Unter Berücksichtigung dieser Schlussfolgerungen steht das allgemeine Missbrauchsverbot nicht hinter den hier näher untersuchten gemeinschaftlichen und deutschen sektorspezifischen Vorschriften in den Bereichen Elektrizität und Telekommunikation zurück, die solche Unternehmen zu konkurrentennützigem Verhalten verpflichten, die über ein „wesentliches Gut“ verfügen. Dies gilt insbesondere auch für den neuen Beispieltatbestand missbräuchlichen Verhaltens im allgemeinen deutschen Kartellrecht (§ 19 Abs. 1, 4 Nr. 4 GWB) sowie für die von der Europäischen Kommission zu Art. 82

Internet-Dienste“, ABl. EG 2000 Nr. C 272, S. 55, 58f. Vgl. auch die Analyse des Art. 82 EG von *Temple Lang* Fordham International Law Journal 18 (1994) 437, 475ff. Zu der gleichen Schlussfolgerung hinsichtlich der Voraussetzungen konkurrentennütziger Kontrahierungsansprüche gelangen *Klimisch/Lange* WuW 1998, 15, 19, 22ff; *Mennicke* ZHR 160 (1996) 626, 652f; *Schnelle* EuZW 1994, 556f.

[6] Vgl. die Arbeitsunterlage des BKartA zu der Sitzung des Arbeitskreises Kartellrecht im Oktober 1997, S. 22, 25ff.

Vergleichbare Anforderungen stellen auch die US-amerikanischen Gerichte bei der Anwendung der „*essential facilities-doctrine*“ im Rahmen von section 2 des Sherman Act 1890 (s. die Entscheidungsanalyse von Generalanwalt Jacobs in seinen Schlussanträgen zu Rs. C-7/97, Slg. 1998, 7794, 7807ff (Bronner)).

EG speziell entwickelte Auslegungspraxis, die sog. *„essential facilities-doctrine“*. § 19 Abs. 1, 4 Nr. 4 GWB ist daher insoweit lediglich geeignet, die oben dargestellte allgemeine Kartellrechtslage nach § 20 Abs. 1 GWB klarzustellen; die gemeinschaftliche *„essential facilities-doctrine“* ist ebenfalls lediglich eine Zusammenfassung der bisherigen Auslegungspraxis zu Art. 82 EG[7] und erweitert diese nur zum Teil. Spezialregelungen sind also nicht erforderlich, um den Kontrahierungsanspruch eines Newcomer-Konkurrenten im Interesse der Herstellung von Wettbewerb zu gewährleisten[8].

Gegen die am 1.1.1999 in Kraft getretene spezielle Regelung des § 19 Abs. 1, 4 Nr. 4 GWB sowie gegen die deutschen und gemeinschaftsrechtlichen branchenspezifischen Regelungen konkurrentennütziger Kontrahierungszwänge sprechen darüber hinaus folgende Erwägungen:

I. Fehlende Rechtssicherheit und Einzelfallgerechtigkeit

§ 19 Abs. 4 Nr. 4 GWB sowie das spezielle Elektrizitäts- und Telekommunikationskartellrecht sind nicht geeignet, die einem wettbewerbsherstellenden Kontrahierungszwang zugrunde liegende Problematik mit der gleichen Rechtssicherheit und verfassungsrechtlich gebotenen Einzelfallgerechtigkeit zu lösen, wie das allgemeine deutsche und gemeinschaftliche Kartellrecht:

- § 19 Abs. 4 Nr. 4 GWB schafft **keine klare Rechtslage**. Das Tatbestandsmerkmal der Infrastruktureinrichtung, ohne die ein Nachfrager nicht „als

[7] So auch: Entscheidungsanalyse von Generalanwalt Jacobs in seinen Schlussanträgen zu Rs. C-7/97, Slg. 1998, 7794, 7803ff, 7806f (Bronner); BKartA in seiner Arbeitsunterlage zu der Sitzung des Arbeitskreises Kartellrecht im Oktober 1997, S. 12ff; *Bunte* WuW 1997, 302, 310f; *Deselaers* EuZW 1995, 563, 564f; *Doherty* CMLR 2001, 397, 404ff, 435; *Fleischer/Weyer* WuW 1999, 350, 353 m.w.N.; *Furse* ECLR 1995, 469, 472; *Klaue* RdE 1996, 51, 55f; *Klimisch/Lange* WuW 1998, 15, 19; *Schnelle* EuZW 1994, 556, 557; *Subiotto* ECLR 1992, 234, 243; *Temple Lang* Fordham International Law Journal 18 (1994) 437, 441ff, 475ff, 523. Vgl. auch die Entscheidung der Europäischen Kommission 2002/165/EG vom 3.7.2001, ABl. EG 2002 Nr. L 59, S. 18, 25ff (NDC Health/IMS Health); Tz. 81f der Leitlinien der Kommission zur Marktanalyse und Ermittlung beträchtlicher Marktmacht nach dem gemeinsamen Rechtsrahmen für elektronische Kommunikationsnetze und -dienste, ABl. EG 2002 Nr. C 165, S. 6, 16f; Dauses-*Emmerich* H.I § 1, Rz. 378f; *Markert* WuW 1995, 560, 563f, 570f; *ders.* BB 1997, 1421, 1423; *Mennicke* ZHR 160 (1996) 626, 650f, 652f; *Montag* EuZW 1997, 71, 76; *Müller* EuZW 1998, 232, 234f; *Treacy* ECLR 1998, 501, 503. A.A.: *Glasl* ECLR 1994, 306, 311f.

[8] So auch *Dreher* DB 1999, 833, 836; *Stothers* ECLR 2001, 256ff; *Temple Lang* Fordham International Law Journal 18 (1994) 437, 523; *Treacy* ECLR 1998, 501, 503f. Obwohl sich der Beschwerdeführer auf die *„essential facilities-Doktrin“* berufen hatte, hat sich die Kommission selbst in ihrer Entscheidung 2002/165/EG vom 3.7.2001 nicht auf diese „Doktrin“, sondern die sonstige Entscheidungspraxis der Gemeinschaftsgerichte zu Art. 82 EG gestützt, ABl. EG 2002 Nr. L 59, S. 18, 25ff (NDC Health/IMS Health).

Wettbewerber des marktbeherrschenden Anbieters tätig“ werden kann, ist zu unbestimmt[9]. Auch die gemeinschaftsrechtliche *„essential facilities-doctrine“*, an die sich § 19 Abs. 4 Nr. 4 GWB ausweislich der Begründung des Gesetzentwurfs anlehnen soll[10], ist nicht geeignet, diese Tatbestandsvoraussetzung zu konkretisieren. Die *„essential facilities“*-Auslegungspraxis der Kommission ist nämlich ihrerseits in ihrer Reichweite noch zu unklar und nicht gemeinschaftsgerichtlich bestätigt, um als Vorbild dienen zu können[11]. Bereits die Bezugnahme auf diese Auslegungspraxis der Europäischen Kommission kann daher insoweit zu entscheidungserheblichen Fehlinterpretationen führen[12].

- Zweitens besteht der Vorteil der allgemeinen Kartellrechtslage gegenüber § 19 Abs. 1, 4 Nr. 4 GWB sowie gegenüber dem speziellen Elektrizitäts- und Telekommunikationskartellrecht darin, flexibel in **verfassungsrechtlich gebotener Weise** auf den **konkreten Einzelfall** eingehen zu können. Das allgemeine Missbrauchsverbot eröffnet nämlich im Rahmen der Feststellung der Kartellrechtswidrigkeit iSd § 20 Abs. 1 GWB bzw. Art. 82 EG die Möglichkeit, die individuelle Interessenlage der betreffenden Unternehmen zu berücksichtigen. Auf diese Weise wird gewährleistet, dass nicht nur die objektive Erfüllung der Tatbestandsmerkmale, sondern auch die sachverhaltsspezifischen Belange der potentiellen Vertragsparteien in die Beurteilung einbezogen werden. Dies betrifft insbesondere den im Falle einer wettbewerbsverhindernden Kontrahierungsverweigerung typischen Interessenkonflikt zwischen dem Verbotsadressaten, der nicht konkurrentennützig tätig sein will, und dem Allgemeininteresse, Wettbewerb herzustellen. Nach den hier gefundenen Ergebnissen ist dieser Interessenkonflikt aus verfassungsrechtlichen Gründen zwingend zu berücksichtigen und führt ggf. dazu, dass das marktbeherrschende Unternehmen nicht zur konkurrentennützigen Überlassung seiner Ressourcen verpflichtet ist. Da sich nämlich im Falle eines hoheitlichen Kontrahierungszwangs die (Vertragsfreiheits- und Eigentums-) Interessen des zur Kontrahierung ge-

---

[9] Vgl. auch die Kritik von *Bechtold* NJW 1998, 2769, 2772; *Dreher* DB 1999, 833, 834, 837; *Ehle* in seiner Anmerkung zu dem Urteil „Bronner“, EuZW 1999, 89, 90; *Haus*, S. 89ff, 103f; *vWallenberg* K & R 1999, 152, 154ff. Demgegenüber hält die Monopolkommission in ihrem 12. HauptGA 1996/97, BT-Drs. 13/11291, Tz. 16, den „Konkretisierungsgrad“ dieser Vorschrift für „hinreichend genau“.

[10] RegBegr. zum Entwurf der 6. GWB-Novelle, BT-Drs. 13/9720, S. 30, 37.

[11] So auch die Kritik von *Dreher* DB 1999, 833, 834, 837. Vgl. auch *Koenig/Loetz* EWS 2000, 377, 384.

[12] Diesen Aspekt berücksichtigt *Müller* (EuZW 1998, 232, 237) bei seiner Forderung nach einer kartellrechtlichen Spezialregelung nach dem Vorbild der *„essential facilities-doctrine“* nicht.

zwungenen Monopolisten einerseits und die Markteintritts- und Konkurrenzinteressen des Newcomers andererseits gegenüberstehen, dürfen die betroffenen Grundrechte des Monopolisten nur so lange und so weit eingeschränkt werden, wie die vertragliche Überlassung seines Gutes zur Herstellung von Wettbewerb erforderlich ist. Konkurrentennützige Kontrahierungspflichten bestehen also in Anerkennung der Vertrags- und Eigentumsgrundrechte des Marktbeherrschers nur vorübergehend bis Wettbewerb entstanden ist. Dieser besonderen Interessenlage ist nur durch eine Abwägung im Einzelfall gerecht zu werden[13]. Anderenfalls würden die Belange des Nachfragers einseitig betont werden.

Demgegenüber ist im speziellen Elektrizitäts- und Telekommunikationskartellrecht sowie in § 19 Abs. 4 Nr. 4 GWB die gesetzgeberische „Grundsatzentscheidung" bereits zu Lasten des Marktbeherrschers gefallen[14]. Nach diesen Regelungen darf der in der Praxis aufgrund seiner bisherigen Ausschließlichkeitsrechte marktbeherrschende Inhaber von Infrastruktureinrichtungen den Zugang zu seinen Netzen nur ausnahmsweise verweigern. Unter dieser Prämisse wird der vorübergehende Charakter derartiger Kontrahierungspflichten nicht berücksichtigt, der aus den hier entwickelten verfassungsrechtlichen Erwägungen auch dann besteht, wenn der Newcomer-Konkurrent - wie im Elektrizitäts- und Telekommunikationskartellrecht - auf die Überlassung des nachgefragten Gutes angewiesen ist[15].

Allein aufgrund dieser unterschiedlichen Wertentscheidung kann die konkrete Beurteilung eines Falles nach allgemeinem oder speziellem Kartellrecht unterschiedlich ausfallen[16]. Ein divergierendes Entscheidungsergebnis ist jedoch deshalb grundsätzlich nicht vertretbar, weil sich nach den hier gefundenen Untersuchungsergebnissen die Schranken konkurrentennütziger Kontrahierungspflichten aus dem Verfassungsrecht erge-

---

[13] Ebenso *Bunte* WuW 1997, 302, 318; *Dreher* DB 1999, 833, 837f, *Klaue* BB 1992, 1937, 1940; *Markert* BB 1997, 1421, 1424. Vgl. auch das BKartA in seiner Arbeitsunterlage zu der Sitzung des Arbeitskreises Kartellrecht im Oktober 1997, S. 29; GK-*Leo* zu § 19 GWB, Rz. 2363, 2376.

[14] Diese Kritik äußert auch *Bunte* WuW 1997, 302, 304. Vgl. auch *Dreher* DB 1999, 833, 835ff; *Fleischer/Weyer* WuW 1999, 350, 355; *Klaue* BB 1993, 740.

[15] Vgl. auch *Lampert* WuW 1998, 27, 35ff; GK-*Leo* zu § 19 GWB, Rz. 2363, 2376. Den hier genannten Aspekt berücksichtigt *Markert* BB 1997, 1421, 1425f, der sich für eine kartellrechtliche Sonderreglung derartiger Sachverhalte ausspricht, nicht.

[16] Diese Gefahr sieht auch *Bunte* WuW 1997, 302, 307f. GK-*Leo* aaO. (vorige Fn.) legt aus verfassungsrechtlichen Gründen § 19 Abs. 4 Nr. 4 GWB – entgegen dem Wortlaut – gerade so aus, dass der Marktbeherrscher nur *ausnahmsweise* zur Überlassung seiner Infrastruktureinrichtung verpflichtet ist.

ben, also mit allgemeiner, auch das spezielle Kartellrecht erfassender Geltung.

- Eine vom allgemeinen Kartellrecht abweichende rechtliche Beurteilung einer wettbewerbsverhindernden Kontrahierungsverweigerung könnte allenfalls mit den **spezifischen Besonderheiten der jeweiligen Branche** begründet werden. Diese bestehen darin, dass aufgrund der kostenintensiven Infrastruktur, die zur erfolgreichen Marktteilnahme benötigt wird (mit ggf. sogar irreversiblen, „versunkenen" Kosten), und der bisherigen Marktstruktur, in der einem einzelnen Unternehmen für lange Zeit Ausschließlichkeitsrechte eingeräumt worden waren, hohe Marktzutrittsschranken bestehen. Solche Märkte erfordern grundsätzlich eine relativ intensive hoheitliche Regulierung[17]. Erstens ist jedoch davon auszugehen, dass solche hohen Marktzutrittsschranken im Regelfall nicht nur in spezialgesetzlich geregelten Branchen, sondern auch bei den dem allgemeinen Kartellrecht unterfallenden monopolistischen Güteranbietern bestehen können, wenn diese vertikal integriert sind[18]. Darüber hinaus bleibt den branchenspezifischen Regelungen vorzuwerfen, dass sie den o.g. Einzelfallcharakter konkurrentennütziger Kontrahierungspflichten nicht berücksichtigen, sodass divergierende Abwägungsergebnisse möglich sind.

- Die letztgenannte Kritik an der speziellen Kartellrechtslage wiegt umso schwerer, wenn konkurrentennützige Kontrahierungspflichten auch für Unternehmen bestehen, die **nicht** iSd allgemeinen Kartellrechts **marktbeherrschend** sind (so bei Art. 17 EltRL, § 6 EnWG, wobei hier allerdings natürliche Monopole vorliegen könnten) bzw. bereits für Unternehmen, die im Sinne des gemeinschaftlichen und zukünftigen deutschen Telekommunikationsrechts den „Zugang zu den Endnutzern kontrollieren", also sog. Teilnehmernetze betreiben[19]. Da auf Märkten, die nicht von einem Marktbeherrscher dominiert werden, grundsätzlich kein verfassungsmäßiges Allgemeininteresse daran besteht, Wettbewerb herzustellen, dürfen das Berufs- und Eigentumsgrundrecht eines Verbotsadressaten zumindest aus diesem Grund nicht in dem gleichen Maße eingeschränkt

[17] Vgl. hierzu nur *Fehling* AöR 121 (1996) 59, 75ff; *Klimisch/Lange* WuW 1998, 15, 16ff; *vWeizsäcker* WuW 1997, 572ff jeweils m.w.N.

[18] Vgl. auch *Bunte* WuW 1997, 302, 306ff; *Klimisch/Lange* WuW 1998, 15, 21f.

[19] Vgl. zur Kritik auch *Nolte* BB 1996, 2629, 2632 m.w.N.

werden wie bei einem Marktbeherrscher, dessen Eigentum insoweit einer besonderen Sozialbindung unterliegt[20].

- Zwar treffen die o.g. Bedenken nicht in gleichem Maße auf **§ 19 Abs. 4 Nr. 4 GWB** sowie die ***„essential facilities-doctrine“*** der Europäischen Kommission zu. In den Tatbestandsvoraussetzungen dieser Norm bzw. der Auslegungspraxis der Kommission zu Art. 82 EG kann der vorübergehende Charakter konkurrentennütziger Kontrahierungspflichten nämlich wie folgt bei der Auslegung berücksichtigt werden: Dem Normbegünstigten ist es nur so lange iSd § 19 Abs. 4 Nr. 4 GWB nicht möglich, als Wettbewerber des marktbeherrschenden Unternehmens tätig zu werden bzw. die zu überlassenden Einrichtungen sind nur so lange iSd *„essential facilities-doctrine“* „wesentlich“, bis Wettbewerb besteht. Des Weiteren kann nach § 19 Abs. 4 Nr. 4 GWB wie bei § 20 Abs. 1 GWB die Interessenlage der betroffenen Parteien im Einzelfall dann berücksichtigt werden, wenn der Marktbeherrscher geltend macht, eine Mitbenutzung seiner Infrastruktureinrichtung durch einen Konkurrenten sei ihm „aus betriebsbedingten oder sonstigen Gründen nicht möglich oder nicht zumutbar“.

  Allerdings geht auch § 19 Abs. 4 Nr. 4 GWB im Grundsatz von einer konkurrentennützigen Kontrahierungspflicht aus. Dies wird daraus deutlich, dass die Beweislast für die Unzumutbarkeit der Kontrahierungspflicht gemäß § 19 Abs. 4 Nr. 4, letzter HS GWB ausdrücklich das marktbeherrschende Unternehmen trägt. Auch die *„essential facilities-doctrine“* wurde von der Europäischen Kommission so angewendet, dass ein Unternehmen, das über eine wesentliche Einrichtung verfügt, grundsätzlich zu deren konkurrentennütziger Überlassung verpflichtet ist. Diese Wertentscheidung ist auch bei der Beurteilung von Kontrahierungsverweigerungsgründen zu berücksichtigen. Die Anwendung des § 19 Abs. 1, 4 Nr. 4 GWB bzw. der *„essential facilities-doctrine“* kann daher zu einem anderen Entscheidungsergebnis führen als § 20 Abs. 1 GWB bzw. Art. 82 EG[21].

  Eine unterschiedliche rechtliche Beurteilung bei der Anwendung zweier in Anwendungsbereich und Tatbestandsvoraussetzungen ähnlichen Vorschriften des GWB bzw. des allgemeinen gemeinschaftlichen Kartellrechts

---

[20] Vgl. zur besonderen Sozialpflichtigkeit des Eigentums eines Monopolisten, auf das Newcomer angewiesen sind, im deutschen und gemeinschaftlichen „Verfassungsrecht“ oben 2. Abschnitt D.III.2c)bb)ccc) bzw. 3. Abschnitt B.IV.2c)bb)ccc).

[21] Vgl. insoweit auch die Kritik an der *„essential facilities-doctrine“* von *Fleischer/Weyer* WuW 1999, 350, 355. GK-*Leo* (zu § 19 GWB, Rz. 2363, 2376) legt aus den hier genannten Gründen § 19 Abs. 4 Nr. 4 GWB – entgegen dem Wortlaut – gerade so aus, dass der Marktbeherrscher *nur ausnahmsweise* zur Überlassung seiner Infrastruktureinrichtung verpflichtet ist.

lässt sich im Gegensatz zum speziellen (Elektrizitäts- oder Telekommunikations-) Kartellrecht auch nicht mit den spezifischen Besonderheiten der jeweiligen Branche erklären. Insbesondere das Argument der typischerweise besonders hohen Marktzutrittsschranken kann eine abweichende Beurteilung in den Fällen des § 19 Abs. 4 Nr. 4 GWB bzw. der *„essential facilities-doctrine“*, in denen die Überlassung des jeweiligen Gutes für den Nachfrager „wesentlich“ ist, nicht rechtfertigen. Die in dieser Untersuchung vorgenommene Auslegung des § 20 Abs. 1 GWB bzw. Art. 82 EG gilt nämlich auch für diejenigen Fälle, in denen das begehrte Gut in diesem Sinne „wesentlich“ ist, und führt dennoch zu anderen Abwägungsergebnissen. Entscheidungserheblich waren insoweit die o.g. verfassungsrechtlichen Vorgaben, nach denen (auch) einem marktbeherrschenden Unternehmen wegen seiner hierdurch tangierten Grundrechte nicht uneingeschränkt und nur nach einer Interessenabwägung im Einzelfall konkurrentennützige Verhaltenspflichten auferlegt werden dürfen[22].

II. Widerspruch gegen die deutsche und gemeinschaftliche Wettbewerbspolitik

Regelungen, die marktbeherrschende Unternehmen grundsätzlich zur konkurrentennützigen Kontrahierung verpflichten, widersprechen darüber hinaus der aktuellen deutschen und gemeinschaftlichen Wettbewerbspolitik:

Diese vertraut auf die Selbstregulierungskräfte des Marktes und beschränkt hoheitliche Eingriffe auf das Maß, das zur Wiederherstellung der wettbewerblichen Dynamik erforderlich ist[23]. Dieser grundsätzlichen Wertentscheidung, die die unternehmerische Freiheit (auch) marktbeherrschender Unternehmen berücksichtigt, wird durch die allgemeinen Missbrauchsvorschriften und eine Interessenabwägung im Einzelfall eher Rechnung getragen als durch die hier untersuchten spezialgesetzlichen Vorschriften, die einen Marktbeherrscher grundsätzlich zu einer konkurrentennützigen Kontrahierung verpflichten[24]. In diesem Fall besteht die Gefahr, dass die Anreize für Unternehmen, in „wesentliche Einrichtungen“ zu investieren und als „Pi-

[22] Vgl. insoweit auch die Kritik von *Cornils* NJW 2001, 3758, 3759f bzw. speziell zur *„essential facilities-doctrine“* der Kommission von *Fleischer/Weyer* WuW 1999, 350, 355f sowie von *Mailänder* in: FS Schmidt, S. 271, 276, 283, 287.

[23] Vgl. hierzu oben 1. Abschnitt C.II.

[24] Vgl. auch die Kritik von *Fleischer/Weyer* WuW 1999, 350, 356f, von *Mailänder* in: FS Schmidt, S. 271, 286f, sowie von *Treacy* ECLR 1998, 501, 503ff.

oniere“ vorzustoßen, verloren gehen[25]. Das Gleiche gilt für § 19 Abs. 1, 4 Nr. 4 GWB und die Auslegungspraxis nach der „*essential facilities-doctrine*“.

III. § 19 Abs. 1, 4 Nr. 4 GWB erfasst nicht sämtliche Sachverhalte

Ein weiterer Kritikpunkt an der speziellen kartellrechtlichen Lage betrifft § 19 Abs. 1, 4 Nr. 4 GWB:

Angesichts der Vielzahl der Fälle, in denen ein wettbewerbsherstellender Kontrahierungszwang in Betracht kommt, ist nicht von vornherein ersichtlich, ob § 19 Abs. 4 Nr. 4 GWB, der nur für „Netze“ und „andere Infrastruktureinrichtungen“ gilt, sämtliche praxisrelevanten Sachverhalte abdeckt[26]. § 20 Abs. 1 GWB schränkt die für den Nachfrager „wesentlichen“ Güter insoweit nicht ein und ist neben § 19 Abs. 4 Nr. 4 GWB gleichrangig anwendbar[27].

Außerdem gilt das allgemeine Missbrauchsverbot nach den hier gefundenen Ergebnissen auch für solche Güter, an denen gewerbliche Schutzrechte bestehen. Demgegenüber sollen derartige Ansprüche nach der Begründung des Gesetzentwurfs nicht von § 19 Abs. 4 Nr. 4 GWB erfasst werden[28]. Wie jedoch einige bereits von den Gemeinschaftsgerichten und dem BGH entschiedenen Fälle verdeutlichen, kann auch die Weigerung, gewerblich geschützte Güter einem Konkurrenten zu überlassen, die Entstehung von Wettbewerb erheblich behindern[29]. Eine kartellrechtliche Kontrolle, ob eine sol-

---

[25] Vgl. auch Generalanwalt Jacobs in seinen Schlussanträgen zu Rs. C-7/97, Slg. 1998, 7794, 7811ff (Bronner); *Bergman* ECLR 2000, 59, 62f m.w.N.; *Koenig/Loetz* EWS 2000, 377, 383; *Stothers* ECLR 2001, 256, 260f.

[26] *Klimisch/Lange* WuW 1998, 15, 21f. Vgl. auch *Dreher* DB 1999, 833, 834; *Haus*, S. 69ff m.w.N.

[27] OLG Düsseldorf, 5.12.2001, U (Kart) 34/01, GRUR-RR 2002, 176, 179. *Markert* in I/M zu § 20 GWB, Rz. 163 m.w.N.

[28] RegBegr. zum Entwurf der 6. GWB-Novelle, BT-Drs. 13/9720, S. 79f; Beschluss des Ausschusses für Wirtschaft, BT-Drs. 13/10633, S. 72.

[29] Vgl. aus der Entscheidungspraxis nur die Entscheidung der Kommission 89/205/EWG vom 21.12.1988, ABl. EG 1989 Nr. L 78, S. 43ff (Magill TV Guide/ITP, BBC und RTE); Entscheidung 2002/165/EG vom 3.7.2001, ABl. EG 2002 Nr. L 59, S. 18ff (NDC Health/IMS Health); EuG, 10.7.1991, Rs. T-69/89, Slg. 1991 II 485ff (RTE/Kommission); EuG, 10.7.1991, Rs. T-70/89, Slg. 1991 II 535ff (BBC/Kommission); EuG, 10.7.1991, Rs. T-76/89, Slg. 1991 II 575ff (ITP/Kommission); EuGH, 6.4.1995, verb. Rs. C-241 und C-242/91 P, Slg. 1995, 743ff (Magill II). Vgl. auch BGH, 15.11.1994, KVR 29/93, BGHZ 128, 17ff (Gasdurchleitung).

che Lieferverweigerung gegen das Missbrauchsverbot verstößt, ist daher angezeigt[30].

Die Kartellrechtslage wird somit durch die Spezialvorschrift des § 19 Abs. 4 Nr. 4 GWB nicht vereinfacht; auf diese Fälle ist weiterhin § 20 Abs. 1 GWB anzuwenden[31].

IV. Abschließend ist daher für kartellrechtliche Maßnahmen, mit denen Wettbewerb auf monopolistisch strukturierten Märkten hergestellt werden soll, Folgendes festzustellen:

Die EG und die Mitgliedstaaten müssen gemäß Art. 4 Abs. 1 EG eine offene Marktwirtschaft mit freiem Wettbewerb gewährleisten. Diese Letztverantwortung verpflichtet sie, ihr Kartellrecht dementsprechend anzuwenden und auszulegen. Die bisher getroffenen Spezialregelungen für einen wettbewerbsherstellenden Kontrahierungszwang im GWB bzw. eine spezielle Auslegungspraxis des Art. 82 EG mit Hilfe der *„essential facilities-doctrine"* sind insoweit mangels Erforderlichkeit und gebotener Rechtsklarheit sowie aufgrund verfassungsrechtlicher Erwägungen abzulehnen.

Wettbewerbsherstellende Kontrahierungszwänge sind unter den hier festgestellten Voraussetzungen bereits gemäß § 20 Abs. 1 GWB und Art. 82 EG kartellrechtmäßig. Des Weiteren entsprechen diese Regelungen des allgemeinen Kartellrechts den zwingenden verfassungsrechtlichen Vorgaben, da sie das Monopolunternehmen im Gegensatz zu den hier untersuchten Spezialregelungen und § 19 Abs. 1, 4 Nr. 4 GWB nur nach einer Interessenabwägung im Einzelfall zu einer konkurrentennützigen Kontrahierung verpflichten und so die Schranken seiner betroffenen Grundrechte einhalten.

Die Rechtslage im deutschen Kartellrecht wird durch den Spezialtatbestand des § 19 Abs. 4 Nr. 4 GWB auch nicht vereinfacht, da die Feststellung eines Machtmissbrauchs wie bei § 20 Abs. 1 GWB eine Abwägung der Interessen der betroffenen Unternehmen unter Berücksichtigung der Zumutbarkeit eines Kontrahierungszwangs voraussetzt und somit dem zuständigen Kartellgericht bzw. der zuständigen Kartellbehörde keine Feststellungen erspart[32].

Außerdem decken die Missbrauchstatbestände des allgemeinen Kartellrechts im Gegensatz zu den speziellen Regelungen, zu denen insoweit auch

---

[30] Ebenso *Casper* ZHR 166 (2002) 685, 695ff, 704f; *Stothers* ECLR 2001, 256, 261f.

[31] Vgl. auch *Bunte* WuW 1997, 302, 316, 318; *Klimisch/Lange* WuW 1998, 15, 21f.

[32] Vgl. auch die Kritik von *Bunte* WuW 1997, 302, 316, 318; *Klimisch/Lange* WuW 1998, 15, 21f.

§ 19 Abs. 1, 4 Nr. 4 GWB zählt, sämtliche Sachverhaltskonstellationen ab, in denen sich die Problematik der Herstellung von Wettbewerb stellt[33].

Hoheitliche Eingriffe in den Markt zu Lasten marktbeherrschender Unternehmen gemäß § 20 Abs. 1 GWB bzw. Art. 82 EG verletzen im Gegensatz zu den hier untersuchten spezialgesetzlichen Regelungen auch nicht das Wettbewerbsleitbild des GWB und des EG-Vertrages, das auf möglichst vollständige Selbstregulierung der Märkte angelegt ist. Der Monopolist hat durch seine Weigerung, ein für die Marktteilnahme eines Newcomer-Konkurrenten wesentliches Gut zu überlassen, die wettbewerbliche Dynamik außer Kraft gesetzt. Der kartellaufsichtliche Kontrahierungszwang gemäß § 20 Abs. 1 GWB bzw. Art. 82 EG greift lediglich so weit und so lange in den Markt ein, bis diese Dynamik wiederhergestellt ist, da der Newcomer-Konkurrent den Vorsprung des (bisherigen) Monopolisten einholen und sich der betreffende Markt (wieder) selbst regulieren kann. Der hoheitliche Eingriff in die „offene Marktwirtschaft mit freiem Wettbewerb" iSd Art. 4 Abs. 1 EG beschränkt sich somit angesichts der unternehmerischen Freiheit, die (auch) marktbeherrschenden Unternehmen zuzuerkennen ist, auf das Maß, das zur (Wieder-) Herstellung wettbewerblicher Verhältnisse erforderlich ist. Demgegenüber stellt der Zwang zur Kontrahierung in den hier untersuchten spezialgesetzlichen Vorschriften und § 19 Abs. 1, 4 Nr. 4 GWB sowie der *„essential facilities-doctrine"* nicht die Ausnahme, sondern den Regelfall dar. Es besteht daher bei der Anwendung dieser Vorschriften die Gefahr, dass - im Widerspruch zu der aktuellen deutschen und gemeinschaftlichen Wettbewerbspolitik - stärker in den Markt eingegriffen wird, als es zur (Wieder-) Herstellung von Wettbewerb notwendig wäre. Die Marktteilnehmer verlieren hierdurch den für die wettbewerbliche Dynamik wesenseigenen Anreiz, ihre Leistungen zu verbessern und als „Pioniere" auf dem Markt vorzustoßen[34].

Insgesamt lässt sich daher feststellen, dass § 20 Abs. 1 GWB auch nach In-Kraft-Treten des § 19 Abs. 4 Nr. 4 GWB weiterhin einen eigenen Anwendungsbereich behält, der für die von der EG und den Mitgliedstaaten gemäß Art. 4 Abs. 1 EG[35] vorzunehmenden kartellaufsichtlichen Maßnahmen zur Herstellung von Wettbewerb von erheblicher Bedeutung ist. Das Gleiche gilt für die hier vorgenommene Auslegung des Art. 82 EG, selbst wenn die *„es-*

---

[33] *Klimisch/Lange* WuW 1998, 15, 21f.

[34] Vgl. auch die Befürchtungen von Generalanwalt Jacobs in seinen Schlussanträgen zu Rs. C-7/97, Slg. 1998, 7794, 7811ff (Bronner); *Bergman* ECLR 2000, 59, 62f m.w.N.; *Doherty* CMLR 2001, 397, 435f.

[35] Diese Vorschrift soll auch zukünftig nicht geändert werden, s. Art. III-69 Abs. 1 iVm Art. I-3 Abs. 3, Art. III-77 Abs. 1 des Entwurfs eines Vertrags über eine Verfassung für Europa vom 18.7.2003, ABl. EG 2003 Nr. C 169, S. 1, 9, 39, 42. Die hierauf gestützten Schlussfolgerungen gelten daher auch für die künftige Rechtslage.

sential facilities-doctrine" zukünftig regelmäßig angewendet oder auf weitere Sachverhalte ausgedehnt werden sollte. Die bisher erlassenen Spezialvorschriften bzw. speziellen Auslegungspraktiken im allgemeinen Kartellrecht berücksichtigen die o.g. zwingenden Vorgaben nicht und sind deshalb insoweit nicht geeignet, Wettbewerb auf monopolistisch strukturierten Märkten herzustellen.

Auch neu zu erlassende Spezialvorschriften für die Überlassung wesentlicher Güter sind anhand der hier für das allgemeine Kartellrecht entwickelten Voraussetzungen und Schranken eines konkurrentennützigen Kontrahierungszwangs zu beurteilen, wenn die EG und die Mitgliedstaaten ihrer Letztverantwortung iSd Art. 4 Abs. 1 EG[36] nachkommen, eine offene Marktwirtschaft mit freiem Wettbewerb zu gewährleisten.

---

[36] Wie vorige Fn.

Literaturverzeichnis

Arbeitskreis Kartellrecht des Bundeskartellamtes, Das Kartellverbot und seine Ausnahmen - Unternehmenskooperationen im Spannungsfeld zwischen nationalem und europäischem Wirtschaftsrecht, Arbeitspapier zu der Tagung des Arbeitskreises Kartellrecht im Oktober 1994.

Arbeitskreis Kartellrecht des Bundeskartellamtes, Wettbewerbspolitische und kartellrechtliche Fragen der Probleme der Liberalisierung von Bahn, Post und Telekommunikation, Arbeitspapier zu der Tagung des Arbeitskreises Kartellrecht im Oktober 1995.

Arbeitskreis Kartellrecht des Bundeskartellamtes, Zugang zu Netzen und anderen wesentlichen Einrichtungen als Bestandteil der kartellrechtlichen Missbrauchsaufsicht, Arbeitsunterlage für die Sitzung des Arbeitskreises Kartellrecht im Oktober 1997.

Arndt, Helmut, Wettbewerb der Nachahmer und schöpferischer Wettbewerb, in: Wettbewerbstheorie (Hrsg. Herdzina, Klaus), Köln 1975, S. 246.

Arndt, Helmut, Macht und Wettbewerb, in: Handbuch des Wettbewerbs (Hrsg. Cox, Helmut/Jens, Uwe/ Markert, Kurt), München 1981, S. 49.

Bacon, Kelyn, State Regulation of the Market and E.C. Competition Rules: Articles 85 and 86 Compared, ECLR 1997, S. 283.

Badura, Peter, Wandlungen der europäischen Wirtschaftsverfassung, EuR 2000, Beiheft 1, S. 45.

Bain, Joe S., Industrielle Organisation: Funktionsfähiger Wettbewerb und strukturelle Bedingungen für funktionsfähigen Wettbewerb, in: Wettbewerbstheorie (Hrsg. Herdzina, Klaus), Köln 1975, S. 179.

Bartholomeyczik, Horst, Wann aktualisiert sich der potentielle Wettbewerb für die Rechtsanwendung?, WuW 1971, S. 764.

Bartling, Hartwig, Leitbilder der Wettbewerbspolitik, München 1980.

Bartling, Hartwig, Schlussfolgerungen aus Entwicklungstendenzen der Wettbewerbstheorie für die Wettbewerbspolitik, WuW 1993, S. 16.

Bartling, Hartwig, Von der Wettbewerbstheorie zur Theorie der Wettbewerbspolitik, in: Festschrift für Ingo Schmidt „Wettbewerbspolitik im Spannungsfeld nationaler und internationaler Kartellrechtsordnungen" (Hrsg. Kruse, Jörn/ Stockmann, Kurt/ Vollmer, Lothar), Baden-Baden 1997, S. 17.

Bartosch, Andreas, Das neue EG-Telekommunikationsrecht - Welche Hilfe bietet Art. 90 Abs. 2 EGV den ehemaligen Monopolunternehmen?, K & R 1998, S. 519.

Basedow, Jürgen, Deregulierung I, EuZW 1990, S. 73.

Basedow, Jürgen, Von der deutschen zur europäischen Wirtschaftsverfassung, Tübingen 1992.

Baur, Jürgen F., Sinn und Unsinn einer Energierechtsreform, in: Festschrift für Rudolf Lukes (Hrsg. Leßmann, Herbert/ Großfeld, Bernhard/ Vollmer, Lothar), Köln, Berlin, Bonn, München 1989, S. 253.

Baur, Jürgen F., Schadensersatz- und Unterlassungsansprüche bei Verstößen gegen die Kartellvorschriften des EWG-Vertrags, EuR 1988, S. 257.

Baur, Jürgen F., Die politische Einigung über die Elektrizitäts-Binnenmarkt-Richtlinie, et 1996, S. 474.

Baur, Jürgen F., Schicksal der Lieferverträge nach Wegfall der Ausschließlichkeitsabrede, RdE 1997, S. 41.

Bechtold, Rainer, Zur Abgrenzung des relevanten Marktes, in: Festschrift für Otto-Friedrich Frhr. v. Gamm (Hrsg. Erdmann, Willi/ Mees, Hans-Kurt/ Piper, Henning/ Teplitzky, Otto/ Hefermehl, Wolfgang Hefermehl/ Ulmer, Peter), Köln, Berlin, Bonn, München 1990, S. 537.

Bechtold, Rainer, GWB, Kartellgesetz, Gesetz gegen Wettbewerbsbeschränkungen, 3. Aufl., München 2002.

Bechtold, Rainer, Anmerkung zu dem Urteil OLG Karlsruhe, 12.4.1995, Az. 6 U 207/94, BB 1995, S. 1867.

Bechtold, Rainer, Anmerkung zu dem Urteil EuGH, 6.4.1995, Rs. C-241 und 242/91 P, EuZW 1995, S. 345.

Bechtold, Rainer, Die politische Einigung über die Elektrizitäts-Binnenmarkt-Richtlinie, et 1996, S. 475.

Bechtold, Rainer, Zum Referenten-Entwurf der 6. GWB-Novelle, BB 1997, S. 1853.

Bechtold, Rainer, Das neue Kartellgesetz, NJW 1998, S. 2769.

Becker-Çelik, Astrid, Europäisches Wettbewerbsrecht - ein Konzept?, EWS 1997, S. 334.

Behrens, Friedrich-Stephan, Der Wettbewerbsbegriff des Gesetzes gegen Wettbewerbsbeschränkungen, NJW 1958, S. 481.

Behrens, Peter, Das Wirtschaftsrecht des Europäischen Binnenmarktes, Jura 1989, S. 561.

Beier, Friedrich-Karl, Missbrauch einer beherrschenden Stellung durch Ausübung gewerblicher Schutzrechte?, in: Festschrift für Karlheinz Quack (Hrsg. Westermann, Harm Peter/ Rosener, Wolfgang), Berlin, New York 1991, S. 15.

Belke, Rolf, Die Geschäftsverweigerung im Recht der Wettbewerbsbeschränkungen, Tübingen 1966.

Benkard-Bearbeiter, Patentgesetz, Gebrauchsmustergesetz, Kurz-Kommentar (begründet von Benkard, Georg; fortgeführt von Bruchhausen, Karl/

Rogge, Rüdiger/ Schäfers, Alfons/ Ullmann, Eike), 9. Aufl., München 1993.

Berg, Hartmut, Wettbewerb als dynamischer Prozeß: Idealtypus und Realität, in: Festschrift für Werner Benisch „Wettbewerb als Herausforderung und Chance“ (Hrsg. Andreae, Clemens-August/ Kirchhoff, Jochen/ Pfeiffer, Gerd), Köln, Berlin, Bonn, München, 1989, S. 27.

Bergman, Mats A., The Bronner Case - A Turning Point for the Essential Facilities Doctrine?, ECLR 2000, S. 59.

Berschin, Felix, Zur Trennung von Netz und Betrieb der Deutschen Bahn AG aufgrund des europäischen Eisenbahnpakets, DVBl. 2002, S. 1079.

Birk, Axel, Belieferungsansprüche bei Verstoß gegen Art. 81 EG? EWS 2000, S. 485.

Bleckmann, Albert, Der Vertrag über die Europäische Union, DVBl. 1992, S. 335.

Böge, Ulf, Die leitungsgebundene Energiewirtschaft zwischen klassischer Wettbewerbsaufsicht und Regulierung, in: Festschrift für Jürgen F. Baur (Hrsg. Büdenbender, Ulrich/ Kühne, Günther), Baden-Baden 2002, S. 399.

Böge, Ulf/ Lange, Markus, Die zukünftige Energiemarkt-Regulierung im Lichte der Erfahrungen und der europarechtlichen Vorgaben, WuW 2003, S. 870.

Böhm, Franz, Verstößt ein gesetzliches Kartellverbot gegen das Grundgesetz? WuW 1956, S. 173.

Britz, Gabriele, Elektrizitätsbinnenmarkt-Richtlinie und Umsetzung ins deutsche Recht, EuZW 1997, S. 334.

Britz, Gabriele, Öffnung der Europäischen Strommärkte durch die Elektrizitätsbinnenmarktrichtlinie? RdE 1997, S. 85.

Brugger, Gustav, Zur Auslegung des § 1 GWB, WuW 1959, S. 467.

Büchner, Lutz Michael, Liberalisierung und Regulierung im Post- und Telekommunikationssektor, CR 1996, S. 581.

Büdenbender, Ulrich, Energierecht nach der Energierechtsreform, JZ 1999, S. 62.

Büdenbender, Ulrich, Durchleitungen in der Elektrizitätswirtschaft und Eigentumsschutz, WuW 2000, S. 119.

Bunte, Hermann-Josef, Ein Votum für eine 6. GWB-Novelle, WuW 1994, S. 5.

Bunte, Hermann-Josef, 6. GWB-Novelle und Missbrauch wegen Verweigerung des Zugangs zu einer "wesentlichen Einrichtung", WuW 1997, S. 302.

Burchard, Friedrich von, Third Party Access and European Law, EuZW 1992, S. 693.

Carlhoff, Ulrich, Das Diskriminierungsverbot nach § 26 Abs. 2 GWB in der Rechtsprechung des Bundesgerichtshofs, Köln 1988.

Casper, Matthias, Die wettbewerbsrechtliche Begründung von Zwangslizenzen, ZHR 166 (2002), S. 685.

Clapham, Ronald, Das wettbewerbspolitische Konzept der Wettbewerbsfreiheit, in: Handbuch des Wettbewerbs (Hrsg. Cox, Helmut/Jens, Uwe/ Markert, Kurt), München 1981, S. 129.

Clark, John M., Toward A Concept Of Workable Competition, AER 30 (1940), S. 241.

Clark, John M., Wettbewerb und die Ziele der Wirtschaftspolitik: Wettbewerb als dynamischer Prozess, in: Wettbewerbstheorie (Hrsg. Herdzina, Klaus), Köln 1975, S. 269.

Cornils, Matthias, Vertragsfreiheit und kartellrechtlicher Kontrahierungszwang, NJW 2001, S. 3758.

Cox, Helmut/ Hübener, Harald, Wettbewerb. Eine Einführung in die Wettbewerbstheorie und Wettbewerbspolitik, in: Handbuch des Wettbewerbs, (Hrsg. Cox, Helmut/Jens, Uwe/ Markert, Kurt), München 1981, S. 1.

Cremer, Hans-Joachim, Europäische Hoheitsgewalt und deutsche Grundrechte, Der Staat 1995, S. 268.

Crowther, Peter, Compulsory Licensing of Intellectual Property Rights, E.L.Rev. 20 (1995), S. 521.

Daiber, Hermann, Wasserpreise und Kartellrecht, WuW 1996, S. 361.

Dauses, Manfred A., Der Schutz der Grundrechte in der Europäischen Gemeinschaft, JöR 31 (1982), S. 1.

Dauses, Manfred A., Eine Lanze für "Solange III", EuZW 1997, S. 705.

Dauses-Bearbeiter, Handbuch des EG-Wirtschaftsrechts (Hrsg. Dauses, Manfred A.), München, Stand: April 2003.

Deregulierungskommission, Bericht der Deregulierungskommission, Unabhängige Expertenkommission zum Abbau marktwidriger Regulierungen, Marktöffnung und Wettbewerb, Stuttgart, 1991.

Deselaers, Wolfgang, Die "Essential Facilities" - Doktrin im Lichte des Magill-Urteils des EuGH, EuZW 1995, S. 563.

Doherty, Barry, Just what are essential facilities?, CMLR 2001, S. 397.

Donges, Juergen B., Für offene und wettbewerbsorientierte Märkte in der Europäischen Union, in: EU-Regierungskonferenz '96, Perspektiven für die Wettbewerbsfähigkeit Europas, Referate des XXIX. FIW-Symposions, FIW-Schriftenreihe Heft 169, Köln, Berlin, Bonn, München 1996, S. 47.

Dreher, Meinrad, Das deutsche Kartellrecht vor der Europäisierung, WuW 1995, S. 881.

Dreher, Meinrad, Der Rang des Wettbewerbs im europäischen Gemeinschaftsrecht, WuW 1998, S. 656.

Dreher, Meinrad, Die Verweigerung des Zugangs zu einer wesentlichen Einrichtung als Missbrauch der Marktbeherrschung, DB 1999, S. 833.

Ebel, Hans-Rudolf, Gleichartigkeit von Unternehmen im Rahmen des Diskriminierungsverbots des § 26 Abs. 2 GWB, DB 1977, S. 1781.

Ebel, Hans-Rudolf, Durchleitung von Strom und Gas nach § 103 GWB, WuW 1994, S. 731.

Ebenroth, Carsten Thomas/ Hübschle, Wolfgang, Gewerbliche Schutzrechte und Marktaufteilung im Binnenmarkt der Europäischen Union, Heidelberg 1994.

Eckert, Lutz, Die Vorschläge der EG-Kommission zu "Third Party Access" in der Gaswirtschaft, RdE 1992, S. 56.

Edward, David/ Hoskins, Mark, Article 90: Deregulation and EC Law. Reflections arising from the XVI FIDE Conference, CMLR 1995, S. 157.

Edwards, Corvin D., Die Erhaltung des Wettbewerbs: Das Ziel, in: Wettbewerbstheorie (Hrsg. Herdzina, Klaus), Köln 1975, S. 215.

Ehle, Dirk, Anmerkung zu dem Urteil EuGH, 26.11.1998, Rs. C-7/97 ("Bronner"), EuZW 1999, S. 89.

Ehlermann, Claus-Dieter, EG-Binnenmarkt für die Energiewirtschaft, EuZW 1992, S. 689.

Ehlermann, Claus-Dieter, Der Beitrag der Wettbewerbspolitik zum Europäischen Binnenmarkt, WuW 1992, S. 5.

Ehlermann, Claus-Dieter, Die vorgesehenen Regelungen zur Strom- und Gasdurchleitung (TPA) als Verwirklichung der Wettbewerbsvorschriften des EWG-Vertrages, RdE 1993, S. 41.

Ehlermann, Claus-Dieter, Zur Wettbewerbspolitik und zum Wettbewerbsrecht der Europäischen Union, in: Vorträge und Berichte des Zentrums für Europäisches Wirtschaftsrecht der Universität Bonn Nr. 35, Bonn 1994.

Eiermann, Rudolf, Die Benutzung der Eisenbahninfrastrukturen durch Eisenbahnverkehrsunternehmen, NJW 1998, S. 1846.

Ekkenga, Jens/ Hopf, Thomas, Zur kartellrechtlichen Erzwingbarkeit von Kooperationen im Flugverkehr, BB 1991, S. 1134.

Emmerich, Volker, Kartellrecht, 9. Aufl., München 2001.

Emmerich, Volker, Die höchstrichterliche Rechtsprechung zum Diskriminierungsverbot (§ 26 Abs. 2 GWB), AG 1976, S. 57, 92.

Emmerich, Volker, Die deutsche Versorgungswirtschaft in der Wettbewerbsordnung der Europäischen Gemeinschaft, in: Festschrift für Otto-Friedrich Frhr. v. Gamm (Hrsg. Erdmann, Willi/ Mees, Hans-Kurt/ Piper, Henning/

Teplitzky, Otto/ Hefermehl, Wolfgang/ Ulmer, Peter), Köln, Berlin, Bonn, München 1990, S. 581.

van der Esch, Bastiaan, Der Stellenwert des unverfälschten Wettbewerbs in der Rechtsprechung des Europäischen Gerichtshofs und der Verwaltungspraxis der Kommission, WuW 1988, S. 563.

Eucken, Walter, Das ordnungspolitische Problem, ORDO 1 (1948), S. 56.

Eucken, Walter, Die Wettbewerbsordnung und ihre Verwirklichung, ORDO 2 (1949), S. 1.

Everling, Ulrich, Der Beitrag des Europäischen Gerichtshofs zur Weiterentwicklung des Wettbewerbsrechts der Gemeinschaft, in: Wettbewerbspolitik an der Schwelle zum europäischen Binnenmarkt, Referate des XXII. FIW-Symposions, FIW-Schriftenreihe Heft 134, Köln, Berlin, Bonn, München 1989, S. 103.

Everling, Ulrich, Zur Wettbewerbskonzeption in der neueren Rechtsprechung des Gerichtshofs der Europäischen Gemeinschaften, WuW 1990, S. 995.

Everling, Ulrich, Der Beförderungsvorbehalt der Post und das Gemeinschaftsrecht, EuR 1994, S. 386.

Everling, Ulrich, Will Europe slip on Bananas? The Bananas Judgment of the Court of Justice and National Courts, CMLR 1996, S. 401.

Fehling, Michael, Der finanzielle Ausgleich für die Mitbenutzung fremder Infrastruktur bei Schienenwegen, Energieversorgungs- und Telekommunikationsleitungen, VerwArch 1995, S. 600.

Fehling, Michael, Mitbenutzungsrechte Dritter bei Schienenwegen, Energieversorgungs- und Telekommunikationsleitungen vor dem Hintergrund staatlicher Infrastrukturverantwortung, AöR 121 (1996), S. 59.

Fehling, Michael, Zur Bahnreform - Eine Zwischenbilanz im Spiegel erfolgreicherer „Schwesterreformen" -, DÖV 2002, S. 793.

Fikentscher, Wolfgang, Die deutsche Kartellrechtswissenschaft 1945 - 1954, WuW 1955, S. 205.

Fikentscher, Wolfgang, Neuere Entwicklungen der Theorie zum Tatbestandsmerkmal der Wettbewerbsbeschränkung § 1 GWB, WuW 1961, S. 788.

Fischötter, Werner, Gedanken zum Selektiven Vertrieb, WuW 1981, S. 478.

Fleischer, Holger/ Weyer, Hartmut, Neues zur "essential facilities"-Doktrin im Europäischen Wettbewerbsrecht, WuW 1999, S. 350.

Freitag, D., Wirksamer Wettbewerb und potentielle Konkurrenz, WuW 1971, S. 294.

Furse, Mark, The "Essential Facilities" Doctrine in Community Law, ECLR 1995, S. 469.

vGamm, Otto-Friedrich Frhr., Das Verbot einer unbilligen Behinderung und einer sachlich nicht gerechtfertigten Diskriminierung, NJW 1980, S. 2489.
vGamm, Otto-Friedrich Frhr., Wettbewerbsrecht, 5. Aufl., Köln, Berlin, Bonn, München 1987.
vGamm, Otto-Friedrich Frhr., Potentieller Wettbewerb - Substitutionswettbewerb, in: Festschrift für Gerd Pfeiffer „Strafrecht, Unternehmensrecht, Anwaltsrecht" (Hrsg. vGamm, Otto Friedrich Freiherr/ Raisch, Peter/ Tiedemann, Klaus), Köln, Berlin, Bonn, München 1988, S. 643.
Gardner, Anthony, The Velvet Revolution: Article 90 and the Triumph of the Free Market in Europe's Regulated Sectors, ECLR 1995, S. 78.
GK-Bearbeiter, Gesetz gegen Wettbewerbsbeschränkungen und Europäisches Kartellrecht, Gemeinschaftskommentar (Hrsg. Benisch, Werner), 4. Aufl., Köln, Berlin, Bonn, München 1980ff.
GK-Leo zu § 19 GWB, Gesetz gegen Wettbewerbsbeschränkungen und Europäisches Kartellrecht, Gemeinschaftskommentar (Hrsg. Hootz, Christian), 5. Aufl., Köln, Berlin, Bonn, München 2001.
Glasl, Daniel, Essential Facilities Doctrine in EC Antitrust Law: A Contribution to the Current Debate, ECLR 1994, S. 306.
Gotthold, Jürgen, Neuere Entwicklungen der Wettbewerbstheorie, ZHR 145 (1981), S. 286.
Grabenwarter, Christoph, Die Charta der Grundrechte für die Europäische Union, DVBl. 2001, S. 1.
Grabitz, Eberhard, Die verfassungsorientierte Konkretisierung wettbewerbsrechtlicher Generalklauseln, ZHR 149 (1985), S. 263.
Grabitz/Hilf-Bearbeiter, Das Recht der Europäischen Union (Hrsg. Grabitz, Eberhard/ Hilf, Meinhard), München, Stand: April 2003.
Grabitz/Hilf-Bearbeiter (Archivband), Kommentar zur Europäischen Union (Hrsg. Grabitz, Eberhard/ Hilf, Meinhard), München, Stand: Mai 1999.
Gramlich, Ludwig, Rechtsfragen bei Zusammenschaltungsvereinbarungen, CR 1997, S. 65.
Gramlich, Ludwig, Entwicklungen der staatlichen Wirtschaftsaufsicht: Das Telekommunikationsrecht als Modell? VerwArch 1997, S. 598.
Gramlich, Ludwig, Ende gut, alles gut? Anmerkungen zum neuen Postgesetz, NJW 1998, S. 866.
von der Groeben, Hans, Wettbewerbspolitik in der Europäischen Wirtschaftsgemeinschaft, WuW 1961, S. 373.
von der Groeben, Hans, Die Aufgaben der Wettbewerbspolitik im Gemeinsamen Markt und in der Atlantischen Partnerschaft, WuW 1964, S. 1001.
Groger, Thomas/ Janicki, Thomas, Weiterentwicklung des Europäischen Wettbewerbsrechts, WuW 1992, S. 991.

Gröner, Helmut/ Knorr, Andreas, Die Liberalisierung der Postdienste in der EU, EWS 1996, S. 225.
Grzeszick, Bernd, Versteigerung knapper Telekommunikationslizenzen, DVBl. 1997, S. 878.
GTE-Bearbeiter, Kommentar zum EU-/EG-Vertrag (Hrsg. von der Groeben, Hans/ Thiesing, Jochen/ Ehlermann, Claus-Dieter), 5. Aufl., Baden-Baden 1997/1999.
Günther, Eberhard, Entwurf eines deutschen Gesetzes gegen Wettbewerbsbeschränkungen, WuW 1951, S. 17.
Günther, Eberhard, Das neue Kartellgesetz und seine Auswirkungen auf die Unternehmen, WuW 1957, S. 677.
Günther, Eberhard, Wettbewerbsfreiheit und Unternehmertum, WuW 1958, S. 379.
Günther, Eberhard, Die ordnungspolitischen Grundlagen des EWG-Vertrages, WuW 1963, S. 191.

Hancher, Leigh, Case C-320/91, Procureur du Roi v. Paul Corbeau, Judgment of the full Court, 19 May 1993, CMLR 1994, S. 105.
Hansen, Knud, Wettbewerbspolitik und Strukturpolitik - das Beispiel des GWB, WuW 1989, S. 376.
Harms, Wolfgang, Fehlentwicklungen der Wettbewerbspolitik gegenüber marktbeherrschenden Unternehmen, in: Schwerpunkte des Kartellrechts 1981/82, FIW-Schriftenreihe Heft 103, Köln, Berlin, Bonn, München 1983, S. 95.
Haus, Florian C., Zugang zu Netzen und Infrastruktureinrichtungen, Köln, Berlin, Bonn, München 2002.
von Hayek, Friedrich A., Marktwirtschaft und Wirtschaftspolitik, ORDO 6 (1954), S. 3.
von Hayek, Friedrich A., Der Wettbewerb als Entdeckungsverfahren, in: Freiburger Studien, Gesammelte Aufsätze, 2. Aufl., Tübingen 1994, S. 249.
Hefermehl, Wolfgang, Zur Anwendung des § 26 Abs. 2 GWB auf selektive Vertriebssysteme, GRUR 1975, S. 275.
Heintzen, Markus, Gemeineuropäisches Verfassungsrecht in der Europäischen Union, EuR 1997, S. 1.
Helmstädter, Ernst, Was ist Dynamischer Wettbewerb?, in: Festschrift für Werner Benisch „Wettbewerb als Herausforderung und Chance" (Hrsg. Andreae, Clemens-August/ Kirchhoff, Jochen/ Pfeiffer, Gerd), Köln, Berlin, Bonn, München 1989, S. 17.
Herdzina, Klaus, Möglichkeiten und Grenzen einer wirtschaftstheoretischen Fundierung der Wettbewerbspolitik, Tübingen 1988.

Herdzina, Klaus, Bemerkungen zur wettbewerbspolitischen Konzeption des GWB, in: Festschrift für Werner Benisch „Wettbewerb als Herausforderung und Chance“ (Hrsg. Andreae, Clemens-August/ Kirchhoff, Jochen/ Pfeiffer, Gerd), Köln, Berlin, Bonn, München 1989, S. 3.

Hoffmann-Riem, Wolfgang/ Schneider, Jens-Peter, Wettbewerbs- und umweltorientierte Re-Regulierung im Großhandels-Strommarkt, in: Umweltpolitische Steuerung in einem liberalisierten Strommarkt (Hrsg. Hoffmann-Riem, Wolfgang/ Schneider, Jens-Peter), 1. Aufl., Baden-Baden 1995, S. 13.

Hootz, Christian, Anmerkung zu dem Urteil BGH, 13.3.1979, KZR 25/77 ("Vermittlungsprovision für Flugpassagen II"), BB 1979, S. 1680.

Hoppmann, Erich, Das Konzept der optimalen Wettbewerbsintensität, Jb.N.St. 179 (1966), S. 286.

Hoppmann, Erich, Workable Competition als wettbewerbspolitisches Konzept, in: Festgabe für Theodor Wessels „Theoretische und institutionelle Grundlagen der Wirtschaftspolitik“ (Hrsg. Besters, Hans), Berlin, 1967, S. 145.

Hoppmann, Erich, Wettbewerb als Norm der Wettbewerbspolitik, ORDO 18 (1967), S. 77.

Horn, Hans-Detlef, Grundrechtsschutz in Deutschland - Die Hoheitsgewalt der Europäischen Gemeinschaften und die Grundrechte des Grundgesetzes nach dem Maastricht-Urteil des Bundesverfassungsgerichts, DVBl. 1995, S. 89.

Huber, Ernst Rudolf, Der Streit um das Wirtschaftsverfassungsrecht, DÖV 1956, S. 97, 135, 172, 200.

Huber, Peter M., Das Kooperationsverhältnis zwischen BVerfG und EuGH in Grundrechtsfragen, EuZW 1997, S. 517.

Hüffer, Uwe/ Ipsen, Knut/ Tettinger, Peter J., Die Transitrichtlinien für Gas und Elektrizität, Stuttgart, München, Hannover 1991.

Bearbeiter in I/M, GWB, Kommentar (Hrsg. Immenga, Ulrich/ Mestmäcker, Ernst Joachim), 3. Aufl., München 2001.

Bearbeiter in I/M, GWB, Kommentar (Hrsg. Immenga, Ulrich/ Mestmäcker, Ernst Joachim), 2. Aufl., München, 1992.

Immenga, Ulrich, Wettbewerbspolitik contra Industriepolitik nach Maastricht, EuZW 1994, S. 14.

Immenga, Ulrich, Eine Wende in der gemeinschaftsrechtlichen Kartellpolitik? EuZW 1999, S. 609.

Ipsen, Hans-Peter, Europäisches Gemeinschaftsrecht, Tübingen 1972.

Jarass, Hans D./ Pieroth, Bodo, Grundgesetz für die Bundesrepublik Deutschland, Kommentar, 6. Aufl. München 2002.

Jens, Uwe, Aktive Wettbewerbspolitik als Voraussetzung einer dezentralen marktwirtschaftlichen Ordnung, in: Wettbewerbspolitik und Wettbewerbsrecht (Hrsg. Helmrich, Herbert), Köln, Berlin, Bonn, München 1987, S. 49.

Joerges, Christian, Selektiver Vertrieb und Wettbewerbspolitik: Eine konzeptionelle Analyse der Entscheidungspraxis von Kommission und Gerichtshof zu Art. 85 EG-Vertrag, GRUR Int. 1984, S. 222, 179.

Kantzenbach, Erhard, Die Funktionsfähigkeit des Wettbewerbs, 2. Aufl., Göttingen 1967.

Kantzenbach, Erhard/ Kallfass, Hermann H., Das Konzept des funktionsfähigen Wettbewerbs - workable competition -, in: Handbuch des Wettbewerbs (Hrsg. Cox, Helmut/Jens, Uwe/ Markert, Kurt), München 1981, S. 103.

Kartte, Wolfgang, Ein neues Leitbild für die Wettbewerbspolitik, FIW-Schriftenreihe Heft 49, Köln, Berlin, Bonn, München 1969.

Kartte, Wolfgang/ Holtschneider, Rainer, Konzeptionelle Ansätze und Anwendungsprinzipien im Gesetz gegen Wettbewerbsbeschränkungen - Zur Geschichte des GWB -, in: Handbuch des Wettbewerbs (Hrsg. Cox, Helmut/Jens, Uwe/ Markert, Kurt), München 1981, S. 193.

Kellermann, Alfred, Die gewerblichen Schutzrechte im Gesetz gegen Wettbewerbsbeschränkungen, WuW 1958, S. 643.

Kilian, Wolfgang, Diskriminierungsverbot und Kontrahierungszwang für Markenartikelhersteller, ZHR 142 (1978), S. 453.

Kilian, Wolfgang, Kontrahierungszwang und Zivilrechtssystem, AcP 180 (1980), S. 47.

Kirchhoff, Wolfgang, Die Beurteilung von Bezugsverträgen nach europäischem Kartellrecht, WuW 1995, S. 361.

Klaue, Siegfried, Zum sogenannten Netzzugang Dritter in der Gas- und Elektrizitätswirtschaft, BB 1992, S. 1937.

Klaue, Siegfried, Noch einmal: Zum sogenannten Netzzugang Dritter, BB 1993, S. 740.

Klaue, Siegfried, Einige Bemerkungen zur Gasdurchleitungsentscheidung des Kammergerichtes in Berlin, RdE 1994, S. 88.

Klaue, Siegfried, Zur Rezeption der amerikanischen "essential-facility-doctrine" in das europäische und deutsche Kartellrecht, RdE 1996, S. 51.

Klimisch, Annette/ Lange, Markus, Zugang zu Netzen und anderen wesentlichen Einrichtungen als Bestandteil der kartellrechtlichen Missbrauchsaufsicht, WuW 1998, S. 15.

Klotz, Robert, Der Referentenentwurf zum TKG im Licht der europarechtlichen Vorgaben, MMR 2003, S. 495.
Knöpfle, Robert, Zum Wettbewerb im Sinne des § 1 GWB, WuW 1962, S. 159.
Knöpfle, Robert, Kann der Inhalt des Wettbewerbs i. S. des GWB bestimmt werden? DB 1991, S. 1433.
Knöpfle, Robert, Die Abgrenzung des relevanten Marktes bei der Anwendung des § 22 Abs. 1 GWB, in: Schwerpunkte des Kartellrechts 1983/84, FIW-Schriftenreihe Heft 112, Köln, Berlin, Bonn, München 1985, S. 139.
Koch, Hans-Joachim, Verfassungsrechtlicher Bestandsschutz als Grenze der Deregulierung und der umweltpolitischen Steuerung im Bereich der Elektrizitätswirtschaft?, in: Umweltpolitische Steuerung in einem liberalisierten Strommarkt (Hrsg. Hoffmann-Riem, Wolfgang/ Schneider, Jens-Peter), 1. Aufl., Baden-Baden 1995, S. 263.
Koenig, Christian/ Loetz, Sascha, Bedeutung der Essential facilities-Doktrin für den Zugang zu Netzinfrastrukturen im europäischen Telekommunikationsrecht, EWS 2000, S. 377.
Koenig, Christian/ Kühling, Jürgen, „Totgesagte Vorschriften leben länger“: Bedeutung und Auslegung der Ausnahmeklausel des Art. 86 Abs. 2 EG, ZHR 166 (2002), S. 656.
Koenig, Christian/ Kühling, Jürgen/ Winkler, Kay E., Pflichten zur Veränderung von Netzinfrastrukturen, WuW 2003, S. 228.
Koenigs, Folkmar, Neuere Entwicklungen des EWG-Rechts, insbesondere des Kartellrechts, in: Schwerpunkte des Kartellrechts 1986/87, FIW-Schriftenreihe Heft 127, Köln, Berlin, Bonn, München 1987, S. 69.
Koenigs, Folkmar, Neuere Entwicklungen des EWG-Rechts, insbesondere des Kartellrechts, in: Schwerpunkte des Kartellrechts 1988/89, FIW-Schriftenreihe Heft 135, Köln, Berlin, Bonn, München 1990, S. 137.
Koenigs, Folkmar, Die VO Nr. 1/2003: Wende im EG-Kartellrecht, DB 2003, S. 755
Kommission der Europäischen Gemeinschaften, XIV. Bericht über die Wettbewerbspolitik 1984, Brüssel, Luxemburg 1985.
Kommission der Europäischen Gemeinschaften, XV. Bericht über die Wettbewerbspolitik 1985, Brüssel, Luxemburg 1986.
Kommission der Europäischen Gemeinschaften, XVI. Bericht über die Wettbewerbspolitik 1986, Brüssel, Luxemburg 1987.
Kommission der Europäischen Gemeinschaften, XVII. Bericht über die Wettbewerbspolitik 1987, Brüssel, Luxemburg 1988.
Kommission der Europäischen Gemeinschaften, XVIII. Bericht über die Wettbewerbspolitik 1988, Brüssel, Luxemburg 1989.

Kommission der Europäischen Gemeinschaften, XXII. Bericht über die Wettbewerbspolitik 1992, Brüssel, Luxemburg 1993.
Europäische Kommission, XXIII. Bericht über die Wettbewerbspolitik 1993, Brüssel, Luxemburg 1994.
Europäische Kommission, XXIV. Bericht über die Wettbewerbspolitik 1994, Brüssel, Luxemburg 1995.
Europäische Kommission, XXV. Bericht über die Wettbewerbspolitik 1995, Brüssel, Luxemburg 1996.
Europäische Kommission, XXVI. Bericht über die Wettbewerbspolitik 1996, Brüssel, Luxemburg 1997.
Europäische Kommission, XXVII. Bericht über die Wettbewerbspolitik 1997, Brüssel, Luxemburg 1998.
Europäische Kommission, XXVIII. Bericht über die Wettbewerbspolitik 1998, Luxemburg 1999.
Europäische Kommission, XXIX. Bericht über die Wettbewerbspolitik 1999, Luxemburg, 2000.
Europäische Kommission, XXX. Bericht über die Wettbewerbspolitik 2000, Luxemburg 2001.
Europäische Kommission, XXXI. Bericht über die Wettbewerbspolitik 2001, Luxemburg 2002.
Europäische Kommission, XXXII. Bericht über die Wettbewerbspolitik 2002, Luxemburg 2003.
Korah, Valentine, The Ladbroke Saga, ECLR 1998, S. 169.
Kreutz, Peter, Die missbräuchliche Ausnutzung einer beherrschenden Stellung nach Art. 86 EWG-Vertrag, FIW-Schriftenreihe Heft 58, Köln, Berlin, Bonn, München 1971.
Kriele, Martin, Wirtschaftsfreiheit und Grundgesetz, ZRP 1974, S. 105.
Kruse, Jörn, Ordnungstheoretische Grundlagen der Deregulierung, in: Deregulierung - eine Herausforderung an die Wirtschafts- und Sozialpolitik in der Marktwirtschaft (Hrsg. Seidenfus, Hellmuth St.), Berlin 1989, S. 9.
Kühne, Gunter/ Scholtka, Boris, Das neue Energiewirtschaftsrecht, NJW 1998, S. 1902.
Kuhnt, Dietmar, Übertragung von Strom nach deutschem und europäischem Recht, in: Festschrift für Rudolf Lukes (Hrsg. Leßmann, Herbert/ Großfeld, Bernhard/ Vollmer, Lothar), Köln, Berlin, Bonn, München 1989, S. 411.

Lampert, Thomas, Der Begriff der Marktbeherrschung als geeignetes Kriterium zur Bestimmung der Normadressaten für das sektorspezifische Kartellrecht nach dem TKG?, WuW 1998, S. 27.

Lampert, Thomas, Der EuGH und die essential facilities-Lehre, NJW 1999, S. 2235.

Langen/Bunte-Bearbeiter, Kommentar zum deutschen und europäischen Kartellrecht (Hrsg. Bunte, Hermann-Josef), 9. Aufl., Neuwied, Kriftel, Berlin 2001.

Langer, Stefan, Verfassungsfragen des Gesetzentwurfs zur Neuregelung des Energiewirtschaftsrechts, et 1994, S. 158.

Langer, Stefan, Durchleitung von Energie gemäß § 103 Abs. 5 GWB, et 1995, S. 395.

Lecheler, Helmut, Die Versorgung mit Strom und Gas als "service public" und die Bedeutung der "service public-Doktrin" für Art. 90 Abs. 2 EGV, RdE 1996, S. 213.

Lehmann, Michael, Das Prinzip Wettbewerb, JZ 1990, S. 61.

Le Nestour, Chantal/ Zinow, Bernd-Michael, Rechtsfragen des "Service Public", RdE 1994, S. 129.

Leisner, Walter, Privateigentum ohne privaten Markt? BB 1975, S. 1.

Limbach, Jutta, Das Bundesverfassungsgericht und der Grundrechtsschutz in Europa, NJW 2001, S. 2913.

Lindemann, Hans-Heinrich/ Köster, Kristina, Energiewirtschaft auf dem Weg zu mehr Wettbewerb, DVBl. 1997, S. 527.

Bearbeiter in LM, Nachschlagewerk des Bundesgerichtshofs, Begr. von Lindenmaier, Fritz/ Möhring, Philipp (Hrsg. Nirk, Rudolf/ Odersky, Walter/ Wolf, Manfred), München.

Lukes, Rudolf, Die Reformdiskussion zur wettbewerbsrechtlichen Regelung der leitungsgebundenen Versorgungswirtschaft, insbesondere der Elektrizitätswirtschaft, in: Geschlossene Versorgungsgebiete, Versorgungssicherheit oder Wettbewerb (Hrsg. Baur, Jürgen F./ Lukes, Rudolf), Köln, Berlin, Bonn, München 1979, S. 65.

Lukes, Rudolf, Die Problematik der umfassenden Interessenabwägung in § 26 Abs. 2 GWB, BB 1986, S. 2074.

Lutz, Helmut, „Angemessenheit“ von Nutzungsentgelten für Stromnetze nach § 19 Abs. 4 Nr. 4 GWB und Kosten des Netzbetriebs, in: Festschrift für Jürgen F. Baur (Hrsg. Büdenbender, Ulrich/ Kühne, Günther), Baden-Baden 2002, S. 507.

Magiera, Siegfried, Die Grundrechtecharta der Europäischen Union, DÖV 2000, S. 1017.

Maier, Martina/ Dopheide, Jan Hendrik, Europäischer Schienengüterverkehr nach dem Ersten EU-Eisenbahnpaket: Freie Bahn für alle?, EuZW 2003, S. 456.

Mailänder, K. Peter, Schranken für das Vertragsdiktat zu Lasten der Träger wesentlicher Einrichtungen, in: Festschrift für Ingo Schmidt „Wettbewerbspolitik im Spannungsfeld nationaler und internationaler Kartellrechtsordnungen“ (Hrsg. Kruse, Jörn/ Stockmann, Kurt/ Vollmer, Lothar), Baden-Baden 1997, S. 271.

Markert, Kurt, Die Wettbewerbsbehinderung im GWB nach der vierten Kartellnovelle, Heidelberg 1982.

Markert, Kurt, Anmerkung zu dem Urteil BGH, 7.10.1980, KZR 8/80 ("Neue Osnabrücker Zeitung"), BB 1981, S. 384.

Markert, Kurt, Wettbewerb und Wirtschaftspolitik in der EWG, EuR 1970, S. 349.

Markert, Kurt, Privatautonomie und Kontrahierungszwang, AG 1991, S. 288.

Markert, Kurt, Zur Frage der kartellrechtlichen Unbilligkeit der Verweigerung wettbewerbsbegründender Durchleitungen, BB 1993, S. 1023.

Markert, Kurt, Durchleitung von Strom und Gas nach geltendem deutschen Kartellrecht, BB 1994, S. 1645.

Markert, Kurt, Die Bedeutung der BGH-Entscheidung "Gasdurchleitung", et 1995, S. 400.

Markert, Kurt, Die Verweigerung des Zugangs zu "wesentlichen Einrichtungen" als Problem der kartellrechtlichen Missbrauchsaufsicht, WuW 1995, S. 560.

Markert, Kurt, Aktuelle Fragen der Preismissbrauchsaufsicht im Strombereich, RdE 1996, S. 205.

Markert, Kurt, Durchleitung von Strom und Gas: Allgemeines Kartellrecht oder Sonderregelung? BB 1997, S. 1421.

Markert, Kurt, Langfristige Bezugsbindungen für Strom und Gas nach deutschem und europäischem Kartellrecht, EuZW 2000, S. 427.

Mason, Edward S., Funktionsfähiger Wettbewerb versus funktionsfähiges Monopol, in: Wettbewerbstheorie (Hrsg. Herdzina, Klaus), Köln 1975, S. 172.

Mayer, Franz C., Grundrechtsschutz gegen europäische Rechtsakte durch das BVerfG: Zur Verfassungsmäßigkeit der Bananenmarktordnung, EuZW 2000, S. 685.

MD-Bearbeiter, Grundgesetz, Kommentar (Maunz, Theodor/ Dürig, Günter/ Herzog, Roman/ Scholz, Rupert/ Lerche, Peter/ Papier, Hans-Jürgen/ Randelzhofer, Albrecht/ Schmidt-Aßmann, Eberhard), München, Stand: Februar 2003.

Mennicke, Petra, "Magill" - Von der Unterscheidung zwischen Bestand und Ausübung von Immaterialgüterrechten zur "essential facilities"-Doktrin in der Rechtsprechung des Europäischen Gerichtshofes?, ZHR 160 (1996), S. 626.

Mestmäcker, Ernst-Joachim, Europäisches Wettbewerbsrecht, München, 1974.

Mestmäcker, Ernst-Joachim, Auf dem Wege zu einer Ordnungspolitik für Europa, in: Festschrift für Hans von der Groeben „Eine Ordnungspolitik für Europa“ (Hrsg. Mestmäcker, Ernst-Joachim/ Möller, Hans/ Schwarz, Hans-Peter), Baden-Baden 1987, S. 9.

Mestmäcker, Ernst-Joachim, Marktzugang und Monopolmissbrauch auf deregulierten Märkten, in: Festschrift für Ernst Steindorff (Hrsg. Baur, Jürgen F./ Hopt, Klaus J./ Mailänder, K. Peter), Berlin 1990, S. 1045.

Mestmäcker, Ernst-Joachim, Die Wirtschaftsverfassung in der Europäischen Union, in: Vorträge und Berichte des Zentrums für Europäisches Wirtschaftsrecht der Universität Bonn Nr. 28, Bonn 1993.

Mestmäcker, Ernst-Joachim, Versuch einer kartellpolitischen Wende in der EU, EuZW 1999, S. 523.

Meyer, Jürgen/ Hölscheidt, Sven, Die Europäische Verfassung des Europäischen Konvents, EuZW 2003, S. 613.

Meyer-Cording, Ulrich, Die Grundbegriffe des Wettbewerbsrechts, WuW 1962, S. 461.

van Miert, Karel, Die Wettbewerbspolitik der neuen Kommission, WuW 1995, S. 553.

van Miert, Karel, Wettbewerbspolitik der Kommission vor der Regierungskonferenz, in: EU-Regierungskonferenz '96, Perspektiven für die Wettbewerbsfähigkeit Europas, Referate des XXIX. FIW-Symposions, FIW-Schriftenreihe Heft 169, Köln, Berlin, Bonn, München 1996, S. 17.

Möschel, Wernhard, Entflechtungen im Recht der Wettbewerbsbeschränkungen, Tübingen 1979.

Möschel, Wernhard, Recht der Wettbewerbsbeschränkungen, Köln, Berlin, Bonn, München 1983.

Möschel, Wernhard, EG-Industriepolitik nach Maastricht, in: Festschrift für Rudolf Nirk (Hrsg. Bruchhausen, Karl/ Hefermehl, Wolfgang/ Hommelhoff, Peter/ Messer, Herbert), München 1992, S. 707.

Möschel, Wernhard, Hoheitliche Maßnahmen und die Wettbewerbsvorschriften des Gemeinschaftsrechts, in: Weiterentwicklung der Europäischen Gemeinschaften und der Marktwirtschaft, Referate ders XXV. FIW-Symposions, FIW-Schriftenreihe Heft 148, Köln, Berlin, Bonn, München 1992, S. 89.

Möschel, Wernhard, Strompreis und kartellrechtliche Kontrolle, WuW 1999, S. 5.

Möschel, Wernhard / Haug, Jochen, Der Referentenentwurf zur Novellierung des TKG aus wettbewerbsrechtlicher Sicht, MMR 2003, S. 505.

Monopolkommission, Achtes Hauptgutachten der Monopolkommission 1988/89, BT-Drs. 11/7582.

Monopolkommission, Zehntes Hauptgutachten der Monopolkommission 1992/93, BT-Drs. 12/8323.

Monopolkommission, Elftes Hauptgutachten der Monopolkommission 1994/1995, BT-Drs. 13/5309.

Monopolkommission, Zwölftes Hauptgutachten der Monopolkommission 1996/97, BT-Drs. 13/11291.

Monopolkommission, Vierzehntes Hauptgutachten der Monopolkommission 2000, 2001, Baden-Baden 2003.

Monopolkommission, 1. Sondergutachten der Monopolkommission "Anwendung und Möglichkeiten der Missbrauchsaufsicht über marktbeherrschende Unternehmen seit Inkrafttreten der Kartellgesetznovelle, Baden-Baden 1975.

Monopolkommission, 24. Sondergutachten der Monopolkommission "Die Telekommunikation im Wettbewerb", Baden-Baden 1996.

Monopolkommission, 28. Sondergutachten der Monopolkommission "Kartellpolitische Wende in der Europäischen Union ", abrufbar unter „http://www.monopolkommission.de/sg_28/text_d.htm".

Montag, Frank, Gewerbliche Schutzrechte, wesentliche Einrichtungen und Normung im Spannungsfeld zu Art. 86 EGV, EuZW 1997, S. 71.

Müller, Matthias, Die "Essential Facilities"-Doktrin im Europäischen Kartellrecht, EuZW 1998, S. 232.

Müller-Graff, Peter-Christian, Die wettbewerbsverfasste Marktwirtschaft als gemeineuropäisches Verfassungsprinzip? EuR 1997, S. 433.

Nettesheim, Martin, Grundrechtliche Prüfdichte durch den EuGH, EuZW 1995, S. 106.

Niewöhner, Eckhardt, Grundfragen des § 26 Absatz 2 GWB unter besonderer Berücksichtigung der Zulässigkeit von Lieferverweigerungen, Frankfurt am Main, Bern, New York, Nancy 1984.

Nikolinakos, Nikos Th., Access Agreements in the Telecommunications Sector - Refusal to Supply and the Essential Facilities Doctrine under E.C. Competition Law, ECLR 1999, S. 399.

Nipperdey, Hans Carl, Die soziale Marktwirtschaft in der Verfassung der Bundesrepublik, WuW 1954, S. 211.

Nolte, Norbert, Das Recht auf Netzzugang nach dem Telekommunikationsgesetz, BB 1996, S. 2629.

Oppermann, Thomas, Europäische Wirtschaftsverfassung nach der Einheitlichen Europäischen Akte, in: Staat und Wirtschaft in der EG, Kolloquium zum 65. Geburtstag von Prof. Dr. Bodo Börner (Hrsg. Müller-Graff, Peter-Christian/ Zuleeg, Manfred), Baden-Baden 1987, S. 53.
Oppermann, Thomas, Europarecht, 2. Aufl., München 1999.
Oppermann, Thomas, Vom Nizza-Vertrag 2001 zum Europäischen Verfassungskonvent 2002/2003, DVBl. 2003, S. 1.
Oppermann, Thomas, Eine Verfassung für die Europäische Union - Der Entwurf des Europäischen Konvents -, DVBl. 2003, S. 1165, 1234.
Ossenbühl, Fritz, Die Interpretation der Grundrechte in der Rechtsprechung des Bundesverfassungsgerichts, NJW 1976, S. 2100.

Pache, Eckhard, Die Europäische Grundrechtscharta - ein Rückschritt für den Grundrechtschutz in Europa? EuR 2001, S. 475.
Papier, Hans-Jürgen, Die Regelung von Durchleitungsrechten, Köln, Berlin, Bonn, München 1997.
Papier, Hans-Jürgen, Durchleitungen und Eigentum, BB 1997, S. 1213.
Papier, Hans-Jürgen, Verfassungsfragen der Durchleitung, in: Festschrift für Jürgen F. Baur (Hrsg. Büdenbender, Ulrich/ Kühne, Günther), Baden-Baden 2002, S. 209.
Paulweber, Michael/ Weinand, Armin, Europäische Wettbewerbspolitik und liberalisierte Märkte, EuZW 2001, S. 232.
Pernice, Ingolf, Gemeinschaftsverfassung und Grundrechtsschutz - Grundlagen, Bestand und Perspektiven, NJW 1990, S. 2409.
Pfeiffer, Gerd, Das kartellrechtliche Diskriminierungsverbot aus richterlicher Sicht, in: Schwerpunkte des Kartellrechts 1981/82, FIW-Schriftenreihe Heft 103, Köln, Berlin, Bonn, München 1983, S. 73.
Pieroth, Bodo/ Schlink, Bernhard, Grundrechte, Staatsrecht II, 15. Aufl., Heidelberg 1999.
Pilny, Karl H., Missbräuchliche Marktbeherrschung gemäß Art. 86 EWGV durch Immaterialgüterrechte, GRUR Int. 1995, S. 954.
Pohlmann, Mario, Kartellrechtliche Missbrauchsaufsicht über die Durchleitungsentgelte, in: Festschrift für Jürgen F. Baur (Hrsg. Büdenbender, Ulrich/ Kühne, Günther), Baden-Baden 2002, S. 535.
Prosi, Gerhard, Staatliche Monopole oder Wettbewerb privater Unternehmen - eine ökonomische Betrachtung, WuW 1996, S. 973.

Rabe, Hans-Jürgen, Ausgerechnet Bananen, NJW 1996, S. 1320.
Rapp-Jung, Barbara, Zur Tragweite von Art. 90 Abs. 2 EGV für die Energiewirtschaft, RdE 1994, S. 165.

Rapp-Jung, Barbara, Die EU-Richtlinie für Elektrizität im Spannungsfeld zwischen den Wettbewerbsregeln des Vertrags und den verbliebenen energiepolitischen Befugnissen der Mitgliedstaaten, RdE 1997, S. 133.

Rengeling, Hans-Werner, Grundrechtsschutz in der Europäischen Gemeinschaft, München 1993.

Riehmer, Klaus W., Konfliktlösung bei Netzzugang und Zusammenschaltung in der Telekommunikation, MMR 1998, S. 59.

Rittaler, Jan B., Der Wettbewerb in der Telekommunikation, WuW 1996, S. 699.

Rittner, Fritz, § 22 GWB im Spannungsfeld wirtschaftswissenschaftlicher Theorien und rechtsstaatlicher Postulate, in: Festschrift für Gunther Hartmann „Wettbewerbsordnung im Spannungsfeld von Wirtschafts- und Rechtswissenschaft", FIW-Schriftenreihe Heft 75, Köln, Berlin, Bonn, München 1976, S. 251.

Roth, Wulf-Henning, Der rechtliche Rahmen der Wirtschafts- und Währungsunion, EuR-Beiheft 1-1994, S. 45.

Ruffert, Matthias, Die Mitgliedstaaten der Europäischen Gemeinschaft als Verpflichtete der Gemeinschaftsgrundrechte, EuGRZ 1995, S. 518.

Rupp, Hans H., Grundgesetz und "Wirtschaftsverfassung", Tübingen 1974.

Säcker, Franz-Jürgen, Zur Berücksichtigung der Marktposition des Unternehmens im Recht der Wettbewerbsbeschränkungen, BB 1967, S. 681.

Salje, Peter, Das Gesetz zur Neuregelung des Energiewirtschaftsrechts, NVwZ 1998, S. 916.

Scherer, Josef, Die Wirtschaftsverfassung der EWG, Baden-Baden 1970.

Scherer, Inge, Wechselwirkungen zwischen Kartellrecht und UWG, WRP 1996, S. 174.

Scherer, Joachim, Das Bronner-Urteil des EuGH und die Essential facilities-Doktrin im TK-Sektor, MMR 1999, S. 315.

Scherer, Joachim, Die Umgestaltung des europäischen und deutschen Telekommunikationsrechts durch das EU-Richtlinienpaket - Teil II, K & R 2002, S. 329.

Schlecht, Otto, Entscheidungslinien der deutschen Wettbewerbspolitik, ORDO 43 (1992), S. 319.

Schlecht, Otto, 40 Jahre im Dienste für die Soziale Marktwirtschaft: Das "Gesetz gegen Wettbewerbsbeschränkungen", WuW 1997, S. 565.

Schlieder, Willy Christoph/ Schröter, Helmuth, Europäische Wettbewerbspolitik, in: Handbuch des Wettbewerbs (Hrsg. Cox, Helmut/Jens, Uwe/ Markert, Kurt), München 1981, S. 485.

Schmidt, André, Die europäische Wettbewerbspolitik nach dem Vertrag von Amsterdam, WuW 1999, S. 133.

Schmidt, Ingo, Wettbewerbspolitik und Kartellrecht, 7. Aufl., Stuttgart 2001.
Schmidtchen, Dieter, Fehlurteile über das Konzept der Wettbewerbsfreiheit, ORDO 39 (1988), S. 111.
Schmidt-Preuß, Matthias, Soziale Marktwirtschaft und Grundgesetz vor dem Hintergrund des Staatsvertrages zur Währungs-, Wirtschafts- und Sozialunion, DVBl. 1993, S. 236.
Schmidt-Preuß, Matthias, Die Gewährleistung des Privateigentums durch Art. 14 GG im Lichte aktueller Probleme, AG 1996, S. 1.
Schmidt-Preuß, Matthias, Verfassungskonflikt um die Durchleitung? RdE 1996, S. 1.
Schnelle, Ulrich, Die Öffnung von leistungsnotwendigen Einrichtungen für Dritte und der Schutz des Eigentums, EuZW 1994, S. 556.
Scholz, Rupert, Konzentrationskontrolle und Grundgesetz, Stuttgart, 1971.
Scholz, Rupert, Wirtschaftsaufsicht und subjektiver Konkurrentenschutz, Berlin 1971.
Scholz, Rupert, Entflechtung und Verfassung, 1. Aufl., Baden-Baden 1981.
Scholz, Rupert/ Langer, Stefan, Europäischer Binnenmarkt und Energiepolitik, Berlin 1992.
Scholz, Rupert/ Langer, Stefan, Rechtsfragen eines europäischen Binnenmarktes für Energie, et 1992, S. 851.
Schröder, Meinhard, Kompetenz- und eigentumsrechtliche Fragen bei der Verwirklichung des Elektrizitätsbinnenmarktes, 1. Aufl., Baden-Baden 1993.
Schröter, Helmuth, Neuere Entwicklungen in der Wettbewerbspolitik der Europäischen Gemeinschaft 1989/90, in: Schwerpunkte des Kartellrechts 1989/90, FIW-Schriftenreihe Heft 140, Köln, Berlin, Bonn, München 1991, S. 69.
Schütz, Raimund, Universaldienst und Telekommunikation, DVBl. 1997, S. 1146.
Schütz, Raimund / Attendorn, Thomas, Das neue Kommunikationsrecht der Europäischen Union - Was muss Deutschland ändern? MMR-Beilage 2002, S. 1.
Schwarze, Jürgen, Daseinsvorsorge im Lichte des europäischen Wettbewerbsrechts, EuZW 2001, S. 334.
Schwintowski, Hans-Peter, Ordnung und Wettbewerb auf Telekommunikationsmärkten, CR 1997, S. 630.
Slot, Piet Jan/ Skudder, Andrew, Common Features of Community Law Regulation in the Network-Bound Sectors, CMLR 2001, S. 87.
Stern, Klaus, Postreform zwischen Privatisierung und Infrastrukturgewährleistung, DVBl. 1997, S. 309.

Stewing, Clemens, Gasdurchleitung nach Europäischem Recht, Köln, Berlin, Bonn, München 1989.
Stewing, Clemens, Die Richtlinienvorschläge der EG-Kommission zur Einführung eines Third Party Access für Elektrizität und Gas, EuR 1993, S. 41.
Stewing, Clemens, Gasdurchleitung nach deutschem Recht, BB 1995, S. 1968.
Stewing, Clemens, Umsetzung einer allgemeinen Durchleitungsverpflichtung für Elektrizität in das nationale Recht, EWS 1997, S. 83.
Stothers, Christopher, Refusal to Supply as Abuse of a Dominant Position: Essential Facilities in the European Union, ECLR 2991, S. 256.
Streinz, Rudolf, Bundesverfassungsgerichtlicher Grundrechtsschutz und Europäisches Gemeinschaftsrecht, Baden-Baden 1989.
Streinz, Rudolf, Europarecht, 5. Aufl., Heidelberg 2001.
Subiotto, Romano, The Right to Deal with Whom One Pleases under EEC Competition Law: A Small Contribution to a Necessary Debate, ECLR 1992, S. 234.
Sutherland, Peter D., Wettbewerbspolitik: Ein positiver Ansatz, WuW 1985, S. 669.

Temple Lang, John, Monopolisation and the Definition of "Abuse" of a Dominant Position under Article 86 EEC Treaty, CMLR 1979, S. 345.
Temple Lang, John, Defining Legitimate Competition: Companies' Duties To Supply Competitors And Access To Essential Facilities, Fordham International Law Journal 18 (1994), S. 437.
Tettinger, Peter J., Verfassungsrecht und Wirtschaftsordnung, DVBl. 1999, S. 679.
Theobald, Christian, Rechtliche Steuerung von Wettbewerb und Umweltverträglichkeit in der Elektrizitätswirtschaft, AöR 122 (1997), S. 372.
Theobald, Christian/ Zenke, Ines, Der Zugang zu Strom- und Gasnetzen: Eine Rechtsprechungsübersicht, WuW 2001, S. 19.
Thiel, Jürgen Michael, Europa 1992: Grundrechtlicher Eigentumsschutz im EG-Recht, JuS 1991, S. 274.
Thiessen, Jan, Art. 90 Abs. 2 Satz 1 EGV - eine Privilegierung für deutsche Energieversorger? EWS 1998, S. 10.
Tolksdorf, Michael, Stand und Entwicklungstendenzen der Wettbewerbstheorie, WuW 1980, S. 785.
Treacy, Pat, Essential Facilities - Is the Tide turning? ECLR 1998, S. 501.

Ulmer, Peter, Der Begriff "Leistungswettbewerb" und seine Bedeutung für die Anwendung von GWB und UWG-Tatbeständen, GRUR 1977, S. 565.

Vajda, Christopher, Article 86 and a Refusal to Supply, ECLR 1981, S. 97.
Väth, Andreas, Die Wettbewerbskonzeption des Europäischen Gerichtshofs, Bayreuth 1987.
Venit, James S. / Kallaugher, John J., Essential Facilities: A Comparative Law Approach, Fordham Corporate Law Institute 1994, S. 315.
VerLoren van Themaat, Pieter, Die Aufgabenteilung zwischen dem Gesetzgeber und dem Europäischen Gerichtshof bei der Gestaltung der Wirtschaftsverfassung der Europäischen Gemeinschaften, in: Festschrift für Hans von der Groeben „Eine Ordnungspolitik für Europa“ (Hrsg. Mestmäcker, Ernst-Joachim/ Möller, Hans/ Schwarz, Hans-Peter), Baden-Baden 1987, S. 425.
Vollmer, Lothar, Wirtschaftsverfassung und Wirtschaftspolitik der EG nach "Maastricht", DB 1993, S. 25.
Vollmer, Lothar, Die Sondermärkte im Spannungsfeld von nationalen und europäischen Regulierungs- und Deregulierungsaktivitäten, in: Festschrift für Ingo Schmidt „Wettbewerbspolitik im Spannungsfeld nationaler und internationaler Kartellrechtsordnungen“ (Hrsg. Kruse, Jörn/ Stockmann, Kurt/ Vollmer, Lothar), Baden-Baden 1997, S. 289.

vWallenberg, Gabriela, Diskriminierungsfreier Zugang zu Netzen und anderen Infrastruktureinrichtungen, K & R 1999, S. 152.
Weber, Ludwig, Das Missbrauchsverbot des Art. 86 EWG-Vertrag und seine Auswirkungen auf die Europäische Zivilluftfahrt, in: Festschrift für Arved Deringer „Europarecht, Kartellrecht, Wirtschaftsrecht“ (Hrsg. Everling, Ulrich/ Narjes, Karl-Heinz/ Sedemund, Jochim), Baden-Baden 1993, S. 416.
Weitbrecht, Andreas, Das neue EG-Kartellverfahrensrecht, EuZW 2003, S. 69.
vWeizsäcker, C. Christian, Wettbewerb in Netzen, WuW 1997, S. 572.
Willimsky, Sonya Margaret, The Concept(s) of Competition, ECLR 1997, S. 54.
Woll, Artur, Freiheit durch Ordnung: Die gesellschaftspolitische Leitidee im Denken von Walter Eucken und Friedrich A. von Hayek, ORDO 40 (1989), S. 87.

Abkürzungsverzeichnis

a.A.	anderer Ansicht
aaO.	am angegebenen Ort
ABl.	Amtsblatt
ABl. EG	Amtsblatt der Europäischen Gemeinschaften
Abs.	Absatz
AcP	Archiv für die civilistische Praxis
a.E.	am Ende
AER	American Economic Review
a.F.	alte Fassung
AG	Amtsgericht, Aktiengesellschaft
Alt.	Alternative
AöR	Archiv des öffentlichen Rechts
ARE	Arbeitsgemeinschaft regionaler Energieversorgungs-Unternehmen e.V.
Art.	Artikel
Aufl.	Auflage
BB	Betriebsberater
Bd.	Band
BDI	Bundesverband der Deutschen Industrie e.V.
Begr	Begründung
begr.	begründet
BGB	Bürgerliches Gesetzbuch
BGBl.	Bundesgesetzblatt
BGH	Bundesgerichtshof
BGHZ	Sammlung der Entscheidungen des BGH in Zivilsachen
BGW	Bundesverband der deutschen Gas- und Wasserwirtschaft e.V.
BKartA	Bundeskartellamt
BR-Drs.	Bundesratsdrucksache
BReg	Bundesregierung
BT-Drs.	Bundestagsdrucksache
Bull.EG	Bulletin der Europäischen Gemeinschaften
Bull. EU	Bulletin der Europäischen Union
BVerfG	Bundesverfassungsgericht

BVerfGE	Sammlung der Entscheidungen des Bundesverfassungsgerichts
BVerwG	Bundesverwaltungsgericht
BVerwGE	Sammlung der Entscheidungen des Bundesverwaltungsgerichts
bzw.	beziehungsweise
C.M.L.R.	Common Market Law Reports
CMLR	Common Market Law Review
CR	Computer und Recht
DB	Der Betrieb
ders.	derselbe
dies.	dieselbe(n)
DÖV	Die öffentliche Verwaltung
DVBl.	Deutsches Verwaltungsblatt
E	Entwurf
ECLR	European Competition Law Review
EEA	Einheitliche Europäische Akte
EG	Europäische Gemeinschaft, Vertrag zur Gründung der Europäischen Gemeinschaft
EL	Ergänzungslieferung
E.L.Rev.	European Law Review
EMRK	Europäische Menschenrechtskonvention
endg.	endgültig
EnWG	Gesetz über die Elektrizitäts- und Gasversorgung (Energiewirtschaftsgesetz)
et	Energiewirtschaftliche Tagesfragen
etc.	et cetera
EU	Europäische Union
EuGH	Europäischer Gerichtshof
EuG	Europäisches Gericht Erster Instanz
EuGRZ	Europäische Grundrechte-Zeitschrift
EuR	Europarecht
EU	Vertrag über die Europäische Union
EuZW	Europäische Zeitschrift für Wirtschaftsrecht
EWG	Europäische Wirtschaftsgemeinschaft
EWGV	Vertrag zur Gründung der Europäischen Wirtschaftsgemeinschaft

EWS	Europäisches Wirtschafts- und Steuerrecht
f, ff	folgend(e)
FIW	Schriftenreihe des Forschungsinstituts für Wirtschaftsverfassung und Wettbewerb
FKVO	Fusionskontrollverordnung (Verordnung (EWG) Nr. 4064/89)
Fn.	Fußnote
FS	Festschrift
G	Gericht, Gesetz
GA	Gutachten
GE	Gesetzentwurf
GG	Grundgesetz
ggf.	gegebenenfalls
GRUR	Gewerblicher Rechtsschutz und Urheberrecht
GRUR Int.	GRUR Internationaler Teil
GWB	Gesetz gegen Wettbewerbsbeschränkungen
HauptGA	Hauptgutachten
Hrsg.	Herausgeber
hrsg.	herausgegeben
HS	Halbsatz
idF	in der Fassung
idR	in der Regel
iSd	im Sinne des/ der
iSv	im Sinne von
iVm	in Verbindung mit
Jb.N.St	Jahrbücher für Nationalökonomie und Statistik
Jura	Juristische Ausbildung
JöR	Jahrbuch für öffentliches Recht
JuS	Juristische Schulung
JZ	Juristenzeitung
Kfz	Kraftfahrzeug(e)
kg	Kilogramm
K & R	Kommunikation und Recht
lit.	litera

LM	Lindenmaier-Möhring, Nachschlagewerk des BGH
MMR	MultiMedia und Recht
m.w.N.	mit weiteren Nachweisen
m.z.N.	mit zahlreichen Nachweisen
NJW	Neue Juristische Wochenschrift
Nr.	Nummer
NVwZ	Neue Zeitschrift für Verwaltungsrecht
OLG	Oberlandesgericht
ORDO	Jahrbuch für die Ordnung von Wirtschaft und Gesellschaft
PatG	Patentgesetz
Pkw	Personenkraftwagen
PostG	Postgesetz
RdE	Recht der Energiewirtschaft
RegBegr	Begründung der Bundesregierung
RL	Richtlinie
Rs.	Rechtssache
Rspr.	Rechtsprechung
RTKom	Zeitschrift für das gesamte Recht der Telekommunikation
Rz.	Randziffer
S.	Seite, Satz
s.	siehe
s.o.	siehe oben
Slg.	Sammlung
sog.	so genannte(r/s)
SonderGA	Sondergutachten
std.	ständig(e)
std. Rspr.	ständige Rechtsprechung
str.	strittig
TB	Tätigkeitsbericht
TKG	Telekommunikationsgesetz
TranspR	Transport- und Speditionsrecht

Tz.	Textziffer
u.	unten
u.a.	unter anderem
UrhG	Urheberrechtsgesetz
UWG	Gesetz gegen den unlauteren Wettbewerb
usw.	und so weiter
VDEW	Verband der Elektrizitätswirtschaft e.V.
VDN	Verband der Netzbetreiber beim VDEW e.V.
verb.	verbunden(e)
VerfO	Verfahrensordnung
VerwArch	Verwaltungsarchiv
vgl.	vergleiche
VIK	Verband der Industriellen Energie- und Kraftwirtschaft e.V.
VKU	Verband kommunaler Unternehmen e.V.
VO	Verordnung
VwGO	Verwaltungsgerichtsordnung
VwVfG	Verwaltungsverfahrensgesetz
WRP	Wettbewerb in Recht und Praxis
WuW	Wirtschaft und Wettbewerb
z.B.	zum Beispiel
ZHR	Zeitschrift für das gesamte Handels- und Wirtschaftsrecht
ZPO	Zivilprozessordnung
ZRP	Zeitschrift für Rechtspolitik
ZUM	Zeitschrift für Urheber- und Medienrecht

Europäische Integration
und internationale Wirtschaftsbeziehungen
Rechtswissenschaftliche Studien

Herausgegeben von Peter Behrens

Band 1 Hella Kinder: Die Außenindustriepolitik der Europäischen Gemeinschaft dargestellt am Beispiel von Antidumpingmaßnahmen. 1996.

Band 2 Stefan Flach: Rechtsbindung einer industriepolitischen Instrumentalisierung öffentlicher Aufträge. 1996.

Band 3 Nicolas Baron von Behr: Multinationale Unternehmen und Exportkontrollen. Völkerrechtliche Zulässigkeit und Grenzen extraterritorialer Ausfuhrbeschränkungen. With an English Summary. 1996.

Band 4 Andreas Pense: Die personalistische Eurokapitalgesellschaft als Instrument der Unternehmenskooperation in der EU. Ein Entwurf auf rechtsvergleichender Grundlage. 1997.

Band 5 Marcus Mackensen: Institutionelle Anleger im Unternehmensrecht Deutschlands und der USA. 2000.

Band 6 André Schwanna: Die Gründung von Gesellschaften in Deutschland, Frankreich und Großbritannien. Gemeineuropäische Prinzipien des Gesellschaftsrechts. 2002.

Band 7 Ulfert Frenzel: Die Beurteilung von Forschungs- und Entwicklungskooperationen zwischen Herstellern und Zulieferern in der deutschen Automobilindustrie nach europäischem und deutschem Kartellrecht. 2003.

Band 8 Fabian Stancke: Einstweilige Anordnungen im dezentralen Vollzug des Gemeinschaftsrechts. Einstweilige Anordnungen und die Kohärenz des gemeinschaftlichen Rechtsschutzsystems bei der Anwendung des Gemeinschaftsrechts durch deutsche Verwaltungs- und Zivilgerichte. 2004.

Band 9 Katerina Buchtova: Marktstrukturelle Kriterien bei der kartellrechtlichen Beurteilung vertikaler Bindungen im europäischen und im tschechischen Kartellrecht. 2004.

Band 10 Katja Koch: Handelspräferenzen der Europäischen Gemeinschaft für Entwicklungsländer. Typologie, Konditionierungen, WTO-Konformität. 2004.

Band 11 Julia Richter: Gatekeeper Positionen in der europäischen Fusionskontrolle. Marktabschottungsgefahren bei Zusammenschlüssen im Informations- und Kommunikationssektor. 2004.

Band 12 Ulrike Schmidt-Tiedemann: Geschäftsführung und Vertretung im Gesellschaftsrecht Deutschlands, Frankreichs und Englands. Eine rechtsvergleichende Untersuchung zur Feststellung gemeineuropäischer Prinzipien des Gesellschaftsrechts. 2004.

Band 13 Kerstin Dittmann: Öffnung von Märkten durch kartellrechtlichen Kontrahierungszwang. Eine Analyse von § 20 Abs. 1 GWB und Art. 82 EG unter Berücksichtigung der *essential facilities-doctrine*. 2004.

Band 14 Susanne Wendt: Die Kontrolle der Geschäftsführung in Personen- und Kapitalgesellschaften in Deutschland, Frankreich und England. Eine rechtsvergleichende Untersuchung zur Ermittlung gemeinsamer Prinzipien des Gesellshaftsrechts. 2004.

FSC
www.fsc.org
MIX
Papier | Fördert
gute Waldnutzung
FSC® C083411

Kolibri 360 GmbH
Ferdinand-Jühlke-Straße 7
99095 Erfurt, Deutschland
produktsicherheit@kolibri360.de

Druck:
CPI Druckdienstleistungen GmbH
im Auftrag der
Kolibri 360 GmbH
Ferdinand-Jühlke-Str. 7
99095 Erfurt